大会会场一角

大会板报

中国老年学学会肿瘤专业委员会（CGOS）第二届年会于2007年10月22~24日在北京召开，来自国内外500余位专家齐聚一堂，探讨老年肿瘤的防治现状与发展

坚定老年特色，不断拓展学术空间，积极加强老年肿瘤防治工作，坚持"团结、协作、发展"的工作理念，促进我国老年肿瘤事业的快速发展

大会同时举行了CGOS~ASCO联合会议

中国医学科学院肿

高举旗帜、科学发展

学习贯彻党的十七大精神

要坚持公共医疗卫生的公益性质
加强医德医风建设
提高医疗服务质量

——《政治报告》

2008年中国医学科学院肿瘤医院肿瘤研究所职代会工作报告

缓解看病难 门诊量明显增加

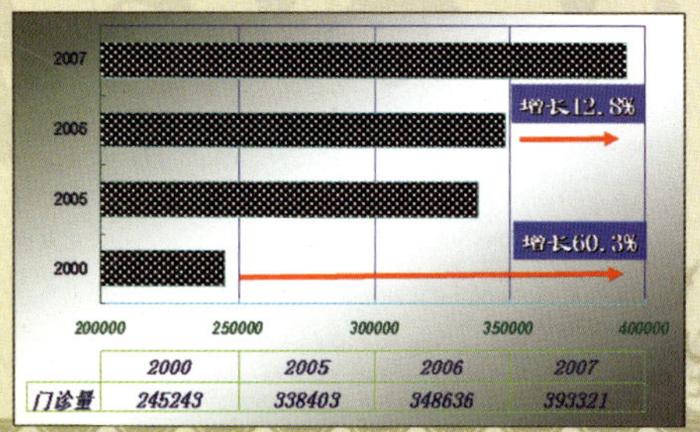

	2000	2005	2006	2007
门诊量	245243	338403	348636	393321

住院人次增加14.5%（含合作医院）

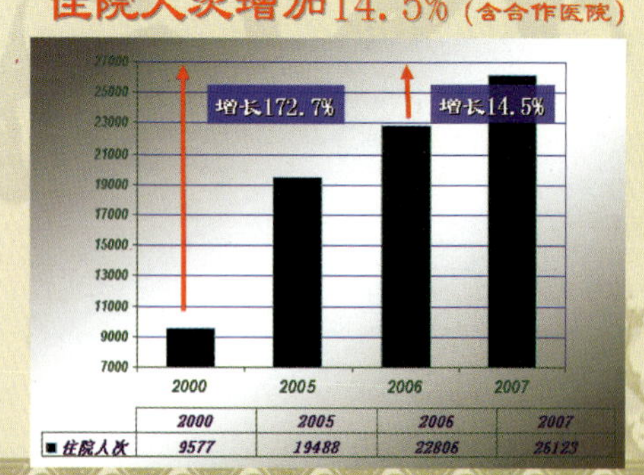

	2000	2005	2006	2007
住院人次	9577	19488	22806	26123

手术台次突破1万例

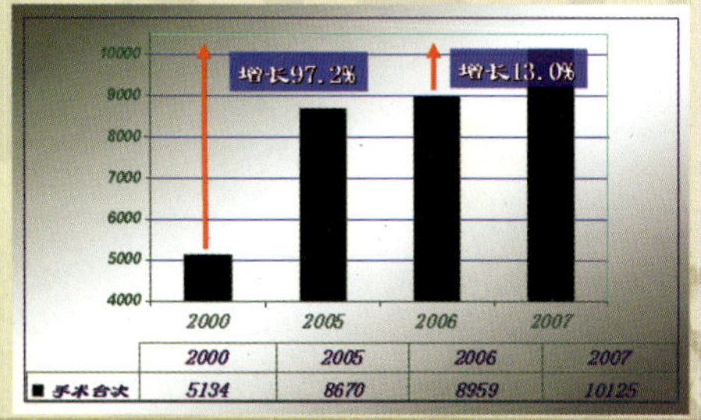

	2000	2005	2006	2007
手术台次	5134	8670	8959	10125

特需会诊量仍在增加

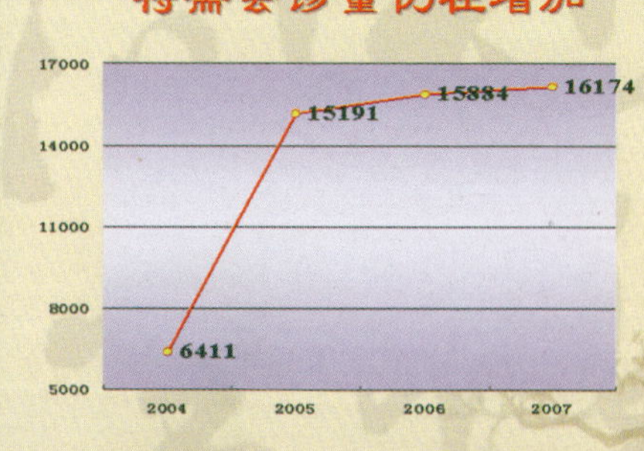

医疗工作—量化管理

- 健全医疗、护理质控指标及评估体系
- 定期向全院和科室公布质控结果
- 把质控作为科室考核重要指标
- 根据质量控制发现的问题及时采取措施保证质量达到预定的标准

床位使用率　床位周转次数　平均住院费用　药品收入所占比例
平均住院日　专家出诊次数　甲级病案率　病历书写合格率
处方书写合格率　感染发生率　专家出诊情况　并发症发生率

瘤医院 2007~2008

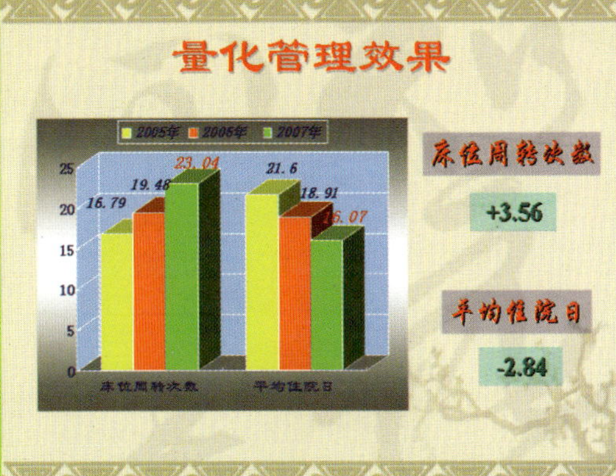

第一届中国内科肿瘤大会
中国老年学会 老年肿瘤学大会
PETER BOYLE 863重大项目课题实施 汇报会上做重要讲话

教育成就未来

- 研究生发表第一作者论文111篇 其中SCI收录30篇
- 病因及癌变研究室 肖汀 获全国百篇优秀博士学位论文1篇
- 第二届教育委员会成立
- 成立肿瘤学教研室
- 注重研究生思想素质教育
- 加强研究生入学培训

亚洲国际乳腺癌高峰论坛
中国第二届国际食管癌学术会议
中美合作25周年纪念庆典活动
第一届亚洲癌症研究合作会议—新加坡

科研工作平稳发展

制定《院所临床科研课题管理办法补充规定》

2005年 临床科研课题的结题评审

2006年 临床科研课题的中期检查

2007年 临床科研课题项目申报

2007年 资助67项 比05年增加15.5%

目前 临床科研课题共263项

召开2007年科学年会

院所第四届学术委员会 差额选举31名学委会委员

科研成果

- 李晔雄教授论文 获第一届中国百篇最具影响优秀国际学术论文
- 孙燕院士 张湘茹教授 李连弟论文 获第一届中国百篇最具影响优秀国内学术论文
- 林东昕教授《自然遗传学》发表论文 被评为2007年度全国10大基础研究新闻之一
- 张斌教授 获中华医学科技奖三等奖
- 申报3项专利均已授权

国家癌症中心基本获批

受中央国务院 卫生部高度重视
卫生部 科技部 财政部 中编办多次调研

中国医学科学院肿

重大学术会议

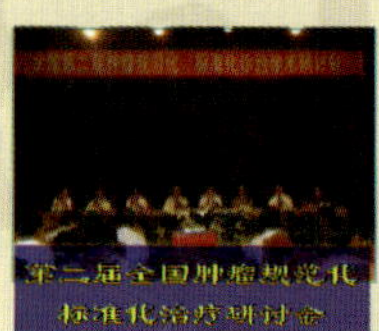
第二届全国肿瘤规范化标准化治疗研讨会

第六届全国胰腺暨肝胆肿瘤学术研讨会

第十八届全国肿瘤医院管理研讨会

改选院所学术委员会 教育委员会

通过民主选举方式确定新一届院所学术委员会

第2届教育委员会换届并成立了肿瘤教学研究室

国际会议

中法女性癌症研讨会

中加学术研讨会

太平洋健康峰会

亚太战略发展会议会议

院所行政事务管理委员会

共召开7次会议 审议65项议题

申报类：49项（通过46项）

通报类：22项

评议类：8项

发挥重大事项的民主监督、科学决策的作用

有效地防止了贪污腐败滥用职权及决策失误

轮值主席：周纯武、徐元元、李晔雄、王艾

林东昕、孙红兵、谭碧竹

- 主持院所行政事务管理委员会日常事务
- 列席党政联席办公会
- 参加院所领导接待日及听班工作

党风廉政建设常抓不懈

- 建立长效机制 完善规章制度
- “一岗双责” 强化责任
- 加强监督 检查 落实
- 做好“回头看” 自查自纠 内审外审
- 参观警示教育 参加庭审

卫生部监察局长王大方同志讲解中央开展治理商业贿赂专项工作

文化建设

新春团拜会

三八 喜洋洋

第一届职工运动会

国际来访

接待15批 共40位外宾

法国国家癌症中心主任

美国西雅图太平洋健康峰会主席

美国 M.D.Anderson 肿瘤中心副院长

尼泊尔肿瘤医院院长

国际原子能机构组织官员

加拿大艾伯达省科技部部长

澳大利亚卫生组织官员

世界卫生组织官员等

WHO国际癌症研究所所长 PETER BOYLE 来访

瘤医院 2007~2008

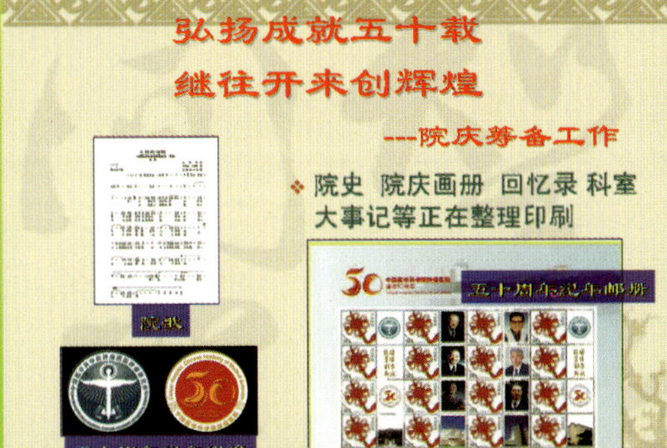

全国第三次全死因回顾抽样调查

承担全国第三次全死因回顾抽样调查（执行办公室）
完成全国31个省 213个县（区）实地调查工作
对20个省 40个县（区）工作进行检查督导
调查人口1亿 数据显示04\05年中国死亡原因
已完成资料收集 整理工作 年底可正式公布

文化建设

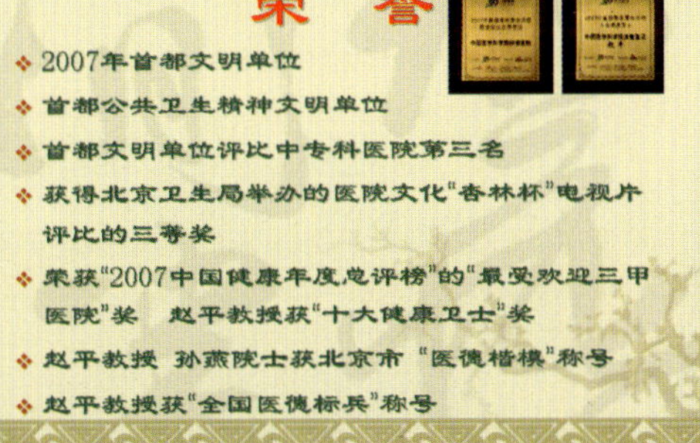

中国医学科学院肿瘤医院肿瘤研究所
地址：北京市朝阳区潘家园南里 17 号
邮编：100021
电话：010-67718863
http://www.cicams.ac.cn

中国癌症基金会2007年新春学术报告会暨新春联谊会大会会场

《2006年度癌症早诊早治项目专项资金使用管理工作会议》于2007年1月31日~2月1日召开

五届六次理事会在京召开

《2007年“三八”妇女节公益活动》会场

在四川蓝亭“食管癌早诊早治项目”调查会场

在河南林县、河北磁县开展健康下乡公益活动的会场

拒绝烟草远离癌症专家媒体共识会上彭玉理事长在作报告

在北京密云开展预防乳腺癌义诊活动

第五次全国子宫颈癌协作组会议在北京召开

《中国癌症研究进展(9卷)—中医药防治》编委会会议在北京广西大厦召开

《2007年抗癌票友京剧演唱会》在长安大戏院演出

卫生部转移支付项目督导工作在进行

胃癌早诊早治方案研讨会在北京召开

由中国癌症基金会承办的第一届中国内科肿瘤学大会主席团全体人员

与纽约市卫生局长 Frieden R 一行四人就中国控烟问题进行会谈交流

五届七次理事会会场

中国–意大利女性生殖道癌症病理培训班

中国–意大利宫颈癌早诊早治与阴道镜技术学习班

2007年第九届北京希望马拉松为癌症研究募捐义跑活动

第二届食管癌、贲门癌国际会议在北京京瑞大厦召开

《食物、营养、体力活动与癌症预防》新书报告发布会场

中国癌症基金会-雅芳爱心基金会迎奥运"远离乳癌,健康一生"走进国家体育总局公益活动

在南京召开的转移支付项目专家组长会议

对《全国性民间组织评估实施办法》考察评估情况

在人民大会堂举办"中国子宫颈癌的防治策略研讨会"

在搜狐与媒体互动《国际肺癌关注日-健康大课堂》活动

2007年上海国际健康大会会场

2007年子宫癌预防专家顾问工作会议
在好苑建国饭店举行

中国抗癌协会临床肿瘤学协作专业委员会(CSCO)

4800多名国内外临床肿瘤学医师和8000多名厂商代表踊跃参会，畅叙友谊，交流信息，展望未来

会场气氛热烈、好评如潮，吸引了《中国医学论坛报》、《医师报》、《中国处方药》、《健康报》、丁香园网等知名专业期刊、网站以及《黑龙江晨报》、《哈尔滨日报》、黑龙江地区的电视台、电台等40多家媒体进行了全面采访和系列追踪报道。

孙燕院士和马军主任即兴登台，引领全场同声高歌一曲《难忘今宵》。整台演出充满了喜庆欢快的气氛，博得了广大参会代表的阵阵掌声与喝彩，为隆重纪念CSCO十年华诞增添了绚丽的一笔

画册记录了CSCO成立、发展、壮大的光荣和坎坷，为今后更多的十年，为更远的道路、更高的山峰，留下一些声音、一些足迹和一些画面

美国Mayo Clinic的James Jett教授、MD Anderson肿瘤中心的Henry Mark Keur教授和奥地利Innsbruck医科大学的Heinz Zwierzina教授、以及CSCO十余位肿瘤专家参与授课，并和与会医师进行了深入的讨论

CSCO三十多名专家不辞辛劳、认真准备、精心讲演，为基层医师带去了临床肿瘤学最新学术资讯和宝贵的临床实践经验，他们严谨的科学态度和无私的奉献精神，给当地医院领导和广大学员留下了极其深刻和美好的印象，充分展示了CSCO"团结、协作、务实"的精神和风貌

恶性黑色素瘤是一种高度恶性、进展迅速、治疗非常棘手的临床难题，但由于发病率较低，医患双方对其严重性往往认识不足。CSCO恶性黑色素瘤专家委员会致力于迅速改善目前我国恶黑诊治水平落后的局面

第十届全国临床肿瘤学大会暨2007年CSCO学术年会

每日新闻

DAILY news

论坛推荐

专家见面会

两岸三地 携手远航

“促进海峡两岸临床肿瘤学交流特殊贡献奖”

两岸学者精诚合作，共同为促进我国临床肿瘤学发展不懈努力

CSCO会员获得推荐在中国临床肿瘤学科学基金的资助下，在西班牙巴塞罗那参加 Translational Research Unit 访问学习班

CAHON主席袁瑞荣教授（中）和候任主席 David Chang 教授（右）与 CSCO 执行委员会主任马军教授（左）畅谈合作事宜，表示 CAHON 愿与 CSCO 联合起来，通过总结和借鉴国内外的先进经验，为推动祖国肿瘤学发展贡献力量

第 一 届 内 科

大会主席台

中国癌症基金会主席何鲁丽女士大会发言

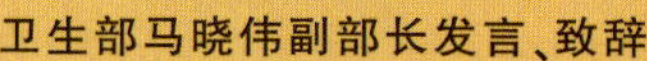

卫生部马晓伟副部长发言、致辞

赵平院所长大会致辞

大会执行主席石远凯教授

陆道培院士发言致贺词

台湾中央卫生研究院癌症研究所所长
彭汪嘉康院士大会发言

肿 瘤 学 大 会

MD Anderson Dr. Qing yi 大会发言

特邀嘉宾合影

大会会议一角

何鲁丽、孙燕授予胡亚美“终身成就奖”

大会对优秀论文作者授予“恒瑞杯”优秀论文奖一等奖

由中国癌症基金会主席何鲁丽女士向胡亚美院士授予中国内科肿瘤学杰出贡献奖

大会对优秀论文作者授予“恒瑞杯”优秀论文奖三等奖

大会对优秀论文作者授予“恒瑞杯”优秀论文奖二等奖

2007 CTCY

中　国　癌　症　基　金　会
《中国肿瘤临床年鉴》编辑委员会　编
中国抗癌协会临床肿瘤学协作专业委员会
中华医院管理学会肿瘤专业委员会　协办
东　南　大　学　医　学　院

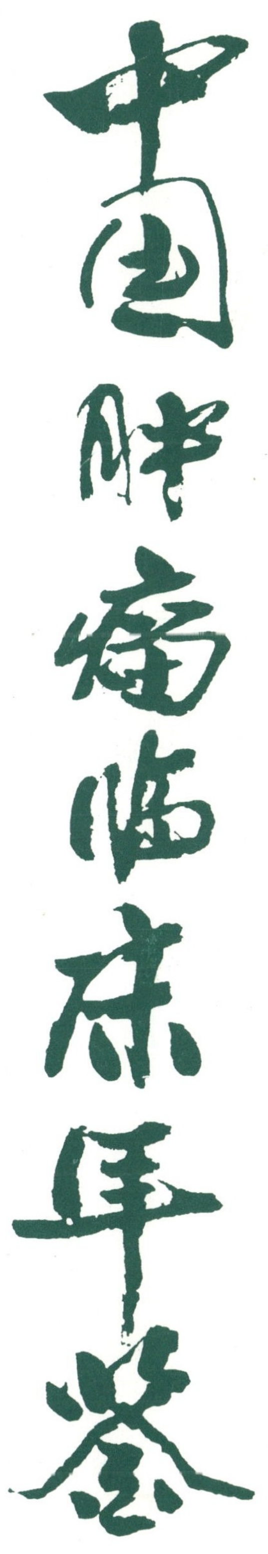

中国协和医科大学出版社

图书在版编目（CIP）数据

中国肿瘤临床年鉴. 2007 / 中国癌症基金会《中国肿瘤临床年鉴》编辑委员会编.
—北京：中国协和医科大学出版社，2008. 8
ISBN 978 - 7 - 81136 - 065 - 3

Ⅰ. 中…　Ⅱ. 中…　Ⅲ. 肿瘤 - 临床医学 - 中国 - 2007 - 年鉴　Ⅳ. R73 - 54

中国版本图书馆 CIP 数据核字（2008）第 112762 号

2007 **中国肿瘤临床年鉴**

编　　者：中国癌症基金会《中国肿瘤临床年鉴》编委会
责任编辑：谢　冰

出版发行：中国协和医科大学出版社
（北京东单三条九号　邮编 100730　电话 65260378）
网　　址：www. pumcp. com
经　　销：新华书店总店北京发行所
印　　刷：北京丽源印刷厂

开　　本：787 × 1092 毫米　1/16 开
印　　张：27. 5
彩　　图：7
字　　数：500 千字
版　　次：2008 年 8 月第一版　2008 年 8 月第一次印刷
印　　数：1—3000
定　　价：188. 00 元

ISBN 978 - 7 - 81136 - 065 - 3/R · 065

本卷年鉴作者名录（以登文先后为序）

孙　燕	管忠震	郭彩霞	李艳博	龚守良	王宝成
石远凯	应明真	王雅杰	胡亚美	马　军	张伯龙
高春记	邱　林	赵　平	王成峰	陈峻青	师英强
夏穗生	郑作深	田雨霖	晏仲舒	李世荣	郁宝铭
张　敏	吴唯勤	陈利文	傅　骏	费春松	沈　英
储大同	卓　莹	吴一龙	叶玉坤	汪　栋	毛伟敏
张　宇	王长利	阚学峰	张真发	董丽华	张群功
刘　敏	周　源	张国庆	张传生	韩开宝	孙宏志
孙向东	许　罡	路东明	徐兵河	宋三泰	管考鹏
李长岭	郑　杨	韩瑞发	郭　卫	张如明	刘鲁明
梁蓓蓓	刘华钢	刘玉琴	高益民	高翠巧	杨　晟
吴世凯	杨宇飞	马晓昌	杨学宁	黄　诚	蒋国樑
陆　舜					

中国癌症基金会
《中国肿瘤临床年鉴》编辑委员会

名誉主编　吴孟超　孙　燕
主　　编　赵　平
副 主 编　储大同　秦叔逵　游伟程　马　军　浦跃朴

编委会委员（以姓氏拼音为序）

柏　和　辽宁省肿瘤医院肿瘤研究所
蔡三军　复旦大学附属肿瘤医院外科
储大同　中国医学科学院肿瘤研究所肿瘤医院内科
郝希山　天津医科大学附属肿瘤医院
蒋国梁　复旦大学附属肿瘤医院
李佩文　北京中日友好医院肿瘤科
李　进　复旦大学附属肿瘤医院内科
林洪生　中国中医研究院广安门医院肿瘤科
李苏宜　东南大学附属中大医院肿瘤科
李晔雄　中国医学科学院肿瘤研究所肿瘤医院放疗科
梁　军　青岛大学医学院附属医院肿瘤科
刘基巍　大连医科大学第一附属医院肿瘤科
陆　舜　上海胸科医院
罗荣城　南方医科大学南方医院肿瘤中心
马保根　河南省肿瘤医院肿瘤研究所
马　军　哈尔滨市血液肿瘤研究所
莫树锦　香港中文大学威尔士亲王医院
穆兰花　中国医学科学院整形外科医院
浦跃朴　东南大学公共卫生学院劳动卫生与环境卫生学系
乔友林　中国医学科学院肿瘤研究所流行病教研室
秦叔逵　解放军八一医院全军肿瘤中心
商子周　陕西省肿瘤医院肿瘤研究所

《中国肿瘤临床年鉴》
肺癌专题编辑专家委员会

（以姓氏拼音为序）

总召集人：	储大同	王天佑	叶玉坤
	支修益		
肺癌防治策略：	董志伟	廖美琳	孙　燕
流行病学：	李连第	乔友林	杨　玲
控烟预防：	刘伯齐	王　辰	杨功焕
基础研究：	陈　标	魏于全	周清华
肿瘤标志：	陈志南	冯久贤	李春海
	曾益新		
影像诊断：	肖湘生	张国桢	周纯武
早期诊断：	赫　捷	李龙芸	叶玉坤
外科治疗：	高　文	何建行	戎铁华
	孙克林	汪　栋	许绍发
	张国庆	张力建	张　逊
	甄文俊	周清华	
内科治疗：	储大同	廖美琳	刘叙仪
	石远凯	张　力	张湘茹
	徐克川		
放射治疗：	蒋国梁	王绿化	于金明
靶向治疗：	曹雪涛	韩宝惠	周彩存
综合治疗：	傅剑华	李　辉	罗荣城
	王长利	吴一龙	支修益
中西医结合：	林洪生	朴炳奎	杨宇飞
联络秘书：	孟祥柱		

前 言

中国医疗改革是整个中国改革开放的重要组成部分，改革的春风使得陈旧的体制焕发了生气，成绩是显而易见的。中国肿瘤防治事业在最近二三十年中发生了突飞猛进的变化，引起了全世界的关注。世界卫生组织国际癌症研究所（IARC）主任 Peter Boyle 最近讲话指出，中国医学科学院肿瘤医院/研究所的水平已经可以和世界一流肿瘤专科中心相媲美。

中国肿瘤临床年鉴以下简称《肿瘤年鉴》问世 16 年，她真实地记录了 16 年来中国肿瘤临床的发展过程。尤其在最近 5 年我们强化了《肿瘤年鉴》的时限性、真实性与可读性，使《肿瘤年鉴》的学术影响不断扩大，发行量持续增加，取得了可喜的进步。

张伯龙教授在最近几年的肿瘤年鉴中连续报道了自体造血干细胞治疗恶性肿瘤，作者不间断的跟踪报道使广大读者对该领域有了系统的了解。马军教授在最近 5 年对白血病的临床治疗给予系统的总结，对于提高白血病治疗的水平做出了积极的贡献。龚守良教授负责的基因——放射治疗专题报道，使读者对这项研究有超前的了解。同时还有许多作者的辛勤工作，也使本年鉴不断提升着她的影响力与应用价值。

然而本年鉴也仍然存在着一些问题。目前的运作机制不能完全适应《肿瘤年鉴》的编辑要求，年鉴也没有达到预期的目的。尽管如此，中国需要一本临床肿瘤年鉴，需要每年定期向读者介绍中国肿瘤临床的现状、发展或问题。

《肿瘤年鉴》也应该报道中国肿瘤界发生的事情、举办的会议以及即将举行的各种活动。我们将继续努力，办好《肿瘤年鉴》，也希望广大读者、作者帮助我们积极参与筹划，积极投稿，使《肿瘤年鉴》成为中国肿瘤界一本重要的刊物，发挥她应有的作用。

赵平

2008 年 7 月

目　录

❖ 内科肿瘤学 ❖

❖ 血液肿瘤 ❖

❖ 消化系统肿瘤 ❖

❖ 肺　癌 ❖

❖ 乳腺肿瘤 ❖

❖ 肾肿瘤 ❖

❖ 骨与软组织肿瘤 ❖

❖ 肿瘤中西医结合 ❖

❖ 肿瘤规范与指南 ❖

❖ 大事记、纪要、信息 ❖

❖ 内科肿瘤学 ❖

内科肿瘤学的发展和展望

孙 燕

中国医学科学院肿瘤研究所肿瘤医院 北京 100021

虽然从人类有文字记载以来就有关于应用药物治疗“肿瘤”的记载。我国从周代就有专门处理肿块和溃疡的“疡医”，欧洲公元2世纪在罗马行医的希腊医师盖伦被认为是西方最早的肿瘤专科医师。但由于肿瘤在相当历史年代里一直是少见病和从近代显微镜的发现把肿瘤定位为“局部细胞恶变”，外科治疗成了主要治疗手段。随着历史的发展，近一个世纪以来由于人类破坏了环境和自身行为方面的问题，先是在发达国家，随后也在发展中国家，肿瘤发病率迅速增高，成为一个非常常见的、多发的、严重威胁居民健康和生命的一类疾病。

同时，应用手术以外的方法治疗肿瘤也相应有了一定发展。二次大战以后1946年美国发表了应用氮芥治疗淋巴瘤的资料被认为是近代肿瘤内科治疗的开端，1965年美国医学会正式成立临床肿瘤学会（ASCO）是临床肿瘤学和内科肿瘤学重要的里程碑。

本文温习近半个世纪内科肿瘤学发展的历史，目的是温故知新并希望借此和同道们达到对未来本领域发展的共识。

一、WHO将癌症定位为可控慢性病

2006年在一篇名为“与慢性病面对面：癌症”的报告中说：WHO估计在2005年全球有1 000万新发生的癌症病人，760万人死于癌症，占全球死亡的13%。如果不采取紧急措施，到2020年死亡人数将达到1 500万。癌症不仅是高收入国家的一个问题，所有癌症死亡的70%以上发生在低中等收入国家。那么，我们目前对癌症有哪些共识？

（一）癌症发生是一漫长的过程

2006年我国无论城乡癌症都已经占到居民死亡原因的第一位。总体来说，随着农村城市化的进程，我国癌症发生率迅速上升，因此增加了我们控制癌症的难度。无论如何癌症应该引起各国的重视，因为这关系到我们切身的利益、安全、健康。

世界卫生组织和全球的专家们都有一个共识：肿瘤发生是一个很漫长的过程，这对预防很重要。

有人估计，多数人体肿瘤的临床前期为8年~20年，但有的可能长达30~40年。我们通过几千例病人的资料统计，云锡矿工从下矿到发生肺鳞癌的时间大概需要31~32年，在这过程中无疑是可防、可治的，而通过预防措施后那里的肺癌发病率和死亡率已经有所下降。对于结肠癌、乳腺癌、宫颈癌等的发生发展过程的认识已经相当清楚，了解到他们先有细胞增生、然后发生化生和不典型增生的癌前病变阶段，以后才发展到原位癌，再进一步演变成为早期的浸润癌，最终发展到转移癌。认识这个发展过程对于肿瘤发现非常现实与重要，正是在这种认识的基础上，如今我们方能开展各种常见肿瘤的普查。

（二）肿瘤的预防

北美和北欧肺癌发病率通过戒烟和改善环境，从上世纪 90 年代以后已经开始下降。另一项是 WHO 在全球开展了应用人乳头瘤病毒（HPV）疫苗预防子宫颈癌的研究。这是真正通过病因开展的防治措施。FUTURE Ⅱ 试验的荟萃分析结果：18 150位妇女在 6 个月中接受 3 次 HPV VLP 疫苗接种，观察 2 年无一例发生与 HPV 16 和 HPV 18 相关的外阴和阴道的癌前病变。

（三）肿瘤的靶向治疗

靶向治疗实际属于病理生理治疗，也就是阻断肿瘤发展过程中的关键受体和纠正其病理过程。由于这类药物具有靶向性和非细胞毒性的特点，主要对肿瘤细胞起调节作用和稳定作用，因此，与细胞毒性药物有很大区别，如：药物毒性的作用范围和临床表现不同，无法达到剂量限制性毒性和最大耐受剂量，与常规治疗（化疗、放疗）合用或序贯应用有更好的效果等等。近年来，针对表皮生长因子及其受体，血管生长因子及其受体和信号转导激酶等，人们正在研发近 20 种新型药物，并且已取得了重要成果。肿瘤靶向治疗在短短几年内得到迅速发展，并且已经进入临床实践，是当前最活跃的研究领域之一。

伊马替尼治疗 CML 被认为是一个突破性的进展。很明显，其他肿瘤包括乳腺癌和 NSCLC 都是很不均一的疾病，并非单个分子生物学事件所完全介导。NSCLC 生物学上的异质性使之仅有少部分病人对 EGFRTKIs 等分子靶向药物呈现较好的治疗效果。但另一方面，分子靶向药物的确能使不少肺癌病人长期带瘤生存的梦想得以实现。鉴于靶向药物不良作用低，治疗指数高，靶向药物之间的联合、多靶点药物的开发或靶向药物与化疗、放疗的联合可能在肺癌的治疗上具有较好的应用前景。靶向药物的特点是对肿瘤细胞具有选择性，预测靶向药物疗效并且发现临床适用的分子生物标志物是今后临床研究的重点。

（四）肿瘤的姑息治疗

多年来我们致力于将所有肿瘤细胞完全消灭的“根治”肿瘤，致使有时出现远远超越了肿瘤细胞侵犯的范围和病人可能承受的限度。这时，我们就将病人列为不能手术甚至“不治”，导致无所作为的思想。今天，我们已理解了很多慢性病虽然不能根治，但病人能长期正常工作保持良好生活质量。而且已经有一些肿瘤如慢性白血病、低度恶性淋巴瘤、浆细胞肿瘤，甚至少数老年的乳腺癌、前列腺癌病人都可以长期带瘤生存。我们或许有可能像其他慢性病一样，通过最大限度地提高机体的抗病能力，尽可能地调理减少疾病负荷，控制和减少肿瘤对机体的危害，长期保持病人的良好生活质量与肿瘤“和平共处”。在靶向治疗问世以后，这种观点已经为更多的临床医师所接受。

世界卫生组织（WHO）在 20 世纪

80年代经过讨论将癌症姑息处理定为四项癌症基本处理之一，那时选择的切入点仅是解决癌症疼痛。

以人为本的姑息治疗还有很多其他方面，我们正在开展必要的讨论和研究。最近，我们制定了恶性肿瘤病人骨转移和相关骨事件的处理原则和规范；并组织了如何处理肠梗阻和贫血等进行了讨论达成共识。

二、循证医学、临床试验（GCP）指导原则、规范化和个体化

医师的任务是向病人提供最新、最好的服务。什么是最好？就需要拿出数据。这就把科学严紧的临床试验提到更高的地位。在临床肿瘤学中就更为重要，因为正像已故的吴桓兴教授所说："肿瘤病人首次治疗错误常常导致严重的后果，补课的机会不多，因此更需要我们谨慎对待"。我想这就是综合治疗和临床试验的根本目的。2007年ASCO的主题是"将研究成果转化为临床实践"突出了人们期盼迅速将研究成果用于临床实践，也符合"实践是检验真理的惟一标准"的论断。

260年前（1747年）5月20日英国军医James Lind在公海海域著名的Salisbury船上开始应用6种不同方法治疗12位患坏血病的海员成为临床医学历史上的佳话。2004年经过80多国的专家修订并正式发表了《渥太华宣言》，提议将每年的5月20日定为《国际临床试验日》。Lind可能做梦也没有想到他的研究对医学研究产生的影响如此不可估量，他成为全球第一个开展临床试验的医师和循证医学的鼻祖。

当前临床肿瘤学正处于一个重大变革时期，循证医学、诊疗规范化和个体化已经成为大家努力的方向。而临床试验规范（good clinical practice，GCP）成为倍受关注的重要桥梁。由于临床研究发展很快，多数新药均需要和标准治疗方法对比。目前国际上正在树立一种新的概念："参加临床试验能得到最新、最好的治疗"。

（一）百年来寻找新药的渴望（表1）

100多年前，德国细菌学家保罗艾利克（Paul Ehrlich，1854～1915）观察到有些染料特异性地浓聚于某些微生物，并推论有可能利用这种对于细菌的特异性毒性物质达到治疗的目的。他提出了化学治疗（chemotherapy）这一名词，从而开创了寻找"魔弹"的时代。但直到20世纪40年代提纯青霉素并证明在动物和临床具有突出抗感染作用以后，他的设想才真正得到实现。青霉素的作用是破坏合成过程中重要的酶，所以对增殖活跃的细菌有杀伤作用，而哺乳动物细胞一般并无细胞壁，所以（对哺乳动物的细胞的）毒性很小。这无疑是抗感染化学治疗的一个重要里程碑。但迄今抗肿瘤化学治疗尚未达到抗感染化疗的水平，其原因是除了来源于胎盘滋养叶细胞的肿瘤以外，绝大多数临床肿瘤都是来源于体细胞，和正常细胞只有细微调控方面的差异，但可导致异常活跃的增殖。虽然临床肿瘤均具有各自的特点，但多数学者相信通过不懈的努力，特别是近年来发现某些受体、转导过程中的激酶和特异性基因变异可以成为新的生物靶点，抗肿瘤化疗达到抗感染化疗的水平是可能的。在强化预防措施以外，

何时能逐渐将多数目前尚不能根治的常见肿瘤病人治疗成为像高血压、糖尿病等病人那样可以长期正常工作成为我们新的渴望和奋斗目标。

表1 肿瘤内科治疗发展的重要里程碑

年代	药物
20世纪40年代	氮芥
20世纪60年代	环磷酰胺、氟尿嘧啶
20世纪70年代	阿霉素、顺铂
20世纪80年代	紫杉醇、拓扑异构酶抑制剂
20世纪90年代	靶向治疗
21世纪	个体化治疗

（二）临床试验的伦理问题

我国由于多年来政治运动的影响，人民对临床试验存在困惑。“资产阶级专家拿病人做试验”仍然或多或少地给临床试验带来负面影响。实际上，全球对临床试验的伦理认识都有一个过程。1998年日本由于在试用依立替康（CPT11）时有病人因不良反应死亡，媒体公开报道后引起轩然大波，使得临床试验十分困难。因此，新药临床试验的伦理问题成为一个十分关键的问题。每一个临床肿瘤工作者，尤其是在内科肿瘤学领域中，都很理解临床治疗的不断进步是和临床试验分不开的。如果没有新药的不断涌现和开发，临床治疗方案的不断更新，我们的临床治疗会停留在半个世纪前的水平。另外一个简单的理由，我们不能把在体外和动物体内的实验研究结果直接用于临床，而必须通过在临床上继续探索开展临床试验才能成为临床有用的药物。不但如此，很多临床治疗方法、方案也都是通过临床试验而确定的，“实践是检验真理的惟一标准”，可见临床试验的重要意义。我们经常用能否改善临床实践来衡量研究的价值，我们正是为了解决病人的问题才开展临床研究的，是和病人的需求和利益完全一致的。

1931年美国食品药品署（FDA）正式成立。目的是全面管理食品和药品。当时可能还不知道，这也是循证医学的重要里程碑。为了保证受试者的权益，1965年通过的《赫尔辛基宣言》和2004年的《渥太华宣言》已经陆续出台，前者已经成为各国，包括我国的法律。伦理委员会是进行临床研究的权威机构。成员应当包括医务人员和非医务人员，有男有女。各种临床研究在启动前必须经过他们批准，在进行过程中和结束时也均需要报告。从而保证赫尔辛基宣言的具体实施。

一般来说，为了病人的利益，一个临床疗效未确定的新药或新疗法，大都从经过常规治疗无效的病人开始，以后随着临床疗效的提高，逐渐试用于中期和早期病人。我们不允许将能够根治的病人进行新疗法或新药的试用，而应建议病人去接受手术。但对于手术后有的病人可能存在微小转移灶，可在术后应用辅助化疗或内分泌治疗。不难理解这样的化疗或化疗方案必须是比较成熟和十分安全的。为了提高中期病人的切除率和治愈率，比较成熟的新疗法或方案可用于术前（称为新辅助治疗），其目的是提高切除率和治愈率。但有时较早的晚期或数量不多的转移病人，治疗后，从不能手术变成为可以手术切除，就应当不失时机地进行手术从而使病人得到根治。另外，有的病人由于其他原因不能手术或放疗，在适当的时机也可试用新疗法或新药。

目前国际上已经有了统一、公认的方法。

（三）诊疗的规范化和个体化

1995年美国国家综合癌症网络（national comprehensive cancer network，NCCN）成立，这是由美国21所世界一流的癌症中心组成的权威学术组织。其主要任务是根据最新可靠的临床试验结果为医务人员和病人提供治疗决策上的帮助。从某种意义来说，这是将临床试验结果转化为临床实践的最好范例。10年以来，他们已制订、更新和发布了100多项临床实践指南。通过年会、继续教育活动和期刊等方式的推广，这些指南已成为各国肿瘤临床治疗的标准和参考。2006年我们成功地与美国同行合作引进NCCN并使其本土化，经过共同讨论制定了NCCN中国版，目前已经完成非小细胞肺癌、乳腺癌、胃癌、结肠癌和淋巴瘤的诊疗规范。这无疑会对我国临床水平的提高将起到重要作用。

2004~2005年临床肿瘤学一个重大的进展是乳腺癌高危人群术后化疗加曲妥珠单抗（赫赛汀）成功使复发率下降的结果，并迅速进入NCCN和NCCN中国版的规范中。我们正在制定晚期肺癌接受吉非替尼治疗的数据化模型，企图预测可能的临床疗效。我们相信个体化也需要循证医学数据支持，而不是完全靠医师个人的经验。通过高水平的临床试验我们将会变得越来越聪明，使我们能够更有效地为病人服务从而给广大病人带来裨益。

三、50年来我国临床肿瘤学的发展

我们承认过去的50年来虽然很多先辈和同行为我国临床肿瘤学的发展无私奉献竭尽全力治愈多数病人，但所取得的进展很难令大家满意，最根本的原因是未能取得重大突破。然而，尽管我们还经历了像十年浩劫那样的严重干扰，但我们的努力还是取得了一定进步。

关于高发区的研究和对全球的影响是有目共睹的。我们基本搞清了高发区4种常见癌症的病因，并且通过采取必要的措施使发病率均有下降。例如林州食管癌化学预防的结果在全球是惟一阳性的大规模前瞻性研究；启东肝癌的研究实际上带动了我国对原发性肝癌的全面工作，应用HBV疫苗预防小肝癌的研究都是这一领域内的最好范例；广东广西鼻咽癌的病因、分子生物学研究和早期诊断早期治疗都取得令世界瞩目的成绩；个旧矿工肺癌的预防措施、筛查和X线隐性肺癌的诊治在全球都是对于职业性癌防治的良好典范。

在临床肿瘤的诊疗方面我们也同样取得一些进展。以当前我们讨论的主题的标准，能进入并在一定程度上改善了临床实践的项目可以列举不少（表2）。其中在血液肿瘤中尤其值得我们骄傲：上世纪80年代初，高三尖杉酯碱在美国进行临床验证被定为急性粒细胞白血病的三线治疗药物；亚砷酸注射液治疗急性前粒细胞白血病和全反式维甲酸（ATRA）治疗急性M3型早幼粒白血病在国际上受到好评，已经在一定程度上改善了全球白血病的治疗效果。全反式维甲酸（ATRA）治疗急性M3型早幼粒白血病和应用AFP筛查乙肝导致的肝癌都获得过国际大奖。

表2　50年来改善了我国临床肿瘤治疗的重要研究

1. 大剂量化疗治疗绒癌
2. N-甲酰溶肉瘤素治疗睾丸精原细胞瘤
3. ATRA治疗急性M3粒细胞白血病
4. AS_2O_3 治疗急性前粒细胞白血病（APL）
5. 高三尖杉酯碱治疗急性非淋巴细胞白血病
6. AFP用于和HBV相关肝癌的早期发现
7. 平阳霉素治疗NHL、头颈部癌和睾丸癌
8. 扶正中药促进肿瘤病人细胞免疫功能
9. 榄香烯治疗癌性胸液
10. 康莱特提高病人生活质量
11. 参一胶囊作为肿瘤新生血管抑制剂的临床研究
12. 血管内皮抑素提高晚期NSCLC化疗疗效（未包括近年来我们在国际多中心研究中做出的贡献）

四、展望和体会

（一）积极提高我国临床研究的质量

不正确的试验方法和不科学的指标必然会导致错误的结论和导致各个方面的大量浪费。我国在“史无前例”的年代里曾推出8种抗肿瘤药物，但实际一无所获。由于缺乏对肿瘤发生发展的必要知识，对手术治疗、放射治疗和现有的化学药物的效果了解不足，以及缺乏对照与统计学处理，得出错误结论的例子就不胜枚举了。前不久，我接受了媒体的访问就我国很多扶正中药治疗肿瘤和某些过度宣传的“新疗法”做了探讨。多年来我国政治和学术生活不够正常，研究人员的急于求成和浮躁心态，病人心理思维误区以及医务人员工作中存在的弊端和缺点等等均是这一现象发生的土壤。这些，都需要我们重视改正，通过设计可靠的临床试验摆正某些“新疗法”和中药的地位。

我体会，在临床肿瘤学中我们还远远没有达到完美地将多数病人治愈，还有很多影响预后的因素需要探索。如何实现我们每人的这一愿望就需要严谨科学的临床试验，并使已经得出的结果转化成临床实践。而且，无论是个人的还是循证医学的结论都必须经受长期临床实践的检验。因此，我们必须谦虚对待我们的每一个试验结果，不断提高进步才能更好地为病人服务。

（二）继承和创新

科学发展是有连续性的，一个人即使再聪明也不能脱离时代的发展的局限性。医学创新尤其是如此，继承和创新是问题的两个方面。明代李时珍（1518～1593）对我国医学发展做出过重大贡献，《本草纲目》在当时是一部百科全书样著作已经翻译成多国文字，不但继承了我国的药物学，也包括许多从其他国家引进的品种。但他不可能收载今天我们常用的大部分有效药物，在某种意义来说他的学问远不如我们今天的药物学专家。但是，我常常半开玩笑地说：“正是由于李时珍的敬业创新，如果他活在我们的时代一定会学习分子生物学和单克隆抗体类药物，很可能会对中医药的现代化做出新的贡献。”

对于肿瘤学，我们的祖先早在距今3 500年前在殷墟甲骨文中就用病字中的疒和瘤字中的留组成了“瘤”字，说明当时对肿瘤已有“留聚不去”而成的认识。到了公元前后《内经》的时代，就有了“内伤于忧怒，则气上逆……而积皆成也。”已经有了内因和外因结合的概念。所以无论从西方医学或我国传统医学都是一脉相承的，都需要不断发展才能具有活力。继承是为了创新，创新是

为了更好地为病人服务提高治愈率。在临床肿瘤学领域内任何保守思想和不严谨的研究一样都是对时代不负责任的。

氨甲蝶呤在相当年代里，一直被认为只对急性白血病有效，以后，在偶然的机会中，被人发现对一位乳腺癌病人尿中的绒毛膜促性腺激素有影响，才开始试用它来治疗绒毛膜上皮癌取得突出疗效。同样，6-巯基嘌呤、氟尿嘧啶和更生霉素对绒毛膜上皮癌的疗效也只有在我国宋鸿钊等试用后才在临床上取得根治效果，成为20世纪晚期肿瘤得到根治性疗效的范例。

我国的内科肿瘤学也是在这样的背景下发展的。40年前N-甲酰溶肉瘤素的临床试用是我们学习的起点，同样看得到只有不断开展临床研究才能治愈更多病人。1960年我们应用N-甲酰溶肉瘤素治疗的晚期精原细胞瘤病人有些至今仍健在，如果没有临床试验是不能想象的。同样，没有环磷酰胺、氟尿嘧啶、长春花碱、阿霉素、顺铂和紫杉类，特别是当前迅速发展的靶向治疗，肿瘤内科治疗不会像今天这样丰富多彩。在未来，随着对肿瘤认识的不断提高，新药和新疗法的不断涌现，包括通过临床试验治疗肿瘤更为规范、个体化，我们将能挽救更多病人。

（三）中西医结合

应当说，近30年来我国中西医结合已经取得一些硕果：三氧化二砷本来是一种老药，到了我们这一代血液病学家发现能治疗急性早幼粒白血病（APL），并且发现它的作用机制是调控PML-RARa蛋白诱导凋亡；“扶正”重要性是能促进病人的细胞免疫功能，已经成为临床医师的共识而且用于临床实践；同样，如果没有近代肿瘤新生血管的知识，人参成分之一Rg3不可能成为抗新生血管抑制剂。

（四）靶向治疗和个体化治疗

最近，我们对我院应用吉非替尼治疗的晚期肺癌预后影响因素进行了分析。根据logistic多因素分析结果，以年龄、病理类型、吸烟状况和基因突变为元素建立了预测吉非替尼疗效的模型。模型的方程式=2×病理类型+年龄+吸烟状况+EGFR基因突变。按照利于有效的因素为1分，不利因素为0分的原则，计算每例病人的总分数，并以2分为界值（cut-off value），>2分的病人有效率34.2%（75/219），≤2分的病人有效率为9.3%（4/43），$P=0.001$。如果同时具有4个有利因素，有效率可高达57.1%。因此，只要病人按模型计算评分>2分，即有两个以上预测因素就可考虑选择吉非替尼治疗。这就解决了是否一定要检测EGFR基因突变以决定能否用吉非替尼治疗的争论。例如，腺癌病人只要同时具有其他（<65岁，不吸烟或基因突变）任何一个因素，就有理由使用吉非替尼。对于没有足够标本而不能进行EGFR基因突变检测的病人而言，此模型给靶向治疗的个体化选择带来了有力的依据。我们有55例完成了EGFR基因突变检测（exon 18，19，20，21）。结果显示突变率为47.3%，且多数为敏感性突变（如19外显子缺失和L858R）。有EGFR基因突变的病人中位TTP明显长于无突变病人（8个月 vs 4个月，$P=0.023$）。更有意思的是，EGFR阳性病人若同时存在基因突变，则其TTP明显较

无基因突变者延长（15 个月 vs 4 个月，$P = 0.0346$）。说明 EGFR 蛋白过度表达和基因突变的同时存在使吉非替尼治疗有效的状态能够持续更长时间。

同时。我们采用 ELISA 法检测肺癌病人（$n = 74$）和健康对照者（$n = 20$）之间血清 VEGF 含量。结果表明，与对照组相比，肺癌 VEGF 含量明显升高（$P = 0.000$）。虽然作为肿瘤标志物 VEGF 诊断肺癌的敏感性较差，但可以作为监测指标之一。肺癌组中，治疗前 VEGF 含量在不可手术和有转移的病人较可手术和无转移的病人高（$P < 0.05$）；与肿瘤的分化程度显示出有统计学差异的倾向（$P = 0.070$）。NSCLC 完全切除术后和 SCLC 化疗后 VEGF 含量显著降低（$P < 0.05$），晚期 NSCLC 一线和二线化疗 + 抗血管生成药物（AIs）与单用化疗二线治疗晚期 NSCLC 相比可明显提高化疗的有效率（31.8% vs 8.5%，$P = 0.009$），降低血清 VEGF 水平（$P = 0.041$）。

祖国医学在慢性病的调控上具有独特的作用。而靶向治疗本身就是调控，我国学者应当更容易理解，不同于古代调控寒热、虚实和阴阳，我们目前调控的是基因、受体、免疫和激酶而已。祖国医学的辨证论治，同病异治和异病同治和我们目前的治疗个体化应当是相通的。

肿瘤内科性质与任务

管忠震

中山大学肿瘤中心　广州　510080

什么是肿瘤内科？

一般认为，肿瘤内科是采用内科治疗方法治疗癌症的临床学科。基于癌症的主要治疗手段，分别形成肿瘤外科（surgical oncology）、肿瘤放射治疗科（radiation oncology，radiotherapist）和肿瘤内科（medical oncology）等不同学科。内科治疗方法着重全身治疗或称系统治疗（systemic therapy），包括化学药物治疗、生物治疗（biotherapy）、免疫治疗（immunotherapy）、基因治疗和分子靶向治疗等，可视为广义的化学治疗，因此，肿瘤内科可视为等同广义的化学治疗科。这种看法，在一定程度上反映了事实，不能认为谬误，但并不全面。

癌症的治疗需要多学科的有机综合协作治疗，在不同的病期侧重某种治疗方法，但需有某一专业的医师，从检测、诊断、分期、评估病人病变侵犯范围和严重程度，评估预后，确定治疗目标和策略，综合治疗的设计和监测实施，治疗后的随访和康复期的后续治疗，病人的心理支持和治疗器官缺失或不良反应的观察处理和指导等，全面负责，这应该是肿瘤内科医师的全面职责。这一专科医师在国外称为 oncologist，亦即为肿瘤内科医师。oncologist 并不包打天下，但所有诊断为癌症的病人均须有一名 oncologist 策划全面的检查与治疗，对于适宜手术的病人，当然要适时转请外科专家进行手术，需要放射治疗或其他局部治疗的病人，也应及时由有关专家治疗，但 oncologist 应自始至终，对病人的全面治疗和随访负责。此一体系至关重要，在国外的实践证明行之有效。这并不意味着肿瘤内科的重要性在肿瘤外科、肿瘤放疗科之上，应该确认，目前可治愈的癌症病人，大部分得益于外科手术为主的综合治疗，肿瘤内科医师，除了负责必要的系统治疗外，应该发挥主导协调（co-ordinate）的作用。

其实对其他疾病，亦莫不需要全程协调的专科医师。如冠心病病人，需要做旁路移植手术时需心脏外科，需要植入支架时有赖介入专科，而全程监控，系统治疗有赖心脏内科专科。

我国现阶段，由于尚未完善 oncologist 的全面培训，特别是未确立上述分工协作体系，癌症病人的治疗往往因首诊医师的专业不同而异，相当部分病人未能得到规范的全面、全程治疗和监护，但此一体系，迟早要建立。

此一体系对肿瘤内科提出了更高的要求。我们不仅要掌握各种癌症系统治疗方法和进展，熟悉化学治疗方案和实施，不良反应的监测和处理，还应改对癌症生物学和综合治疗有较全面的认识，而其最重要的基础，肿瘤内科医师应认清自己的重任，在人文关怀和知识结构的更新方面，全面提高自己的素质。

肿瘤基因和放射治疗联合应用的研究进展

郭彩霞　李艳博　龚守良

吉林大学公共卫生学院卫生部放射生物学重点实验室　长春　130021

恶性肿瘤严重威胁着人类的健康与生命，肿瘤治疗是目前医学研究的重点，其治疗方法包括传统的放疗、化疗、手术以及基因治疗等。放射治疗是临床上应用最广泛和最重要的治疗手段之一，但与肿瘤临近部位的正常组织放射损伤和某些肿瘤的辐射抗拒性等问题，影响着放疗的疗效和应用。因此，如何降低或消除其不良反应，增强放疗效果一直是放射肿瘤学研究的重要课题。另外，肿瘤基因治疗是应用基因工程的方法将外源功能基因导入病变组织或细胞内进行表达，矫正或替代与肿瘤发生有关的异常基因，或通过改变某些细胞的生物学特性，提高对药物等传统疗法的敏感性，或增强宿主的抗肿瘤能力，从而达到控制肿瘤生长、繁殖和治疗肿瘤的目的。虽然目前基因治疗研究在细胞和动物实验阶段中已取得了一定的成果，有不少方法已进入临床试验阶段，但是，其临床疗效仍不令人满意，这可能与基因治疗技术中存在的基因靶向转移困难、基因转移效率低、转移后基因的体内表达缺乏有效的调控手段、病毒性基因载体引发机体免疫反应以及肿瘤病因复杂而缺乏有效目的基因等因素密切相关。鉴于肿瘤的发生发展机制十分复杂，是一个多因素、多途径及多基因参与的复杂过程，单一疗法往往疗效欠佳，联合多种治疗手段进行肿瘤综合治疗成为当前肿瘤治疗领域的研究热点。

根据放射治疗和基因治疗各自的特点，将基因治疗与放射治疗联合应用是当前肿瘤治疗的热点，总结有关文献，笔者认为两者联合应用主要体现在以下6个方面：①药物敏感基因系统与放射治疗的联合；②肿瘤抑制基因与放射治疗的联合；③免疫基因治疗与放射治疗的联合；④放射诱导启动子的基因治疗；⑤双（多）基因治疗与放射治疗的联合；⑥放疗保护性基因治疗。综合现有的研究结果，放疗与基因治疗相结合发挥协同作用，主要通过以下6个途径：①外源基因转染诱导放射敏感性，从而增强放射线对肿瘤细胞的杀伤作用；②外源基因转染的肿瘤细胞发生细胞周期阻滞，出现瘤细胞同步化，增加放射治疗杀伤作用；③基因诱导放射防护，降低放射对正常组织的损伤；④放疗可提高基因靶向转移效率并增强治疗基因的表达；⑤提高外源DNA与受体细胞DNA的重组和整合；⑥应用放射诱导启动子对外源基因表达进行时空调控。

一、药物敏感基因系统与放射治疗的联合

药物敏感基因（drug sensitivity gene）疗法又称自杀基因（suicide gene）疗法、分子化疗（molecular chemotherapy）、病毒介导的酶解前药疗法（VDEPT）、基因导向的酶解药物前体疗法（GDEPT），是将前药转换酶基因（自杀基因）导入肿瘤细胞，该基因编码特殊的酶，可将原先无毒性的前药在肿瘤细胞中代谢为毒性产物，该产物作为DNA合成的核苷替代物掺入到DNA中，干扰细胞DNA的合成，从而引起这些肿瘤细胞的自杀。而且，有研究表明，自杀基因治疗肿瘤中，不仅转导自杀基因的肿瘤细胞可被杀灭，未转染细胞也可被杀灭，称之为“旁观者效应”（bystander effect，BE）。自杀基因前药转换作用具有直接肿瘤细胞杀伤作用和强效的旁观者效应，因而被认为是肿瘤基因治疗领域中最有希望获得突破的研究课题之一。

目前研究最深入、应用最为广泛的两种药物敏感基因治疗体系为单纯疱疹病毒胸苷激酶（herpes simplex virus thymidine kinase，HSV-TK）/丙氧鸟苷（ganciclovir，GCV）系统、大肠杆菌胞嘧啶脱氨酶（cytosine deaminase，CD）/5-氟胞嘧啶（5-fluorocytosine，5-Fc）系统。药物敏感自杀基因联合放疗的优势在于：药物敏感自杀基因和放疗分别作用于细胞周期中的S期和G_2/M期，联合应用可提高疗效；磷酸化的前体药物掺入新合成的DNA后导致DNA合成终止，进而细胞死亡，因此可增加DNA对射线的敏感性；磷酸化的前体药物掺入DNA中可干扰辐射损伤的修复；放疗可使药物从受损伤的细胞中释放出来，从而强化了基因治疗的旁观者效应。体内外实验研究证实，HSV-TK/GCV系统和CD/5-Fc系统均能提高肿瘤对辐射的敏感性[1,2]。Li等[3]的体外实验发现，照射剂量为2、4、6和8 Gy，转染效率分别由21.3%提高到62.2%、78.0%、83.2%和87.8%，且CD基因的表达增加。而且，CD基因治疗联合照射可显著增加抗肿瘤作用；体内实验也显示，CD/5-Fc组、照射组和CD/5-Fc联合照射组的瘤肿体积分别减少48.5%、37.4%和81.5%，肿瘤重量分别降低41.7%、37.7%和80.0%，表明放射可提高脂质体介导的CD基因转染效率和表达水平。与单一疗法相比，自杀基因联合放射治疗可显著增强抗肿瘤作用。Wu等[4]将含有胞嘧啶脱氨酶和胸苷激酶融合蛋白（CD-TK）的腺病毒载体转染结肠直肠癌细胞株SW480，结果发现自杀基因疗法可明显增强细胞的放射敏感性，且双自杀基因较单基因治疗的抑瘤效应和旁观者效应更为明显，双自杀基因之间具有协同作用。大量的研究结果显示：肿瘤药物敏感基因系统与放疗的联合治疗能获得较单一疗法明显的疗效，将二者联合作为一种新型有效的抗肿瘤策略，有望在未来的临床治疗中得到广泛应用。

二、肿瘤抑制基因与放射治疗的联合

正常细胞在分裂过程中细胞增殖和细胞死亡之间是平衡的，如果此平衡被打破，细胞增殖失控，就会导致肿瘤发生。因此，基因治疗可从激活、促进肿

瘤细胞凋亡和抑制肿瘤细胞增殖两方面着手，即调节肿瘤细胞增殖和凋亡，抑制肿瘤细胞恶性生长。其中，p53 基因作为细胞内重要的抑癌基因，与肿瘤的放射敏感性密切相关，针对它的研究最多。

野生型 p53 基因的功能就像“分子警察”，监控着基因组的完整性和准确性，当 DNA 受损时，p53 蛋白在细胞核内积累，DNA 复制停止，细胞周期停滞在 G_1 期，在 DNA 复制之前对损伤进行修复。若修复失败，p53 蛋白则启动凋亡程序，引起细胞凋亡。因此，野生型 p53 基因在控制细胞周期停滞、DNA 修复或细胞凋亡方面起着重要的作用。但是 p53 基因发生突变后，丧失了正常功能，转为癌基因，可表现出对放射治疗的抗拒性[5]。并且，p53 基因的状态对肿瘤治疗效果和预后密切相关[6]。鉴于 p53 基因的突变或丢失是大多数肿瘤中最常见的分子异常之一，恢复和重建肿瘤细胞中野生型 p53 基因的功能以及将 p53 基因与其他抑癌基因或肿瘤治疗手段相联合来抑制肿瘤的研究已成为目前肿瘤治疗研究的热点。近年来的研究表明，野生型 p53 基因可通过细胞周期阻滞、抑制损伤的 DNA 修复及促进细胞凋亡等来增强肿瘤细胞对放疗的敏感性[7,8]，且放射能上调野生型 p53 蛋白的表达[9]。Kawabe 等[10]报道了腺病毒介导的基因在体内外均能明显增加非小细胞肺癌细胞株和裸鼠移植瘤的放疗敏感性。Swisher 等[11]对此进行了Ⅱ期临床试验研究，结果显示瘤内注射腺病毒介导的 p53 基因后再给予放疗，局部病灶体积缩小，病人生存期延长。因此，将野生型 p53 基因转染与放疗联合用于 p53 基因突变或缺失的恶性肿瘤的治疗研究具有重要的意义。

另外，还有很多肿瘤相关基因与放射治疗相结合可用于抗肿瘤治疗的研究，如促凋亡基因（TRAIL、Smac 和 Bax 等）、抗肿瘤血管生成基因（endostatin、angiostatin 等）及 DNA 修复相关基因等。大量研究表明，这些基因导入肿瘤细胞，可增加肿瘤的放射敏感性，发挥其促进肿瘤细胞凋亡、抑制肿瘤 DNA 修复及血管生成等抗肿瘤作用，与放疗联合后发挥协同作用，增强抑瘤效应[12,13]。近来，RNA 干扰（RNA interference，RNAi）现象的出现，使得研究者们可利用 RNAi 技术来特异、高效地抑制肿瘤相关基因，比如，细胞凋亡抑制蛋白家族（inhibiting apoptotic proteins，IAPs）、促肿瘤血管生成因子（vascular endothelial growth factor，VEGF）、乏氧诱导因子-1α（hypoxia-inducible factor-1α，HIF-1α）、DNA 修复相关基因 Ku70/80[14]、共济失调-毛细血管扩张突变基因（ataxia-telangiectasia mutated gene，ATM）等，通过抑制这些基因 mRNA 和蛋白水平的表达来增加肿瘤对放射的敏感性，这为肿瘤基因-放射治疗的联合应用开辟了新途径。

三、免疫基因治疗与放射治疗的联合

大多人类肿瘤的免疫原性较弱，肿瘤细胞会产生免疫抑制因子，全面抑制机体的细胞免疫和体液免疫，逃避宿主杀伤肿瘤细胞。在恶性肿瘤的治疗方面虽已有许多进展，并取得可喜的成果；但微小残留病灶仍难以被现行诸多治疗方案彻底清除，如果应用肿瘤免疫治疗激发机体免疫监视系统，消灭残存肿瘤细胞，有可能彻底治愈肿瘤。肿瘤免疫

基因治疗是指应用基因转移技术将主要组织相容性复合物（major histocompatibility complex，MHC）、共刺激分子、细胞因子及受体、肿瘤抗原、病毒抗原等外源基因导入人体，提高机体的抗肿瘤免疫反应，从而达到抑制和杀伤肿瘤细胞的目的。

肿瘤免疫基因治疗是一种新型的肿瘤治疗模式，自美国于 1990 年 10 月首次对恶性黑素瘤病人进行肿瘤免疫基因临床治疗以来，研究进展迅速，部分已进入临床应用阶段，并取得了明显的治疗效果。而放射治疗可杀死癌细胞，减少肿瘤来源的免疫抑制因子的生成，间接增加肿瘤的抗原性，诱导机体的免疫应答。采用基因转移方法将肿瘤坏死因子-α（tumor necrosis factor，TNF-α）基因导入肿瘤组织中，不仅可在肿瘤局部产生高浓度的肿瘤坏死因子，直接杀伤肿瘤细胞，还可增强肿瘤对放射的敏感性[15]。王贵怀等[16]将携带 TNF-α 的腺病毒注入大鼠皮下胶质瘤模型，并给予 10 Gy 照射。结果显示，联合治疗组肿瘤生长速率明显降低，体积变小，有丝分裂细胞数量减少，凋亡小体略增加。联合治疗组外周血 Th/Ts 比值降低，NK 细胞数量增多，体内免疫机制上调，效应细胞数量增多，免疫活性增强。吴丛梅等[17]的研究结果也显示，pEgr-TNFα 基因联合放射治疗抗肿瘤作用明显优于单纯放疗组和单纯基因治疗组，同时可以减轻放疗对机体免疫功能的损伤。这些研究结果表明，将肿瘤免疫基因治疗与放射治疗相结合，可同时发挥抗肿瘤免疫和肿瘤杀伤作用，其疗效明显高于单一疗法的治疗效果。

四、电离辐射诱导启动子的基因治疗

电离辐射可激活某些编码转录因子的立即早期基因（immediate early gene），从而启动其下游基因的转录。将编码特定治疗基因的连接在这些早期基因的启动子下游，电离辐射即可作为启动治疗基因转录的开关。立即早期基因包括 Egr 家族、Jun 家族及 Fos 家族。肿瘤细胞经照射后，Egr 和 Jun 基因呈一过性表达，其表达水平呈照射时间和剂量依赖性。因此，将具有射线激活和调节基因表达特性的启动子连接在编码细胞毒蛋白基因的上游，构成重组体应用于肿瘤治疗，为肿瘤治疗开辟了新的途径。

美国肿瘤放射治疗专家 Weichselbaum 于 1992 年提出肿瘤基因-放射治疗的设想，即将辐射诱导性基因的调控序列与肿瘤杀伤基因相偶联，转染肿瘤细胞，在对肿瘤实施局部放疗的同时诱导肿瘤杀伤基因表达的增强，产生辐射和基因表达产物的协同抑瘤作用。该疗法一方面将放疗与基因治疗有机地结合，发挥协同作用[18]；另一方面，由于辐射具有靶向性和可控性，实现了对杀伤基因表达的时空调控[19]。此外，辐射诱导调控机制可使用于多种肿瘤，具有广谱性、简便性，易于临床推广。因此，随着分子生物学和基因工程的发展，基因-放射治疗已成为近年来肿瘤治疗领域新的研究热点。

早期生长反应基因-1（early growth response gene-1，Egr-1）启动子序列中含有 6 个 CarG［CC（A + T-rich）$_6$GG］血清反应元件。研究证明，电离辐射作用于受照细胞产生的活性氧中间产物（reactive oxygen intermediates，ROIS），可激活CarG元件，继而诱导下游基因表达增强。自从1994年Weichselbaum等[20]首先将Egr-1启动子和TNFα基因构建成重组子pEgr-TNFα，应用于肿瘤基因放射治疗以来，国内外学者在这方面均取得了很好的成果。目前，用于Egr-1调控序列后的目的基因包括细胞因子、自杀基因、肿瘤抑制基因及耐药基因等。在射线照射下，它们被转录激活表达，发挥着抗肿瘤免疫、增强对肿瘤细胞的识别能力、抑制或阻断肿瘤相关基因的异常表达以及提高肿瘤对药物的敏感性等作用。基因-放射治疗肿瘤在国际上愈益受到关注，成为放射肿瘤学研究热点之一。大量研究表明：Egr-1基因启动子具有辐射诱导抗肿瘤基因表达增强的特性，所介导的基因-放射治疗可明显抑制移植肿瘤的生长和转移，延长荷瘤动物生存时间，其体内抑瘤作用明显优于单纯放疗或基因治疗，且未见明显的不良反应。Egr-1启动子介导的肿瘤基因-放射治疗已成为一种新的有应用前景的肿瘤综合治疗方案。

乏氧是实体肿瘤发展过程中存在的普遍现象。肿瘤乏氧细胞的存在不仅使肿瘤对放化疗的抗拒性增加，还使肿瘤更具有侵袭性，容易发生远处转移。有研究发现，Egr-1启动子在临床常规照射剂量下，尤其是在实体瘤乏氧环境下其辐射诱导活性有所下降，影响目的基因在受照射后的表达水平，从而限制了基因-放射治疗的应用及疗效[21]。其机制可能为乏氧导致照射后氧自由基产量降低，而辐射却是通过氧自由基来诱导Egr-1启动子的转录活性的[22]。乏氧反应元件（hypoxia response elements，HREs）是介导细胞乏氧反应的重要调控序列，是一种乏氧敏感性增强子，在实体瘤中的活性较高，可通过与HIF-1特异性结合而诱导下游基因表达。有研究表明，将HREs与Egr-1启动子序列相串联，构建乏氧/辐射双敏感启动子，可使启动子在乏氧条件下的转录活性显著增强，使乏氧变为肿瘤基因-放射治疗促进因素[23]。目前，国内外已有HREs、Egr-1启动子嵌合调控自杀基因TK、CD/UPRT和抑瘤素M等基因表达方面的研究，这为解决恶性肿瘤乏氧细胞的辐射抗拒提供了崭新的思路[24,25]。

五、双（多）基因治疗与放射治疗的联合

肿瘤的发生发展是涉及多因素、多途径和多基因变化的复杂的多阶段过程，为提高肿瘤基因-放射治疗效果，联合应用两（多）个有效的治疗基因，协同放射治疗，从多个角度杀伤肿瘤细胞，可能是更为理想的选择。

越来越多的研究着眼于双基因联合放射治疗，并已取得一定的研究成果。Yang等[26]构建了pEgr-mIFNγ、pEgr-mEndostatin单基因表达质粒和pEgr-mIFNγ-mEndostatin双基因共表达质粒进行基因-放射治疗抗肿瘤作用的研究，结果证实，上述构建的单、双基因表达质粒均具有辐射诱导表达增强特性；抑瘤效应依次为：双基因-放射治疗 > 单基因-放射治疗 > 单基因或单纯放射治疗；其抑瘤效应机制主要是联合发挥IFNγ的免疫调节和抗肿瘤作用、endostatin的抗肿瘤血管生成作用和电离辐射对肿瘤的直接杀伤作用。Xian等[27]将小鼠白介素-2

(IL-2)、白介素-12（IL-12）与 X 射线放射治疗单独或联合用于头颈部鳞状细胞癌治疗的研究，结果发现与单一或任二者联合治疗相比，三者联合应用显示出较好的抗肿瘤活性，且瘤内 IL-2 和 IL-12 细胞因子的表达最高，CD_4^+、CD_8^+ T 细胞浸润、NK 细胞和细胞毒 T 细胞活性也明显增强。还有研究表明，pEgr-IL-18-B7. 1 或 pEgr-IL-18-B7. 2 双基因疗法联合放射治疗黑色素瘤的效果均优于单一疗法[28,29]。

另外，多基因治疗研究也有报道：Guo 等[30]将 TK 基因构建到逆转录病毒载体 pLxSN 上，mIL-2 和 mGM-CSF 插入载体 pIRES 中，首先体外实验检测 TK/GCV 对胃癌细胞的杀伤作用和旁观者效应，然后 TK/GCV 联合 mIL-2/mGM-CSF 两种细胞因子基因进行体内实验研究，检测该疗法的抑瘤作用。体外结果显示，TK/GCV 能有效地杀死肿瘤细胞，且仅仅 20% 的导入 TK 基因的细胞就能引起 70% ~ 80% 的细胞死亡，表现出很强的旁观者效应；体内结果显示，应用 TK/GCV 即可抑制肿瘤生长，但结合 mIL-2/mGM-CSF 基因治疗后，抑瘤效应显著增加，大部分肿瘤完全消退。Yao 等[31,32]研究发现，双自杀基因疗法和 survivin 反义寡核苷酸相结合可有效杀伤结肠直肠癌细胞 SW620、乳腺癌细胞 MCF-7 和血管内皮细胞 ECV304。上述实验结果表明，采用双（多）基因和放射联合治疗肿瘤有可能得到更为明显的疗效，是一个很好的切入点。

六、放疗保护性基因治疗

肿瘤放疗常因射线对临近的正常组织或器官的损伤而限制了放射治疗的剂量，从而影响治疗效果。一些基因的表达产物可有效地保护正常组织和器官，如锰超氧化物歧化酶（manganese superoxide dismutase，Mn-SOD）基因是目前比较理想的辐射保护基因。Mn-SOD 主要分布在原核细胞和真核细胞的线粒体基质中，具有抗氧化和放射保护作用，其抗辐射作用可能与细胞经电离辐射后，通过辐射诱导的 NF-κB 转录活化因子激活 Mn-SOD 基因启动子引起基因表达上调有关。实验研究中，先将此基因构建成重组质粒，然后通过脂质体介导或构建成重组腺病毒，转入肺脏、食管、口腔、口咽和膀胱等组织或器官后再照射，可使局部照射诱导的炎性细胞因子表达显著减少，降低严重的放射性损伤。目前，已开始进行针对非小细胞肺癌放化疗联合治疗中放射性食管炎和头颈癌放化联合治疗中放射性粘膜炎的 Mn-SOD 放疗保护性基因治疗的临床试验[33]。Epperly 等[34]在模拟全身照射的动物实验中，单次 20 Gy 照射前 24 h 经气管给予 Mn-SOD 重组质粒及脂质体的混合物（MnSOD-PL）可显著降低肺纤维化的发生率。进一步分析发现，照射前 Mn-SOD 基因治疗使血管内皮细胞内表达的可刺激支气管肺泡巨噬细胞聚集、迁移和增殖的血管细胞粘附分子 1（vascular cell adhesion molecule-1，VCAM-1）和细胞内粘附分子 1（intracellular adhesion molecule-1，ICAM-1）的表达降低。而且，新近研究发现[35]，口腔内给予 Mn-SOD-PL 可延长口腔瘤模型小鼠在照射场的生存时间，且体外检测发现它对正常组织的辐射保护可增强肿瘤细胞的放射敏感性，这可能与其抗氧化作用有关。

总之，肿瘤的基因治疗已逐渐从理论走向实践，部分方案已进入临床实验，成为恶性肿瘤治疗的一个重要组成部分。基因治疗能提高肿瘤对放化疗的敏感性，减少肿瘤的复发和转移，但并不能取代常规的手术、化疗、放疗成为惟一的抗肿瘤策略。基因治疗与放射治疗结合治疗恶性肿瘤，使两者的优势互补，抗肿瘤效应得以强化，是肿瘤治疗未来的发展方向之一。虽然目前肿瘤基因联合放射治疗取得了可喜的成果，但仍存在不足。比如，Egr-1 启动子诱导的治疗基因的表达水平低，持续时间短暂，使得治疗基因的表达还不能满足体内治疗肿瘤的需要，直接影响了抗肿瘤疗效。而且，通过找寻高效、定向的基因转移载体系统和更为有效的治疗基因等方法来提高肿瘤基因治疗的疗效是目前联合治疗中急需解决的问题。此外，基因治疗的安全性、复杂性也是亟待解决的问题。随着人们对肿瘤发病机制、生长调控认识的深入以及基因转移技术的不断发展，相信这些难题会被克服，基因治疗与放射治疗的联合运用将发挥更加理想的疗效。

参 考 文 献

1 Chen JK, Hu LJ, Wang D, et al. Cytosine deaminase/5-fluorocytosine exposure induces bystander and radiosensitization effects in hypoxic glioblastoma cells in vitro. Int J Radiat Oncol Biol Phys, 2007, 67 (5): 1538 ~ 1547.

2 Nestler U, Wakimoto H, Siller-Lopez F, et al. The combination of adenoviral HSV TK gene therapy and radiation is effective in athymic mouse glioblastoma xenografts without increasing toxic side effects. J Neurooncol, 2004, 67 (1-2): 177 ~ 188.

3 Li S, Yu B, An P, et al. Combined liposome-mediated cytosine deaminase gene therapy with radiation in killing rectal cancer cells and xenografts in athymic mice. Clin Cancer Res, 2005, 11 (9): 3574 ~ 3578.

4 Wu DH, Liu L, Chen LH. Antitumor effects and radiosensitization of cytosine deaminase and thymidine kinase fusion suicide gene on colorectal carcinoma cells. World J Gastroenterol, 2005, 11 (20): 3051 ~ 3055.

5 Lacroix M, Toillon RA, Leclercq G. p53 and breast cancer, an update. Endocr Relat Cancer, 2006, 13 (2): 293 ~ 325.

6 Miller LD, Smeds J, George J, et al. An expression signature for p53 status in human breast cancer predicts mutation status, transcriptional effects, and patient survival. Proc Natl Acad Sci USA, 2005, 102 (38): 13550 ~ 13555.

7 Talos F, Petrenko O, Mena P, et al. Mitochondrially targeted p53 has tumor suppressor activities in vivo. Cancer Res, 2005, 65 (21): 9971 ~ 9981.

8 Winters ZE. P53 pathways involving G2 checkpoint regulators and the role of their subcellular localisation. J R Coll Surg Edinb, 2002, 47 (4): 591 ~ 598.

9 Bolaris S, Bozas E, Benekou A, et al. In utero radiation-induced apoptosis and p53 gene expression in the developing rat brain. Int J Radiat Biol, 2001, 77 (1): 71 ~ 81.

10 Kawabe S, Munshi A, Zumstein LA, et al. Adenovirus-mediated wild-type p53 gene expression radiosensitizes non-small cell lung cancer cells but not normal lung fibroblasts. Int J Radiat Biol, 2001, 7 (2): 185 ~ 194.

11 Swisher SG, Roth JA, Komaki R, et al. Induction of p53-regulated genes and tumor regression in lung cancer patients after intratumoral delivery of adenoviral p53 (INGN 201) and radiation therapy. Clin Cancer Res, 2003, 9 (1):

93～101.

12 Takahashi M, Inanami O, Kubota N, et al. Enhancement of cell death by TNF alpha-related apoptosis-inducing ligand (TRAIL) in human lung carcinoma A549 cells exposed to x rays under hypoxia. J Radiat Res (Tokyo), 2007, 48 (6):461～468.

13 Itasaka S, Komaki R, Herbst RS, et al. Endostatin improves radioresponse and blocks tumor revascularization after radiation therapy for A431 xenografts in mice. Int J Radiat Oncol Biol Phys, 2007, 67 (3):870～878.

14 Nimura Y, Kawata T, Uzawa K, et al. Silencing Ku80 using small interfering RNA enhanced radiation sensitivity in vitro and in vivo. Int J Oncol, 2007, 30 (6):1477～1484.

15 Yamini B, Yu X, Pytel P, et al. Adenovirally delivered tumor necrosis factor-alpha improves the antiglioma efficacy of concomitant radiation and temozolomide therapy. Clin Cancer Res, 2007, 13 (20):6217～6223.

16 王贵怀，刘慧风，李储忠，等. 肿瘤坏死因子-α 基因治疗联合放疗抗大鼠胶质瘤 C6 细胞作用的实验研究. 中国神经肿瘤杂志，2006，4 (2): 118～124.

17 吴丛梅，李修义. pEgr-TNFα 质粒的构建及基因-放射治疗小鼠黑色素瘤的实验研究. 中华肿瘤杂志，2004，26 (3): 143～145.

18 Han Z, Wang H, Hallahan DE. Radiation-guided gene therapy of cancer. Technol Cancer Res Treat, 2006, 5 (4):437～444.

19 Hallahan DE, Maucaeri HJ, Seung LP, et al. Spatial and temporal control of gene therapy using ionizing radiation. Nat Med, 1995, 1 (8):786～791.

20 Weichselbaum RR, Hallahan DE, Beckett MA, et al. Gene therapy targeted by radiation preferentially radiosensitizes tumor cells. Cancer Res, 1994, 54 (16):4266～4269.

21 Weichselbaum RR, Kufe DW, Advani SJ, et al. Molecular targeting of gene therapy and radiotherapy. Acta Oncol, 2001, 40 (6):735～738.

22 Pines A, Bivi N, Romanello M, et al. Cross-regulation between Egr-1 and APE/Ref-1 during early response to oxidative stress in the human osteoblastic HOBIT cell line: evidence for an autoregulatory loop. Free Radic Res, 2005, 39 (3):269～228.

23 Chadderton N, Cowen RL, Sheppard FC, et al. Dual responsive promoters to target therapeutic gene expression to radiation-resistant hypoxic tumor cells. Int J Radiat Oncol Biol Phys, 2005, 62 (1):213～222.

24 Wang WD, Chen ZT, Li R, et al. Enhanced efficacy of radiation-induced gene therapy in mice bearing lung adenocarcinoma xenografts using hypoxia responsive elements. Cancer Sci, 2005, 96 (12):918～924.

25 王卫东，陈正堂，李德志，等. 缺氧及辐射双敏感性启动子增强抑瘤素 M 表达治疗肺癌的实验研究. 中华结核和呼吸杂志，2004，27 (4): 240～243.

26 Yang W, Li XY. Anti-tumor effect of pEgr-interferon-gamma-endostatin gene-radiotherapy in mice bearing Lewis lung carcinoma and its mechanism. Chin Med J (English), 2005, 118 (4): 296～301.

27 Xian J, Yang H, Lin Y, et al. Combination nonviral murine interleukin 2 and interleukin 12 gene therapy and radiotherapy for head and neck squamous cell carcinoma. Arch Otolaryngol Head Neck Surg, 2005, 131 (12):1079～1085.

28 Yang J, Jin G, Liu X, et al. Therapeutic effect of pEgr-IL18-B7.2 gene radiotherapy in B16 melanoma-bearing mice. Hum Gene Ther, 2007, 18 (4):323～332.

29 Jin GH, Jin SZ, Liu Y, et al. Therapeutic effect of gene-therapy in combination with local X-irradiation in a mouse malignant melanoma model. Biochem Biophys Res Commun, 2005, 330 (3):975～981.

30 Guo SY, Gu QL, Zhu ZG, et al. TK gene

combined with mIL-2 and mGM-CSF genes in treatment of gastric cancer. World J Gastroenterol，2003，9（2）：233～237.

31 Yao H，Huang ZH，Li Z，et al. Specific killing effects of combination of double suicide gene and survivin antisense oligonucleotide on breast tumor cells and vein endothelial cells. Chin J Surg，2007，45（7）：476～479.

32 Yao H，Huang ZH，Li Z，et al. Specific killing effects of combination of recombinant adenovirus containing double suicide gene driven by KDR promoter and survivin antisense oligonucleotide on colorectal cancer cells and vascular endothelial cells. Chin J Gastrointest Surg，2008，11（1）：61～66.

33 Greenberger JS，Epperly MW，Gretton J，et al. Radioprotective gene therapy. Curr Gene Ther，2003，3（3）：183～195.

34 Epperly MW，Sikora CA，De Filippi SJ，et al. Pulmonary irradiation-induced expression of VCAM-I and ICAM-I is decreased by manganese superoxide dismutase-plasmid/liposome（MnSOD-PL）gene therapy. Biol Blood Marrow Transplant，2002，8（4）：175～187.

35 Epperly MW，Wegner R，Kanai AJ，et al. Effects of MnSOD-Plasmid Liposome Gene Therapy on Antioxidant Levels in Irradiated Murine Oral Cavity Orthotopic Tumors. Radiat Res，2007，167（3）：289～297.

肿瘤的多药耐药及逆转对策

王宝成

济南军区总医院　济南　250031

恶性肿瘤细胞对化疗药物产生耐药性，是肿瘤内科治疗失败的最主要的原因之一。该问题深深困扰着肿瘤学临床医师及药学研究者。很多肿瘤初治非常有效，但几个疗程过后，疗效不再令人满意。甚至很多花费大量社会及经济资源研制的新药，也因耐药性问题而不能发挥应有的作用。因此，克服或逆转肿瘤的耐药性，成为提高药物治疗效果、节省药品投资等亟待解决的重要课题。

一般来说，肿瘤耐药的产生可分为原发性耐药（intrinsic resistance）和获得性耐药（squired resistance）。前者是指未接触药物就已经产生了耐药性，与使用药物无关，也称为内在性耐药；后者指在接触药物之前是敏感的，在使用药物过程中诱导产生的耐药性。获得性耐药又分为原药耐药（primary drug resistance，PDR）和多药耐药（multi-drug resistance，MDR）。PDR 只对接触过的药物产生耐药性，而 MDR 则不仅对接触过或结构相同的药物产生耐药性，对未接触的药物以及结构和作用机制完全不同的药物也产生耐药性，表现为严重的交叉耐药，使临床化疗药物的使用受到限制。

肿瘤细胞产生耐药性的机制相当复杂，主要有以下几个方面：

1. 药物转运或摄取障碍；
2. 药物活化障碍；
3. 药酶改变；
4. 代谢途径增加；
5. 修复机制增加；
6. 特殊膜蛋白增加，细胞排出药物增多；
7. DNA 交联减少；
8. 激素受体减少或功能丧失等。

近年来，我国学者在肿瘤耐药的研究及临床实践方面，进行了大量的工作，取得了很多进展和突破。2007 年的工作主要体现在以下几个方面。

一、多药耐药机制的研究

（一）转运蛋白

ATP 结合盒（ATP-biding cassette transporters，ABC）转运蛋白是膜整合蛋白，它利用水解 ATP 的能量对溶质中各种生物分子进行跨膜转运。其转运的底物包括：糖、氨基酸、金属离子、多肽、蛋白质、细胞代谢产物和药物等。目前已知人类基因组中约有 48 个 ABC 转运蛋白超家族成员。该蛋白参与生物多种重要生理代谢过程，如维持细胞内外的渗透压平衡、抗原提呈、细胞分化、抗感染免疫、胆固醇及脂类的运输等等。人类P型糖蛋白（P-gp）是一种典型的ABC转运蛋白。该蛋白的过量表达与抗肿瘤化疗药物和抗生素的耐药性的产生关系密切，成为研究的焦点。

1. P-gp 又称P-170，是分子量为170 kD（千道尔敦）的糖蛋白，它具有将细胞内的化疗药物逆药物浓度梯度泵到细胞外的作用。P-gp有2个跨膜结构域（TMD），每一个跨膜结构域由6个α螺旋组成，在胞质一侧有2个3 nm的凹槽相对应于P-gp的2个核苷酸结合区（NBD），P-gp在膜内形成一个水相空间，可向细胞内外敞开。其对药物等底物的转运过程是在2个TMD之间，存在一个通道，通过该通道的构象变化来摄取、传输及释放底物。对于已经进入胞内的化疗药物，P-gp的胞内部分与之结合并将其呈送到TMD，然后信号传递到NBD，NBD则结合并水解ATP。NBD水解ATP后构象发生变化，底物（药物）被送到通道中，朝向胞外一端的门开放，底物（药物）最终被排到胞外，最终造成细胞耐药。

研究发现，由于编码P-gp的MDR1基因存在单核苷酸多态性（SNP），造成了P-gp在种族与个体之间的差异性，这种差异在不同人群可达2～8倍[1]。其中，细胞色素P450亚族（CYPs）与P-gp的作用关系密切。P-gp与CYP3A的底物特异性和组织分布以及在空间上的联系表明，P-gp可能调控着底物对CYP3A酶系的结合与去除，两者协同形成了对口服药物吸收的屏障，降低了口服药物的生物利用度。储小蔓等的研究显示CYP3A5×3突变纯合子GC型的Cmax比携带至少一个A等位基因者（即野生型纯合子A/A型和杂合子A/G型）高38.14%（$P<0.05$）。如果去除MDR1 C3435T基因型的影响，仅取携带MDR1 C3435T野生型纯合子C/C等位基因的受试者比较CYP3A5×3基因型对C_{max}的影响，则两者C_{max}差异更大（$P<0.01$）。突变型纯合子组的C_{max}比携带至少一个A等位基因者（野生型纯合子和杂合子组）高51.83%。提示肠壁CYP3A和P-gp在限制口服药物吸收中可能协同发挥补充作用。结果表明CYP3A5×3和MDR1 C3435T的单核苷酸多态性改变了药物代谢酶和转运体的活性，在影响口服药物体内药代动力学过程中协同发挥补充作用[2]。

王丹等对MDR1多态性与急性髓细胞白血病（AML）的相关性进行了研究，提出既然MDR1基因的种族与个体多态性的差异是影响基因表达的重要因素，而且与肿瘤的临床疗效密切相关，建立一套中国人MDR1基因多态性与AML预后评估体系具有重要意义。结果表明，中国人MDR1外显子（exon）12、21、26基因型多态性发生频率存在种族差异，AML病人以上三个位点基因型发生频率与健康人相比差异无统计学意义。G2677T/A基因多态性可以作为预测AML病人第一疗程是否完全缓解的预测因素，为个体化给药提供理论基础[3]。

P-gp的异常表达及其多态性不仅与肿瘤的化疗药物的耐药性有关，还可能与肿瘤放射治疗的抗拒性也有一定的关系。在这个领域，虽然未能像化疗耐药那样研究的深入，但很多学者也进行了有益的探索。王志远等[4]的研究表明，MDR1 基因的 SNP 与鼻咽癌根治性放疗的放射敏感性及疗效有关，其中外显子 26（exon26）3435 C/C 等位基因携带者接受根治性放疗，其疗效显著优于其他基因型携带者。其作用机制可能是 P-gp 具有稳定肿瘤细胞线粒体膜电位和线粒体膜通透性以及抑制 X 线对细胞的凋亡效应等作用有关。P-gp 过度表达可使肿瘤细胞表现出放射抵抗特性。MDR1 的某些 SNP（如 exon26 C3435 T、exon21 G2677T 等）可显著抑制 P-gp 的表达[5]。

当然 P-gp 并非在所有的肿瘤耐药中发挥主要作用，卵巢就是一个非 P-gp 富集的器官。高庆等研究说明，在正常卵巢及良性疾病的卵巢中，几乎检测不到 P-gp 的表达。即使在卵巢上皮性癌组织中，P-gp 的阳性率也只有 34.8%[6]，提示 P-gp 在卵巢癌原发性耐药机制中并不发挥主要作用。作者进一步发现，一种名为“生存素（survivin）”的蛋白与卵巢癌的耐药发生关系密切。该蛋白是目前发现的最强的凋亡抑制因子，是凋亡抑制蛋白（inhibitor of apoptosis protein，IAP）家族成员之一，通过直接或间接抑制 caspase 3 和 caspase 7 的活性抑制细胞的凋亡，其中包括由化疗药物造成的肿瘤细胞的凋亡，进而产生耐药性[7,8]。卵巢良性上皮肿瘤的 survivin 表达阳性率仅为 31.3%，而在癌组织中阳性表达率为 60.9%，其表达强度与临床分期、组织学分级呈显著相关，提示涉及 survivin 抗凋亡途径紊乱在卵巢上皮癌的发生、发展中起一定作用，也使细胞降低了对化疗药物的敏感性，从而揭示卵巢癌易产生耐药可能与化疗药物诱导肿瘤细胞的凋亡的能力被抑制有关。

由于 P-gp 是 ATP 能量依赖泵，因此，细胞内 ATP 水平的变化与 P-gp 功能的变化密切相关。齐静等通过抑制 Bcr/Abl 酪氨酸激酶的活性，降低 Bcr/Abl 及其下游分子 ATP 结合量，从而使 K562/G01 细胞内一部分 ATP 与 P-gp 结合，使 P-gp 具有活性。然后以 Bcr/Abl 抑制剂 100μmol 处理 K562/G01 细胞 5h，使细胞内阿霉素浓度降低 40%。此时，P-gp 活性受到抑制。随后在 K562/G01 细胞中加入 10 mmol 的外源性 ATP，结果 P-gp 的功能几乎完全被逆转，细胞内 70% 的阿霉素被排出胞外[9]。因此推测，在酪氨酸激酶活性增高的肿瘤细胞中，激活激酶及其下游分子，可能会使之与 ATP 的结合增强，导致细胞内 ATP 的量下降，从而使能量依赖的 P-gp 不能发挥其“药泵”作用。这也为耐药性的逆转提供了思路。

2. 穹隆体（vault）与肺耐药蛋白（lung resistance protein，LRP） 穹隆体是近期发现的一种细胞器，主要位于胞质内的大型核蛋白复合体。电镜下观察其外形酷似教堂的穹隆顶，故被命名为穹隆体。1993 年，Scheper 等报道，他们从非小细胞肺癌耐药细胞株 SW-1573/2R120 中发现了一种新的耐药蛋白，当时命名为肺耐药蛋白（lung resistance protein，LRP）[10]。不久，Schefer 等[11]将 LRP 基因克隆出来，并证明 LRP 为人类穹隆体主要成分-主要穹隆体蛋白（major vault protein，MVP）。此后，穹隆体与多药耐药间的关系被广泛研究。

穹隆体介导的 MDR 被认为主要与细胞内、核内药物排出增多有关。接触化疗药物的细胞囊泡中的药物浓度高于胞质，胞质中的药物浓度又高于核内，并出现胞吐现象，且在胞吐物中分离到了化疗药。对阿霉素耐药的乳腺癌细胞株MCF-7（DXR），表现为细胞内、核内阿霉素外漏。Bour等[12]用免疫荧光法检测了溶酶体、内质网、高尔基体与阿霉素的关系，发现65%的高尔基囊泡中存在阿霉素。细胞内药物隔离作为一种耐药机制得到了证实，而这种隔离被认为是由穹隆体参与的。穹隆体可介导P-gp MRP1所不能介导的某些药物，如顺铂、卡铂、烷化剂等。

LRP广泛分布在人体正常组织中，如血管上皮、消化道上皮、近端肾小管、巨噬细胞、肾上腺皮质、角化细胞等处。LRP也广泛分布在肿瘤组织中，但其在肿瘤组织中表达率及表达强度明显高于正常组织，且不同肿瘤其表达率不同[13]。

3. 多药耐药相关蛋白（multi-drug resistance associated protein，MRP） 多药耐药相关蛋白（MRP）家族中研究最多的是MRP1，MRP1与P-gp在结构和功能上有许多相似之处，也是一种依赖能量的药泵。MRP1基因位于16号染色体p13.1，属于ATP结合盒式载体超家族蛋白的一种，长2.8kb，基因编码1 531个氨基酸组成的蛋白质，分子量为190 kD。MRP1基因主要位于内质网膜，在肺内主要分布于支气管上皮细胞。MRP1的作用机制与P-gp表达无关，而与细胞内MRP1的药物泵作用有关，它能识别和转运与谷胱甘肽（glutathione，GSH）偶合的底物，增加药物外流，从而降低细胞内的药物浓度，故又称为GSH-X泵[14]。

4. 微管与微管蛋白（microtubule and tubulin） 在没有P-gp、LRP和MRP参与的情况下，对于作用于肿瘤细胞微管的化疗药物仍然产生了多药耐药性。其原因可能就是微管同型表达改变、微管蛋白突变及微管解聚蛋白增加等。在这个领域的研究，我国学者的研究较少。

5. 其他 WASP家族Verprolin同源蛋白-1（WASP family verprolin homologuos rotein-1，WAVE-1）是WASP家族新成员。其主要功能是参与细胞骨架蛋白中肌动蛋白的聚合作用。一般认为，该蛋白参与了白血病的发病过程，但在白血病中MDR1的作用尚不十分清楚。康睿等的研究表明WAVE1表达水平在耐药细胞系K562/A02细胞中明显增高。同时作者通过基因转染方法增加K562细胞WAVE1表达，降低了其对阿霉素的药物敏感性。然后再用RNA干扰技术阻断K562/A02细胞WAVE1表达，增加了阿霉素所致细胞凋亡的发生，恢复了对阿霉素的敏感性。因而初步证明WAVE1参与了白血病的MDR。研究还表明，WAVE1参与白血病MDR1的机制与WAVE1调控mdr1及bel-2的表达有关[15]。

（二）耐药细胞株及耐药动物模型的建立

建立耐药细胞株的方法很多，一般多为体外药物浓度梯度增加诱导法，除此之外还有基因转染、紫外线照射、X线照射等。蒋明东等采用X线诱导方法，成功地建立了原发性肝癌$HepG_2$ MDR细胞模型。该细胞模型P-gp的平均阳性表达率为62.8%，MRP为29.3%，LRP变化不明显。对阿霉素、顺铂、5-Fu和As_2O_3等化疗药物表现出稳定的多药耐药性。但其中对阿霉素和 As_2O_3 的耐药指数较 5-Fu 和顺铂高，原因是该细胞株的耐药性主要由 P-gp 介导，而 P-gp 结合底物为疏水性化合物、对亲水性化合物的转运能力较弱。阿霉素和 As_2O_3 属于疏水性药物，易于被 P-gp 转运。5-Fu 和顺铂为亲水性药物，不易被 P-gp 转运。研究还证实，$HepG_2$ MDR 细胞的克隆形成率降低，G_0/G_1 期细胞比例增加，S 期和 G_2/M 期比例减少，提示细胞增殖能力降低，生长速度减慢，是细胞为逃避化疗药物打击而出现的特异性改变[16]。

周向东等采用体外药物浓度梯度增加诱导法，建立了对顺铂（CDDP）耐药的小细胞肺癌（SCLC）细胞株 SH77/CDDP。随后采用 Affymetrix 基因芯片对该细胞株 MDR 相关基因表达谱进行研究并采用生物信息学对所获结果进行了分析。基因芯片技术具有高通量的特点，一次实验可以同时检测数千乃至数万个基因并可进行平行分析。该研究选用 Affymetrix Gene Chip® 人类 U133 系列芯片（U133A、U133B 共包含了 3.9 万个转录本）检测中国人 SCLC MDR 细胞株 SH77/CDDP MDR 相关基因表达谱，共获得了2 389个在SH77/CDDP 中高表达的基因，其中差异最显著的有 36 个基因，比亲代细胞 SH77 表达高出（2.5 ~ 5.1）倍。在这些基因中，多数是未见报道的，其中有 7 个是未知功能的基因。36 个基因的功能主要涉及运输、细胞粘附、信号传导、转录、代谢和离子结合等多方面，说明顺铂所致 SCLC MDR 是多基因参与极其复杂的过程[17]。

耐药细胞的建立虽然对耐药机制的研究起到了极为重要的作用，但还是局限于细胞水平，距离荷耐药肿瘤的机体仍有很大的差距。李卓等在采用 VP16 浓度梯度递增法成功诱导建立人绒毛膜癌耐药细胞系 JAR/VP16 的基础上，应用简易的皮下细胞悬液接种法，构建了裸鼠移植瘤模型。经一系列的生物学及形态学观察，该动物模型保留的耐药细胞的特性、操作简便易行，是较理性的多药耐药荷瘤动物模型，为人绒癌的研究奠定了实验基础[18]。

二、耐药性的逆转

（一）化学药物

一般将逆转耐药性的药物分成如下三代：第一代主要是指维拉帕米、环孢素 A、奎宁丁等，逆转效果较低，不良反应较大；第二代与第一代结构相似，但选择性增强、不良反应降低，主要包括环孢素 A 衍生物 PSC833、右旋维拉帕米、氯喹等；第三代则是根据构效关系专门设计开发的化合物，如 S9788、GF120918、VX-710 等。杨华胜等[19]采用第三代化学合成逆转剂（FG020318）对视网膜母细胞瘤耐药细胞株 SO-Rb50/VCR 的逆转作用进行了探索。首先通过体外浓度递增法诱导建立耐长春新碱细胞株 SO-Rb50/VCR，采用 MTY 药敏试验及流式细胞术测定细胞内罗丹明 123 浓度的方法研究 FG020318 和环孢素 A 对耐药株多药耐药的逆转作用。结果显示 FG020318（2.5 μmol/L）即可明显降低 SO-Rb50/VCR 的半数致死有效浓度（IC_{50}）值和增加多药耐药（MDR）细胞内罗丹明 123 的浓度，作用随浓度的增加而增强。在相同浓度时，FG020318 对 SO-Rb50/VCR 的逆转倍数要高于环孢素

A。该作者认为这种新的肿瘤耐药逆转剂可部分逆转耐药细胞株 SO-Rb50/VCR 的耐药性，可能是一种很有希望的逆转 MDR 的新药。马强等[20]探讨了丁硫氨酸硫酸亚胺（BSO）逆转人结肠 LoVo/Adr 细胞 MDR 的可行性及逆转机制。研究发现，经 BSO 作用后，亲本 LoVo 中阿霉素、丝裂霉素的 IC_{50} 无显著变化，而在 LoVo/Adr 细胞中，阿霉素和丝裂霉素的 IC_{50} 则明显降低；BOS 对 MDR1 基因 mRNA 水平无影响，但 BSO 作用后 GST-π mRNA 的表达量和 GST-π 活性较作用前显著降低。因而该作者认为，BSO 可有效增强人结肠癌耐药细胞 LoVo/Adr 对阿霉素、丝裂霉素的敏感性，具有一定的耐药逆转作用。该作用机制与 MDR1 基因无关，但与 GST-π 基因下调有关。

刘永等研究了米非司酮逆转白血病多药耐药细胞系 K562/HHT 对高三尖杉酯碱的耐药作用。作者以接近临床用药体内血药浓度的 10 pmol/L 米非司酮体外作用 K562/HHT 细胞，证实 10 pmol/L 米非司酮可不同程度地逆转 K562/HHT 细胞对 HHT、ADM、VCR、VP-16 的耐药性，该浓度下 K562/HHT 细胞存活率为 95%，表明米非司酮不是通过直接抑制细胞，而是通过逆转细胞的耐药性，促进化疗药物的细胞毒作用。DNR 积累试验证实 10 pmol/L 米非司酮作用于 K562/HHT 细胞 72 h 后，细胞内 DNR 荧光强度显著增加（$P<0.01$），而 P-gp 是影响耐药细胞内药物积累的主要机制，说明米非司酮可能是通过抑制 P-gp 减少细胞内药物积累逆转 K562/HHT 细胞耐药性的。同时免疫组化结果显示 10 p mol/L 米非司酮可调节 K562/HHT 细胞 Bcl-2、Bax 及 caspase 3 的表达，表明米非司酮也可通过细胞凋亡途径逆转 K562/HH 细胞的耐药性[21]。

由于 P-gp 与 CYP3A 的底物具有相似性，因此 P-gp 抑制剂在逆转 MDR 的同时也抑制了 CYP3A 的活性。众所周知，绝大多数药物在体内是通过 CYP3A 进行生物转化的，这就必然会影响与其合用的抗肿瘤药物的药代动力学。理想的逆转剂应该是有效、低毒且不干扰抗肿瘤药物的药代动力学。因此开发出与 P-gp 有高亲合力的逆转剂，在达到有效逆转 MDR 的血药浓度时，还不能够抑制 CYP3A 的活性；另一种方法就是开发出具有高选择性的逆转剂但不是 P-gp 的底物，这样就可以避免干扰抗肿瘤药物的药代动力学。通过结构-活性开发的第三代逆转剂已经具有这些特性，已进行的体外、体内和临床试验也已经证明了这点，为化疗疗效的提高带来了曙光。

（二）中药的应用

由于西药逆转耐药性存在不少缺点，许多中药的逆转特性就成为临床治疗研究的热点。杨鸿武等[22]对三氧化二砷（As_2O_3）对胃癌细胞 SGC7901/ADR 产生的阿霉素（ADM）耐药性的逆转作用和对 P-gp、GST-π 表达的影响进行了探讨。作者以胃癌多药耐药细胞株 SGC7901/ADR 为靶细胞，用 MTT 法检测该细胞对 ADM 的敏感性，用流式细胞仪检测细胞内药物浓度及免疫组织化学法检测细胞 P-gp、GST-π 表达。结果发现浓度为 0.4～0.8 μmol/L 的 As_2O_3 对耐药细胞无明显毒性（$P>0.05$），但是可下调 P-gp、GST-π 的表达，提高该细胞内 ADM 浓度、增加该细胞对 ADM 的敏感性，从而部分逆转其对 ADM 的耐药性。林晓贞等[23]研究表没食子儿茶素没食子酸酯（EGCG）体内逆转人肝癌细胞多药耐药性的作用及可能的机制。他们采用 MTT 法检测肝癌耐药细胞株 BEL-7404/ADM 与其亲本细胞 BEL-7404 耐药倍数，然后将 BEL-7404/ADM 细胞种植于裸鼠皮下，建立肿瘤耐药动物模型。两周后以 EGCG 灌胃，腹腔注射 ADM，联合治疗两周，解剖动物，以荧光分光光度法检测瘤体内阿霉素含量，HE 染色观察形态学改变；以 RT-PCR 检测瘤组织 MDRl mRNA 的表达，免疫组化法检测瘤组织 P-gp 的表达，结果表明，EGCG 联合 ADM 组肿瘤生长速度及瘤重明显低于 ADM 组；EGCG 联合 ADM 可增加瘤体内 ADM 的含量（$P<0.01$）；EGCG 联合 ADM 组与 ADM 组相比，前者 HE 病理图片显示肿瘤组织纤维包裹，炎细胞浸润；ADM mRNA 和 P-gp 的表达明显低于对照组和阿霉素组（$P<0.01$）。因此，EGCG 在体内具有逆转 BEI-7404/ADR 耐药的作用。作者认为其机制可能是 EGCG 下调了肝癌细胞 MDR1 基因的表达，使 P-gp 的表达降低，瘤组织内药量增高。类似的研究还包括杏聚戊烯醇对 ADM 耐药株[24]、EGCG 对人口腔表皮样癌耐药株[25]、人参皂甙 Rh2 对 ADM 耐药株[26]、槐耳清膏体外对肝癌/ADM 耐药株[27]、槲皮素对胆囊癌/ADM 耐药细胞株[28]、华蟾素对乳腺癌细胞/ADM 耐药细胞株[29]以及以苦参碱和盐酸川芎嗪为主要成分的“肝力注射液”对肝癌/ADM 耐药株等的逆转作用等[30]。

目前中药逆转剂的研究主要集中在体外实验，而对于其在体内的作用效果及安全性仍有待进一步的在体研究来验证。这在一定程度上也阻碍了中药在逆转 MDR 方面前进的步伐及其在临床的应用。

（三）基因治疗

基因治疗是一种从基因水平抑制、阻断相关耐药基因的表达，逆转肿瘤细胞产生的多药耐药性的先进的治疗手段。一般分为一下几个方面：

1. 反义寡核苷酸　凋亡抑制是恶性肿瘤细胞的重要生物学特性之一。survivin 能通过抑制 caspase 级联反应下游的凋亡核心 caspase 3 和 caspase 7 发挥抗凋亡作用。survivin 基因的高表达与化疗耐药有密切关系。陈曦海等探讨了 survivin 反义核酸（anti-pcDNA3-svv）对胃癌细胞 SGC7901 的凋亡诱导、对泰索帝的化疗增敏作用及逆转 MDR1 表达的作用[31]。研究发现 survivin 蛋白的表达在重组质粒组比空质粒组和空白对照组明显降低（$P<0.05$），重组质粒组 MDR1 mRNA 表达也较其他两组明显降低（$P<0.01$）；透射电镜下可见重组质粒组细胞呈凋亡晚期变化，其 MDR 指数为 0.196 ± 0.013，明显低于空质粒组的 2.958 ± 0.024 和空白对照组的 3.126 ± 0.019（$P<0.01$）；重组质粒组对泰索帝的 IC_{50} 值为（16.7 ± 1.98）ng/ml，也明显低于空质粒组的（49.9 ± 1.21）ng/ml 和空白对照组的（55.7 ± 1.89）ng/ml（$P<0.01$）。作者认为 survivin 反义核酸可诱导 SGC7901 细胞凋亡，增强泰索帝化疗敏感性，可能逆转耐药。

2. 核酶（ribozyme）　核酶是正常存在于细胞内并调控基因表达的 RNA，具有核苷酸内切酶的活性，能序列的切割靶RNA，抑制基因的表达。表达核酶的逆转录病毒载体转化耐药肿瘤细胞后能有效的抑制MDR的基因表达，使已产生耐药的肿瘤细胞的MDR表型发生逆转，并对多种化疗药物重新产生较高的敏感性。核酶较早期的国内研究包括王宝成等进行的核酶对肝癌多药耐药细胞株BEL-7402/DOX化疗耐药性的逆转作用的系列研究[32]。该研究设计合成了一种能切割MDR1 mRNA第196密码子GUC序列的锤头状核酶并定向克隆于转录病毒载体Pdor-neo的BamHI位点。经病毒包装细胞PA317包装后感染人肝癌多药耐药细胞株BEL-7402/DOX，经G418筛选得到稳定的转化细胞株。Northern Blot杂交证实包装细胞PA317及转化的BEI-7402/DOX细胞中均有病毒的高表达，RT-PCR证实转化细胞中MDR1 mRNA与未转化细胞相比明显减少甚至不能扩增出来，流式细胞技术检测转化细胞P-gp的表达与非转化细胞的93.4%～97.5%相比下降至82.0%～14.6%。MTF法检测证实转化细胞对多种化疗药物重新产生较高的敏感性。结果表明，表达核酶的逆转录病毒载体转化肝癌多药耐药细胞BEI-7402/DOX后能有效抑制MDR1的表达和翻译，使已产生耐药的肿瘤细胞的多药耐药表型发生逆转。遗憾的是近一年来未见到相关的研究报道。

3. RNA干扰（RNA interference，RNAi）RNAi是指双链RNA诱导同源mRNA降解导致基因表达抑制的现象，又称基因沉默，是一种转录后基因沉默现象，是生物体在进化过程中抵御病毒感染及防御重复序列和突变引起基因组不稳定的保护机制。双链RNA进入细胞后，能够在Dicer酶的作用下裂解成小分子干扰RNA（small interfering RNA，siRNA）。siRNA的双链解开变成单链，并与某些蛋白形成复合物。而这些复合物同与siRNA互补的mRNA结合，使mRNA被RNA酶裂解。从21～23个核苷酸的siRNA到几百个核苷酸的双链RNA都能诱发RNAi，但长的双链RNA阻断基因表达的效果明显强于短的双链RNA。

RNAi技术具有高效、特异和毒性小的特点，能够降低甚至灭活某些基因的表达，产生类似基因敲除的作用。研究表明，化学合成的MDR1 siRNA分子或短发夹状小干扰RNA（short hairpin RNA，shRNA）均可抑制耐药基因的表达，有效提高肿瘤细胞对化疗药物的敏感性。魏虎来等[33]采用全新的方法，针对MDR1 mRNA设计合成了2对siRNA（MDR1 siRNA-1和MDR1 siRNA-2），转染MDR-1/P-gp高表达的耐药白血病细胞K562/ADM，观察其沉默MDR1基因表达后对白血病耐药细胞凋亡抑制现象的逆转效应。定量PCR和FCM检测证实K562/ADM细胞MDR1基因表达明显下调，其mRNA表达降低约90%，P-gp水平降低约80%，siRNA单独或与ADM联合应用，caspase 3活性明显提高，K562/ADM耐药细胞对ADM诱导凋亡的抵抗性得到部分逆转，细胞凋亡率显著增加。该研究表明，MDR1 siRNA-1和MDR1 siRNA-2可以沉默耐药白血病细胞MDR-1/P-gp表达，解除P-gp高表达对caspase 3的抑制效应，进而逆转由MDR1/P-gp介导的多药耐药性和凋亡抑制现象。在上一年度，冯敏华等[34]分别进行了siRNA重组质粒pSilence MDR1和pSilence neo-GSTπ 转染 K562/ADM 细胞、透射电镜观察 K562/ADM 细胞超微结构变化、Western blot 检测凋亡相关蛋白 Bcl-2 的改变。在透射电镜下，pSilence MDR1 和 pSilence neo-GSTπ 转染组细胞胞质浓缩、线粒体出现肿胀空泡样变、胞核内染色质浓集、染色质形成新月体样改变并有凋亡小体形成等典型的凋亡改变；Western blot 结果表明在 pSilence MDR1 和 pSilence neo-GSTπ 转染组发生凋亡的 K562/ADMr 细胞中，Bcl-2 含量明显减少，与 mock 相比差异具有显著性意义（$P<0.05$）。因此作者认为 siRNA 重组质粒 pSilence MDR1 和 pSilence neo-GSTπ 通过抑制 Bcl-2 表达诱导 K562/ADM 细胞发生凋亡，逆转其多药耐药的发生，从而为 siRNA 逆转白血病多药耐药提供坚实的理论依据。应用 RNAi 技术逆转 MDR1 的还有秦维超等[35]，他们根据 MDR1 基因序列，设计了两段 21 个碱基的 MDR1 特异性靶序列作为 shRNA 目标序列（sh-MDR1-1，sh-MDR1-2），重组构建了 psh-MDR1 表达质粒；采用脂质体介导转染肝癌耐药细胞 SMMC-7721/R，用 MTT 法测定细胞对化疗药物阿霉素（ADM）的敏感性，流式细胞仪检测细胞膜表面 P-糖蛋白（P-gp）表达和细胞内 Rh123 的潴留。结果表明 PCR 和 DNA 测序证实了 psh-MDR1-1 和 psh-MDR1-2 重组质粒的成功构建，均能有效地抑制细胞 P-gp 表达；转染细胞后均能够一定程度地恢复耐药细胞对化疗药物 ADM 敏感性，P-gp 表达水平明显降低，细胞内的 Rh123 稳态积累量均明显增高；第 1 条序列更能有效的抑制 MDR1 基因表达。

杨天华等[36]采用 shRNA 表达载体 p-SIREN shuttle 质粒转染马桑内酯诱导表达 P-gp 的星形胶质细胞，荧光定量聚合酶链反应（PCR）测定 MDRl mRNA 的表达量，免疫细胞化学方法检测 P-gp 表达的变化，流式细胞术检测转染前后细胞罗丹明蓄积外排的变化。经检测建立表达 P-gp 的星形胶质细胞模型，有效地将 p-SIREN shuttle 质粒转染该细胞模型。转染后实验组细胞 MDR1 mRNA 水平被抑制达 67. 70%，P-gp 表达明显低于对照组（$P<0.01$），实验组 P-gp 作用底物罗丹明的细胞外泵出率（23. 08%）明显低于对照组（78. 35%，$P<0.01$）。因此 RNA 干扰对马桑内酯诱导的星形胶质细胞 MDR1 表达有明显抑制作用，并且在很大程度上逆转多药耐药蛋白的耐药作用。朴瑛等[37]报道了以转录相关锌带蛋白基因（zinc ribbon domain-containing 1 protein，ZNRD1）作为靶分子进行白血病多药耐药基因治疗的可行性。其方法是以 Western blot 检测 ZNRD1 在白血病细胞中的表达，然后构建 ZNRD1 基因的 siRNA 载体并将其转导入 HL-60/VCR 细胞，以 G418 筛选稳定转染细胞株，MTT 法检测细胞转染前后生长速度和药物敏感性的变化，Western blot 检测细胞转染前后凋亡相关蛋白 bcl 2、Bax 和耐药相关蛋白 P-gp、MRP 的表达变化。结果显示，ZNRD1 在 HL-60/VCR 细胞中的表达明显高于 HL-60 细胞，转染后的细胞对长春新碱和阿霉素的敏感性增强，且 P-gp 和 bcl-2 的表达明显降低，从而实验证实，siRNA 真核表达载体能在一定程度上逆转白血病细胞的耐药性。

夏忠胜等[38]设计合成了两种针对 MDR1 mRNA 的 siRNA 双链分子（#4123

MDR1 siRNA 和#4029 MDR1 siRNA），并转染入 COLO 320DM 和 HT-29 结肠癌细胞，观察其对结肠癌细胞 MDR1 mRNA 和 P-gp 表达的影响，然后分别与 5-Fu、阿霉素和长春新碱等抗肿瘤药联用，观察结肠癌细胞活力的变化。结果，#4123 MDR1 siRNA 和#4029 MDR1 siRNA 均可抑制 COLO 320DM 结肠癌细胞 MDR1 mRNA 和 P-gp 的表达，其最低有效浓度分别为 5nmol/L 和 25nmol/L。同时 MDR1 mRNA 和 P-gp 表达的抑制伴随着抗肿瘤药（5-Fu、阿霉素和长春新碱）对 COLO 320DM 结肠癌细胞毒性的增强和细胞内阿霉素累积浓度的增加；而在对照 HT-29 结肠癌细胞却观察不到此效应。说明 MDR1 siRNAs 能特异逆转结肠癌细胞的多药耐药性。肖兰等[39]针对 MDR1 及 MDR3 基因的短发夹状 RNA（shRNA）转染 A2780/taxol 细胞（分别为 MDR1 组、MDR3 组），转染后，MDR1 组及 MDR3 组 A2780/taxol 细胞的早期凋亡率分别达 20.2% 和 10.9%。MDR1、MDR3 组 A2780/taxol 细胞内的 Rh123 平均荧光强度显著高于空载体组（$P<0.05$）。TUNEL 检测显示细胞发生了晚期凋亡。MDR1、MDR3 组 A2780/taxol 细胞对紫杉醇的 IC_{50} 明显下降，分别与空载体组比较，差异均有统计学意义（$P<0.05$）。转染 48h 后，A2780/taxol 细胞中 MDR1 和 MDR3 mRNA 的表达水平分别下降了 73.3% 和 51.6%；MDR1、MDR3 组细胞 caspase 3 的表达量分别为 80.8%、72.0%，均较空载体组增加。因此作者认为，MDR1 及 MDR3 基因沉默能恢复 A2780/taxol 细胞对紫杉醇的敏感性并诱导细胞凋亡，从而逆转 A2780/taxol 细胞对紫杉醇的耐药性。

4. 抑癌基因　目前研究得较为深入和广泛的是 p53 基因治疗。p53 是肿瘤中最容易发生突变的抑癌基因，野生型 p53 蛋自主要功能是细胞 G 期阻滞和诱导细胞凋亡。当细胞受到某种药物如顺铂或放疗作用后，造成细胞 DNA 的损伤，受损细胞启动 ATM 激酶使 p53 表达增加，引起细胞 G 期阻滞以完成修复或进入凋亡以清除肿瘤细胞，这是化疗诱导细胞凋亡的最常见机制。因此 p53 的突变会导致其功能丧失而引起肿瘤耐药。何时知等[40]探讨了腺病毒介导 p53 基因（Ad-p53）对人乳腺癌阿霉素耐药细胞株 MCF-7/ADM 的耐药性 MDR1 基因的影响。该作者以 Ad-p53 转染 MCF-7/ADM 细胞株；流式细胞术检测 P53 蛋白变化；锥虫蓝活细胞拒染法观察细胞生长情况；MTT 法观察 MCF-7/ADM 细胞对阿霉素耐药性的变化；实时荧光 RT-PCR 法检测 MDR1 mRNA 变化。流式细胞术观察到 MCF-7/ADM 细胞经 MOI_{50} 的 Ad-p53 作用 48 h 后，P53 蛋白表达率由 10.2% 升高到 36.2%，细胞抑制率为 7.4%（$P=0.003$）；逆转 MCF-7/ADM 对 ADM 的耐药倍数 11.6 倍（$P=0.001$）；实时荧光 RT-PCR 检测结果显示 MDR1 mRNA 相对表达量由 1.25 下降至 0.91（$P=0.011$）。该作者认为腺病毒介导 p53 基因能抑制 MCF-7/ADM 细胞 MDR1 基因的表达，并能部分逆转 MCF-7/ADM 的耐药性，增加阿霉素化疗敏感性。卢实等[41]研究 MDR1 调控的胞嘧啶脱氨酶-尿嘧啶磷酸核糖转移酶融合基因（CD::UPP）联合 5-氟胞嘧啶（5-Fc）后对卵巢癌紫杉醇耐药细胞株生长的影响。该作者以复制缺陷型重组腺病毒为载体，将MDR1-CD::UPP基因分别转染2对人卵巢癌紫杉醇耐药细胞株A2780/Taxol、SKOV3/Taxol及非耐药细胞株A2780和SKOV3，加入含5-Fc的培养液培养，5天后MTT法检测细胞存活率，观察旁观者效应。结果5-Fc对转基因耐药细胞的生长抑制作用明显高于转基因的非耐药细胞，随着5-Fc浓度增加，抑制作用增强；通过旁观者效应5-Fc可杀伤周围未转基因的耐药细胞。因此作者认为MDR1-CD::UPP靶向自杀基因联合5-Fc后对紫杉醇耐药细胞具有显著的特异性杀伤作用。

（四）细胞因子

机体免疫系统的一些细胞因子可降低MDR mRNA和P-gp的表达水平，增强细胞对MDR相关药物的敏感性。但大剂量细胞因子静脉应用可产生严重的不良反应，将细胞因子基因导入肿瘤细胞，在肿瘤局部微环境中产生和释放细胞因子，可减轻全身应用的不良反应。因此，联合应用基因治疗和化疗对耐肿瘤的治疗具有潜在的价值。

TNF-α能诱导白血病K562及K562/ADM细胞系hTERT基因表达的抑制，端粒酶活性下调的同时MDR1的表达也下调。姜莉华等[42]以K562及K562/ADM细胞传代培养，加入5×10^6 U/L的TNF-α培养24 h进行诱导实验，以MTT法检测K562和K562/ADM细胞的增殖能力，流式细胞术检测K562和K562/ADM细胞的凋亡，RT-PCR检测hTERT和MDR1 mRNA的表达，ELISA法检测端粒酶活性。结果，TNF-α诱导K562及K562/ADM细胞表现持续的生长抑制作用，且具有时效关系（$P<0.05$）；TNF-α诱导K562及K562/ADM细胞的凋亡率增加（$P<0.05$），而且耐药细胞K562/ADM凋亡的增加更明显（$P<0.01$）；hTERT基因与端粒酶活性的表达密切相关（$r=0.983$，$P<0.05$）。TNF-α诱导后两者也同时下调（$P<0.01$）；MDRl基因伴随着hTERT基因的下调而下调（$r=0.966$，$P<0.05$）。王其等[43]研究了TNF-α对体外培养的人肝癌耐阿霉素细胞系（HepG2/ADM）多药耐药现象的逆转作用。作者采用不同浓度（100、500、2 500 U/ml）TNF-α作用于HepG2/ADM细胞72 h后，分别用实时荧光定量聚合酶链反应技术检测各组MDR1及脂质过氧化物酶体增殖物激活受体（PPAR-α）基因的mRNA表达情况，用罗丹明外排法检测各组P-gp活性，用Annexin V检测0.5 mg/L阿霉素诱导的各组细胞凋亡情况，用MTI法检测各组耐药性的改变。结果TNF-α能诱导HepG2/ADM细胞的MDR1基因表达下调，PPAR-α基因表达上调，且能增加阿霉素诱导的凋亡细胞的比例及细胞毒作用。该作者认为TNF-α可能分别通过抑制MDR1表达及促进PPAR-α表达而逆转HepG2/ADM细胞的耐药性。

（五）物理学方法

该方法主要包括加热、冷冻及声波作用等。翟宝进等探讨了超声波体外逆转肿瘤多药耐药的作用，发现超声波能增强肿瘤细胞内药物浓度，部分逆转多药耐药、降低P-gp。进一步的体内外研究提示超声波和声波联合阿霉素能有效治疗多药耐药裸鼠移植瘤使肿瘤生长抑制，使存活期延长。研究还发现，超声波对多药耐药性逆转作用的机制主要是超声波的机械、空化作用和温度效应[44]。热疗对MDR的逆转也是临床治疗常用的方法，冷卫东等探讨了热疗对舌鳞癌Tca 8113细胞和耐药的Tca 8113/CBDEA细胞多药耐药蛋白表达和耐药性的影响[45]。作者发现Tca 8113/CBDEA细胞在热疗（42℃）后4 h和24 h MDR、MRP、GST-1T耐药蛋白表达量明显下降（$P < 0.01$），Tca 8113细胞的耐药基因表达在4 h和24 h时亦有明显下降。热疗以后肿瘤细胞内阿霉素（ADM）浓度有明显上升。作者认为热疗抑制了耐药蛋白的表达，增加了细胞内的药物浓度，其原因不仅是因为热疗增加了细胞膜通透性以促进药物的渗透和吸收，而且还在于MDR相关蛋白表达下降，使药物的代谢外排下降。

（六）其他

肿瘤多药耐药的逆转剂已经有很多，其中非离子表面活性剂对肿瘤耐药的逆转作用近年来受到人们的关注。非离子表面活性剂（non-ionic surfactant）是以聚环氧乙烷基或多醇为基础结构的一大类有机物，包括聚氧乙烯醚（蓖麻油）、聚乙二醇、曲拉通X100、诺得纳40、吐温80等，在医疗上主要被用作药物的助溶剂和乳化剂，如聚氧乙烯醚即是紫杉醇和Vpl6等很多化疗药物的助溶剂，吐温80也是各种剂型药物的乳化剂和分散剂。实验结果发现非离子表面活性剂聚氧乙烯醚、聚乙二醇300、曲拉通X100可以逆转肺癌耐药细胞A549/DDP的多药耐约性，使其对化疗约物的敏感性明显增加。肺腺癌细胞的多药耐药性与细胞膜脂物理性状和细胞外基质密切相关，耐药细胞A549/DDP和敏感细胞A549在胞膜脂质分子的有序性、膜脂质分子堆积程度以及膜脂的脂肪酸组成及饱和度等方面都有明显的差异。非离子表面活性剂逆转耐药的靶点首先就在细胞膜上，含有聚环氧乙烷基的非离子型表活剂聚氧乙烯醚、吐温80、水溶性维生素E都能够显著的提高多药耐药细胞Caco-2胞膜的流动性和通透性，产生耐药逆转作用。

胡大裕等[46]以维拉帕米作阳性时照，检测不同的表面活性剂在不同的浓度下逆转多药耐药的细胞系K562/A02对不同抗肿瘤药物耐药的能力。结果表明，硬脂酸聚氧乙烯、泊洛沙姆、蓖麻油聚氧乙烯醚、吐温60、辛基酚聚氧乙烯醚等几种非离子表面活性荆均能降低抗肿瘤药物阿霉素、柔红霉素、长春新碱、依托泊苷、三尖杉酯碱对K562/A02细胞的IC_{50}。因此，具有一定化学结构的非离子表面活性剂能逆转多药耐药的细胞系K562/A02的耐药性，作为药用辅料在逆转肿瘤多药耐药上将会有广阔的应用前景。F-68是一个毒性低，刺激性小，生物相容性好可用于水溶性、脂溶性、甚至一些难溶性药物的载体，是理想的药物辅料，该研究发现其不仅细胞毒性小，而且逆转肿瘤细胞多药耐药K562/A02的能力也非常的强。K562/A02细胞耐药机制之一是由于P-gp高表达导致的细胞内药物外排功能的亢进所引发。在同一时间，武建毅等[47]研究探讨了非离子表面活性剂聚氧乙烯醚、聚乙二醇300、曲拉通X100对肺癌耐药细胞A549/DDP（顺铂）多药耐药性的逆转及其机制。结果显示合用非离子型表面活性剂前后，

A549/DDP 对化疗药物阿霉素、顺铂、丝裂霉素、5-Fu、依托泊苷和长春新碱的敏感性均有显著性差异（各组都为 $P < 0.01$）；三种非离子型表面活性剂都能显著增加耐药细胞内 ADM 浓度，实验组与对照组比较差异有显著性（$P < 0.01$）。研究还证实三种非离子表面活性剂具有逆转 A549/DDP 耐药性的机制可能是改变了细胞膜的流动性，抑制多药耐药相关膜蛋白的功能。其依据是三种表活剂并没有提高化疗药物对敏感细胞 A549 的杀伤作用，也没有使其胞内药物浓度增加，说明该类物质逆转多药耐药的机制并不是简单的活化细胞膜，增加胞膜的通透性，使细胞内药物浓度增加，而是具有一定的特异性，这与表面活性剂影响了多药耐药相关蛋白的表达和功能有关。同样是表面活性剂，离子型表面活性剂 SDS 虽然也有活化细胞膜的作用，但对肿瘤细胞耐药性的逆转却没有明显效果。聚氧乙烯醚和吐温 80 与 P-gp 的某些亲水基团有亲和性，可以很特异的结合在这些蛋白上从而改变它们的构象，影响其功能，而 SINS 的化学结构与非离子型表面活性剂相差很大，所以它不具有耐药逆转的功能。

三、结语

虽然肿瘤耐药的研究已取得了长足进步，但由于恶性肿瘤的发病机制非常复杂，要达到真正治愈还需要漫长的过程。目前在临床逆转 MDR 仍然面临诸多问题与困难：

1. MDR 机制复杂，单独针对 P-gp 不能解决全部问题；

2. 肿瘤疗效判断标准尚不统一；

3. 逆转剂在体内难以达到体外有效逆转浓度。

因此，明确某种肿瘤的耐药机制，是成功克服临床耐药性的第一关键；第二，密切检测药物浓度也是非常重要的一个环节，因为拮抗剂只有达到有效血浆浓度，才能克服耐药；第三，努力寻找高效低毒且能用于临床的逆转剂或开发对 MDR 细胞无耐药性的新型抗癌药物，如生长因子抑制剂、肿瘤血管生成抑制剂、生物反应调节剂、肿瘤耐药逆转剂、端粒酶抑制剂、基因工程药物等有良好的研究开发前景。可以这样说，多种拮抗剂或治疗手段联合应用是目前解决肿瘤耐药的可行方向。

参 考 文 献

1 Lown KS, Mayo RR, Hashida T, et al. Effect of intestinal P-glycoprotein on daily tacrolimus trough level in a living-donor small bowel recipient. Clin Pharmacol Ther, 2000, 68 (1): 98 ~ 103.

2 储小蔓，郭联庆，黄苍龙. CYP3A5 和 MDR1 基因多态性对阿奇霉素药代动力学的影响。中国药科大学学报，2007，38 (2): 167 ~ 171.

3 王丹，克晓燕，王晶，等. MDR1 基因多态性与急性髓细胞白血病化学疗法结果的相关性研究. 中华医学杂志，2007，87 (20): 1384 ~ 1388.

4 王志远，陈龙华，范钦，等. MDR1 基因 G2677T/C3435T 多态性对鼻咽癌放疗疗效的影响. 山东医药，2007，47 (14): 6 ~ 8.

5 Hoffmeyer S, Burk O, Richter O, et al. Functional polimorphisms of the hunman multi-drug resistance geng: multiple sequence variations and correlation of one allele with P-glycoprotein expression and activity in vivo. Pro Natl Acad Sci USA, 2000, 97 (7): 3473 ~ 3478.

6 高庆，邢兰英，王咏雪. P-糖蛋白、Survivin 蛋白在卵巢上皮性癌中的表达及其与卵巢癌耐药的关系. 西安交通大学学报（医学版），2007，28（5）:579～581.

7 伍成奇，刘林潘，李姗姗，等. 病理性瘢痕组织中 survivin，P33INGI、Caspase-3 蛋白的表达. 郑州大学学报（医学版），2006，41（6）：1038～1041.

8 Nadia Z，Maria GD. Survivin expression and resistance to anticancer treatments：perspectives for new therapeutic interventions. Drug Resistance Updates，2002，5（2）:65～72.

9 齐静，杨铭，周圆，等. Gleevec 耐药白血病细胞中 P-糖蛋白功能失调及其调节. 中国肿瘤临床，2007，34（17）:973～977.

10 Scheper RJ，Broxterman HJ，Schefer GL. et al. Over expression of a M（r）1 10，000 vesicular protein in non-P-glycoprotein-mediated multi-drug resistance. Cancer Res，1993，53（7）:1475～1479.

11 Schefer GL，Wijngaard PL，Flens MJ，el al. The drug resistance-related protein LRP is the human major vault protein. Nature Med，1995，1（6）:578～82.

12 Bour Dill C，Gramain MP，Merlin，et al. Determination of intracellular organelles implicated in daunorubicin cytoplasmic sequestration in multi-drug resistant MCF-7 cells using fluorescence microscopy image analysis. Cytometry，2000，39（1）:16～25.

13 Izquierdo MA，Schefer GL，Hens MJ，et al. Broad distribution of the multi-drug resistance-related vault lung resistance protein in normal human tissue and tumors. Am J Pathol，1996，148（3）:877～887.

14 Loe D W，Deeley R G，Cole S P. Biology of the multi-drug resistance-associated protein MRP. Eur J Cancer，1996，32A（6）:945～957.

15 康睿，曹励之，俞燕，等. WAVE1 基因在 K562/A02 白血病细胞多药耐药中的作用. 中华血液学杂志，2007，28（6）:379～382.

16 蒋明东，彭志平，李少林，等. X 射线诱导肝癌多药耐药细胞模型生物学特性的实验研究. 中华肝脏病杂志，2007，15（9）:701～702.

17 周向东，钱桂生，刘凌志，等. 采用基因芯片技术筛选人小细胞肺癌 SH77CDDP 多药耐药相关基因表谱的研究. 第三军医大学学报，2007，29（4）:279～283.

18 李卓，徐珊，朱立群，等. 多药耐药性人绒毛膜癌裸鼠皮下移植瘤模型的建立及其生物学特性. 中国肿瘤生物治疗杂志，2007，14（4）:347～351.

19 杨华胜，刘国颖，徐涓涓，等. FG020318 对视网膜母细胞瘤细胞系 SO-Rb50 多药耐药的逆转作用. 中国病理生理杂志，2007，23（10）:2026～2030.

20 马强，张方信，陈嘉屿，等. 丁硫氨酸硫酸亚胺逆转人结肠癌细胞多药耐药的机制. 中华消化杂志，2007，27（3）:162～165.

21 刘水，陈春燕，孔德晓，等. 高三尖杉酯碱白血病多药耐药细胞系 K562/HHT 的诱导及米非司酮逆转耐药的研究. 中国病理生理杂志，2007，23（11）:2168～2172.

22 杨鸿武，屈重屑，关宏伟，等. As2O3 对胃癌细胞 SGC7901/ADR 阿霉素耐药性逆转作肿瘤防治研究，2006，33（3）:148～150.

23 林晓贞，梁钢，黎莉，等. EGCG 逆转人耐药肝癌细胞株多药耐药的体内实验研究. 广西医大学学报，2006，23（1）:8～11.

24 徐宏彬，何玲，刘国卿，等. GP 与抗癌药物合用对肿瘤多药耐药的逆转作用. 中国药理学通报，2007，23（9）:1207～1212.

25 林晓贞，梁钢，唐安洲，等. EGCG 对裸鼠移植瘤中人口腔表皮样癌耐药细胞凋亡的影响. 广西医科大学学报，2006，23（2）:195～199.

26 张晖，王华庆，张会来，等. 人参皂甙 Rh2 逆转 P-gp 介导的 MCF-7/ADM 多药耐药性的基础研究. 肿瘤，2007，27（5）:365～369.

27 刘念耿，耿小平，朱立新，等. 槐耳清膏体外逆转人肝癌细胞 HepG2/ADM 多药耐药性. 中华肝胆外科杂志，2007，13（6）:385～388.

28 王力，董怀平，高恒强，等. 槲皮素逆转人胆囊癌细胞耐药性的作用机制探讨. 山东医药，2007，47（29）:21～23.

29 王玲，刘世坤，周于禄，等. 华蟾素对人乳腺癌细胞阿霉素多药耐药性的逆转作用. 中国药理学通报，2007，23（5）：677～680.

30 顾伟，翟笑枫，张亚妮，等. 肝力注射液逆转人肝癌细胞获得性多药耐药的体外研究. 中草药，2007，38（6）：871～874.

31 陈曦海，张岂凡，马荣，等. 反义 survivin 诱导胃癌 SGC7901 细胞凋亡及逆转耐药的研究. 中国普外基础与临床杂志，2007，14（1）：63～67.

32 王宝成，郭军，顾广玉，等. 切割 MDR1-RNA 的核酶（Ribozyme）对肝癌多药耐药细胞株 BEI-7402/DOX 化疗耐药的逆转作用. 中国肿瘤生物治疗杂志. 1997，4（2）：106～109.

33 魏虎来，高丽萍，景涛，等. 靶向 siRNA 沉默 mdr1 基因表达及对白血病耐药细胞系 K562/ADM 的耐药逆转作用. 中华血液病杂志，2007，28（6）：388～390.

34 冯敏华，张弢，顾静文，等. siRNA 诱发 K562/Adr 细胞凋亡的机制研究. 现代实用医学，2006，18（4）：232～238.

35 秦维超，张有顺，周新，等. shRNA 介导的 RNAi 载体构建及对肝癌耐药细胞 MDR1 基因表达的抑制. 第四军医大学学报，2007，28（18）：1639～1642.

36 杨天华，程新望，田林郁，等. RNA 干扰抑制马桑内酯诱导的大鼠星形胶质细胞 Mdrl 基因的表达. 中华神经科杂志，2007，40（3）：165～168.

37 朴瑛，刘丽梅，洪流，等. ZNRD1 小干扰 RNA 对 HL-60/VCR 细胞耐药性逆转的研究. 肿瘤，2006，26（4）：339～342.

38 夏忠胜，朱兆华，张立勇，等. MDR1si RNA 对结肠癌细胞多药耐药性的影响. 中山大学学报：医学科学版，2007，28（3）：268～273.

39 肖兰，高瑞，卢实，等. MDR1 及 MDR3 基因沉默逆转卵巢上皮性癌细胞对紫杉醇耐药的实验研究. 中华妇产科杂志，2007，42（6）：412～416.

40 何时知，戚晓东，张晓明，等. 腺病毒介导 p53 基因逆转乳腺癌耐药的实验研究. 中华医学杂志，2007，87（41）：2935～2937.

41 卢实，孙敬霞，王晓翊，等，2007 腺病毒介导的靶向自杀基因对卵巢癌耐药细胞株的杀伤作用. 华中科技大学学报（医学版），2007，36（4）：492～495.

42 姜莉华，初晶学，孙善会，等. TNF-α 对白血病 K562 及 K562/ADM 细胞 hTERT 及 mdr1 达的抑制作用中国肿瘤生物治疗杂志，2007，14（5）：477～480.

43 王其，陈孝平，海山，等. 肿瘤坏死因子-α 对人肝癌多药耐药逆转作用的实验研究. 中华外科杂志，2007，45（9）：602～605.

44 翟宝进，郭玉棉，左宝廷，等. 超声波体内逆转肿瘤多药耐药基因表达的实验研究. 中国肿瘤临床，2007，24（19）：1092～1096.

45 冷卫东，王大章. 热疗对舌鳞癌 Tca 8 113 细胞多药耐药蛋白及耐药性的影响. 北京口腔医学，2007，15（2）：70～73.

46 胡大裕，李高，陈鹰. 表面活性剂对肿瘤细胞多药耐药逆转作用的体外筛选. 中国药师，2006，9（5）：390～393.

47 武建毅，刘东，唐亮，等. 非离子表面活性剂对肿瘤细胞多药耐药性逆转的实验研究. 同济大学学报（医学版），2006，27（6）：16 ～18.

从2007年美国临床肿瘤学会年会看内科肿瘤学的发展方向

石远凯

中国医学科学院肿瘤研究所　肿瘤医院内科　北京　100021

第43届美国临床肿瘤学会（American society of clinical oncology，ASCO）年会于2007年6月1日至5日在美国第二大都市芝加哥举行。30 000余名来自全球的专家学者济济一堂，分享各自的经验和成果，探讨将肿瘤学的临床研究和医疗实践推向前进的途径。ASCO年会作为国际肿瘤学界的盛事之一，在一定程度上反映了临床肿瘤学，特别是内科肿瘤学的发展。本届ASCO年会主要有以下一些内容。

一、靶向治疗发挥着越来越大的作用

本届ASCO年会上，肝细胞癌和晚期头颈部鳞癌的靶向治疗无疑是最振奋人心的发现之一。肝细胞癌是世界范围内第5位常见的肿瘤，在肿瘤相关死亡原因中占第3位，晚期病人一直缺乏有效的治疗手段。在本次年会上，报道了多靶点激酶抑制剂索拉非尼单药治疗晚期肝细胞癌的多中心随机对照临床研究的结果。与安慰剂相比，索拉非尼单药对于ECOG行为状态评分0～2、肝功能Child-Pugh A级、未接受过全身治疗的病人，可将进展时间（time to progresson，TTP）由12.3周延长到24.0周（P = 0.000 007），总生存期（overall survival，OS）由34.4周延长到46.3周（P = 0.00 058）[1]。这是第一个延长晚期肝细胞癌病人生存期的全身治疗方案，并且耐受性良好。在EXTREME研究[2]中，表皮生长因子受体（epidermal growth factor receptor，EGFR）的单克隆抗体西妥昔单抗（C225）联合含铂方案一线治疗复发/转移性的头颈部鳞癌，与含铂方案相比，OS显著提高（HR 0.797，P = 0.036），中位生存时间（median survival time，MST）延长2.7个月（10.1个月比7.4个月），使25年来晚期/转移性头颈部鳞癌全身治疗的生存期首次得到了延长。回顾肿瘤靶向治疗的发展历程，靶向治疗不仅在一些相对少见的耐药性肿瘤（如肾细胞癌、胃肠间质肿瘤）中取得了突破，在常见肿瘤的治疗中也有令人瞩目的进展。如作用于EGFR的小分子酪氨酸激酶抑制剂（tyrosine kinase inhibitor，TKI）用于非小细胞肺癌（non-small cell lung cancer，NSCLC）的二、三线治疗，C225用于晚期结直肠癌的二线治疗。不仅如此，一些药物已经用于晚期病人的一线治疗（如贝伐单抗与化疗联合用于晚期非小细胞肺癌的一线治疗、与化疗联合用于晚期结直肠癌的一线治疗），曲妥珠单抗更是成功地应用于Her-2阳性乳腺癌的辅助治疗。

在本届年会上，贝伐单抗联合GP（GEM/DDP）方案在一线治疗晚期非鳞癌的NSCLC的Ⅲ期临床研究中，延长了无进展生存期（progression-free survival，PFS）[3]，显示了这一药物与多种化疗方案联合使用的前景；贝伐单抗联合含奥沙利铂的方案用于晚期结直肠癌的一线治疗延长了PFS[4]，用于一线化疗进展后的延续治疗延长了OS[5]。哺乳动物雷帕霉素靶蛋白（mammalian target of rapamycin，mTOR）抑制剂替西罗莫司（temsirolimus）在两项Ⅲ期临床研究中延长了肾细胞癌病人的OS[6,7]。dasatinib在一线治疗慢性髓系白血病（CML）的Ⅱ期临床研究中，取得了可喜的初步结果[8]。作用于血管内皮生长因子受体（vascular endothelial growth factor receptor，VEGFR）的小分子TKI axitinib对晚期甲状腺癌[9]、Her-2聚合抑制剂pertuzumab[10]及mTOR抑制剂everolimus[11]用于乳腺癌也显示了有希望的结果。各种靶向治疗药在不同肿瘤的试用、与不同化疗方案的组合、维持治疗、序贯治疗、联合靶向治疗等都在积极的探索中。除了人们熟悉的种类外，各种新作用机制的药物，如Aurora激酶抑制剂、组蛋白去乙酰化酶抑制剂（histone deacetylase inhibitor）都在研究中。但是，吉非替尼用于维持治疗（SWOG 0023研究）的更新结果，也使人们对靶向治疗的研究感到了一丝忧虑[12]。

多数单克隆抗体类的靶向治疗药物单用时有效率较低，即使对于有效的病人，也常产生继发耐药。其部分原因在于，肿瘤的病理生理机制是十分复杂，同一疾病是多因素相互作用的结果，并且在不同病人、同一病人的不同疾病阶段，都可能有所不同。因此，目前单克隆抗体类的靶向治疗药物常常与细胞毒类药物联合使用，或与其他靶向药物间联合使用。肿瘤在发病早期、负荷较小时，往往具有较少的分子生物学异常，但是，将靶向治疗药物推向辅助治疗是近年来临床研究的一个方向，这需要对疾病的早期分子事件有准确的认识。此外，探讨有效的疗效预测指标，选择合适的病人进行靶向治疗，也可以相对提高靶向治疗的有效率。

二、细胞毒类药物继续发挥重要作用

今年ASCO年会上，同样有一些关于细胞毒类药物的大型随机对照临床研究的结果面世，为循证医学提供了新的依据。EORTC 40983研究表明，对于有肝转移灶可切除的结直肠癌病人，围手术期采用FOLFOX4（OXA/5-Fu/CF）方案化疗，与单纯手术相比，可以提高3年PFS[13]。对于可手术切除的食道癌和胃癌病人，术前PF（DDP/5-Fu）方案化疗可以提高R0切除率、5年无病生存率（disease-free survival，DFS）和5年OS[14]。对于晚期NSCLC病人，GC（GEM/CBP）方案后立即使用多西紫杉醇（TXT）化疗，比至疾病进展时再用TXT，延长了PFS（6.5个月比2.8个月，$P<0.0001$），OS分别为11.9个月和9.1个月（$P=0.071$）。关于非小细胞肺癌的新辅助化疗，两组大宗的随机对照

临床研究结果令人喜忧参半[15,16]。在新药或新方案的应用方面，也有一些进展。伊立替康联合卡铂方案与CE（CBP/VP-16）方案对比，提高了广泛期小细胞肺癌的CR率（18%比7%，P =0.02）和OS（8.5个月比7.1个月，P =0.02）[17]。在多程复治的乳腺癌中，微管抑制剂ixabepilone联合卡培他滨较卡培他滨单药提高了RR和PFS[18]。长春碱类新药vinflunine在治疗晚期乳腺癌的Ⅱ期临床研究中，显示了一定疗效[19]，在晚期复治NSCLC的Ⅲ期临床研究中，疗效与多西紫杉醇相当，而不良反应有所差异，为这类病人提供了新的治疗选择[20]。复方氟尿嘧啶类制剂替吉奥胶囊（S-1）在晚期胃癌的一线治疗中，生存期改善略优于5-Fu持续静滴[21]，并且在此基础上加用DDP可进一步提高疗效[22]。

与新兴的靶向治疗相比，传统细胞毒类药物存在特异性不强、不良反应较大等弱点，但近年来对症支持治疗已经有了很大进步，使化疗的依从性有所提高。传统化疗不仅已经积累了相当多的经验，并且新药仍在涌现，新的治疗方式还在探索。在进入临床应用的靶向治疗药物种类相对有限、靶向药物疗效预测指标不够成熟的情况下，传统的细胞毒类药物仍将在肿瘤内科治疗中扮演重要的角色。

三、探索疗效、不良反应和预后预测指标的个体化治疗不断有新的发现

个体化治疗的原则也在此次会议中得到了体现。会议中专门对女性肺癌、非吸烟者罹患的肺癌以及老年肺癌病人进行了讨论。此外，部分病人在临床研究中往往被忽视（有学者称之为未充分代表的病人），包括老年人、青少年、社会经济地位较低的人、生活在农村的人、少数民族裔等。又如，有明显症状的中枢神经系统转移的病人，通常被临床研究排除在外。临床研究的结论不一定完全适于这部分病人，可能是临床试验结果与实际医疗水平之间存在差异的原因之一，提示临床试验的病人招募可能需要做出一定的改进，或是应面向此类病人开展更多的针对性研究。

个体化治疗的意义在于使最合适的病人得到最合适的治疗，需要判断治疗措施在具体情况下的获益/风险比，明确疗效、不良反应和预后的预测指标。例如，仅有部分病人能够从辅助治疗中受益，如果我们能预先选择出更可能受益的病人进行治疗，那么在这部分病人中的疗效可以相对提高，同时也可以避免治疗给其他病人带来的不良反应。近年来，生物学预测指标的研究令人瞩目。一项前瞻性的Ⅱ期临床研究（MADeIT）探索通过ERCC1，RRM1表达预测NSCLC对铂类、吉西他滨的耐药情况，选择的合适化疗方案以提高疗效[23]；有学者探讨了基因表达谱与培美曲塞、顺铂疗效的关系[24]，亦有报道ABCB1和UGT1A1基因单核苷酸多态性与伊立替康/顺铂方案的腹泻、白细胞减少发生率的相关性[25]；大样本的前瞻性多中心研究表明，循环血中的肿瘤细胞数量能预测转移性结直肠癌病人的PFS和OS[26]。

靶向药物具有明确的靶点，为药效预测指标提供了较为明晰的研究线索。在本届年会上，EGFR基因突变、EGFR基因扩增、EGFR蛋白表达与EGFR抑制

剂疗效间的关系仍是受到关注的问题，有学者报道 17 号染色体多体可能与 Her-2 (-) 乳腺癌接受曲妥珠单抗治疗后的缓解率相关[27]。

四、内科肿瘤学的领域不断拓展——从姑息走向根治、从治疗提前到预防

随着辅助治疗、新辅助治疗地位的不断加强，肿瘤的内科治疗已经不仅仅是姑息性的治疗手段，正逐渐成为根治性治疗中不可或缺的有机组成部分。肿瘤的化学预防在内科肿瘤学中的地位受到越来越大的重视，近年来肿瘤内科在肿瘤预防领域也有不少进展，例如，他汀类药物与乳腺癌、消化道肿瘤风险之间的关系就倍受关注；乳头瘤病毒疫苗 gardasil 已经获得美国食品药品管理局（FDA）批准，用于宫颈癌的预防。今年的 ASCO 年会还出版了新的 ASCO 课程："癌症预防"。

M. D. Anderson 癌症中心的 Scott Lippman 医师荣获了今年 ASCO 年会的美国癌症学会奖（American cancer society award），他的经历是肿瘤内科预防领域发展的一个缩影。Lippman 医师的转化性研究极大地扩展了对不同器官癌症发生风险、生物学和化疗预防的认识，他目前正在进行厄洛替尼预防口腔癌的Ⅲ期临床研究。肿瘤在亚临床阶段就存在分子生物学的异常，在这个阶段应用分子靶向治疗，可以看作早期治疗和晚期预防的交汇。靶向治疗可能为肿瘤的化学预防提供新的途径。

五、癌症幸存者的生活状态和癌症病人的生活质量受到更多的关注

内科肿瘤学是一门年轻的学科。通过化疗治愈的首批肿瘤病人已经同这门学科一起，走过了数十年的风雨历程。随着肿瘤病人的增加和治疗水平的提高，癌症幸存者的队伍在不断扩大。1971 年美国的癌症幸存者为 300 万人，占当时人口的 1.5%，而 2005 年美国有1 000万癌症幸存者，占总人口的 3.5%。但他们的生活状态却常被忽视。本次大会上报道的儿童期癌症幸存者研究（childhood cancer survivor study，CCSS）表明，大部分幸存者都未得到推荐的随访[28]。2005 年 ASCO 年会曾报道，儿童期肿瘤幸存者成年后常受到慢性疾病的困扰，约 3/4 的肿瘤幸存者经历过沮丧、焦虑，以及其他一些长期的精神健康问题，他们发生严重的或者致命的健康问题的几率是其同胞的 4.2 倍[29]。与肿瘤治疗相关的生育能力损害、继发肿瘤、心肺等脏器的远期毒性、内分泌问题及其相关的骨健康、神经心理改变等，都是癌症幸存者可能面临的难题。肿瘤内科治疗的近期毒性勿须赘述。2006 年，ASCO 年会设立了癌症病人和幸存者护理（patient and survivor care）的专题，发布了癌症幸存者报告，并计划整理一系列关于幸存者的指南。今年癌症病人和幸存者护理专题除了口头报告、壁报交流外，还包括内容丰富的临床科学研讨会、教育会议、扩展性教育会议等形式，涉及癌症幸存者的护理和经济问题、幸存者的骨骼问题、老年癌症病人的认知功能、儿科肿瘤学的补充医学和替代医学、前列腺癌病人的激素治疗、疼痛处理等方面。今年的 ASCO 年会发布了更新的双膦酸盐类药物用于多发性骨髓瘤骨病的指南，作为对近年来该领域进展的总结。

本次大会的不少摘要体现了肿瘤学家对癌症幸存者生活状态和癌症病人生活质量的关注。中枢神经系统药物莫达非尼（modafinil）和加巴喷丁（gabapentin）在对照研究中分别显示了对乳腺癌病人认知能力和前列腺癌病人热潮红的改善作用[30,31]。令人感兴趣的是，一项安慰剂对照的预试验显示西洋参胶囊可能对改善癌症病人的疲乏有效[32]。新药较有特征性的不良反应也引起了研究者的关注，随机对照研究表明，维生素 B_6 对预防卡培他滨相关的手足综合征无效[33]；在一项小样本的对照研究中，四环素未显示出对 EGFR 抑制剂所致皮疹的预防作用，但可减轻其严重程度，改善生活质量[34]。

六、转化性研究（translational research）是推动临床治疗技术进步的动力

本届 ASCO 年会的主题是“研究向实践的转化（translating research into practice）”，表达了人们对将基础研究成果迅速转化到临床医疗实践之中、更好地造福于广大肿瘤病人的强烈愿望。与这一主题相应，大会开设了30个临床医学研讨会，各自就某一疾病或研究主题介绍科学研究现状，并介绍与这一主题相关的论文摘要。今年的大会还增加了一种新的会议形式，即转化性口头会议（translational oral session），介绍新药和预测指标。大会希望通过这种形式，加强基础研究者与临床医师之间的沟通和交流，推进转化性研究的发展。

回顾近年来临床肿瘤学的发展，很大程度上归功于数十年来基础研究成果的积累和其向临床应用的转化。转化性研究已经使 TKI、抗血管生成治疗这些梦想变为了日常临床工作中的现实。但仍有大量的研究成果在发表后就被束之高阁，未发挥其实际意义。转化性研究需要基础与临床研究者的密切合作，基础研究的选题、临床标本的采集、检测方法的可重复性、易用性和可推广性等，都是值得注意的问题。同时，临床实践中观察到的现象也为基础研究提供了线索，TKI 上市后对 EGFR 突变的认识就是一个生动的例子。

七、结语

目前，传统化疗仍在肿瘤的内科治疗中发挥着重要作用，新的药物、方案和治疗方式正在不断发展中；靶向治疗药物提高了部分化疗耐药肿瘤的疗效，在耐受性方面亦有一定优势，与化疗、放疗的联合、以及靶向药物之间的联合，有望进一步提高疗效。在循证医学基础上的个体化治疗是临床肿瘤学发展的方向，疗效、不良反应和预后的预测指标正由临床标志向生物学标志发展；虽然分子靶向治疗为生物学预后指标的认识提供了契机，但大量的问题仍悬而未决。随着肿瘤治疗效果的提高，内科治疗已经成为肿瘤根治性治疗的组成部分，并将发挥着越来越重要的作用，肿瘤的预防日益得到重视，存活者的生活质量和远期不良反应引起人们越来越多的关注；新的药物和治疗方案的出现，为对症支持治疗提出了新的需要解决的问题。随着对疾病认识的不断深入，基础研究与临床实践的联系越来越紧密，转化性研究是沟通两者的桥梁，也是推动临床治疗技术进步的动力。上述几个方面相互

联系、相互影响，彼此有机的结合，一定会促进内科肿瘤学的协调发展，造福广大肿瘤病人。

参 考 文 献

1 Llovet J, Ricci S, Mazzaferro V, et al. Randomized phase Ⅲ trial of sorafenib versus placebo in patients with advanced hepatocellular carcinoma (HCC). J Clin Oncol (Meeting Abstracts), 2007, 25 (18-suppl): LBA1.

2 Vermorken J, Mesia R, Vega V, et al. Cetuximab extends survival of patients with recurrent or metastatic SCCHN when added to first line platinum based therapy - Results of a randomized phase Ⅲ (Extreme) study. J Clin Oncol (Meeting Abstracts), 2007, 25 (18-suppl): 6091.

3 Manegold C, von Pawel J, Zatloukal P, et al. Randomized, double-blind multicentre phase Ⅲ study of bevacizumab combination with cisplatin and gemcitabine in chemotherapy-naive patients with advanced or recurrent non-squamous non-small cell lung cancer (NSCLC). J Clin Oncol (Meeting Abstracts), 2007, 25 (18-suppl): LBA7514.

4 Saltz L, Clarke S, Diaz-Rubio E, et al. Bevacizumab (Bev) in combination with XELOX or FOLFOX4: Updated efficacy results from XELOX-1/ NO16966, a randomized phase Ⅲ trial in first-line metastatic colorectal cancer. J Clin Oncol (Meeting Abstracts), 2007, 25 (18-suppl): 4028.

5 Grothey A, Sugrue M, Hedrick E, et al. Association between exposure to bevacizumab (BV) beyond first progression (BBP) and overall survival (OS) in patients (pts) with metastatic colorectal cancer (mCRC): Results from a large observational study (BRiTE). J Clin Oncol (Meeting Abstracts), 2007, 25 (18-suppl): 4036.

6 Dutcher JP, Szczylik C, Tannir N, et al. Correlation of survival with tumor histology, age, and prognostic risk group for previously untreated patients with advanced renal cell carcinoma (adv RCC) receiving temsirolimus (TEMSR) or interferon-alpha (IFN). J Clin Oncol (Meeting Abstracts), 2007, 25 (18-suppl): 5033.

7 Parasuraman S, Hudes G, Levy D, et al. Comparison of quality-adjusted survival in patients with advanced renal cell carcinoma receiving first-line treatment with temsirolimus (TEMSR) or interferon-{alpha} (IFN) or the combination of IFN + TEMSR. J Clin Oncol (Meeting Abstracts), 2007, 25 (18-suppl): 5049.

8 Atallah EL, Kantarjian H, O'Brien S, et al. Use of dasatinib in patients (pts) with previously untreated chronic myelogenous leukemia (CML) in chronic phase (CML-CP). J Clin Oncol (Meeting Abstracts), 2007, 25 (18-suppl): 7005.

9 Cohen EE, Vokes EE, Rosen LS, et al. A phase Ⅱ study of axitinib (AG-013736 [AG]) in patients (pts) with advanced thyroid cancers. J Clin Oncol (Meeting Abstracts), 2007, 25 (18-suppl): 6008.

10 Baselga J, Cameron D, Miles D, et al. Objective response rate in a phase Ⅱ multicenter trial of pertuzumab (P), a HER2 dimerization inhibiting monoclonal antibody, in combination with trastuzumab (T) in patients (pts) with HER2-positive metastatic breast cancer (MBC) which has progressed during treatment with T. J Clin Oncol (Meeting Abstracts), 2007, 25 (18-suppl): 1004.

11 Ellard S, Gelmon KA, Chia S, et al. A randomized phase Ⅱ study of two different schedules of RAD001C in patients with recurrent/metastatic breast cancer. J Clin Oncol (Meeting Abstracts), 2007, 25 (18-suppl): 3513.

12 Kelly K, Chansky K, Gaspar LE, et al. Updated analysis of SWOG 0023: A randomized phase Ⅲ trial of gefitinib versus placebo maintenance after definitive chemoradiation followed by docetaxel in patients with locally advanced stage Ⅲ

non-small cell lung cancer. J Clin Oncol (Meeting Abstracts), 2007, 25 (18-suppl): 7513.

13 Nordlinger B, Sorbye H, Collette L, et al. Final results of the EORTC Intergroup randomized phase Ⅲ study 40983 [EPOC] evaluating the benefit of peri-operative FOLFOX4 chemotherapy for patients with potentially resectable colorectal cancer liver metastases. J Clin Oncol (Meeting Abstracts), 2007, 25 (18-suppl): LBA 5.

14 Boige V, Pignon J, Saint-Aubert B, et al. Final results of a randomized trial comparing preoperative 5-fluorouracil (F) /cisplatin (P) to surgery alone in adenocarcinoma of stomach and lower esophagus (ASLE): FNLCC ACCORD07-FFCD 9703 trial. J Clin Oncol (Meeting Abstracts), 2007, 25 (18-suppl): 4510.

15 Nicolson M, Gilligan D, Smith I, et al. Pre-operative chemotherapy in patients with resectable non-small cell lung cancer (NSCLC): First results of the MRC LU22/NVALT/EORTC 08012 multicentre randomised trial. J Clin Oncol (Meeting Abstracts), 2007, 25 (18-suppl): 7518.

16 Pisters K, Vallieres E, Bunn PA, Jr., et al. S9900: Surgery alone or surgery plus induction (ind) paclitaxel/carboplatin (PC) chemotherapy in early stage non-small cell lung cancer (NSCLC): Follow-up on a phase Ⅲ trial. J Clin Oncol (Meeting Abstracts), 2007, 25 (18-suppl): 7520.

17 Hermes A, Bergman B, Bremnes R, et al. A randomized phase Ⅲ trial of irinotecan plus carboplatin versus etoposide plus carboplatin in patients with small cell lung cancer, extensive disease (SCLC-ED): IRIS-Study. J Clin Oncol (Meeting Abstracts), 2007, 25 (18-suppl): 7523.

18 Vahdat LT, Thomas E, Li R, et al. Phase Ⅲ trial of ixabepilone plus capecitabine compared to capecitabine alone in patients with metastatic breast cancer (MBC) previously treated or resistant to an anthracycline and resistant to taxanes. J Clin Oncol (Meeting Abstracts), 2007, 25 (18-suppl): 1006.

19 Peacock NW, Spigel DR, Mainwaring MG, et al. Preliminary results of a multicenter phase Ⅱ trial of vinflunine (with trastuzumab in HER2 + pts) as first-line treatment in metastatic breast cancer. J Clin Oncol (Meeting Abstracts), 2007, 25 (18-suppl): 1043.

20 Krzakowski M, Douillard J, Ramlau R, et al. Phase Ⅲ study of vinflunine versus docetaxel in patients (pts) with advanced non-small cell lung cancer (NSCLC) previously treated with a platinum-containing regimen. J Clin Oncol (Meeting Abstracts), 2007, 25 (18-suppl): 7511.

21 Boku N, Yamamoto S, Shirao K, et al. Randomized phase Ⅲ study of 5-fluorouracil (5-FU) alone versus combination of irinotecan and cisplatin (CP) versus S-1 alone in advanced gastric cancer (JCOG9912). J Clin Oncol (Meeting Abstracts), 2007, 25 (18-suppl): LBA4513.

22 Narahara H, Koizumi W, Hara T, et al. Randomized phase Ⅲ study of S-1 alone versus S-1 + cisplatin in the treatment for advanced gastric cancer (The SPIRITS trial) SPIRITS: S-1 plus cisplatin vs S-1 in RCT in the treatment for stomach cancer. J Clin Oncol (Meeting Abstracts), 2007, 25 (18-suppl): 4514.

23 Simon GR, Williams CC, Chiappori AA, et al. Molecular analysis-directed individualized therapy (MADeIT) in advanced non-small cell lung cancer (NSCLC). J Clin Oncol (Meeting Abstracts), 2007, 25 (18-suppl): 7502.

24 Acharya C, Hsu D, Balakumaran B, et al. Pharmacogenomic strategies provide a rational approach to the treatment of cisplatin-resistant patients with advanced non- small cell lung cancer (NSCLC). J Clin Oncol (Meeting Abstracts), 2007, 25 (18-suppl): 7501.

25 Lara P, Jr., Redman M, Lenz H, et al. Cisplatin (Cis) /etoposide (VP16) compared to cis/irinotecan (CPT11) in extensive-stage small cell lung cancer (E-SCLC): Pharmacogenomic

(PG) and comparative toxicity analysis of JCOG 9511 and SWOG 0124. J Clin Oncol (Meeting Abstracts), 2007, 25 (18-suppl): 7524.

26 Meropol NJ, Cohen SJ, Iannotti N, et al. Circulating tumor cells (CTC) predict progression free (PFS) and overall survival (OS) in patients with metastatic colorectal cancer. J Clin Oncol (Meeting Abstracts), 2007, 25 (18-suppl): 4010.

27 Kaufman PA, Broadwater G, Lezon-Geyda K, et al. CALGB 150002: Correlation of HER2 and chromosome 17 (ch17) copy number with trastuzumab (T) efficacy in CALGB 9840, paclitaxel (P) with or without T in HER2 + and HER2- metastatic breast cancer (MBC). J Clin Oncol (Meeting Abstracts), 2007, 25 (18-suppl): 1009.

28 Nathan PC, Greenberg ML, Ness KK, et al. Risk-based care in survivors of childhood cancer: A report from the Childhood Cancer Survivor Study (CCSS). J Clin Oncol (Meeting Abstracts), 2007, 25 (18-suppl): 6502.

29 Oeffinger KC, Mertens AC, Sklar CA, et al. Prevalence and severity of chronic diseases in adult survivors of childhood cancer: A report from the Childhood Cancer Survivor Study. J Clin Oncol (Meeting Abstracts), 2005, 23 (16-suppl): 9.

30 Loprinzi CL, Khoyratty BS, Dueck A, et al. Gabapentin for hot flashes in men: NCCTG trial N00CB. J Clin Oncol (Meeting Abstracts), 2007, 25 (18-suppl): 9005.

31 Kohli S, Fisher SG, Tra Y, et al. The cognitive effects of modafinil in breast cancer survivors: A randomized clinical trial. J Clin Oncol (Meeting Abstracts), 2007, 25 (18-suppl): 9004.

32 Barton DL, Soori GS, Bauer B, et al. A pilot, multi-dose, placebo-controlled evaluation of american ginseng (panax quinquefolius) to improve cancer-related fatigue: NCCTG trial N03CA. J Clin Oncol (Meeting Abstracts), 2007, 25 (18-suppl): 9001.

33 Lee S, Lee S, Chun Y, et al. Pyridoxine is not effective for the prevention of hand foot syndrome (HFS) associated with capecitabine therapy: Results of a randomized double-blind placebo-controlled study. J Clin Oncol (Meeting Abstracts), 2007, 25 (18-suppl): 9007.

34 Jatoi A, Rowland K, Sloan JA, et al. Does tetracycline prevent/palliate epidermal growth factor receptor (EGFR) inhibitor-induced rash? a phase Ⅲ trial from the North Central Cancer Treatment Group (N03CB), 2007: Journal of Clinical Oncology, 2007 ASCO Annual Meeting Proceedings Part I. Vol 2025, No. 2018S (June 2020 Supplement), 2007: LBA9006.

细胞因子信号转导抑制分子与肿瘤关系的研究进展

应明真　王雅杰

第二军医大学附属长征医院肿瘤科　上海　200070

细胞因子是由免疫系统、造血系统或炎症反应中活化细胞产生的，能够调节细胞活化、分化和增殖，诱导细胞发挥功能和产生高活性的多肽、蛋白质或糖蛋白，不包括免疫球蛋白、补体以及激素、神经肽、酶等生理性细胞产物。它通过结合靶细胞表面的受体传递生物学信息，激活多种信号转导途径的级联反应，继而调节体内多种基本生物学过程，如造血、免疫、神经系统发育等。现已明确，JAK/STAT 信号转导通路的激活与多种恶性肿瘤的发生、发展密切相关，SOCS 分子主要通过对该通路的负性调节而抑制信号转导，其激活及表达具有潜在抑瘤作用。

一、SOCS 家族的组成、结构与功能

细胞因子信号转导抑制分子（suppressor of cytokine signaling，SOCS）家族主要由细胞因子诱导的含 SH2 结构域的蛋白（cytokine-inducible SH2-containing protein，CIS）和 SOCS1 ~ SOCS7 8 个成员组成。该家族的第一个成员是 1995 年由 Yoshimura 等[1]发现的，是造血细胞的极早期基因在白介素-2（IL-2）、白介素-3（IL-3）、粒-巨噬细胞集落刺激因子（GM-CSF）、促红细胞生成素（EPO）等细胞因子诱导下克隆出的蛋白质，因其含有 SH2 结构而被命名为 CIS。SOCS 家族成员蛋白质结构上的共同特征为：位于中间的 SH2 结构域，含有可变序列的 N 末端，羧基端含有由 40 个氨基酸所组成的高度保守的基序（motif），同源性在 80% 以上，称为“SOCS 盒”（SOCS box），亦可称为“CH 结构域”（CIS homology domain）或“SC 结构”（SSI C-terminal motif），SOCS 盒一方面可抑制 SOCS 蛋白发生蛋白酶体依赖的降解而维持 SOCS 蛋白的稳定；另一方面可作为延伸蛋白（elongin）B/C 独立的结合域，将 SOCS 蛋白与 E3 泛素连接酶（E3 ubiquitin ligase）及蛋白酶体连结起来，促进 SOCS 结合的特异信号蛋白的降解。去除 SOCS 盒可使 SOCS1 在 M1 细胞系中的表达水平降低，去除小鼠 SOCS1 基因的 SOCS 盒序列，使小鼠对 IFN-γ 的反应性增强，这说明 SOCS 盒的缺失致使 SOCS1 的功能部分丧失。除以上提及的 8 个成员外，近年来人们又发现另一类 C 端含有 SOCS 盒基序但中间无 SH2 结构

域的蛋白，也将其归入“ SOCS 家族”，Hilton 等[2]利用 EST（Expressed Sequence Tag）表达序列标签将含有 SOCS 盒基序的 SOCS 家族根据包含的结构域不同分为 5 个亚家族：包含 SH2 结构域的 SOCS（SOCS1 ~ 7 和 CIS），包含 WD40 重复结构域（WD40 repeat-containing proteins with a SOCS box）的 WSB（WSB1、WSB2 和管状蛋白），包含锚蛋白重复序列（ankyrin repeat containing proteins with a SOCS box）的 ASB（ASB1 ~ ASB18），包含 SPRY 结构域（SPRY domain containing proteins with a SOCS box）的 SSB（SSB1 ~ SSB4），另外还有一种被证实含有 GTP 酶结构域的维甲酸受体（RAR）和类维甲酸受体（RAR-like）GTP 酶。

目前已知 SOCS 的生物学功能主要有：通过抑制 JAK/STAT 通路抑制 γ-干扰素（IFN-γ）、催乳素（PRL）、生长激素（GH）等细胞因子信号转导；在胚胎期参与调节 T 细胞的分化；调节巨噬细胞和树突状细胞的功能[3]；上调促炎症细胞因子（如 TNF-α）的表达，抑制 TNF-α 诱导细胞凋亡；负性调节机体对脂多糖（LPS）的过度反应。近年来，越来越多的研究结果表明，SOCS 可能是一类新型肿瘤抑制基因。

二、SOCS 蛋白的表达与调控

1. SOCS 蛋白的表达转录　编码 CIS、SOCS1 ~ 3 及其他 SOCS 成员的 mRNA 在正常组织细胞中均呈低水平表达，有时甚至检测不到，但无论在体内或体外，均可被 IL-2，IL-3，IL-4，IL-6，γ-干扰素（IFN-γ），促红细胞生成素（EPO），粒细胞集落刺激因子（G-CSF），粒单核细胞集落刺激因子（GM-CSF），白血病抑制因子（LIF），PRL 及 GH 等多种细胞因子快速诱导表达。基线水平及细胞因子所诱导的 SOCS mRNA 的表达具有显著的组织和细胞学类型特异性。例如，IL-6 可以上调肝脏中 SOCS1 ~ 3，和 CIS 的表达，而在小鼠的 M1 细胞系中，只可诱导产生 SOCS1 的表达。Kovarik 等[4]发现 INF-γ 在转录水平可以明显诱导 SOCS3 在人类恶性黑色素瘤细胞系中的表达，而在 NIH-3T3 细胞系中能诱导 SOCS1、SOCS3 的表达，但在 M1 细胞系中仅能诱 SOCS1 mRNA 的表达。并且不同 SOCS 系统受到细胞因子刺激后 mRNA 表达的速度有所不同。例如小鼠肝脏中 SOCS 1 和 SOCS 3 受 IL-6 刺激后可呈一过性表达，20 min 内即有表达，4 h 后降至基线水平。但 SOCS5 在 IL-6 刺激后 8 ~ 12 h 出现表达，而 SOCS2 和 CIS 则在 24 h 后才有表达。

2. SOCS 蛋白的调控　SOCS 在转录水平的表达调控是影响 SOCS 生物学活性的首要因素。大多数细胞因子诱导的 SOCS 表达是以 STAT 作为中间调整环节。例如：CIS 基因表达受 STAT5 调节，SOCS 基因表达则受 STAT3 调节。将 STAT3 基因表达封闭后 IL-6 无法诱导 SOCS1 的表达。细胞因子对 SOCS 基因的诱导需要通过激活 JAK/STAT 信号传导通路来实现。研究发现，CIS 基因的启动子含有 4 个 STAT5 的结合位点，SOCS1 基因的启动子含有 STAT1、STAT3 和 STAT6 的结合位点，SOCS 3 基因的启动子含有 STAT1/STAT3 和 STAT5b 的结合位点[5]。但 SOCS 家族和 STAT 家族成员之间并非一一对应的关系，一种 STAT 分子可以上调多种 SOCS 家族成员 mRNA 的表达，而一种 SOCS 成员 mRNA 的表达可以由不止一种 STAT 分子所诱导。此外，Cassatella 等[6] 发现 SOCS3 可以被 IL-10 通过不依赖 STAT 的机制诱导表达，这一发现提示细胞因子激活的其他转录因子也参与了 SOCS 蛋白的转录。另外，Gregorieff 等[7] 发现由于 SOCS1 基因的 5′端非翻译区（5′-UTR）的介导作用，SOCS1 的表达在蛋白质生物合成的翻译起始阶段也可被明显抑制。

3. SOCS 蛋白与 JAK-STAT 通路 He 等[8] 发现，在肿瘤的发生过程中有 JAK-STAT 通路的异常活化，而 SOCS 的主要功能是抑制 JAK-STAT 通路信号转导。已有研究证实，STAT 家族的重要成员 STAT3 是一种原癌基因，其持续性激活将导致细胞失控性增生[9]，而其下游靶基因，如抑癌基因 p21、抗凋亡蛋白 Survivin、Bcl-xL、Bcl-2、促凋亡蛋白 c-myc、细胞增殖相关蛋白 CyclinD1，以及与肿瘤血管生成密切相关的 VEGF 等均已证实与细胞增殖、分化、恶性转化、凋亡抑制等病理生理过程密切相关[10]，目前已在前列腺癌细胞、卵巢癌细胞和霍奇金细胞等多种肿瘤及转化细胞系中发现了 STAT3 的持续性活化，并同时发现 SOCS3 等其家族成员的共表达，多种细胞因子通过 JAK-STAT 途径诱导 SOCS 基因的表达，SOCS 蛋白通过最终抑制酪氨酸磷酸化过程负性调控 STAT 介导的信号通路，从而发挥抑制肿瘤细胞生长的作用，其调节机制包括以下 3 点：第一，通过其 SH2 结构域与靶蛋白的磷酸氨基酸结合使 JAK 激酶的 N 末端失活而抑制信号转导；第二，抑制 STAT 与受体位点的结合；第三，通过 SOCS 盒促进所结合蛋白发生蛋白酶体依赖途径的降解。SOCS1 和 IFN-γ 缺陷的小鼠自发性和诱导性淋巴样白血病的发生率增加，且与野生型成纤维细胞相比，SOCS1 缺陷的成纤维细胞对造血系统某些原癌基因所诱导的细胞转化呈高敏状态。目前认为，SOCS1 的抑癌功能主要是通过抑制 JAK 激酶及蛋白质的泛素化作用而抑制多个造血系统原癌基因，其详细机制仍有待进一步研究。目前，在许多肿瘤的细胞系中都已检测到 SOCS3 基因启动子区 CpG 岛的甲基化而被关闭表达。启动子区的 CpG 岛作为转录因子的结合位点，对 SOCS3 的转录激活起着重要作用，这些位点异常甲基化造成的 SOCS3 表达沉默和多种肿瘤的发生有关，可能是由于造成 JAK/STAT 信号异常所致，其甲基化的频率和其转录抑制效应是一致的。当去甲基化后，SOCS3 的转录恢复正常，可以重新反馈抑制 STAT3 活性，诱导细胞凋亡，抑制肿瘤生长，但是否还存在其他机制有待于进一步研究。

三、SOCS 家族与肿瘤

现已发现，SOCS 基因是 PRL、GH 和 IL-6 等许多细胞因子所介导的信号转导过程中重要的抑制子，提示其激活具有潜在抑瘤作用。SOCS1、SOCS2 在乳腺癌细胞中表现为生长抑制作用，乳腺癌中 SOCS 基因的高甲基化相关“沉默”增强了乳腺癌组织中细胞因子的反应，从而导致肿瘤的发生[11]。PRL 可以诱导 SOCS1 ~3 在乳腺上皮细胞和乳腺腺体中的表达[12]。GH 是乳腺导管细胞增殖进而分支所必须，它通过自分泌和旁分泌机制促进乳腺癌细胞系的生长。在转染的 COS 细胞系中，GH 受体胞质内 C-末端不同长度的融合蛋白和 SOCS 在体外结合，显示 SOCS 蛋白通过 3 种不同的方式抑制 GH 引起的信号传导，其作用的靶点不同：SOCS1 直接抑制 JAK2 激酶，SOCS3 通过作用近膜 GH 受体抑制 JAK2 的信号传导，CIS、SOCS2 和 C-末端 80 位氨基酸有关，结合远膜的酪氨酸抑制 JAK2 的信号传导，而 SOCS6 不与融合蛋白结合[13]。IL-6 的缺乏将导致乳腺腺体退化及卵巢滤泡的发育延迟。研究表明[11]，在一定比例乳腺癌中 SOCS 基因由于甲基化异常而关闭表达，并由此导致乳腺上皮细胞对细胞因子增殖和（或）存活反应的增强。Farabegoli 等[14]运用免疫组化和免疫荧光原位杂交的方法分析 50 例术前未行新辅助化疗的乳腺癌病人的临床病理标本后发现，SOCS2 的表达与细胞增殖标记物 Ki-67、细胞周期相关蛋白 cyclinA、pRb、表皮生长因子受体（EGFR）等病理指标呈负相关，与肿瘤的 TNM 分期、核病理分级亦有明显相关性，由此证实在乳腺癌中，SOCS2 的丢失与乳腺癌细胞的生长、扩增相关，但尚未发现与基因拷贝数及总生存率有明显相关性。Haffner[15]等运用 RT-PCR、免疫印记和免疫组化方法检测了 89 例手术切除的初发乳腺癌中 SOCS-1、SOCS2、SOCS3 和 IGF-I 的表达，结果证实 SOCS2 的表达与肿瘤的组织学分级呈负相关，ER 阳性的乳腺癌中呈现高水平的 SOCS2 表达。SOCS2 高表达水平的病人其生存期明显高于低表达组，提示其在乳腺癌中有可能是一个较好的独立预后因子。

Herman 等[16]对人类肝细胞癌细胞系进行分析，发现其中有 60% 的 SOCS1 基因发生启动子的甲基化，从而使 SOCS1 的表达被抑制、JAK/STAT 通路组成性激活。而 SOCS1 的恢复能抑制发生 SOCS1 异常甲基化的肿瘤细胞的生长，这种生长抑制是由凋亡引起，且能由 AG490 逆转 SOCS1 不活跃细胞中 STAT3 的组成性磷酸化而再现。Yang 等[17]研究了 51 例肝细胞癌中几种主要的肿瘤抑制基因启动子的甲基化状态，结果发现，SOCS1 启动子的甲基化在肝细胞癌发展过程中发挥重要作用。另一项实验结果是 SOCS1 杂合型小鼠对二甲基亚硝胺诱导的肝癌发病呈高敏状态，也支持 SOCS1 启动子的甲基化是肝细胞癌发病机制中的重要因素这一结论[18]。目前又发现在人类肺癌[8]及头颈部鳞状细胞癌（90%）[19]中，由于 CpG 岛的高甲基化导致 SOCS3 的“沉默”，胰腺导管癌（21%）[20]、卵巢癌（23%）[21]出现 SOCS1 的高甲基化，而在恶性黑色素瘤细胞中 SOCS3 的组成性表达与 IFN-γ 抵抗密切相关[22]，这些发现均表明，在不同癌症的发病机制中，SOCS 基因的异常甲基化而致 JAK/STAT 途径的持续激活具有重要意义。

SOCS 与血液系统肿瘤的研究开展的比较早，目前已研究的较为深入。Cho-Vega 等[23]运用 cDNA 微阵列技术发现 SOCS3 在间变性淋巴瘤激酶（ALK）$^+$的间变性大细胞性淋巴瘤（ALCL）的细胞系中呈高表达，SOCS3 被 STAT3 诱导表达，而 ALK 激活了 STAT3 。他们据此推测 SOCS3 通过影响 JAK3-STAT3 途径在 ALK + ALCL 的发病中发挥重要作用。另外，在慢性髓细胞性白血病，特别是在出现原始细胞危象的细胞和T细胞淋巴瘤中，也观察到SOCS3呈组成性表达，并且对IFN治疗抵抗[24,25]。另有研究发现，由于SOCS1选择性的在体内淋巴器官中表达，它可以阻止恶性造血过程的演进。在20例初发的纵隔B细胞淋巴瘤的病人中有9例发生SOCS1基因中SOCS盒的等位基因突变。这些突变可使损坏的JAK2发生降解而使余下的JAK2被持续性激活[26]。有报道显示：在多发性骨髓瘤（62%）[27]、急性髓细胞性白血病（60%）[28]和骨髓增生异常综合征（31%）[29]中往往会出现SOCS1的表达减少和甲基化异常[30]。在大多数病人中，SOCS1在细胞系中的过表达可以抑制肿瘤细胞的增殖，因此SOCS1可能是抗癌治疗的一个重要靶点。

五、结束语

随着对细胞因子信号转导通路负调控机制的深入了解，SOCS蛋白作用靶分子的明确阐述，以及单个SOCS基因敲除鼠的诞生，SOCS蛋白家族的生理病理作用将会被进一步揭示，也为研究肿瘤等疾病的发生发展机制，寻找相应诊断和防治措施，研制阻断JAK/STAT通路或抑制STATs聚合体活性的药物开辟了新视角。SOCS基因有望成为肿瘤疾病的基因治疗和药物研发的新靶点。

参 考 文 献

1 Yoshimura A, Ohkubo T, Kiguchi T, et al. A novel cytokine-inducible gene CIS encodes an SH2-containing protein that binds to tyrosine-phosphorylated interleukin 3 and erythropoietin receptors. EMBO J, 1995, 14 (12):2816～2826.

2 Hilton DJ, Richardson RT, Alexander WS, et al. Twenty proteins containing a C-terminal SOCS box form five structural classes. PNAS, 1998, 95 (1):114～119.

3 Tsukada J, Ozaki A, Hanada T, et al. The role of suppressor of cytokine signaling 1 as a negative regulator for aberrant expansion of CD8 [alpha] + dendritic cell subset. Int Immunol, 2005, 17 (9):1167～1178.

4 Kovarik Ales, Fojtova Miloslava, Boudny Vladimir, et al. Interferon- [gamma], but not interferon- [alpha], induces SOCS 3 expression in human melanoma cell lines. Melanoma Research, 2005, 15 (6):481～488.

5 Auernhammer CJ, Bousquet C, Melmed S, et al. Autorcgulation of pituitary corticotroph SOCS-3 expression: characterization of the murine SOCS-3 promoter. PNAS, 1999, 96 (12):6964～6969.

6 Cassatella MA, Gasperini S, Bovolenta C, et al. Interleukin-10 (IL-10) selectively enhances CIS3/SOCS3 mRNA expression in human neutrophils: evidence for an IL-10-induced pathway that is independent of STAT protein activation. Blood, 1999, 94 (8):2880～2889.

7 Gregorieff A, Pyronnet S, Sonenberg N, et al. Regulation of SOCS-1 expression by translational repression. J Biol chem, 2000, 275 (28): 21596～21604.

8 He B, You L, Uematsu K, et al. SOCS-3 is frequently silenced by hypermethylation and suppresses cell growth in human lung cancer. PNAS, 2003, 100 (24):14133～14138.

9 Tanya Gritsko, Ann Williams, James Turkson, et al. Persistent Activation of Stat3 Signaling Induces Survivin Gene Expression and Confers Resistance to Apoptosis in Human Breast Cancer Cells. Clinical Cancer Research, 2006, 12: 11～19.

10 Niu G, Wright KL, Huang M, et al. Constitutive Stat3 activity up-regulates VEGF expression and tumor angiogenesis. Oncogene, 2002, 21

(13):2000～2008.

11 Sutherland KD, Lindeman GJ, Choong DY, et al. Differential hypermethylation of SOCS genes in ovarian and breast carcinomas. Oncogene, 2004, 23 (46):7726～7733.

12 Pezet A, Favre H, Kelly PA, et al. Inhibition and restoration of prolactin signal transduction by suppressors of cytokine signalingJ]. J Biol Chem, 1999, 274 (35):24497～24502.

13 Raccurt SP, Tam, Lau P, et al. Suppressor of cytokine signalling gene expression is elevated in breast carcinoma. British Journal of Cancer, 2003, 89:524～532.

14 Farabegoli F, Ceccarelli C, Santini D, et al. Suppressor of cytokine signalling 2 (SOCS-2) expression in breast carcinoma. Clin Pathol, 2005, 58 (10):1046～1050.

15 Haffner MC, Petridou B, Peyrat JP, et al. Favorable prognostic value of SOCS2 and IGF-I in breast cancer. BMC Cancer, 2007, 25 (7):136.

16 Herman JG, Jen J, Merlo A, et al. Hypermethylation-associated inactivation indicates a tumor suppressor role for p15INK4B. Cancer Res. 1996, 56 (4):722～727.

17 Yang B, Guo M, Herman JG, et al. Aberrant promotermethylation profiles of tumor suppressor genes in hepatocellular carcinoma. Am J Pathol, 2003, 163:1101～1107.

18 Yoshida T, Ogata H, Kamio M, et al. SOCS1 is a suppressor of liver fibrosis and hepatitis-induced carcinogenesis. J Exp Med, 2004, 199 (12):1701～1707.

19 Weber A, Hengge UR, Bardenheuer W, et al. SOCS-3 is frequently methylated in head and neck squamous cell carcinoma and its precursor lesions and causes growth inhibition. Oncogene, 2005, 24 (44):6699～6708.

20 Fukushima N, Sato N, Sahin F, et al. Aberrant methylation of suppressor of cytokine signalling-1 (SOCS-1) gene in pancreatic ductal neoplasms. Br J Cancer, 2003, 89 (2): 338～343.

21 Grosdemouge I, Bachelot A, Lucas A, et al. Effects of deletion of the prolactin receptor on ovarian gene expression. Reprod Bio Endocrinol, 2003, 1:12.

22 Fojtova M, Boudny V, Kovarik A, et al. Development of IFN-gamma resistance is associated with attenuation of SOCS genes induction and constitutive expression of SOCS 3 in melanoma cells. Br J Cancer, 2007, 97 (2):231～237.

23 Cho-Vega JH, Rassidakis GZ, Amin HM, et al. Suppressor of cytokine signaling 3 expression in anaplastic large cell lymphoma. Leukemia, 2004, 18 (11):1872～1878.

24 Brender C, Lovato P, Sommer VH, et al. Constitutive SOCS-3 expression protects T-cell lymphoma against growth inhibition by IFNalpha. Leukemia, 2005, 19 (2):209～213.

25 Sakai I, Takeuchi K, Yamauchi H, et al. Constitutive expression of SOCS3 confers resistance to IFN-alpha in chronic myelogenous leukemia cells. Blood, 2002, 100 (8):2926～2931.

26 Melzner I, Bucur AJ, Bruderlein S, et al. Biallelic mutation of SOCS-1 impairs JAK2 degradation and sustains phospho-JAK2 action in MedB-1 mediastinal lymphoma line. Blood, 2005, 105 (6):2535～2542.

27 Galm O, Yoshikawa H, Esteller M, et al. SOCS-1, a negative regulator of cytokine signaling, is frequently silenced by methylation in multiple myeloma. Blood, 2003, 101 (7): 2784～2788.

28 Chen CY, Tsay W, Tang JL, et al. SOCS1 methylation in patients with newly diagnosed acute myeloid leukemia. Genes Chromosomes Cancer, 2003, 37 (3):300～305.

29 Brakensiek K, Langer F, Schlegelberger B, et al. Hypermethylation of the suppressor of cytokine signalling-1 (SOCS-1) in myelodysplastic syndrome. Br J Haematol, 2005, 130 (2):

209～217.

30 Watanabe D, Ezoe S, Fujimoto M, et al. Suppressor of cytokine signalling-1 gene silencing in acute myeloid leukaemia and human haematopoietic cell lines. Br J Haematol, 2004, 126(5):726～735.

❖ 血液肿瘤 ❖

儿童白血病的发展历史和现状

胡亚美

首都医科大学附属北京儿童医院 北京 100045

白血病（leukemia）是造血系统的恶性增生性疾病，是儿童时期最常见的恶性肿瘤，也是儿童期的第一位死亡原因。我国儿童白血病的发病率是（3~5）/10万，即每年新发白血病病儿约2万人，其中急性白血病占95%，慢性白血病只占3%~5%。急性白血病中，以急性淋巴细胞白血病（acute lymphoblastic leukemia，ALL）为主，占75%~80%，与成人白血病的类型分布完全不同。

一、历史回顾

早在1827年Velpeau就对白血病的症状进行了描述报道，由于这些病人的血中白细胞增多、在血中呈现白色，故1845年Virchow（图1）和Craigie分别在病人报道中称此病为“白血（white blood)”。两年后，Virchow正式命名此病为“白血病（leukemia)”。1856年Virchow将多年的研究资料总结发表，提出了白血病的细胞起源学说，与现在明确的白血病“克隆性增生”不谋而合。1891年Ehrlich应用细胞染色的方法，认识到白血病细胞有不同的类型。至1913年，已将白血病分为急性淋巴细胞、急性粒细胞、急性单核细胞、慢性淋巴细胞、慢性粒细胞及红白血病等类型。1917年人们已经认识到急性淋巴细胞白血病是儿童白血病的主要类型。

图1 Rudolf Virchow

尽管医学科学家们在150多年前就已经认识了白血病，但在其后的一百多年里，却对白血病的治疗束手无策。1947年Farber（图2）和同事发现白血病儿童服用四氢叶酸后促进白血病细胞增长，于是采用四氢叶酸拮抗剂-氨甲蝶呤用于儿童白血病的治疗，许多病儿达到了数月的临床和血液学缓解，对白血病的特异性治疗便从此开始。随后，Elion（图3）和同事合成了巯基嘌呤、别嘌呤醇等其他抗代谢药，至今6-巯基嘌呤仍是治疗儿童ALL的骨架药物。上世纪50年代至60年代，类固醇激素、环磷酰胺和长春新碱分别问世，给儿童白血病的治疗带来了曙光。通过上述药物治疗，大部分孩子都能得到初次缓解，但复发和并发症死亡使儿童白血病的长期无病生存率仍然非常低，仅为3%～5%。

图2　Sidney Farber

图3　Gertrude Elion

1962年，美国中部城市Memphis成立了专门研究儿童肿瘤的St Jude儿童研究医院，第一任院长Donald Pinkel（图4）带领研究团队提出了以“治愈儿童白血病”为目的研究方案，其治疗包括4个疗程：诱导缓解、巩固、脑膜白血病预防和维持治疗。1970年取得了儿童白血病治愈率达50%的破纪录结果，随后这“四疗程”的治疗原则被国际各研究中心如美国儿童癌症研究组（CCG，2000年合并为COG）、欧洲BFM研究组等广泛采纳，并进一步探索各疗程中多药联合的合理应用。1976年BFM首先提出“危险因素（risk factor）”概念，将初诊白血病按危险度分型，以实施相应强度的治疗方案。这是白血病个性化治疗的初期模式。由于采用多药联合化疗并按危险度分型治疗，1980～1990年美国和西欧发达国家的儿童白血病治愈率已达75%左右。

图4　Donald Pinkel

我国儿童白血病的治疗始于上世纪70年代。北京儿童医院从1976年开始治疗白血病是基于当时北京市城区和通县专区的小儿死亡原因调查结果：儿童1岁到5岁第一位是肺炎，第二位是恶性肿瘤；5岁到15岁城区死亡原因第一位就是恶性肿瘤。但由于当时国家处于封闭状态，与西方各国几乎没有交流，我们仅依靠少量文献资料摸索治疗白血病。当时复发、并发症等死亡非常高，在北京儿童医院开始治疗儿童白血病的前五年里，其长期完全缓解率不到20%。后来随着改革开放和国际交流的增多，儿童白血病的治疗效果很快提升，1980～1990年儿童白血病治愈率已达50%左右，并在1986年北京儿童医院以组长单位制订了“中国儿童急性淋巴细胞白血病的诊治方案”。1997年领头开展了全国小儿白血病治疗联网工作，主持设计儿童急性淋巴白血病97联网方案，方案在全国14个治疗中心实施，疗效显著。1999年北京儿童医院成立了全国最大的儿童血液肿瘤中心，目前有4个病区120张床位，每年收治新发白血病病儿近200余例。近15年来儿童ALL治愈率接近80%。2007年“六一”节，温总理亲自关怀和批准的“儿童血液肿瘤中心”已经奠基，几年后将建成世界最大的拥有360张床位的儿童肿瘤研究中心。

二、治疗现状

基于白血病初诊危险度分型的治疗，是提高治愈率的关键。因此，如何能正确进行白血病的诊断分型是关键的前提。从1976年开始FAB形态学分型至今，白血病分型走过了MI（形态学+免疫学）、MIC（形态学+免疫学+细胞遗传学）、MICM（形态学+免疫学+细胞遗传学+分子生物学）的漫长历程。以儿童最常见的急性淋巴细胞白血病为例：形态学将ALL分成L1～L3三型；免疫学将ALL分成B-ALL和T-ALL两大系列及不同的亚型；细胞遗传学和分子生物学分别从亚细胞水平和分子水平检测白血病细胞的染色体DNA的变化情况，儿童ALL常见的染色体异常和相应融合基因以及临床预后见表1。

表1　ALL的细胞遗传学和分子生物学分型

染色体和基因变异	发生率（%）	5年无病生存率（%）
B细胞（MYC基因重排）	2～3	75～85
前B细胞		
超二倍体>50	25	80～90
t（12；21）TEL-AML1	22	85～90
t（1；19）E2A-PBX1	5	75～85
t（9；22）BCR-ABL	3	20～40
MLL-AF4	2	20～35
亚二倍体<50	1	25～40
MLL重排	5	30～50
T细胞		
MLL-ENL	1	85～95
HOX11	3	80～90
TAL1	6～7	30～40
LYL1	1	30～40

临床危险度分组则是根据以上MICM分型和病人的临床资料把ALL分成不同的危险度。大多数儿童肿瘤研究组（包括BFM）将病人分为标危组、高危组（即中间组）或高高危组，但COG提出了一个4组分类系统，以期病人的复发可能性降到极低。2003年后北京儿童医院将ALL分成标危、中危Ⅰ、中危Ⅱ和

高危4组。

儿童白血病的治疗以化疗为主，只有少数高危病人需要放疗或造血干细胞移植。化疗的原则是多药联合和多疗程治疗，化疗强度及方案根据临床危险度分组而定。虽然各组治疗方法有所不同，但治疗原则不变：诱导缓解治疗后接予强化治疗（或称巩固治疗）和维持治疗，以此消除残留的白血病。中枢神经系统治疗开始于临床早期，其治疗时间长度根据病人的复发风险、全身治疗的强度和是否使用了颅脑放射而定。最新研究表明：更强烈的化疗未必能真正提高治愈率，反而会增加与治疗相关的死亡率和继发第二肿瘤等危险，因此需要既可以提高治愈率又能改善生活质量的新治疗方案。目前新出现的可能会改善ALL病人预后的治疗方法包括：现有常规化疗药物的新剂型、新的抗代谢药和核苷衍生物、白血病相关抗原的单克隆抗体、针对白血病细胞的基因异常及相关信号通路的分子治疗。

化疗药物的脂质体剂型是将药物包裹在一种小的、天然无毒磷脂及胆固醇制成的球形囊泡中，是目前应用越来越多的一种方法，可以提高常规抗白血病药物的治疗指数。所谓非免疫性脂质体指进一步改进油脂从而使其表面亲水性更强，在血流中循环次数也更多。如聚乙二醇门冬酰胺酶（PEG-门冬酰胺酶）、脂质体阿糖胞苷、脂质体和聚乙二醇蒽环类抗生素、脂质体长春新碱等。

核苷新衍生物克罗他滨（clofarabine）和奈拉滨（nelarabine）均已进入儿童ALL的Ⅱ期临床试验。克罗他滨在细胞内先被脱氧胞苷激酶加工为5′单磷酸代谢物，再经单/二磷酸激酶转化为有活性的5′-三磷酸形式。它能抑制DNA多聚酶及核苷酸还原酶，从而抑制DNA合成和修复。另外，它可通过直接作用于线粒体而诱导细胞凋亡，引起细胞凋亡因子释放。奈拉滨为脱氧鸟苷类似物9-β-阿糖鸟嘌呤（ara-G）的前体，在体内可快速被腺苷脱氨酶去甲基化成为ara-G，经脱氧鸟苷激酶和脱氧胞嘧啶核苷激酶依次单磷酸化生成活性的5′-三磷酸ara-GTP，白血病细胞中蓄积ara-GTP，可抑制DNA合成，阿糖鸟苷可选择性地毒杀T细胞白血病的细胞，导致细胞死亡。本药单药抗T细胞淋巴瘤较强，血液毒性低。

白血病相关抗原的单克隆抗体目前主要应用于成人，有些药物处于儿童白血病临床实验期。如利妥昔单抗（rituximab）即美罗华是一种抗人CD20抗体，它是第一种用于治疗的单克隆抗体。由于成人前B细胞ALL表达CD20提示预后差，因此将美罗华加入化疗方案中，使CD20阳性病人的无病存活率提高到73%。但在儿童ALL中，CD20的表达没有任何预后意义，因此到目前为止，美罗华在该年龄组中的使用只限于成熟B细胞恶性疾病或CD20阳性的前体B细胞ALL复发的病人。阿仑单抗（alemtuzumab）是一种与CD52作用的人单克隆抗体。在急性白血病中，阿仑单抗的使用经验大多是无对照的。在一项研究中，造血干细胞移植后出现前体B细胞ALL复发的两名成人和一名儿童使用本品，结果显示，两病人的骨髓及血液中幼稚细胞数减低，另外一病人的脾脏大小及移植物抗宿主病发生率减低。吉妥珠单抗奥唑米星（gemtuzumab ozogamicin）是一种与细胞毒性药物刺孢霉素相结合的抗人CD33抗体，它被证实可用于CD33阳性AML复发病人的治疗。单独使用本品时，可诱导30%～40%AML成人及儿童产生反应。单独使用本品或与全反式维甲酸联合使用还可成功治疗CD33表达强阳性的急性早幼粒性白血病。由于肝细胞也表达CD33，因此吉妥珠单抗可导致肝毒性，尤其在干细胞移植前后3个月时间内使用本品时可出现。

分子靶向治疗目前也主要应用于成人。最具表性的药物是甲磺酸伊马替尼（imatinib mesylate）即格列卫，它是一种酪氨酸激酶抑制剂，它选择性作用于ABL、KIT及PDGFR激酶，对费城染色体阳性（Ph^+）的慢性髓系白血病（CML）及带有BCR-ABL融合蛋白的ALL具有很强的抑制作用。带有NUP214-ABL1融合蛋白的T细胞ALL同样对伊马替尼敏感，从而显示出一个全新的治疗方法。其他的分子治疗药物还有Fms样酪氨酸激酶3抑制剂、法尼基转移酶抑制剂、DNA甲基转移酶抑制剂、组蛋白去乙酰基酶抑制剂、哺乳动物雷帕霉素靶蛋白抑制剂、γ-分泌酶抑制剂、蛋白酶抑制剂、周期素依赖性蛋白激酶抑制剂、BCL2反义疗法、热休克蛋白90拮抗剂等。除了甲磺酸伊马替尼及作用于原发性遗传异常（BCR-ABL酪氨酸激酶）的第二代ABL激酶抑制剂，目前ALL的靶向治疗几乎全部作用于继发性变异、调节生长或细胞凋亡的通路，并且任何一种分子靶向治疗都不可能仅依靠自己治愈白血病。尽管如此，最近人们对DNA损伤药物及耐药通路细胞生化过程的了解，使得传统抗白血病药物、单克隆抗体及分子靶向药物的联合应用变得更为合理，通过阻止DNA修复反应或恢复细胞凋亡反应的方式最大限度地杀伤白血病细胞。

三、未来研究方向

白血病的基因（gene）分型是目前正在探索的新领域，期望在原有MICM分型的基础上进展到MICMG分型。确定白血病的特异基因表达谱不仅有助于白血病的精确分型以指导个体化治疗，而且对微小残留白血病的追踪监控和预防复发意义重大。虽然美国St Jude儿童研究医院Downing等在2003年首次对132例儿童ALL进行了基因芯片检测，采用监控性聚类分析方法，分析了6类染色体或融合基因异常的ALL亚型，但该研究仅涵盖不到30%的ALL病人。后来有几项研究采用“非监控”聚类方法分析白血病的基因表达谱，但几乎均局限在成人和急性非淋巴细胞白血病领域。北京儿童医院最近对100例儿童ALL基因芯片检测和初步分析结果提示，即使MICM分型相同的病人，但基因表达谱仍有差异，并提示不同的临床预后。

研究白血病的病理机制是靶向治疗的基础，研究白血病及正常宿主细胞的药物遗传学是治疗效果的保证。如最初CML对甲磺酸伊马替尼的反应结果令人们异常兴奋，使得人们对其他靶向治疗的成功抱以很大的期望。但随后的结果表明，尽管分子靶向药物可能具有抗白血病的活性，但它们诱导产生的反应并不持久，且不适用于所有病人。残酷的现实强调，我们需要深入研究靶向治疗与病理机制和药物遗传学的关系，从而帮助我们确定该药物是否作用于特殊类型 ALL 的信号通路，或者我们考虑的药物是否对该白血病有效，从而为不同病人选择最佳药物及剂量以避免过度治疗或治疗不足。

在白血病治疗方面，发展中的新型治疗方法包括 RNA 干涉，即通过小 RNA 破坏肿瘤特异性 mRNA 的方法沉默白血肿瘤基因的表达；此外还包括细胞免疫治疗，即利用白血病相关抗原表达来刺激细胞毒性 T 淋巴细胞或 NK 细胞的抗肿瘤活性。针对清除白血病干细胞的策略，包括白血病干细胞的信号通路、耐药机制等也在积极研究之中。

在我国迫切需要建立多中心协作的联合攻关队伍，为全面提高我国儿童白血病的研究诊治水平、早日与国际先进水平接轨而共同努力。

参 考 文 献

1 胡亚美，江载芳. 诸福棠实用儿科学. 第 7 版. 北京：人民卫生出版社，2002.

2 尼尔逊儿科学. 第 16 版. 北京. 科学出版社，2001.

3 Pui CH. Childhood leukemia. 2nd edition. New York. Cambridge University Press，2006.

4 Nathan DG，David G. Orkin SH，Look AT，Ginsburg D. Nathan and Oski's Hematology of Infancy and Childhood. 6th edition. Philadelphia：W. B. Saunders，2003.

5 Pizzo PA，Poplack DG. Principles and Practice of Pediatric Oncology. 4th edition. Philadephia. Lippincott Williams & Wilkins，2001.

6 Winick NJ，Carroll WL，Hunger SP. Childhood Leukemia-New Advances and Challenges. N Engl J Med，2004，351：601～603.

7 Pui CH，Relling MV，Downing JR. Acute lymphoblastic leukemia. N Engl J Med，2004，350：1535～1548.

8 Sabine L A，Plasschaerta，Willem A，et al. Prognosis in childhood and adult acute lymphoblastic leukaemia：a question of maturation? Cancer Treat Rev，2004，30：37～51.

9 Pui CH，Evans WE. Treatment of Acute lymphoblastic leukemia. N Engl J Med，2006，354：166～178.

10 Ravandi F，Estrov Z. Eradication of leukemia stem cells as a new goal of therapy in leukemia. Pediatr Blood Cancer，2006，46：570～578.

11 Carroll WL，Bhojwani D，Min DJ，et al. Childhood acute lymphoblastic leukemia in the age of genomics. Clin Cancer Res，2006，12：340～344.

12 Pui CH，Jeha S. New therapeutic strategies for the treatment of acute lymphoblastic leukaemia. Nat Rev Drug Discov，2007，6：149～65.

急性白血病靶向治疗的新进展

马　军

哈尔滨血液病肿瘤研究所　哈尔滨　150010

急性白血病（AL）主要包括急性髓细胞白血病（AML）和急性淋巴细胞白血病（ALL）。我国2006年的流行病学调查显示，由于环境污染等因素，白血病的发病率呈上升的趋势。AL的传统治疗方法为放疗、化疗和造血干细胞移植（HSCT）。近20年来，随着人类对白血病细胞生物学和遗传学认识的飞速发展，一系列与AL发病机制密切相关的基因、受体、抗原、细胞内关键物质相继被发现，引发了以这些靶向为目标的新型药物的研发。这一类新型药物被称为分子靶向治疗药物（molecular targeted therapeutic drugs，MTTD）。以伊马替尼和美罗华为代表的MTTD分别在慢性粒细胞性白血病（CML）和非霍奇金淋巴瘤（NHL）的治疗中展现出令人振奋的疗效。MTTD在AL的治疗中也崭露头角，并被认为是未来治疗AL中最具前景的手段，本文就AL的靶向治疗的最新进展作一介绍。

一、急性髓细胞白血病

在过去的10年里，标准的诱导化疗在60岁以下的成年人治疗中已经取得了显著的成效，约60%的AML病人达到得到完全缓解（CR），5年生存率（OS）已达到43%。但较高的复发率和治疗相关性并发症仍然是治疗AML所面临的困境。特别是老年AML病人，对标准化疗方案所带来的不良反应更敏感，使其治疗方案的选择更局限，治疗相关并发症的发生率高，确诊后一年内病人的死亡率达86%。5年生存率只有14%[1]。MTTD的应用为AML病人，特别是复发或难治的老年AML病人带来了希望。尽管较其他白血病如CML和NHL，AML靶向治疗的进展仍然缓慢，但以吉姆单抗奥佐米星（gemtuzumab-ozogamicin，GO，Mylatarg）为代表的MTTD已用于治疗60岁以上的复发与难治性AML病人[2]。其他针对AML的MTTD仍在临床前期或临床试验中。

2001～2007年全球多家研究单位的Ⅰ期、Ⅱ期、Ⅲ期临床试验证明单独应用GO治疗老年人复发与难治性AML病人[3~7]。GO给药的常规方案为：在第1天和第15天分别进行1次2 h的输注（9 mg/m^2）。CR率在13%～26%之间，总反应（OR）率在21%～33%之间，疗效尚不尽如人意。但对于不能耐受化疗的AML病人，GO是一个很好的选择。其不良反应主要为骨髓抑制及与输注相关的发热、寒战等，病人均可耐受。因此，2000 年美国 FDA 批准 GO 用于治疗 60 岁以上不适于化疗的复发与难治性 AML 病人。近年来人们尝试 GO 与其他化疗联合的方案。2002 ~ 2005 年全球多家研究单位的Ⅱ期、Ⅲ期临床试验的结果显示（表 1），GO 与各种化疗方案联合的剂量在 3 ~ 9mg/m^2 之间。CR 率在 9% ~ 70% 之间，OR 率在 12% ~ 76% 之间。其中，MIDAM + GO 和 HiDARAC + 拓扑替康 + GO 方案疗效最佳，而 MTA + GO 和 MIA + GO 方案疗效最差。

表 1　GO 与常规化疗联合治疗难治/复发 AML 临床试验的结果

作者	病人数	中位年龄（岁）（年龄范围）	疾病状态	CTX + GO（GO 剂量 mg/m^2）	CR（%）	OR（%）	RFS（月）	OS（月）
Cortes[8]	17	55（20 ~ 70）	耐药/复发	MTA（9）	12	12	NR	8.2
Venugopal[9]	19	55（22 ~ 68）	耐药/复发	MMACA（9）	32	32	NR	10.8
Alvarado[10]	14	61（34 ~ 74）	耐药/复发	MIA（6）	21	43	6.3	2
Apostolidou[11]	11	37（16 ~ 67）	耐药/复发	MDAC（6）	9	18	9.5	3
Tsimberidou[12]	32	53（18 ~ 78）	耐药/复发	MFAC（4.5）	28	34	5	5.3
Stone[13]	24	64（55 ~ 69）	耐药/复发	HiDARAC（9）	19	24	NR	NR
Langston[14]	19	64（37 ~ 77）	耐药/复发	HiDARAC + 拓扑悌康（3 ~ 6）	47	NR	10.4	NR
Chevallier[15]	17	54（21 ~ 68）	耐药/复发	MIDAM（9）	70	76	11	11
Mooreet[16]	48	67（NR）	首次复发	Oblimersen（9）	10	25	3.7	2.3

CTX：化疗试验；NR：未报告；OS：总生存率；RFS：未复发生存；MMACA：阿糖胞苷 + 米托恩醌 + Amifostine；MIA：阿糖胞苷 + 去甲氧柔红霉素；MDAC：阿糖胞苷 + 环磷酰胺 + 柔红霉素；MFAC：阿糖胞苷 + 环磷酰胺 + 氟的拉宾；HiDARAC：高剂量阿糖胞苷；MIDAM：阿糖胞苷 + 米托恩醌。

FLT3 受体是一种细胞膜连接受体 TK，它在造血细胞的增殖、分化及维持中起着至关重要的作用。除正常髓系及淋巴系祖细胞表达 FLT3 以外，70% ~ 90% 的 AML 细胞也表达 FLT3[17]。FLT3 突变多见于 AML（25% ~ 40%）[18]。FLT3 突变包括两个主要类型：跨膜区域的内部串联重复序列（ITD）和高度保守的 TK 区域（TKD）的点突变，这两个类型的突变都会导致 FLT3 的结构性激酶（配体非依赖性）及其下游信号途径［例如：RAS 和（PI3K）/AKT］的活化。FLT3 ITDs 与 AML 的发病和疾病进展有关[19]。FLT3-ITDs 预示着 AML 病人不良的预后[18]。在高危白血病病人中 FLT3（野生型或突变型）常常过分表达[20]。最近，白血病干细胞（CD_{34}^{+}/CD_{38}^{-}）上已经发现有 FLT3-ITDs [21]。针对 FLT3 的靶向治疗药物出现了很多种，目前的几个 FLT3 酪氨酸激酶抑制剂（TKI）试验正在应用联合用药的方法治疗复发和新诊断的 AML 病人（表 2）。CEP-701 与化疗药物联合治疗复发的 FLT3 突变的 AML 病人已经在美国、意大利、以色列、西班牙的许多实验室展开，并且已进入Ⅲ期临床阶段。英国的另一个CEP-701与化疗药物联合治疗新诊断的AML的试验正在通过MRC的审核。在美国，一个PKC412与化疗药物联合治疗新近诊断的AML的研究正计划通过一个合作组织的批准。2005年美国血液协会年会展示的关于CEP-701和PKC412试验的初步结果和相关数据使得研究者对它们与化疗药物的联合应用产生了极大的热情。正在临床试验中。

表2 几种FLT3抑制剂治疗AML临床试验

药物	剂量	临床试验	病人数	OR（%）	参考文献
CEP-701	60 mg bid	Ⅰ/Ⅱ	14	36	[27]
SU5416	145 mg/m^2	Ⅱ	32	7	[28]
	145 mg/m^2 每周2次	Ⅱ	33	6	[29]
	145 mg/m^2 每周2次	Ⅱ	42	19	[30]
SU11248	50 ~ 350mg	Ⅰ	29	40	[31]
PKC412	75 mg tid	Ⅱ	20	70	[32]

（一）CEP-701

CEP-701是一种口服的FLT3抑制剂，CEP-701主要抑制FLT3、TRKA、KDR、PKC、PDGFR、EGFR的活性。其为一种新型吲哚咔唑衍生剂，可在半数有效计量（IC_{50}）为2 ~ 3 nmol时在体外阻断野生细胞株的自身磷酸化并激活FLT3。Ⅱ期临床研究选择有FLT3突变的5例复发难治性AML，CEP-701 60mg/d，分2次口服，1例获CR，2例获PR，增大剂量后达2例获PR，1例获CR。最近Ⅱ期扩大临床研究，对6例复发难治AML，协同使用去甲氧柔红霉素（IDA）化疗，2例获CR，2例获PR，有效率为60%，不良反应有乏力、恶心、呕吐。2004年Ⅱ期临床研究中对17例FLT3变异的难治性AML（FLT-ITD阳性16例，1例FLT3-ALM），给予CEP-701（40、60、80mg）×2/d（TWD）三个不同量进行观察。其中在应用60 mg的14例中，有5例（36%）末梢血中原始细胞消失，恢复了正常造血。CEP-701抑制原始细胞时间从2周 ~ 3个月不等，配合使用阿糖胞苷有明显协同作用，其中2例获得CR[22]。

（二）PKC412

PKC412是另一种口服的FLT3抑制剂，是多靶位激酶抑制剂，对突变型和野生型AML均有效，但很少能达CR。Stone等在一项Ⅱ期临床试验中采用化疗（DA方案）与PKC412联合的方案治疗初治AML病人，14/19例（74%）达CR，6例FLT3阳性者均达CR，8/13例（13%）FLT3阴性者达CR，无1例药物相关死亡[23]。靶向药物还包括针对AML1-ETO融合蛋白的小分子抑制剂的开发等[24]。

（三）SU5416

SU5416主要抑制FMS、FLT3、KDR、KIT的活性，为一种新型吲哚酮。在IC_{50}

为250 nmol 时可体外阻断野生型的自身磷酸化并激活 FLT3。Ⅱ期临床研究选择了复发难治性 AML、MDS/AML、MM、MDP 等疾病。单用对 c-KIT 阳性的 AML 疗效不佳，正对其与其他 FLT3 抑制剂合用进行临床研究，其中对于部分 AML 有效。不良反应除恶心、呕吐、乏力外，还出现骨痛。Ⅱ期临床试验应用 SU5416 治疗 33 例难治复发 AML，2 例有效，有 50% AML 的 FLT3 磷酸化受抑制[25]。

（四）SU11248

SU11248 主要抑制 FLT3 活性，SU11248 化学结构上有 indolone 骨架。对 KIT、VEGF、PDGTR 也有抑制作用。Ⅰ期临床研究共选择了 5 例复发难治 AML，5 例中 FLT3 突变，3 例 ITD 阳性，2 例为活性环突变，单次用药后 3 例 AML 病人原始幼稚细胞下降。Ⅰ期临床扩大实验 15 例复发难治性 AML，SU11248（50 ~ 75）mg/d，连用 41 周休 2 周。其中 4 例达到 PR。但 SU11248 用药到 75mg/d 时，2 例因脑出血和肺出血死亡。体外实验发现合用阿糖胞苷可增加 SU11248 对 AML 的疗效[26]。

FLT3 作为单一疗法的Ⅰ期、Ⅱ临床试验已经显示其有限的临床疗效，其原因可能在于染色体的不稳定性导致的多信号途径，而非 FLT3 单一信号途径。因此，将 FLT3 抑制剂与化疗药物联合，以抑制复发，减少与非选择性细胞毒素有关的毒性作用，改善 FLT3 突变的白血病病人的预后是今后需要努力的方向。

二、急性淋巴细胞白血病

ALL 尤其是儿童 ALL，是当今疗效最好、治愈率最高的恶性肿瘤性疾病之一。CR 率可达 95% 以上，5 年以上无病生存（DFS）率可达 80% ~ 90%，治愈率可达到 80%。成人的 ALL 疗效仍然不尽如人意，复发的 ALL 的生存率低于 40%。近 20 年来，随着对 ALL 基因组，转录因子及蛋白组学的深入了解，人们对 ALL 的发病机制有了进一步的认识。一系列针对 ALL 分子靶向治疗药物，如单克隆抗体和小分子药物的出现，使 ALL 的治疗进入疗效更佳，不良反应更小的个体化治疗的新时代。表 3 罗列了正在进行的临床前试验和临床试验中的 ALL 靶向治疗药物。

由于 ALL 急变细胞表达各种特异性的抗原，如 CD20，CD19，CD22，CD33，CD52 等，他们都可成为治疗 ALL 的靶点。单克隆抗体治疗 ALL 相当的优越性，尤其是治疗微小残留病（MRD），单克隆抗体具有亚型特异性，不良反应小，作用机制独特等特点。利妥昔单抗（rituximab）是一种特异性针对 CD20 的嵌合型 IgG1 人单克隆抗体，在淋巴瘤治疗中取得了十分令人鼓舞的效果。利妥昔单抗常用于 B-前驱细胞 ALL，使用的剂量为每周 375mg/m^2 灌注连续 4 ~ 6 周，也取得良好的疗效。利妥昔单抗与化疗联合治疗老年人 B-前驱细胞 ALL，14 例病人都达到 CR，3 年 OS 率为 77%。CD20 的表达与成人 B-前驱细胞 ALL 的不良预后有关。一项临床研究表明，利妥昔单抗与 hyper-CVAD 化疗联合治疗 B-前驱细胞 ALL，27 例 CD_{20}^{+} 病人 2 年 DFS 率达 73%，而 36 例 CD_{20}^{-} 病人仅为 40%[33]。相反，CD20 的表达与儿童的 B 细胞 ALL 预后无关。目前，利妥昔单抗仅用于治疗成熟 B 细胞的血液系统肿瘤或复发的儿童 CD_{20}^{+}

B-前驱细胞 ALL。

伊马替尼（imatinib，IM）是选择性的作用于 ABL，KIT 和 PDGFR 的 TKI。对费城染色体阳性（Ph^+）的慢性 CML 有相当好的疗效，对初发 Ph^+ ALL 的 CR 率可达到 95%。但对成人及复发/难治的 Ph^+ ALL，疗效不尽如人意，但伊马替尼与化疗联合，仍可获得 96% 的 CR 率[34]。研究表明，HSCT 前应用 IM 的成人 Ph^+ ALL 随访 25 个月，3 年 DFS 达 78%，说明 IM 对 HSCT 无不良影响。而且，IM 可能延长移植后具有 MRD 病人的无病生存。

达沙替尼（dasatinib）是一新的口服的多靶点 TKI，对于 IM 耐药和不耐受的 Ph^+ ALL，达沙替尼都有很好的疗效。Ⅱ期临床研究表明，对于成人 IM 耐药和不耐受的 Ph^+ ALL 病人，使用 140mg 剂量，DFS 为 67%。CCR 为 58%。达沙替尼引起的不良反应多为 1 度或 2 度，最常见的是发热，中性粒细胞减少。

其他靶向治疗药物，如 FLT3 抑制剂，DNA 甲基转移酶抑制剂（DMIs），法基西尼转移酶抑制剂（FTIs）和组蛋白去乙酰化酶抑制剂（HDACI）等正在临床试验中，相信不远的将来，会出现更有效的靶向治疗药物。

表 3　治疗 ALL 潜在的靶向治疗药物

药物	靶向	ALL 类型	联合药物	参考文献
rituximab	CD20	CD_{20}^+ ALL/NHL	化疗；放疗	[33，35]
epratuzumab	CD22	CD_{22}^+ ALL	化疗；放疗	[36，37]
anti-CD19	CD19	CD_{19}^+ ALL	化疗；免疫毒素	[37，38]
alemtuzumab	CD52	CD_{52}^+ ALL	化疗	[40，41]
GO	CD33	CD_{33}^+ ALL	化疗	[42，43]
IM	ABL，KIT，PDGFR	BCR^-ABL^+ ALL； $NUP214^-ABL1^+$ T-cell ALL	移植；化疗	[44，45]
尼罗替尼	ABL，KIT，PDGFR	IM 耐药 BCR^-ABL^+ ALL （除 T315I）	化疗	[46]
达沙替尼	SRC/ABL	IM 或尼罗替尼耐药 BCR^-ABL^+ ALL（除 T315I）	化疗；IM	[47]
MK-0457	Aurora 激酶	所有 TKI 耐药 BCR^-ABL^+ ALL	化疗	[48]
lestaurtinib	FLT3	MLL^+ ALL	化疗	[49～54]
midostaurin		$CD117/KIT^+$ T-cell ALL		
tandutinib		超二倍体 ALL		
sunitinib malate		FLT3 + ALL		
IMC-EB10				

参 考 文 献

1 Smith M, Barnett M, Bassan R, et al. Adult acute myeloid leukaemia. Critical Reviews in Onc/Hem, 2004, 50:197~222.

2 Bross PF, Beitz J, Chen G. et al. Approval summary: gemtuzumab ozogamicin in relapsed acute myeloid leukemia. Clin Cancer Res, 2001, 7:1490~1496.

3 Sievers EL, Larson RA, Dombret H, et al. Efficacy and safety of gemtuzumab ozogamicin in patients with CD33-positive acute myeloid leukemia in first relapse. J Clin Oncol, 2001, 19: 3244~3254.

4 Larson RA, Boogaerts M, Sievers EL, et al. Mylotarg Study Group. An tibodytargeted chemotherapy of older patients with acute myeloid leukemia in first relapse using Mylotarg (gemtuzumab ozogamicin). Leukemia, 2002, 16:1627~1636.

5 Piccaluga PP, Martinelli G, Isidori A, et al. Gemtuzumab ozogamicin for relapsed and refractory acute myeloid leukemia and myeloid sarcomas. Leu Lymphoma, 2004, 45:1791~1795.

6 Larson RA, Sievers EL, Dombret H, et al. Final report of the efficacy and safety of gemtuzumab ozogamicin (Mylotarg) in patients with CD33-positive acute myeloid leukemia in first recurrence. Cancer, 2005, 104: 1442~1452.

7 Taksin AL, Legrand O, Contentin N, et al. High efficacy and safety profile of fractionated doses of Mylotarg as induction therapy in patients withrelapsed acute myeloblastic leukemia: a prospective study of the alfa group. Leukemia, 2007, 21: 66~71.

8 Cortes J, Tsimberidou AM, Kantarjian H, et al. Mylotarg combined with t opotecan and cytarabine in patients with refractory acute myelogenous leukemia. Cancer Chemother Pharmacol, 2002, 50:497~500.

9 Venugopal P, Gregory SA, Manson SD, et al. Phase Ⅱ study of Gemtuzumab Ozogamycin (Mylotarg) combined with intensive induction chemotherapy using high dose ara-C and mitoxantrone followed by amifostine in poorprognosis acute myeloid leukemia: preliminary results. Blood, 2002, 100:1323 (Abstract).

10 Alvarado Y, Tsimberidou A, Faderl S, et al. Pilot study of Mylotarg, idarubicin and cytarabine combination regimen in patients with primary resistant or relapsed acute myeloid leukemia. Cancer Chemother Pharmacol, 2003, 51:87~90.

11 Apostolidou E, Cortes J, Giles FJ, et al. Pilot study of gemtuzumab ozogamicin, liposomal daunorubicin, cytarabine and cyclosporine regimen in patients with refractory acute myelogenous leukemia. Leuk Res, 2003, 27:887~891.

12 Tsimberidou A, Cortes J, Faderl S. et al. Gemtuzumab ozogamicin, fludarabine, cytarabine and cyclosporine combination regimen in patients with CD33 + primary resistant or relapsed acute myeloid leukemia. Leuk Res, 2003, 27: 893~897.

13 Stone RM, Moser B, Schulman P, et al. A dose escalation and phase Ⅱ study of Gemtuzumab Ozogamicin (GO) with high-dose cytarabine (HiDAC) for patients (pts) with refractory or relapsed acute myeloid leukemia (AML): CALGB 19902. Blood, 2004, 104 : 873 (Abstract).

14 Langston AA, McMillan S, Heffner LT, et al. A phase I trial of Ara-C, topotecan, and Gemtuzumab Ozogamicin (Mylotargs) for advanced MDS and secondary or relapsed AML. Blood, 2004, 104:1814 (Abstract).

15 Chevallier P, Roland V, Guillaume T, et al. Administration of mylotarg 4 days after beginning of a chemotherapy including intermediate-dose aracytin and mitoxantrone (MIDAM regimen) produces a high rate of complete hematologic remission in patients with CD_{33}^{+} primary resistant or relapsed acute myeloid leukemia. Leuk Res, 2005, 29:1003~1007.

16 Moore J, Seiter K, Kalaycio M, et al. A Phase Ⅱ study of Bcl-2 antisense (oblimersen sodium)

combined with gemtuzumab ozogamicin in older patients with acute myeloid leukemia in first relapse. Leuk Res, 2006, 30 : 777 ~ 783.

17 Carow CE, Levenstein M, Small D, et al. Expression of the hematopoietic growth factor receptor FLT3 (STK-1/Flk2) in human leukemias. Blood, 1996, 87 : 1089 ~ 1096.

18 Abu-Duhier FM, Goodeve A C, Reilly JT, et al. FLT3 internal tandem duplication mutations in adult acute myeloid leukaemia define a high-risk group. Br J Haematol, 2000, 111 : 190 ~ 195.

19 Shih LY, Lin TL, Huang CF, et al. Internal tandem duplication of fms-like tyrosine kinase 3 is associated with poor outcome in patients with myelodysplastic syndrome. Cancer, 2004, 101 : 989 ~ 998.

20 Stirewalt DL, Radich JP. The role of FLT3 in haematopoietic malignancies. Nat Rev Cancer, 2003, 3 (9): 650-665.

21 Levis M, Murphy KM, Small D, et al. Internal tandem duplications of the FLT3 gene are present in] leukemia stem cells. Blood, 2005, 106 : 673 ~ 680.

22 Knapper S, Burnett AK, Small D, et al. A phase 2 trial of the FLT3 inhibitor lestaurtinib (CEP701) as first-line treatment for older patients with acute myeloid leukemia not considered fit for intensive chemotherapy. Blood, 2006, 108 : 3262 ~ 3270.

23 Furukawa Y, Vu HA, Kano Y, et al. Divergent cytotoxic effects of PKC412 in combination with conventional antileukemic agents in FLT3 mutation-positive versus -negative leukemia cell lines. Leukemia, 2007, 21 : 1005 ~ 1014.

24 Gu WY, Cao XS, Shen HL, et al. Immunotherapy for leukemia cells by using cytotoxic T lymphocyte specifically against WT1-derived peptide: an expeirmental study in vitro. Zhonghua Yi Xue Za Zhi, 2005, 85 : 3475 ~ 3480.

25 Loges S, Tinnefeld H, Fiedler W, et al. Downregulation of VEGF-A, STAT5 and AKT in acute myeloid leukemia blasts of patients treated with SU5416. Leuk Lymphoma, 2006, 47 : 2601 ~ 2609.

26 Schittenhelm MM, Yee KW, O'Farrell AM, et al. FLT3 K663Q is a novel AML-associated oncogenic kinase: Determination of biochemical properties and sensitivity to Sunitinib (SU11248). Leukemia, 2006, 20 : 2008 ~ 2014.

27 Smith BD, Levis M, Dauses T, et al. Single-agent CEP-701, a novel FLT3 inhibitor, shows biologic and clinical activity in patients with relapsed or refractory acute myeloid leukemia. Blood, 2004, 103 : 3669 ~ 3676.

28 Giles FJ, Stopeck AT, Yuen HA, et al. SU5416, a small molecule tyrosine kinase receptor inhibitor, has biologic activity in patients with refractory acute myeloid leukemia or myelodysplastic syndromes. Blood, 2003, 102 : 795 ~ 801.

29 O'Farrell AM, Yuen HA, Giles FJ, et al. Effects of SU5416, a small molecule tyrosine kinase receptor inhibitor, on FLT3 expression and phosphorylation in patients with refractory acute myeloid leukemia. Leuk Res, 2004, 28 : 679 ~ 689.

30 Fiedler W, Mesters R, Berdel WE, et al. A phase 2 clinical study of SU5416 in patients with refractory acute myeloid leukemia. Blood, 2003, 102 : 2763 ~ 2767.

31 Fiedler W, Serve H, Hossfeld DK, et al. A phase 1 study of SU11248 in the treatment of patients with refractory or resistant acute myeloid leukemia (AML) or not amenable to conventional therapy for the disease. Blood, 2005, 105 : 986 ~ 993.

32 Stone RM, DeAngelo DJ, Griffin JD, et al. Patients with acute myeloid leukemia and an activating mutation in FLT3 respond to a small-molecule FLT3 tyrosine kinase inhibitor, PKC412. Blood, 2005, 105 : 54 ~ 60.

33 Pui CH, Evans WE. Treatment of acute lymphoblastic leukemia. NEJM, 2006, 354 : 166 ~ 178.

34 Thomas DA. Chemoimmunotherapy with hyper-

CVAD plus rituximab for the treatment of adult Burkitt and Burkitt-type lymphoma or acute lymphoblastic leukemia. Cancer, 2006, 106:1569~1580.

35 Linden O. Dose-fractionated radioimmunotherapy in non-Hodgkin's lymphoma using DOTA-conjugated, 90Y-radiolabeled, humanized anti-CD22 monoclonal antibody, epratuzumab. Clin Cancer Res, 2005, 11:5215~5222.

36 Bae J, Martinson JA, Klingemann HG. Identification of CD19 and CD20 peptides for induction of antigen-specific CTLs against B-cell malignancies. Clin Cancer Res, 2005, 11: 1629~1638.

37 Vallera DA. A bispecific recombinant immunotoxin, DT2219, targeting human CD19 and CD22 receptors in a mouse xenograft model of B-cell leukemia/lymphoma. Clin Cancer Res, 2005, 11:3879~3888.

38 Piccaluga PP. Anti-leukemic and anti-GVHD effects of Campath-1H in acute lymphoblatic leukemia relapsed after stem-cell transplantation. Leuk Lymphoma, 2004, 45:731~733.

39 Laporte JP. Remission of adult acute lymphocytic leukaemia with alemtuzumab. Leukemia, 2004, 18:1557~1558.

40 Tibes R. Activity of alemtuzumab in patients with CD52-positive acute leukemia. Cancer, 2006, 106:2645~2651.

41 Stock W. Incorporation of alemtuzumab into front-line therapy of adult acute lymphoblastic leukemia (ALL) is feasible: a phase Ⅰ/Ⅱ study from the Cancer and Leukemia Group B (CALGB 10102). Blood, 2005, 106:46a.

42 Zwaan CM. Gemtuzumab ozogamicin in pediatric CD33-positive acute lymphoblastic leukemia: first clinical experiences and relation with cellular sensitivity to single agent calicheamicin. Leukemia, 2003, 17:468~470.

43 Cotter M, Rooney S, O'Marcaigh A. et al. Successful use of gemtuzumab ozogamicin in a child with relapsed CD33-positive acute lymphoblastic leukaemia. Br J Haematol, 2003, 122: 687~688.

44 Balduzzi A. Molecular remission induced by gemtuzumab ozogamicin associated with donor lymphocyte infusions in t (4; 11) acute lymphoblastic leukemia relapsed after transplantation. Leukemia, 2003, 17:2247~2248.

45 Kantarjian H. Nilotinib in imatinib-resistant CML and Philadelphia chromosome-positive ALL. NEJM, 2006, 354:2542~2551.

46 Talpaz M. Dasatinib in imatinib-resistant Philadelphia chromosome positive leukemias. NEJM, 2006, 354:2531~2541.

47 Giles FJ. MK-0457, a novel kinase inhibitor, is active in patients with chronic myeloid leukemia or acute lymphocytic leukemia with the T315I BCR-ABL mutation. Blood, 2006, 21 (doi: 10.1182/blood-2006-05-025049).

48 Smith BD. Single-agent CEP-701, a novel FLT3 inhibitor, shows biologic and clinical activity in patients with relapsed or refractory acute myeloid leukemia. Blood, 2004, 103: 3669~3676.

49 Fiedler W. A phase I study of SU11248 in the treatment of patients with refractory or resistant acute myeloid leukemia (AML) or not amenable to conventional therapy for the disease. Blood, 2005, 105:986~993.

50 Armstrong SA. Inhibition of FLT3 in MLL. Validation of a therapeutic target identified by gene expression based classification. Cancer Cell, 2003, 3:173~183.

51 Torelli GF. FLT3 inhibition in t (4; 11) + adult acute lymphoid leukaemia. Br J Haematol, 2005, 130:43~50.

52 Brown P. FLT3 inhibition selectively kills childhood acute lymphoblastic leukemia cells with high levels of FLT3 expression. Blood, 2005, 105: 812~820.

53 Levis M, Pham R, Smith BD, et al. In vitro studies of a FLT3 inhibitor combined with chemo-

therapy: sequence of administration is important to achieve synergistic cytotoxic effects. Blood, 2004, 104: 1145 ~ 1150.

54 Piloto O. IMC-EB10, an anti-FLT3 monoclonal antibody, prolongs survival and reduces nonobese diabetic/severe combined immunodeficient engraftment of some acute lymphoblastic leukemia cell lines and primary leukemic samples. Cancer Res, 2006, 66: 4843 ~ 4851.

2007年有关自体造血干细胞移植治疗血液系统恶性肿瘤的新信息

张伯龙

哈尔滨血液病肿瘤研究所 哈尔滨 150010

高春记

解放军总医院 北京 100853

使用互联网从Medline上找到2007年间发表的与自体造血干细胞移植（AHSCT）治疗恶性肿瘤有关的文章共250余篇，较2005年间发表的相关文章400余篇[1]为少，但较2004年及2006年间发表的为多[2,3]，其中治疗血液系统恶性肿瘤的文章220余篇，择其有代表性、创新性与对临床工作有一定指导意义的文章及个别有重要意义的与其他治疗实体瘤相关的文章分类简介如下。

一、与AHSCT总体研究、与具体技术有关的文章

1. 具有代表性的协作组织所发表的重要研究总结　此类总结数量有26篇，明显较2004年、2005年及2006年间的数量为多，其中包括①欧洲骨髓移植登记处（EBMT）的总结文章：瑞士的Gratwohl等[4]由欧洲骨髓移植登记处及国际细胞治疗学会（ISCT）联合授权发表其在2005年间EBMT的登记情况，其间在欧洲43个国家597个中心共进行单次HSCT 24 168例，其中异基因（Allo）移植8 890例，占37%，AHSCT 15 278例，占63%。此外还有3 773例2次或多次移植。其主要适应证为白血病7 404例（31%），其中异基因移植占82%；恶性淋巴瘤13 825例（57%），其中自体移植占89%；实体瘤1 655例（7%），其中自体移植占92%；非恶性疾病1 131例（5%），其中异基因移植占93%。还有671例按计划在自体移植后进行了异基因移植，其主要为多发性骨髓瘤（MM）（52%）、恶性淋巴瘤（ML）（28%）及急性髓细胞白血病（AML）（11%）。相比2004年，AHSCT数量无显著变化，而Allo-HSCT数量增加了20%，其中无关供者的Allo-HSCT数量增加很快，已达到全部Allo-HSCT的41%，且其主要在高收入的国家开展，用于治疗白血病。意大利的Miano等[5]代表EBMT儿科疾病工作组回顾近30年来儿科造血干细胞移植的趋势，分析了1970～2002年间登记的31 713例儿科移植病儿资料后指出，自

1996年后在总HSCT的数量、无关供者的HSCT数量以及外周血造血干细胞移植（PBSCT）数量均较前有显著增加。而使用Allo-HSCT治疗急性淋巴细胞白血病（ALL）、AML及慢性髓细胞白血病（CML）的数量相对不变，不过治疗骨髓增生异常综合征（MDS）及恶性淋巴瘤（ML）的数量增加，相反治疗非恶性疾病的数量减少，但总体来说凡是每年做Allo-HSCT数量≥10个的中心，其移植相关死亡率（TRM）均显著下降。以AHSCT治疗急性白血病的数量显著减少，而以其治疗实体瘤者显著增加，且其TRM均显著减少。瑞士的Herr等[6]代表EBMT急性白血病工作组总结1997～2003年间老年AML病人（年龄≥50岁）中361例经减低预处理强度的异基因造血干细胞移植（RIC）与1 369例经AHSCT后疗效比较，指出对于CR_1的病人，两组间的总体生存（OS）率及无病生存（DFS）率均无显著差异；但对于处于≥CR_2的病人，RIC组的OS及DFS均显著优于AHSCT组。德国的Al-Ali等[7]代表EBMT慢性白血病工作组发表其AHSCT或HLA相合无关供者的异基因造血干细胞移植（MUD-HSCT）治疗MDS及继发性急性髓细胞白血病（sAML）的比较研究，显示处于CR_1时接受AHSCT组（290例）、处于CR_1时接受MUD-HSCT组（MUD-CR_1）（136例）与接受过化疗而进行MUD-HSCT组（MUD-U）（167例）的3年生存率分别为41%、50%与40%，3年DFS分别为28%、44%与34%，移植相关死亡率分别为17%、38%与49%，复发率分别为62%、24%与30%，均具有统计学显著差异。以在确诊6～12个月时具有低肿瘤负荷并接受移植者预后最佳。西班牙的Sanz等[8]代表EBMT急性白血病工作组总结其自1993年后625例急性早幼粒细胞白血病（APL）接受HSCT的转归，显示处于CR_1期的149例AHSCT病人与144例Allo-HSCT病人的5年无白血病生存（LFS）率为69%与68%，处于CR_2期的195例AHSCT病人与137例Allo-HSCT病人的5年LFS率分别为51%与59%。处于CR_1期AHSCT病人（149例）中确诊至移植时间<7.6个月者复发率增高。年龄>47岁者移植相关死亡率增高。处于CR_2病人，确诊至移植时间>18个月者，LFS率增高伴复发率降低。处于CR_1期的Allo-HSCT病人（144例）中，年龄<33岁者LFS率增高伴复发率降低。处于CR_2期的Allo-HSCT病人（137例），使用外周血造血干细胞移植（PBSCT）者TRM降低。此外，女性病人、女性供者给男性病人以及在1997年以前进行移植者复发率降低。故而认为HSCT在治疗APL中应有一定的地位，尤其对处于CR_2的病人更是这样。法国的Bourhis等[9]代表EBMT发表了有关使用纯化CD_{34}^+细胞进行AHSCT治疗MM的临床Ⅲ期随机对照研究，显示将111位病人经初始化疗后随机分为使用纯化（A组）或未经纯化（B组）的自体造血干细胞进行MM病人的APBSCT，结果表明A组病人与B组病人的5年OS，无事件生存（EFS）及复发率（RR）分别为51%、20%与80%以及45%、18%与80%，两组间无统计学显著差异，故而提示移植物中污染的肿瘤细胞可能不是复发的主要原因。法国的Bay等[10]代表EBMT发表对108例接受AHSCT的神

经胶质瘤病人的回顾性研究结果，显示以800 mg/m^2的卡氮芥为预处理方案进行AHSCT，其TRM为4.5%，移植后40天再进行放疗，其中位OS为20个月。

2. 有关急性白血病的文章 法国的Thomas等[11]代表欧洲癌症研究治疗组织（EORTC）等总结了老年（60～70岁）AML病人在CR后接受AHSCT的疗效情况，显示61例病人的中位OS与DFS分别为1.6年与1.1年，5年OS率与DFS率分别为32%与21%。与单纯化疗组相比并未显著改善预后。西班牙的Ribera等[12]代表PETHEMA协作组对106例非常高危（VHR）的ALL病儿进行了前瞻性随机分组研究，结果显示以HLA完全相合的同胞间Allo-HSCT治疗此类病儿疗效并不优于以化疗或AHSCT治疗的效果。Tobinai等[13]代表日本临床肿瘤研究组总结36例CR_1时的ALL或淋巴母细胞瘤（LBL）经Allo-HSCT（16例）或AHSCT（20例）后5年生存率为58%，显著优于相应接受传统强化疗组。

3. 有关CML的文章 有关以AHSCT治疗CML的文章日渐减少，2007年间仅检索出1篇，但该文为来自国际CML自体移植协作组[14]的总结文章，结果提示对于初治CML不考虑进行AHSCT，但对格列卫耐药的CML病人，对是否可使用AHSCT仍值得进行研究。

4. 有关恶性淋巴瘤的文章 Czyz等[15]代表波兰淋巴瘤研究组发表其比较霍奇金淋巴瘤（HD）病人中双次AHSCT组（35例）与接受单次AHSCT组（105例）疗效结果，显示双次AHSCT组病人有更好的生存，且其中在移植前接受标准化疗后达到完全缓解（CR）或部分缓解（PR）者也有更好的生存。Tarella等[16]代表意大利淋巴瘤治疗协作组（GITIL）总结其于1999～2004年间112例弥漫大B细胞淋巴瘤（DLBCL）病人接受美罗华及AHSCT治疗者疗效优于接受传统化疗者。Nickenig等[17]代表德国低度恶性淋巴瘤研究组总结79例惰性淋巴瘤病人的自体造血干细胞（APBSC）采集效果，揭示采集前化疗使用MCP方案（米托蒽醌+瘤可然+泼尼松）者较使用CHOP方案者采集的细胞数量较少，应予注意。Rodrguez等[18]代表西班牙淋巴瘤与自体造血干细胞移植协作组（GELTAMO）总结于1992～2004年间具有不利预后因素的19例T细胞血管免疫母细胞淋巴瘤经以BEAM或BEAC为预处理方案的AHSCT，其CR率达79%，3年的实际OS与无进展生存（PFS）分别达到60%与55%。但如果在移植前仍处于难治疾病状态者，AHSCT疗效也不佳。Montemurro等[19]代表德国血液与肿瘤多中心协作组报道16例原发中枢神经系统淋巴瘤经大剂量MTX化疗后，以HD-BuTT（大剂量马利兰/噻替哌）为预处理方案行AHSCT及全脑放疗（WBRT），其预期2年EFS与OS分别达56%与61%，但伴有高的因严重神经毒性的死亡几率（3例）。英国的Feyler等[20]代表英国骨髓移植学会和自体骨髓移植登记处（BSBMT& ABMTRR）报道以AHSCT（64例）与Allo-HSCT（18例）治疗外周T细胞淋巴瘤（PTCL），结果显示经中位数37个月的随访，33例AHSCT病人仍存活，20例死于疾病进展，10例死于非复发原因（NRM），其3年OS与PFS分别为53%与50%。相比较，经中位数57个月随访，5 例 Allo-HSCT 病人仍存活，5 例死于疾病进展，8 例死于 NRM，其 3 年 OS 与 PFS 分别为 39% 与 33%。揭示 AHSCT 在 PTCL 治疗中占有重要地位。西班牙的 Rodrguez 等[21]代表 GELTAMO 总结其对 26 例高危侵袭性结性 PTCL 病人进行 AHSCT 的经验，结果表明以 AHSCT 进行巩固治疗可改善病人的预后，使其 3 年 OS 与 PFS 分别达到 73% 与 53%。Rodrguez 等[22]还代表 GELTAMO 总结 74 例处于 CR_1 期的 PTCL 病人接受 AHSCT 作为巩固治疗的经验，显示 5 年 OS 与 PFS 分别为 68% 与 63%，优于传统化疗。

5. 有关多发性骨髓瘤（MM）的文章　荷兰的 Sonneveld 等[23]代表荷兰-比利时血液-肿瘤协作组（HOVON）总结对 303 例Ⅱ期/Ⅲ期 MM 病人前瞻性随机分组研究，结果显示 AHSCT 组［以环磷酰胺 120 mg/kg IV + 全身放疗（TBI）9 Gy 为预处理方案］与单纯化疗组（马法兰 70mg/m^2）的 4 年 EFS 及 PFS 分别为 28% 与 14% 及 33% 与 16%，有显著差异，而 4 年 OS 为 52% 与 56%，无显著差异。意大利的 Cavo 等[24]发表了 Bologna 96 临床研究，前瞻性随机分组比较单次 AHSCT（163 例）与双次 AHSCT（158 例）初治 MM 病人的疗效，单次移植组采用 200 mg/m^2 马法兰为预处理方案，双次组则采用第一次移植方案同单次组，第二次采用 120 mg/m^2 马法兰 + 12 mg/kg 马利兰。结果显示双次移植组的 CR 率、nCR 率、RFS 和 EFS 均优于单次组，但两组 OS 却无显著差异。不过双次组更特别适用于在第一次移植后未能达到至少 nCR 的病人，可显著改善其预后。

6. 有关实体瘤的文章　Moore 等[25]代表美国 SWOG 协作组发表其针对乳腺癌 AHSCT 治疗应用的 9623 号研究报告，结果表明在 536 例病人中 AHSCT 因其更大的不良反应及更差的转归而并不优于传统化疗。Hartmann 等[26]代表德国睾丸癌研究组发表其对 52 例精原细胞癌病人进行 AHSCT 的报道，证实其有助于提高化疗药物的使用剂量，其 2 年与 5 年生存率分别为 77.6% 与 75.2%。美国的 Lazarus 等[27]代表国际骨髓移植中心报道 1989～2002 年间 300 例复发的睾丸/精原细胞癌病人接受单次或双次 AHSCT 的对照比较研究，结果显示双次 AHSCT 组的 5 年 OS 及 PFS 与单次组分别为 42% 与 35% 及 38% 与 34%，无统计学显著差异。但应指出双次组病人中确诊时疾病状态多更严重，且对顺铂耐药者多。

二、首例自体脐带血治疗儿童白血病

美国的 Hayani 等[28]首例报道以自体脐带血进行造血干细胞移植，成功治疗 1 例患 ALL 的 3 岁女孩，至报道时已在移植后无病生存 20 个月。

三、与 AHSCT 总体研究与具体技术有关的文章

1. 影响预后的因素　美国的 Rao 等[29]分析了 1983～2004 年间 Nebraska 大学医学中心的接受 AHSCT（1 739 例）和 HLA 相合同胞间 Allo-HSCT（267 例）治疗的血液恶性肿瘤病人，结果表明来自农村地区和城镇地区病人的 1 年生存率分别为 73% 与 78%（P = 0.04），5 年生存率分别为 48% 与 54%（P = 0.012），存在显著差异。美国亚特兰大医学中心的 Ninan 等[30]回顾性分析 359 例接受

AHSCT 病人，认为下列四个独立因素与移植后死亡相关：移植前疾病状态、移植前化疗方案的多少、移植后血小板计数未达到 $15 \times 10^4/\mu l$ 和发生特发性继发移植后血小板减少症（ISPT）。ISPT 定义为在没有复发与败血症情况下，血小板计数下降 >50% 而达到 $<10 \times 10^4/\mu l$ 水平。美国孟菲斯 St Jude 儿童研究医院的 Leung 等[31]发现存在 KIRs 基因与其 HLA Ⅰ类配基不合的 10 例实体瘤与淋巴瘤病人接受 AHSCT 后较 6 例 KIR-HLA 受体-配基相合者预后好。美国克利富兰 Taussig 癌症中心的 Bolwell 等[32]分析该院 1994～2005 年间接受 AHSCT 的恶性淋巴瘤病人，发现采集的 APBSC 中 CD_{34}^+ 细胞数 $\geq 8 \times 10^6/kg$ 组（203 例）较 CD_{34}^+ 细胞数在（2.0～7.95）$\times 10^6/kg$ 组（147 例）预后好。不谋而合的是，美国明尼苏达大学的 Tomblyn 等[33]分析该院 175 例化疗后进行 AHSCT 的恶性淋巴瘤病人，采集的 APBSC 中 CD_{34}^+ 细胞数量较多组比因为动员及采集困难所致较少组预后好。美国华盛顿大学医学院的 Tiwari 等[34]回顾性分析其 268 例复发但对化疗仍敏感的非霍奇金淋巴瘤（NHL）病人，显示移植后 +15 天时外周血绝对淋巴细胞计数（ALC）≥500 组与 <500 组间并无预后的不同。这与以前某些报道的结果不同。巴黎圣路易医院 Filmont 等[35]分析该院连续 60 例接受 AHSCT 的恶性淋巴瘤病人，指出移植前 PET 影像的阳性者 5 年 EFS 为 43%，阴性则为 80%，而移植后阳性者仅为 25%，阴性者仍可为 81%。对于影响 MM 预后文章也有一些，其中主要包括 Mayo Clinic 的 Gertz 等[36]分析该所连续 678 例接受 HSCT 的 MM 病人，认为年龄对预后无显著影响，而血肌酐水平高（>176.8μmol/L）者，移植后 100 天内死亡率增高伴 OS 降低，且血小板恢复显著减慢。哥本哈根 Herlev 大学医院的 Vangsted 等[37]分析 48 例接受 AHSCT 的 MM 病人，表明因基因多态性所表现有 ERCC2、XRCC3 和 CD3EAP 基因变异型者，预后较好。瑞典卡罗琳斯卡学院的 Alici 等[38]通过对 8 例接受 AHSCT 的 MM 病人的标记 CD_{34}^+ 细胞的长期随访，认为其复发与回输的细胞无关。德国波恩大学的 Gorschlter 等[39]分析其 54 例接受 AHSCT 的 MM 病人，在移植后外周血 CD_4^+ T 细胞 $<100/\mu l$ 者 OS 率显著降低，预后不良。美国政策分析公司（PAI）的 Vera-Llonch 等[40]分析连续 115 例 MM 病人，在接受 AHSCT 后有严重口腔粘膜炎（≥Ⅱ度）者临床预后欠佳且经济花费更大。

2. 自体外周血造血干细胞（APBSC）动员、采集、冷冻及回输

（1）HSC 的动员：英国皇家马斯登医院的 Sirohi 等[41]报道对 MM 初治病人单用皮质激素动员 31 例可采集到自体 1.3（0.2～5.6）$\times 10^6/kg$ 的 CD_{34}^+ 细胞，以及使用单次 VAD 后可采集到自体 4.6（0.3～19.2）$\times 10^6/kg$ 的 CD_{34}^+ 细胞，认为后者所采集细胞数可足以使病人随即进行 AHSCT。德国的 Hart 等[42]对 47 例 MM 分两个化疗动员组进行对比研究，显示异环磷酰胺 + 表阿霉素 + 足叶乙苷（IVE）组动员效果优于环磷酰胺 + 足叶乙苷组。德国 Fruehauf 等[43]对 28 例 MM 病人以环磷酰胺 + 阿霉素 + 地塞米松（CAD）方案配合单次长效（PEG 化的）G-CSF（惠尔血）注射，于 88% 病人中

最终采集到≥7.5×10^6/kg 的 CD_{34}^+ 细胞，成功用于其后的双次 AHSCT 中。英国诺丁汉市医院的 Bishton 等[44]对 143 例恶性淋巴瘤病人（包括 122 例复发与原发耐药者）以环磷酰胺 + 表阿霉素 + 足叶乙苷（IVE）作为动员方案，最终可使 NHL 病人 5 年 OS 与 EFS 分别达 50% 和 39%，使霍奇金淋巴瘤（HL）病人 5 年 OS 与 EFS 分别达 62% 与 52%。美国亚特兰大的 Hicks 等[45]分析 135 例淋巴恶性肿瘤（ML + MM）病人以化疗 + G-CSF 进行 APBSC 动员情况，显示化疗最后一天为星期四或星期五者较为星期一、二、三者最终需在周末（星期六、日）的发生率降低 77%，以利于工作安排。意大利的 Mauro 等[46]分析其 63 例 ML 或 MM 病人的动员效果后认为：以环磷酰胺 + G-CSF 动员后外周血中存在大量内皮祖细胞（EPCs），且 EPCS 的增多是与 CD_{34}^+ 细胞数量增多相平行的，可能利于对其治疗缺血组织的血管损伤或抗肿瘤作用的研究。德国的 Oelschlaegel 等[47]使用 AMD3100 配合 G-CSF 动员 10 例 MM 病人，观察到 AMD3100 并未影响到粘附分子的表达。不过美国 Mayo Clinic 的 Holtan 等[48]在 NHL 病人中经过对照研究，发现在动员时加用 AMD3100 影响到采集时绝对自体淋巴细胞计数（A-ALC）的增多，从而可改善 AHSCT 的预后。美国麻省总医院的 Ballen 等[49]对 20 例既往存在 1 次或 2 次 APBSC 动员采集不成功者，先给予甲状旁腺激素，按升阶梯剂量从 40、60、80 到 100 μg 共 14 天，在 10 ~ 14 天时给予 G-CSF 10 μg/kg。在既往有 1 次动员不成功组 47% 病人动员成功，外周血 CD_{34}^+ 细胞数达到 >5/μl，在既往有 2 次动员不成功组，40% 病人达到动员成功标准。提示甲状旁腺激素与动员效果有关。日本的 Kamezaki 等[50]与韩国的 Kim 等[51]对 43 例与 55 例 B 细胞 NHL 进行了分组对照研究均显示，化疗方案中加用美罗华对 APBSC 的动员与采集效果均无不良影响。德国的 Breitkreutz 等[52]代表德国骨髓瘤多中心协作组（GMMG）与荷兰 - 比利时血液肿瘤协作组（HOVON）公布其对 398 例 MM 病人的多中心随机研究结果，表明使用沙利度胺 + 阿霉素 + 地塞米松（TAD）方案后再使用环磷酰胺 + 阿霉素 + 地塞米松（CAD）方案进行 APBSC 动员，其动员效果虽略差于使用长春新碱 + 阿霉素 + 地塞米松（VAD）方案与 CAD 组，但因其缓解率高及仍可采集出足够 CD_{34}^+ 细胞供双次移植用，仍值得应用。意大利的 Ferrara 等[53]分析了 150 例 AML 病人动员情况，认为年龄不是影响 APBSC 动员效果的因素。意大利的 Viola 等[54]总结 150 例 AML 动员效果后认为前期是否存在骨髓增生异常综合征（MDS）-RAEB 阶段对 APBSC 的动员与采集效果以及移植后造血恢复情况无影响。

（2）HSCT 的采集：韩国的 Kim 等[55]将 2004 ~ 2006 年间 45 例 MM（接受环磷酰胺 4g/m^2 的动员化疗）或 ML 病人（接受 ESHAP 方案化疗）后前瞻性随机分为两组，分别在外周血 CD_{34}^+ 细胞达到 5/mm^3 或 50/mm^3 时进行 APBSC 采集，其效果无显著差异。德国海德堡大学的 Klaus 等[56]分析 508 例 MM 病人的 APBSC 采集时 CD_{34}^+ 细胞数量与植入的关系，表明 60% 的病人可在一次即采集到≥5×10^6/kg 的 CD_{34}^+ 细胞，而确保植入的 CD_{34}^+

细胞数为（2～3）$\times 10^6$/kg，且植入速度是否满意与是否 $>3.0\times 10^6$/kg 呈正相关。澳大利亚的 Hicks 等[57]经对 MM 病人的临床研究后认为 CD_{34}^+/CD_{133}^+ 细胞与中性粒细胞恢复快慢有显著关系，但与血小板恢复快慢无关。美国孟菲斯 St Jude 儿童研究医院的 Barfield 等[58]对 1 例白血病细胞呈 CD_{34}^+ 但 CD_{133}^- 的复发 ALL 病人，以纯化的 CD_{133}^+ 细胞进行 APBSCT，其无并存活在报道时已达 19 个月。同样该院的 Kasow 等[59]分析该院 1999～2003 年间 373 例 AHSCT 病儿中 16 例接受 19 例次纯化的自体骨髓中 CD_{34}^+ 细胞的 AHSCT，回输 CD_{34}^+ 细胞数为 1.4（0.09～8.3）$\times 10^6$/kg，而总有核细胞（NC）数为 0.014（0.001～0.09）$\times 10^8$/kg，均成功恢复造血。美国印第安纳骨髓移植中心的 Jansen 等[60]总结其 323 例 APBSCT 病人（MM、ML 或乳癌）资料后认为判定是否可以植入使用回输 CD_{34}^+ 细胞数即可，无需再加做 CFU-GM 测定。土耳其的 Altuntas 等[61]对 40 例 APBSC 采集时使用 Amics 或 COM. TEC 细胞分离机的采集效果进行了比较，认为两者对 PBSC 的分离效果相同，但 Amics 具有分离时终产物中血小板污染少、病人外周血中血小板计数在分离后下降少以及终产物的体积较小等优点。

（3）HSCT 的冷冻与回输：加拿大多伦多大学的玛格丽特公主医院的 Wannesson 等[62]综述了 16 篇非随机的对照研究，总结 560 例病人使用未经冷冻保存的 APBSC，除 2 例失败外，均成功完成 APBSCT，值得借鉴。法国的 Calmels 等[63]总结 460 例病人 490 例次经冷冻保存的 APBSC 回输以进行 APBSCT，认为回输中出现不良反应的直接原因系移植物中所含粒细胞比例过高，故在采集中应予注意。巴黎圣路易医院的 Foms 等[64]分析 952 例经解冻及清洗后回输 AHSC 移植物，认为此方法可有效降低回输时的不良反应，其主要原因系清洗过程可去除细胞凝块所致。

3. 移植过程中的某些技术环节　斯洛文尼亚卢布尔雅那大学临床中心的 Zver 等[65]对连续 23 例给予环磷酰胺 4 g/m^2 的 MM 病人心功能进行检查，发现可引起轻度的功能性二尖瓣反流。美国 M. D. Anderson 癌症中心的 Anderson 等[66]对 100 例 MM 或 NHL 病人进行了分组研究，发现 MM 与 NHL 组病人在移植中乏力、疼痛、睡眠紊乱及厌食症状各具特点，有显著差异。日本的 Aoyama 等[67]与波兰的 Rzepecki 等[68]分别研究了在移植中给予口服或肠外营养支持，效果明显。意大利天主教大学的 Piccirillo 等[69]对 18 例 AHSCT 病人在移植后 +1 天给长效（PEG 化的）G-CSF 6 mg，1 次，表明其可加快造血恢复，且耐受性好。美国 M. D. Anderson 癌症中心的 Elting 等[70]发表其双盲随机对照研究结果表明，使用 Palifermin（重组人角质细胞生长因子）可有效减少使用化疗 + 全身放疗进行 AHSCT 的血液肿瘤病人的口腔黏膜炎，从而明显降低相应并发症与住院费用，并改善预后。德国的 Seggewiss 与 Einsele[71]对在 HSCT 中使用细胞生长因子（包括角质细胞生长因子）方面的进展进行了较重要的综述。美国华盛顿大学的 Peck 等[72]对 122 例 HSCT 后病人出现的病毒感染（占 25%）分析后认为，一半以上系副流感病毒，而这一问题以前为临床所忽视。M. D. Anderson 癌症中心的 Youssef 等[73]分析该中心 7 888 例 HSCT 病人中有 47 例出现 54 例次肺炎链球菌感染，并特别指出淋巴瘤病人及接受大剂量全身皮质激素治疗的病人更易出现此种感染，其中 6 例死亡。黎巴嫩的 EL-Khatib 等[74]分析其 1997～2006 年间 43 例接受 APBSCT 的 MM 或 ML 病人资料，认为移植前肺功能检查中的强迫中段呼气流量（FEF）减低者易在移植中出现肺部并发症。法国的 Bouligand 等[75]分析了 77 例接受 AHSCT 的实体瘤病儿后认为肝静脉闭塞病（HVOD）的发生与预处理中是否使用马利兰无关，但与血中铁蛋白水平有关。由于患有神经母细胞瘤或因多次输血所致血中铁蛋白水平增高可致 HVOD 发生率增高。美国 John Hopkins 癌中心著名的“George W Santos”骨髓移植中心的 Bolamos-Meade 等[76]经过对 51 例恶性淋巴瘤病人的前瞻性随机对照研究，认为在 AHSCT 后使用口服环孢素 A 再加白介素-2 与 γ-干扰素，并不能有效诱导出移植物抗宿主病（GVHD），其 TRM、OS 与 EFS 与未诱导的 AHSCT 对照组无显著差异，且耐受性差，故无优越性。意大利的 Castagnola 等[77]回顾性分析了其 3 年中共 1 792 次恶性肿瘤病儿表现为中性粒细胞减少期间中有 614 次期间（34%）内出现 703 次发热（34%）。其中进行 AHSCT 时发热比率为 58%，Allo-HSCT 时为 44%，而对 NHL 或急性白血病进行强化疗时为 48%。发热原因中 79% 为不明原因发热（FUO）、菌血症（10%）、侵袭性真菌病（2%）。

4. 移植合并症　美国 Nebraska 医学中心的 Singh 等[78]经过对 NHL 病人接受 APBSCT 后 T 细胞功能的研究发现移植后 T 细胞功能和 CD_4：CD_8 比例显著下降。荷兰的 van der Velden 等[79]经过对接受 AHSCT 的 MM 或 NHL 病人的研究进一步发现移植后 Th2 产生的细胞因子 IL-5 和 IL-13 数量的增多优于 Th1 产生的细胞因子 IFN-γ 和 IFN-α，并认为这种 IFN-γ 生成受损可能与在 AHSCT 中存在高的病毒性感染的发病率有关。日本的 Nishio 等[80]经过对接受 AHSCT 治疗的 B 细胞淋巴瘤病人研究发现经过美罗华治疗或使用美罗华作为预处理方案一部分的 AHSCT 病人的 B 细胞功能恢复受损，并存在低 γ 球蛋白血症现象，可能系从未被训练的 B 细胞分化为浆细胞的过程受损所致。捷克的 Kovarova 等[81]分析其 15 例接受 AHSCT 的 MM 病人资料后发现移植后 6 个月时其绝对 DC 计数与不同 DC 亚型比例恢复正常。此前这两项均不正常。日本的 Usaki 等[82]报道其 1997～2005 年间完成 23 例 AML 病人的 AHSCT，其中 4 例病人（17%）出现一过性染色体异常，4 例中 3 例在 12～48 个月后消失，另 1 例在 51 个月时染色体异常细胞比例减少。为此其复习了有关在 AHSCT 后出现不最终导致发展为复发或继发性白血病/MDS 的既往相关文献。美国田纳西大学骨髓移植中心的 Przepiorka 等[83]回顾其 82 例接受 AHSCT 的 MM 病人（68 例接受单次移植，14 例为 2 次或 2 次以上移植）资料，证实有 10 例病人（12%）发生 MDS，其 5 年累积发病率为 18%，出现 MDS 后中位存活期为 18 个月，目前尚无有效的治疗方法。日本的 Kubo 等[84]报道了 1 例系丙型肝炎携带者的 NHL 病人接受使用包括美罗华在内的预处理方案的 AHSCT 后发生了淀粉样变。波兰的 Zaucha-prazmo 等[85]回顾性分析了其 84 例 AHSCT 及 87 例 Allo-HSCT 病人，显示 84 例 AHSCT 病人无一例出现神经系统合并症，而 87 例 Allo-HSCT 病人中 7 例（8%）出现了神经系统合并症，其中 2 例直接因其死亡。荷兰的 Gielissen 等[86]分析该院 98 例接受 AHSCT 或 Allo-HSCT 病人，在完全缓解至少 1 年时，35% 的病人仍感受到严重乏力，且其可持续不变数年。其认为这种严重乏力与心理因素有关，而与身体因素无关。美国 Weill Cornell 医学院的 Chemaitilly 等[87]。总结其 30 例病儿接受包括高分次全身照射（总剂量 1 375cGy 或 1 500cGy）在内的预处理方案的 AHSCT 后，其最终站位身高，尤其是坐位身高较正常人显著降低，这一结果与以前报道的单次或一般分次全身照射后对身高的影响的结果相类似。意大利那不勒斯大学的 Tauchmanov 等[88]总结该院接受 HSCT 病人资料，表明 Allo-HSCT 后 7% 的病人，AHSCT 后 25% 的病人可恢复卵巢功能，故而需要进行长期的雌激素-孕激素联合治疗（EPT），而这可能会使继发肿瘤发生率增高，故必须在使用中尽可能符合生理状况。意大利的 Ria 等[89]对其 180 例接受 AHSCT 的血液肿瘤病人进行了移植后中位 6.2 年的随访，发现不分性别的一半以上病人出现了骨矿物质密度（BMD）减低及骨质疏松症，应及时给予对抗骨质再吸收的药物。

四、与 AHSCT 治疗具体血液系统恶性肿瘤性疾病有关的文章

1. 急性白血病（AL） 俄罗斯的 Savchenke 等[90]分析该院 1987～2006 年 20 年间共 71 例接受 Allo-HSCT 和 45 例 AHSCT 的 AL 病人，其中 AHSCT 病人的 5 年 OS 从最初的 22% 上升至 60%。早期死亡从最初的 33% 下降至 4%。如移植后再加用免疫调节治疗则 5 年 OS 从最初 35% 上升到 80%。

2. 急性髓细胞性白血病（AML） 加拿大蒙特利尔大学的 Kiss 等[91]对老年（>60 岁）AML 病人的 AHSCT 治疗进行了有价值的综述，特别提到其 3 年 DFS 可达 47%。意大利的 Olivier 等[92]对 14 例老年 AML 进行 APBSCT，5 年 OS 为 19%。美国骨髓移植学会执行委员会[93]发表了对儿童 AML 进行 AHSCT 的指南，非常重要，值得参考。美国 Roswell Park 癌症研究所的 Oliansky 等[94]对儿童 AML 的 HSCT（包括 AHSCT）进行了重要的循证医学方面的综述。韩国的 Kim 等[95]回顾性分析了 1995～2004 年间该中心接受 AHSCT 治疗的 35 例 AML 病人资料，显示其 EFS 与 OS 均显著优于单纯接受化疗组，而与 Allo-HSCT 无显著差别。美国堪萨斯大学医学中心的 Ganguly 等[96]分析该中心 1986～2005 年 20 年间以 AHSCT 治疗中、高危 AML 的资料，显示其总体生存曲线在 2.2 年时即可达到一个平台，再无复发。意大利的 Palmieri 等[97]分析对比了 73 例接受了 AHSCT 的具有正常核型的 AML 中具有 FLT3（胎肝酪氨酸激酶 3）突变组（16 例）和无突变组（57 例）转归，显示两组间 DFS 与 OS 均无显著差异，故认为采用 AHSCT 治疗具有 FLT3 突变的 AML 是克服其经化疗预后不良的有效手段。新加坡总医院的 Loh 等[98]对比其 1985～2003 年间接受 AHSCT（29 例）与 Allo-HSCT（52 例）

的处于 CR_1 期的 AML 病人，中位随访 10 年，其 15 年 OS 在 AHSCT 组与 Allo-HSCT 组分别为 51% 与 55%，无显著差异。两组间 3 年累积复发率分别为 49% 与 21%，以 AHSCT 组为高，但其 3 年非复发死亡率则分别为 5% 与 17%，以 Allo-HSCT 组为高。

3. 急性早幼粒细胞白血病（APL，也即 AML-M3）　APL 因经使用三氧化二砷及全反式维甲酸可使 70% 以上的病人得到无病长期生存，故而对初治病人已不推荐使用 HSCT。但对复发的 APL，在完全缓解后，尤其在达到分子生物学缓解后，还可考虑使用 AHSCT。对此美国西北大学的 Tallman[99] 及南卡罗莱纳州大学的 Kharfan-Dabaja 等[100] 做了很好的综述。日本的 Narimatsu 等[101] 分析了其 11 例接受 AHSCT 的 APL 病人（其中 9 例接受以马利兰为主的预处理方案），7 例出现了继发性血小板恢复障碍（SFPR），表现为在最初造血恢复后，于中位数 36（25 ~ 51）天再次出现血小板下降到 < 3 万/mm^3，且持续中位数 13（4 ~ 25）天，但最终均恢复，无复发、植入失败和其他致命性死亡出现，值得注意。

4. 急性淋巴细胞白血病（ALL）与慢性髓细胞白血病（CML）　无任何有关报道，说明目前此两种疾病不适于进行 AHSCT。

5. 慢性淋巴细胞白血病（CLL）　意大利的 Isidori 等[102] 报道对 10 例耐药/复发的 CLL 病人进行自体纯化的 CD_{133}^+ 细胞移植，在 8 例有效纯化并回输的 CD_{133}^+ 细胞中仍有 7 例可检出白血病细胞，以纯化 CD_{133}^+ 细胞 2×10^6/kg 进行移植后均迅速并持久地恢复造血，经中位数 28 个月随访，5 例仍 CR，3 例为部分缓解（PR），1 例病情进展。作者强调 CD_{133}^+ 细胞的纯化技术不足以使移植物达到完全无白血病细胞污染的水平。虽然有关具体进行 CLL 的 AHSCT 治疗的研究报告只有上述一篇，但相应综述却有 5 篇[103 ~ 107]，值得参阅。

6. 骨髓增生异常综合征（MDS）　荷兰的 de Witte 等[108] 对有关以 HSCT 治疗 MDS 进行了重要的综述，其观点认为虽然 AHSCT 的疗效不如 HLA 相合同胞间 Allo-HSCT，但其疗效却与使用其他供者的 Allo-HSCT 疗效相似，故可考虑使用。

7. 恶性淋巴瘤（ML）　西德癌症中心的 Shmett 等[109] 以传统的异环磷酰胺 + 足叶乙苷 + 阿糖胞苷 + 地塞米松（IVAD 方案）化疗后又以环磷酰胺 + 马法兰 + 足叶乙苷（CMV 方案）为预处理方案做双次 AHSCT 治疗复发（难治）的 NHL（59 例）与 HL（16 例），使 5 年 OS 达到 29%，其中 NHL 与 HL 分别为 25% 与 38%，而 5 年 EFS 则分别为 22%、16% 与 31%。意大利的 Todisco 等[110] 对其 2001 ~ 2004 年间连续 124 例 HL 或 NHL 病人进行 AHSCT 的分组研究，A 组回输 CD_{34}^+ 细胞数 ≥ 5×10^6/kg 后未用 G-CSF，B 组回输 CD_{34}^+ 细胞数 < 5×10^6/kg 后使用 G-CSF，结果显示 B 组中性粒细胞 ≥ 0.5×10^9/L 与 ≥ 1.0×10^9/L 的时间比 A 组缩短 3 ~ 4 天，有显著差异。而发热发生率、抗菌素使用及住院日期则无显著差别。明尼苏达大学的 Majhail 等[111] 对 276 例接受 AHSCT 的恶性淋巴瘤病人的晚期合并症进行研究，表明预处理中使用 TBI 病人较未用病人多具有发生白内障、口干等问题，而女性更易出现骨质疏松症、

充血性心力衰竭及平衡功能异常与震颤或乏力。日本的 Imataki 等[112]使用卡铂+足叶乙苷+大剂量阿糖胞苷+甲基泼尼松龙（ACES）方案治疗 29 例难治（复发）的恶性淋巴瘤病人，与 ESHAP 方案相比其肾毒性发生率分别为 0% 与 52%，故 ACES 方案更适宜作为拟行 AHSCT 病人的准备方案。

8. 非霍奇金淋巴瘤（NHL） 有关在预处理方案中使用单抗连接放射性核素钇 90（zevalin）进行内照射的研究报道日渐增多。以色列的 Shimoni 等[113]报道 23 例难治（复发）的侵袭性 NHL 病人经用美罗华及 zevalin 和 BEAM 化疗方案为预处理方案行 AHSCT 后，100 天 TRM 为 9%，预期 2 年 OS 和 PFS 以及复发率分别为 67% 和 52% 以及 31%。美国 Krishnan 等[114]报道于 2002～2006 年间使用 zevalin+BEAM 方案作为预处理，对 41 例 NHL 病人进行了 AHSCT 的Ⅱ期临床研究，显示预期 2 年 OS 和 PFS 分别为 8.9% 和 69.8%。造血恢复时间与不良反应与使用 BEAM 方案作为预处理组相似。意大利的 Cremonesi 等[115]对 zevalin 对不同器官的照射剂量进行了研究后指出特别要注意在使用中根据不同病人调节使用剂量。巴黎圣路易医院的 Gisselbrecht 等[116]对在 AHSCT 中使用 zevalin 的研究现状，特别是对在 2006 年 11 月举行的欧洲专家组工作会议上对包括 zevalin 在内的放射免疫治疗的具体应用方法以及方向进行了介绍。德国科隆大学医院的 Sieniawski 等[117]非随机的对照了在预处理方案 BEAM 基础上加用或不加用美罗华的以 AHSCT 治疗复发难治的侵袭性 NHL 病人组，显示 22 例加用美罗华组的总体缓解率为 63%，而不加用组（45）例则为 42%，以加用组疗效为佳。德国的 Atta 等[118]回顾性评价了该院 29 例使用 Dexa-BEAM 方案进行 AHSCT 治疗原发难治高危 NHL 病人的资料，其在 41 个月时的 OS 仅为 7%，故此方案无显著优越性。美国盐湖城 Huntsman 癌症医院的 Wendland 等[119]对比该院 1990～2003 年间在 AHSCT 前后使用过病灶局部放疗和未用放疗两种方式治疗复发（难治）NHL 病人的疗效，其 5 年 OS 分别为 40.0% 和 46.7%，无显著差异，但 5 年 DFS 都以放疗组为差，5 年局部病灶控制率两组间也无显著差异。德国科隆大学的 Greb 等[120]通过对 2 728 例侵袭性 NHL 病人接受 AHSCT 或传统化疗对比的 Meta 分析，认为目前无论据表明对于预后良好组侵袭性 NHL，AHSCT 与传统化疗的 OS 与 DFS 有显著差异，这点已无需再做进一步研究。而对于高危组病人，AHSCT 是否优于传统化疗仍存在争论，有待进一步研究。日本的 Yano 等[121]总结其 1991～2001 年间 13 例初治伴有骨髓浸润的侵袭性 NHL 病人，接受 AHSCT 后，10 年 OS 为 49%，中位生存 74.3 个月。而同期无骨髓浸润的 44 例病人，接受 AHSCT 后，10 年 OS 为 60%。两者间无显著差异。德国海德堡大学的 Witzens-Harig 等[122]分析其 1995～2000 年间初治（31 例）与复发（8 例）NHL 病人接受纯化的自体 CD_{34}^{+} 细胞移植后，其中 31 例滤泡性淋巴瘤病人及 8 例套细胞淋巴瘤病人的 4 年无进展（FFP）、OS 与 EFS 分别为 96%、90% 与 87% 及 42%、63% 与 33%。但总体 1 年中因致命性感染的死亡率为 8%。Welt 等[123]对 20 例高危侵袭性 NHL

进行 AHSCT，其 10 年 OS 可达 55%。韩国的 Kim 等[124]以 BU/CY/E（E：足叶乙苷）做预处理，进行 AHSCT 治疗 36 例难治（复发）NHL，28 例高危 NHL 其预期 3 年 OS 和 PFS 为 72.1% 和 70.1%，相当有效。

9. B 细胞淋巴瘤　Nebraska 大学医学中心的 Vose 等[125]总结该院 2001～2005 年间 19 例侵袭性 B 细胞 NHL 在经过 AHSCT 复发后进行 zevalin 治疗的临床Ⅰ期试验结果，显示以 0.2 mCi（1Ci = 37GBq）剂量治疗是安全的，其 1 年 EFS 与 OS 分别为 26% 与 57%。

10. 惰性淋巴瘤　巴黎圣路易医院的 Vignot 等[126]通过对其 109 例惰性淋巴瘤（绝大多数为滤泡性淋巴瘤）进行 AHSCT，并以自身病程作为对照后认为 AHSCT 可显著改善惰性淋巴瘤的 EFS 及总体病程。

11. 滤泡性淋巴瘤（FL）　加拿大渥太华大学的 Sabloff 等[127]对其 1990～2000 年间接受 AHSCT 的复发、进展的 138 例 FL 病人进行了 15 年的分析，显示其最终发生转化的病人 5 年 PFS 与 OS 分别为 25% 与 56%，而最终未发生转化的病人 10 年 PFS 与 OS 为 46% 与 57%。故认为 AHSCT 是对此类病人的有效治疗方法。美国 Nebraska 大学医学中心的 Vose 等[128]与华盛顿大学的 Keeney 等[129]及 Pham 等[130]分别分析了 248、207、219 例接受 AHSCT 的 FL 病人资料，均记为滤泡性淋巴瘤国际预后指数（LFIPI）对于判断预后有实用的意义。哈佛医学院的 Brown 等[131]对其 1988～1993 年间 96 例进展期 FL 病人经化疗 CR 后接受体外净化的自体骨髓移植。进行了 12 年临床随访，显示 61% 病人仍存活，且 43% 的病人仍处于持续完全缓解（CR）中。美国 Taussig 癌症中心的 Kang 等[132]总结 106 例接受以包括美罗华在内的预处理方案进行 AHSCT 的 FL 病人转归情况，显示其中移植前曾使用美罗华组（35 例）与未曾使用组（71 例）间预后无显著差异。

12. 弥漫大 B 细胞淋巴瘤（DLBCL）　法国的 Morschhauser 等[133]报道以 zevalin（单抗连接放射性核素钇 90）单药作为预处理方案对初次复发或原发难治的 104 例 DLBCL 病人的前瞻性多中心非随机Ⅱ期临床研究，其中既往只接受过化疗病人 76 例为 A 组与接受过化疗 + 美罗华病人 28 例为 B 组，A 组中又因是否曾达到 CR 而分为 AⅠ（未曾）和 AⅡ（曾有）组，中位 OS 在 AⅠ、AⅡ与 B 组分别为 21.4、22.4 与 4.6 个月，中位 PFS 则分别为 5.9、3.5 与 1.6 个月。华盛顿大学的 Gopal 等[134]报道以 I^{131} 连接单抗作为预处理方案进行 AHSCT 治疗 ≥60 岁的复发和难治包括 DLBCL 在内的 24 例 NHL 病人，无 TRM，造血重建时间正常，3 年 OS 与 PFS 分别为 59% 与 51%。美国 Rochester 的 Simpson 等[135]总结其经验提出在使用 DHAP 方案治疗失败的 DLBCL 病人可以用 ICE（异环磷酰胺 + 卡铂 + 足叶乙苷）方案做预处理方案进行 AHSCT。巴塞罗那的 Lmopez 等[136]以 GEMOX-R 为预处理方案进行 AHSCT 治疗 32 例难治和复发的 DLBCL 病人，1 年的 OS 与 PFS 分别为 41% 与 29%。

13. 套细胞淋巴瘤（MCL）　澳大利亚的 Ritchie 等[137]在使用 Hyper-CVAD + 美罗华（R）方案治疗 13 例初治 MCL 病人，使大部分（>85%）病人达到 CR 后进行以 Bu/Mel 为预处理方案的 AHSCT，其3年实际 OS 与 EFS 均为92%，疗效满意。德国海德堡大学的 Dreger 等[138]以 TBI+大剂量环磷酰胺+美罗华为预处理方案进行 AHSCT 治疗34例初治 MCL 病人疗效满意。美国 Johns Hopkins 癌症中心的 Kasamon[139]及德国的 Weigert 等[140]对以 AHSCT 治疗 MCL 病人进行了较详细的综述。

14. HIV 相伴 NHL　瑞士的 Fluri 等[141]及澳大利亚 Alfred 皇家医院的 Dawson 等[142]分别报道1例以 AHSCT 治疗 AIV 相伴的 NHL，并同时给予抗病毒治疗，其中1例（瑞士）在随访26个月时仍处于 CR。

15. 外周 T 细胞淋巴瘤（PTCL）及间变大细胞淋巴瘤（ALCL）　美国 Taussig 癌症中心的 Smith 等[143]报道11例 PTCL 及21例 ALCL 病人接受 AHSCT 后5年 OS 与 RFS 分别为34%与18%，说明疗效欠佳。韩国的 Kim 等[144]分析1995～2005年间40例 PTCL 病人接受 AHSCT 后中位 OS 与 EFS 分别为11.5个月与3.6个月，预期1年生存为46.1%。AHSCT 前处于 CR 状态是有较好 OS 与 EFS 的预后因素，而乳酸脱氢酶正常者，OS 较长。意大利米兰大学的 Paolo 等[145]及美国的 Rezania 等[146]对 PTCL 的 AHSCT 均做了很详尽的综述。

16. T 淋巴母细胞淋巴瘤（T-LBL）　加拿大温哥华医院的 Song 等[147]总结1987～2005年间25例接受 AHSCT 的 T-LBL 病人的4年 EFS 为69%，而一旦出现骨髓浸润者预后则不良。

17. 皮肤 T 细胞淋巴瘤（CTCL）　英国皇家马斯登医院的 Dearden[148]对以 AHSCT 或 Allo-AHSCT 治疗 CTCL 病人进行了重要的综述，指出接受 AHSCT 后虽然缓解率较高，但缓解期均较短，有条件者应考虑进行 Allo-HSCT。

18. 肠病相关性 T 细胞淋巴瘤（EATL）　英国诺丁汉市医院的 Bishton 和 Haynes[149]以2个疗程 IVE（异环磷酰胺+足叶乙苷+表阿霉素）+2个疗程大剂量 MTX（3 g/m^2）+以 BEAM 为预处理方案的 AHSCT 治疗6例 EATL 病人，其中4例达到 CR，并持续1.83～4.32年，结果令人鼓舞。荷兰的 Al-Toma 等[150]报道4例 EATL 病人接受 AHSCT 后，除1例持续 CR 32个月以外，其余3例均在数月内死于复发，故疗效欠佳。

19. 原发性心脏淋巴瘤（PCL）　日本的 Nonami 等[151]在给予6个疗程 R-CHOP 使病人达到 CR 后，以包括美罗华在内的预处理方案进行 AHSCT 治疗1例 PCL，过程顺利，未发生任何心脏方面的不良事件。

20. 霍奇金淋巴瘤（HL）　英国帝国学院医学院的 Perz 等[152]报道67例复发（61例）或原发难治（6例）HL 病人，经以 LACE 为预处理方案进行 AHSCT 后100天的 TRM 为3%，预期5年 OS 与 PFS 分别为68%与64%，其中对化疗仍敏感组5年 OS 与 PFS 为81%与78%，对化疗耐药组5年 OS 与 PFS 为50%与35%。美国的 Engelhardt 等[153]总结1990～2001年间115例接受 AHSCT 的复发（耐药）的 HL 病人，显示5年 PFS 与 OS 分别为46%与58%。认为 AHSCT 也增加复发（难治）HL 的长生存。沙特阿拉伯的 Akhtar 等[154]总结66例接受以 BEAM 为预处理方案的 AHSCT 的原发难治 HL 病人，显示 37 例（56%）达 CR，14 例（21%）达 PR，3 例（5%）未缓解或病情稳定，10 例（15%）疾病进展。中位 OS 与 EFS 分别为 64% 与 36%。美国西北大学的 Evens 等[155]报道 48 例复发（难治）HL 病人经以包括 TLI（全淋巴照射）+化疗为预处理方案的（32 例）或以单纯化疗为预处理方案（16 例）进行 AHSCT 后，预期 5 年 EFS 与 OS 分别为 44% 与 48%，其中以包括 TLI+化疗为预处理方案组的预期 5 年 EFS 与 OS 为 61% 与 63%，认为疗效非常好。西班牙巴塞罗那大学的 Martnez 等[156]总结 61 例难治/复发 HL 病人接受 AHSCT 后实际 5 年 OS 与 PFS 分别为 51% 与 47%。但在移植后 3～6 个月时在以镓 67 做核素显像时呈阳性者的 5 年 PFS 只有 28%，显著较在移植后 3～6 个月时呈阴性者（80%）为低。突尼斯的 Torjman 等[157]报道 27 例难治（复发）HL 病人在接受 AHSCT 后 100 天死亡率为 3%，3 年 OS 与 DFS 分别为 68% 与 60%。意大利的 Castagn 等[158]报道 32 例难治（复发）HL 病人。在经过以马法兰 200 mg/m^2 为预处理方案的第一次 AHSCT 后又接受以 BEAM 方案为预处理的第二次 AHSCT，仅 1 例因第二次移植死于 TRM。其 OS 从第一次移植后的 65% 可提高到 75%。美国 Fung 等[159]报道在 1998～2000 年间对 46 例难治（复发）HL 病人进行了双次 AHSCT，预处理方案第一次选用马法兰 150mg/m^2，第二次选用 TBI（1 200 cGy）或 BCNU（450 mg/m^2）+足叶乙苷 60 mg/kg+环磷酰胺 100 mg/kg。其中有 5 例病人未能进行原计划的第二次移植。预期 5 年 OS、PFS 和无进展存活（FFP）分别为 54%、49% 和 55%。英国大学学院医院的 Thomson 等[160]报道 7 例经过第一次 AHSCT 后复发的 HL 病人，又接受了与第一次一样的以 BEAM 为预处理方案的 AHSCT，3 例分别在第二次移植后 29、33 和 38 个月死于复发，1 例在 68 个月后带瘤生存，2 例分别在移植后 104 和 68 个月时仍持续无病生存。西班牙的 Sureda[161]综述了以 AHSCT 治疗原发性难治 HL 的文献后认为总的来说疗效较差，而应多考虑使用 Allo-HSCT。美国的 Cashen 和 Bartlett[162]和加拿大的 Seftel 和 Rubinger[163]分别综述了以 AHSCT 治疗复发或进展期 HL 病人的大量资料，值得参考。

21. 多发性骨髓瘤（MM）

（1）预后判断：捷克的 Krejci 等[164]分析其 1995～2004 年间接受 AHSCT 的 MM 病人资料，显示移植后 29% 达 CR，62% 为 PR，35% 为非常好的 PR（VGPR），其中位至疾病进展时间（TTP）和 OS 分别为 33 个月和 78.3 个月。分析中发现与移植后生存差的预后因素有：移植时年龄 >60 岁、TTP <20 个月、为 IgA 型、肾功受损至血清肌酐 >176.8 μmol/L（>2 mg/dl）、根据 ISS 分期系统为临床Ⅲ期以及移植后未达到 CR 或 VGPR。波兰的 Stella Holowiecka 等[165]总结其 81 例接受 AHSCT 的 MM 病人资料后认为外周血 β_2 微球蛋白水平可作为在经过首次移植后预测病人 PFS 的有用指标，高于正常者，预后较差。美国 Mayo Clinic 医学院的 Dingli 等[166]分析其临床资料显示移植前 MM 病人的单克隆免疫球蛋白水平是移植后能否达到 CR 的惟一预测指标，越高者达到 CR 的机会越小。美国 M. D.

Anderson 癌症中心的 Qazilbash 等[167]分析 83 例伴有染色体核型异常的 MM 病人，发现 Del（1P）是很强的预示 AHSCT 后预后不良的指标，也即缓解期与生存期均更短。德国海德堡大学的 Hundemer 等[168]总结 99 例接受 AHSCT 的 MM 病人资料后发现 MM 细胞缺乏 CD56 表达与存在 t（4；14）异常核型有关，但与移植后 EFS 无关。西班牙的 Gutirrez 等[169]总结了 260 例接受 AHSCT 的 MM 病人资料后提出 t（4；14）核型异常为与最预后不良相关的预后因素，而 RB 缺失却是惟一与预后判断无关的因素。

（2）移植前化疗、APBSC 动员及不同移植预处理方案：美国 Mayo Clinic 医学院的 Dingli 等[170]总结其 117 例接受 AHSCT 的 MM 病人，指出移植前即达到 CR 组（BCR 组：14 例）与移植后达到 CR 组（ACR 组：103 例）间 5 年 OS 分别为 55% 与 63%（P =0.83），中位至疾病进展时间（TTP）分别为 43 与 34 个月（P =0.39），故而是否在 AHSCT 前达到 CR 对其后 OS 并无显著影响。西班牙巴塞罗那医院的 Rosimol 等[171]分析其 40 例初治 MM 病人经万珂（bortezomib）+地塞米松 6 个疗程诱导化疗后进行 AHSCT 的疗效结果，显示移植后总缓解率可达 88%，其中 CR 33%、VGPR 22%。英国 Bartholomew 医院的 Oakervee 等[172]对在 AHSCT 前先以万珂作为一线的诱导方案治疗 MM 病人后再进行 AHSCT 进行了综述。美国宾夕法尼亚大学医学院的 Vogl 等[173]总结 69 例接受大剂量马法兰预处理方案进行 AHSCT 的 MM 病人资料，显示移植前以 VAD 或 DVD 为诱导缓解治疗组（41 例）的 PFS 较以沙利度胺+地塞米松为诱导缓解治疗组（28 例）疗效为差。澳大利亚的 Hiwase 等[174]回顾性对比了使用中剂量环磷酰胺 3～4 g/m^2 组（26 例）与低剂量 1～2 g/m^2 组（61 例）治疗 MM 病人后，其动员 APBSC 效果，以前组显著为优。M. D. Anderson 的 Christoforidou 等[175]对比其 1998～2001 年间使用单独马法兰（200 mg/m^2）作为预处理方案组（63 例）与使用包括放射性核素钬 166 在内的预处理方案组（41 例）进行 AHSCT 治疗 MM 病人疗效，显示使用包括低剂量钬 166（<2 400 mCi）在内的预处理方案组 5 年 OS 为 61%，使用高剂量钬 166［（≥2 400 mCi（1Ci =37 GBq）］在内的预处理方案组与单独马法兰组的 5 年 OS 分别为 40% 与 43%，故以低剂量钬 166 组疗效最佳，值得进一步研究。日本的 Imataki 等[176]回顾性对比其 2003～2004 年间接受大剂量马法兰（200mg/m^2）为预处理组（18 例）与接受 ICE 方案（异环磷酰胺、卡铂、足叶乙苷）为预处理组（9 例）在门诊进行 AHSCT 的 MM 病人，显示前者可在门诊进行，无严重临床不良事件发生。墨西哥的 Vela-Ojeda 等[177]回顾性对比其 1993～2004 年间接受口服马法兰（140 mg/m^2）+足叶乙苷+卡铂（28 例）为预处理方案和接受静脉单独马法兰（200 mg/m^2）（26 例）组临床疗效，显著其 DFS 与 OS 均无显著差异。但对于在移植前已达到 CR 组病人，静脉马法兰组的 OS 与 DFS 均显著为优，并提出有 4 个因素与预后良好有关：确诊至移植间时间<18 个月，移植前治疗药物不超过两线，缓解状态好（CR 或 PR）及使用静脉马法兰。美国俄亥俄州大学医学院的 Benson 等[178]对比其

1992～2003 年间以 BCV 预处理方案（62 例）和以大剂量马法兰（48 例）进行 MM 病人的 AHSCT，显示两组间长生存与不良作用均无显著差异。

（3）移植中合并症与移植后治疗：西班牙的 Carreras 等[179]总结在西班牙骨髓瘤协作组/PETHEMA 进行临床协作研究过程中发现经 VBMCP/VBAD 化疗后以 Bu/Mel 为预处理方案组（240 例）及以单独马法兰为预处理组（494 例）进行 AHSCT 治疗 MM 病人，两组中肝静脉闭塞综合征的发生率分别为 8% 和 0.4%，发生中位时间为移植后 +29 天（+3 天～+57 天），所致死亡率分别为 2% 和 0.2%，故特别提醒在移植前使用过 BCNU 化疗，又在移植中使用 Bu/Mel 为预处理方案的 AHSCT 病人应特别注意 VOD 的发生。美国的 Meehan 等[180]在以大剂量马法兰（200 mg/m^2）为预处理进行 AHSCT 治疗 MM 病人中，于移植当日（0 天）给予白介素-2 并持续 4 周，并于移植后 +5 天时开始给予每天 GM-CSF（250μg/m^2），显示此方法并不延迟造血重建，但可使 CD_3^+、CD_4^+ 及 CD_8^+ 细胞与 $CD_4^+CD_{25}^+$ T 调节细胞均显著增多，加强了对 MM 细胞的杀伤作用。丹麦哥本哈根大学医院的 Svane 等[181]介绍在 6 例 MM 病人中以 CMV 抗原刺激 T 细胞并将其收集，用于 AHSCT 后的接种及免疫治疗中。

（4）双移植及与 Allo-HSCT 的比较：意大利的 Corso 等[182]总结 65 例双次 AHSCT 治疗年龄＜65 岁 MM 病人资料后认为，考虑到双次移植的有限优越性，双次移植过程的复杂性，第二次移植入组的困难性（最初入组第一次移植为 153 例，故只有 42% 的病人最终进行了双次移植），以及高的费用，其认为更应多考虑对年青 MM 病人进行单次 AHSCT。意大利的 Bruno 等[183]对比以双次 AHSCT（两次均为大剂量马法兰做预处理）组（46 例）与首次为 AHSCT，第二次为非清髓性 Allo-HSCT 组（58 例）治疗初治 MM 病人，显示后者组预后显著优于前者组。

（5）高龄病人：M. D. Anderson 癌症中心的 Qazilbash 等[184]报道以马法兰 200 mg/m^2（19 例）、180 mg/m^2（6 例）或 140mg/m^2（1 例）为预处理进行 AHSCT 治疗 26 例高龄（＞70 岁）MM 病人。无 100 天 TRM。3 年 PFS 与 OS 为 39% 与 65%。血清白蛋白水平＜35 g/L 者 PFS 时间更短。移植前处于复杂状态、确诊至移植时间＞12 个月者 OS 时间也更短。英国诺丁汉市医院的 Bishton 等[185]对比了以不同剂量马法兰为预处理的 AHSCT 治疗高龄（65～75 岁）MM 病人的疗效，其中 A 组（15 例）为马法兰系 200 mg/m^2 的单次移植、B 组为单次马法兰 70 mg/m^2（15 例）的单次移植，如移植后未达 CR，则进行同样剂量的第二次移植（6 例）。两组中均无 100 天 TRM。A、B 组回输的中位 CD_{34}^+ 细胞数分别为 4.85×10^6/kg 与 2.7×10^6/kg。移植后 CR 率在 A 组为 7/15，B 组为 9/15。中位随访 15.5 个月时 A 组 12/15 仍存活，并有 5 例仍处于 CR。中位随访 14 个月时 B 组 11/15 仍存活，且也有 5 例处于 CR。故而 B 组移植方式应更能被高龄病人所耐受及采用。

（6）Meta 分析：比利时的 van de Velde 等[186]综合 21 篇文献（10 篇前瞻性

研究，11篇回顾性研究）中4 990例接受AHSCT的MM病人资料，进行Meta分析后显示移植时与移植后的最好缓解状态（CR/nCR/VGPR）与好的OS及EFS/PFS呈显著相关，此外诱导治疗后最好缓解状态（CR/nCR/VGPR）也与好的OS及EFS/PFS呈显著相关。美国Dana Farber癌症研究所的Koreth等[187]综合10篇前瞻性随机对照研究文献，进行Meta分析后认为单次AHSCT治疗MM病人，可使其获得较好的PFS，但OS无显著改进。

（7）综述：美国西北纪念医院的Rodriguez等[188]、西北大学的Mehta与Singhal[189]、法国Harousseau[190]、Mayo Clinic的Rajkumar与Palumbo[191]、美国俄亥俄州大学的Pant与Copelan[192]及英国皇家马斯登医院的Sirohi等[193]对以AHSCT治疗MM均进行了文献综述，可供参考。

参考文献

1 张伯龙，高春纪. 2005年有关自体造血干细胞移植治疗恶性肿瘤的新信息. 见：中国癌症基金会《中国肿瘤临床年鉴》编辑委员会，主编. 2005中国肿瘤临床年鉴. 北京：中国协和医科大学出版社，2006，18～40.

2 张伯龙，高春纪. 2004年有关自体造血干细胞移植治疗恶性肿瘤的新信息. 见：中国癌症基金会《中国肿瘤临床年鉴》编辑委员会，主编. 2004中国肿瘤临床年鉴. 北京：中国协和医科大学出版社，2005，210～228.

3 张伯龙，高春纪. 2006年有关自体造血干细胞移植治疗恶性肿瘤的新信息. 见：中国癌症基金会《中国肿瘤临床年鉴》编辑委员会，主编. 2006中国肿瘤临床年鉴. 北京：中国协和医科大学出版社，2007，50～75.

4 Gratwohl A, Baldomero H, Frauendorfer K, et al. Results of the EBMT activity survey 2005 on haematopoietic stem cell transplantation: focus on increasing use of unrelated donors. Bone Marrow Transplant, 2007, 39 (2): 71～87.

5 Miano M, Labopin M, Hartmann O, et al. Haematopoietic stem cell transplantation trends in children over the last three decades: a survey by the paediatric diseases working party of the European Group for Blood and Marrow Transplantation. Bone Marrow Transplant, 2007, 39 (2): 89～99.

6 Herr AL, Labopin M, Blaise D, et al. HLA-identical sibling allogeneic peripheral blood stem cell transplantation with reduced intensity conditioning compared to autologous peripheral blood stem cell transplantation for elderly patients with de novo acute myeloid leukemia. Leukemia, 2007, 21 (1): 129～135.

7 Al-Ali HK, Brand R, van Biezen A, et al. A retrospective comparison of autologous and unrelated donor hematopoietic cell transplantation in myelodysplastic syndrome and secondary acute myeloid leukemia: a report on behalf of the Chronic Leukemia Working Party of the European Group for Blood and Marrow Transplantation (EBMT). Leukemia, 2007, 21 (9): 1945～1951.

8 Sanz MA, Labopin M, Gorin NC, et al. Hematopoietic stem cell transplantation for adults with acute promyelocytic leukemia in the ATRA era: a survey of the European Cooperative Group for Blood and Marrow Transplantation. Bone Marrow Transplant, 2007, 39 (8): 461～469.

9 Bourhis JH, Bouko Y, Koscielny S, et al. Relapse risk after autologous transplantation in patients with newly diagnosed myeloma is not related with infused tumor cell load and the outcome is not improved by CD_{34}^{+} cell selection: long term follow-up of an EBMT phase Ⅲ randomized study. Haematologica, 2007, 92 (8): 1083～1090.

10 Bay JO, Linassier C, Biron P, et al. Does high-dose carmustine increase overall survival in

supratentorial high-grade malignant glioma? An EBMT retrospective study. Int J Cancer, 2007, 120 (8): 1782 ~ 1786.

11 Thomas X, Suciu S, Rio B, et al. Autologous stem cell transplantation after complete remission and first consolidation in acute myeloid leukemia patients aged 61-70 years: results of the prospective EORTC-GIMEMA AML-13 study. Haematologica, 2007, 92 (3): 389 ~ 396.

12 Ribera JM, Ortega JJ, Oriol A, et al. Comment in: J Clin Oncol. 2007 Jun 20, 25 (18): 2625-6. author reply 2627-8. Comparison of intensive chemotherapy, allogeneic, or autologous stem-cell transplantation as postremission treatment for children with very high risk acute lymphoblastic leukemia: PETHEMA ALL-93 Trial. J Clin Oncol, 2007, 25 (1): 16 ~ 24.

13 Tobinai K, Takeyama K, Arima F, et al. Phase Ⅱ study of chemotherapy and stem cell transplantation for adult acute lymphoblastic leukemia or lymphoblastic lymphoma: Japan Clinical Oncology Group Study 9004. Cancer Sci, 2007, 98 (9): 1350 ~ 1357.

14 CTSU, Richard Doll Building, Old Road Campus, et al. Autologous stem cell transplantation in chronic myeloid leukaemia: a meta-analysis of six randomized trials. Cancer Treat Rev, 2007, 33 (1): 39 ~ 47.

15 Czyz J, Dziadziuszko R, Knopinska-Posuszny W, et al. Comment in: Leuk Lymphoma. 2007 May, 48 (5): 847-8. Two autologous transplants in the treatment of patients with Hodgkin's lymphoma: analysis of prognostic factors and comparison with a single procedure. Leuk Lymphoma, 2007, 48 (3): 535 ~ 541.

16 Tarella C, Zanni M, Di Nicola M, et al. Prolonged survival in poor-risk diffuse large B-cell lymphoma following front-line treatment with rituximab-supplemented, early-intensified chemotherapy with multiple autologous hematopoietic stem cell support: a multicenter study by GITIL (Gruppo Italiano Terapie Innovative nei Linfomi). Leukemia, 2007, 21 (8): 1802 ~ 1811.

17 Nickenig C, Dreyling M, Hoster E, et al. Initial chemotherapy with mitoxantrone, chlorambucil, prednisone impairs the collection of stem cells in patients with indolent lymphomas-results of a randomized comparison by the German Low-Grade Lymphoma Study Group. Ann Oncol, 2007, 18 (1): 136 ~ 142.

18 Rodrguez J, Conde E, Gutirrez A, et al. Prolonged survival of patients with angioimmunoblastic T-cell lymphoma after high-dose chemotherapy and autologous stem cell transplantation: the GELTAMO experience. Eur J Haematol, 2007, 78 (4): 290 ~ 296.

19 Montemurro M, Kiefer T, Schler F, et al. Primary central nervous system lymphoma treated with high-dose methotrexate, high-dose busulfan/thiotepa, autologous stem-cell transplantation and response-adapted whole-brain radiotherapy: results of the multicenter Ostdeutsche Studiengruppe Hamato-Onkologie OSHO-53 phase Ⅱ study. Ann Oncol, 2007, 18 (4): 665 ~ 671.

20 Feyler S, Prince HM, Pearce R, et al. The role of high-dose therapy and stem cell rescue in the management of T-cell malignant lymphomas: a BSBMT and ABMTRR study. Bone Marrow Transplant, 2007, 40 (5): 443 ~ 450.

21 Rodrguez J, Conde E, Gutirrez A, et al. Frontline autologous stem cell transplantation in high-risk peripheral T-cell lymphoma: a prospective study from The Gel-Tamo Study Group. Eur J Haematol, 2007, 79 (1): 32 ~ 38.

22 Rodrguez J, Conde E, Gutirrez A, et al. The results of consolidation with autologous stem-cell transplantation in patients with peripheral T-cell lymphoma (PTCL) in first complete remission: the Spanish Lymphoma and Autologous Transplantation Group experience. Ann Oncol, 2007, 18 (4): 652 ~ 657.

23 Sonneveld P, van der Holt B, Segeren CM, et

al. Intermediate-dose melphalan compared with myeloablative treatment in multiple myeloma: long-term follow-up of the Dutch Cooperative Group HOVON 24 trial. Haematologica, 2007, 92 (7): 928 ~ 935.

24 Cavo M, Tosi P, Zamagni E, et al. Prospective, randomized study of single compared with double autologous stem-cell transplantation for multiple myeloma: Bologna 96 clinical study. J Clin Oncol, 2007, 25 (17): 2434 ~ 2441.

25 Moore HC, Green SJ, Gralow JR, et al. Comment in: J Clin Oncol, 2007, 25 (13): 1642-4. Intensive dose-dense compared with high-dose adjuvant chemotherapy for high-risk operable breast cancer: Southwest Oncology Group/Intergroup study 9623. J Clin Oncol, 2007, 25 (13): 1677 ~ 1682.

26 Hartmann JT, Gauler T, Metzner B, et al. Phase Ⅰ/Ⅱ study of sequential dose-intensified ifosfamide, cisplatin, and etoposide plus paclitaxel as induction chemotherapy for poor prognosis germ cell tumors by the German Testicular Cancer Study Group. J Clin Oncol, 2007, 25 (36): 5742 ~ 5747.

27 Lazarus HM, Stiff PJ, Carreras J, et al. Utility of single versus tandem autotransplants for advanced testes/germ cell cancer: a center for international blood and marrow transplant research (CIBMTR) analysis. Biol Blood Marrow Transplant, 2007, 13 (7): 778 ~ 789.

28 Hayani A, Lampeter E, Viswanatha D, et al. Comment in: Pediatrics, 2007, May; 119 (5): 1042-3; author reply 1043. First report of autologous cord blood transplantation in the treatment of a child with leukemia. Pediatrics, 2007, 119 (1): e296 ~ 300.

29 Rao K, Darrington DL, Schumacher JJ, et al. Disparity in survival outcome after hematopoietic stem cell transplantation for hematologic malignancies according to area of primary residence. Biol Blood Marrow Transplant, 2007, 13 (12): 1508 ~ 1514.

30 Ninan MJ, Flowers CR, Roback JD, et al. Posttransplant thrombopoiesis predicts survival in patients undergoing autologous hematopoietic progenitor cell transplantation. Biol Blood Marrow Transplant, 2007, 13 (8): 895 ~ 904.

31 Leung W, Handgretinger R, Iyengar R, et al. Inhibitory KIR-HLA receptor-ligand mismatch in autologous haematopoietic stem cell transplantation for solid tumour and lymphoma. Br J Cancer, 2007, 97 (4): 539 ~ 542.

32 Bolwell BJ, Pohlman B, Rybicki L, et al. Patients mobilizing large numbers of CD_{34}^{+} cells ('super mobilizers') have improved survival in autologous stem cell transplantation for lymphoid malignancies. Bone Marrow Transplant, 2007, 40 (5): 437 ~ 441.

33 Tomblyn M, Burns LJ, Blazar B, et al. Difficult stem cell mobilization despite adequate CD_{34}^{+} cell dose predicts shortened progression free and overall survival after autologous HSCT for lymphoma. Bone Marrow Transplant, 2007, 40 (2): 111 ~ 118.

34 Tiwari D, Gao F, Hidalgo J, et al. Prognostic significance of early lymphocyte recovery after post-autografting administration of GM-CSF in non-Hodgkin's lymphoma. Bone Marrow Transplant, 2007, 40 (7): 671 ~ 675.

35 Filmont JE, Gisselbrecht C, Cuenca X, et al. The impact of pre- and post-transplantation positron emission tomography using 18-fluorodeoxyglucose on poor-prognosis lymphoma patients undergoing autologous stem cell transplantation. Cancer, 2007, 110 (6): 1361 ~ 1369.

36 Gertz MA, Lacy MQ, Dispenzieri A, et al. Impact of age and serum creatinine value on outcome after autologous blood stem cell transplantation for patients with multiple myeloma. Bone Marrow Transplant, 2007, 39 (10): 605-611.

37 Vangsted A, Gimsing P, Klausen TW, et al. Polymorphisms in the genes ERCC2, XRCC3

and CD3EAP influence treatment outcome in multiple myeloma patients undergoing autologous bone marrow transplantation. Int J Cancer, 2007, 120 (5): 1036～1045.

38 Alici E, Bjrkstrand B, Treschow A, et al. Long-term follow-up of gene-marked CD_{34}^{+} cells after autologous stem cell transplantation for multiple myeloma. Cancer Gene Ther, 2007, 14 (3): 227～232.

39 Gorschlter M, Glasmacher A, Sarazin S, et al. CD_{4}^{+} T lymphocyte counts after autologous transplantation in multiple myeloma: a retrospective study. Leuk Lymphoma, 2007, 48 (3): 506～512.

40 Vera-Llonch M, Oster G, Ford CM, et al. Oral mucositis and outcomes of autologous hematopoietic stem-cell transplantation following high-dose melphalan conditioning for multiple myeloma. J Support Oncol, 2007, 5 (5): 231～235.

41 Sirohi B, Powles R, Cavanagh J, et al. Collection of peripheral blood stem cells in new patients with myeloma receiving minimal or no prior cytoreductive therapy. Hematology, 2007, 12 (2): 113～115.

42 Hart C, Blank C, Krause SW, et al. Ifosfamide, epirubicin, and etoposide (IEV) mobilize peripheral blood stem cells more efficiently than cyclophosphamide /etoposide. Ann Hematol, 2007, 86 (8): 575～581.

43 Fruehauf S, Klaus J, Huesing J, et al. Efficient mobilization of peripheral blood stem cells following CAD chemotherapy and a single dose of pegylated G-CSF in patients with multiple myeloma. Bone Marrow Transplant, 2007, 39 (12): 743～750.

44 Bishton MJ, Lush RJ, Byrne JL, et al. Ifosphamide, etoposide and epirubicin is an effective combined salvage and peripheral blood stem cell mobilisation regimen for transplant-eligible patients with non-Hodgkin lymphoma and Hodgkin disease. Br J Haematol, 2007, 136 (5): 752～761.

45 Hicks ML, Lonial S, Langston A, et al. Erratum in: Transfusion, 2007 May, 47 (5): 952. Kaufman, Jonathan [added]. Optimizing the timing of chemotherapy for mobilizing autologous blood hematopoietic progenitor cells. Transfusion, 2007, 47 (4): 629～635.

46 Mauro E, Rigolin GM, Fraulini C, et al. Mobilization of endothelial progenitor cells in patients with hematological malignancies after treatment with filgrastim and chemotherapy for autologous transplantation. Eur J Haematol, 2007, 78 (5): 374～380.

47 Oelschlaegel U, Bornhauser M, Boxberger S, et al. Kinetics of CXCR-4 and adhesion molecule expression during autologous stem cell mobilisation with G-CSF plus AMD3100 in patients with multiple myeloma. Ann Hematol, 2007, 86 (8): 569～573.

48 Holtan SG, Porrata LF, Micallef IN, et al. AMD3100 affects autograft lymphocyte collection and progression-free survival after autologous stem cell transplantation in non-Hodgkin lymphoma. Clin Lymphoma Myeloma, 2007, 7 (4): 315～318.

49 Ballen KK, Shpall EJ, Avigan D, et al. Phase I trial of parathyroid hormone to facilitate stem cell mobilization. Biol Blood Marrow Transplant, 2007, 13 (7): 838～843.

50 Kamezaki K, Kikushige Y, Numata A, et al. Rituximab does not compromise the mobilization and engraftment of autologous peripheral blood stem cells in diffuse-large B-cell lymphoma. Bone Marrow Transplant, 2007, 39 (9): 523～527.

51 Kim MK, Kim S, Lee SS, et al. Rituximab-ESHAP as a mobilization regimen for relapsed or refractory B-cell lymphomas: a comparison with ESHAP. Transfusion, 2007, 47 (8): 1447～1454.

52 Breitkreutz I, Lokhorst HM, Raab MS, et al. Thalidomide in newly diagnosed multiple myeloma: influence of thalidomide treatment on pe-

ripheral blood stem cell collection yield. Leukemia, 2007, 21 (6): 1294 ~ 1299.

53 Ferrara F, Viola A, Copia C, et al. Age has no influence on mobilization of peripheral blood stem cells in acute myeloid leukemia. Hematol Oncol, 2007, 25 (2): 84 ~ 89.

54 Viola A, Falco C, D'Elia R, et al. An antecedent diagnosis of refractory anemia with excess blasts has no influence on mobilization of peripheral blood stem cells and hematopoietic recovery after autologous stem cell transplantation in acute myeloid leukemia. Eur J Haematol, 2007, 78 (1): 41 ~ 47.

55 Kim MK, Kim S, Jang G, et al. A randomized comparison of peripheral blood hematopoietic progenitor cell level of 5/mm3 versus 50/mm3 as a surrogate marker to initiate efficient autologous blood stem cell collection. J Clin Apher, 2007, 22 (5): 277 ~ 282.

56 Klaus J, Herrmann D, Breitkreutz I, et al. Effect of CD34 cell dose on hematopoietic reconstitution and outcome in 508 patients with multiple myeloma undergoing autologous peripheral blood stem cell transplantation. Eur J Haematol, 2007, 78 (1): 21 ~ 28.

57 Hicks C, Wong R, Manoharan A, et al. Viable CD_{34}^{+}/CD_{133}^{+} blood progenitor cell dose as a predictor of haematopoietic engraftment in multiple myeloma patients undergoing autologous peripheral blood stem cell transplantation. Ann Hematol, 2007, 86 (8): 591 ~ 598.

58 Barfield RC, Hale GA, Burnette K, et al. Autologous transplantation of CD133 selected hematopoietic progenitor cells for treatment of relapsed acute lymphoblastic leukemia. Pediatr Blood Cancer, 2007, 48 (3): 349 ~ 353.

59 Kasow KA, Sims-Poston L, Eldridge P, et al. CD34 (+) hematopoietic progenitor cell selection of bone marrow grafts for autologous transplantation in pediatric patients. Biol Blood Marrow Transplant, 2007, 13 (5): 608 ~ 614.

60 Jansen EM, Hanks SG, Terry C, et al. Prediction of engraftment after autologous peripheral blood progenitor cell transplantation: CD34, colony-forming unit-granulocyte-macrophage, or both? Transfusion, 2007, 47 (5): 817 ~ 823.

61 Altuntas F, Kocyigit I, Ozturk A, et al. Comparison of the Fenwal Amicus and Fresenius Com. Tec cell separators for autologous peripheral blood progenitor cell collection. Transfus Apher Sci, 2007, 36 (2): 159 ~ 167.

62 Wannesson L, Panzarella T, Mikhael J, et al. Feasibility and safety of autotransplants with noncryopreserved marrow or peripheral blood stem cells: a systematic review. Ann Oncol, 2007, 18 (4): 623 ~ 632.

63 Calmels B, Lemari C, Esterni B, et al. Occurrence and severity of adverse events after autologous hematopoietic progenitor cell infusion are related to the amount of granulocytes in the apheresis product. Transfusion, 2007, 47 (7): 1268 ~ 1275.

64 Foms E, Desmartin M, Benhamida S, et al. Recovery, viability and clinical toxicity of thawed and washed haematopoietic progenitor cells: analysis of 952 autologous peripheral blood stem cell transplantations. Bone Marrow Transplant, 2007, 40 (9): 831 ~ 835.

65 Zver S, Zadnik V, Bunc M, et al. Cardiac toxicity of high-dose cyclophosphamide in patients with multiple myeloma undergoing autologous hematopoietic stem cell transplantation. Int J Hematol, 2007, 85 (5): 408 ~ 414.

66 Anderson KO, Giralt SA, Mendoza TR, et al. Symptom burden in patients undergoing autologous stem-cell transplantation. Bone Marrow Transplant, 2007, 39 (12): 759 ~ 766.

67 Aoyama T, Imataki O, Inoue N, et al. [Nutritional pathway for autologous stem cell transplantation] [Article in Japanese] Gan To Kagaku Ryoho, 2007, 34 (8): 1249 ~ 1253.

68 Rzepecki P, Barzal J, Sarosiek T, et al. Bio-

chemical indices for the assessment of nutritional status during hematopoietic stem cell transplantation: are they worth using? A single center experience. Bone Marrow Transplant, 2007, 40 (6):567 ~572.

69 Piccirillo N, De Matteis S, De Vita S, et al. Kinetics of peg-filgrastim after high-dose chemotherapy and autologous peripheral blood stem cell transplantation. Bone Marrow Transplant, 2007, 40 (6):579 ~583.

70 Elting LS, Shih YC, Stiff PJ, et al. Economic impact of palifermin on the costs of hospitalization for autologous hematopoietic stem-cell transplant: analysis of phase 3 trial results. Biol Blood Marrow Transplant, 2007, 13 (7):806 ~813.

71 Seggewiss R, Einsele H. Hematopoietic growth factors including keratinocyte growth factor in allogeneic and autologous stem cell transplantation. Semin Hematol, 2007, 44 (3):203 ~211.

72 Peck AJ, Englund JA, Kuypers J, et al. Respiratory virus infection among hematopoietic cell transplant recipients: evidence for asymptomatic parainfluenza virus infection. Blood, 2007, 110 (5):1681 ~1688.

73 Youssef S, Rodriguez G, Rolston KV, et al. Streptococcus pneumoniae infections in 47 hematopoietic stem cell transplantation recipients: clinical characteristics of infections and vaccine-breakthrough infections, 1989-2005. Medicine (Baltimore), 2007, 86 (2):69 ~77.

74 El-Khatib M, Bou-Khalil P, Abbas O, et al. Value of pretransplant pulmonary function tests in predicting pulmonary complications after autologous peripheral stem cell transplantation. Lung, 2007, 185 (6):321 ~324.

75 Bouligand J, Le Maitre A, Valteau-Couanet D, et al. Elevated plasma ferritin and busulfan pharmacodynamics during high-dose chemotherapy regimens in children with malignant solid tumors. Clin Pharmacol Ther, 2007, 82 (4): 402 ~409.

76 Bolamos-Meade J, Garrett-Mayer E, Luznik L, et al. Induction of autologous graft-versus-host disease: results of a randomized prospective clinical trial in patients with poor risk lymphoma. Biol Blood Marrow Transplant, 2007, 13 (10):1185 ~1191.

77 Castagnola E, Fontana V, Caviglia I, et al. A prospective study on the epidemiology of febrile episodes during chemotherapy-induced neutropenia in children with cancer or after hemopoietic stem cell transplantation. Clin Infect Dis, 2007, 45 (10):1296 ~1304.

78 Singh RK, Varney ML, Leutzinger C, et al. Immune reconstitution after autologous hematopoietic transplantation with Lin-, CD_{34}^{+}, Thy-1lo selected or intact stem cell products. Int Immunopharmacol, 2007, 7 (8):1033 ~1043.

79 van der Velden AM, Claessen AM, van Velzen-Blad H, et al. Development of T cell-mediated immunity after autologous stem cell transplantation: prolonged impairment of antigen-stimulated production of gamma-interferon. Bone Marrow Transplant, 2007, 40 (3):261 ~266.

80 Nishio M, Fujimoto K, Yamamoto S, et al. Delayed redistribution of CD27, CD40 and CD80 positive B cells and the impaired in vitro immunoglobulin production in patients with non-Hodgkin lymphoma after rituximab treatment as an adjuvant to autologous stem cell transplantation. Br J Haematol, 2007, 137 (4):349 ~354.

81 Kovarova L, Buchler T, Pour L, et al. Dendritic cell counts and their subsets during treatment of multiple myeloma. Neoplasma, 2007, 54 (4):297 ~303.

82 Usuki K, Nakasone H, Taoka K, et al. [Transient chromosomal abnormalities following autologous peripheral blood stem cell transplantation for acute myelogenous leukemia] [Article in Japanese] Rinsho Ketsueki, 2007, 48 (8): 618 ~623.

83 Przepiorka D, Buadi F, McClune B, et al.

Myelodysplastic syndrome after autologous peripheral blood stem cell transplantation for multiple myeloma. Bone Marrow Transplant, 2007, 40 (8): 759 ~ 764.

84 Kubo Y, Tasaka T, Sano F, et al. Amyloid-associated amyloidosis in a HCV carrier with non-Hodgkin's lymphoma who had been treated with autologous stem cell transplantation and rituximab. Leuk Lymphoma, 2007, 48 (10): 2075 ~ 2078.

85 Zaucha-Prazmo A, Jasiski M, Drabko K, et al. Neurologic complications in children after hemaopoietic stem cell transplantation: a single-center experience. Transplant Proc, 2007, 39 (9): 2905 ~ 2907.

86 Gielissen MF, Schattenberg AV, Verhagen CA, et al. Experience of severe fatigue in long-term survivors of stem cell transplantation. Bone Marrow Transplant, 2007, 39 (10): 595 ~ 603.

87 Chemaitilly W, Boulad F, Heller G, et al. Final height in pediatric patients after hyperfractionated total body irradiation and stem cell transplantation. Bone Marrow Transplant, 2007, 40 (1): 29 ~ 35.

88 Tauchmanov L, Selleri C, De Rosa G, et al. Estrogen-progestin therapy in women after stem cell transplant: our experience and literature review. Menopause, 2007, 14 (2): 320 ~ 330.

89 Ria R, Scarponi AM, Falzetti F, et al. Loss of bone mineral density and secondary hyperparathyroidism are complications of autologous stem cell transplantation. Leuk Lymphoma, 2007, 48 (5): 923 ~ 930.

90 Savchenko VG, Liubimova LS, Parovichnikova EN, et al. [Transplantations of allogenic and autologous hemopoietic stem cells in acute leukemia (results of 20-year experience)] Ter Arkh, 2007, 79 (7): 30 ~ 35.

91 Kiss TL, Sabry W, Lazarus HM, et al. Blood and marrow transplantation in elderly acute myeloid leukaemia patients -older certainly is not better. Bone Marrow Transplant, 2007, 40 (5): 405 ~ 416.

92 Olivieri A, Capelli D, Troiani E, et al. A new intensive induction schedule, including high-dose Idarubicin, high-dose Aracytin and Amifostine, in older AML patients: feasibility and long-term results in 42 patients. Exp Hematol, 2007, 35 (7): 1074 ~ 1082.

93 Executive Committee, American Society for Blood and Marrow Transplantation. The role of cytotoxic therapy with hematopoietic stem cell transplantation in the therapy of acute myeloid leukemia in children. Biol Blood Marrow Transplant, 2007, 13 (4): 500 ~ 501.

94 Oliansky DM, Rizzo JD, Aplan PD, et al. The role of cytotoxic therapy with hematopoietic stem cell transplantation in the therapy of acute myeloid leukemia in children: an evidence-based review. Biol Blood Marrow Transplant, 2007, 13 (1): 1 ~ 25.

95 Kim ST, Jung CW, Lee J, et al. Postremission therapy for acute myeloid leukemia in the first remission. Leuk Lymphoma, 2007, 48 (5): 937 ~ 943.

96 Ganguly S, Singh J, Divine CL, et al. Is there a plateau in the survival curve after autologous transplantation in patients with intermediate and high-risk acute myeloid leukemia? A 20-year single institution experience. Leuk Res, 2007, 31 (9): 1253 ~ 1257.

97 Palmieri S, Ferrara F, Leoni F, et al. Myeloablative chemotherapy followed by autologous stem cell infusion may overcome the adverse prognostic impact of FLT3 (foetal liver tyrosine kinase 3) mutations in patients with acute myeloid leukaemia and normal karyotype. Hematol Oncol, 2007, 25 (1): 1 ~ 5.

98 Loh YS, Koh LP, Tai BC, et al. Long-term follow-up of Asian patients younger than 46 years with acute myeloid leukemia in first complete remission: comparison of allogeneic vs. autologous hematopoietic stem cell transplantation.

Leuk Lymphoma, 2007, 48 (1):72 ~79.

99 Tallman MS. Treatment of relapsed or refractory acute promyelocytic leukemia. Best Pract Res Clin Haematol, 2007, 20 (1):57 ~65.

100 Kharfan-Dabaja MA, Abou Mourad YR, Fernandez HF, et al. Hematopoietic cell transplantation in acute promyelocytic leukemia: a comprehensive review. Biol Blood Marrow Transplant, 2007, 13 (9):997 ~1004.

101 Narimatsu H, Emi N, Kohno A, et al. High incidence of secondary failure of platelet recovery after autologous and syngeneic peripheral blood stem cell transplantation in acute promyelocytic leukemia. Bone Marrow Transplant, 2007, 40 (8):773 ~778.

102 Isidori A, Motta MR, Tani M. Positive selection and transplantation of autologous highly purified CD133 (+) stem cells in resistant/relapsed chronic lymphocytic leukemia patients results in rapid hematopoietic reconstitution without an adequate leukemic cell purging. Biol Blood Marrow Transplant, 2007, 13 (10): 1224 ~1232.

103 Boyiadzis M, Foon KA, Pavletic S. Hematopoietic stem cell transplantation for chronic lymphocytic leukemia: potential cure for an incurable disease. Expert Opin Biol Ther, 2007, 7 (12):1789 ~1797.

104 Dreger P, Brand R, Michallet M. Autologous stem cell transplantation for chronic lymphocytic leukemia. Semin Hematol, 2007, 44 (4): 246 ~251.

105 Banerji V, Johnston JB, Seftel MD. The role of hematopoietic stem cell transplantation in Chronic Lymphocytic Leukemia. Transfus Apher Sci, 2007, 37 (1):57 ~62.

106 Gin E, Moreno C, Esteve J, et al. The role of stem-cell transplantation in chronic lymphocytic leukemia risk-adapted therapy. Best Pract Res Clin Haematol, 2007, 20 (3):529 ~543.

107 Kharfan-Dabaja MA, Anasetti C, Santos ES. Hematopoietic cell transplantation for chronic lymphocytic leukemia: an evolving concept. Biol Blood Marrow Transplant, 2007, 13 (4): 373 ~385.

108 de Witte T, Oosterveld M, Muus P. Autologous and allogeneic stem cell transplantation for myelodysplastic syndrome. Blood Rev, 2007, 21 (1):49 ~59.

109 Schmett P, Passon J, Ebeling P, et al. Ifosfamide, etoposide, cytarabine, and dexamethasone as salvage treatment followed by high-dose cyclophosphamide, melphalan, and etoposide with autologous peripheral blood stem cell transplantation for relapsed or refractory lymphomas. Eur J Haematol, 2007, 78 (2): 93 ~101.

110 Todisco E, Castagna L, Sarina B, et al. CD_{34}^{+} dose-driven administration of granulocyte colony-stimulating factor after high-dose chemotherapy in lymphoma patients. Eur J Haematol, 2007, 78 (2):111 ~116.

111 Majhail NS, Ness KK, Burns LJ, et al. Late effects in survivors of Hodgkin and non-Hodgkin lymphoma treated with autologous hematopoietic cell transplantation: a report from the bone marrow transplant survivor study. Biol Blood Marrow Transplant, 2007, 13 (10):1153 ~1159.

112 Imataki O, Aoyama T, Tamai Y, et al. [Comparison of regimen-related toxicity between high-dose melphalan and ICE as a preparatory regimen for autologous stem cell transplantation] [Article in Japanese] Gan To Kagaku Ryoho, 2007, 34 (10):1633 ~1636.

113 Shimoni A, Zwas ST, Oksman Y, et al. Yttrium-90-ibritumomab tiuxetan (Zevalin) combined with high-dose BEAM chemotherapy and autologous stem cell transplantation for chemo-refractory aggressive non-Hodgkin's lymphoma. Exp Hematol, 2007, 35 (4):534 ~540.

114 Krishnan A, Nademanee A, Fung HC, et al. Phase Ⅱ trial of a transplantation regimen of yt-

trium-90 ibritumomab tiuxetan and high-dose chemotherapy in patients with non-Hodgkin's lymphoma. J Clin Oncol, 2008, 26 (1): 90~95.

115 Cremonesi M, Ferrari M, Grana CM, et al. Erratum in: J Nucl Med, 2007 Dec, 48 (12): 2027. High-dose radioimmunotherapy with 90Y-ibritumomab tiuxetan: comparative dosimetric study for tailored treatment. J Nucl Med, 2007, 48 (11): 1871~1879.

116 Gisselbrecht C, Bethge W, Duarte RF, et al. Current status and future perspectives for yttrium-90 ((90) Y) -ibritumomab tiuxetan in stem cell transplantation for non-Hodgkin's lymphoma. Bone Marrow Transplant, 2007, 40 (11): 1007~1017.

117 Sieniawski M, Staak O, Glossmann JP, et al. Rituximab added to an intensified salvage chemotherapy program followed by autologous stem cell transplantation improved the outcome in relapsed and refractory aggressive non-Hodgkin lymphoma. Ann Hematol, 2007, 86 (2): 107~115.

118 Atta J, Chow KU, Weidmann E, et al. Dexa-BEAM as salvage therapy in patients with primary refractory aggressive non-Hodgkin lymphoma. Leuk Lymphoma, 2007, 48 (2): 349~356.

119 Wendland MM, Smith DC, Boucher KM, et al. The impact of involved field radiation therapy in the treatment of relapsed or refractory non-Hodgkin lymphoma with high-dose chemotherapy followed by hematopoietic progenitor cell transplant. Am J Clin Oncol, 2007, 30 (2): 156~162.

120 Greb A, Bohlius J, Trelle S, et al. High-dose chemotherapy with autologous stem cell support in first-line treatment of aggressive non-Hodgkin lymphoma - results of a comprehensive meta-analysis. Cancer Treat Rev, 2007, 33 (4): 338~346.

121 Yano S, Asai O, Dobashi N, et al. Long-term follow-up of autologous stem cell transplantation for patients with aggressive non-Hodgkin lymphoma who had bone marrow involvement at initial diagnosis in the pre-rituximab era. Clin Lymphoma Myeloma, 2007, 7 (5): 361~363.

122 Witzens-Harig M, Heilmann C, Hensel M, et al. Long-term follow-up of patients with non-Hodgkin lymphoma following myeloablative therapy and autologous transplantation of CD_{34}^{+}-selected peripheral blood progenitor cells. Stem Cells, 2007, 25 (1): 228~235.

123 Welt A, Schmett P, Derks C, et al. Long-term results of a phase-Ⅰ/Ⅱ study of sequential high-dose chemotherapy with autologous stem cell transplantation in the initial treatment of aggressive non-Hodgkin's lymphoma. Tumori, 2007, 93 (5): 409~416.

124 Kim JG, Sohn SK, Chae YS, et al. Multicenter study of intravenous busulfan, cyclophosphamide, and etoposide (i. v. Bu/Cy/E) as conditioning regimen for autologous stem cell transplantation in patients with non-Hodgkin's lymphoma. Bone Marrow Transplant, 2007, 40 (10): 919~924.

125 Vose JM, Bierman PJ, Loberiza FR Jr, et al. Phase I trial of (90) Y-ibritumomab tiuxetan in patients with relapsed B-cell non-Hodgkin's lymphoma following high-dose chemotherapy and autologous stem cell transplantation. Leuk Lymphoma, 2007, 48 (4): 683~690.

126 Vignot S, Mounier N, Larghero J, et al. High-dose therapy and autologous stem-cell transplantation can improve event-free survival for indolent lymphoma: a study using patients as their own controls. Cancer, 2007, 109 (1): 60~67.

127 Sabloff M, Atkins HL, Bence-Bruckler I, et al. A 15-year analysis of early and late autologous hematopoietic stem cell transplant in re-

lapsed, aggressive, transformed, and non-transformed follicular lymphoma. Biol Blood Marrow Transplant, 2007, 13 (8): 956~964.

128 Vose JM, Bierman PJ, Loberiza FR, et al. Long-term outcomes of autologous stem cell transplantation for follicular non-Hodgkin lymphoma: effect of histological grade and Follicular International Prognostic Index. Biol Blood Marrow Transplant, 2008, 14 (1): 36~42.

129 Keeney GE, Gooley TA, Pham RN, et al. The pretransplant Follicular Lymphoma International Prognostic Index is associated with survival of follicular lymphoma patients undergoing autologous hematopoietic stem cell transplantation. Leuk Lymphoma, 2007, 48 (10): 1961~1967.

130 Pham RN, Gooley TA, Keeney GE, et al. The impact of histologic grade on the outcome of high-dose therapy and autologous stem cell transplantation for follicular lymphoma. Bone Marrow Transplant, 2007, 40 (11): 1039~1044.

131 Brown JR, Feng Y, Gribben JG, et al. Long-term survival after autologous bone marrow transplantation for follicular lymphoma in first remission. Biol Blood Marrow Transplant, 2007, 13 (9): 1057~1065.

132 Kang TY, Rybicki LA, Bolwell BJ, et al. Effect of prior rituximab on high-dose therapy and autologous stem cell transplantation in follicular lymphoma. Bone Marrow Transplant, 2007, 40 (10): 973~978.

133 Morschhauser F, Illidge T, Huglo D, et al. Efficacy and safety of yttrium-90 ibritumomab tiuxetan in patients with relapsed or refractory diffuse large B-cell lymphoma not appropriate for autologous stem-cell transplantation. Blood, 2007, 110 (1): 54~58.

134 Gopal AK, Rajendran JG, Gooley TA, et al. High-dose [131I] tositumomab (anti-CD20) radioimmunotherapy and autologous hematopoietic stem-cell transplantation for adults > or = 60 years old with relapsed or refractory B-cell lymphoma. J Clin Oncol, 2007, 25 (11): 1396~1402.

135 Simpson L, Ansell SM, Colgan JP, et al. Effectiveness of second line salvage chemotherapy with ifosfamide, carboplatin, and etoposide in patients with relapsed diffuse large B-cell lymphoma not responding to cis-platinum, cytosine arabinoside, and dexamethasone. Leuk Lymphoma, 2007, 48 (7): 1332~1337.

136 Lmopez A, Gutirrez A, Palacios A, et al. GEMOX-R regimen is a highly effective salvage regimen in patients with refractory/relapsing diffuse large-cell lymphoma: a phase II study. Eur J Haematol, 2008, 80 (2): 127~132.

137 Ritchie DS, Seymour JF, Grigg AP, et al. The hyper-CVAD-rituximab chemotherapy programme followed by high-dose busulfan, melphalan and autologous stem cell transplantation produces excellent event-free survival in patients with previously untreated mantle cell lymphoma. Ann Hematol, 2007, 86 (2): 101~105.

138 Dreger P, Rieger M, Seyfarth B, et al. Rituximab-augmented myeloablation for first-line autologous stem cell transplantation for mantle cell lymphoma: effects on molecular response and clinical outcome. Haematologica, 2007, 92 (1): 42~49.

139 Kasamon YL. Blood or marrow transplantation for mantle cell lymphoma. Curr Opin Oncol, 2007, 19 (2): 128~135.

140 Weigert O, Unterhalt M, Hiddemann W, et al. Current management of mantle cell lymphoma. Drugs, 2007, 67 (12): 1689~1702.

141 Fluri S, Ammann R, Lmethy AR, et al. High-dose therapy and autologous stem cell transplantation for children with HIV-associated non-Hodgkin lymphoma. Pediatr Blood Cancer, 2007, 49 (7): 984~987.

142 Dawson MA, Schwarer AP, McLean C, et al. AIDS-related plasmablastic lymphoma of the oral cavity associated with an IGH/MYC translocation – treatment with autologous stem-cell transplantation in a patient with severe haemophilia-A. Haematologica, 2007, 92 (1): e11-12.

143 Smith SD, Bolwell BJ, Rybicki LA, et al. Autologous hematopoietic stem cell transplantation in peripheral T-cell lymphoma using a uniform high-dose regimen. Bone Marrow Transplant, 2007, 40 (3): 239 ~ 243.

144 Kim MK, Kim S, Lee SS, et al. High-dose chemotherapy and autologous stem cell transplantation for peripheral T-cell lymphoma: complete response at transplant predicts survival. Ann Hematol, 2007, 86 (6): 435 ~ 442.

145 Paolo C, Lucia F, Anna D. Hematopoietic stem cell transplantation in peripheral T-cell lymphomas. Leuk Lymphoma, 2007, 48 (8): 1496 ~ 1501.

146 Rezania D, Cualing HD, Ayala E. The diagnosis, management, and role of hematopoietic stem cell transplantation in aggressive peripheral T-cell neoplasms. Cancer Control, 2007, 14 (2): 151 ~ 159.

147 Song KW, Barnett MJ, Gascoyne RD, et al. Primary therapy for adults with T-cell lymphoblastic lymphoma with hematopoietic stem-cell transplantation results in favorable outcomes. Ann Oncol, 2007, 18 (3): 535 ~ 540.

148 Dearden C. Is there a role for hemopoietic stem-cell transplantation in CTCL? Oncology (Williston Park), 2007, 21 (2 Suppl 1): 24 ~ 28.

149 Bishton MJ, Haynes AP. Comment in: Br J Haematol, 2007 Apr, 137 (2): 170, author reply 171. Combination chemotherapy followed by autologous stem cell transplant for enteropathy-associated T cell lymphoma. Br J Haematol, 2007, 136 (1): 111 ~ 113.

150 Al-Toma A, Verbeek WH, Visser OJ, et al. Comment in: Dig Liver Dis, 2007, 39 (7): 642-645. Disappointing outcome of autologous stem cell transplantation for enteropathy-associated T-cell lymphoma. Dig Liver Dis, 2007, 39 (7): 634 ~ 641.

151 Nonami A, Takenaka K, Kamezaki K, et al. Comment in: Int J Hematol, 2007, 86 (3): 286. Successful treatment of primary cardiac lymphoma by rituximab-CHOP and high-dose chemotherapy with autologous peripheral blood stem cell transplantation. Int J Hematol, 2007, 85 (3): 264-266.

152 Perz JB, Giles C, Szydlo R, et al. LACE-conditioned autologous stem cell transplantation for relapsed or refractory Hodgkin's lymphoma: treatment outcome and risk factor analysis in 67 patients from a single centre. Bone Marrow Transplant, 2007, 39 (1): 41 ~ 47.

153 Engelhardt BG, Holland DW, Brandt SJ, et al. High-dose chemotherapy followed by autologous stem cell transplantation for relapsed or refractory Hodgkin lymphoma: prognostic features and outcomes. Leuk Lymphoma, 2007, 48 (9): 1728 ~ 1735.

154 Akhtar S, El Weshi A, Abdelsalam M, et al. Primary refractory Hodgkin's lymphoma: outcome after high-dose chemotherapy and autologous SCT and impact of various prognostic factors on overall and event-free survival. A single institution result of 66 patients. Bone Marrow Transplant, 2007, 40 (7): 651 ~ 658.

155 Evens AM, Altman JK, Mittal BB, et al. Phase Ⅰ/Ⅱ trial of total lymphoid irradiation and high-dose chemotherapy with autologous stem-cell transplantation for relapsed and refractory Hodgkin's lymphoma. Ann Oncol, 2007, 18 (4): 679 ~ 688.

156 Martnez C, Salamero O, Arenillas L, et al. Autologous stem cell transplantation for patients with active Hodgkin's lymphoma: long-term outcome of 61 patients from a single institution. Leuk Lymphoma, 2007, 48 (10):

1968 ~ 1975.

157 Torjman L, Ladeb S, Lakhal A, et al. High-dose therapy and autologous stem cell transplantation for Hodgkin's lymphoma in relapse or failure after initial chemotherapy : results of the Centre National de Greffe de Moelle Osseuse de Tunis. Tunis Med, 2007, 85 (1): 35 ~ 38.

158 Castagna L, Magagnoli M, Balzarotti M, et al. Tandem high-dose chemotherapy and autologous stem cell transplantation in refractory/relapsed Hodgkin's lymphoma: a monocenter prospective study. Am J Hematol, 2007, 82 (2): 122 ~ 127.

159 Fung HC, Stiff P, Schriber J, et al. Tandem autologous stem cell transplantation for patients with primary refractory or poor risk recurrent Hodgkin lymphoma. Biol Blood Marrow Transplant, 2007, 13 (5): 594 ~ 600.

160 Thomson KJ, Peggs KS, Blundell E, et al. Comment in: Leuk Lymphoma, 2007 May, 48 (5): 847-8. A second autologous transplant may be efficacious in selected patients with Hodgkin's lymphoma relapsing after a previous autograft. Leuk Lymphoma, 2007, 48 (5): 881 ~ 884.

161 Sureda A. Autologous and allogeneic stem cell transplantation in Hodgkin's lymphoma. Hematol Oncol Clin North Am, 2007, 21 (5): 943 ~ 960.

162 Cashen AF, Bartlett NL. Therapy of relapsed Hodgkin lymphoma. Blood Rev, 2007, 21 (5): 233 ~ 243.

163 Seftel M, Rubinger M. The role of hematopoietic stem cell transplantation in advanced Hodgkin Lymphoma. Transfus Apher Sci, 2007, 37 (1): 49 ~ 56.

164 Krejci M, Hajek R, Buchler T, et al. Simple variables predict survival after autologous transplantation: a single centre experience in 181 multiple myeloma patients. Neoplasma, 2007, 54 (2): 143 ~ 148.

165 Stella-Holowiecka B, Czerw T, et al. Holowiecka-Goral A, et al. Beta-2-microglobulin level predicts outcome following autologous hematopoietic stem cell transplantation in patients with multiple myeloma. Transplant Proc, 2007, 39 (9): 2893 ~ 2897.

166 Dingli D, Pacheco JM, Dispenzieri A, et al. Serum M-spike and transplant outcome in patients with multiple myeloma. Cancer Sci, 2007, 98 (7): 1035 ~ 1040.

167 Qazilbash MH, Saliba RM, Ahmed B, et al. Deletion of the short arm of chromosome 1 (del 1p) is a strong predictor of poor outcome in myeloma patients undergoing an autotransplant. Biol Blood Marrow Transplant, 2007, 13 (9): 1066 ~ 1072.

168 Hundemer M, Klein U, Hose D, et al. Lack of CD56 expression on myeloma cells is not a marker for poor prognosis in patients treated by high-dose chemotherapy and is associated with translocation t (11, 14). Bone Marrow Transplant, 2007, 40 (11): 1033 ~ 1037.

169 Gutirrez NC, Castellanos MV, Martn ML, et al. Prognostic and biological implications of genetic abnormalities in multiple myeloma undergoing autologous stem cell transplantation: t (4, 14) is the most relevant adverse prognostic factor, whereas RB deletion as a unique abnormality is not associated with adverse prognosis. Leukemia, 2007, 21 (1): 143 ~ 150.

170 Dingli D, Pacheco JM, Nowakowski GS, et al. Relationship between depth of response and outcome in multiple myeloma. J Clin Oncol, 2007, 25 (31): 4933 ~ 4937.

171 Rosimol L, Oriol A, Mateos MV, et al. Phase Ⅱ PETHEMA trial of alternating bortezomib and dexamethasone as induction regimen before autologous stem-cell transplantation in younger patients with multiple myeloma: efficacy and clinical implications of tumor response kinetics. J Clin Oncol, 2007, 25 (28):

4452 ~ 4458.

172 Oakervee H, Popat R, Cavenagh JD. Use of bortezomib as induction therapy prior to stem cell transplantation in frontline treatment of multiple myeloma: impact on stem cell harvesting and engraftment. Leuk Lymphoma, 2007, 48 (10): 1910 ~ 1921.

173 Vogl DT, Liu SV, Chong EA, et al. Posttransplant outcomes of induction therapy for myeloma: thalidomide and dexamethasone versus doxorubicin, vincristine, and dexamethasone prior to high-dose melphalan with autologous stem cell support. Am J Hematol, 2007, 82 (12): 1071 ~ 1075.

174 Hiwase DK, Bollard G, Hiwase S, et al. Intermediate-dose CY and G-CSF more efficiently mobilizc adcquate numbers of PBSC for tandem autologous PBSC transplantation compared with low-dose CY in patients with multiple myeloma. Cytotherapy, 2007, 9 (6): 539 ~ 547.

175 Christoforidou AV, Saliba RM, Williams P, et al. Results of a retrospective single institution analysis of targeted skeletal radiotherapy with (166) Holmium-DOTMP as conditioning regimen for autologous stem cell transplant for patients with multiple myeloma. Impact on transplantoutcomes. Biol Blood Marrow Transplant, 2007, 13 (5): 543 ~ 549.

176 Imataki O, Aoyama T, Tamai Y, et al. [Comparison of regimen-related toxicity between high-dose melphalan and ICE as a preparatory regimen for autologous stem cell transplantation] [Article in Japanese] Gan To Kagaku Ryoho, 2007, 34 (10): 1633 ~ 1636.

177 Vela-Ojeda J, Garca-Ruiz-Esparza MA, Padilla-Gonzlez Y, et al. Autologous peripheral blood stem cell transplantation in multiple myeloma using oral versus I. V. melphalan. Ann Hematol, 2007, 86 (4): 277 ~ 282.

178 Benson DM Jr, Elder PJ, Lin TS, et al. High-dose melphalan versus busulfan, cyclophosphamide, and etoposide as preparative regimens for autologous stem cell transplantation in patients with multiple myeloma. Leuk Res, 2007, 31 (8): 1069 ~ 1075.

179 Carreras E, Rosimol L, Terol MJ, et al. Veno-occlusive disease of the liver after high-dose cytoreductive therapy with busulfan and melphalan for autologous blood stem cell transplantation in multiple myeloma patients. Biol Blood Marrow Transplant, 2007, 13 (12): 1448 ~ 1454.

180 Meehan KR, Wu J, Bengtson E, et al. Early recovery of aggressive cytotoxic cells and improved immune resurgence with post-transplant immunotherapy for multiple myeloma. Bone Marrow Transplant, 2007, 39 (11): 695 ~ 703.

181 Svane IM, Nikolajsen K, Johnsen HE. Antigen-specific T-cell immunity in multiple myeloma patients is restored following high-dose therapy: implications for timing of vaccination. Scand J Immunol, 2007, 66 (4): 465 ~ 475.

182 Corso A, Mangiacavalli S, Barbarano L, et al. Limited feasibility of double transplant in multiple myeloma: results of a multicenter study on 153 patients aged < 65 years. Cancer, 2007, 109 (11): 2273 ~ 2278.

183 Bruno B, Rotta M, Patriarca F, et al. Comment in: N Engl J Med. A comparison of allografting with autografting for newly diagnosed myeloma. N Engl J Med, 2007, 356 (11): 1110 ~ 1120.

184 Qazilbash MH, Saliba RM, Hosing C, et al. Autologous stem cell transplantation is safe and feasible in elderly patients with multiple myeloma. Bone Marrow Transplant, 2007, 39 (5): 279 ~ 283.

185 Bishton M, Gilyead M, Das Gupta E, et al. High dose melphalan or intermediate dose melphalan can be well tolerated and result in good response rates in selected elderly patients with

myeloma. Leuk Res, 2007, 31 (8): 1063 ~ 1068.

186 van de Velde HJ, Liu X, Chen G, et al. Complete response correlates with long-term survival and progression-free survival in high-dose therapy in multiple myeloma. Haematologica, 2007, 92 (10): 1399 ~ 1406.

187 Koreth J, Cutler CS, Djulbegovic B, et al. High-dose therapy with single autologous transplantation versus chemotherapy for newly diagnosed multiple myeloma: A systematic review and meta-analysis of randomized controlled trials. Biol Blood Marrow Transplant, 2007, 13 (2): 183 ~ 196.

188 Rodriguez AL, Tariman JD, Enecio T, et al. The role of high-dose chemotherapy supported by hematopoietic stem cell transplantation in patients with multiple myeloma: implications for nursing. Clin J Oncol Nurs, 2007, 11 (4): 579 ~ 589.

189 Mehta J, Singhal S. High-dose chemotherapy and autologous hematopoietic stem cell transplantation in myeloma patients under the age of 65 years. Bone Marrow Transplant, 2007, 40 (12): 1101 ~ 1114.

190 Harousseau JL. Role of stem cell transplantation. Hematol Oncol Clin North Am, 2007, 21 (6): 1157 ~ 1174, x.

191 Rajkumar SV, Palumbo A. Management of newly diagnosed myeloma. Hematol Oncol Clin North Am, 2007, 21 (6): 1141 ~ 1156, ix-x.

192 Pant S, Copelan EA. Hematopoietic stem cell transplantation in multiple myeloma. Biol Blood Marrow Transplant, 2007, 13: (8): 877 ~ 885.

193 Sirohi B, Powles R, Harousseau JL, et al. The evolving background for high-dose treatment for myeloma. Anderson KC. Bone Marrow Transplant, 2007, 40 (12): 1097 ~ 1100.

骨髓增殖性疾病诊断和治疗的新进展

邱　林

哈尔滨血液病肿瘤研究所　哈尔滨　150010

骨髓增殖性疾病（MPDs）是1951年由William Dameshek第一次提出的，包括慢性粒细胞白血病（CML），真性红细胞增多症（PV），原发性血小板增多症（ET），原发性骨髓纤维化（PMF）等。他认为，这些MPDs虽然状态不同，但都密切相关，都属于骨髓增殖性疾病，表现为骨髓细胞增生活跃的不同表现[1]。1974和1976年分别有学者通过体外红系自发集落形成和X染色体葡萄糖-6-磷酸脱氢酶（G-6-PDH）基因证明MPDs是由多能造血干、祖细胞克隆紊乱造成的[2,3]。自从2005年多个实验室利用不同的手段，同时发现JAK2V617F突变基因后[4~7]，人们对MPDs的研究产生极大兴趣，有关MPDs的发表论文从3百多篇增加到2千多篇。随着其他相关分子突变的发现，如JAK2外显子12突变和c-MPLW515L/K等，人们对MPDs的发病机制有了更深入的了解。同时，这些新的分子标记物的发现，进一步明确了MPDs的诊断，使世界卫生组织（WHO）简化并修正对于MPDs的诊断流程，也为MPDs的靶向治疗提供了一个令人兴奋和很可能富有成效地治疗靶点。本文仅就近年来有关BCR-ABL（-）MPDs的诊断和治疗的新进展作一介绍。

一、MPDs的诊断

1951年，William Dameshek将CML、PV、ET、PMF和红白血病（急性红白血病）都归入为MPDs[1]。若干年后，红白血病与其他4种经典的MPDs分离，被重新定义为急性成红细胞性白血病或其变异体[8]。2001年世界卫生组织（WHO）将慢性MPD（CMPDs）列为髓系造血细胞肿瘤中的一部分[9]，CMPDs包含4类：骨髓增殖性疾病（MPDs），慢性中性粒细胞性白血病（CNL）、慢性嗜酸细胞性白血病/嗜酸细胞过多综合征（CEL/HES）及未分级的CMPD[10]。2008版的WHO已对经典的BCR-ABL（-）的MPDs和CEL/HES进行了重新修订，将用骨髓增殖性肿瘤（MPN）代替CMPDs，而MPN现在的分类除了上述提到的范畴外，还包括肥大细胞病（MCD）[9]。

如前所述，MPDs是一种干细胞来源的克隆遗传性疾病，其表型的多样性是由于突变影响酪氨酸激酶蛋白或相关分子，产生不同的异常传导信号[12,13]。如JAK2V617F点突变，位于控制细胞生长及分化的关键途径，激活细胞生长及分化的 JAK-STAT 途径。这个突变加上酪氨酸激酶的活化，在一些血液肿瘤的形成上扮演了重要的角色；如 BCR-ABL 与 CML 的关系、FIP1L1-PDGFRA 与 CEL 及系统性肥大细胞增多症的关系、KITD816 与系统性肥大细胞增多症的关系等等。因此，对这些疾病的以形态学为基础的分类或诊断标准可被分子标记代替。2008 年修订的 WHO 文件将对 MPDs 的分类和诊断增添新的内容，增加了基因突变这一新兴诊断利器，并增添了经典 BCR-ABL（-）MPDs[14~15] 的分子病理机制。

1967 年 PV 研究组（PVSG）首次正式建立 PV 的诊断标准[26]。随后 PVSG 又发表了相似的 ET 诊断标准[27]。但是，PVSG 对 PV 和 ET 的“诊断”标准是公式化的、最基本的，也是用来排除其他原因引起的红细胞增多及血小板增多，并为进入临床试验的病人提供一个统一的标准。PVSG 标准的主要缺点是比骨髓形态学诊断的效果差，骨髓形态学诊断被 2001 年 WHO 的诊断标准所采纳[10]。

由于在几乎所有的 PV 病人[14~16,22~24]中均发现有 JAK2 突变（如 JAK2V617F 突变、JAK2 的 12 外显子突变）。因此，2008 年的 WHO 对 PV、ET 和 PMF 的诊断标准进行了重新修订[25]。JAK2V617F 是髓系肿瘤所特有的，未在其他原因引起的红细胞增多症中发现[26~28]，因此可以作为敏感的 PV 诊断标志[23]。但是，在 MPDs 中 JAK2V617F 并非是 PV 特有的，它同时也在大约 50% 的 ET[29,30]、PMF[31,32] 或 RARS-T[33] 病人中发现，而且也在少数其他髓系肿瘤中也有发现[34~36]，但却从未在淋系肿瘤中发现过[37]。因此，对 JAK2V617F 突变的筛查可以用来分辨 MPN，而且可以通过形态学辅助手段来排除反应性血小板增多或骨髓纤维化的可能性，完成对 ET 和 PMF 的诊断（表 1）。

表 1 2001 年与 2008 年 WHO 对原发性血小板增多症的诊断标准的比较

	原发性血小板增多症	
支持/阳性标准	目前标准（都是阳性标准，没有阴性标准）： 持续血小板≥600 ×10⁹/L ET 骨髓改变（伴随大量成熟形态的巨核特发性血小板增多症细胞增殖。无或少量粒系或红系增殖）	推荐的新标准（必须符合下列所有的标准）： 持续血小板≥450 ×10⁹/L ET 骨髓改变 克隆标志物 JAK2V617F 突变 或其他 MPD JAK2 突变
排除/阴性标准	不符合 WHO 对以下诊断的标准： PV PMF CML MDS 无其他反应性血小板增多的证据	不符合 WHO 对以下诊断的标准： PV PMF CML MDS 如果没有 JAK2V617F 突变 无其他反应性血小板增多的证据

目前，实验室对JAK2突变的检查并未强制作为PV诊断的标准，因为有少数病人既没有JAK2 12外显子突变，也没有14外显子的突变[16]。同样，JAK2V617F在ET或PMF诊断中的意义也不大，因为有大约一半的病人没有这种突变[29,31]。此外，目前JAK2突变筛选系统并未标准化，因此不能忽视由高敏感的等位基因特异性分析造成的假阳性和由于病人外周血中突变负荷低而造成的假阴性结果[23,38]。这些内容已经列入2008年WHO准备修订的文件中，而MPD的骨髓形态学诊断将作为ET、PMF和无JAK2突变的PV必需的诊断标准被列入其中，同时生物学相关的实验室和临床标记作为次要特异性诊断也被加入其中（表2）[25]。最后，有效的分子标记（JAK2V617F）和提高骨髓形态学的应用使得在诊断ET时对血小板阈值的要求从600×10^9/L下降到450×10^9/L，同时也使得PV在诊断时对血红蛋白阈值的要求低于WHO确定的标准，当血红蛋白水平持续高于基线20 g/L（2 g/dl）时可诊断为PV（表3）[39,40]。

表2 2001年与2008年WHO对原发性骨髓纤维化的诊断标准的比较

	原发性骨髓纤维化	
支持/阳性标准	目前标准： 前纤维化期： 早期PMF骨髓改变 外周血幼稚粒、红细胞/泪滴红细胞 轻度贫血和（或）脏器变大 轻度白细胞、血小板增多 纤维化期： 进展期PMF骨髓改变 外周血幼稚粒、红细胞/泪滴红细胞 明显贫血和（或）脏器变大 白细胞、血小板明显增多	推荐的新标准（符合所有主要标准，2个次要标准） 主要标准： PMF骨髓改变 克隆标志物 JAK2V617F突变 MPLW515L/K突变 或其他克隆标志物 次要标准： 外周血幼稚粒、红细胞 LDH增高 贫血 脾大
排除/阴性标准		主要标准： 不符合WHO对以下诊断的标准： PV PMF MDS 其他MPD 如果没有JAK2V617F突变 无其他反应性骨髓纤维化的证据

表3 2001年与2008年WHO对真性红细胞增多症的诊断标准的比较

<table>
<tr><th></th><th colspan="2">真性红细胞增多症</th></tr>
<tr><td>支持/阳性标准</td><td>目前标准：
A_1+A_2+1 个“A”或2个“B”标准
A_1：红细胞容量增加或>25%平均正常预计值
血红蛋白：185 g/L（18.5 g/dl）（男性）
165 g/L（16.5 g/dl）（女性）
A_2：无其他继发红细胞增多的因素
A_3：脾大
A_4：异常克隆，非BCR-ABL
A_5：体外自发性红系集落形成
B_1：血小板增多
B_2：白细胞增多
B_3：PV骨髓改变
B_4：血清促红素水平降低</td><td>推荐的新标准：两项主要标准加1项次要标准或第一项主要标准加2项次要标准
主要标准：血红蛋白>185 g/L（>18.5 g/dl）（男性）
血红蛋白>165 g/L（>16.5 g/dl）（女性）
或是红细胞容量增加
存在JAK2V617F突变
或其他MPD JAK2突变
次要标准：PV骨髓改变
血清促红素水平降低
体外自发性红系集落形成</td></tr>
<tr><td>排除/阴性标准</td><td>A_2：无其他继发红细胞增多的因素，包括：非家族性红细胞增多症
非下列情况引起的促红素水平最高：
低氧血症（动脉氧分压≤92%）
高氧合血红蛋白
促红素受体的减少
肿瘤引起的促红素分泌不正常</td><td></td></tr>
</table>

血红蛋白或血细胞比容的“增加”并不总是等同于红细胞总量的真正增加（真正的红细胞增多症），而真正的PV有时会被出现正常的血细胞比容所掩盖，这与血浆容量的增加，特别是出现标志性的脾大有关[41,42]。这正如3种BCR-ABL阴性的经典的MPNs（PV、ET和PMF）之间的差异并不总会出现在血红蛋白或血细胞比容上一样。过去，PVSG的拥护者在诊断PV时是通过测量红细胞总量（RCM）来解决上面提到的问题的[43]。但是，这种实践主要基于概念上的争论而不是系统的论证，因此2001年WHO的标准用强调形态学的价值来解决这一问题[44]。

JAK2突变与PV病人之间的关系的确立，结束了用测量RCM来区分PV和“继发”或“近似”红细胞增多症的时代[16,45,46]。因此，外周血JAK2V617F的筛选是目前首选的初筛实验用以对疑似PV的病人进行评价（图1）[47,48]。我们提倡同时检测血清中Epo的水平用来降低分子检测结果中的假阳性或假阴性，而且还可以识别JAK2V617F阴性的PV[16,38,49]。换言之，真正的PV既出现JAK2V617F阴性又表现正常或高的血清Epo水平的可能性极低[23]。另一方面，在JAKV617F阴性而血清Epo水平低于正常的病人中应对JAK2 12外显子进行突变筛查并做骨髓检查（图1）[16]。

由于JAK2V617F也在大约50%的ET或PMF[30]中发生，因此在ET（图2）或PMF（图3）的诊断中也应加入突变筛选；出现突变将排除反应性骨髓增生的可能性[38]，相反如果没有它，就不能排除MPN的可能性。因此，在ET和PMF的诊断中经常需要标志性的骨髓形态学检查[50]。

非经典的MPNs的诊断（CNL、HES、CEL-NOC、MCD和无法分类的MPN），大体上需要没有BCR-ABL、没有异常红系造血、没有粒细胞发育异常或单核细胞增多（$\geqslant 1 \times 10^9/L$）。CNL在诊断时需要考虑外周血粒细胞$\geqslant 25 \times 10^9/L$伴分叶核嗜中性白细胞或带状中性粒细胞>80%，未成熟粒细胞<10%及原始粒细胞<1%[44]。当怀疑是MCD时首先考虑用纤溶酶染色的骨髓检查，流式细胞术对骨髓中的肥大细胞进行检查，寻找表型异常的肥大细胞（CD_{25}^{+}），如果有条件应做KITD816V的突变筛选；这种方法可在骨髓中找出异常的肥大细胞，或在组织学出现疑问，即或出现KITD816V突变或者有异常肥大细胞时做出有效的诊断[45]。当MPN的临床表现与经典的或其他非经典的MPNs的诊断标准都不相符时可考虑为无法分类的MPN[9]。

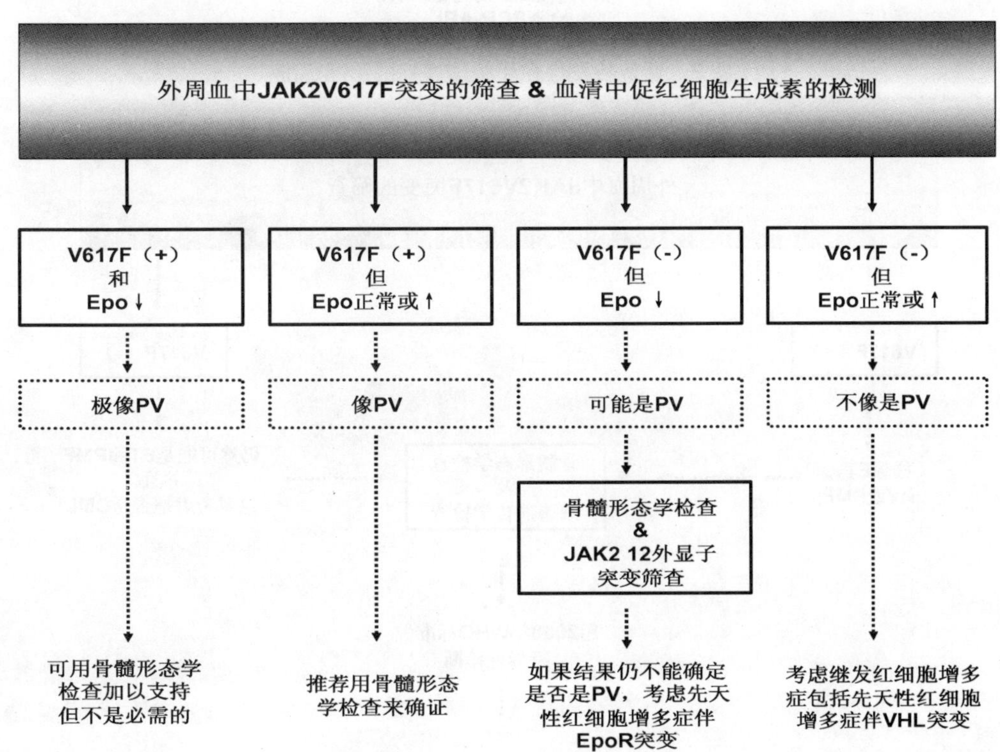

图1 疑似真性红细胞增多症的诊断标准

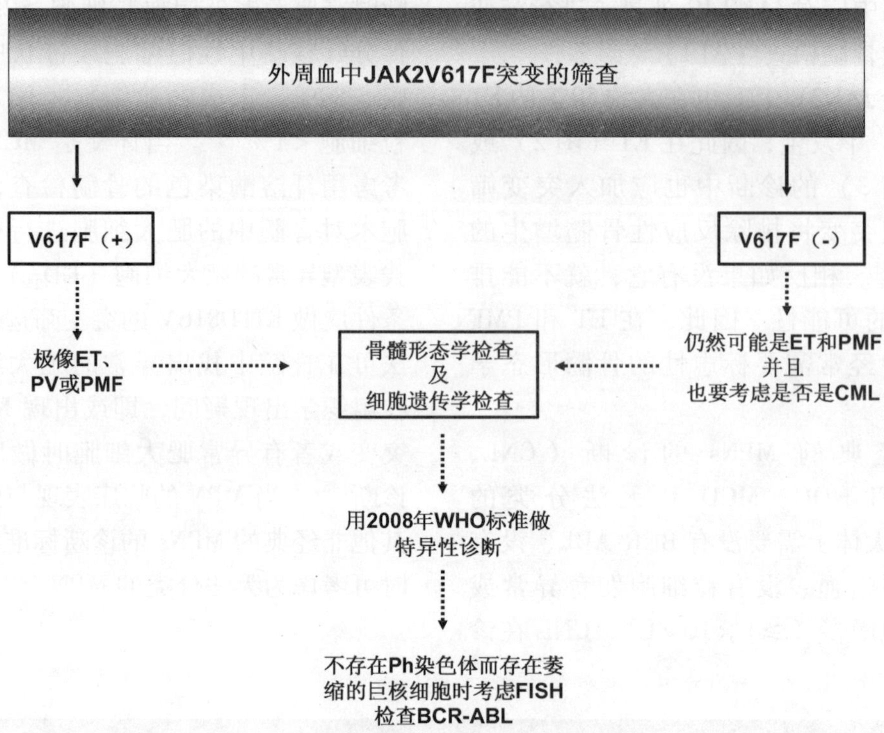

图2　疑似特发性血小板增多症的诊断标准

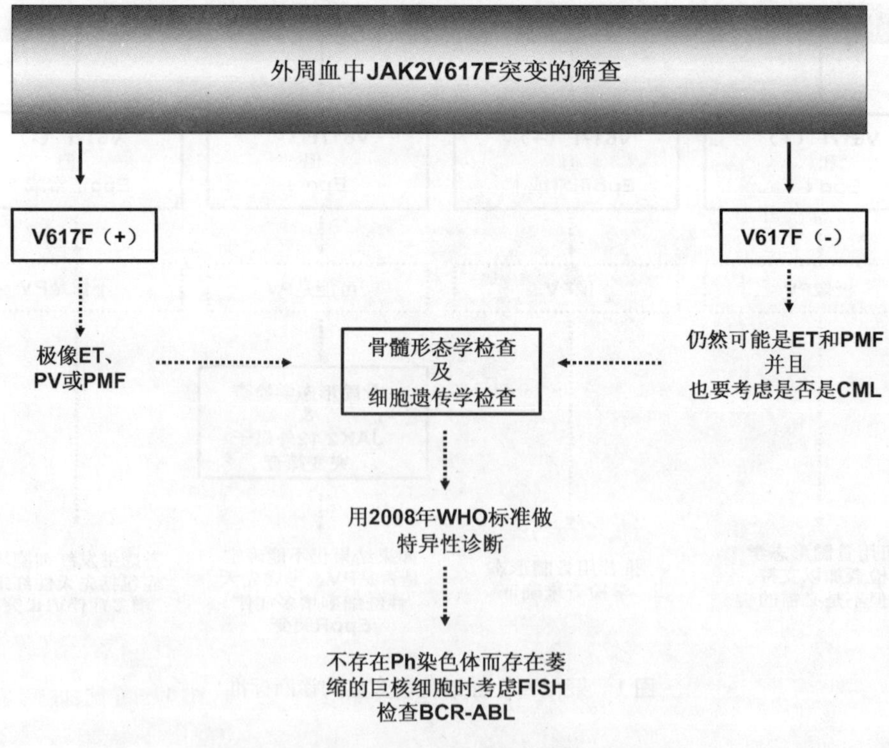

图3　疑似原发性骨髓纤维化的诊断标准

对遗传学分类及髓系肿瘤诊断的展望起始于1960年在CML中发现了费城(Ph)染色体[46]。从那时起，Ph染色体与BCR-ABL已经成为一种特异性的分子标记[47]，同时其他与突变有关的发病机制也已在其他经典或非经典的MPNs中被描述过，包括：PV、ET和PMF中的JAK2V617F[14,15,17,48]；PV中的JAK2 12外显子突变[18,19,21]；ET或PMF中的MPLW515L/K[30~32]；具有分子特异性标记的髓系肿瘤伴嗜曙红细胞增多中的PDGFRA、PDGFRB和FGFR1重排[49-51]；MCD中的KITD816V和其他KIT突变[52]；以及JMML中RAS途径突变，包括RAS、PTPN11或NF1[53~55]。这些髓系肿瘤中的分子病理学发现最终产生带有特异性分子标记的遗传学分类系统，为疾病的诊断和治疗提供帮助[56]。例如，对FIP1L1-PDGFRA的突变筛查（FISH或RT-PCR)、PDGFEB重排的检查（核型分析或FISH）或FGFR1易位的检查（核型分析）是原发性嗜曙红细胞增多症的精确分类及选择适当的治疗方案的重点，因而验证了BCR-ABL在CML中的例子[57]。

二、MPDs的治疗

（一）常规治疗

MPDs的自然发展过程中风险是不同的，从血管病变到重度骨髓纤维化及转化为白血病。目前的MPDs治疗主要是减轻症状，降低血管病变的风险，抑制细胞的过度增殖，但很难逆转MPDs的自然病程。瘙痒、红斑性肢痛病和疲劳是PV和ET的常见症状。可使用抗组胺类药物，选择性血清素再摄入抑制剂等治疗瘙痒，阿司匹林可治疗红斑性肢痛病，适当的运动可以缓解疲劳。促红细胞生成素（EPO)[58]、雄激素[59]和类固醇类药物可缓解PMF的贫血症状。羟基脲[60]和克拉屈滨（cladribine)[61]可用于减轻脾肿大带来的疼痛。治疗放血疗法仍为PV和ET的初始治疗手段，目标将Hct降至男性低于45%，女性低于42%。服用阿司匹林100 mg/d可明显地降低非致死性心肌梗死的发生，减少血栓并发症。推荐：①所有病人。均需控制血管事件危害因素如吸烟、高血压、高脂血症、肥胖等；②高危者，即既往有血栓形成史或年龄>60岁或血小板计数>1 500×10^9/L者，可用小剂量阿司匹林+羟基脲，阿那格雷（anagrelide）或α-干扰素作为二线治疗方案；③中危者，即年龄(40~60）岁，无高危因素者，可用小剂量阿司匹林。但有心血管危险因素如白细胞>15×10^9/L[62]，JAK2V617F等位基因高表达者，可考虑用细胞抑制剂[63]；④低危，年龄<40岁，无高危因素者，用小剂量阿司匹林。不耐受放血疗法或存在有症状的脾大是细胞抑制治疗的明确指征。羟基脲仍为降低高危ET和PV血小板的标准一线治疗药物。随机试验表明羟基脲有助于预防高危ET病人的血栓形成[64]。英国的医学研究委员会(MRC）原发性血小板增多症-1（PT-1）比较了羟基脲和阿那格雷（均联合小剂量阿司匹林）治疗ET的效果，发现羟基脲联合阿司匹林在预防动脉病变、出血和转化为post-ET MF等方面更为优越[65]。单用羟基脲的临床试验尚未发现羟基脲可加速MPD向白血病转化的病人[66]。聚乙二醇化干扰素-α2a比传统的干扰素显示出更高的活性，而且耐受性

更好，尤其对 PV 病人[67]。

（二）异基因造血干细胞移植

目前，除了异基因造血干细胞移植（Allo-HSCT）外，尚无根治性的治疗手段可以改变 MPD 的自然病程或延长病人的生存期。因此，定期的监测和观察尤为重要。观察可发现血管病变并及时治疗。观察最适合于低危 PMF 和得到控制的 ET 和 PV 病人。此外，观察可判断病人疾病发展到适合进行 Allo-HSCT 或参加临床试验的最佳时机。MPDs 病人如何选择 Allo-HSCT 以及它所起的作用还是个问题。在 MPD 病人中，Allo-HSCT 对于高危 PMF 病人最值得考虑。因为这些病人的生存期受疾病影响最大。近期文献报道 56 例 PMF（和 post-ET/PV）的 3 年生存率为 58%，而非复发死亡率为 32%[68]。PMF 病人 Allo-HSCT 的显著毒性引发了对低强度预处理试验的探索[69]。这些试验减少了非复发死亡率及增加了成功接受移植病人的年龄范围，结果令人鼓舞。然而，Allo-HSCT 仍有相当高的（至少 33%）移植物抗宿主病（GVHD），并且确切地疗效评估还依赖于病人的长期预后观察。

（三）靶向治疗（表4）

1. 非 JAK2 抑制剂免疫　调节性药物如沙利多胺对于 MPD，尤其是对 PMF 和 post-ET/PV MF 的治疗显示出良好的前景。文献报道，初始剂量 100 mg/d，然后 50 mg/d 联合逐渐减低剂量泼尼松治疗 PMF，其有效率分别为贫血（7%），血小板减少（75%）和脾肿大（33%）[70]，但未见其对骨髓的异常核型有任何影响。雷利多胺是第二代免疫调节性药物，一项研究表明，雷利多胺治疗 68 例 PMF 病人，对贫血、脾肿大和血小板减少的有效率分别为 22%、33% 和 50%，并且其中 4 例的骨髓组织学异常得到改善[71]。雷利多胺对于 5 号染色体异常的 PMF 病人具有更好的疗效[72]。

2. JAK2 抑制剂　目前，很多研究小组正在积极开发口服的 JAK2 激酶小分子抑制剂[73~76]。从广义上说，JAK2 抑制剂可分为两类，Ⅰ类为 JAK2 选择性的，Ⅱ类为 JAK2 非选择性的。Ⅰ类抑制剂在纳摩尔（nmol）浓度就可抑制野生型 JAK2 和突变型 JAK2 激酶活性[77]。由于 JAK2 信号对许多不同的细胞功能起作用，JAK2 缺陷可导致胚胎期死亡及红细胞生成不足[78]，抑制野生型的 JAK2 可能导致造血系统与非造血系统不良反应，包括剂量依赖性的血细胞减少。而且，JAK3 功能缺失突变与严重的联合免疫缺陷相关[79,80]，提示：任何无明显作用靶向的 JAK2 抑制剂将导致细胞介导免疫缺陷。因此，人们正在研发更有效的 JAK2V617F 特异性的抑制剂。Ⅱ类抑制剂并非是为 MPD 病人研制的，但研究发现其确实对 JAK2 激酶活性有明显的抑制作用。正在进行的Ⅰ期临床试验结果表明，新的 JAK2 选择性抑制剂对于高危的 MPD 病人毒性很大，尤其对于中危和高危的 PMF 病人，疾病相关死亡率明显增高，中位生存期只有 2~3 年[81,82]。目前，尽管有文献报道免疫调节药物对高危的 PMF 的疗效令人期待[71]，但尚无有效的治疗手段。与高危的 PMF 相反，接受常规治疗的 ET 和 PV 病人预期生存时间可达 20 年。因此，在 JAK2 抑制剂治疗高危 MPD 的安全性、耐受性得到确认之前，很难判断是否首先应用 JAK2 抑制剂治疗 ET 和 PV 病人。但是，已有骨髓纤维化或转化为白血病的高危 ET 和 PV 病人，使用 JAK2 抑制剂是可以接受的[83]。

尽管在临床前与临床研究中，JAK2 抑制剂对野生型的 JAK2 和 JAK3 都有抑制作用，但体外研究证实，JAK2V617F 阳性病人的造血集落生长对 JAK2 抑制作用的敏感性高于正常人，提示：转化后的造血细胞与正常的造血细胞相比更依赖于 JAK2 信号[73]。此结果与已经观察到的伊马替尼的治疗效果相似。伊马替尼有效的抑制野生型的 ABL、KIT、PDGFRA 和 PDGFRB，但对 BCR-ABL 阳性的造血祖细胞具有更强的选择性毒性作用。

随着 JAK2 抑制剂进入临床试验用于治疗 MPD，需要有一套包括临床表现，血液学指标，细胞遗传学指标分子生物学指标来评价治疗效果。定量检测 JAK2V617F 突变的表达量可以很容易的评价 JAK2 抑制剂的治疗疗效[84~86]或异基因造血干细胞移植后的疗效[87]。对于非 JAK2 突变的病人，可采用内源性红细胞集落生长和 X-染色体失活分析等方法检测。

虽然 JAK2 抑制剂可使 PV，ET 或 PMF 的病人临床症状得到缓解，但仍然有一部分病人产生对 JAK2 抑制剂的耐药。产生的原因可能与伊马替尼治疗 CML 发生耐药相似[88,89]。在体外试验中预测对 JAK2 抑制剂治疗产生耐药的机制[90]，并且找到对耐药等位基因敏感的分析方法，确定是否耐药克隆的存在与治疗有效性差相关是很重要的。在新的 JAK2 抑制剂研发中，抑制特定的耐药等位基因的策略已经用于设计第二代 ABL 抑制剂治疗对伊马替尼耐药的 CML[91~94]。

JAK2V617F 等位基因以及后续发现的 JAK2 外显子 12 突变与 MPLW515L/K 等位基因的发现，已经为 PV、ET 与 PMF 的遗传学基础提供了关键性的证据，但这些 MPD 的分子学发病机制仍然不清楚。如上所述，对于一些能够引起 JAK2 与 MPL 阴性 MPD 发生的激活突变还不清楚，并且能够与 JAK2V617F 发生作用的遗传性与获得性的等位基因，仍然需要去鉴定。JAK 外显子 12 突变[95]与在 AML（JAK2T875N 与 JAK2IREED）[96,97]中得到证实的激活的 JAK2 等位基因，它们在体内与体外的作用与 JAK2V617F 相似。不同的 JAK2 等位基因可能与不同的细胞因子受体相互作用，激活不同的信号通路，和（或）通过负反馈机制产生不同的影响；在体内与体外试验中需要阐明 JAK2V617F 与其他的激活的 JAK2 等位基因之间的区别。另一个重要的问题是关于 JAK2V617F 基因数量在信号系统与表现型之间的关系。体外实验没有最终显示是否野生型 JAK2 与 JAK2V617F 等位基因共同表达会改变信号系统和（或）JAK2V617F 激酶[98]的转化特征。尽管逆转录病毒模型可以在体内分析 JAK2V617F 表达的作用，但是他们不能提供适当的遗传背景去研究 JAK2V617F 基因数量的重要性。接下来的研究通过更加精确的遗传学模型，能够描述 JAK2V617F 杂合子与纯合子在信号系统与表型上的差别。JAK2V617F 等位基因在髓系 3 个不同的病症中的作用还不清楚，而且对不同的激活的酪氨酸激酶（比如，BCR-ABL 与 FIP1L1 - PDGFrA）

引起不同的 MPD，还需要进一步的阐述。

另外，对于 JAK2/MPL 突变在 MPDs 相关并发症，包括血栓形成与进展为骨髓纤维化中的作用，还没有完全清楚。在 PV、ET 和 PMF 中，血栓形成的病因学可能为多因素共同作用的结果，并且血细胞比容和（或）血液粘滞性的增加，血小板增多与其他因素可能对这 3 种疾病动静脉血栓形成起作用。但是，最近的研究表明，白细胞数量增加为 PV 与 ET 血栓形成的一个主要危险因素[99,100]。而且，伴有 JAK2V617F 突变的 ET 病人粒细胞高表达表面激活的标记，而且增加的粒细胞和（或）血小板聚集物提示：JAK2V617F 调节的粒细胞激活可能与 PV 与 ET 病人血栓形成相关。关于骨髓纤维化，鼠 BMT 分析结果提示：JAK2V617F 或者 MPLW515L 表达导致网硬蛋白纤维组织炎[101~103]，表明：Jak - Stat 激活对骨髓纤维化的发病起作用。需要进行额外的研究去确定是否恶性克隆通过细胞自主地或非自主的机制诱导血栓形成与发生骨髓纤维化，以及是否存在另外的遗传修饰子影响 MPD 病人血栓形成或纤维化形成。

通过对 JAK2V617F 等位基因的研究，人们对 PV、ET 和 PMF 的发病机制有了新的认识，但对于 JAK2V617F 阴性 MPD 的发病机制尚不了解。因此，对 MPD 的分子遗传学研究是目前与以后工作的重点，包括监控 Jak 信号分子，在 JAK2 阴性与 MPL 阴性的 MPD 病人中去证实突变体等位基因，以及通过染色体组的研究证实遗传的和（或）后天获得性因素与 JAK2V617F 之间的关系等，以此揭示更精确的 MPD 分子遗传学模型。最终目的是研发特异、有效的 JAK2 抑制剂，使 MPD 的治疗成为继伊马替尼之后又一个里程碑式的革命。

表 4　BCR-ABL（-）MPDs 的靶向治疗药物

抑制剂	疾病	靶向	临床试验（期）	途径
JAK2-选择性				
INCB018424	PMF	JAK2	Ⅰ/Ⅱ	口服
XL019	PMF	JAK2	Ⅰ	口服
TG101348	PMF	JAK2	Ⅰ/Ⅱ	口服
TG 101209	PMF/ post-ET/PV	JAK2	Ⅱ	口服
Erlotinib	PMF/post-ET/PV	JAK2	Ⅱ	口服
JAK2-非选择性				
聚乙二醇干扰素-2	PV/ET	免疫调节药物	Ⅱ	SQ
雷利多胺	PMF/post-ET/PV	免疫调节药物	Ⅱ	口服
MK 0457	难治/复发血液病	极光激酶	Ⅰ/Ⅱ	静点
CEP-701	PMF/post-ET/PV	FLT3-JAK2	Ⅰ/Ⅱ	口服
AT9283	AL/CML/MDS/PMF	极光激酶	Ⅰ/Ⅱ	静点

参考文献

1 Dameshek W. Some speculations on the myeloproliferative syndromes. Blood, 1951, 6:372~375.

2 Adamson JW, Fialkow PJ, Steinmann L, et al. Polycythemia vera: Stem-cell and probable clonal origin of the disease. N Engl J Med, 1976, 295:913~916.

3 Jacobson RJ, Salo A, Fialkow PJ. Agnogenic myeloid metaplasia: A clonal proliferation of hematopoietic stem cells with secondary myelofibrosis. Blood, 1978, 51:189~194.

4 Levine RL, Wadleigh M, Huntly BJ, et al. Activating mutation in the tyrosine kinase JAK2 in polycythemia vera, essential thrombocythemia, and myeloid metaplasia with myelofibrosis. Cancer Cell, 2005, 7:387~397.

5 James C, Ugo V, Lacout C, et al. A unique clonal JAK2 mutation leading to constitutive signalling causes polycythaemia vera. Nature, 2005, 434:1144~1148.

6 Kralovics R, Passamonti F, Passweg JR, et al. A gain-of-function mutation of JAK2 in myeloproliferative disorders. N Engl J Med, 2005, 352:1779~1790.

7 Baxter EJ, Scott LM, Swanton S, et al. Acquired mutation of the tyrosine kinase JAK2 in human myeloproliferative disorders. Lancet, 2005, 365:1054~1061.

8 Vardiman JW, Harris NL, Brunning RD. The World Health Organization (WHO) classification of the myeloid neoplasms. Blood, 2002, 100:2292~2302.

9 Jaffe ES, Harris NL, Stein H, Vardiman JW. World Health Organization Classification of Tumours of Hematopoietic and Lymphoid Tissues. IARC Press: Lyon, France, 2001. 1~351.

10 Vardiman JW, Brunning RD, Harris NL. WHO histological classification of chronic myeloproliferative diseases. In: Jaffe ES, Harris NL, Stein H, Vardiman JW (eds). World Health Organization Classification of Tumors: Tumours of the Haematopoietic and Lymphoid Tissues. International Agency for Research on Cancer (IARC) Press: Lyon, France, 2001, 17~44.

11 Fialkow PJ. Cell lineages in hematopoietic neoplasia studied with glucose-6-phosphate dehydrogenase cell markers. J Cell Physiol Suppl, 1982, 1:37~43.

12 Tefferi A, Gilliland DG. Oncogenes in myeloproliferative disorders. Cell Cycle, 2007, 6:550~566.

13 De Keersmaecker K, Cools J. Chronic myeloproliferative disorders: a tyrosine kinase tale. Leukemia, 2006, 20:200~205.

14 Baxter EJ, Scott LM, Swanton S, et al. Acquired mutation of the tyrosine kinase JAK2 in human myeloproliferative disorders. Lancet, 2005, 365:1054~1061.

15 Levine RL, Wadleigh M, Huntly BJ, et al. Activating mutation in the tyrosine kinase JAK2 in polycythemia vera, essential thrombocythemia, and myeloid metaplasia with myelofibrosis. Cancer Cell, 2005, 7:387~397.

16 Kralovics R, Passamonti F, Passweg JR, et al. A gain-of-function mutation of JAK2 in myeloproliferative disorders. N Engl J Med, 2005, 352:1779~1790.

17 James C, Ugo V, Le Lacout C, et al. A unique clonal JAK2 mutation leading to constitutive signalling causes polycythaemia vera. Nature, 2005, 434:1144~1148.

18 Scott LM, Tong W, Stratton MR, et al. JAK2 exon 12 mutations in polycythemia vera and idiopathic erythrocytosis. N Engl J Med, 2007, 356:459~468.

19 Pardanani A, Lasho TL, Tefferi A, et al. Prevalence and clinicopathologic correlates of JAK2 exon 12 mutations in JAK2V617F-negative polycythemia vera. Leukemia, 2007, 21:1960~1963.

20 Wasserman LR. The treatment of polycythemia. A panel discussion. Blood, 1968, 32:

483 ~ 487.

21 Murphy S, Iland H, Rosenthal D, Laszlo J. Essential thrombocythemia: an interim report from the Polycythemia Vera Study Group. Semin Hematol, 1986, 23 : 177 ~ 182.

22 Wong CL, Ma ES, Ma SY, et al. JAK2 V617F due to a novel TG-CT mutation at nucleotides 1848 - 1849: diagnostic implication. Leukemia, 2007, 21 : 1344 ~ 1346.

23 Tefferi A, Strand JJ, Gangat N, et al. Bone marrow JAK2V617F allele burden and clinical correlates in polycythemia vera. Leukemia, 2007, 21 : 2074 ~ 2075.

24 Tefferi A. JAK2 mutations in myeloproliferative disorders molecular mechanisms and clinical applications. N Engl J Med, 2007, 356 : 444 ~ 445.

25 Tefferi A, Thiele J, Hanson CA, et al. Proposals and rationale for revision of the World Health Organization diagnostic criteria for polycythemia vera, essential thrombocythemia, and primary myelofibrosis: recommendations from an ad hoc international expert panel. Blood, 2007, 110 : 1092 ~ 1097.

26 Melzner I, Weniger MA, Menz CK, et al. Absence of the JAK2 V617F activating mutation in classical Hodgkin lymphoma and primary mediastinal B-cell lymphoma. Leukemia, 2006, 20 : 157 ~ 158.

27 McClure RF, Hoyer JD, Mai M. The JAK2 V617F mutation is absent in patients with erythrocytosis due to high oxygen affinity hemoglobin variants. Hemoglobin, 2006, 30 : 487 ~ 489.

28 Tefferi A, Sirhan S, Lasho TL, et al. Concomitant neutrophil JAK2 mutation screening and PRV-1 expression analysis in myeloproliferative disorders and secondary polycythaemia. Br J Haematol, 2005, 131 : 166 ~ 171.

29 Antonioli E, Guglielmelli P, Ponziani V, et al. Clinical implications of the JAK2 V617F mutation in essential thrombocythemia. Leukemia, 2005, 19 : 1847 ~ 1849.

30 Campbell PJ, Scott LM, Marsden JT, et al. Definition of subtypes of essential thrombocythaemia and relation to polycythaemia vera based on JAK2 V617F mutation status: a prospective study. Lancet, 2005, 366 : 1945 ~ 1953.

31 Tefferi A, Lasho TL, Li CY, et al. The JAK2 tyrosine kinase mutation in myelofibrosis with myeloid metaplasia: lineage specificity and clinical correlates. Br J Haematol, 2005, 131 : 320 ~ 328.

32 Campbell PJ, Griesshammer M, Hasselbalch HC, et al. V617F mutation in JAK2 is associated with poorer survival in idiopathic myelofibrosis. Blood, 2006, 107 : 2098 ~ 2100.

33 Szpurka H, Tiu R, Theil KS, et al. Refractory anemia with ringed sideroblasts associated with marked thrombocytosis (RARS-T), another myeloproliferative condition characterized by JAK2 V617F mutation. Blood, 2006, 108 : 2173 ~ 2181.

34 Zecca M, Bergamaschi G, De Filippi P, et al. JAK2 V617F mutation is a rare event in juvenile myelomonocytic leukemia. Leukemia, 2007, 21 : 367 ~ 369.

35 Kremer M, Horn T, Fend F, et al. The JAK2 V617F mutation occurs frequently in myelodysplastic/myeloproliferative diseases, but is absent in true myelodysplastic syndromes with fibrosis. Leukemia, 2006, 20 : 1315 ~ 1316.

36 Nishii K, Nanbu R, Ryuu H, et al. Expression of the JAK2 V617F mutation is not found in de novo AML and MDS but is detected in MDS-derived leukemia of megakaryoblastic nature. Leukemia, 2007, 21 : 1337 ~ 1338.

37 Levine RL, Loriaux M, Stoffregen E, et al. The JAK2V617F activating mutation occurs in chronic myelomonocytic leukemia and acute myeloid leukemia, but not in acute lymphoblastic leukemia or chronic lymphocytic leukemia. Blood, 2005, 106 : 3377 ~ 3379.

38 Lengfelder E, Hochhaus A, Jahn-Eder M, et al. Should a platelet limit of 600 × 109/L be used as a diagnostic criterion in essential thrombocythaemia? An analysis of the natural course including early stages. Br J Haematol, 1998, 100 : 15 ~ 23.

39 Thiele J, Kvasnicka HM, Diehl V, et al. The value of bone marrow histology in differentiating between early stage Polycythemia vera and secondary (reactive) Polycythemias. Haematologica, 2001, 86 : 368 ~ 374.

40 Pearson TC. Apparent polycythaemia. Blood Rev, 1991, 5 : 205 ~ 213.

41 Lamy T, Devillers A, Drenou B, et al. Inapparent polycythemia veraFan unrecognized diagnosis. Am J Med, 1997, 102 : 14 ~ 20.

42 Berlin NI. Diagnosis and classification of the polycythemias. Sem Hematol, 1975, 12 : 339 ~ 351.

43 Fairbanks VF. Myeloproliferative disease: polycythemia vera: the packed cell volume and the curious logic of the red cell mass. Hematology, 2000, 4 : 381 ~ 395.

44 Sirhan S, Fairbanks VF, Tefferi A. Red cell mass and plasma volume measurements in polycythemia. Cancer, 2005, 104 : 213 ~ 215.

45 Lippert E, Boissinot M, Praloran V, et al. The JAK2-V617F mutation is frequently present at diagnosis in patients with essential thrombocythemia and polycythemia vera. Blood, 2006, 108 : 1865 ~ 1867.

46 Tefferi A, Gilliland DG. The JAK2V617F tyrosine kinase mutation in myeloproliferative disorders: status report and immediate implications for disease classification and diagnosis. Mayo Clin Proc, 2005, 80 : 947 ~ 958.

47 Gattenlohner S, Peter C, Muller-Hermelink HK, et al. Detecting the JAK2 V617F mutation in fresh and 'historic' blood and bone marrow. Leukemia, 2007, 21 : 1559 ~ 1602.

48 Hermouet S, Dobo I, Perrault-Hu F, et al. Comparison of whole blood vs purified blood granulocytes for the detection and quantitation of JAK2 (V617F). Leukemia, 2007, 21 : 1128 ~ 1130.

49 Mossuz P, Girodon F, Boiret N, et al. Diagnostic value of serum erythropoietin level in patients with absolute erythrocytosis. Haematologica, 2004, 89 : 1194 ~ 1198.

50 Thiele J, Kvasnicka HM. Hematopathologic findings in chronic idiopathic myelofibrosis. Semin Oncol, 2005, 32 : 380 ~ 394.

51 Elliott MA, Hanson CA, Tefferi A, et al. WHO-defined chronic neutrophilic leukemia: a long-term analysis of 12 cases and a critical review of the literature. Leukemia, 2005, 19 : 313 ~ 317.

52 Tefferi A, Pardanani A. Systemic mastocytosis: current concepts and treatment advances. Curr Hematol Rep, 2004, 3 : 197 ~ 202.

53 Nowell PC, Hungerford DA. Chromosome studies on normal and leukemic human leukocytes. J Natl Cancer Inst, 1960, 25 : 85 ~ 109.

54 Groffen J, Stephenson JR, Grosveld G, et al. Philadelphia chromosomal breakpoints are clustered within a limited region, bcr, on chromosome 22. Cell, 1984, 36 : 93 ~ 99.

55 Cools J, DeAngelo DJ, Cortes J, et al. A tyrosine kinase created by fusion of the PDGFRA and FIP1L1 genes as a therapeutic target of imatinib in idiopathic hypereosinophilic syndrome. N Engl J Med, 2003, 348 : 1201 ~ 1214.

56 Pardanani A, Brockman SR, Lasho TL, et al. FIP1L1-PDGFRA fusion: prevalence and clinicopathologic correlates in 89 consecutive patients with moderate to severe eosinophilia. Blood, 2004, 104 : 3038 ~ 3045.

57 Golub TR, Barker GF, Gilliland DG, et al. Fusion of PDGF receptor beta to a novel ets-like gene, tel, in chronic myelomonocytic leukemia with t (5, 12) chromosomal translocation. Cell, 1994, 77 : 307 ~ 316.

58 Cervantes F, Alvarez Larran A, Montserrat E, et al. Erythroietin treatment of the anaemia of myelofibrosis with myeloid metaplasia: results in 20 patients and review of the literature. Br J haematol,

2004, 127:399~403.

59 Cervantew F, Hernandez-Boluda JC, Montserrat E, et al. Danazol treatment of idiopathic myelofibrosis with severe anemia. Haematologica, 2000, 85: 595~599.

60 Lofvenberg E, Wahlin A, Ost A, et al. Reversal of myelofibrosis by hydroxyurea. Eur J Haematol, 1990, 44, 33~38.

61 Faoro LN, TefferiA, Mesa RA. Long-term analysis of the palliative benefit of 2-chlorodeoxyadenosine for myelofibrosis with myeloid metaplasia. Eur J Haematol, 2005, 74:117~120.

62 Landolfi R, Di Gennaro L, Barbui T, et al. Leukocytosis as a major thrombotic risk factor in patients with polycythemia vera. Blood, 2007, 109: 2446~2452.

63 Vannucchi AM, Antonioli E, Guglielmelli P, et al. Clincal profile of homozygous JAK2 716 > F mutation in patients with polythemia vera or essential thrombocythemia. Blood, 2007, 110: 840~846.

64 Certelazzo S, Finazzi G, Ruggeri M, et al. Hydroxyurea for patients with essential throbomcythemia and a high risk of thrombosis. N Engl J Med, 1995, 332:1132~1136.

65 Harrison CN, campbell PJ, Buck G, et al. Hydroxyurea compared with anagrelide in a high risk of essential thrombocythemia. N Engl J Med, 2005, 353:33~45.

66 Finazzi G, Caruso V, Marchioli R, et al. Acute leukemia in polycythemia vera: an analysis of 1638 patients enrolled in a prospective observational study. Blood, 2005, 105:2664~2670.

67 Kiladjian JJ, Cassinat B, Turlure P, et al. High molecular response rate of polycythemia vera patients treated with pegylated interferon alpha-2a. Blood, 2006, 108:2037~2040.

68 Deeg HJ, Gooley TA, Flowers ME, et al. Allogeneic hematopoietic stem cell transplantation for myelofibrosis. Blood, 2003, 102:3912~3918.

69 Rondelli, Barosi G, Bacigalupo A, et al. Allogeneic hematopoietic stem cell transplantation with reduced intensity conditioning in intermediate or high risk patients with myelofibrosis with myeloid metaplasia. Blood, 2005, 105:4115~4119.

70 Mesa RA, Steensma DP, Pardanani A, et al. A phase 2 trial of combination low-dose thalidomide and prednisone for the treatment of myelofibrosis with myeloid metaplasia. Blood, 2003, 101:2534~2541.

71 Tefferi A, Cortes J, Verstovsek S, et al. Lenalidomide therapy in myelofibrosis with myeloid metaplasia. Blood, 2006, 108:1158~1164.

72 Tefferi A, Lasho TL, Hanson CA, et al. Lenalidomide therapy in del (5) (q31) -associated myelofibrosi: cytogenetic and JAK2V617F molecular remissions. Leukemia, 2007, 21:1827~1828.

73 Pardanani A, et al. TG101209, a small molecule JAK2-selective kinase inhibitor potently inhibits myeloproliferative disorder-associated JAK2V617F and MPLW515L/K mutations. Leukemia, 2007, 21: 1658~1668.

74 Dobrzanski P, et al. CEP 701 Is a JAK2 inhibitor which attenuates JAK2/STAT5 signaling pathway and the proliferation of primary cells from patients with myeloproliferative disorders. Blood, 2006, 108:3594 (abstract).

75 Geron I, et al. Inhibition of JAK2 V617F-induced erythroid skewing of hematopoietic stem cell differentiation with a selective JAK2 antagonist. Blood, 2006, 108:3616 (abstract).

76 Gourley ES, et al. Discovery and characterization of small molecule inhibitors of JAK2. American Association for Cancer Research Proceedings, 2007, 2387 (abstract).

77 Hood J, Cao J, Hanna E, McPherson A, et al. JAK2 inhibitors for the treatment of myeloproliferative disorders. Blood, 2006, 108.

78 Parganas E, et al. Jak2 is essential for signaling through a variety of cytokine receptors. Cell, 1998, 93:385~395.

79 Russell SM, et al. Mutation of Jak3 in a patient

with SCID: essential role of Jak3 in lymphoid development. Science, 1995, 270:797~800.

80 Macchi P, et al. Mutations of Jak-3 gene in patients with autosomal severe combined immune deficiency (SCID). Nature, 1995, 377:65~68.

81 Elliott MA, Verstovsek S, Li CY, et al. Monocytosis is an adverse prognostic factor for survival in younger patients with primary myelofibrosis. Leuk Res, 2007, doi: 10.1016/j. leukres, 2006, 12.025.

82 Dupriez B, Morel P, Demory JL, et al. Prognostic factors in agnogenic myeloid metaplasia: a report on 195 cases with a new scoring system. Blood. 1996, 88:1013~1018.

83 Tefferi A, Gangat N, Wolanskyj AP, et al. Choosing the right patients for clinical trials in essential thrombocythemia or polycythemia vera: leukemic or fibrotic transformation risk assessment among 1061 patients from a single institution. Blood, 2007, (ASH Annual Meeting Abstracts), submitted.

84 Samuelsson J, et al. Limited effects on JAK2 mutational status after pegylated interferon a-2b therapy in polycythemia vera and essential thrombocythemia. Haematologica, 2006, 91:1281~1282.

85 Kiladjian JJ, et al. High molecular response rate of polycythemia vera patients treated with pegylated interferon α-2a. Blood, 2006, 108:2037~2040.

86 Jones AV, et al. Minimal molecular response in polycythemia vera patients treated with imatinib or interferon α. Blood, 2006, 107:3339~3341.

87 Ruiz-Arguelles GJ, et al. Clearance of the Janus kinase 2 (JAK2) V617F mutation after allogeneic stem cell transplantation in a patient with myelofibrosis with myeloid metaplasia. Am J Hematol, 2006, 82:400~402.

88 Gorre ME, et al. Clinical resistance to STI-571 cancer therapy caused by BCR-ABL gene mutation or amplification. Science, 2001, 293:876~880.

89 Shah NP, et al. Multiple BCR-ABL kinase domain mutations confer polyclonal resistance to the tyrosine kinase inhibitor imatinib (STI571) in chronic phase and blast crisis chronic myeloid leukemia. Cancer Cell, 2002, 2:117~125.

90 Azam M, Latek RR, Daley GQ. Mechanisms of autoinhibition and STI? 571/imatinib resistance revealedby mutagenesis of BCR-ABL. Cell, 2003, 112, 831~843.

91 Shah NP, et al. Overriding imatinib resistance with a novel ABL kinase inhibitor. Science, 2004, 305:399~401.

92 Talpaz M, et al. Dasatinib in imatinib-resistant Philadelphia chromosome-positive leukemias. N Engl J Med, 2006, 354:2531~2541.

93 Kantarjian H, et al. Nilotinib in imatinib-resistant CML and Philadelphia chromosome-positive ALL. N Engl J Med, 2006, 354:2542~2551.

94 Weisberg E, et al. Characterization of AMN107, a selective inhibitor of wild-type and mutant Bcr-Abl. Cancer Cell, 2005, 7:129~141.

95 Scott LM, et al. JAK2 exon 12 mutations in polycythemia vera and idiopathic erythrocytosis. N Engl J Med, 2007, 356:459~468.

96 Mercher T, et al. JAK2T875N is a novel activating mutation that results in myeloproliferative disease with features of megakaryoblastic leukemia in a murine bone marrow transplantation model. Blood, 2006, 108:2770~2779.

97 Malinge S, et al. Novel activating JAK2 mutation in a patient with Down syndrome and B? cell precursor acute lymphoblastic leukemia. Blood, 2007, 109:2202~2204.

98 James C, et al. A unique clonal JAK2 mutation leading to constitutive signalling causes polycythaemia vera. Nature, 2005, 434:1144~1148.

99 Landolfi R, et al., Leukocytosis as a major thrombotic risk factor in patients with polycythemia vera. Blood, 2007, 109:2446~2452.

100 Carobbio A, et al. Leukocytosis is a risk factor for thrombosis in essential thrombocythemia: interaction with treatment, standard risk factors, and Jak2 mutation status. Blood, 2007, 109:2310~2313.

101 Wernig G, et al. Expression of Jak2V617F causes a polycythemia vera-like disease with associated myelofibrosis in a murine bone marrow transplant model. Blood, 2006, 107:4274~4281.

102 Lacout C, et al. JAK2V617F expression in murine hematopoietic cells leads to MPD mimicking human PV with secondary myelofibrosis. Blood, 2006, 108:1652~1660.

103 Pikman Y, et al. MPLW515L is a novel somatic activating mutation in myelofibrosis with myeloid metaplasia. PLoS Med, 2006, 3:e270.

解读美国 NCCN 非霍奇金淋巴瘤治疗指南 2008 年第二版

石远凯

中国医学科学院肿瘤研究所肿瘤医院内科　北京　100021

美国国家癌症综合网（national comprehensive cancer network，NCCN）制定的2008 年第二版非霍奇金淋巴瘤（non-Hodgkin's lymphoma，NHL）治疗指南已经发表，本文就其中的重点问题做简要介绍。今年的 NCCN 指南使用的仍然是世界卫生组织（world health organization，WHO）2001 年版的造血和淋巴组织肿瘤分类，制定了欧美临床最常见的几种类型 NHL 的治疗指南。在 B 细胞来源的淋巴瘤中，按照肿瘤的侵袭程度，分为惰性、侵袭性和高度侵袭性三大类，其中惰性淋巴瘤的指南包括慢性淋巴细胞白血病（chronic lymphocyte leukemia，CLL）/小淋巴细胞淋巴瘤（small lymphocyte lymphoma，SLL）、滤泡淋巴瘤（follicular lymphoma，FL）、边缘区淋巴瘤（marginal zone lymphoma，MZL），后者包括胃粘膜相关组织淋巴瘤、非胃粘膜相关组织淋巴瘤、结内边缘区淋巴瘤和脾边缘区淋巴瘤；侵袭性淋巴瘤包括弥漫大 B 细胞淋巴瘤（diffuse large B-cell lymphoma，DLBCL）和套细胞淋巴瘤（mantel cell lymphoma，MCL）；高度侵袭性淋巴瘤包括伯基特淋巴瘤、淋巴母细胞淋巴瘤和艾滋病相关的 B 细胞淋巴瘤。在 T 细胞淋巴瘤的治疗指南中，有外周 T 细胞淋巴瘤（peripheral T cell lymphoma，PTCL）和蕈样霉菌病/Sezary。

一、诊断

2008 年的 NCCN 指南再次强调，明确的病理诊断和分型是选择治疗方案的前提条件。为了能够进行明确的病理诊断，必须取得足够的肿瘤组织，所以淋巴结完整切除和在无法完整切除情况下的部分切除被推荐用于建立 NHL 的病理诊断。细针穿刺（fine needle aspiration，FNA）虽然可以用于复发病人的诊断，但是由于获得的组织有限，有时甚至可能会误导治疗，所以不能用于淋巴瘤的最初诊断。粗针穿刺活检（core needle biopsy，CNB）不被推荐，除非临床情况提示这是获取供诊断用组织的惟一安全方法，此时最好能进行多点 CNB。在形态学检查的基础上，结合石蜡切片的免疫组织化学和流式细胞术检测细胞表面标志以及适当的细胞遗传学检测，可能会提供更充足的信息帮助诊断，特别是对于 CLL 以及其他类型淋巴瘤的白血病期，如 FL 或 MCL。基因表达谱分析可以鉴别肿瘤的组织来源，免疫表型是现代淋巴瘤诊断的关键，这一切的基础是满意的病变组织活检。

二、疗前检查和疗效评估

1. 骨髓活检　除了常规检查外，NHL 病人疗前都应该进行骨髓活检或穿刺，以明确是否存在骨髓受侵。

2. 肝炎病毒检测　由于在利妥昔单抗联合化疗后有乙型肝炎病毒被激活的报告，最迟可以在结束治疗 1 年后发生，甚至在单独化疗的病人也可以有肝炎病毒的激活，所以 2008 年的 NCCN 指南增加了疗前检测肝炎病毒的要求，包括乙型肝炎病毒的表面抗原/抗体和核心抗原/抗体的检测，而对丙型肝炎指标的检测只要求在高危个体进行。我国是肝炎的高发地区，人口的 10% 是肝炎病毒的携带者，化疗前检测肝炎病毒已经成为常规，并且在这类病人的免疫化疗和单独化疗方面积累了一定的经验。如果病情需要必须进行化疗或者使用利妥昔单抗，则应该在化疗或免疫化疗前进行预防性的抗病毒治疗，使乙型肝炎病毒的拷贝数量降到安全范围以下，这样可以减少乙型肝炎病毒被激活的风险。对于携带肝炎病毒的病人，治疗过程中应该避免使用肾上腺激素。

3. 正电子发射断层扫描　正电子发射断层扫描（positron emission tomography，PET）是近年来新兴的检查技术，我国也有一些单位拥有了 PET 或 PET/CT，并积累了初步的经验。PET 或 PET/CT 已经逐步应用在包括淋巴瘤在内的多种恶性肿瘤的诊断和疗效评价。对于 PET，尤其是 PET/CT，目前已达成以下共识：治疗结束至少应休息 3 周以上再进行 PET 或 PET/CT 检查，化疗后最好休息 6～8 周，放疗后休息 8～12 周；如果残存肿块最大直径达到 2 cm，应以纵隔血池的摄取活性作为参考值；对于直径≤1 cm 的残存结节或淋巴结，如果摄取活性超过周围组织即可判断为阳性。

PET 或 PET/CT 扫描对 DLBCL 和霍奇金淋巴瘤（Hodgkin's lymphoma，HL）的疗效判断具有比较肯定的作用。但对于那些氟脱氧葡萄糖（fluoro-deoxy-glucose，FDG）摄取量不一致的 NHL 类型，如某些 T 细胞 NHL 和 FL 等惰性 NHL，只有将疗后 PET 或 PET/CT 扫描结果与疗前的进行对比，才能有效判断疗效。另外，肝、脾和骨髓的 PET 或 PET/CT 扫描有一定的特殊性。肝、脾中出现摄取增高的结节应考虑为淋巴瘤侵犯，如果脾脏标准摄取值（standardized uptake value，SUV）弥漫性增高并超过肝脏，也应考虑为淋巴瘤侵犯。局灶性骨髓摄取增高是受侵的表现，但阴性结果并不能排除诊断。用于判断残存病变的性质时，如果 PET 或 PET/CT 检查是阳性，则应该再取活检以明确病变性质。

与 2007 年相同，2008 年的 NCCN 指南仍然给出了两种淋巴瘤的疗效判定标准，一种是国际工作组 1999 年提出的淋巴瘤疗效评价标准（international workshop criteria，IWC），该标准以 CT 扫描为基础，包括：完全缓解（complete response，CR）、未确定的完全缓解（complete response undocumented，CRu）、部分缓解（partial response，PR）、稳定（stable disease，SD）和进展（progressive disease, PD)。另一种是新增加了包含 PET 扫描结果的疗效评价判定标准，该标准取消了 CRu。但 PET 的应用范围主要局限在淋巴结或肿块病灶的判断上，对于肝脾和骨髓受侵的判断仍以查体、CT 扫描或活检为标准。这个标准的提出主要是根据 2005 年 Juweid 等报告的研究结果。该结果显示，PET 扫描能够比 IWC 更准确地评价侵袭性 NHL 的疗效。这种作用更多地体现在 CRu 和 PR 病人的判断上，PET 能够将这两个群体中的病人更明确地区分为 CR 或 PR，根据 PET 判定的疗效能够更好地判断预后。

三、滤泡淋巴瘤（FL）

FL 属于惰性 NHL，约占美国全部 NHL 的 30%、欧洲的 20%，但在我国却远远低于这个比例在 6% ~10%。FL 的肿瘤细胞表达 CD_{10}、CD_{20}，但不表达 CD_5、CyclinD1。90% 的病人有 t（11；14）染色体异位导致的 bcl-2 表达。极少数病人 CD_{10} 和 bcl-2 均阴性，此时应注意与结节性 MCL 相鉴别。FL 诊断时应同时计算滤泡淋巴瘤国际预后指数（follicular lymphoma international prognostic index, FLIPI）评分，以指导治疗、判断预后。FLIPI 包括：年龄≥60 岁、病期Ⅲ~Ⅳ期、血红蛋白 < 120 g/L（ < 12 g/dl）、血清乳酸脱氢酶 > 正常值上限、淋巴结受侵部位≥5 个，每项为 1 分，低危组 0 ~1分、中危组 2 分、高危组≥3 分。

1 级和 2 级 FL 按照惰性 NHL 的治疗原则处理，包含有大细胞成分或 3 级的 FL 则应按照 DLBCL 等侵袭性 NHL 进行治疗。无大肿块的局限期 1 级和 2 级 FL 病人的治疗首先推荐受累野放疗，虽然联合化疗或扩大野放疗能够延长缓解维持时间，但总生存期（overall survival, OS）并无显著延长。因此 NCCN 指南推荐局限期 1 级和 2 级 FL 的首选治疗仍为 30 ~36 Gy 的受累野放疗，免疫治疗 ± 化疗或化疗 ± 放疗等更强烈的治疗手段仅为次选（2B 级推荐），个别病人还可以选择等待观察。

常规治疗不能治愈具有大肿块的Ⅱ期、病变范围累及腹腔以及Ⅲ期、Ⅳ期的 1 级和 2 级 FL 病人。如果要进行化疗等积极治疗，应综合考虑病人具体情况后再做决定，包括是否有淋巴瘤相关的临床症状、肿瘤是否造成脏器功能障碍、是否有淋巴瘤导致的血细胞减少、肿块是否特别巨大、病变进展是否迅速以及病人的意愿等。

治疗方案的选择是高度个体化的，应该考虑到病人的年龄、病变范围、身体状态和治疗要达到的目标。1 级和 2 级 FL 可以选择的一线治疗方案包括，利妥昔单抗（rituximab） + CHOP（R-CHOP）（1 级推荐）、R-CVP（1 级推荐）、R + 氟达拉滨（fludarabine）、R-FND、利妥昔单抗单药、放射免疫治疗（2B 级推荐）或 R-CHOP 后续放射免疫治疗（2B 级推荐），后者强烈推荐在前瞻性的临床研究计划中进行。年老或体弱病人的一线治疗方案可选择单药的烷化剂化疗，例如瘤可宁或环磷酰胺，但更推荐利妥昔单抗。可以考虑将利妥昔单抗作为维持治疗（2B 级推荐），并且强烈推荐在前瞻性的临床研究计划中进行。

1 级和 2 级 FL 的二线或序贯治疗可选择高剂量治疗和自体造血干细胞解救（high dose therapy with autologous stem cell

rescue，HDT/ASCR），对经过高度选择的病人可考虑异基因造血干细胞解救，免疫化疗和放射免疫治疗也是可供选择的方案，DLBCL 病人的二线治疗方案同样适用于 FL 的二线治疗。利妥昔单抗可以用于二线治疗缓解后的维持治疗（1 级推荐），可以延长 1 级和 2 级 FL 病人缓解的维持时间和总的生存期。除特殊说明外，上述治疗方案的选择是没有倾向性的。参加临床试验或观察等待也是 NCCN 指南中推荐的处理方法。

1 级和 2 级 FL 有可能转变为侵袭性 NHL，当初治缓解的病人复发时应考虑重复活检以明确病理类型是否发生转变。

四、弥漫大 B 细胞淋巴瘤（DLBCL）

DLBCL 是最常见的 NHL 类型，约 50% 的病人可以治愈。DLBCL 的发病率在全球无明显地域性差异。其他类型的侵袭性 NHL，如间变大细胞淋巴瘤、外周 T 细胞淋巴瘤和 3 级 FL 的治疗均参考 DLBCL，只是在利妥昔单抗的应用上有所不同。

DLBCL 是一组异质性的疾病，WHO 分类中将其分为 5 种形态学变异型和 5 种亚型。Burglund 等进行的研究显示，通过免疫组化检测肿瘤细胞表面的 bcl-6、CD10 和 IRF-4（也称为 MUM1）的表达情况，可以判断出生发中心（germinal centre，GC）亚型或非生发中心（non-germinal centre，non-GC）亚型：CD_{10} 阳性或 CD_{10}、bcl-6 均阳性为 GCB 亚型，二者均阴性为 non-GCB 亚型；CD_{10} 阴性、bcl-6 阳性时，如 IRF-4 阴性则为 GCB 亚型，如 IRF-4 阳性则为 non-GCB 亚型。他们的研究结果还提示 bcl-2 表达是独立的不良预后因素。虽然通过基因芯片、免疫组化等方法能够区分 GC、non-GC 亚型，但治疗手段的选择目前尚无明显差异。

国际预后指数（international prognostic index，IPI）是目前公认的 DLBCL 的预后判断指标，它由年龄 >60 岁、病变为Ⅲ期/Ⅳ期、乳酸脱氢酶（LDH）>正常值上限、行为状态 ECOG 评分≥2、结外侵犯部位≥2 处这 5 项指标构成。年龄调整的 IPI（age adjusted IPI，aa-IPI），以病变为Ⅲ期/Ⅳ期、LDH >正常值上限、行为状态 ECOG 评分≥2 作为评分标准，适用于年龄 60 岁以下的病人。年龄校正的 IPI（age modified IPI，am-IPI）适用于 70 岁以上的病人，包括年龄 >70 岁、行为状态卡氏评分（KPS）>80 分、LDH >正常值上限、结外侵犯部位≥1 处、病变为Ⅲ期/Ⅳ期 5 项指标。可以根据不同的得分来判断每位病人的预后，为选择治疗方案提供依据

DLBCL 治疗方案的选择主要与疾病分期和是否存在大肿块病灶等不良预后因素有关。除无明确不良预后因素的早期病人之外，均应给予至少 6 个周期的 R-CHOP 方案化疗，并结合大肿块病灶区域的放疗。如果病人初治 4 周期后仅获得 PR，则应继续治疗到 6～8 周期，仍然为 PR 的病人均应考虑参加临床试验。对于初治耐药或治疗中进展的病人应按照复发病人处理。

NCCN 指南中推荐的一线治疗方案包括常规的 R-CHOP（R-CHOP21）（1 级推荐）、提高剂量密度的双周方案 R-CHOP（R-CHOP14）和剂量调整的 R-EPOCH，R-CHOP14 方案的推荐级别由 2007 年的 3

级提高到今年的，剂量调整的R-EPOCH方案也是2B级推荐。2008年的NCCN指南首次建议将HDT/ASCR作为DLBCL病人一线治疗缓解者的后续强化治疗手段，虽然是2B级推荐，专家组成员还没有达成完全一致的意见，但HDT/ASCR作为DLBCL一线治疗缓解后的强化治疗手段的地位较以前还是有了提高。

2008年的NCCN指南中将接受二线治疗的病人分为两个部分，一部分是可以考虑进行HDT/ASCR的病人，另外一部分是不考虑进行HDT/ASCR的病人。前者应该给予标准剂量的二线方案治疗，包括DHAP、ESHAP、GDP、GemOx、ICE、mini-BEAM和MINE方案，上述二线方案均可联合应用利妥昔单抗。与2007年年的指南相比，今年的指南中增加了GemOx（吉西他滨/奥沙利铂）方案。对于后者，首先推荐参加合适的临床试验，其他可供选择的治疗方案包括利妥昔单抗单药、CEPP（环磷酰胺、足叶乙苷、泼尼松、甲基苄肼）±利妥昔单抗和EPOCH方案。总体上看，如果不适合进行HDT/ASCR，NCCN专家组即不主张进行强烈的治疗，以免化疗给病人带来更多负面的影响，因为理论上讲依靠现有的治疗手段不能治愈这类病人。

在以DLBCL为代表的侵袭性NHL的治疗手段中，HDT/ASCR具有重要作用。多个随机对照临床试验已经确立了在解救治疗中的地位。因此，解救治疗有效者均推荐给予HDT/ASCR作为巩固治疗。

五、外周T细胞淋巴瘤（PTCL）

NCCN指南的重点是在西方发病率较高、有较多临床研究结果的淋巴瘤类型。PTCL的发病率仅占西方全部NHL的5%左右，临床研究结果和成熟的经验均较少，因此2007年以前的指南中并未关注PTCL。

从广义上讲，除了T淋巴母细胞型淋巴瘤以外的T细胞NHL均可称为PTCL。但通常所说的PTCL不包括T细胞/裸细胞型间变大细胞淋巴瘤、蕈样霉菌病和成人T细胞淋巴瘤/白血病。

PTCL具有比较强的异质性，大致分为两类：非特异性PTCL（not otherwise specified PTCL，NOS-PTCL）和一些较少见的独特淋巴瘤类型，包括血管免疫母细胞T细胞淋巴瘤、皮下脂膜炎样T细胞淋巴瘤、肠病型T细胞淋巴瘤、鼻腔NK/T细胞淋巴瘤和肝脾淋巴瘤等。

2007年NCCN指南中新加入的PTCL诊治建议考虑到了其异质性的特点，在诊断方面建议进行比较全面的检查，在2007年指南的基础上，2008年指南增加了CXCL-13作为免疫组织化学的检测指标，同时建议检测HTLV-1。

IPI和aa-IPI同样适用于PTCL，在今年的指南中还加入了外周T细胞淋巴瘤的预后指数（prognostic index for PTCL-U，PIT），包括年龄>60岁、LDH>正常值上限、行为状态ECOG评分2~4、骨髓侵犯这4项指标。

虽然目前尚无PTCL肯定有效的治疗手段，但原则上按照侵袭性NHL的治疗原则进行治疗。2008年的NCCN指南仍然推荐PTCL病人首先选择参加临床试验，之后的选择才是化疗，可供选择的一线化疗方案包括CHOP、EPOCH和Hyper-CVAD/MTX-AraC。除了aa-IPI低危的病人，如果身体条件允许的话，均应该在诱导化疗缓解后给予HDT/ASCR作为巩固治疗。ALK-1+的大细胞间变淋巴瘤（ALCL）预后良好，如果诱导化疗能够达到完全缓解，无需HDT/ASCR。PTCL二线治疗的主要目的有两个：或者为HDT/ASCR做准备，进行高剂量化疗前的诱导化疗，或者仅为姑息性治疗。参加临床试验同样是前者首选，其他化疗方案包括DHAP、ESHAP、GDP、ICE、miniBEAM或MINE。后者首选的治疗仍然是推荐参加临床试验，治疗的其他选择包括抗CD_{52}的阿伦单抗（alemtezomib）、蛋白酶体抑制剂硼替佐咪（bortezomib）白喉毒素抗CD_{25}单抗Ontak（denileukin diftitox）和吉西他滨单药。

❖ 消化系统肿瘤 ❖

2007年肝胆胰肿瘤治疗进展

赵 平 王成峰

中国医学科学院肿瘤研究所肿瘤医院 北京 100021

本文复习了2007年国内杂志发表的近百篇有关肝胆胰肿瘤诊治的文章，按不同肿瘤器官综述如下。

一、肝癌诊治进展

（一）微小肝癌治疗进展

随着查体的普及，微小肝癌的检出率越来越高，微小肝癌可以分为中央型与周围型两种。微小肝癌的治疗是2007年肝脏外科被关注的热点。

1. 无肝硬化或合并轻度肝硬化的深部微小肝癌处理　手术切除仍是治疗微小肝癌最好的方法[1]。对于无或合并轻度肝硬化、位于肝脏边缘及表面的小肝癌，手术切除根治性彻底，手术简单易操作，术后并发症少，是理想的方法。但对于位于深部的微小肝癌则有不同的处理方法。位于左叶的微小肝癌多可从肝脏表面探及肿瘤，应以根治性切除为原则，施行肝左外叶切除或左半肝切除。位于右叶深部的微小肝癌往往较难从肝脏表面探及，可借助术中B超定位，避免盲目切开肝脏探查，减少对肝脏组织的破坏。可在B超引导下先用长针穿刺肿瘤定位，然后沿穿刺针方向逐渐切开肝脏组织，找到肿瘤后再行根治性切除手术。对于拒绝手术探查或者合并其他疾病不宜行手术探查的病人，也可选择经肝动脉化疗栓塞术（TACE）、B超引导下瘤内无水酒精注射（PEI）和肿瘤射频消融术（RFA）等方法。

2. 合并严重肝硬化的深部微小肝癌的处理　对于无大血管侵犯、无远处转移、合并严重肝硬化的小肝癌是肝移植的适应证，是其首选治疗方法[2]。预后可以与良性疾病相似。但其相对高昂的费用以及供肝源的缺乏使大多数病人无法接受。因此，微创治疗对于合并严重肝硬化的小肝癌仍有相当高的应用价值。PEI和RFA是目前公认的治疗微小肝癌的有效方法，对肝功能影响轻微，术后并发症少，适用于肝功能损害较严重且位于肝实质深处的微小肝癌[3]。但对于严重出血倾向、大量腹腔积液以及全身情况差、不能耐受治疗，或已出现恶病质者不适用。

3. 小肝癌的规范化综合治疗

（1）手术切除结合术后TACE辅助化疗：目前已被大多数学者认同。对于病理检查提示无完整包膜和伴随肝硬化者，无论肿瘤大小，是否有子灶和肿瘤侵犯血管，术后均应辅助TACE。

（2）多种微创治疗方法的联合应用：可以取长补短，促使肿瘤更多的坏死，缩短治疗周期，减少肝功能的损害，延长病人生存时间，优于单一治疗方法。但须注意多种治疗方法之间序贯性应用的重要性。由于TACE是通过化疗药物直接注入肿瘤的供血动脉中发挥作用，而RFA等治疗通过闭塞肿瘤供应血管或促进血管内血栓形成的方式发挥作用，因此一般情况下宜先行TACE治疗，后行RFA等治疗，以避免供应血管被闭塞后影响TACE的施行。

总之，手术切除仍是治疗微小肝癌的首选，局部微创治疗的比例逐年上升，但是彼此之间都不能完全相互取代，因此规范化的综合治疗是应该提倡的[1]。

（二）肝脏功能储备确定肝脏切除量的研究

肝功能衰竭是肝切除手术后的一种严重并发症。术后肝功能衰竭与多种因素有关，如残留肝体积、术中失血量、肿瘤体积、手术方式等。随着切肝技术的成熟和进步，肝癌切除术后的肝功能衰竭的发病率已明显下降。但是肝癌的手术治疗中，预防术后肿瘤复发与肝功能衰竭仍存在着矛盾，焦点就是如何把握切除量。

肝切除量或剩余体积多少取决于肝储备功能[4]。目前临床应用的肝储备功能检测试验很多。较为成熟的是吲哚氰（indocyaninegreen，ICG）清除试验，试验正常值：15 min的潴留率（ICG15）<10%，最大清除率（ICGRmax）为每分钟>0.8 mg/kg。当ICGRmax每分钟>0.8 mg/kg，则提示肝储备功能良好，可耐受半肝切除；如果ICG15为30%～40%，或ICGRmax为每分钟0.4～0.8 mg/kg，则仅可作肝段切除；倘若ICG15>40%，或ICGRmax为每分钟0.3～0.4 mg/kg，则只能作局部肝切除或肝包膜下肿瘤切除；而当ICGRmax<0.2 mg/kg时，则禁作任何类型肝切除。肝硬化病人ICG15为15%～20%，切肝量应<50%；ICG15为20%～30%，应慎重进行肝切除手术，切肝量应限制在肝段切除或不规则局部肝切除，ICG15超过30%病人不宜进行任何类型的肝切除术。

（三）腹腔镜下肝切除

1．适应证与禁忌证　以往由于肝脏解剖和生理上的特殊性，腹腔镜肝切除曾被认为是“禁区”。近年来，随着腹腔镜技术的提高和设备的不断完善，腹腔镜肝切除取得了很大的进步[5,6]。腹腔镜下已能够进行左半肝切除术[7]，为腹腔镜左半肝切除的适应证为：

（1）病灶位于肝脏Ⅱ段、Ⅲ段、Ⅳ段，不侵犯另一侧，不累及第一、第二肝门及下腔静脉；

（2）良性肿瘤直径≤15 cm，恶性肿瘤直径≤10 cm；

（3）若为恶性肿瘤，不合并门静脉癌栓，无肝内转移及远处转移；

（4）无心、肺、肝、肾等重要脏器功能和凝血功能障碍。

禁忌证为：

（1）病灶累及肝门、下腔静脉；

（2）肿瘤较大，一般良性肿瘤直径>15 cm，恶性肿瘤直径>10 cm，由于瘤体大，翻动暴露困难。尤其是恶性肿瘤，即使勉强切除下来，但难免在操作中弄破肿瘤。

有上腹腔手术史、腹腔粘连严重等

为相对禁忌证。控制出血是手术成功的关键：

（1）阻断入肝血流。

（2）阻断出肝血流：在接近第二肝门处，腔镜下分离、缝扎左肝静脉，在镰状韧带的左侧、左肝上缘，把左肝静脉和肝组织一起缝扎。

（3）离断肝组织：使用高频电凝刀边切边凝，除了1～2支比较大的血管需要缝扎止血外，一般不需要缝扎止血；切割速度快，特别是合并有肝硬化时效果更明显，止血效果也满意，也可以减少超声刀使用的费用，但缺点是烟雾多，可以在切割时适当排气来减少烟雾的影响。

2. 并发症的防治[8]

（1）大出血：大出血是腹腔镜肝切除术最常见、最严重的并发症，严重时可导致病人术中死亡。绝大多数术中大出血须转开腹处理。娴熟手术技巧和理想的切肝方法是避免腹腔镜肝切除术中大出血并发症的关键。术者应有丰富的开腹肝切除手术经验和娴熟的腹腔镜手术技巧，手术医师之间要配合默契，手术视野暴露清楚，手术操作精细，尤其是对大血管的解剖要耐心。有些大出血是由盲目电凝止血引起的。在切肝过程中可采用钝性解剖的方法，在肝实质内寻找血管断端，用钛夹夹闭止血。在血管瘤的切除过程中，由于肿瘤边界分辨不清而误切瘤体造成大出血的情况并不少见，在肉眼分辨血管瘤边界困难时，可使用腹腔镜超声探查来明确血管瘤的范围。术后出血主要以肝创面的渗血为主，一般在密切监测生命体征的条件下，予输血、药物止血等措施多可以控制。术后大出血多数由血管断端的钛夹或结扎线脱落引起，遇到这种情况时应及时行剖腹手术止血。

（2）胆漏：来自肝创面的少量胆漏，引起症状较轻，能自行愈合。较严重的胆漏多源于漏扎胆管或胆管断端的结扎线及钛夹脱落。一般胆汁漏出量多，症状重，自行闭合的可能性小，大多需要再次探查结扎胆管漏口。有时术中无法明确有无胆漏时，可用一块干净的纱布覆盖于创面，观察纱布上有无黄色液体，可行术中经胆囊管造影帮助判断。对于粗大的胆管，一般的钛夹无法将它完全夹闭，应采用缝扎或内镜钉合器切断。

（3）气体栓塞：半肝切除中需要解剖、离断肝静脉，在操作中可能导致肝静脉汇入口以下的下腔静脉受压，血液回流减少，导致其上段流速增加，血管内压力会降低，在气腹环境下，形成近似真空状态，将大量气体吸入静脉，导致气栓形成。在出血状态下中心静脉压降低，也增加了形成气栓的机会。术中对于一些病人（如高龄病人）可适当降低气腹压力；如手术时间超过2 h时，术中应定时监测血气。

（4）肿瘤播散：一般认为二氧化碳气腹是造成肿瘤播散的主要原因。术中应避免在未解除气腹压力的状态下拔除套管，以免高压气流直接冲击切口组织。

腹腔镜肝脏切除手术的并发症大多后果严重，重在注意防范，不断改进手术操作方法，提高手术技能，最大限度地预防并发症发生。

（四）影像技术引导下肝脏肿瘤的微创治疗

微创介入性治疗技术，包括射频和

化疗栓塞等，在临床治疗肝肿瘤中已取得较好效果。

射频消融技术主要适于治疗直径 5 cm 以下，数量不超过 4 个的无肝外转移的原发或继发恶性肿瘤。被膜下肝肿瘤也可以做消融，但会引起术中及术后的剧烈疼痛。由于血管内血流的冷却效应，邻近大血管的肿瘤则难以被完全消融[9]。

治疗前应准确了解靶肿瘤的数目位置及其生物学特性，减少组织灌注也可以增加凝固坏死体积，提高治疗效果肿瘤介入治疗需要在影像设备的导引下将消融探针经皮穿刺放置于靶组织内，监控消融过程，估计肿瘤内能量蓄积，术后随访评估治疗效果等。超声和 CT 有效且相对廉价，常被用作导引设备。超声空间分辨力低且对深部病灶的导引价值有限，CT 具有放射辐射是其主要局限[10]。

（五）肝脏尾状叶切除出血的预防

肝尾状叶位于肝脏的后方，部位深在，显露难度大，加之左尾叶段和右尾叶段将肝后下腔静脉下段前壁和两侧壁包裹，在施行肝尾叶肿瘤切除时最大的手术风险，就是术中大出血。为了防止大出血并完整切除肿瘤，需要有充分游离尾状叶并妥善处理血管[11]。

充分游离尾状叶是肝尾叶肿瘤切除的基本条件。切口选择肋缘下切口；右侧段切除，选择右肋缘下切口，切口右外侧端达腋中线，内侧端达剑突；左侧段切除，则以左肋缘下为主向右肋缘下延长少许，中线延长至剑突的左右肋缘下“人”字形切口。上述切口对充分游离肝脏有良好的显露效果。切除右侧尾叶肿瘤时即继续离断右冠状韧带前叶至右三角韧带，同时离断肝裸区的肝与膈肌间的疏松结缔组织，直至肝后腔静脉侧壁。左尾叶段肿瘤切除时，须继续切断肝胃韧带、左侧冠状韧带和左三角韧带，将肝左叶完全游离。由于肝尾叶位于肝脏的后部，位置深，周围大血管较多，根据肿瘤部位和大小不同，须采用不同入路途径。

处理血管：充分游离肝脏后的首要操作就是在肝十二指肠韧带处先置门静脉和肝动脉的阻断管或带，离断肝实质时阻断入肝血流以减少断肝时的出血量。将肝脏向上翻起，显露肝后下腔静脉壁，按照由下而上、由外向内的原则，用直角钳仔细逐一分离肝和下腔静脉间的肝短静脉，先结扎后离断。为了充分显露肝尾叶，有时需切除某个肝叶，为减少出血和经肝静脉破口空气吸入致空气栓塞的危险，可先于第二肝门处分离显露右肝静脉或中左肝静脉共干（70% 以上病人）置套带或血管钳，断肝时以阻断出肝血流。术中有可能伤及肝静脉主干或肝后腔静脉时，为防止上述血管破裂大出血，笔者主张采用肝移植病肝切除时肝上、肝下腔静脉显露方法，将肝上和肝下腔静脉分别预置血管阻断带，为确保肝尾叶切除安全，防止术中大出血，需依据个体情况，以良好显露为前提，选择不同手术切除入路和单独采用某种或两种以上血管处理方法的联合应用。

（六）大肝癌的治疗

由于肝癌的生物学特性，大多数肝癌病人诊断时已属中晚期，巨大肝癌的手术切除有较大的风险和困难。肿瘤的切除率及生存率不甚理想。如何提高巨大肝癌治疗效果，仍是值得探讨的问题[12]。

治疗肝癌的首选方法是手术切除，多采用不规则肝切除。既可保证肿瘤的根治性切除，又能最大限度保留肝组织，防止术后肝功能衰竭具有较大的优势。手术探查无法切除的肝癌术中行肝固有动脉结扎联合肝动脉及门静脉插管化疗。可使肿瘤局部聚集高浓度化疗药物，促使肿瘤坏死缩小，延长病人的生存时间。TACE已被公认是治疗不可切除肝癌的首选方法，同时也是肿瘤切除后的最有效的综合治疗方法。对于合并门静脉癌栓的巨大肝癌，手术已经不再是禁忌。目前认为肝癌合并门静脉癌栓，行肝癌切除并取出癌栓术后进行综合治疗，是治疗此类肝癌的有效方法[13~16]。

随着外科技术的进步，许多巨大肝癌都可以切除，但姑息性切除疗效较差，术后复发、转移机会大，现在认为，肿瘤大小并非是否切除的决定性因素，余肝大小和肝硬化程度是大肝癌能否切除的关键。有研究表明，适当扩大切除范围有助于提高根治率。大肝癌病人正常肝残存量少且多伴有肝病背景，手术时无法保证足够的切缘，导致癌残留，致使长期疗效差。TACE使肿瘤缩小，通过造影可以明确肝内癌灶范围、有无子灶，为减少癌残留和改善长期疗效提供保障，更大意义在于，使正常肝组织代偿性增大、产生纤维包膜，从而扩大切缘并增加了根治性切除的机会。肝储备功能差的肝癌病人，术前行TACE者的生存率显著高于未行TACE者。因而，TACE使大肝癌获得根治性切除的机会，提高手术根治率，改善远期疗效。二期切除增加了手术的难度，但增加根治性切除机会，减少癌残留而降低复发，显著改善了难以根治性切除大肝癌病人的远期疗效。

对于无法手术切除的大肝癌可以采用射频消融的方法治疗。翟博[13]认为，大肝癌行射频消融的指征为：4 ~5 cm的病灶不超过5个，5 cm以上者不超过1个；无肝脏以外其他脏器广泛转移；肝功能Child B级以上，无明显黄疸和腹水；无严重出血倾向；诊断明确，既往术后病理证实、组织穿刺活检 + 临床表现 + 影像学肿瘤 + 血清学诊断；失去手术机会或拒绝手术；一般身体状况无禁忌；肿瘤远离主要血管、胆管及邻近脏器；无明显静脉癌栓。大肝癌射频消融应注意以下几方面：必须权衡安全性与治疗彻底性之间的关系，不可单纯追求消融的彻底性而肆意扩大消融范围导致肿瘤播散增加操作风险，对病人的生存预后也没有显著价值。肝功能必须在B级以上，最好保肝后达到A级，最大限度防止术后肝功能重度衰竭。伴有高胆红素血症、出凝血功能严重障碍以及腹腔积液者应视为绝对禁忌。射频消融前最好实施TACE或放疗，尤其位于肝门附近者，以减小肿瘤体积或增强消融效果。也有学者对于部分肝癌行手术切除联合术中射频消融治疗并取得满意疗效，结论有待于进一步验证[17]。

（七）原发性肝癌的综合治疗

原发性肝癌现有治疗方法很多，但包括手术在内的各种治疗方法中，尚无一种方法能够单独适用于所有病人，因此多数病人必须采取包括手术在内的多种治疗方法[18]。

1. 局部治疗方法　包括外科切除、局部消融、栓塞化疗、导向放射治疗和基因治疗等。手术对大血管侵犯、肝功能不良、终末肝病、门脉高压、胆红素异常者预后较差，肿瘤巨大、血管侵犯、病理分化差、有卫星病灶者及活动性肝炎者容易复发。但即使非根治的减荷性肝切除联合其他治疗亦有助于延长生存时间。

对于巨块型病人术前或门脉栓塞被认为有助于控制缩小病灶或扩大病肝切除范围。局部消融是通过注射酒精、放射性核素或应用射频、冷冻、微波、激光、超声、直流电解、投影放射来诱导肿瘤坏死，多在影像引导下经皮操作，亦可通过开腹、腔镜、外放射等径路进行。其优点有创伤小、费用低、可单独和联合切除治疗，促进扩散与抑制免疫的不良反应较小等。

2. 全身治疗　包括全身化疗、免疫治疗、激素治疗和中医中药治疗等。有助于改善症状，减轻痛苦、提高生活质量，巩固局部治疗效果等。目前尚无研究表明其可以提高生存率。

（八）肝癌破裂的诊治

肝癌破裂可能作为首发症状，亦可以是病程中的并发症，但临床表现基本相同。肝癌破裂主要是由于肝癌结节中癌组织坏死、软化而自发破裂，亦可能因腹内压突然增高而引起肝癌破裂，如剧烈咳嗽、用力排便、外力因素等。病人多有右上腹剧痛，系血液、胆汁对腹膜刺激引起，有时伴有冷汗及休克症状。小的破溃口可能由血凝块及大网膜黏附而出血自止，3～5天后症状缓解。大的破溃口出血多难以自止，出现血压下降或休克。腹穿可抽到不凝固血液。B超和CT可以正确诊断[19,20]。肝癌破裂的处理需根据具体病情而拟定不同。手术仍然是主要的治疗方法，选择手术方式要依据病人的病情、肝功能状况、病灶部位、生长方式、破裂的特点而定。对已明确为晚期肝癌破裂者或肝功能Child-pugh分级C级病人不考虑手术治疗，予以补充血容量、止血、输血、保肝、支持等。出血有可能暂停，但仍可再次破裂，预后极差，常于短期内死亡。如病情稳定后则可再考虑行肝动脉介入治疗。对于出血比较少，血腹不明显，血压无波动的病人，应先严密观察，对症处理，腹部加压包扎，卧床休息等，待全面检查确认能手术切除者择期手术，不能手术切除者则选用介入治疗或其他治疗方案[21,22]。

（九）第一肝门区肝癌切除术胆管并发症的防治

位于第一肝门区的肿瘤往往靠近左、右肝管，手术切除难度及风险性大，处理不妥易出现严重的胆管并发症。相关因素有：①瘤体巨大，遮挡了术野，推挤健侧肝门，使之移位、走行发生改变，导致术者误判造成健侧胆管的损伤；②肝门区创面缝合止血时，操作粗疏，缝针扎破胆管，从而造成胆漏；③在瘤体切除后修补肝门区创面胆漏或对肝创面止血时，缝窄或缝闭了肝门部肝管，从而造成损伤性肝管狭窄。

术前应严格掌握手术指征，选择肿瘤包膜完整，肝硬化不重的病人实施手术。对紧贴第一肝门的肿瘤术前可行MRCP或ERCP检查以了解胆管的走形及与瘤体的关系，必要时放置鼻胆管于健侧肝管内，指引术中切肝。切除巨大肿瘤时，可行术中超声帮助辨认左、右肝门分叉点，避免损伤健侧肝管，遇粗大的管道应尽量推离瘤体，如确认不是门静脉或胆管的主干，且进入瘤体时方可切断、结扎。对于所有肝门区细小管道均应一一钳夹、切断、结扎肝门区出血点须以无损伤针线表浅缝合肝切除时仔细结扎断面胆管，对拢创面前用干净棉垫轻压肝创面数秒钟，然后看纱布有无胆汁，仔细检查找到漏口给予缝扎。

肝管损伤性狭窄的治疗，经内镜或经皮穿刺介人疗法目前被认为是首选的一线疗法，通过对狭窄胆管进行球囊扩张术或通过狭窄段放里较粗大的支架管来治疗，近期疗效尚满意，长期疗效有赖于反复进行介入治疗，多次进行球囊扩张及更换支架管。术后单纯胆漏的治疗，术中肝创面旁常规放置引流管，术后若发生胆漏只要保持引流管引流通畅，并结合隔下穿刺置管引流，必要时辅以鼻胆管置入以引流胆管减压圈，大多数胆漏能愈合[23]。

（十）肝癌切除术后早期低氧血症的原因及治疗

低氧血症的原因肝脏分膈、脏两面，脏面大部分与膈肌相粘附。由于肝癌的位置和大小不同，术中为了充分暴露切除肝脏，有时需要将肝膈面分离。肝脏主要位于右侧横隔下，手术分离肝隔面，可能刺激右侧胸腔产生胸膜反应或和胸腔积液，进而导致急性炎症反应综合征和急性肺损伤，这是肝癌切除术后低氧血症的主要原因。低氧血症一旦发生，应积极处理[24]。首先，增加吸氧流量，尽快改善缺氧。同时采取全身支持治疗，主要包括抗炎和利尿两方面。抗炎由于糖皮质激素对肝癌病人远期预后不利，可选择消炎痛栓纳肛和应用乌司他丁。叫噪美辛属非类固醇类解热镇痛抗炎药，是最强的前列腺素合成酶抑制剂之一，能够通过抑制前列腺素生成、多形核白细胞活动、钙移动等机制发挥抗炎作用，以期减轻胸膜反应和减少胸腔渗出。加强利尿在保证有效循环血容量的前提下，以减轻肺水肿，改善肺部氧的弥散功能。对于胸腔积液较多者，可以行胸腔穿刺术。

（十一）肝癌合并门静脉高压症的联合手术治疗

肝癌合并门静脉高压症的原因是多方面的，一是肝癌多来自于肝炎后肝硬化。二是肝癌瘤体内形成的动静脉短路可使门静脉压力升高。三是门静脉形成栓子或肿瘤较大压迫门静脉所致。肝癌病人的门静脉高压症可出现严重的食管胃底静脉曲张，门静脉高压性胃病，脾功能亢进等，加之病变的肝脏凝血因子的合成明显减少，上消化道出血的危险性随之增加，部分肝癌病人的首发临床表现即为凶险的上消化道大出血。肝癌合并门静脉高压症的病人病情多较复杂，既往曾被视为手术治疗的禁忌。近年来随着术前支持、肝脏储备功能评估、手术技术、围手术期监护的全面进步，外科医师在手术治疗肝癌的同时也能够对门静脉高压症进行干预以达到防止上消化道出现减少致死性并发症的目的。肝癌与门静脉高压症的同期处理一方面可切除肿瘤，遏制肿瘤的进一步生长与扩散，同时还可以改变门静脉血流速度缓慢甚至逆流的情况，有助于肝功能的改善。科学的围手术期处理是肝癌合并门静脉高压症联合手术成功的前提和保证。

其围手术期处理要点是术前纠正肝功能对于明确诊断为肝癌合并门静脉高压症的病人，在没有活动性上消化道出血的情况下，应优先考虑肝癌的治疗，同时兼顾门静脉高压的手术处理。最理想的手术方式应能兼顾切除癌肿，降低门静脉压力预防上消化道大出血，纠正脾功能亢进以及防止术后肝功能衰竭[25]。

（十二）肝移植治疗原发性肝癌

肝脏移植可去除瘤灶、预防病肝癌变、重建肝功。肿瘤大小、数目、分化及血管侵犯等影响预后。采用 Milan 标准能够获得 5 年 70% 以上的生存率而肿瘤复发率小于 15%。多灶型及肿瘤部位和重度肝硬变以及排除切除时可考虑移植，临床实际工作中往往是中晚期肝癌病人居多，且肝功能差和门静脉高压症的存在使大多数病人不能耐受肝叶切除或部分肝切除，勉强切除后手术死亡率和术后复发率均高。此外，原发性肝癌有多中心生长的特点，部分肝切除手术不能达到根治的目的，一些晚期肝癌存在血管侵犯者，目前各种治疗手段疗效均很差。因此对于这些病人除肝移植外无其他更好的治疗措施[26,27]。通过肝移植可以彻底解除肝硬化、肝功能不良，又能治愈肝癌的良好机会。由于供肝匮乏，等待期太长成为影响生存的主要因素。对切除的病人在切除后出现复发和肝功能恶化时进行二次移植，可获得与首次移植同样的生存率[28]。

在等待供体过程中进行 TACE 治疗，可以控制肿瘤的生长，减少移植术后肿瘤播散，提高肝移植治疗肝癌；术中避免搬动和挤压瘤体实施经典术式可以减少肝癌细胞的血源性全身播散，或减少肝癌细胞脱落造成的腹腔种植。手术时先处理第一肝门，结扎肿瘤侧门静脉分支，再解剖出肝上、下腔静脉，阻断肝上、肝下的下腔静脉后，然后游离肝后段下腔静脉，这可阻止瘤细胞的远处播散，有一定的临床效果。适当降低血清免疫抑制剂水平免疫抑制剂的应用可对肝移植术后肿瘤生长和扩散起负面作用，导致术后肿瘤复发。

目前较为公认的肝癌肝移植标准主要有 Milan 标准、UCSF 标准、Pittsburgh 标准以及国内学者最近提出的“三亚共识”。肝癌术后复发病人似乎更适宜根据 Pittsburgh 标准进行筛选。病人选择应当确实，对于不符合手术适应证的病人，应当禁忌行肝移植手术。由于经历过腹腔手术，前者的腹腔粘连更为严重，术中出血量更多，手术时间也相应延长，二期肝移植面临的风险大于一期肝移植。但只要术前检查完善，术者操作技术成熟，就能尽量避免改变受体-供体肝脏正常解剖关系，即使适当延长无肝期时间，也并不会增加术后并发症发生的可能性。尽管复发肿瘤再切除术仍是目前治疗复发性肝癌的主要手段，但肝移植也已逐渐成为无手术切除适应证的肝癌术后复发病人的有效治疗方法。合理掌握肝移植适应证可能使那些肝癌切除术后复发但尚无大血管侵犯和（或）远处转移的病人获得良好的疗效，更确切的结果仍须深入探讨[29]。

二、胆管癌诊治进展

胆管癌的诊治是目前外科的治疗热点和难点[30]。对于中上段胆管癌一般行胰十二指肠切除术，目前进展主要体现在肝门部胆管癌上。肝门部胆管癌（hilarcholangiocarcinoma，HCC）是指原发于胆囊管开口以上的肝总管至左、右肝管部位的粘膜上皮癌，亦称为高位胆管癌或上段胆管癌，占肝外胆管癌的50%以上，近年来有逐年升高的趋势，随着影像学技术的进步，越来越多的非创伤性影像学检查应用于肝门部胆管癌的诊断并取得较好的效果，术前对于相当一部分肿瘤已能够区分其分型[31,32]，临床分型上多采用Bismuth分型采用不同的治疗方法[33,34]。目前对于肝门部胆管癌治疗的热点主要体现在以下几个方面[35,36]。

（一）可手术切除的肝门部胆管癌的治疗进展

1．肝尾状叶的切除　肝门部胆管癌呈浸润性生长，其特点是肝侧浸润大于十二指肠侧浸润，粘膜下层浸润多于粘膜层浸润。粘膜下播散平均6 cm，最长可达12 cm，故而BismuthⅡ型、Ⅲ型、Ⅳ型HCC很容易通过细小的尾状叶胆管浸及尾状叶。肿瘤细胞也可侵入门静脉系统后，经血行播散至尾状叶。另外，尾状叶邻近第一肝门，HCC瘤体还可以直接侵犯尾状叶肝实质。国外的相关研究表明多达31%～98%的HCC侵及尾状叶。但在已有肝实质浸润及尾叶胆管开口受累者，若手术未切除尾状叶，术后极易出现病灶毗邻肝面及胆管上切缘癌组织残留，早期即出现局部复发。故多数学者认为HCC手术联合尾状叶切除是必要的[37,38]。

由于尾状叶位置深在，毗邻下腔静脉、肝静脉和门静脉等重要血管，术中易发生难以控制的大出血或胆管损伤。HCC病人多伴有梗阻性黄疸，肝功能受损、储备能力差，切除尾状叶后出现肝功能衰竭的可能性升高。因此，如何在切除尾状叶所带来的高远期存活率和保存尾状叶所换来的低风险、低并发症发生率二者之间成功地进行平衡取舍，已经成为能否在尾状叶切除术中取得突破性进展的关键。

2．淋巴结清扫范围的界定　90%以上的肝门部胆管癌为腺癌，早期侵犯淋巴管、神经和肝动脉。淋巴结转移发生率为30%～60%。传统的HE染色和病理检测低估了淋巴结转移的发生率。淋巴结的清扫是提高疗效的最重要措施之一，但关于淋巴结清扫范围仍没有统一标准。美国癌症联合会（AJCC）的胆管癌分期标准（第6版），区域淋巴结包括胆囊管、胆总管旁、肝门部、门静脉旁、十二指肠旁、胰腺旁、腹腔干和肠系膜上淋巴结。肝十二指肠韧带是根治性切除中必须清扫的部位，范围为从肝门至胰腺上缘，整块切除门静脉和肝动脉以外的所有胆管、淋巴、神经结缔组织。胰十二指肠后方须常规探查，如果发现此处淋巴结阳性或可疑阳性均须清扫[38,39]。

淋巴结清扫应与原发灶切除一并进行，坚持整块切除原则。除门静脉和肝动脉外，将肝十二指肠韧带内包括胆总管的其他组织连同肿瘤整块切除，清扫时打开血管鞘，紧贴血管壁进行解剖，清扫结束后，肝门部血管失去了周围结缔组织保护，局部积液或继发感染会侵蚀血管壁，有造成术后迟发出血的可能，因此术后必须有充分可靠的肝门部引流[40]。

3．受累肝动脉或门静脉的处理　传

统手术中，肝动脉或门静脉的受累是手术的禁忌。近年来随着血管外科技术的不断提高和围手术期处理水平的不断提高，近年来联合血管的扩大切除术越来越多地用于肝门部胆管癌的手术治疗[41,42,43]。

门静脉和肝动脉周围分布丰富的淋巴管和神经纤维，肿瘤细胞可沿这些结构在血管周围浸润，是肿瘤最常见的侵犯部位。门静脉为肝脏提供70%～75%的供血量，切除后必须予以重建，且保留充足的血供。部分研究认为，门静脉切除并不能提高病人的存活率，血管切除加吻合是手术死亡率增加的重要因素。也有学者认为，门静脉切除提高了R0切除率。进而提高了生存率。联合门静脉切除的肝门部胆管癌切除能否使病人受益的问题仍有待于进一步的大样本多中心前瞻性研究。

联合肝动脉的肝门部胆管癌切除术的争议主要是肝动脉切除后是否重建。部分学者认为肝动脉切除后不需重建，动脉重建后有可能发生吻合口出血、血栓形成等并发症，尤其对于肿瘤较大、已经包绕肝动脉者，肝动脉可能已经闭塞，其所供应的肝脏和胆管已经代偿。由于肝内外胆管的主要血供来自于肝动脉，大多数的学者仍主张行肝动脉切除后重建。理由是在肝十二指肠韧带骨骼化的过程中，肝脏周围的动脉交通支几乎全部被破坏，此时切断肝动脉后侧支循环的重建与单纯肝动脉结扎后侧支循环可以快速重建不同，很难短期内建立。因此肝内外胆管要经历较长时间的肝动脉缺血期，这会影响到胆肠吻合口的愈合，严重者可出现吻合口漏和肝脓肿形成。有学者报道，行肝动脉切除术后未重建者，术后胆管并发症发生率为100%，包括胆肠吻合口漏、肝脓肿等；而行动脉重建者，并发症的发生率仅为20%。因此，肝动脉切除后即时重建，恢复肝脏动脉供血，对术后肝功能的恢复，减少并发症的发生有着重要的意义。对于肝动脉切除后无法重建者，可行门静脉动脉化，将肝动脉的断端与门静脉的侧壁行端侧吻合，以达到恢复肝脏动脉血供的目的，此方法是否可以奏效，尚待进一步验证。

（二）不能手术切除的肝门部胆管癌的治疗[44]

多数未能手术切除的病人并非死于肿瘤的广泛转移，而是长期胆管梗阻所致的肝、肾功能进行性损害或胆管感染、肝脓肿等并发症。不能切除的HCC外科治疗的目的是有效解除胆管梗阻，梗阻一经解除，病人肝功能可有较快好转，一般情况可有较快改善。梗阻的解除应当根据个体化的原则选择，即根据梗阻程度、部位、左右肝管受累的部位选择相应的方法。无论选择何种方法，应当依据胆管引流维持时间长，再梗阻发生率低、易于管理的原则。对于不能耐受手术探查的病人，以及术前判断病期较晚，不能手术切除者，可以考虑以微创手段解除胆管梗阻。

1. 经皮肝穿刺胆管引流术（PTCD）

PTCD是经皮肝穿刺置管入胆管引流胆汁，不足之处是大量胆汁流出，水、电解质紊乱，消化道功能受到严重影响，且外引流的连接袋给病人生活带来诸多不便，而且容易脱落和阻塞，导管维护麻烦。

2. 内镜下支撑管置入胆管引流术 内镜下胆管支撑管内引流术具有创伤小、并发症少、疗效明显等优点，但由于肝门部胆管癌梗阻位置较高，有时经内镜下置入支撑管难度大。且内支撑管的有效期较短，容易被胆泥堵塞，换管困难。

3. 经皮肝穿刺胆管内支架引流 金属内支架胆管引流术效果可与手术内引流术相媲美，并具有以下优点。①创伤小：用较细的导引导管就可植入较大直径的支架；②对胆管壁有持久的扩张力：对于高位胆管梗阻有较大的优势。胆管内支架通过扩张狭窄胆管，而不伤及肝门结构；③胆管支架属于微创治疗：减轻病人心理负担，方便病人的日常生活和工作，缩短住院时间，提高了生存质量。金属内支架置入的并发症包括出血、胰腺炎、反复逆行胆管感染、局限性胆汁性腹膜炎、腹腔积液沿腹壁穿刺口溢出[45,46]。膨胀性金属支架的有效期平均时间为10个月左右，为缓解再梗阻可以通过球囊扩张或再次置入。

4. 肝移植 大多数学者赞成胆管癌应首选根治性切除；对于未发生远处转移的又无法根治性切除的胆管癌病人能否采取肝移植尚存在一定争论[45]。支持者认为，全肝切除或同时联合上腹部多脏器切除提高了肝门部胆管癌根治性切除率，使一部分通过常规手术无法根治切除的肝门部胆管癌病人获得延长生命、甚至长期生存的机会，其效果远远优于姑息性治疗，病人的生活质量也能得到很大改善，目前肝移植术后存活时间最长的就是一例胆管癌病人；而反对者则认为，迄今为止，肝移植治疗胆管癌的长期生存率要明显低于其他病因的肝移植，目前供体严重短缺，应把供肝优先给予良性肝病和复发率较低的早期肿瘤病人。与肝切除术相比，肝移植治疗肝门部胆管癌主要有以下3个优势：①能够完整去除肿瘤，真正做到根治性切除；②能够充分移出肝门部所有的神经、淋巴组织和血管，减少肿瘤复发的机会；③避免了肝切除可能会带来的残余肝脏功能衰竭。国外学者对肝门部胆管癌病人行原位肝移植，术后1、3、5年的生存率为82%、53%、30%，国内也报道了类似的结果[46]。何晓顺等[47]对于弥漫于整个胆管的肝门部胆管癌进行原位肝移植加胰十二指肠切除的手术方法，并取得了较满意的疗效，提示肝移植在肝门部胆管癌的治疗中有可能发挥更重要的作用。但供肝短缺的问题制约了其发展。

总之，肝门部胆管癌仍是目前外科学领域治疗的重点和难点，各种治疗新观念的提出和外科手术技术的不断进步已经使其治疗效果有了巨大进步，但与其他消化道肿瘤相比，其总体治疗效果仍较差，尚待于进一步的临床研究[48]。

三、胰腺癌诊治进展

（一）胰腺癌的实验研究

^{125}I粒子组织间近距离放射疗法是治疗肿瘤的一种有效方法，其在胰腺癌治疗中的应用报道逐渐增多。动物实验表明^{125}I粒子组织间植入可显著抑制肿瘤生长，其作用机制为放射粒子直接杀死肿瘤细胞和诱导凋亡的双重作用[49]。

无嘌呤嘧啶核酸内切酶（APE）是DNA修复酶家族中的一员，APE同时还有氧化还原功能，也通常被称为氧化还原因子-1（Ref-1），研究发现APE/Ref-1

可能与胰腺癌化疗耐药性有关，并推测针对 APE/Ref-1 的靶向干预可能有助于提高胰腺癌的化疗敏感性[50]。

近年发现结直肠癌缺失（DCC）基因在胰腺癌中表达明显降低，倪晓光等[51]构建胰腺癌组织芯片，使用免疫组化法检测 DCC 蛋白表达情况，并分析其与肿瘤大小、分化程度、有无淋巴结转移以及 TNM 分期等临床病理学因素之间的关系，发现 DCC 在胰腺癌中的表达阳性率为17%（7/41），明显低于正常胰腺组织中的表达阳性率 87%（34/39）（$P<0.001$）；在Ⅲ期和Ⅳ期胰腺癌中的表达水平（0.25±0.71）显著低于Ⅰ期（1.39±2.63）和Ⅱ期（1.25±2.12）的表达水平（$P=0.032$），认为 DCC 蛋白在胰腺癌中表达降低或缺失是胰腺癌发生发展过程中的一个频繁发生的事件，免疫组化法检测 DCC 蛋白的表达对胰腺癌的预后评估具有重要意义。

胰腺癌的基因治疗现已成为研究热点，并有望成为新的治疗手段。胰腺癌缺失（DPC4）基因的突变或缺如往往导致癌细胞对 TGF-β 的生长抑制作用丧失应答，而 DPC4 基因转染 BxPC23 胰腺癌细胞后，可获得稳定表达，并可显著抑制胰腺癌细胞的生长和集落形成，下调癌细胞内 VEGF 基因的表达[52]。组织因子途径抑制物（TFPI）-2 是新近发现的一种丝氨酸蛋白酶抑制物，具有抗肿瘤和抑制肿瘤血管生成等生物学功能，是肿瘤发生、发展过程中的一个重要调节因子。研究发现 TFPI-2 基因转染后的 Panc-1 细胞生长受到抑制，阻滞于 G_0～G_1 期，早期细胞凋亡增加，细胞体外侵袭能力受到抑制[53]。

（二）胰腺癌的诊断进展

1. PET/CT 在胰腺癌诊断中的应用　正电子发射断层显像/计算机断层成像（PET/CT）技术，将功能成像与解剖成像同机精确融合，提供了最大限度的改善肿瘤的诊断、分期、远处播散灶的发现和定位的可能性。氟脱氧葡萄糖（FDG）是最常用的正电子显像示踪剂，但其并非肿瘤特异性显像剂，在传统诊断方法中存在假阳性和假阴性问题。王欣等[54]利用 CT 良性征象校正 FDG 假阳性的 PET/CT 综合分析方法对胰腺癌的诊断进行研究，该法以 PET 为主导，CT 具有否决权，利用 PET/CT 融合图像的精确对位，当浓聚热点相应 CT 表现为明显的良性病变征象时，无论 FDG 浓聚程度如何，均诊断为良性病变。CT 的良性征象、尤其是炎性渗出征象，对 FDG 假阳性有校正作用，通过这种校正能够提高 PET/CT 在胰腺癌诊断中的特异性和准确性。

2. CTA 在胰腺癌诊断中的应用　随着多层螺旋 CT 及高压注射器的广泛应用，胰腺癌 CT 检查及诊断有了长足的进步，现可以利用后处理软件进行动脉期及门静脉期胰周动静脉 CTA 成像，以显示胰周血管是否受侵。程万里等[55]使用多层螺旋 CT 对胰腺癌病人扫描后，进行动脉期和门脉期胰周主要血管 CTA 三维成像。以三维图像为主，对胰周血管是否受累进行判断及评价，并与手术对照。结果：手术病人 42 例，CTA 显示血管受侵 28 例，术中所见血管受侵 29 例。CTA 判断血管受侵敏感性为 96.4%，特异性为 85.7%，胰周血管是否受侵术前 CTA 判断与手术判断在统计学上没有差异。

术前 CTA 判断胰腺癌的胰周血管是否受侵对手术具有前瞻性指导意义。

3. 胰腺穿刺细胞学检查　王鹏等[56]分析了46例B超引导下胰腺穿刺细胞学检查的胰腺肿瘤病人的临床资料，穿刺结果为34例呈恶性、2例呈异型细胞、10例呈良性。其中34例恶性及2例异型细胞病人均被手术证实为恶性，10例良性中最终证实5例为良性、5例为恶性。11例穿刺后出现腹部轻微钝痛、均自愈，无出血、感染、胰腺炎或穿刺道种植等并发症。超声引导下细针穿刺诊断胰腺癌准确性高、并发症少，值得推广。张建伟等[57]对术前诊断为胰腺癌，术中细针穿刺细胞学检查为阴性33例的临床资料进行回顾性分析，发现其中30例为真阴性，仅3例为假阴性病人，可见术中细针穿刺细胞学诊断胰腺癌阴性预测值可达90%以上。

4. 胰腺肿瘤标志物　白晓枫等[58]回顾性分析105例胰腺癌病人，70例胰腺非外分泌恶性肿瘤以及30例胰腺良性疾病病人术前血清 CEA、CA19-9 和 CA242 水平，发现 CA19-9 对胰腺癌诊断的敏感性最高（80%），但其特异性明显低于 CEA 和 CA242（$P<0.01$）。CEA、CA19-9 和 CA242 水平不受肿瘤大小以及可切除性的影响（$P>0.05$），但在Ⅳ期胰腺癌病人中明显提高（$P<0.05$）。血清 CEA 和 CA19-9 的水平与病人的生存时间无明显的相关性，而血清 CA242 阳性的胰腺癌病人的生存时间较阴性病人的生存时间明显缩短（$P<0.05$）。提出 CA19-9 对胰腺癌的诊断阳性率优于 CEA 和 CA242，联合 CEA 和 CA242 明显提高诊断的特异性，三者水平明显升高提示病情进入晚期，血清 CA242 明显升高提示生存期短，预后差。

5. 影响早期诊断的因素　胰腺癌的早期诊断至今仍是医学界努力的目标。汪毅等[59]通过回顾性总结319例胰腺癌病人的临床特征，尤其是首发症状和首次就诊症状，发现73例病人在首次就诊时没有进行必要的辅助检查，102例病人被误诊。提示对出现腹痛、上腹不适、厌食、黄疸等症状的病人，要考虑到胰腺癌的可能，并进行有效的辅助检查，是发现早期胰腺、改善病人预后的重要措施。

（三）胰腺癌手术技术的改进

胰腺癌根治性切除是获得长期生存的惟一希望，为使一些原本无法根治性切除的胰头部巨大肿瘤病人得到手术治疗的机会，胡先贵等[60]对5例严重侵犯肠系膜上静脉或门静脉的胰头部肿瘤病人先行人造血管门-肠系膜上静脉重建的扩大胰十二指肠切除术，取得了手术成功，肿瘤平均直径4.8 cm，无手术死亡及严重并发症发生，平均手术时间260 min，术中平均出血1 570 ml，术后平均住院天数18天，中位生存时间为11.6个月（4～15个月）。本术式可以减少严重肠道淤血和肝脏缺血的发生，理论上能够降低手术过程中由于肿瘤挤压而导致肿瘤细胞门静脉系统播散的可能，不足之处是病人数较少。近年来，随着外科手术技术的提高及血管外科技术的应用，尤其人工血管的广泛使用，侵犯大血管的恶性肿瘤不再是手术切除的绝对禁忌证。刘颖斌等[61]总结了61例侵犯重要血管的胰头癌的临床资料，其中侵犯门静脉11例，侵犯肠系膜上血管13例，侵犯门静脉和肠系膜上血管12例，侵犯其他血管但无广泛转移者13例，广泛转移者12例；其中20例行单纯胰十二指肠切除术，4例联合血管切除的胰十二指肠切除术，2例行联合血管切除的全胰切除术，其余行Roux-en-Y胆肠内引流术。全组无手术死亡；作者认为：对于侵犯重要血管的胰头癌，应积极采用联合血管切除的胰十二指肠切除手术，以改善病人的生活质量和延长生存时间。

胰头癌侵犯门静脉或肠系膜上静脉现可以采用联合血管切除的胰十二指肠切除术，如切除血管段较长，需采用血管移植。人造血管虽可根据情况选择不同长度、口径，但抗感染力差，费用昂贵，需长期抗凝，远期血管通畅率低于自体血管，自体腹外血管如颈内静脉、大隐静脉或髂外静脉等虽抗感染力强，但准备移植血管需另辟手术切口，增加了手术创伤，彭程宏等[62]对3例胰头癌病人在胰十二指肠切除术中采用自体脾静脉重建门静脉系统。术中门静脉阻断时间分别为52、38和30min，术后B超随访无脾肿大、腹腔积液等情况，门静脉流量均正常，术后CTA复查显示重建的血管血流通畅，无血栓形成或狭窄，术后生活质量得到明显改善，黄疸消失，肝功能正常，提出在联合PV/SMV切除的胰十二指肠切除术中采用自体脾静脉替代门静脉系的移植是可行的。

（四）胰腺癌的物理治疗

1. 胰腺癌的射频治疗　射频治疗在肝癌的治疗中取得了很好的疗效，近年来有学者将其应用于胰腺癌的治疗并取得了较好的疗效。谢敏等[63]对14例不能手术的晚期胰体尾癌行术中超声引导下射频消融治疗，所有病人均在术中超声引导下避开大血管进行消融治疗，在超声图中见到胰腺组织明显气化，肉眼观察到胰腺组织明显碳化，病理活检为凝固性坏死，所有病人均无出血、感染、胰瘘等并发症发生，术后癌性腹痛均立即明显缓解，其中5例生存6～11个月，平均9.2个月，9例仍带瘤生存（随访1～18个月）。预示术中超声引导下射频消融治疗晚期胰体尾癌是一种安全有效的姑息性疗法。

2. ^{125}I粒子植入　杨文彬等[64]选择胰腺癌病人50例，分为内放射治疗组30例行^{125}I放射粒子植入，有梗阻症状者、行胆-肠吻合术和胃-空肠吻合术；对照组20例，均行单纯剖腹探查或胆-肠吻合术和或胃-空肠吻合术。观察肝、肾功能和总胆红素变化、肿瘤大小变化、并发症发生情况、腹痛和背痛变化等。结果：两组总胆红素术后4周时均接近正常，肝功能明显改善，手术前后比较差异均有统计学意义；粒子植入组病人手术前后腹痛和腰痛明显改善，有效率100%，完全缓解率97%；粒子植入组肿瘤直径有缩小趋势，对照组无明显变化；两组病人均无吻合口瘘、胆瘘、胰瘘、腹腔出血和腹腔感染。结论：粒子植入对不可切除的胰腺癌具有确定疗效，不仅可以明显延长病人生存期，提高生活质量，而且对胰腺癌引起的疼痛有明显的缓解效果。对于术前已经明确肿瘤无法切除并黄疸的病人，为了达到以最小的创伤取得尽可能大的疗效的目的，朱立东和陈孝平[65]采用CT导引下^{125}I粒子植入联合经皮肝穿刺胆管内支架置入治疗胰头癌21例，病灶平均直径5.2（2.2～8.3）

cm、均伴黄疸、无手术指证。经皮肝穿刺胆管内支架置入后2周左右采用计算机立体定位计划系统（TPS）计算布源，在CT导向下将^{125}I粒子植入胰腺瘤灶内，采用（2.2～3.3）×10^7GBq活度^{125}I粒子相隔（1.0～1.5）cm平面播植。结果：黄疸明显消退18例，不明显3例。腹痛13例中，5例疼痛完全缓解，6例部分缓解，2例无效，4～9 d疼痛缓解。粒子植入后2个月CT复查，CR 5例，PR 9例，NC 5例，PD 2例，总有效率（CR+PR）66.7%。4例死于局部复发，2例死于远处转移，全组中位生存时间11个月。疗后2个月4枚粒子（3例）迁徙至肝脏内，白细胞轻度下降1例，未见胰瘘、胰腺炎、肠出血、腹腔内脓肿等严重并发症。结论：CT导引下放射性粒子植入联合胆管内支架置入治疗中晚期胰头癌创伤小，并发症发生率低，是一种有效的姑息治疗方法。

3. 三维适形放疗　三维适形放疗作为一种姑息性治疗方法和传统放疗相比具有定位精确、聚焦照射靶区剂量高、靶区周围正常组织受照射剂量低等优势，对局部晚期胰腺癌取得了较好的疗效。石玉生等[66]对43例晚期胰腺癌病人采用负压成形垫进行体位固定，螺旋CT定位，三维治疗计划系统3D-TPS模拟治疗计划，单次照射剂量5～6 Gy，3次/周，总剂量45～54 Gy/8～10 F/18～23 d，结果放疗后缓解腹、背痛的总有效率达到95.13%，完全缓解率83.4%；肿瘤退缩率88.4%，完全消退34.9%，中位生存期13.7个月，2年生存率20.9%，病人可很好地耐受治疗，并发症较少，因此认为低分割照射局部晚期胰腺癌，靶区单次剂量大，对肿瘤杀伤作用强，而靶区周围正常组织剂量低，放射反应小，疗效肯定。吴慧等[67]对38例Ⅲ期、Ⅳ期胰腺癌病人采用电动多叶光栅和三维治疗计划系统进行肿瘤局部适形放疗，根据WHO实体瘤疗效评价标准，近期总有效率86.8%，认为三维适形放疗对于晚期胰腺癌的近期疗效显著，是缓解病人症状，使肿瘤局部控制的有效治疗方法。

于清蕊等[68]对34例胰腺癌病人给予适形放疗，每次2 Gy，5次/周，总剂量50～70 Gy；热疗2次/周，每次60～90 min，共计6次，结果显示82.4%的病人胸背痛明显缓解，临床受益反应有效率91.2%；放疗后2个月复查CT，肿瘤缩小>25%者76.5%；1、2年生存率分别为38.2%和20.6%，初步认为适形放射治疗联合热疗对晚期胰腺癌疗效较好，并发症少，可显著提高病人生活质量。

（五）胰腺癌的化学治疗

近年来随着化疗药物、给药途径及化疗方案的改进，化疗对中晚期胰腺癌的疗效有所提高，并适当延长了病人的生存期。

目前静脉应用吉西他滨已成为中晚期胰腺癌的全身化疗的标准治疗，且近年发现吉西他滨固定剂量率输注可以进一步提高疗效。谢德荣等[69]通过Meta分析，探讨吉西他滨固定剂量率输注（FDR）联合奥沙利铂（GEMOX）治疗晚期胰腺癌的价值，共筛选出2个随机对照试验，涉及869例，分析结果显示与GEM组比较，GEMOX组半年生存率提高9%（95% CI 0.13～0.16，P=0.005），1年生存率提高5%（95% CI 0.01～0.11，P=0.008），客观有效率提高6%

(95% CI 0.02~0.10, P =0.006)；严重并发症率并无显著增加，现有证据提示GEM固定剂量率输注联合奥沙利铂组成的GEMOX方案治疗晚期胰腺癌可能有较好的应用前景，值得进一步的临床试验。谢德荣等[70]通过Meta分析，探讨吉西他滨（GEM）与卡培他滨（CAP）联合化疗方案（GEMCAP）治疗晚期胰腺癌的价值，治疗组为GEMCAP方案，对照组为GEM单药化疗的晚期胰腺癌随机对照试验为研究对象，从316篇文献中筛选出符合纳入标准的3个RCT，涉及932例，GEMCAP联合化疗与GEM单药化疗相比，联合化疗组半年生存率提高7%（RD=0.07，95% CI 0.01~0.13，P =0.03)，客观缓解率提高6%（RD=0.06，95% CI 0.02~0.10，P =0.004)；3/4度手足综合征增加2%（RD=0.02，95% CI 0.00~0.04，P =0.02)，其他不良反应两组差别无统计学意义，结论：GEMCAP方案治疗晚期胰腺癌，可以改善病人的半年生存率，没有明显增加不良反应。现有的证据支持GEMCAP方案用于晚期胰腺癌的一线治疗，值得进一步临床研究。

（六）胰腺癌的综合治疗

1. 区域化疗联合热疗　内生场热疗是利用高频电流在人体深部组织选择性地产生一种内生场，并产生内生热，达到治疗肿瘤的目的，此外热疗还可促进一些化疗药物的细胞毒作用，发挥化疗增敏作用。许林锋等[71]对18例中晚期胰腺癌者采用经动脉灌注吉西他滨1 000 mg/m^2，之后再行内生场热疗，热疗同时经动脉灌注卡铂400 mg/m^2，热疗后用输液泵经动脉留置管灌注5-Fu1 g，连用2天，结果显示客观缓解率为22.2%，临床受益反应为44.4%，1年累积生存率为33.33%，中位生存期为11个月，认为经动脉灌注吉西他滨和5-Fu联合内生场热疗治疗中晚期胰腺癌可获得较好的临床疗效，病人耐受良好。

2. 化疗联合^{125}I粒子植入　李玉亮等[72]将43例进展期胰腺癌病人随机分成^{125}I粒子植入+吉西他滨（GEM）治疗组（A组，n =18）和单纯吉西他滨化疗组（B组，n =25)。结果显示CR+PR率A组为61.1%，B组为32.0%（P <0.05)。临床受益反应率A组为72.2%，B组为40.0%（P <0.05)。3、6、12、18个月生存率A组为100%、94.4%、72.2%、61.1%，B组为100%、76.0%、32.0%、12.0%（P < 0.05)。结论：^{125}I+GEM能缓解疼痛，改善APC病人的生存质量，提高生存率。

3. 化疗联合伽马刀治疗　潘德键等[73]对18例晚期胰腺癌病人均采用健择1 000 mg/m^2，第1、8天静脉输注，21天为1个周期治疗6个周期。第1个周期化疗的第2天行伽玛刀治疗，等剂量曲线为55%~70%，肿瘤≤5cm的单次周边剂量4.0~5.5 Gy，肿瘤>5 cm的单次周边剂量3.0~4.0 Gy，治疗总剂量为32~48 Gy，治疗次数为8~12次，6次/周。结果全组18例共完成96个周期化疗，3个月后CT检查：CR 3例（17%)、PR 4例（22%)、NC 10例（56%)、PD 1例（5%)，中位生存期11.8个月，临床受益反应17/18（94%)。主要不良反应是白细胞、血小板下降，健择单药联合伽马刀治疗不能手术的晚期胰腺癌具有较好的耐受性和疗效。

4. 区域化疗联合适形放疗　高飞等[74]对32例病人先行TAC治疗1～3次，健择1 600～1 800 mg，顺铂80～100 mg。1～2周后行3D-CRT，单次量为2.0 Gy，1次/d，肿瘤量55～60 Gy。结果：CR 1例、PR 12例、NC 4例、PD 4例，有效率（CR+PR）为40.6%；1、2年生存率分别为46.87%、28.1%；病人疼痛完全缓解29例，缓解率90.6%。结论：对不能切除的胰腺癌行3D-CRT与动脉灌注化疗结合是治疗局部进展期胰腺癌的有效方法。

（七）老年胰腺癌的治疗

近年来，老年人胰腺癌的发病率呈上升趋势，老年病人由于自身生理功能的减退，耐受性差，普遍认为不适合手术治疗，而化疗效果有限，为探讨这一特定人群胰腺癌的生存情况及其相关预后因素，王鹏等[75]对81例70岁以上胰腺癌的各种临床参数、主要治疗方及生存时间进行分析，结果：6个月、1年和2年生存率分别为50.2%、19.2%和3.2%，中位生存时间（MST）为6.2个月；接受根治术的病人MST为26.5个月，单纯化疗病人MST为6.6个月，放疗+化疗者MST为5.7个月，支持治疗者MST为3.4个月，单纯化疗和放疗+化疗相比，MST：Ⅲ期8.1个月和11.3个月，Ⅳ期6.2个月和3.9个月；卡氏评分（KPS）≤80分和有远处转移为预后不良的独立危险因素，老年胰腺癌病人早期手术切除可获得较长的生存期，对于一般情况良好者应考虑给予适当化疗，Ⅲ期病人可加用胰腺局部放疗，Ⅳ期病人胰腺局部放疗并未显示益处。

（八）胰源性门静脉高压症

医源性区域性门静脉高压症是因胰腺疾病累及门静脉系统，血液回流障碍所致，占全部门静脉高压症的4%～5%，是目前惟一可治愈的门静脉高压症。唐宇等[76]回顾性分析了67例胰源性门静脉高压症的病人的临床资料，发现原发病以慢性胰腺炎（27例）和胰腺肿瘤（23例）居多，其他的还有胰腺假性囊肿10例、急性胰腺炎3例、胰腺结核、胰周囊肿、胰腺外伤和自身免疫性胰腺炎各1例。临床表现以脾肿大（63例）和上消化道出血（51例）为主。治疗方法可采用手术，包括脾切除加或不加门奇断流、部分或全胰切除、假性囊肿引流或采用药物治疗。

（九）胰腺癌的预后及影响预后的因素

影响恶性肿瘤预后因素的研究始终是一个热点，陆嘉等[77]随访54例根治性胰体尾癌切除术病人，用寿命表法进行生存率分析，1、2、3年生存率分别为68.8%、56.1%、34.2%，中位生存期为23.6个月，有局部淋巴结转移，神经侵犯病人的术后1年生存率显著低于无局部淋巴结转移、无神经侵犯者（$P<0.05$），提示胰体尾癌局部淋巴结转移和神经侵犯与预后有密切联系。壶腹周围癌和胰头癌均采用胰十二指肠切除手术，但两者预后有很大的差别。黄克俭等[78]回顾性分析了68例因胰头癌、壶腹部癌行胰十二指肠切除术病人的临床病理资料，统计分析显示胰头癌和壶腹部癌的1、2、3年生存率分别为37%、12%、12%和60%、38%、31%。单因素分析提示胰头癌病人的临床分期、肿瘤大小、淋巴结转移及输血量与预后有关（$P<$

0.05)；壶腹部癌病人的各观察指标与预后的关系无统计学意义。多因素分析提示输血是胰头癌的独立预后因素；壶腹部癌病人无明确的影响预后的独立因素。结论：加强围手术期处理有助于改善胰头癌病人的预后。

参考文献

1 彭振维，陈敏山．微小肝癌的诊断与治疗进展中国实用外科杂志，2007，27：166～167.

2 刘颖斌，朱锦辉，彭淑牖．肝硬化合并微小肝癌的诊断和治疗．中国实用外科杂志，2006，26：665～667.

3 杨广顺，杨宁．肝脏深部微小肝癌的处理．中国实用外科杂志，2006，26：664～665.

4 王捷，唐启斌肝切除术中肝切除量的探讨．中国实用外科杂志，2007，27：58～60.

5 温敏杰，徐波，夏金堂．腹腔镜技术在肝脏外科中的临床应用体会．中山大学学报（医学科学版），2007，28：132～133.

6 蔡秀军，王一帆，梁霄，等．区域性血流阻断技术在腹腔镜肝脏切除术中的应用．中华外科杂志，2006，44：1307～1309.

7 江文枢，卢榜裕，蔡小勇．腹腔镜左半肝切除术 28 例报告．中国实用外科杂志，2008，28：128～129.

8 蔡秀军，王一帆，戴益，等．腹腔镜肝切除术并发症防治．中国实用外科杂志，2008，28：73～74.

9 李虎城，刘吉奎，王红梅．经多种途径射频消融术治疗肝脏肿瘤．中华普通外科杂志，2006，21：893～894.

10 李成利，孙军燕，武乐斌，等．影像技术导引下肝脏恶性肿瘤的微创治疗新进展，2007，23：401～404.

11 杨甲梅．肝尾状叶肿瘤切除及术中大出血的预防．中国实用外科杂志，2007，27：918～919

12 孙铁为，吴德全，孙士波，等．原发性巨大肝癌的综合治疗 186 例分析．哈尔滨医科大学学报，2007，41：601～603.

13 翟博，徐爱民，陈夷，等．射频消融在较大原发性肝癌中的应用．第二军医大学学报，2007，28：651～655.

14 俞武生，郭荣平，石明，等．难以根治性切除大肝癌经皮肝动脉化疗栓塞术后二期切除的疗效分析．中山大学学报（医学科学版），2007，28：709～713.

15 邓美海，钟跃思，刘波，等．手术切除联合术中射频治疗多病灶肝癌．中华外科杂志，2006，44：1068～1069.

16 戴卫东，胡继雄，钟德，等．肝蒂联合右肝静脉阻断在巨块型肝癌切除中的应用．中国实用外科杂志，2007，27：891～892.

17 唐志全，黄平，孙槟，等．动脉化疗栓塞术治疗 126 例原发性肝细胞肝癌的疗效观察．中国实用内科杂志，2007，27：1964～1965.

18 窦科峰，李宝定．肝癌综合治疗的有关问题．中华外科杂志，2006，44：1011～1014.

19 许建伟，赵文娟．原发性肝癌自发破裂出血的临床分析（附 42 例报告）．南京医科大学学报，2007，27：1339～1340.

20 朱立新，耿小平，范上达．肝癌自发性破裂病因探讨．中华外科杂志，2004，42：1036～1039.

21 梁浩晖，王成友．原发性肝癌破裂出血的诊断和治疗．肝胆外科杂志，2004，12：136～138.

22 许业传，熊奇如，耿小平．肝切除术治疗肝癌自发性破裂出血．中国普通外科杂志，2005，14：516～518.

23 潘泽亚，施建军，黄罡，等．第一肝门区肝癌切除术胆道并发症的防治．第二军医大学学报，2007，28：691～693

24 朱科明，陈辉，江来，等．肝癌切除术后早期低氧血症的原因及治疗．第二军医大学学报，2007，28：690～691.

25 范永刚．肝癌合并门静脉高压症的联合手术治疗．南京医科大学学报，2007，27：373～375.

26 刘滨伟，易喜贤．原位肝移植治疗原发性晚

期肝癌临床分析. 军医进修学院学报, 2007, 5:400~401
27 陈新国, 朱晓丹, 李威, 等. 肝移植治疗原发性肝癌88例临床分析. 中华肿瘤杂志, 2006, 28:628~631.
28 杨宁, 杨广顺, 邵卓, 等. 原发性肝癌切除术后复发的肝移植治疗. 中国实用外科杂志, 2007, 27:217~220.
29 千年松, 窦科峰. 肝移植治疗原发性肝细胞癌的临床研究进展. 第四军医大学学报, 2007, 28:567~569.
30 黄志强. 当今胆道外科的发展与方向. 中国现代普通外科进展, 2007, 10:93~95.
31 程红岩, 李斯婕. 非创伤性影像学诊断胆管癌. 实用肿瘤杂志, 2007, 22:101~103.
32 徐智. 肝门部胆管癌的影像学诊断及评价. 中国实用外科杂志, 2007, 27:356~358.
33 彭承宏, 王小明. 肝门部胆管癌的临床分期与分型及其评价. 中国实用外科杂志, 2007, 27:354~356.
34 张永杰. 肝门部胆管癌外科术式选择及评价. 中国实用外科杂志, 2007, 27:808~818.
35 张永杰. 肝门部胆管癌外科诊疗过程中值得关注的若干问题. 肝胆胰外科杂志, 2007, 19:67~69.
36 曹利平, 汪亮, 彭淑墉. 肝门部胆管癌根治性手术的难点和对策. 中国实用外科杂志, 2007, 27:361~363.
37 姜洪池, 陆朝阳. 肝门部胆管癌联合尾状叶根治性切除. 中国实用外科杂志, 2007, 27:364~366.
38 孙备, 陆朝阳, 姜洪池. 肝门部胆管癌的临床病理特征与预后. 中国实用外科杂志, 2007, 27:408~410.
39 彭宝岗, 何强. 不同部位胆管癌的临床病理特征和诊治进展. 中国实用外科杂志, 2007, 27:414~416.
40 蔡秀军, 沈波. 肝门部胆管癌术中淋巴结清扫, 实用肿瘤杂志, 2007, 22:366~367.
41 吕新生. 肝门部胆管癌的诊断和治疗. 中国普通外科杂志, 2007, 16:161~166.
42 张忠涛, 郭伟. 肝门部胆管癌肝动脉或门静脉受累的处理. 中国实用外科杂志, 2007, 27:367~370.
43 汪谢丹, 郑启昌, 胡青刚. 肝门部胆管癌根治术肝动脉重建17例分析. 中华普通外科杂志, 2007, 22:401~403.
44 窦科峰, 王德盛. 不能切除的肝门部胆管癌治疗方法的选择. 中国实用外科杂志, 2007, 27:370~372.
45 朱继业, 王东. 肝移植能否用于治疗胆管癌. 国际外科学杂志, 2007, 34, 278~281.
46 梁廷波, 郑树森, 施乾锋, 等. 原位肝移植治疗 Klatskin 瘤的价值. 中华外科杂志, 2005, 15:972~975.
47 何晓顺, 张劭, 朱晓峰, 等. 原位肝移植联合胰头十二指肠切除根治肝门部胆管癌. 中华外科杂志, 2006, 5:302~305.
48 田雨霖. 肝门部胆管癌国内外科治疗40年回顾. 中国实用外科杂志, 2007, 27:347~350.
49 蔡振寨, 刘岩, 刘军楼, 等. [125]I粒子组织间植入治疗胰腺癌的实验研究. 胰腺病学, 2007, 7(6):384~386.
50 熊光苏, 吴叔明, 徐晓晶, 等. 吉西他滨对人胰腺癌 Patu~8988 细胞株 APE/Ref-1 的诱导作用. 世界华人消化杂志, 2007, 15(12):1425~1428.
51 倪晓光, 赵平, 王贵齐, 等. 应用组织芯片技术研究 DCC 蛋白在胰腺癌中的表达及意义. 肿瘤, 2007, 27(10):813~817.
52 沈伟, 李德春, 朱兴国, 等. DPC4/Smad4 基因转染对胰腺癌细胞体外生长. 中国普通外科杂志, 2007, 16(10):962~967.
53 孙振阳, 汤志刚, 胡何节, 等. TFPI-2 基因对胰腺癌 Panc-1 细胞增殖和侵袭能力的影响. 山东医药, 2007, 47(21):21~23.
54 王欣, 于丽娟. 18F-FDGPET/CT 综合分析法在胰腺癌诊断中的价值. 中国医学影像技术, 2007, 23(11):1709~1712.
55 程万里, 刘光华, 韩希年. 多层螺旋CT血管造影对胰腺癌侵犯胰周血管的判断. 医学影像学杂志，2007，17（7）：695～699.

56 王鹏，刘鲁明，孟志强. 超声引导细针穿刺细胞学检查在胰腺癌诊断中的应用. 临床肿瘤学杂志，2007，12（12）：915～918.

57 张建伟，王成锋，赵平. 术前诊断为胰腺癌术中细针穿刺细胞学检查阴性结果病人分析. 中国实用外科杂志，2007，27（7）：537～539.

58 白晓枫，倪晓光，赵平. 血清CEA、CA19-9和CA242单独和联合检测在胰腺癌诊断和预后中的价值. 中国医刊，2007，42（6）：25～28.

59 汪毅，赵平，单毅. 影响胰腺癌早期诊断的临床因素319例分析. 中国肿瘤，2007，16（1）：57～59.

60 胡先贵，金钢，张怡杰，等. 先行门-肠系膜上静脉重建的扩大胰十二指肠切除术. 外科理论与实践，2007，12（3）：218～220.

61 刘颖斌，马孝明，李江涛，等. 侵犯重要血管的胰头癌切除的可行性探讨. 外科理论与实践，2007，12（3）：221～224.

62 彭承宏，程东峰，沈柏用，等. 自体脾静脉移植在门静脉和肠系膜上静脉联合切除的胰十二指肠切除术中的应用. 外科理论与实践，2007，12（3）：213～217.

63 谢敏，包善华，张炜炜. 术中超声引导下射频消融治疗晚期胰体尾癌的临床研究. 胰腺病学，2007，7（2）：72～74.

64 杨文彬，曹罡，王永恒，等. ^{125}I放射性粒子植入治疗无法手术切除的胰腺癌疗效分析. 中华肿瘤防治杂志，2007，14（16）：1244～1246.

65 朱立东，陈孝平. ^{125}I粒子植入联合经皮肝穿刺胆管内支架置入治疗胰头癌的临床研究. 中国现代普通外科进展，2007，10（2）：160～163.

66 石玉生，邓晓刚，闫卫平，等. 低分割适形放疗治疗局部晚期胰腺癌43例. 广东医学，2007，28（6）：938～940.

67 吴慧，邱荣良，李定杰，等. 三维适形放射治疗晚期胰腺癌近期疗效分析. 中国肿瘤临床与康复，2007，14（4）：325～326.

68 于清蕊，祝沈冬，段宏燕，等. 适形放射治疗联合热疗治疗晚期胰腺癌的疗效及临床受益反应观察. 中华肿瘤防治杂志，2007，14（11）：859～860.

69 谢德荣，梁汉霖，杨琼，等. 吉西他滨固定剂量率输注联合奥沙利铂一线治疗晚期胰腺癌的Meta分析. 癌症，2007，26（8）：895～899.

70 谢德荣，梁汉森，杨琼，等. 吉西他滨联合卡培他滨一线治疗晚期胰腺癌的Meta分析. 世界华人消化杂志，2007，15（16）：1868～1871.

71 许林锋，洪国斌，陈耀庭，等. 经动脉灌注吉西他滨和5-氟尿嘧啶联合热疗治疗中晚期胰腺癌的临床分析. 中华肿瘤防治杂志，2007，14（16）：1247～1249.

72 李玉亮，王永正，王晓华，等. 动脉灌注吉西他滨联合^{125}I粒子胰腺内植入治疗进展期胰腺癌. 山东大学学报（医学版），2007，45（4）：393～396.

73 潘德键，王标，周锡建，等. 健择单药联合伽玛刀治疗18例晚期胰腺癌疗效观察. 中国肿瘤，2007，16（9）：741～743.

74 高飞，尹小祥，赵莺，等. 介入化疗加三维适形放疗治疗胰腺癌的疗效. 现代肿瘤医学，2007，15（11）：1636～1637.

75 王鹏，刘鲁明，孟志强，等. 70岁以上老年胰腺癌病人的治疗及临床回顾性分析. 中华老年医学杂志，2007，26（12）：922～925.

76 唐宇，欧朱美朵，马洪升. 医源性区域性门静脉高压症67例临床分析. 山东医药，2007，47（32）：97～98.

77 陆嘉，楼文晖，吴文川，等. 54例胰体尾癌根治术后生存率分析. 外科理论与实践，2007，12（3）：234～236.

78 黄克俭，裘正军，江弢，等. 影响胰头、壶腹部癌病人胰十二指肠切除术后生存的因素. 胰腺病学，2007，7（5）：294～296.

近半世纪胃癌外科治疗的变革与现状

陈峻青

中国医科大学附属第一医院 沈阳 110001

1881 年 Billroth 首例胃癌切除成功后，随着外科学与肿瘤学的迅猛发展，历经六七十年的努力，胃癌外科治疗已从安全关走出。他是遵循着认识论的实践、认识，再实践、再认识的规律，尤其是胃癌的手术切除范围也是经历了一个从小到大，直到过大，再缩小，再选择性的扩大的“钟摆”现象的实践认识过程，已由认识偏颇逐渐走向合理。本文简要叙述、分析近半世纪胃癌外科治疗的发展变革历史，以期对当今的治疗原则，合理选择手术适应证、术式，以及某些具体技术的操作，以获得一个发展的、完整的了解，能科学地、合理地掌握胃癌的现代外科治疗。

一、1950～1970 年：胃癌切除范围从纷争中获得基本共识

时迄上世纪 50 年代前后，许多学者认识到胃癌外科治疗的主要任务是将癌肿完全切除和彻底清除胃周淋巴结。但究竟将胃切除多少才能将癌肿完全切除争论较大，如何彻底清除胃周淋巴结更是一个复杂问题。当年，Lahey[1]、Longmire，Pack[2] 和我国顾恺时[3] 等均遵循当时癌肿根治切除原则，即不论癌肿大小和病期早晚，均应切除罹患癌肿整个脏器的原则。对胃癌根治切除亦应像乳癌行 Halsted 手术、直肠癌行 Miles 手术的行全胃切除术。更有甚者，Brunschwig[4] 等主张所有胃癌应行全胃联合脏器切除术。我国傅培彬[5] 等 1965 年亦发表过类似报道。

约经十年时间，到 1960 年前后，全胃切除治疗胃癌的病人数已为数不少，术后也经过了一定时间。虽然全胃切除与大部胃切除的手术死亡率无明显差别，但更多学者们[6] 已看到全胃切除给病人带来不少痛苦，甚或是致残的症候，如营养不良、反流性食管炎、无胃或倾倒综合征、贫血等代谢障碍等问题。另一方面，从临床病理资料[2,7～9] 分析，全胃切除并不能提高胃癌的治疗效果，并初步认识到胃癌的病理生物学特点，如大体型、生长方式、淋巴结转移、浆膜受侵等才是影响胃癌疗效的重要因素。国内外学者近乎取得共识，诸如完全性的切除胃原发癌；行全胃或大部胃切除；彻底清除胃周淋巴结；切除大网膜乃是胃癌外科治疗的原则。适应全胃切除术的病人约占全部胃癌病人的 1/3。同时指出，当时以治疗溃疡病的胃切除方法治

疗胃癌是不适宜的。

二、近半世纪早期胃癌治疗的变革

上世纪50年代前，胃癌外科治疗的5年存活率为20%上下[7,10]。当时病人病期较晚是重要原因。之后，对胃癌所属淋巴结的清除经历了较长的研究历史，直到1962年日本出版了首版胃癌处理规约，肯定了胃癌行彻底淋巴结清除术可明显提高5年存活率。D2清除术获得了日本国家科技奖（state-of-the-art）[11]。同时亦确定不论病期早晚，D2清除术是胃癌的标准根治术。时迄1980年代，经过近20年来观察、研究了大量病人，许多学者报道早期胃癌淋巴结转移（-）者居多，尤其M癌转移率仅为0%～3.0%，即使转移（+）多数亦在第Ⅰ站。提出统一规定早期胃癌均行D2清除术并无必要。于是不少学者首先对高龄、并存疾病多、体弱的早期胃癌病人施行了缩小手术。术后结果证实早期胃癌缩小手术与标准D2清除术5年存活率无明显差别。我国以中国医科大学附属第一医院资料为例[12]，1972年1月～2005年8月早期胃癌行缩小手术108例与D2或D2以上清除术217例，术后5年存活率两组分别为94.0%与96.0%，10年内复发率为13.0%与9.0%，两组间差异均无显著意义（$P>0.05$）。

（一）缩小手术

日本胃癌学会于2001年3月制定的《胃癌治疗指南》[13]其中正式提出缩小手术的名称、种类与适应证。

缩小手术的种类、适应证与方法：按淋巴结清除范围、术式分为缩小手术A与缩小手术B。缩小手术A的适应证是ⅠA期（M、SM癌，N_0）病人中不适宜EMR治疗者，或分化型、癌直径小于1.5cm的SM癌。清除范围是，不论肿瘤部位，行D1+No.7或下部胃癌行D1+No.7、8a。缩小手术B的适应证是ⅠB期病人中的SM癌，无淋巴结转移，或T_1N_1，而T_1直径在2.0cm以下。清除范围是D1+No.7、8a、9。胃切除可采用传统的开腹术或腹腔镜下部分胃切除、胃节段切除术。为了提高生存质量可行保存幽门胃切除术和保存迷走神经手术。早期胃癌保存迷走神经肝支、幽门支的保存幽门胃切除和保存迷走神经肝支、腹腔支的胃节段切除与贲门侧胃切除均可降低术后倾倒综合征、腹泻、胆石症的发生，有利术后机体恢复。

腹腔镜下手术：从1994年，日本学者开展腹腔镜下幽门侧胃切除以来，到2001年，日本已行4 552例[14]。适应证包括几乎全部缩小手术A病人，术式有胃局部切除、远侧胃切除、远侧胃切除+D1、+D2清除术。术后并发症仅有吻合口狭窄，占2.3%，住院死亡率为0%，表明早期胃癌低侵袭性手术获得肯定[15]。国内余佩武等[16]报道腹腔镜治疗早、中期胃癌60余例亦取得良好结果。随着时间前进，适应证正在扩大，但国内外学者均认为应用腹腔镜治疗胃癌仍属临床研究课题。

（二）内镜粘膜切除（EMR）

从上世纪60年代始采用EMR方法治疗胃息肉，直到上世纪八九十年代才开始用EMR治疗早期胃癌。适应证是胃周淋巴结无转移，病灶所在部位与大小能整块切除。为此，治疗前要正确预估癌的浸润深度与组织学类型。迄今大量临床病理研究表明，公认的EMR适应证为，①肉眼癌径在2.0 cm以下的M癌；②分化型，凹陷型癌应无溃疡。日本十个医院报道EMR治疗3 087例，因切除不完全而致复发者66例（11.9%）[17]，经过1年以上复发者61例（16.7%），复发后可再行EMR治疗或开腹手术治疗。近年，日本一些热心于EMR治疗的医师进行了积极研究，发现SM癌中深度小于300 μm者，其淋巴结转移率与M癌极相似。因此，对癌径在3.0 cm以下、分化型、溃疡（+）和癌径在2.0 cm以下、未分化、溃疡（-）癌均列入EMR的适应证。

2000年以来，一些学者[18]进行了内镜粘膜下剥离（endoscopic submucosal dissection，ESD）的研究，可能为内镜治疗早期胃癌扩大适应证。

三、1970～1985年：胃癌扩大手术的鼎盛时期

此间外科学取得飞速发展，麻醉和手技均取得巨大进步，病理生理学研究深入阐明，抗生素的问世，围术期管理日臻完善，矫正病人全身衰弱状态有了有效措施。换言之，病人全身状态限制手术和保证手术安全的问题得到基本解决，增强了外科医师施行扩大手术的信心。在此仅介绍几个颇具代表性的扩大手术。

（一）腹主动脉旁淋巴结清除术

1976年梶谷[19]首先报道No.16淋巴结（+）病人清除后获得了长期生存的结果。之后，1980年代中叶梶谷与西[20]等发表了胃癌No.16淋巴结清除术258例的报道，根治术后5年存活率为9%。再后，不仅日本、欧洲一些国家[21]，我国一些大医院[22]，尤其一些胃癌专科医师均开展此手术，并形成胃癌学术会议上交流的热点课题。

（二）胃癌浸润食管的扩大切除术

1970～1990年不少学者对食管受侵胃癌主张行左侧胸腹联合切口，彻底清除纵隔淋巴结的手术。而且多数学者报告胃癌浸润食管的病人，纵隔淋巴结转移率为10%～30%，但总的说来预后不良。下纵隔可同贲门膈肌淋巴结“一块”清除，气管分叉下的中纵隔淋巴结转移（+）病人，清除后未改善治疗效果[23,24]。

（三）左上腹内脏全切除术[25]

这是一个达极限的手术。1980年6月梶谷等正式命名此手术，其本意是把胃癌连同侵及胰体尾部、横结肠系膜从腹膜后整块根除，从gerota筋膜前叶前面，只保留腹腔动脉与肝总动脉，切除左上腹6～10个脏器。

（四）Appleby手术[26]

1953年Appleby首先提出此手术。1970年代日本学者和田达雄[27]大力提倡开展此手术，他也是世界上开展此手术最多的医师。他们遵从乳腺癌行Halsted手术的原意用于指导胃癌手术。即把支配罹患癌肿脏器的血管从根部切断、结扎。他们主张治疗胃癌，包括早期胃癌应从腹腔动脉根部切断、结扎。虽然此手术在理论上具有高度根治性的优点，但术后发生严重的肝、胆囊、十二指肠并发症，术后死亡率为2.0%～7.2%，生存期亦未得明显提高。临床上未能推广。

四、胃癌扩大手术的再评价

1985～1995年，随着早期胃癌病人

的增加，对癌症治疗不仅要求治疗效果，还要求良好生活质量。

1. 保胰、脾动脉 + 脾切除术已正式确立　1980 年前，胃上、中部癌行 D2 清除术，为清除 No. 10、11 淋巴结，则行左侧半胰切除术。但术后胰瘘、腹腔感染发生率高达 65.4%，糖尿病发生率占 9.3%[28]。从上世纪 70 年代中叶丸山圭一等开始系统地做了胃癌有无胰腺转移的基础和临床研究。结果证明胃癌除直接侵及胰腺外，无胰腺转移。他的临床资料亦表明保胰与不保胰的 D2 清除术疗效相同。保胰手术并发症明显减少。作者们[29]从 1986 年始行此手术，保胰组 52 例，不保胰组 139 例，5 年存活率分别为 40.4% 与 39.6%；并发症分别为 13.5% 与 24.5%。结果与丸山的结果一致。但回顾此保胰手术的发展过程，从 1970 年代到 1990 年代中叶，经历了不接受、慢慢有限地接受，到 2000 年代取得共识，确定了保胰、脾动脉 + 脾切除是胃上、中部胃癌 D2 清除术的合理术式[11]，只有胃癌直接侵及胰、脾或 No. 10、11 淋巴结有严重转移者，才行联合半胰 + 脾切除术。

2. 贲门癌胃切除术式的变革　曾一度主张贲门癌应行全胃切除，而近侧胃切除术被抛弃。1990 年代吻合器广泛应用以后，后一术式又获得重视而被采用。即扩大膈肌食管裂孔，经腹清除下纵隔淋巴结，采用吻合器行短空肠段空肠间置术或防止反流瓣的食管 - 胃吻合术，不再积极主张开胸清除纵隔淋巴结。2006 年报道了 JCNG9502 研究结果，即日本 27 个医院[30]对贲门或贲门下部癌采用经胸腹切口与开腹经膈肌食管裂孔途径的前瞻性研究结果，前组 85 例 5 年存活率 37.9%，合并症多；后组是 82 例，5 年存活率为 52.3%，合并症少。作者[31]近十余年来喜用后一术式。用吻合器行食管胃前壁吻合，提起胃切断端固定于食管上方或膈肌，重建 His 角，对防止反流性食管炎效佳，方法简便，易推广。

3. 腹主动脉旁淋巴结清除术的前瞻性研究　2007 年报道了 JCNG9501 研究结果，即日本 24 个医院[32]对胃癌行标准 D2 清除术与 D2 + No. 16 清除术的前瞻性研究结果，标准 D2 组病人是 263 例，D2 + No. 16 组是 260 例。术后 5 年存活率分别为 69.2% 与 70.3%；术后无复发 5 年存活率为 62.7% 与 62.2%。两组术后并发症为 20.9% 与 28.1%，D2 + No. 16 组高；两组住院死亡率均为 0.8%（2 例）。这一研究结果进一步否定了预防性 No. 16 清除术的临床价值。对治疗性 No. 16 清除术的更佳适应证尚需深入研究。

4. 左上腹内脏全切除术与 Appleby 手术的评价　当初，对 CY（+）是进展期胃癌的主要死因认识不足，所以确定适应证不当。原始规定 P1（+）与早期胃癌分别为此二手术的适应证，实为非适应证。手术侵袭过大，合并症严重，疗效不显著。

五、1996 年 ~

当今胃癌外科治疗原则与几点重要技术改革——切记孔子曰：“过犹不及”的古训。

（一）早期胃癌行内镜下切除、传统手术或腹腔镜缩小手术

1. EMR、ESD 治疗适应证与技术的

进一步改进与普及化。

2. 缩小手术　胃切除2/3以下，淋巴结清除D2以下，不切除大网膜、网膜囊。

缩小手术A：适应证为ⅠA期，不适EMR治疗者。淋巴结清除D1 + No.7。

缩小手术B：适应证为ⅠB期，T_1 2.0↓，淋巴结清除D1 + No.7、8a、9。

3. 手术术式　保留幽门、保留迷走神经的胃切除术。有利获得良好生活质量。保留幽门窦的切断线，在幽门轮上3.0cm为佳。

（二）胃上部癌（含贲门癌）

此癌浸润食管3.0 cm以下者，经腹手术是标准术式[10]。行近侧部分胃切除，采用自动吻合器、短空肠段间置或食管胃前壁端侧吻合术，残胃切断端形成人工His角[28]。方法简便，能有效地防止反流性食管炎。

（三）Ⅱ、ⅢA期胃癌行标准根治术[12]

标准根治术即切除全胃2/3以上，D2淋巴结清除术。此D2清除术大于胃癌处理规约12版的D2，小于其D3。适应证为T_2、T_3，N_0～N_2病人。病期为ⅠB期之一少部分，Ⅱ期、ⅢA期和ⅢB期中的T_3N_2，可获得A级根治术。

（四）ⅢA、ⅢB、Ⅳ期（限局型，T_4、$N_{1\sim2}$）胃癌行扩大手术

扩大手术 即大于标准根治术，行联合脏器切除和（或）D2以上和D3淋巴结清除术。适应证为癌或转移灶侵及胃周脏器，N_2以远淋巴结转移阳性者。术前行新辅助化疗，争取获得B级根治术。

（五）扩大手术的变革

当今的扩大手术比原始（1970～1980年）扩大手术的切除范围有缩小，适应证更限定[33]。

1. 缩小原始切除范围的手术

（1）胃上、中部癌，行胰脾区D2淋巴结清除术：原定为尾侧半胰 + 脾切除术，现变为保胰、脾动脉 + 脾切除术。

（2）左上腹内脏全切除术：中、上部胃癌联合脏器切除，原定为切除10个脏器（全胃、横结肠及其系膜、胰体尾、脾、肝左叶、食管部分、膈肌部分、左肾、左肾上腺），现规定脏器切除数为5个（全胃、横结肠及其系膜、胰体尾、脾）。

2. 限定适应证的手术

（1）联合胰头十二指肠切除术：远侧胃癌侵及胰头十二指肠。早年未严格区分病理适应证，术后5年存活率为7%上下。近年掌握病理（限局型，N_2↓）适应证，术后5年存活率提高到20.0%到47.4%[34]。

（2）No.16淋巴结清除术：上世纪80年代以来日本广泛施行，有人不论有无转移均行清除术。近年限定适应证为No.16淋巴结转移（+）3枚以下和微转移（+），清除术不得少于5枚，可获良效。

（3）No.16淋巴结预防性清除术的临床价值已被否定[11,32]。

（六）几近废弃的手术

Appleby手术与原始左上腹内脏全切除术已不受外科医师采用。

参考文献

1 Lahey FH. Total gastrectomy for all patients with operable cancer of the stomach. S. G. O, 1950, 90:246～248.

2 McNeer G, Vandenberg H, Donn FY, et al. A critical evaluation of subtotal gastrectomy for the care of cancer of the stomach. Ann Surg, 1951, 134 (1):2 ~7.

3 顾恺时，吴善芳. 全胃切除术治疗胃癌. 中华外科杂志，1953，6 (1):437 ~445.

4 Brunschwig A. Pancreato - total gastrectomy & splenectomy for advanced carcinoma of the stomach. Cancer, 1948, 1 (3):427 ~430.

5 傅培彬，林言箴，张圣道，等. 从淋巴结继发癌考虑扩大胃癌根治手术的范围. 中华外科杂志，1965，13 (7):617 ~620.

6 Marshall SF. Total versus radical partial resection for cancer of the stomach. S. G. O, 1957, 104 (4):497 ~498.

7 陈峻青，张文范，张荫昌. 胃癌的外科治疗. 中华外科杂志，1964，12 (7):650 ~654.

8 Kirschner PA, Garlok JH. An appraisal of surgical treatment of gastric malignancy. Ann Surg, 1953, 138 (1):1 ~6.

9 Rush BF, Brown MW, Lavitch MM, Total gastrectomy: an evaluation of its use in the treatment of gastric cancer. Cancer, 1960, 13 (5): 643 ~648.

10 磨伊正义，渡辺美智夫，表和彦，他. 胃癌治疗の现况と将来（外科治疗）. 胃と肠，2005，40 (1):84 ~85.

11 笹子三津留，佐野武，片井均，他. 胃癌手术ここ30 年の変遷. 手術，2006，60 (10): 1443 ~1449.

12 陈峻青. 胃癌外科治疗的术式选择与评价. 中华医学杂志，2004，84 (24):2057 ~2059.

13 日本胃癌学会. 胃癌治療ガイドライン（医师用）2001 年3 月版，9 ~10.

14 内视镜外科手术に関するアンケート调查——第六回集计报告. 日镜外会志，2002，7:479 ~567.

15 磨伊正义，渡辺美智夫，表和彦，他. 胃癌治疗の现况と将来（外科治疗）. 胃と肠，2005，40 (1):89 ~90.

16 余佩武，王自强，钱锋，等. 腹腔镜辅助胃癌根治术 105 例. 中华外科杂志，2006，44 (19):1303 ~1306.

17 横井千寿，齐藤大三. 内视镜下黏膜切除术（EMR/ESD）の手技. 外科治疗，2005，93 (5):496 ~501.

18 Oda I, Satto D, Tada M, et al. A multicenter retrospective study of endoscopic resection for early gastric cancer. Gastric Cancer, 2006, 9: 262 ~270.

19 大桥一郎，高木国夫，小西敏郎，他. 胃癌の大动脉周围のリンパ節転移阳性の5 年生存例について. 日外消会志，1976，9 (2): 112 ~116.

20 Nishi M. Gastric cancer surgery based on clinico - pathological features. Tokyo: Nakayama Cancer Institute, 1994, 36 ~40.

21 Inada T, Ogata Y, Kikuyama. Indication and prognosis of para - aortic lymphnode dissection of gastric cancer. 3rd International Gastric Cancer Congress, Seoul, 1999, 525 ~530.

22 詹文华，韩方海，何裕隆，等. 进展期胃癌腹主动脉旁淋巴结转移规律及其清扫对临床结局的影响. 中华胃肠外科杂志，2006，9 (1):17 ~22.

23 笹子三津留，衞藤刚，阪真，他. 食道浸润胃癌の手術術式——左开胸开腹アプローチ. 消化器外科，2002，25 (2):175 ~180.

24 大山繁和，天罔望，永野秀树，他. 临床病理からみた食道浸润胃癌の予後因子. 消化器外科，2002，25 (2):145 ~152.

25 大桥一郎，高桥知之，太田博俊，他. 胃癌に対する拡大手术. 外科治療，1985，52 (2):176 ~180.

26 Appleby LH. The celiac axis in the expansion of the operation for gastric carcinoma. Cancer, 1953, 6:704 ~707.

27 丸山雄二，和田达雄. Appleby 手术. 见城所仂监修. 胃癌の临床. 东京：へるす，1983，537 ~558.

28 丸山圭一，北罔久三，平田克治，他. リンパ節郭清のための脏器合併切除の意义. 消

化器外科，1984，7（10）：1509～1515.

29 李凯，王振宁，徐惠绵．根治性胃上部癌脾及胰体尾切除预后的多因素分析．中华医学会第五次全国肿瘤中青年学术会议论文汇编，2007：75～80.

30 Sasako M，Sano T，Yamamoto S，et al. Left thoracoabdominal approach versusu abdominal－transhiatal approach for gastric cancer of the cardia or subcardia：a randomized controlled trial. Lancet Oncol，2006，7（8）：644～651.

31 陈峻青．正确选择胃癌胃切除的重建术．中华胃肠外科杂志，2001，4（1）：5～6.

32 梨本篤，薮崎裕，中山悟．JCOG9501の结果を踏まえた胃癌进行胃癌の手術治療．外科治療，2007，95（4）：370～381.

33 石远凯，陈峻青．强调规范化的综合治疗，提高胃癌的治疗效果。中华医学杂志，2006，86（46）：3241～3244.

34 Saka M，Mudan SS，Katai H，et al. Pancreaticoduodenectomy for advanced gastric cancer. Gastric cancer，2005，8（1）：1～5.

重视当今早期胃癌的治疗

陈峻青

中国医科大学附属第一医院 沈阳 110001

从上世纪中叶到80年代，早期胃癌惟一有效的治疗方法是手术切除，而且要求切除全胃的2/3以上，D2淋巴结清除术。但经过三十余年大量病人的治疗研究[1]，发现早期胃癌中的粘膜（M）癌，原发癌浅表，淋巴结转移率甚低（0%～3%），且大多数限于第Ⅰ站。所以，从20世纪80年代始一些医师对小的M癌探索性地施行缩小手术。日本以及我国（中国医科大学为代表）资料均表明缩小手术与标准的D2根治术5年、10年生存率均无显著性差异（$P>0.05$）[2]。

对早期胃癌的研究与诊治工作，日本、韩国已经历了半个世纪，我国也已逾35年。早期胃癌的诊断得以逐渐精细、充实，是缩小手术的基础。治疗上不仅外科医师主张缩小切除范围，内镜医师亦积极参与了治疗。近年来早期胃癌治疗的指导思想已发生了重大变化，不仅要求提高长期生存率，而且要求在低侵袭条件下获得根治，还要最大限度地保留胃肠功能给病人以良好的生活质量。与30年前相比较，当今早期胃癌的治疗已发生了很大变化。

一、当今早期胃癌的治疗方法、适应证及其概况（图1）

早期胃癌的治疗方法可分3类，即内镜、腹腔镜和传统手术3类。内镜中又分为EMR和ESD；传统手术中有缩小手术A、B和标准根治术。

1．内镜粘膜切除（endoscopic mucosal resection，EMR） 1984年多田正弘等[3]报道，内镜粘膜切除法治疗早期胃癌，迄今已二十余年，适应证已确定，是ⅠA期（M、N_0）病人、病灶直径2 cm以下、分化型、不论大体类型，可整片切除者，以及ⅡB，ⅡC型不合并溃疡者。2000年日本统计全国EMR治疗早期胃癌3 087例[4]，治疗后复发率为11.9%，再追加治疗而愈，该法在日本已是治疗早期胃癌的主要方法之一，有望成为早期胃癌的标准治疗方法。我国北京，广州，上海，沈阳等地亦已施行此疗法，但仍亟待迅速、广泛地开展起来。

2．内镜粘膜下剥离（endoscopic submucosal resection，ESD） 1999年小野裕之等[5]报道应用IT刀行内镜下直接剥离切除粘膜下层的方法治疗病灶直径2 cm以上，深达粘膜下层的早期胃癌。2005

年 Oda 等[6]报道日本国立癌中心病院用本法治疗早期胃癌945 例，1 033个癌灶，整片切除率达 98%，术中、术后发生出血者占13%，穿孔者占4%；2006 年 Oda 等[7]又汇总日本多中心 ESD 治疗早期胃癌303 例。结果一致表明，ESD 可扩大内镜治疗早期胃癌的适应证达病灶直径≤3.0 cm、粘膜下浅层（SM_1）。此法在韩国亦较广泛开展，我国上海已开始施行。（应用本法治疗前，应向病人及家属讲明本法利弊，征得同意后施行）。

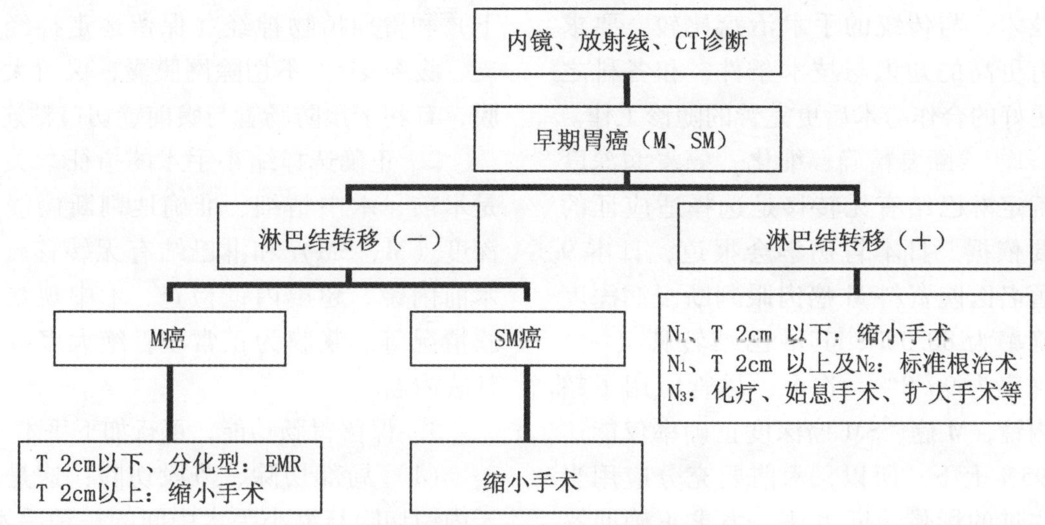

图1　早期胃癌选择治疗方法简图

注：本图中未将 ESD 列入常规治疗方法

3．腹腔镜胃切除术　1994 年 Kitano 等[8]开展腹腔镜远侧胃癌根治切除术。目前公认的适应证为不适宜行 EMR 和 ESD 治疗的缩小手术 A 病人和内镜切除治疗者；病理检查为 SM_2，有低分化倾向，脉管癌栓（+），需追加行胃切除治疗者更是腹腔镜胃切除术的最佳适应证。日本内镜外科学会报道[9]，迄 2001 年已行腹腔镜下远侧胃切除术和胃局部切除术4 552例，术后仅有吻合口狭窄，占 2.3%，住院病死率为 0%。2003 年再次报道已行7 800例。这些结果均表明早期胃癌低侵袭性手术已获得肯定。国内腹腔镜胃切除手术已有京、沪、重庆、沈阳、杭州等地多家开展。

4．传统开腹手术[2,10,11]

缩小手术 A：适应证为ⅠA 期（M、SM 癌、N_0）中不适宜行EMR 和EDS 者。淋巴结清除范围是 D1 + No.7，下部癌是 D1 + No.7、8a。

缩小手术 B：适应证是ⅠB 期（M、SM 癌、N_1），第Ⅰ站淋巴结转移（+），但肿瘤直径在 2 cm 以下，淋巴结清除范围是 D1 + No.7、8a、9。

标准根治术：适应证为ⅠB 期（M、SM 癌、N_1），第Ⅰ站淋巴结转移（+），肿瘤大小超过 2cm 者。因为此种病人淋巴结第Ⅰ站转移（+）率已达 8% ~15%，第Ⅱ站转移（+）率达 3%~10%。

二、努力创造条件，开展内镜、腹腔镜治疗早期胃癌的方法

内镜切除和腹腔镜胃切除治疗早期胃癌是近年开创的低侵袭性治疗方法。在根治前提下，最大限度地保留胃功能和良好的生活质量。这是一项高水平的新技术，与传统的手术治疗比较，要求具有更高的知识与技术条件，和各科之间更好的合作与术后更完善的随诊工作。

1. 诊断要精确、细化　癌浸润深度与确定淋巴结有无转移是选择适应证的重要依据。日本胃癌学会报道，日本9所著名医院资料M癌肉眼判断浸润深度正确率为80.3%，其淋巴结转移（－）正确率为96.8%。迄今，尽管应用了超声内镜，M癌、SM癌深度正确率仅能达到95%上下。所以，术前要充分应用当今先进的影像诊断方法，力求正确回答癌浸润深度与淋巴结有无转移。

2. 病理学检查要准确、全面　EMR、ESD切除标本除常规作病理学检查外，还要求检查标本水平切断端与垂直切断端有无癌细胞，脉管有无癌侵袭。腹腔镜切除的胃标本同样应作全面、准确的病理学检查。

3. 术后定期内镜随诊　日本10所大医院的资料统计，EMR治疗后复发率为11.9%。所以，要求术后1年内3～6个月，1年后每年行1～2次内镜检查，及时发现复发就追加行适当治疗，仍可取得满意效果。

4. 设备完善与专职医师　购置相应的新设备是不言而喻的。开展此项工作初期有专职医师更为有利。我国未能迅速地开展起EMR、ESD技术，不能说与此无关。

三、正确掌握早期胃癌缩小手术的指征与方法

1. 明确缩小的概念　缩小是与标准根治术比较而言。包括缩小胃切除范围（2/3以下），淋巴结清除范围（D2以下）和胃周植物神经（保留迷走神经肝支、腹腔支）。不切除网膜囊，保留大网膜，有利于预防肠管与腹前壁切口粘连。

2. 正确选择缩小手术的指征　关键是术前、术中精细、准确地判断癌浸润深度（M、SM）和淋巴结有无转移。如术前内镜、超声内镜检查、术中观察浆膜情况等。浆膜为正常型，绝大多数为粘膜内癌。

3. 保留胃肠功能，可行如下手术

（1）局部切除、节段切除：这是属于内镜切除与缩小手术中间的一种手术。分为肿瘤局部切除或包含肿瘤的胃节段切除和邻近淋巴结清除术。尚属研究性手术。本手术适应证为：不适应EMR治疗的M癌，无溃疡，术中判定无淋巴结转移病人。手术因肿瘤大小与肿瘤位于大小弯而不同，以4 cm为宜。肿瘤邻近淋巴结应行快速方法切片检查。切除范围应为肿瘤缘以外1 cm以上。

（2）保留幽门和保留迷走神经的胃切除术[12]：多数学者认为行远侧胃切除保留幽门，同时保留迷走神经肝支、腹腔支可有效地保留胃的功能，术后胆石症发生率下降，术后腹泻减轻，术后体重恢复较快。但仅保留迷走神经，不保留幽门，则难获此效。适应证为T_1癌，癌的远侧缘在幽门轮上5 cm，远侧缘下2 cm切断胃，幽门上保留3 cm，对掌握技

术与预防术后胃食物滞留有益。淋巴结转移为 N_1，本手术可行 D2 切除术。

（3）上述胃局部切除、节段切除和缩小手术 A、B 均可采用腹腔镜手术和传统的开腹手术。腹腔镜手术更具痛苦小、出血少、恢复快的优点。

参考文献

1 磨伊正儀，渡辺美智夫，表和彦，他．胃癌治療の現況と将来（外科治療），胃と腸，2005，40（1）：84～92.

2 陈峻青．胃癌外科治疗的术式选择与评价．中华医学杂志，2004，84：2057～2059.

3 多田正弘，村田誠，村上不二夫，他．strip－off biopsyの開発．gastroenteral endosc，1984，26：833～839.

4 日本胃癌学会/编，胃癌治療ガイドライン（医師用），2001，21～22.

5 小野裕之，后藤田卓志，山口肇，他．ITナイフを用いたEMR—適応と拡大の工夫．消化器内視鏡，1999，11：675～681.

6 ODA I，Gotoda T，Hamanaka H，et al. Endoscopic submucosal Dissection for early gastric cancer. Digestive Endoscopy，2005，17：54～58.

7 ODA I，Saito D，Tada M，et al. A multicenter retrospective study of Endoscopic resection for early. Gastric cancer，2006，9：262～270.

8 Kitano S，Iso Y，Moriyama M，et al. Laparoscopy assisted Billroth I gastroctomy. Surg Laparosc Endosc，1994，4：146～148.

9 内視鏡外科手術に関するアンケート調査—第六回集計報告．日鏡外会誌，2002，7：479～567.

10 日本胃癌学会/编，胃癌治療ガイドライン（医師用）．2001 年 3 月版．東京：金原，2001.6～10.

11 黄宝俊，鲁翀，徐惠绵，等.217 例早期胃癌扩大胃切除与淋巴结清除术的回顾分析．中华胃肠外科杂志，2007，10：221～225.

12 柴田近，溝井賢幸，三浦康，他．胃癌治療ガイドライン．外科治療，2006，94：134～141.

胃癌临床诊断与治疗实践中的问题

师英强

复旦大学附属肿瘤医院　上海　200032

我国系胃癌的高发区域，但胃癌疗效至今并不理想。现就有关胃癌临床诊断与治疗实践中的相关问题进行讨论。

一、病理学诊断的差异影响着正确评估胃癌的诊治水平

我国临床诊断的胃癌以进展期为主（占90%），早期胃癌诊断率仅10%，而日、韩两国均在30%～40%。早期胃癌的总体复发率为1.5%～13.7%，5年生存率可达90%；而进展期胃癌总体复发率为50%～70%，虽经手术等综合治疗，5年生存率仍仅为16.6%。因此，早期胃癌的诊治与预后密切相关。在肿瘤临床工作中，有时遇到这种情形：在活检切除的标本是同一病变，不同医院、甚至同一医院的不同病理医师可以得出不同的结论，而不同的诊断结果，直接影响着临床治疗与预后结果。美国密执安大学医学中心病理学教授Appleman等[1]分析比较8位病理学专家（4位来自日本与4位分别来自美国、加拿大、德国与芬兰）对有上皮病变的胃活检组织与切除标本，进行各自独立双盲读片的诊断，其结果表明，同一病变，4位日本病理学家与1位西方病理学家诊断相同，但与另3位不同。可见，完全相同标本制成的切片，日本与西方病理学家诊断结果差别非常之大。西方病理学家诊断胃癌，一定要有侵袭的证据；日本学者则认为，侵袭并不是诊断的必需标准。由于日本与西方诊断早期胃癌标准不一致，故无法科学地分析比较双方的临床与病理资料。因此，有学者质疑，日本早期胃癌的生存率是否真有那么高，是否把原位病变包括在内了，而西方人则会排除这些原位病变在早期胃癌之外。如果将非侵袭性病变从日本早期胃癌资料中剔除，西方人胃癌的生存率可能与日本相似甚至更高。因此，只有统一诊断标准，才能正确比较日本与西方早期胃癌的生存率。我国病理诊断标准偏向西方，所以早期胃癌诊断率偏低。临床确实有部分慢性胃炎病人经多年随访后发生胃癌，因此，提高早期胃癌的诊断率是我国消化内外科医师及病理学家应重视的问题。

二、对于早期胃癌的诊治问题，提出以下观点来商榷

1. 应建立中国的病理诊断标准　建立我国早期胃癌的标准须病理学家及临床医师共同的努力，如果诊断率不提高，

我国的胃癌治疗水平也难以提高，始终围绕进展期胃癌诊治，忽略了早期胃癌诊治的现状，是急需纠正的问题。对某些上皮重度不典型增生及有异形细胞或癌疑的病人，应在多处、多次活检取材后，考虑及时手术，切勿等到已发展成为进展期癌时再手术，则为时已晚矣。可悲的是，还存在病人已及时就诊，而医师却未能作出早期诊断，临床应避免此现象发生。

对近年来的病理科流行的上皮内瘤变的诊断应有清醒认识，从临床角度讲并不希望看到这种模棱两可的诊断，它的病理学意义使外科医师处于不知所措状态。实际上，若从这些病人中能诊断出早期癌的意义将更大。

2. 建议修改早期胃癌的定义及分期

早期胃癌的概念已应用多年，其中包括了粘膜及粘膜下层的癌。但粘膜下层的癌易发生淋巴结转移，国内外文献报道为15%左右，而这些病人是临床治疗上最难以处理的，可用如内镜或局部切除、D1、D2等方式繁多的治疗，但预后不一[2,3,4]。所以建议在早期胃癌中，将此类病人再加以区分为早期胃癌的特殊型或亚型等均可。如类似结直肠癌的Dukes分期对临床帮助很大，即无淋巴结转移为B期，一旦出现淋巴结转移则为C期，而胃癌也相应作出这样的分期，有利于避免混淆概念的发生，这样对不同的早期癌则有不同的诊断及处理方式了。

3. 真正提高早期胃癌的诊断率及合理治疗的规范化　提高早期胃癌的诊断包括多种方式，对病人的医学宣教最为重要，复旦大学肿瘤医院统计近两年50例早期胃癌，49例已出现症状。我们认为这些病人如及时自我发现症状，就能自己救自己。切莫等待直至出现呕吐、便血、腹水时再就诊，为此，目前只能靠医学宣教和提高卫生水平知识。在目前情况下，提倡只要有症状就应做胃镜检查，其中最重要的问题是内镜活检时要多处取材、深取组织，才能让病理学容易作出诊断；同时呼吁病理科医师可适当放宽诊断标准，可避免漏诊。临床医师最后提出合理治疗方案也是关键环节。是否可及早地对某些上皮内瘤变，细胞异型者采取积极手术干预的治疗；切莫反复观察、反复迟疑，会造成临床延误的。对不同的早期癌，制定出既有适合个体化，又易操作的治疗方式，也就是明确作局部切除，还是部分切除，采用D1、D2的手术标准及指征。近来意大利的资料提示，早期胃癌行D2手术可降低复发的风险[5]。总之，病人尽早检查，病理诊断，临床选择合适时机的治疗，是提高我国早期胃癌的诊疗措施。

三、胃癌手术需注意的几个问题

1. 坚持以D2根治术为主的治疗

胃癌、胃窦部癌或胃体下部癌均可行D2根治手术。根据淋巴结清除的不同范围，分为根治Ⅰ式（D1）、根治Ⅱ式（D2）和根治Ⅲ式（D3），如果达不到根治Ⅰ式手术范围者则称为D0手术。早期胃癌手术可清除以胃左动脉干淋巴结为中心的选择性D2手术，对进展性胃癌则需做D2、或D2+、或D3手术。经过大宗病人随访及临床试验，目前中、日、韩三国均主张大部分胃癌均应行标准D2手术，认为这是保证延长生存期的最佳术式。虽然欧美国家对此有异议，但不可否认，中、日、韩三国胃癌病人的术后5年生存率明显高于大多数欧美国家。2007年NCCN胃癌中国版指南经与国外专家探讨后，也一致同意中国学者的意见，即在胃癌根治性切除时，应以D2手术为标准[6]。

2. 将胃癌根治放在首位　完美的胃癌根治术应达到：①肿瘤切缘3 cm以上；②无转移的淋巴结残留；③每例送检淋巴结要多于15枚；④邻近脏器无癌残留。如何避免肿瘤残留是外科医师应重视的问题，实际上只要手术中再多切除1～2 cm就可避免。虽然有时尚未达到距病灶5 cm切除的要求，但远较术后残留的结局为好。临床上甚至可见到早期浅表糜烂型胃癌，虽切除缘已达10 cm，但仍然可能呈现切缘阳性。胃近侧切除更需重视上切缘，由于食管切缘回缩，加之病灶呈蚕样爬行状浸润，往往无法扪及确切病变。虽然弓上吻合难于弓下吻合，但勉强的弓下吻合极易造成癌残留。胃近侧切除时的下切缘阳性率虽低于上切缘，但有时经胸腹手术时，由于无法游离十二指肠韧带，手术医师为避免残胃上提的困难，造成下切缘切除不足；而远侧胃大部切除时，当肿瘤近十二指肠侵犯幽门处，为避免浆肌层包埋缝合困难，常切除不足；而近侧切缘则由于要行毕Ⅰ式吻合，切除也并不充分，易造成吻合口切缘阳性。所以，应避免为强求吻合而切除肿瘤标本过少。原则上幽门窦部癌均应行毕Ⅱ式吻合法，可避免肿瘤残留及术后复发。近年来，在保证远切缘阴性的基础上，毕Ⅰ式吻合有增多的趋势，可能与更符合生理状况及少发生并发症有关。

四、重视新辅助化疗及辅助化疗

外科医师在做好术前诊断及手术的同时，应更进一步了解新辅助化疗及辅助化疗的研究进展。目前术前诊断水平的提高，已使以往剖腹探查的手术减少，从而代之为根治性手术的增多，对于某些T_3、T_4或淋巴结有转移的病人，应以新辅助化疗为主，而不应再贸然行扩大手术。2007年新版NCCN提出，术前腹腔镜检查的目的是发现病人有无腹腔播散或网膜转移，若有，则应采用综合治疗。2007年6月在芝加哥召开的ASCO会议上更加强调新辅助治疗的重要性。

Boige等[7]介绍了从1995年开始至2003年结束的FNLCC ACCORD 07-FFCD 9703试验结果，即比较单纯手术与术前用氟尿嘧啶（5-Fu）及顺铂（CDDP）的新辅助治疗方法治疗胃癌及食管下段腺癌的疗效，有28个中心参加了该试验，随机入组224例病人；单纯手术111例，新辅助治疗方法（5-Fu 800 mg/m^2连续5 d，CDDP 100 mg/m^2第1 d或第2 d；28 d为1疗程，治疗2～3个疗程，4～6周后手术，术后再用3～4个疗程化疗或不治疗）治疗113例；平均随访5.7年，5年无病生存率：单纯手术组21%，新辅助治疗组34%；5年总体生存率：单纯手术组24%，新辅助治疗组38%，两组比较$P=0.021$，差异有统计学意义。由此得出结论：①新辅助化疗增加了手术切除率；②增加了无病生存率及总体生存率；③未增加术后化疗的死亡率。日本JCOG 9205 Ⅲ期临床试验中，5-Fu加CDDP并未显示出较单用5-Fu更好的疗效。因此，日本近年来开始推崇口服替吉奥（S-1）。Boku等[8]代表日本在近期的临床肿瘤学会上介绍了单用S-1与单用5-Fu、依立替康（CPT-11）及顺铂的Ⅲ期临床试验（JCOG 9912）结果，入选病人均为未切除及复发性胃癌，无明显腹膜播散；2000年11月至2006年1月共入组704例，2007年2月最后分析统计其总生存率及无病进展生存率；结论：S-1与5-Fu相比，前者显示出较好的结果；在各种类型的肿瘤病人中，前者生存期均较单用5-Fu者长。由于考虑到CPT-11加CDDP的毒性，所以，报道者提出，S-1应作为未切除及复发性胃癌的标准治疗方案。S-1为氟尿嘧啶类药物，但在化学结构式上增加了抗肿瘤活性，并减低了药物毒性。日本大阪学者Nahara进一步介绍了单药S-1及S-1加顺铂治疗进展期胃癌的Ⅲ期临床试验结果。对于日本学者推荐的S-1，会议主席Mayer教授实事求是地指出，目前还不能将S-1作为未切除及复发性胃癌的标准治疗方案，其原因是亚洲人及西方白人在氟尿嘧啶类药物代谢上存在差异，肝脏P450酶的不同，使西方人用药未达到东方人的效果。目前，美国学者正在进行1 000例以上的5-Fu加顺铂和S-1加顺铂的临床研究，期望得出更好的结果及确切的评价。

参 考 文 献

1 Appelman HD，McKenna BJ. A "rose is a rose is a rose" butexactly what is a gastric adenocarcinoma? J Surg Oncol，1998，68：141～143.

2 park S，park J，kim J，et al. Prognostic factors for patients with node-negative gastric cancer：can extended lymph node dissection have a survival benefit? J Surg Oncol，2006，94：16～20.

3 黄宝俊，鲁翀，徐莹莹，等.292例早期胃癌淋巴结转移规律的研究. 中华外科杂志，2007，45（3）：192～195.

4 候培锋，张祥福，郑知文. 早期胃癌临床病理特点与外科治疗的远期疗效. 中华胃肠外科杂志，2007，10（1）：53～56.

5 Roviello F，Rossi S，Marrelli D，et al. Number of lymph node metastases and its prognostic significance in early gastric cancer：A Multicenter Italian study. J Surg Oncol，2006，94：275～280.

6 沈琳. NCCN胃癌指南中国版即将问世. 临床肿瘤学现状，2007，4：22～23.

7 Boige V，Pignon J，Saint-Aubert B，et al. Final results of randomized trial comparing preoperative 5-fluorouracil /cisplatinto surgery alone in adenocarcinoma of stomach and lower esophagus FNLCC ACCORD07-FFCD 9703 trial. Proc Am SocClin Oncol，2007，25：4510～4512.

8 Boku N，Yamamoto S，Shirao K，et al. Randomized phase Ⅲstudy of 5-FU alone versus combination of irinotecan andcisplatin（CP）versus S-1 alone in advanced gastric cancer（JCOG9912）. Proc Am Soc Clin Oncol，2007，25：4513～4515.

漫谈我院肝癌肝移植的特点

夏穗生

武汉科技大学附属同济医院　武汉　430030

临床上将癌肝全部切除，立即植入取自新鲜尸体或活体的全部或部分肝脏于解剖原位，使受者恢复正常肝功能，保持健康与生活质量，称为原位肝癌肝移植，是最常用的术式。肝癌主要指原发性肝细胞肝癌，多发生于肝硬化，公认为绝症，是肝移植的适应证，但由于常呈多发性（卫星型或弥漫性）及迟步性。对移植时机和手术术式的选择。国内外移植专业和医学界看法不尽一致。

一、移植时机

肝癌恶性度极高，自然病程甚短，预后恶劣，2～3 个月或半年左右即可夺去病人生命。但对一旦发现小癌块，（单个，直径≤3 cm）应采取何种治疗，国内外外科学界观点不一致。有的医师主张作单纯肝切除术，手术技术较简单，风险较小，无需等待供肝推迟手术，耽误病情，费用亦较低，易为病人和家庭接受，如国内第二军医大学（2005 年）报道 6 446 例肝癌，1 年存活率：单纯切除术 85.9%，移植术后 82%，无统计学差别，这是分歧之一。

当发现大于上述癌块，但仍属于早期小肝癌范围，国外已拟定“早期”统一标准，在此标准内，是肝移植适应证。首先是 1996 年由 Mazzaferro 提出的 Milan 标准，即①单个癌块直径≤5 cm；②癌灶不超过 3 个，每个直径＜3 cm。然后于 2002 年美国提出 UCSF 标准，扩大了 Milan 标准，即单个癌块直径≤6.5 cm 或癌块少于 3 个，每个直径≤4.5 cm，直径合计≤8 cm。接着提出了匹兹堡标准，增加了无血管侵犯和无远处转移。此 Milan 标准传入我国后，便有符合我国实情标准提出，2007 年郑树森提出杭州标准：PVTT（门脉主干或分支）没有癌栓形成，癌灶直径＜8 cm，AFP 水平小于 400 ng/ml，组织学分级为高、中分化，按此标准 1、2、3 年的生存率为 87.9%、79.2%、74.8%与 Milan 标准，没有显著性差异。上海樊嘉则提出复旦标准，将适应证扩大：单发肿瘤直径≤9 cm 或多发肿瘤≤3 个，最大肿瘤直径≤5 cm，全部肿瘤总和≤9 cm，无大血管侵犯，淋巴转移和肝外转移，其 1、2、3 年生存率达 88%、80%、80%，与 Milan 标准相比无明显差异，显示我国肝癌肝移植的成就。

关于进展期肝癌，国外认为一律不是适应证，但我国情况不同，认为肝移植虽不能根治，却可以延长生命提高生活质量。在20世纪70～80年代我国所作52例晚期肝癌肝移植，6例存活期半年以上，我院1例，半年能做太极拳运动，生活质量好，安定、乐观。从我国医学伦理学角度来看，肝癌晚期确实是一绝症，不能治愈，但肝移植能有一段较好带癌存活时间，也是值得珍惜的。曾遇1例晚期肝癌，已被国内外外科名医回绝，因其子女远在国外，为求得和亲属能有一次最后团聚的机会，而做了肝移植，延长了病人生存日期而如愿以偿。

二、技术改进

1. 在病人切除全癌肝后的无肝期中，国内外较普遍应用转流泵，将门脉和下腔静脉血流转至上腔静脉，得以回流入心，避免了因下半身淤血造成腹内脏器功能损害。但我们觉得此泵有下列缺点：延长了麻醉和手术时间，增加了对已垂危病人的伤害，而且转流泵费用昂贵，并易致并发症，如因血流减慢发生血小板聚集，导致凝血，血栓形成和淋巴水肿等，因此我院始终弃用此转流泵，而采用：①加快输液、输血速度，可适当用升压药物，使血压不低于80/50 mmHg；②阻断门脉时间不超过1 h；③血流开放时，应先从下腔静脉放血150～200 ml，使阻断期限间产生的酸性代谢物和高钾放出于体外；④阻断期间，不能损害门脉的侧支，维持血流通畅等措施平安渡过无肝期。

2. 胆管重建后，与国外不同，我院从不置放“T”管，理由是可以避免促进胆泥，胆石形成和上行性感染，以及在T管拔除时易发的胆漏，胆汁性腹膜炎或发生的不同程度的胆总管狭窄等。

3. 应用非脑死亡之供体　当危重病人一旦心跳停止，当即移去抢救设备，立刻切取供肝、降温、冷存于UW或HTK长效保存液，快速运送，修整后立刻送到受者病人手术室中，立刻将其植入，时间不超过1 h。

4. 活体供肝　日本分4个类型：左外叶，扩大左外叶，左全叶和不带肝中静脉的右半肝。我国香港玛丽医院和台湾高雄纪念医院创制带肝中静脉的右半肝移植，命名：扩大右半肝移植，供肝可达60%～65%体积，术中以超声定位，切开肝实质时，在其旁保留0.5 cm肝实质，术后1、5年存活率：均高达98%，术后受体儿童（先天性胆管闭锁症，平均仅2岁半）发育正常，生活、学习和正常儿童相同。

5. 移植前供受者配型　做到：①血型应相同，至少要相容，循照输血规范；②淋巴细胞毒交叉配合阴性或＜10%；③PRA群体反应＜5%，至少不超过20%；④实施HLA国际标准6位点配型（HLA-A、-B、-DR各2个位点），并可应用Terasaki制定的“可接受的错配”。

6. 免疫抑制方案　国际上通用标准三联方案：首位是环孢素A或普乐可复（他克莫司或FK506），次位是硫唑嘌呤或骁悉（MMF），末位是激素（大多用泼尼松），但具体如何选用，调换，则各家自成特点，无统一方案。我院根据实践，予以总结，形成一常规标准，即在移植术后先用普乐可复、骁悉和泼尼松，称为始动方案，然后，逐渐减量，成为长期应用的维持方案。如果发生急性排斥，立刻采用大剂量激素：甲基泼尼松龙

500～1 000 mg/d，静脉滴注，连续3～5d，名为冲击方案，80%有效，如果已形成激素难治性排斥，即改用OKT3或ALG（抗淋巴细胞球蛋白）2～3周，称谓挽救方案，能予以逆转。

以上各点是我院肝癌肝移植的特色，在国际上自成一学派，可供交流。

参考文献

1 郑虹，吴迪，王政禄，等．肝硬化失代偿期并发症意外肝癌病人的肝移植及其临床特点．中华器官移植杂志，2007，(1)：28～30.

2 沈中阳，朱志军，郑卫萍，等．老年病人的肝移植．中华器官移植杂志，2007，(2)：101～104.

3 傅志仁．国际肝移植学会第十一届年会上关于肝移植的热门话题．中华器官移植杂志，2007，(1)：4.

4 周俊晶，张峰，李相成，等．影响肝细胞癌肝移植受者预后的相关因素．中华器官移植杂志，2007，(12)：716～718.

5 郑树森．肝移植研究进展．2007年中华医学会中华肝胆胰脾外科学术论坛．中华肝胆外科学会，2007，20～21.

6 严律南．成人间活体肝移植．2007年中华医学会中华肝胆胰腺外科学术论坛．中华肝胆外科学会，2007，24～30.

7 夏穗生．漫谈我国肝移植的特点．中国普外基础与临床杂志，2007，14（2)：123～124.

8 王学浩，李国强．活体肝移植供体的安全性．中华肝胆外科杂志，2007，13（2)：75～77.

9 樊嘉．肝移植治疗肝癌．2007中国外科周暨第16届亚洲外科年会论文摘要集，27～28.

10 郑树森．我国肝癌肝移植现状及发展趋势．2007中国外科周暨第16届亚洲外科年会论文摘要集，97～99.

11 严律南．成人活体肝移植胆道并发症防治策略．2007中国外科周暨第16届亚洲外科年会论文摘要集，101～102.

12 陈肇隆．Innorative tecbniques and strategies in living donor liver transplantation．2007中国外科周暨第16届亚洲外科年会论文摘要集，100～101.

13 T. E Starzl. The puzzle people，Memoris of a transplant surgeon University of Pittsburgh press，Pittsburgh and London，1992.

14 R. Calne. Art，Surgery and Transplantation. Sandoz，Basel，Switzerland，1996.

（注：13、14属权威经典著作，全球闻名）

原发性肝癌放射治疗及研究进展

郑作深

中山大学附属江门医院 江门市中心医院 广东江门 529070

肝癌难治和转移复发率高的主要原因一直是肝癌研究的重中之重[1]：复旦大学肝癌研究所308例肝癌根治性切除术后1、3、5、10年的复发率分别为9.2%、38.8%、54.1%和85.0%，小肝癌根治性切除术后5年复发率为43.5%[2]。国外资料统计5年内复发率达80%以上[3,4]。第二军医大学东方肝胆外科医院一组917例肝癌切除术后标本中，797例（86.9%）发现有各级门静脉癌栓浸润[5]，提示微小转移瘤在肝癌中普遍存在的生物学特性，肝癌根治性切除术后并不能防止复发。这些微小病灶（<0.5 cm）首次确诊时已经存在，B超、CT、MR或PET/CT均无法检出，这是肝癌治疗后导致复发率极高的主要原因。日新月异的肝癌局部消融疗法（常用TACE，其次有瘤内无水酒精注射，射频消融，超声聚焦刀和氩氦刀）等众多针对小肝癌主体瘤毁损的局部治疗方法，均不能消灭肝内微小转移瘤的重大缺失。局部消融疗法依然存在较多问题：其准确定位有一定难度，对肿瘤完全消融率有限，现代影像学难以分辨治疗后肿瘤组织和瘤周水肿，不能确切评价消融后即时的坏死范围，局部复发率高[6,7]。不能切除的肝癌尚无公认有效的常规治疗方法，总体治疗效果不理想，即使分子靶向治疗肝癌新药——索拉非尼（sorafenib），价格昂贵，客观疗效仍较低，生存期的延长仅2.8个月[8]。至今20年无法改变在治疗后转移复发率居高不下这个世界难题，探索能够控制肝癌转移复发的策略，是临床医师面临的严峻挑战[1~7]。为此，Zeng[9~11]等探讨包括消灭主体瘤和肝内转移瘤的现代放射为主的综合治疗策略成为临床研究目标，结合有关文献综述如下。

一、肝癌放射治疗沿革的认识

自1956年Ariel应用外照射治疗肝癌至今50余年，肝癌外照射经历了全肝大野照射、局部照射、全肝移动条野照射、局部超分割照射和立体定向放射治疗的演变，但临床效果均不满意。主要是长期受到全肝放射耐受量<35 Gy的影响，全肝照射>40 Gy病人会出现严重的放射性肝功能不全，而肝癌细胞的放射致死剂量与分化差的上皮细胞癌相近，为60 Gy/6周，这是肝癌传统放疗效果不佳的主要原因，多数医师认为放射治疗对肝癌没有作用，因此多年来世界各地应用不多[9~15]。

20 世纪 70 年代以来，国内开展移动条野照射技术探索，有学者认为，移动条野放射疗效实在太差而摒弃，而且一旦产生放射性肝损伤，绝大多数病人在短期内死于肝功能衰竭[13]。然而，仍有学者不懈努力探索改进，1992 年于尔辛等报道全肝移动条野放射治疗大肝癌 228 例，70% 病人总量 mTD 20 Gy 以上者，1 年生存率 70.39%，其中有 12 例总量达 35 Gy，5 年生存率 68.42%，说明放射总量和生存率有关，疗效有一定改善[14,15]。2005 年 Zheng 等报道 460 例巨大肝癌放射治疗的技术改进，治疗效果取得了长足进步，甚至改变了肝癌治疗的某些传统观念[9~11]，并对移动条野技术的放射生物学和剂量学基础理论探讨[16]。要提高肝癌放射治疗的疗效，必须重视放疗野的创新，近年最新研究发现：全肝移动条野放射 + 缩野技术 + 分段放疗新方案[9~11]和三维适形放疗[12]是目前达到高疗效、低损伤的两种方法。

二、现代肝癌放射治疗的优势

手术治疗只适于少数病人，对大多数无手术指征的病人，现代放射治疗在肝癌治疗中地位被再次提出，随着放疗设备改进，放射生物学和剂量学研究发现，以及临床探索证实取得长足进步，放射治疗是安全、有效的治疗选择，还有根治的可能。放疗的适应证要较手术广泛，因为它不受解剖部位的限制，如第一和第二肝门受累的病人；因为可作术前放疗，使部分巨大肝癌缩小后二期切除；因为三维适形放疗的应用，可以使一部分有手术指征的病人免于手术。因为放射治疗对门静脉癌栓仍有控制效果，是中晚期肝癌治疗的基础。因为可作全肝移动条野放疗 + 缩野技术 + 分段放疗，放射治疗也适合于巨块型、结节型或弥漫型肝癌；放射治疗成为术后或微创外科综合治疗以减少复发转移的重要策略。

肝癌虽然恶性程度高，并且有门静脉系统侵犯的特点，但其远处转移发生较晚，常常可以在较长的时间局限于肝脏，这就提供了一个放射治疗的时机。因此，应该充分利用放射治疗可能给这些肝癌病人临床获益的优势的综合疗法，是提高整体原发性肝癌治愈率和生存质量的关键。

调强放射治疗和图像引导放射治疗也将提高肝癌放射治疗水平。

著名放疗学者曾昭冲指出[13]：尽管目前各种病期肝癌放疗的临床报道多为经验总结，循证医学证据级别不高，但是，其他的治疗手段也未能显示很高的循证医学证据，应充分考虑放射治疗可能带来的好处，尽管放射治疗仍起姑息作用，迄今还有什么方法能起根治效果？

三、分阶段缩野的靶区高剂量照射概念

遵循放疗计划先行大野放射，后缩野加量放射的总原则，Zheng 等[9~11]设计全肝移动条野放射 + 缩野技术 + 分段放疗新方案，经 20 年 460 例巨大肝癌临床研究大系列实际探索，肿瘤直径 10 ~ 15 cm 245 例，15 ~ 21 cm 215 例，按剂量分 3 组，第一组全肝移动条野放射 2 轮，mTD16 ~ 19 Gy 260 例，临床受益率

80.3%，中位生存期8个月；第二组全肝移动条野放射3～4轮，mTD 24～35 Gy 127例，临床受益率91.3%，中位生存期11个月；第三组全肝移动条野放射+缩野技术+分段放射mTD 50～60 Gy 73例，临床受益率100%，1、3、5年生存率分别是90.2%、47.9%和10.9%，其中10例（13.7%）中位直径14 cm缩小至7 cm，使巨大肝癌缩小后二步切除，5、10年生存率分别为40%和30%，最长生存者20年仍健在；经长期随访，至今无肝肾功能损害记录，证明病人可耐受60 Gy。临床实践和研究取得了若干创新经验和突破性成果（图1～6）。

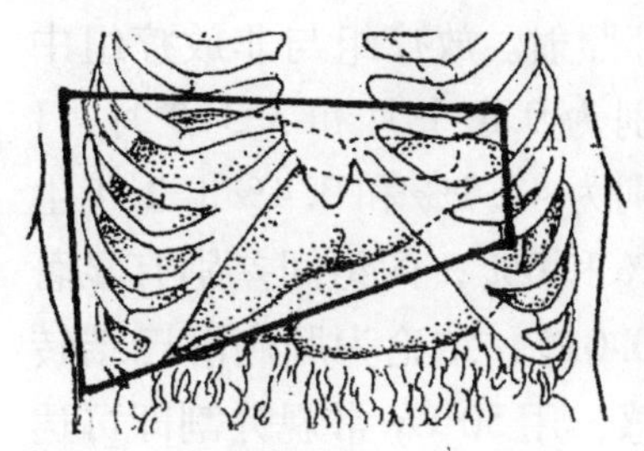

图1　Ingold（1965）传统全肝大野放射

耐受量＜35Gy，规定≥40Gy长期禁锢

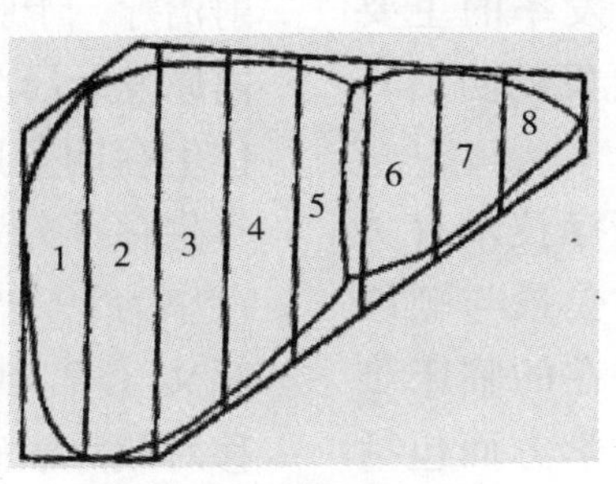

图2　传统全肝移动条野

缺点：没有包括肝门区、胰腺和胃窦周围淋巴结放射治疗

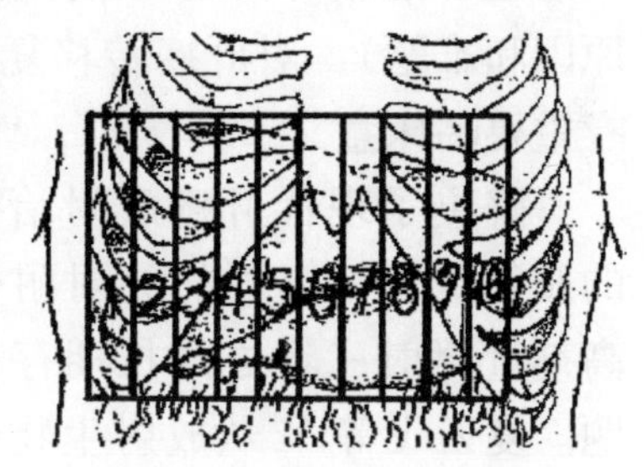

图3　改良全肝移动条野

优点：包括肝门区、胰腺周围和胃窦周围淋巴结放射治疗

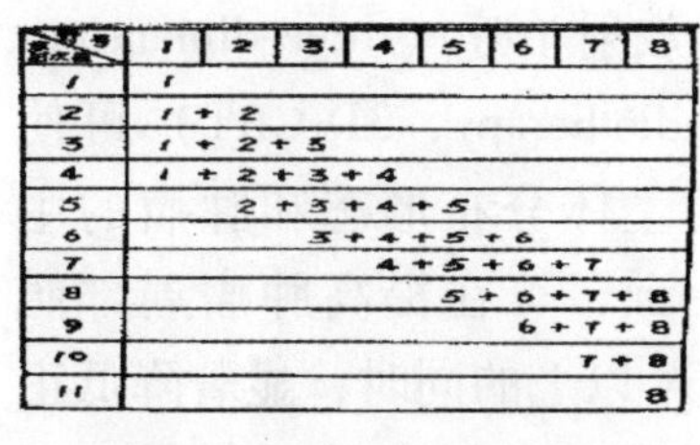

[illegible]	1	2	3.	4	5	6	7	8
1	1							
2	1 + 2							
3	1 + 2 + 5							
4	1 + 2 + 3 + 4							
5		2 + 3 + 4 + 5						
6			3 + 4 + 5 + 6					
7				4 + 5 + 6 + 7				
8					5 + 6 + 7 + 8			
9						6 + 7 + 8		
10							7 + 8	
11								8

图4　全肝移动条野放射治疗程图

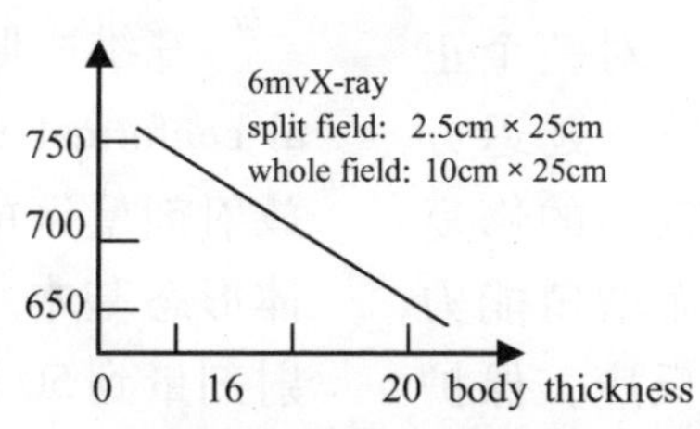

图5　移动条野中心平面百分深度量曲线

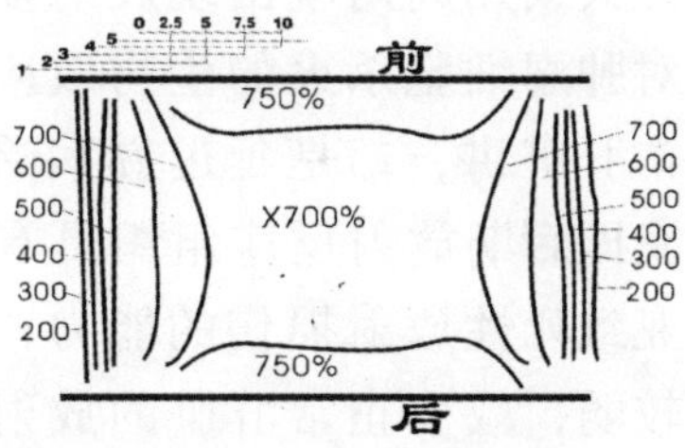

图6　全肝移动条野等剂量曲线图

20年临床实践和研究提示：肝脏并非放射治疗禁区，肝癌放射治疗并非无效。

放疗剂量是影响疗效的关键因素，遵循发生5%放射性肝病时受照射体积大小为正常肝脏体积的1/3、2/3和全肝，其剂量分别为90、47和31 Gy，当正常肝脏受照射的体积＜1/4时，无放射剂量上限且无放射性肝病发生的理论依据[17]。全肝移动条野放射+缩野技术+分段放疗方案20年临床实践和研究提示[9～11]：肝脏放射耐受性取决于肝脏受照射体积大小，正常肝组织的放射体积分阶段逐渐缩小，其放射耐受量从全肝mTD 30 Gy可分阶段逐渐缩野照射提高至局部靶区mTD 60 Gy，使肿瘤的局部控制加强，经长期随访，没有肝肾功能损害的记录，经验证明安全、有效，临床受益率高，少数病人可获根治疗效，总结提出分阶段缩野靶区高剂量放射治疗肝癌的新概念。

发现分阶段缩野靶区高剂量放射治疗新技术能够有效控制和射杀肝内转移瘤的优点为目前仅针对主体瘤毁损的诸多局部消融疗法所不及的价值（肝内转移瘤是肝癌治疗后导致高复发率的主要原因和难题），对肝癌转移复发的防治具有重要临床意义。

解决了现代肝癌放射治疗技术有关的照射野设计、肝的放射耐受量与靶区高剂量照射三者之间长期存在的临床难题。夏云飞等[15]从放射生物学方面包括时间剂量因子、分次剂量因子和体积剂量因子等三个方面及剂量学方面详细阐明移动条野放射杀癌原理，对局部肿瘤细胞是一种加速方案治疗，可在几小时、几天或几周内就出现放射损伤，提高了对肿瘤细胞杀灭的生物效应；对整个正常肝脏讲，却是延迟方案治疗，延迟方案即后期放射反应组织具有较强的修复亚致死性放射损伤的能力，而增殖能力较弱，减少正常肝脏的放射反应，保护了肝脏的必要功能，经数月或数年才出现放射损伤。全肝移动条野放射治疗，全肝受量均匀可改善肝组织耐受性，减轻放疗反应，特别是减少放射性肝损伤的发生，临床分期越早，效果越好。

四、关于腹腔淋巴结转移的放射治疗

临床诊断肝癌伴有淋巴结转移者并不多见，日常诊疗均未予重视，剖腹探查发现腹腔淋巴结转移的发生率为1.6% ~ 5.9 %[18,19]。但Kojiro[20]分析660例肝癌尸检，淋巴道转移最常见者为肝门淋巴结（58.3%），然后是胰腺周围淋巴结（54.2%），胃周围淋巴结（45.8%），主动脉周围淋巴结（33.3%），锁骨上淋巴结约占10%。Zeng[21]回顾性分析了125例临床诊断为肝癌发生腹腔淋巴结转移病人，63例接受肝内肿瘤手术切除或介入栓塞治疗；62例在上述治疗基础上结合外放射治疗，予肿大淋巴结区包括或不包括肝内原发灶局部照射。放疗组与非放疗组中位生存期分别为9.4个月和3.3个月，1年生存率分别为42.1%和3.4%，2年生存率为19.9%和0%，两组间差别有显著意义（$P<0.01$），结论为肝癌淋巴结转移对放疗敏感，用50 Gy常规分割即可达到姑息性治疗的效果，并延长生存期，肝门区淋巴结转移和肝内小病灶病人放疗后效果较好。

五、肝癌的三维适形放射治疗[12]

三维适形放射治疗（three-dimensional conformal radiotherapy，3D-CRT）可使放射剂量区的主体分布形态和肿瘤的主体形态基本一致，可在提高肿瘤局部照射剂量到50 Gy以上的同时，显著降低正常肝组织和周围正常器官受照射量，适应于5 ~ 8 cm大肝癌，肿瘤边界清晰，不伴肝内播散子瘤的病人。

近10年来在国内外文献陆续报道了肝癌3D-CRT放疗的结果，部分与TACE相结合：Robertson[22]报道了22例3D-CRT（常规分割48 ~ 72.6 Gy）和TACE，中位生存期6个月，4年生存率20%。Park[23]报道158例3D-CRT（常规分割，25 ~ 59 Gy），中位生存期10个月，2年生存率19.9%，放疗剂量与疗效相关，剂量 > 50 Gy疗效更好。Zeng[24]报道203

例肝癌 TACE 加或不加 3D-CRT 50 Gy，结果有效率分别均 76.0% 和 30.9%：1、2、3 年生存率分别为 71.5%、42.3%、24% 和 59.6%、26.5%、11.1%（P 均<0.05）。郑青平[25]报道 98 例不能手术的原发性肝癌，67 例单纯 3D-CRT，31 例 3D-CRT + TACE，两组近期有效率分别为 83.6% 和 87.1%，3 年生存率分别为 22.4% 和 25.8%，两组差异无显著性（P > 0.05）。Zhou[26]用 TACE 加 3D-CRT 联合治疗肝癌 50 例，1、2、3 年生存率 60%、38% 和 28%，1、2、3 年远处转移率 15%、21% 和 40%，全组中位生存期 17 个月。Kim[27]报道 3D-CRT 治疗 70 例肝癌，CR 4 例（5.7%），PR 34 例（48.6%）；门静脉癌栓 41 例，CR 4 例（9.7%），PR 12 例（29.3%）；中位生存期 18.0 个月和 20.1 个月；认为 TACE 无效或不适宜者选择 3D-CRT 治疗是实际的。居小萍[28]报道 3D-CRT 治疗 65 例肝癌，单纯放疗组 29 例，有效率 58.6%；放疗 + TACE 组 36 例，有效率 66.7%，显示肿瘤 <5 cm 和等效生物剂量≥60 Gy 疗效明显较好，TACE 对近期疗效及生存率无显著性影响（P > 0.05）。

上述各家报道 3D-CRT 是否应该常规加用 TACE 意见不一致。TACE 是肝癌首选治疗手段，经 20 余年广泛应用研究发现碘油不能完全栓塞阻断肝癌的血供，而碘油栓塞所致肿瘤组织局部的缺血、缺氧可刺激血管内皮生长因子（VEGF）的分泌增加，促进新生血管形成，并且 VEGF 升高和肿瘤包膜不完整、肝内转移、门静脉侵袭和肿瘤晚期明显相关，如果肝内已经存在微转移灶，会促进肿瘤的转移复发；临床可见 TACE 术后大瘤体周围子瘤的快速增生，以及肝功能的破坏甚至肝衰竭，影响病人的生活质量及生存期，远期效果不尽如人意[29~31]。中国医学科学院肿瘤医院[32]报道2 116例不能手术切除肝癌经 TACE 治疗后，有 41 例（1.9%）获二期切除，病理证实完全坏死 4 例，仅占 9.9%，却有 90.1% 发现肿瘤细胞残留的局限性，肝癌的周边、包膜及包膜外侵犯、子灶等以门静脉供血为主、侧支循环的建立、栓塞不完全、多中心起源以及肝癌细胞的多药耐药基因的高表达，应是其残癌细胞存活成为日后复发转移的病理基础。

3D-CRT 缺点仍是不能杀灭肝内播散子瘤的局限性，学者对肿瘤边界在 CT 图像上无法确认、肝内肿瘤播散，或 TACE 后发现肝内较多的播散小病灶则放弃治疗[12,26]。

虽然 3D-CRT 和 TACE 或局部消融疗法都不能治疗肝内播散子瘤进展期肝癌的困境，并非山穷水尽，根据笔者的经验[9~11]，推荐首先采用分阶段缩野靶区高剂量放射治疗新技术，最大限度射杀肝内转移子瘤为基础，并随着主体瘤的缩小个体化策略结合手术、三维适形放疗或局部消融疗法的放射综合治疗新技术，可使更多肝癌病人获益。

六、门静脉癌栓——放射治疗的价值

临床上门静脉癌栓占 34% ~40%，而病理镜下发现率高达 90%，易导致肝内播散、远处转移、肝功能恶化和治疗后复发，预后很差，未行治疗的肝癌病人中位生存期 24.4 个月，而伴有门静脉癌栓者生存期仅 2.7 个月[33]。目前对合并门静脉癌栓的肝癌病人缺乏有效的治疗方法，无论TACE治疗或外科治疗效果都差，这是肝癌治疗中亟待解决的难题之一[34]。近年研究发现，放射治疗有一定的疗效。Zeng等[35]放射治疗66例伴有门脉和（或）下腔静脉癌栓的大肝癌病人，22例（33.3%）治疗后癌栓消失，获得完全缓解，16例（24.2%）获得部分缓解，26例（39.4%）癌栓稳定，总有效率57.5%，1年生存率34.8%，中位生存期10个月。王海龙等[36]报道3D-CRT + TACE治病肝细胞癌伴门静脉癌栓32例的疗效，原发肿瘤缓解率68.8%，门静脉缓解率87.5%，其1、2、3年累积生存率分别是56.3%、31.3%和21.9%，中位生存期15个月，门静脉癌栓放射剂量至DT 60 Gy/30次，可有效预防门静脉高压大出血。表明了放射治疗对伴有门静脉癌栓肝癌有较好疗效，放射治疗效果与放射剂量密切相关。

七、肝癌放射治疗意义与并发症

肝癌术前放疗使部分不能手术的巨大肝癌缩小后变为可手术切除的新指征，扩大了肝癌的手术切除来源，可增加手术切除率的新途径，国际上第1例由Zheng等于1987年实现，随访20年仍健在[9~11]。近年于尔辛[15]和Zeng[37]等学者陆续有成功报道，证明可重复；并得到有关学术界的关注[38]。2006年肝癌权威吴孟超院士述评确认[34]：“术前放疗是近年来巨大肝癌可获得二期切除的新方法，采用全肝移动条野照射、缩野技术和分段放疗，放射剂量50~60 Gy，放疗后3~4周手术可能比较适宜，远期随访结果令人满意”。

手术后大体肿瘤切除可减少瘤负荷，提高放射敏感性，外照射不受解剖部位限制，可以针对术后易残留的病灶和亚临床病灶给予放疗，术后放疗减少复发率，提高生存率。饶建[39]报道45例术后放疗，1、3、5年生存率为90%、62%、44%；1、3、5年局部复发率为7%、27%、36%。

目前认为，放疗后产生主要并发症——放射性肝病（radiation-induced liver disease，RILD）与照射体积、剂量和肝脏功能状态有关。通常发生于放疗结束后2周至3个月，典型RILD迅速出现非癌性腹水，肝脏肿大，碱性磷酸酶上升至正常值2倍以上，RILD目前尚无特效治疗方法，因此，预防RILD的发生很重要[13]。Liang[40]报道3D-CRT 128例，放疗后4~8周发生RILD 19例，发生率14.8%，危险因子是病人原有肝硬化的严重程度，Child-Pugh B级的病人更易发生RILD。梁建设[41]报道3D-CRT 70例，RILD占45.71%，而阳性HBVM者中占88.88%，提示乙肝病毒感染可能对放射性损伤敏感性有关。对近年发表的肝癌放射治疗论文复习可以发现，接受3D-CRT的RILD发生率高于非3D-CRT者[13]，而非3D-CRT者发生RILD是罕见的[9~11,14,15]，值得进一步研究。

八、肝癌放射治疗指征

肝癌放疗适应证尚无统一看法，根据460例放疗经验总结[9,10]，放疗的适应证较广泛：①一般情况好，无严重肝功能损害和肝硬化，无黄疸、腹腔积液，肿瘤局限而且发展缓慢，无远处转移的病人，根治性放疗用全肝移动条野放射+缩野技术+分段放疗至50~60 Gy，争取部分肿瘤缩小后切除；②虽已有肝内播散或弥漫型肝癌，但一般情况好，无黄疸、腹腔积液者先行全肝移动条野放疗，视情况部分病人可缩野加量至50~60 Gy；③有门静脉癌栓者，可先对准癌栓放疗，待癌栓缩小甚至消失时，再视情况作全肝移动条野放疗；④腹腔积液是放疗的相对禁忌证，如对症利尿有效，可行全肝移动条野放射，尚有姑息性疗效；⑤对肿瘤位于肝门区压迫所致的黄疸或腹腔积液，可对准肝门靶区试行放疗，以解除压迫，缓解症状；⑥肝硬化不是放疗的禁忌证，只要不是严重肝硬化伴有肝功能损害，放疗即可进行；⑦对肝门或胰周淋巴结转移，放疗多有效；⑧炎症型肝癌放疗无益，列为禁忌；⑨术后放疗减少复发率，提高生存率；⑩术后复发或局部消融后复发者视其具体情况参照上述方法处理。

九、展望：现代肝癌放射为主综合治疗策略的新思路[9~11]

迄今，不论外科或各种局部消融疗法仅针对小肝癌主体瘤毁损的局限性，因此现代肝癌治疗路径，不应仅考虑主体瘤的治疗，也应顾及肝内转移子瘤的治疗，才是合理的综合治疗策略。因此，对临床上最棘手的进展期肝癌，首先应用分阶段缩野靶区高剂量放射治疗，最大限度射杀肝内微小转移瘤为基础，并随着主体瘤的缩小，针对病人个体化策略结合手术、三维适形放疗或局部消融疗法的综合治疗方案是目前达到最大限度消灭肿瘤，又最大限度保存机体肝功能的新概念、新技术、新方法，值得进一步推广应用并使之完善，为肝癌总体预后的改善带来希望。

参 考 文 献

1 汤钊猷. 转移复发—肝癌研究的重中之重（述评）. 中华消化外科杂志，2007，6（1）:2.

2 周信达. 肝癌复发转移外科治疗的有关问题（述评）. 临床外科杂志，2006，14（1）:1~2.

3 Tung-Ping Poon R，Fan ST，Wong J. Risk factors，prevention，and management of postoperative recurrence after resection of hepatocellular carcinoma. Ann Surg，2000，232（1）:10.

4 Llovet JM，Schwartz M，Mazzaferro V. Resection and liver transplantation for hepatocellular carcinoma. Semin Liver Dis，2005，25（2）:181~200.

5 吴孟超. 肝癌外科综合治疗的现状和前景（述评）. 中华肝胆外科杂志，2006，12（1）:1~4.

6 Kuvshinoff BW，Ota DM. Radiofrequency ablation of liverturmors：infliuence of technique and tumor size. Surgery，2002，132（4）:605~611.

7 庞雄昊，陈敏山，李锦清，等. 小肝癌手术与射频消融治疗的现状. 实用医学杂志，2007，23（6）:779~781.

8 Llovet J，Ricci S，Mazzaferro V，et al. Sorafenib improves survival in advanced hepatocellular carcinoma（HCC）：Results of a phase Ⅲ randomized placebo-controlled trial（SHARP trial）. Journal of Clin Oncol，2007，25（18Suppl）；LBAL.

9 Zheng ZS，Zou YH，Rao J，et al. 460 Cases of Radiotherapy for Primary Massive Liver Cancer. US-Chin Med Sci，2005，2（6）:16~21.

10 郑作深，邹雨荷，吕华珠，等. 460例巨大肝癌放射治疗的技术改进. 临床肿瘤学杂志，2005，10（5）：497~501/中国科技成果，2008:02:60（成果推广）.

11 郑作深. 突破放射治疗禁区-460例巨大肝癌放射治疗经验总结. 中国医疗前沿，2007，2（8）:54~56.

12 蒋国梁. 原发性肝癌治疗的新方法—三维适

形放疗（述评）. 癌症进展，2006，4（4）: 279～283.

13 曾昭冲. 原发性肝癌放射治疗的争论与共识（专家论坛）. 临床肿瘤学杂志，2008，13（2）: 97～104.

14 于尔辛，刘鲁明，宋明志，等. 全肝移动条野放射结合中药治疗大肝癌的临床研究. 中华肿瘤杂志，1992，14（1）: 57～60.

15 于尔辛. 肝癌. 见：刘泰福主编. 现代临床放射肿瘤学. 上海：复旦大学出版社，2001，398～408.

16 夏云飞，钱剑扬，郑作深. 移动条野技术的放射生物学和剂量学基础及改进癌症，2000，19（1）: 82～85.

17 Dawson LA, Ten Haken RK, Lawrence TS, et al. Partial irradiation of the Liver. Sernin Radat Oncol, 2001, 11 (3): 240～246.

18 Kubicka S, Rudolph KL, Hanke M, et al. Hepatocellular carcinomain Gemany: a retrospective epidemiological study from a low-endemic area. Liver, 2000, 20 (4): 312～318.

19 Ueno N, Kanamaru T, Kawaguchi K, et al. Ahepatocellular carcinoma with lymph node metastasis and invasion into the gallbladder: Preoperative difficulty ruling out a gallbladder carcinoma. Oncol Rep, 2001, 8 (2): 331～335.

20 Kojiro M Pathology. In Livraghi T, Makuuchi M. Buscarini L (eds) Diagnosis and treatment of hepatocellular carcinoma. London: Greenwich Medical Media, 1997: 35.

21 Zeng ZC, Tang ZY, Fan J, et al. Consideration of role of radiotherapy for lymph node metastases in patients with HCC: retrospective analysis for prognostic factors from 125 patients. Int J Radiat Oncol Biol Phys, 2005, 63 (4): 1067～1076.

22 Robertson JM, Lawrence TS, Andrews JC, et al. Long-term results of hepatic artery fluorodeoxyuridine and conformal radiation therapy for primary hepatobiliary cancers. Inr J Radiat Oncol Biol phy, 1997, 37 (2): 325～330.

23 Park H C, Seong J, Han K H, et al. Dose-response relationship in local radiotherapy for hepatocellular carcinoma. Int J Radiat Oncol Biol Phys, 2002, 54 (1): 150～155.

24 Zeng ZC, Tang ZY, Fan J, et al. A comparison of chemoembolization combination with or without radiotherapy for unresectable hepatocellular carcinoma. Cancer J, 2004, 10 (5): 307～316.

25 郑青平，陈龙华，吴德华. 原发性肝癌三维适形放射治疗和介入治疗加放疗的疗效比较. 中国肿瘤临床，2005，32（21）: 1239～1241.

26 Zhou ZH, Liu LM, Chen WW, et al. Combined therapy of transcatheter arterial chemoembolisation and three-dimensional conformal radiotherapy for hepatocellular carcinoma. Br J Radiol, 2007, 80 (951): 194～201.

27 Kim TH, Kim DY, Park TW, et al. Three-dimensional conformal radiotherapy of unresectable hepatocellular carcinoma patients for whom transcatheter arterial chemoembolization was ineffective or unsuitable. Am J Clin Oncol, 2006, 29 (6): 568～575.

28 居小萍，张晓青，肖作平，等. 三维适形放射治疗原发性肝癌65例疗效分析. 中国肿瘤，2007，16（9）: 735～737.

29 Liao X, Yi J, LiX, et al. Expression of angiogenic factors in hepatocellular carcinoma after transcatheter arterial chemoembolization. J Huazhong Univ Sci Technolog Med Sci, 2003, 23 (3): 280～282.

30 Poon RT, Lau CP, Cheung ST, et al. Quantitative correlation of senm levels and tumor expression of vascular endotheliar gawth factor in patients with hepatocellular carcinoma. Cancer Res, 2003, 63: 3121～3126.

31 Liu J, Yi J. Relationship between the changes of VEGF level and dendritic cells in peripheral blood of patients with hepatocellular carcinoma after transcatheter arterial chemoembolization. J Huazhong Univ Sci Technolog Med Sci, 2007,

27（1）:58～60.

32 李忱瑞，李文波，李清华，等. 原发性肝癌术前动脉化疗栓塞的疗效评价. 癌症进展杂志，2006，4（2）:167～171.

33 Minagawa M，Makuuchi M，Takayama T，et al. Seletion criteria for hepatectomy in patients with hepatoecellular carcinoma and portal vein tumor thrombus. Ann Surg，2001，233（3）:379～384.

34 吴孟超，李爱军. 应重视大肝癌的综合治疗（述评）. 中华医学杂志，2006，86（24）:1657～1689.

35 Zeng ZC，Tang ZY，Tan J，et al. Acompariso no ftreatment combinations with and without radiatherapy fou hepatocellular carcinoma with partal veion and /or interior vena tumor thrombus. Int J Radiat Oncol Biol Phys，2005，61（2）:432～443.

36 王海龙，戴慧，卢晓红. 常规分割三维适形放疗结合介入治疗肝细胞癌伴门静脉癌栓的疗效. 实用肿瘤学杂志，2006，20（3）:165～168.

37 Zeng ZC，Tang ZY，Fan J，et al. A Comparison of Chemoembolization Combination With and Without Radiotherapy for Unresectable Hepatocellular Carcinoma. Cancer，2004，10（5）:307～316.

38 于甬华. 原发性肝癌. 见：于金明，殷蔚伯，李宝生主编. 肿瘤精确放射治疗学（下卷）. 济南：山东科学技术出版社，2005:993.

39 饶建，邹雨荷. 原发性肝癌术后放疗的临床研究. 中国医药导报，2007，4（16）:109.

40 Liang SX，Zhu XD，Xu ZY，et al. Radiation-induced liver disease in three-dimensional conformal radiation therapy for primary liver carcinoma：the risk factors and hepatic radiation tolerance. Int J Radiat Oncol Phys，2006，65（2）:426～434.

41 张建设，刘丽丽，申纪轩，等. X线立体定问适形放疗对肝癌伴HBV感染者肝功能的损伤. 实用医药杂志，2005，22（3）:202～206.

肝门部胆管癌国内外科治疗40年回顾

田雨霖

中国医科大学附属第一医院普通外科教研室　沈阳　110001

肝门部胆管癌（hilar cholangiocarcinoma，HCC）是指原发于胆囊管开口以上的肝总管至左、右肝管部位的粘膜上皮癌，亦称为高位胆管癌或上段胆管癌。回顾历史，早在1957年Altemeier等报道3例硬化性胆管癌，指出该病发展缓慢，有时难以与硬化性胆管炎相鉴别。1965年Klatskin着重描述了肝门部肝管分叉处癌肿的临床病理特点，强调此类肿瘤往往瘤体较小，边界清楚，少有转移。虽然HCC与Klatskin描述的肝管分叉处癌有一定区别，但目前人们多将HCC称为Klatskin tumor。

回顾国内自1966年起，40年来对HCC诊治的历程，可概括为：从知之甚少，到逐步认识，目前已经积累了相当多的诊治经验，但尚有许多问题需要重新认识与研讨。

为了叙述方便，本文将40年人为的划分为4个阶段，每个阶段10年。在引用报道资料时，时间（年）有时交叉、重叠，难以分割。而40年又很漫长，欲阐述的问题很多，可能在表达上存在不十分恰当、准确和完全。但可供参考。

一、第一阶段（1966～1975）对HCC知之甚少，甚至没有人认为HCC可以切除

此阶段影像学诊断方法极为落后，既无B型超声，又无全身CT。诊断疾病时主要依靠询问病史、体格检查及“三检一透”，即血、尿、粪常规检查，腹部或胸部X线透视。约95%的HCC病人因黄疸就诊。黄疸病人中胆总管结石并发梗阻性黄疸多就诊于外科，其余大多数黄疸病人就诊于传染科或消化内科，在除外了因肝病引起的黄疸后，才到外科查找胆管梗阻的部位和病因。虽然经静脉胆管造影在临床上应用久远，但受肝功能因素影响，血清总胆红素 > 85.5 μmol/L时胆管多不显影，当时尚无其他能直接显示胆管梗阻部位的影像学检查方法。临床上最常应用的是X线钡餐胃肠造影，若发现十二指肠曲扩大、有压迹或降段呈反“3”字征，多考虑为胰头部占位性病变的可能。十二指肠低张造影如显示降部内侧粘膜紊乱或充盈缺损，对诊断十二指肠乳头癌有重要价值。HCC在术前难以得到确诊，在临床上确

诊的HCC，多因梗阻性黄疸术中探查时意外发现癌肿位于肝门部。由于受技术条件的限制，遇有意外发现HCC时多采取内或外引流术。我们多采取左肝内胆管空肠吻合术（Longmire手术）。为了解1966～1975年间国内对HCC的诊治情况，我们查阅国内普通外科中文文献索引（1949～1985年）[1] 1958～1977年间有关“胆管恶性肿瘤”文章仅有14篇，其中涉及胆管癌的仅2篇，且均刊登于《医学文摘》上。于“胆管手术方式”索引中，未见以肝门部胆管癌、高位胆管癌或上段胆管癌为文题的诊断与手术方式报道。在这一阶段可以说对HCC知之甚少，几乎没有人认为HCC可以切除。即使在这一阶段，有少数学者为HCC做过切除手术，但未见相关的论文发表于中文杂志上。

二、第二阶段（1976～1985年）HCC切除手术为起步探索阶段

1976年后国内引进一批先进的医疗设备与技术如B型超声、CT与ERCP、PTCD等，彻底改变了梗阻性黄疸原来的诊断模式。HCC首选的影像学检查为B超，可提供清晰的切面图像，根据其所见再进一步选择CT或ERCP检查，以明确胆管梗阻的部位及性质。PTC（PTCD）为有创伤、有并发症的检查方法，并且难以了解梗阻下端病变范围。为解决这一难题，我们曾为少数病人先行PTCD，待情况稳定后再行ERCP检查，同时注入造影剂则形成“夹击”造影，可清楚显示病变范围，为HCC的诊断及术式选择提供了依据。20世纪80年代后引进全身CT，可以明确胆管梗阻部位、性质、肿瘤范围、肝脏及肝十二指肠韧带有无转移，为HCC诊断及治疗方法选择提供了依据。

1954年由Brown完成首例HCC切除手术，为确认国内何时开始施行HCC切除手术，查阅普通外科中文文献索引（1949～1985年）[1] 1977～1985年间“胆管恶性肿瘤”中只有3篇文题与HCC有关。但该3篇均非论著，均为介绍国外医学动态。在这一阶段尚未见以肝门部胆管癌、高位胆管癌或上段胆管癌为文题的论著在中文杂志上发表。但根据20世纪90年代初国内报道的文献可以推断HCC切除手术，应始于20世纪70年代末或80年代初，首先是在大学附属医院及肝胆外科中心开展的[2～6]。

此阶段HCC切除手术尚属于起步探索阶段，文献着重讨论HCC临床病理特征、诊断方法、肿瘤显露途径和手术切除范围[3,5～6]。各单位诊治的病人数少，切除的例数不超过10例，手术切除率在10%左右[2、3,5、6]。1990年周宁新等[7]报道全国40多所医院及协作组1977年1月至1989年4月调查肝外胆管癌1 098例，其中上段胆管癌482例，手术切除率仅为10.4%。第三军医大学西南医院1975～1985年HCC 60例中仅切除5例，手术切除率8.3%[2]。田雨霖等[3] 1992年报道1978～1989年HCC 53例中切除10例，手术切除率18.9%。北京医科大学一院1987年前收治HCC 40例，手术切除率7%[2]。

国内认同1975年Bismuth-Corlette分型法，并根据此分型选择适宜的手术方式：Ⅰ型行肿瘤局部切除；Ⅱ型行肿瘤局部切除加肝Ⅰ段（尾状叶）切除；Ⅲ

型行肿瘤局部切除加肝Ⅰ段切除和肝左叶（Ⅲa）或左叶（Ⅲb）切除；Ⅳ型行全肝切除加原位肝移植。不能切除时，为解除胆管梗阻，应行内或外引流术。

三、第三阶段（1986～1995年）快速发展阶段

由于影像诊断的迅速发展，MRI、MRCP在临床上广泛应用，于20世纪90年代中期诊断胆管疾病时，MRCP逐渐替代ERCP。MRI及MRCP对HCC的定位及定性诊断价值较高，并具有无创性、无放射性、不受黄疸和左、右肝管被肿瘤分隔的影响，能完整地显示肝内外胆管树、肝内外胆管受累及其程度，并能显示肿瘤的直接影像，因此比PTC及ERCP更具有优越性。MRI及MRCP是HCC诊断及术式选择不可缺少的影像检查方法。

早期开展切除手术的单位积累了较多的病人和诊治经验。由于开展肝门区大血管“骨骼化清扫”、扩大手术切除范围并附加肝叶切除，手术切除率有明显提高。后期开展HCC切除的单位之多犹如“雨后春笋”，肝外胆管癌全国调查[7]和1991、1995、1997年，即第5、6、7届全国胆管外科学术会议报告的病人数分别为668、481和475例[8]，可以充分反映这一情况。于1991年第5届全国胆管外科学术会议上报告HCC切除139例，其中97例（69.8%）附加不同范围的肝切除，手术死亡率0%～22%[2]。

第三军医大学西南医院1975～1985年60例HCC切除5例，手术切除率8.3%[2]。1982～1991年该院收治HCC 40例中切除24例，手术切除率上升至60%，21例（21/24，87.5%）合并不同类型的肝切除。24例中住院死亡1例，随访出院的23例中死亡10例，死亡病人术后平均生存时间为24（6～48）个月，死亡原因均为肿瘤复发。术后1、3、5年存活率为79.2%、58.3%和37.5%[9]。田雨霖等[3]报道切除的10例中住院死亡2例，出院的8例随访时间1～7年，死亡5例，2例为姑息性切除分别于术后10个月及24个月死于癌扩散。3例为根治性切除分别于术后2年、3年及4年2个月死于癌复发。生存时间最长的1例术后已7年。中国人民解放军总医院1986～1990年HCC 50例中切除31例，手术切除率62%，手术后30天内死亡率为0。有4例无瘤生存超过5年，其中1例已达10年[2]。

HCC切除术后远期死因均为肿瘤复发与转移[3,9]。李维华等[10]对HCC切除术后27例标本和5例尸检病理研究时发现，HCC除血行和淋巴转移外，尚有神经侵犯和跳跃式转移，局部软组织侵犯和胆管壁粘膜下浸润的特点，切除术后复发的可能性始终存在。因此，提示我们行R0切除时应该注意的问题，以及为预防局部复发应行综合治疗。

四、第四阶段（1996年至今）总结、提高阶段

HCC发病经过隐匿，治疗困难，R0切除率低，是预后较差的恶性肿瘤。在我国施行HCC切除手术将近30年，许多单位诊治的病人超过百余例[4,11～15]。但是，确诊的多为中晚期癌，虽然由于不断的扩大手术切除范围和严格选择病人，提高了手术切除率。但在解剖关系复杂

的狭小区域，真正做到根治性切除十分困难。为了提高根治性切除率和5年存活率，还有很长的路要走，有许多问题需要重新认识和研讨。

1. HCC的病理学类型　当20世纪70年代末，对HCC逐渐认识并施行切除以来，许多作者均遇到个别病人（多为高分化腺癌）肿瘤切除后长期存活，于是认为HCC犹如Klatskin描述的一样，为“良性”经过的恶性肿瘤。但其后发现部分病人于确诊后发现癌肿局部浸润广泛或发生远隔部位转移，这与病理组织学类型多样性有关，并非高分化腺癌占绝大多数（表1）。

表1　HCC病理学类型

作者（报道年份）	n	高分化腺癌（%）	中分化腺癌（%）	低分化腺癌（%）	粘液腺癌（%）	其他（%）
何振平[4]（1999）	181	42.5	13.8	22.1	10.5	11.1
周宁新[16]（2001）	116	44.0	14.7	33.6	7.7	0
赵建勋[17]（2002）	109	22.0	51.4	26.6	0	0
张柏和[15]（2004）	129	7.0	56.6	31.0	2.3	3.1

2. 手术切除率　随着诊治经验积累、手术手技的提高以及病人的选择和合并肝切除等扩大手术切除范围，手术切除率由初期的10%左右，提高到目前的54.3%～83.3%[4,15～18]。1990年后日本主要医疗机构手术切除率为60%～80%，同期欧美手术切除率为10%～50%。梁力建等[18]报道1992年1月至1998年10月手术治疗HCC 86例，手术切除率37.2%（32/86），1996年前为25%，1996年后提高到54.3%。何振平等[4]报道1978～1997年手术治疗HCC 181例，手术切除率53.6%，1991年前为40.4%，1991年后提高至60.3%。周宁新等[16]报道1986年1月至1999年1月手术治疗HCC 157例，手术切除率为67.5%，近3年手术切除率上升至74%（40/54）。近年来手术切除率继续呈上升的趋势，赵建勋等[13]报道1988年以来手术治疗HCC 122例中切除94例，手术切除率为77%。张柏和等[15]报道1997～2000年收治HCC 198例中144例行手术治疗，切除120例，手术切除率83.3%，这是目前手术切除率最高的一组报道。

3. 根治性切除与远期存活率　根治性（治愈性）切除为肿瘤的纵轴和横轴前沿5 mm以外镜下无癌残留，同时清除肝十二指肠韧带内可能转移的淋巴结。R0切除是指切缘镜下无癌残留。HCC尤其是恶性程度高的低分化癌与粘液腺癌呈浸润性生长，容易浸润周围软组织。由于解剖部位的特殊性，周围有重要血管，在一个狭窄的区域里手术，术中肉眼认为是R0切除，可是术后病理发现切缘有癌残留。为达到根治性切除或 R0 切除，术中切缘冰冻病理检查十分重要。

目前，虽然手术切除率高达 54.3% ~ 83.3%，但根治性手术切除率仅为 28.2% ~37.6%，根治性切除术后 5 年存活率为 13.4% ~25.75%（表 2）。HCC 根治性切除术后远期疗效不及胃癌和大肠癌。从外科治疗结果来看，HCC 当前差不多与“恶名昭著”的胰腺癌相当[19]。

表 2 根治性切除率与远期存活率

作者（报道年份）	时间范围（年）	根治性切除率（%）	存活率（%）		
			1 年	3 年	5 年
何振平[4]（1999）	1978 ~ 1997	28.2（51/181）	95.0	27.5	17.5
赵建勋[13]（2001）	1988 ~ 2000	36.9（45/122）	92.47	45.06	25.75
周宁新[16]（2001）	1986 ~ 1999	37.6（59/157）	96.7	23.3	13.4

4. 关于肝尾状叶切除　尾状叶胆管和实质容易受肿瘤直接浸润。1979 年 Blumgart 施行了第 1 例 HCC 联合尾状叶的根治切除术，此后，许多学者对此进行深入的研究。HCC 切除术后病理检查尾状叶胆管癌浸润发生率，1990 年 Nimura 等报道为 98%，1993 年 Ogura 等报道为 36%，2000 年 Tabata 等报道为 46%，因此，日本学者强调在行 HCC 切除时尾状叶切除的重要性。

在国内 HCC 切除是否合并肝尾状叶切除，看法尚不一致。HCC 切除时，一般于高位切断尾状叶胆管，未常规切除尾状叶[6]。对于 Bismuth Ⅰ、Ⅱ型 HCC，大多数只是在适当部位切断尾状叶胆管，而当尾状叶受累时，才行尾状叶整块切除[20]。肖梅等[21]报道 1993 ~ 2004 年 HCC 联合肝叶切除的 74 例中 57 例为根治性切除，只有 2 例（2.7%）合并尾状叶切除。刘树荣等[11]报道 HCC 切除 53 例中有 17 例为姑息性切除，原因为肝尾状叶、门静脉壁和肝侧胆管有癌残留。赵建勋等[22]认为对于肝尾状叶处理应积极，行半肝切除时应切除尾状叶，在其报道的 HCC 切除 83 例中有 30 例合并不同范围的尾状叶切除，生存 5 年以上的 11 例中有 6 例合并尾状叶切除。何振平等[4]于 1999 年报道根治性切除 51 例中有 40 例获得随访，术后 1、3、5 年肿瘤复发率分别为 10%、75% 和 85%，其中合并肝尾状叶切除的 4 例中有 3 例生存 5 年以上且无肿瘤复发证据。在复发的类型中肝尾状叶复发率为 25%，明显高于其他部位复发率（$P < 0.01$）。上述资料表明：①HCC 切除术后肝尾状叶是肿瘤复发的主要部位之一；②肝尾状叶切除应是 HCC 根治性切除及 R0 切除的重要组成部分；③合并肝尾状叶切除可降低术后复发率，延长术后生存时间。

5. 关于联合肝动脉切除　HCC 早期

癌组织即可浸润周围血管、神经，并沿其转移，切除术后容易局部复发。为了提高手术切除率及达到 R0 切除，有时需要联合肝动脉或肝固有动脉切除。但切除后是否需要行血管重建见解不一。周宁新等[16]报道手术治疗 HCC 54 例，手术切除率 74% （40/54）。40 例中有 17 例联合肝动脉切除，其中 7 例为肝固有动脉切除，切除后均未行血管重建，血清总胆红素最高达 400 μmol/L，术后无一例发生肝功能衰竭或死亡。认为联合肝固有动脉切除，有利于胆管癌根治性切除，简化了手术操作，不行血管重建不会增加手术并发症或死亡率。国内多数学者考虑到肝动脉血供在肝功能维持、肝细胞再生、胆管血供等方面的重要作用，主张重建肝动脉血供。曾永毅等[23] 2007 年报道 HCC 联合肝动脉切除 13 例，均达到 R0 切除，其中 10 例行肝动脉重建。我们认为术中确认肝动脉已完全闭塞，在这种情况下肿瘤堵塞血管的过程中已逐渐形成侧支循环，切除肝动脉及左、右肝动脉，不行血管重建是安全的。至于术中证明肝固有动脉尚通畅，即使门静脉供血完好的情况下，只要条件允许应行肝动脉血管重建。

6. 关于扩大根治术　HCC 切除手术总的趋势是不断的扩大手术切除范围，希望达到 R0 切除。扩大根治术是指附加胰十二指肠切除（PD）的半肝、超半肝切除或肝移植术。主要适应证为肿瘤侵犯十二指肠、肿瘤由肝门向胆管末端弥漫性生长侵犯胰头。PD 可以同时清扫十二指肠后和胰腺上缘的淋巴结。

（1）肝胰十二指肠切除术（HPD）：Nagakawa 等于 2000 年调查日本 1988～1999 年 153 个单位胆管癌 11 030 例中施行 HPD 465 例，其中胆管癌 110 例，术后 1 个月内死亡 13 例（11.8%），生存 5 年以上的仅 5 例，5 年存活率为 17.5%。HPD 术后并发症发生率及手术死亡率高，远期疗效并不理想，Nagakawa 等认为若行扩大右半肝或左半肝切除能达到 R0 切除时，就不应该选择危险性大的 HPD。国内报道 HPD 较少，中国人民解放军总医院曾施行分期的联合肝、胆管、胰十二指肠切除获得成效[19]。HPD 手术创伤大，风险性大，在 HCC 手术治疗中不占主导地位，不宜普及与推广。只有在严格掌握适应证，谨慎应用此手术是可行的[24]。

（2）肝移植：Bismuth-Corlette Ⅳ型可施行全肝切除原位肝移植。国内 HCC 行全肝切除原位肝移植的报道较少，刘永锋等[25]于 1999 年报道原位肝移植治疗 HCC 2 例，肝移植后肝功能恢复正常，黄疸消退。认为 Bismuth Corlette Ⅳ型仍不失为肝移植的适应证。梁廷波等于 2005 年报道 5 例肝移植治疗 HCC，有 4 例存活 3 年。1998 年 Iwatsuki 等报道（1981～1996 年）HCC 72 例，其中肝切除 34 例、肝移植 38 例。肝切除与肝移植术后 1、3、5 年存活率分别为 74%、34% 和 9% 与 60%、32% 和 25%。有 10 例术后生存超过 5 年，其中 8 例为肝移植，认为肝移植术后远期疗效优于肝切除。

何晓顺等于 2006 年，周天宝等于 2007 年报道原位肝移植联合 PD 治疗 HCC 各 1 例。1999 年 Neuhaus 等报道 HCC 95 例中 15 例行胰十二指肠切除合并肝移植术，其根治性切除率高达 93%，但术后5年存活率仅为38%，认为远期疗效不理想的原因与术后免疫抑制剂应用促进癌复发有关。

7. 术前评估肿瘤切除的可行性，严格选择手术适应证　影像学检查是HCC诊断、Bimuth-Corlette分型与术式选择、判断是否适合手术治疗和肿瘤能否切除的重要依据。但20世纪90年代前由于受影像检查方法的限制，有时难以于术前提供肿瘤能否切除的确切根据，往往依靠手术探查决定肿瘤能否切除，手术切除率低。郭仁宣等[26]报道1977～1997年HCC 136例，确诊后发现22例已不适合手术治疗。114例行手术治疗中切除39例，手术切除率为34.2%。20世纪90年代以来螺旋CT、3DCT胆管成像、CTA以及MRI、MRCP、MRA在临床上应用，为评估是否适合手术及肿瘤能否切除提供了依据。不适合手术治疗的影像学所见为远隔部位和肝多发性转移灶。肿瘤不能切除的影像学所见是双侧肝管汇合部同时受累即Bismuth-Corlette Ⅳ型（肝移植除外）、门静脉主干受累、病灶对侧肝动脉或门静脉主干受累。

为了使影像学检查能够提供确切依据，检查方法的选择十分重要。我们在临床工作中体会到应首选B型超声进行筛选，HCC时可以发现肝门部胆管阻塞性病变、肝内胆管扩张、肝脏及腹腔有无转移。再行MRCP检查，由于不受黄疸和左右肝管被肿瘤分隔的影响，能完整地显示肝内外胆管树图像，胆管不规则性狭窄、截断、充盈缺损，有助于HCC的分型和术式选择。还应行多普勒B超检查肝动脉及门静脉有无受累。上述3项检查是HCC术前必需的影像学检查。上述检查如发现其他异常，再作针对性检查，如发现肝脏受累广泛、腹腔脏器和淋巴结有转移，应行增强CT检查。若怀疑肝动脉受累应行CTA检查，门静脉受累应行MRA检查。

1998年美国Sloan Kettring癌症中心根据影像学资料判断癌肿部位、范围、门静脉是否受累、有无肝叶萎缩提出了T分期系统（proposed T-staging system），并于2001年作了改进。张昆松等[27]应用T分期系统回顾分析HCC127例，T_1～T_3期手术切除率、根治性切除率均随T分期增高而下降（$P<0.01$）。认为该系统有较好的术前评估作用，可用于判断HCC可切除性及手术方式的选择。

HCC惟一能治愈的方法是手术切除肿瘤，故对于手术治疗应持以积极态度，只要无手术禁忌证，有切除希望的均应手术探查。但术前有确切根据认为不适合手术治疗或肿瘤不能切除时，就应该放弃手术治疗。为缓解梗阻性黄疸，应选择创伤小、危险性小和并发症少的介入或内镜治疗。

参　考　文　献

1 施维锦主编. 普通外科中文文献索引（1949～1985）. 沈阳：辽宁科学技术出版社，1987，349～351（胆道恶性肿瘤）；351～356（胆道手术方式）.

2 黄志强. 胆道癌外科治疗：世纪回眸. 中华普通外科杂志，2001，16（2）：69～72.

3 田雨霖，沈魁，佟玉兰，等. 肝门部胆管癌诊断与外科治疗（附53例报告）. 实用外科杂志，1992，12（11）：581～582.

4 何振平，郑树国，董家鸿，等. 肝门部胆管癌的外科治疗（附181例报告）. 中华肝胆外科杂志，1999，5（6）：368～372.

5 黄洁夫，李升平，曹绣虎．肝门部胆管癌外科治疗方式的探讨．腹部外科，1992，5（4）：179～180．
6 黄志强．肝门部胆管癌的外科治疗．中华外科杂志，1990，28（9）：522～526．
7 周宁新，黄志强，刘永雄，等．肝外胆道癌全国调查1098例分析．中华外科杂志，1990，28（9）：516～521．
8 刘永雄．肝门部胆管癌诊疗问题的讨论．中华肝胆外科杂志，1999，6（5）：366～367．
9 蔡景修，王敖川，何振平，等．肝门部胆管癌手术切除体会．实用外科杂志，1992，12（11）：583～284．
10 李维华，黄志强，周宁新，等．肝门部胆管癌临床病理观察．中华外科杂志，1993，31（9）：536～538．
11 刘树荣，刘永锋，王风山，等．肝门部胆管癌192例外科治疗及疗效分析．中华普通外科杂志，2001，16（2）：79～81．
12 周宁新，黄志强，张文智，等．402例肝门部胆管癌临床分型、手术方式与远期疗效的综合分析．中华外科杂志，2006，44（23）：1599～1603．
13 赵建勋，乔岐禄，高嵩，等．122例肝门部胆管癌的治疗及预后分析．中国现代医学杂志，2001，11（4）：15～17．
14 白东晓，姚德茂，潘承恩，等．肝门部胆管癌的手术治疗：附102例报告．中国普通外科杂志，2006，15（3）：107～109．
15 张柏和，程庆保，张永杰，等．肝门部胆管癌外科治疗分析．中华普通外科杂志，2004，19（10）：592～594．
16 周宁新，黄志强，冯玉泉，等．肝门部胆管部根治性切除手术方式的改进．中华普通外科杂志，2001，16（2）：82～84．
17 赵建勋，孙占祺，王彬，等．肝门胆管癌可切除性判断及术式选择．中国现代医学杂志，2001，11（5）：11～12．
18 梁力建，汤地，黄洁夫，等．肝门部胆管的手术切除治疗．中华肝胆外科杂志，1999，5（6）：407～409．
19 黄志强．肝门部胆管癌外科治疗观念的转变．消化外科，1999，1（1）：5～9．
20 黄志强．肝门部胆管癌外科治疗面临的问题与出路．中华实验外科杂志，2004，12（7）：773～775．
21 肖梅，周宁新，黄志强，等．联合肝切除治疗肝门部胆管癌（附74例报告）．中国实用外科杂志，2006，26（1）：42～43．
22 赵建勋，乔岐禄，孙占祺，等．肝门胆管癌手术切缘残癌与预后．中华外科杂志，2001，39（2）：109～111．
23 曾永毅，郑树国，别平，等．合并肝动脉切除重建的肝门部胆管癌根治术．中国实用外科杂志，2007，27（5）：381～384．
24 梁力建．肝门部胆管癌扩大根治术的评价．中国实用外科杂志，2002，22（1）：20～21．
25 刘永锋，刘浩，张佳林，等．原位肝移植治疗肝门部胆管癌二例报告．中华器官移植杂志，1999，20（3）：157～159．
26 郭仁宣，张浩，田雨霖，等．肝门部胆管癌的外科治疗（附136例报告）．中华肝胆外科杂志．1999，5（6）：413～415．
27 张昆松，梁力建，李绍强，等．肝门部胆管癌改良分期系统临床应用价值探讨（附127例回顾性分析）．中国实用外科杂志，2007，27（5）：378～380．

提高直肠癌手术治疗效果的思考

晏仲舒

中南大学湘雅医院胃肠外科　长沙　410008

由于盆腔解剖结构的特点，直肠癌术后局部复发一直是困扰外科医师的一个大问题。文献报道局部复发率为15%～40%。局部复发不仅给病人带来极大的痛苦，失去生存机会，处理上也极为棘手。传统的钝性分离方式，未经培训的手术者施行不规范的手术，不加选择地保肛，未能切除可能存在癌扩散的组织，不重视综合治疗，是导致局部复发率高的原因。

早在上世纪80年代就开始了术前放疗对提高局部控制的研究。1988年的一项荟萃分析显示其效果不明显，因此，1990年NIH专家讨论会上不主张术前放疗，推荐对Ⅱ期晚和Ⅲ期行术后放疗。以后，瑞典采用术前短程大剂量放疗后立即手术，初步显示5年生存率有所提高。2000年的荟萃分析，11项随机对照研究结果显示：除一项以外，其余均见到术前放疗优于单纯手术。但对控制远处转移无效。瑞典方案的远期结果显示：中位数随访13年局部复发率从单纯手术的26%降至19%。远期生存率提高8个百分点（30%→38%）。短程大剂量术前放疗不能使肿瘤降期，发生术后并发症较高，主要是感染、吻合口漏和肠梗阻。随着放疗技术的进步，特别是适形调强放疗（IMRT）在提高肿瘤的疗效同时，减轻了正常组织的放射损伤。目前多数主张采用术前多野、分割、大剂量（40～45 Gy）及肿瘤局部追加5 Gy电子线外照射，并同时给以5-Fu持续静脉点滴或卡培他宾或优氟啶（UFT）口服为基础的不同方案的辅助放化疗，病理完全有效率（pCR）可达11%。如加上奥沙利铂及生物靶向治疗或可望进一步提高。对T_3、T_4而言，术前放化疗对降低局部复发率和适度地提高保肛率的价值虽不容置疑，但荟萃分析显示对无复发生存和总生存率没有影响。术前放化疗的惟一问题是可能将一小部分$T_{1\sim2}N_0$病人给予了不必要的“过度治疗”。这部分病人通过规范的手术可望治愈。因此，术前仔细的体检，并采用直肠腔内超声和薄层MRI影像诊断，能较为准确地判断肿瘤侵犯程度、淋巴结转移有无，特别是有否超越直肠系膜及周边的侵犯。从而可以将$T_3 \sim T_4$肿瘤纳入术前放化疗的计划中。但从国内的现状看，远不是治疗过头的问题，而是对术前放化疗应用认识和实施不够。

经过术前放化疗的病人是否仍需术

后辅助化疗？欧洲的前瞻性研究结果显示，只有放化疗后肿瘤达到降期的病人才能受益，似乎说明术前放化疗还起到了活体敏感试验的效应。但上述试验采用的化疗方案仍是5-Fu/LV。如对无降期者改为增加其他药物的辅助化疗方案效果如何？何种方案最好？适合国人的方案又如何？仍寄望于多中心合作的前瞻性研究结果来回答。

上世纪80年代后期，Heald提倡的全直肠系膜切除术（TME）将直肠癌术后局部复发率降至10%以下，这种改进的操作方式得到广泛的认同。TME切除了包含在直肠固有筋膜包裹以内的扩散癌组织，但仍不能清除这以外周边的受累病变。在影响直肠癌手术疗效的诸多因素中，周边侵犯及其清除情况（即CRM）受到极大的重视。近年研究表明：如癌扩散到超出该筋膜层1 mm时，局部复发危险就大大增加。因此，单凭TME只能治愈T_1、T_2中上段直肠癌。腹膜反折以下的低位直肠癌，其淋巴引流方向除了向上以外，还可以向侧方转移至闭孔、髂血管旁和腹股沟淋巴结。这都不是TME所能解决的。日本学者有鉴于此，早在上世纪70年代，就开始施行包括髂血管及闭孔淋巴结在内的侧方淋巴结清除扩大根治术。据报道，侧方淋巴转移率随病期而增加，为8.6%～17.3%。局部复发率降至4.8%，Dukes C期为7.4%。但却带来40%以上排尿和性功能障碍等问题。以后采取保留盆腔自主神经手术，上述并发症发生率虽有所降低，但生活质量仍不佳。我国学者除少数仍坚持日本的扩大清除术外，都认为在没有可靠的确定侧方淋巴结转移的技术时，常规行侧方清扫不可取。美国起初少数人认同扩大手术，但后来也都以并发症太高而放弃。近年来日本也有人对此手术提出质疑。研究发现：即使行侧方清扫，如肿瘤已扩散至盆神经丛等软组织，预后仍然很差。对比术前放疗，其远期结果和侧方清扫相似，却无泌尿生殖系的并发症。近期欧洲发表的TME和TME加放疗研究，证实放疗可更进一步降低局部复发率。增加新药的术后辅助化疗可提高5年生存率。何种方案更优越的临床试验正在进行中。

对于低位的早期直肠癌（T_1）行局部切除可能达到和腹会阴手术同样效果，生活质量较好，目前已基本认同。但其适应证应严格掌握，否则局部复发率将很高。根据美国癌症数据库1994～1995年765例局部切除结果分析，T_1占78.6%，T_2占21.4%，完全切除者5年局部复发率12.5%，8年为14.3%。均高于标准的前切除术后水平。适合行局部切除的肿瘤应是高中分化癌，直径在3 cm以内，距肛门口7 cm以内，肿瘤活动，经直肠腔内B超和MRI等检查未见淋巴结转移。据报道即使T_1肿瘤，淋巴结转移率最高仍可达18%；而T_2则可达38%。因此，对T_2应特别小心选择病人。据个人经验T_2局部切除术后辅助放疗能降低局部复发率，但尚无随机对比研究报道。术后长期密切随访至关重要，如及时发现局部复发，仍可行腹会阴联合切除解救，病人仍能长期生存。

对于下段直肠癌，会阴部手术技巧不可低估。原始的腹会阴联合切除会阴部切除范围很大，要求全部切除坐骨直肠窝的脂肪组织，术野组织缺损很大，切口不可能一期缝合，需要敷料填充，待肉芽组织形成逐渐愈合。上世纪70年代以后，采用一期缝合，虽缩短了病人住院时间，但也常因切除不足而致局部复发。TME技术要求沿直肠固有筋膜向下分离达肛提肌水平，会阴部操作时，上下在同一平面会师，可能导致提肛肌和坐骨直肠窝组织切除不够，特别是T_3、T_4的肿瘤。因此，应根据肿瘤侵犯的程度个别化处理，不要因追求一期缝合而忽视了根治的原则。会阴部操作时，技术不熟练，常因过度牵拉或分离层次错误，肿瘤破裂，是增加局部复发机会的重要因素。应尽量避免。

病人术后的生活质量也应充分关注，必须重视盆腔自主神经的保护，保持术后正常的性功能。低位直肠癌保肛手术后便频问题，可以通过结肠J袋成形或结肠直切开横缝合扩大肠腔得以改善。老年病人术前要评估肛门括约肌机能，减少术后肛门失禁机会。传统的术中强力扩肛做法容易损伤肛门内括约肌，应予废止。由于造口护理技术和材料的进展，造口病人的生活质量和保肛手术者没有明显的差别，应教育病人不要坚持在不利的条件下试图以牺牲生存的代价保肛。

癌症手术的远期效果和手术者的素质和经验密切相关，应是想当然之事。近年来西方许多学者做了调查研究，均得出结论认为，直肠癌手术效果与医院规模、接纳病人数量和年手术例数有关，也与外科领域不同专业医师操作有关。经过肛肠外科培训与没有培训者差别也很大。特别表现在局部复发率方面。我国虽然有手术分级规定，但并无严格的准入制度。综合医院专业分工不细，加之经济、技术和设备条件的限制，医疗保险的政策规定，病人不能自主地选择就医。凡此种种，都在制约了癌症手术远期效果的提高。

笔者认为，当务之急是在各级卫生行政部门的支持下，由省一级相关学会主持，号召专家们义务投入，开展不以营利为目的的骨干培训，更新知识。结合手术演示，认真普及更新相关的诊疗知识和规范化手术技巧。充分利用远程教学的条件，使受益面更广。尽管有关直肠癌外科治疗的文献浩如烟海，相关专著言之凿凿，但现状仍然堪忧。肿瘤病人及其家属，将生存和健康的希望寄托给我们外科医师，无论从伦理层面和技术层面进行与时俱进而不是简单重复的继续教育，都是非常重要的。

参 考 文 献

1 Marr R, Birbeck K, Garvican James, et al. The Modern Abdominoperineal Excision: The Next Challenge After Total Mesorectal Excision. Ann Surg, 2005, 242:74～82

2 Sauer R, Fietkau R, Wittekind C, et al. Adjuvant vs. neoadjuvant radiochemotherapy for locally advanced rectal cancer: The German trial CAO/ARO/AIO-94. Colorectal Dis, 2003, 5:406～415.

3 Sauer R, Becker H, Hohenberger W, et al. German Rectal Cancer Study Group. Preoperative versus postoperative chemoradiotherapy for rectal cancer. N Engl J Med, 2004, 351:1731～1740.

4 Bosset JF, Collette L, Calais G, et al. Chemotherapy with preoperative radiotherapy in rectal cancer. N Engl J Med, 2006, 355:1114～1123.

5 Glynne-Jones R, Dunst J, Sebag-Montefiore D. The integration of oral capecitabine into chemoradiation regimens for locally advanced rectal cancer: How successful have we been? Ann Oncol, 2006,

17：361～371.

6 Chau I, Brown G, Cunningham D, et al. Neoadjuvant capecitabine and oxaliplatin followed by synchronous chemoradiation and total mesorectal excision in magnetic resonance imaging-defined poor-risk rectal cancer. J Clin Oncol, 2006, 24：668～674.

7 Hartley A, Ho KF, McConkey C, et al. Pathological complete response following pre-operative chemoradiotherapy in rectal cancer: Analysis of phase Ⅱ/Ⅲ trials. Br J Radiol, 2005, 78：934～938.

8 Kapiteijn E, Marijnen CA, Nagtegaal ID, et al. Preoperative radiotherapy combined with total mesorectal excision for resectable rectal cancer. N Engl J Med, 2001, 345：638～646.

9 Gosens MJEM, Klaassen RA, Tan-Go I, et al. Circumferential Margin Involvement Is the Crucial Prognostic Factor after Multimodality Treatment in Patients with Locally Advanced Rectal Carcinoma. Clin. Cancer Res, 2007, 13：6617～6623.

10 Collette L, Bosset JF, den Dulk M, et al. Patients With Curative Resection of cT3-4 Rectal Cancer After Preoperative Radiotherapy or Radiochemotherapy: Does Anybody Benefit From Adjuvant Fluorouracil-Based Chemotherapy? A Trial of the European Organisation for Research and Treatment of Cancer Radiation Oncology Group. J Clin Oncol, 2007, 25：4379～4386.

11 Hospers CJ, Punt A, Tesselaar ME, et al. Preoperative Chemoradiotherapy with Capecitabine and Oxaliplatin in Locally Advanced Rectal Cancer. A Phase Ⅰ Ⅱ Multicenter Study of the Dutch Colorectal Cancer Group. Ann Surg Oncol, 2007, 14：2773～2779.

12 Takayuki A, Yoshihiro M, Yasuo O, et al. Adjuvant Chemotherapy with Uracil-Tegafur for Pathological Stage Ⅲ Rectal Cancer after Mesorectal Excision with Selective Lateral Pelvic Lymphadenectomy: A Multicenter Randomized Controlled Trial. Jpn J Clin Oncol, 2006, 36：237～244.

工业化国家大肠癌防治经验给我们的启示

李世荣

北京军区总医院肠病中心　北京　100700

世界各地区大肠癌发病率的分布有一个显著特点：凡工业化程度高的国家和地区，如北美、澳大利亚大肠癌发病率均处于很高水平（$>50/10^5$）；而一些近年工业化程度上升较快的地区，如香港、日本、韩国大肠癌发病率出现了快速上升，有的甚至已达到高发国家水平；而经济欠发达地区如非洲和中南美洲大多数国家发病率在$10/10^5$以下[1]。我国近20多年大肠癌的发病率亦呈现快速上升态势[2]。由于迄今未能发现明确的大肠癌致病原因，因此，目前还很难提出有效的大肠癌病因学预防的措施。然而1992~2001年美国的统计资料显示，男性大肠癌发病率每年下降1.2%，女性每年下降0.7%。据分析，该国大肠癌发病率和死亡率下降的主要原因，应归功于无症状人群普查和癌前疾病的随访及干预治疗[3]。近年，我国大肠癌发病率已进入了快速上升阶段，采取有效的预防措施，有效地抑制这种上升势头是一个迫在眉睫的重要任务。

根据大肠癌高发国家的经验，大肠癌的有效预防的途径主要是：人群普查；癌前疾病干预治疗和遗传性大肠癌的基因预测。

一、人群普查

近年，许多国家开展了自然人群大肠癌筛查。事实证明，这种筛查不仅大大提高了大肠癌的早诊率，提高了病人的长期存活率，而且降低了人群的大肠癌发病率[4~6]。迄今，很多国家已将大肠癌筛查列入国家公众健康方案，有的国家已将其纳入医疗保险[7]。然而，由于目前筛查方法的效率较低（如粪隐血试验的假阳性和假阴性较高）和群众接受筛查的依从性（至今美国参加普查者仅占应普查人群的43%，加拿大仅仅14.3%）[8,9]等问题，使无症状人群的大肠癌筛查也受到很大限制。除此而外，这种方式的人群筛查在不同国家的可行性也倍受关注。其主要原因是，一些国家缺乏开展这种筛查的必要条件，如人群的高水平健康意识；需要足够数量的医务人员和国家的财政支持等。在这些国家和地区，应如何开展旨在提高大肠癌早诊水平，改善治疗效果的工作呢？

二、大肠癌的两种筛查策略和各自的特点[10,11]

一种人群筛查（mass screening）称

自然人群（natural population）筛查，或无症状人群（asymptomatic population）筛查。它是通过标准化方法，进行以人群为基础的筛查。多数是由国家相关部门或组织出面，以各种手段促使符合筛查条件的全部人群（或社区，或单位），在一个较短时间内参与筛查。这种筛查目的不单纯是检出早期癌，提高治疗效果，更主要的是通过筛查，发现癌前疾病，经过适当的干预，降低人群的发病率，起到预防大肠癌发生的作用。

另一种筛检称为“个体筛查”（individual screening），也称个案筛查（case-finding）。它是一种面对面的检查，可以是受检者主动找医师，也可以是医师根据受检者的危险水平决定筛查。这种筛查所针对的是个体，其目的主要在于早期检出大肠肿瘤，提高治疗效果，无法判断筛查是否可降低某一人群或地区的大肠癌发病率。由于这是一种临床筛查，较少考虑筛查方法的效/价比。

现阶段，我国的自然人群筛查工作在很大程度上受到群众防癌知识欠缺（依从性较差）、筛查经费匮乏等诸多因素的制约，尚难于开展大规模的自然人群筛查。根据我们的经验，目前只能在条件具备的人群和获得经费支持的条件下，进行示范性研究，为将来开展全国性普查作必要的技术准备。相反，由于”个体筛查”是受检者主动到医院检查，依从性较好，也不需要额外的经费和人员，广泛开展这种方式的筛查会收到事半功倍的效果。

三、癌前疾病的随访和干预治疗

由于“癌前疾病的随访和干预治疗”与日常医疗活动结合密切，因而，各级医疗单位均可实施，具有很好的现实意义。以下是国际上普遍接受的共识意见，可供参考。

1．大肠息肉的随访与监视　内镜所见的大肠息肉可以分为肿瘤性和非肿瘤性两类：前者包括管状腺瘤、绒毛管状腺瘤、绒毛状腺瘤，均有可能向恶性发展，临床观察证明，体积直径大于1 cm、伴有绒毛成分或高度异型增生的腺瘤恶变倾向更明显；后者包括增生性息肉、锯齿状息肉（混有增生和腺瘤成分）、幼年性息肉和幼年性息肉病、P-Z 综合征和炎性息肉，其恶变倾向尚不肯定。对于有恶变倾向的息肉应进行长期肠镜监视。一般认为，直径大于 1 cm 的腺瘤每年可有1% 癌变；20 年累计为 24%[12]。直径小于 1 cm 的腺瘤 5 年内很少癌变；但扁平凹陷型病变癌变速度要快于息肉型病变[13]。内镜监视、随访的时间可参照美国和澳大利亚的指南：恶性息肉经内镜切除后或大息肉切除不完全的病人，应在切除术后 3 个月复查；内镜检查不彻底（如多发性腺瘤），应在 1 年内复查；伴有高度异型增生或绒毛状改变或多发腺瘤或60 岁以上，且第一代亲属患大肠癌者，切除息肉后 3 年内复查；无上述危险因素的腺瘤可在4～6 年复查[14]。根据推算，从正常大肠粘膜发展为晚期腺瘤一般是 5～10 年，从晚期腺瘤变为癌为3～5 年[15]。在这样一个漫长过程中，实施必要的干预性治疗，如肠镜下息肉切除和非甾体类抗炎药的长期服用，都是有效的干预方法。最近，有两个“塞来昔布（西乐葆）预防散发性大肠腺瘤的国际多中心观察”其一为：32 个国家、

107个中心，1 738例参加的3年前瞻性对照观察。干预治疗3年后，安慰剂组累计腺瘤检出率为49.3%；西乐葆组（400 mg/d）累计腺瘤检出率33.6%；晚期腺瘤检出率两组分别为10.4%和5.3%，治疗组相对危险为0.64和0.49[16]。另一组研究为72个中心，2 457例参加的干预治疗对比。3年累计腺瘤检出率分别为：安慰剂组60.3%，治疗Ⅰ组（西乐葆400 mg/d）43.2%，治疗Ⅱ组（西乐葆800 mg/d）37.5%。两个治疗组相对危险分别为0.67和0.55[17]。以上的循证医学论证资料均提示，非甾体类抗炎药的长期服用是有效的大肠肿瘤预防方法。

2. 大肠癌手术后随访　应于术后3~6个月检查1次肠镜（清除同步癌）；术后肠镜正常者，分别在1、3、5年复查；发现息肉者按息肉规定随访；低位直肠癌应每3~6个月随访1次[18]。除肠镜检查，随访时还应注意盆腔、肝、肺等容易发生转移部位的检查。血清癌胚抗原（CEA）是预示大肠癌病人发生转移的早期指标，往往可以在临床发现转移前3个月CEA即有升高。然而，值得提出的是，由于其在普通人群中的假阳性率较高，不主张用血清CEA作为筛查手段。

3. 溃疡性结肠炎（UC）的恶变与干预治疗[19]　据116篇临床荟萃分析，UC恶变率为3.7%。病程10年以上癌变机会开始增加，每年递增1%~2%。患病20年癌变率8%，患病30年癌变率18%。直肠受累者癌变率为1.7%；左半为2.8%；全肠炎为14.8%。有大肠癌家族史者比无家族史者癌变机会大1倍；伴原发性硬化性胆管炎者，20年累计癌发生率为33%。UC的随访可参照如下原则：确诊UC后7~8年应常规肠镜随访，无异型增生的广泛性UC应每1~2年复查；不确定的异型增生可3~6个月结肠镜随访；低度异增应立即再活检；高度异增应立即切除结肠；合并腺瘤者可行镜下切除，但应注意其周边组织有无异型增生。据研究，每年肠镜随访，可降低45%~67%的癌变危险，长期应用5-ASA可降低53%~75%癌变危险。

四、遗传性大肠癌综合征的基因预测与干预治疗

据统计20%~30%的结直肠癌病人可找到遗传因素。其中，遗传性大肠癌综合征均系常染色体显性遗传疾病，主要包括遗传性非息肉病性大肠癌（HNPCC）、家族性腺瘤性息肉病（family adenomatous polyposis，FAP），波伊茨-耶格综合征（Peutz-Jeghers syndrome）、家族性幼年息肉病综合征（famillial juvenil polyposis syndrome，JPS）等，共占所有大肠癌的5%~15%。上述遗传性大肠癌的致病基因均已克隆成功。家族史的遗传学调查和突变基因检测作为遗传性大肠癌家族成员患病风险的预测指标，其预测准确率可达80%以上。例如，对HNPCC的研究发现，其种系突变基因（MMR基因）检测与患病风险的关系非常密切[20]：根据先证者MMR基因突变规律，对未患病的HNPCC家庭成员进行相应基因检测，一旦预测阳性，则有80%的机会可能患癌，对这些成员及早进行检查和干预治疗则可能避免癌的发生[21]。由于HNPCC和FAP的癌前病变

均为肠道腺瘤，采用非甾体类抗炎药治疗 FAP 腺瘤业已获得满意效果。我们曾对 HNPCC 病人和其亲属进行了 1～6 年内镜随访，发现他们的大肠肿瘤发生率显著高于一般人群。经非甾体抗炎药物治疗，其腺瘤消退率均在 50% 以上[22]。

参 考 文 献

1 Ferlay J, Bray F, Pisani P. GLOBOCAN2002: Cancer incidence, Mortality and Prevalence Worldwide, Version 2.0. IARC Cancer Base No.5. Lyon: IARC Press, 2004, WWW.dep. iarc.fr/globocan/globoref.htm.

2 全国肿瘤防治研究办公室，卫生部卫生统计信息中心. 中国试点市、县恶性肿瘤的发病与死亡. 第二卷. 北京: 中国医药科技出版社，2002.

3 Cress RD, Morris C, Ellison GL, et al. Secular changes in colorectal cancer incidence by subsite, stage at diagnosis and race/ethnicity 1992-2001. Cancer, 2006, 107:1142～1152.

4 Mandel JS, Bond JH, Church TR, et al. Reducing mortality fro colorectal cancer by screening for fecal occult blood. N Engl J Med, 1993, 328: 1365～1371.

5 National Cencer for Health Statistics. Division of Vital Statistics, Center for Disease Control. Available at: www.cdc.gov.

6 Hardcastle JD, et al. Randomises, controlled trial of faecal occult blood screening for colorectal cancer: results for the first 107 349 subjects. Lancet, 1989, Ⅰ:1160～1164.

7 Colorectal cancer screening, Medicare, http://www.cms.hhs.gov/media/press/release.asp?Counter=272

8 Thompson JJ, Ahmed F, German RR, et al. Descriptive epidemiology of colorectal cancer in the US 1998～2001. Cancer, 2006, 107:1103～1111.

9 S Elizabeth McGregor, Robert J Hilsden, Feng X Li, et al. Bryant and Alison Murray Low Uptake of Colorectal Cancer Screening 3 Yr After Release of National Recommendations for Screening Am J Gastroenterol, 2007, 102:1727～1735.

10 Susan J Harnett, SK Cyril Wong, Gavin W Lackey. Opportunistic GP-based bowel cancer screening. MJA, 2003, 178 (2): 92～93.

11 Linda Rabeneck. What Can We Do About Low Colorectal Cancer Screening Rates? Am J Gastroenterol, 2007, 102:1736～1738.

12 Stryker SJ, Wolfe BG, Culp CE, et al. Natural history of untreated colonic polyps Gastroenterol, 1987, 93:1009～1013.

13 Allison JE. Colon cancer screening guidelines 2005: the fecal occult blood test option has become a better FIT. Gastroenterology, 2005, 129:745～747.

14 Winawer SJ, Zauber AG, Fletcher RH. Guideline for colonoscopy surveillance after polypectomy: a consensus update by the US multi-society task force on colorectal cancer and American cancer society. Gastroenterol, 2006, 130:1872～1885.

15 Kozuka S, Nogaki M, Ozeki T. Premalignancy of the mucosa polyp in the large intestine. Ⅱ. Estimation of the periods required for malignant transformation of mucosal polyp. Dis Colon Rectum, 1975, 18:494～500.

16 Arber N, Eagle CJ, Spicak J. Celecoxib for the prevention of colorectal adenomatous polyps. New Engl J Med, 2006, 355:885～895.

17 Bertagnolli MM, Eagle CJ, Zauber AG. Celecoxib for the prevention of sporadic colorectal adenomas. New Engl J Med, 2006, 355:873～884.

18 Rex OK, Kabi CJ, Levin B. Guideline for colonoscopy surveillance after cancer resection: A consensus update by the American cancer society and the US multi-society task force on colorectal cancer. Gastroenterol, 2006, 130:1865～1871.

19 Itzkowitz SH, Harpaz N. Diagnosis and management of dysplasia in patients with inflammatory bowel disease. Gastroenterol, 2004, 126: 1634～1638.

20 Nakagawa H, Lockman JC, Frankel WL, et al. Mismatch repair gene PMS2: disease-causing germline mutations are frequent in patients whose tumors stain negative for PMS2 protein, but paralogous genes obscure mutation detection and interpretation. Cancer Res, 2004, 64: 4721～4727.

21 Liu SR, Zhao B, Wang ZJ., Clinical features and mismatch repair gene mutation screening in Chinese patients with hereditary nonpolyposis colorectal carcinoma. World J Gastroenterol, 2004, 10:2647～2651.

22 盛剑秋，李世荣，杨欣艳. 遗传性非息病肉性大肠癌和家族性腺瘤性息肉病的预防性干预治疗. 中华医学杂志，2006，86：526～529.

新辅助放化疗在局部进展期低位直肠癌中的疗效

郁宝铭

上海交通大学医学院附属瑞金医院外科　上海　200025

张　敏　吴唯勤　陈利文　傅　骏　费春松　沈　英

上海市第八人民医院结直肠外科　上海　200233

外科手术是直肠癌的首选治疗，但直肠癌术后局部复发率一直是困扰外科医师的一个棘手问题。TME手术操作原则的推广执行使局部复发率有了显著的减少。同时近年来，又有不少关于对局部进展期低位直肠癌进行手术前辅助性放化疗的报道，并取得肿瘤降期，提高根治性切除率和保肛手术成功率，以及降低局部复发率的良好效果。本文分析我们自2001年5月~2005年8月，在贯彻执行TME手术操作原则的基础上，同时采用新辅助放化疗治疗局部进展期低位直肠癌105例的临床资料，现做如下报道。

一、资料和方法

自2001年5月至2005年8月，我们对直肠肿瘤距肛缘≤7 cm，经病理检查证实为腺癌，直肠指检，直肠腔内B超及CT或MRI提示属T_3、T_4期的局部进展期低位直肠癌病人进行术前新辅助放化疗。其中T_3期78例，T_4期27例。术前放疗剂量为40~46 Gy，分次剂量2 Gy/d，每周放射5天，共4~5周完成放疗。在放疗开始的同时给予卡培他滨1 250 mg/m² 每天分2次口服，持续服用至手术。放疗结束后休息6周在第六周时予以复查，包括直肠指诊检查，腔内超声，盆腔CT，结肠镜，血清CEA、AFP、CA19-9、CA724等，根据检查结果决定是否进行手术。本组病人的疗效判断依据WHO标准分为：①CR：肿瘤完全消退，术后标本中肿瘤完全消失；②PR：肿瘤部分缓解，术后标本病理显示肿瘤浸润深度降低；③NR：无效，肿瘤无变化；④PD：肿瘤进展增大，出现远处转移。同时根据病理检查观察肿瘤退化程度（tumor grading of regression，TGR），按Dworkd的分级方法分为：TGR 0肿瘤细胞没有变化，TGR 1残留的肿瘤细胞≥50%，伴有纤维组织，TGR 2残留的肿瘤细胞<50%，伴有明显的纤维组织，TGR 3没有癌细胞，仅有纤维组织。入组病人均签署知情同意书。

二、结果

全组105例病人均按计划完成的化放疗。其间36例（34.3%）出现不同程度的不良反应，主要表现为手足综合征、肛门疼痛、肛周皮肤糜烂、恶心等症状，各种不同不良反应发生情况详见表1。Ⅲ级不良反应的发生率仅1.9%（2例），13例（12.4%）经复查后提示肿瘤消失，在结肠镜检中仅见直肠粘膜有一浅表溃疡，活组织检查未见有肿瘤细胞，因此这13例病人未做手术，予以随访观察，随访最长已达52个月，目前这13例均在继续随访中，尚未见有复发。其余92例病人则进行了根治性切除手术，其中低位前切除术（LAR）71例，结肠肛管吻合术（parks术）17例，腹会阴切除术（APR）4例，全组完成总保肛率为96.2%。手术标本病理检查显示11例未见癌细胞及阳性淋巴结（pCR 10.5%）。因此，加上未手术病人13例，总的CR为22.9%（24/105）。术后按病理分期为T_0N_0 24例，T_2N_0 23例，T_3N_0 43例，T_4N_0 2例，T_2N_1 5例，T_3N_1 8例，术前术后肿瘤降期情况见表2。按Dworak半定量分级其中TGR 0，5例，TGR 1，29例，TGR 2，47例，TGR 3，24例。淋巴结平均检出率为4.8个。根据手术前后T期变化结果所示全组肿瘤降期效果达到78.1%。

表1　新辅助化放疗的不良反应（例）

	Ⅰ	Ⅱ	Ⅲ	Ⅳ
恶心	3	1		
腹泻	11	4		
白细胞减少	12	6		
手足综合征	15	9	2	
肛周皮肤糜烂	18	7		

表2　新辅助化放疗前后肿瘤降期对照表（例）

	T_0N_0	T_1N_0	T_2N_0	T_2N_1	T_3N_0	T_3N_1	T_4N_0	T_4N_1
术前					78		27	
术后	24		23	5	43	8	2	

全组无手术死亡，术后出现3例直肠阴道漏，2例吻合口漏，共5例占4.8%。其中3例直肠阴道漏均作横结肠造口及漏口修补术，2例吻合口漏则经保守治疗后痊愈。105例病人均获随访，随访时间为16～67个月，中位为39个月。其中随访2年以上者47例，3年以上者38例。在随访期间出现肺转移4例，肝转移2例，局部复发4例。其中1例局部复发行经骶尾部复发肿块局部切除术，另2例局部复发因不愿做腹部永久性造口而拒绝再次手术治疗。1例肝转移病人随访至18个月时死亡，同时2例肺转病人分别随访至30个月及48个月时已死亡。进一步分析这8例出现局部复发或远处转移的病人，术后病理均为T_2～T_3N_1。本组局部复发率为3.8%，远处转移率为5.7%，总复发率9.5%。全组无肿瘤生存率82.8%，总生存率96.5%。

三、讨论

当前对低位直肠癌治疗的总体疗效尚不够满意，主要原因是局部复发和远处转移发生率仍偏高，保肛率低，APR手术一般仍占50%以上，故术后生活质量差。随着直肠系膜全切除（total mesorectal excision，TME）技术的广泛开展和运用，单纯TME手术的病人，术后局部复发率降至<10%，与以往相比已有不少提高，但毕竟局部复发率依然明显，

故这个疗效尚欠满意。在进一步分析其原因时不难发现主要由于绝大多数直肠癌病人在就诊时其病变往往已属中晚期，晚期病变疗效不佳乃属意料中之事，如不改变这种情况，进一步降低复发率是难以办到的。因此只有期望通过肿瘤的缩小和降期（down-sizing and down-staging）才有可能进一步提高疗效。

（一）新辅助治疗对直肠癌产生的病理效应

新辅助治疗是指在手术前所采用的辅助放疗、辅助化疗和辅助化放疗。与术后放疗相比，术前放疗时由于肿瘤组织血氧供应好，对放疗的敏感性更高，疗效较佳，有助于提高手术切除率和根治率及保肛手术成功率，并减少手术后放疗常引起的放射性直肠炎和吻合口狭窄等不良反应，因此术前放疗具有更加明显的优点。最近报道德国的大组随机对照研究对此已作出了肯定的结论。在现有报道的许多新辅助放化疗中，化疗药物的选用绝大多数为5-Fu/LV，本组选用卡培他滨是新一代5-Fu前体药物，是一种可以口服的氟嘧啶类化合物。口服后进入细胞内在胸苷磷酸化酶（TP）的作用下转化释放出5-Fu。该酶在肿瘤细胞内具有较高的浓度，正常细胞内则含量极少。放射则可上调肿瘤细胞内TP的活性，从而增强5-Fu的作用；另一方面5-Fu又有放射增敏作用，可增强放疗的疗效，因而卡培他滨和放疗相结合产生的协同作用使新辅助化放疗具有更大的优越性。通过新辅助化放疗后，可达到肿瘤的体积的明显，肿瘤的浸润程度较治疗前明显变浅，部分肿瘤甚至在形态学上完全消失。本组资料显示24例（22.9%）病人达到CR，13例经复查后提示肿瘤消失，肠镜仅见直肠粘膜有一浅表溃疡，病理未见癌细胞，直肠腔内超声未见肿块及肿大的淋巴结，未做手术；另在手术标本的病理检查中显示肿瘤完全消退者有11例（10.5%），未能见到癌细胞及阳性淋巴结。两者加在一起总共24例达到肿瘤完全消退，CR为22.9%（24/105）。在新辅助化放疗后的病理切片检查中显示出肿瘤组织出现不同程度的肿瘤退化，肿瘤组织出现变性坏死、纤维化等改变以及肿瘤细胞的活性降低。从我们的资料中可以看出：对比手术前后T期变化特别按Dworak肿瘤消退分级TRG 0，4.8%（5/105）；TRG 1，27.6%（29/105）；TRG 2，44.8%（47/105）；TRG 3，22.9%（24/105）；78.1%的病人达到了肿瘤降期（82/105例）。鉴于Dworkd分级具有半定量性质，故对疗效的评估更具参考价值，更能反映出放化疗的实际效果，正确性更高。肿瘤周围的淋巴结数量检出率和阳性率明显减少，本组资料显示术后标本淋巴结平均检出率仅4.8个，较未做新辅助治疗的平均检出率为11.8个明显减少，而且淋巴结阳性率明显降低，这同MRC的一组临床研究显示的放疗后淋巴结数量减少的结论一致。因此本组资料充分证明了新辅助治化放疗确实可使肿瘤缩小，减少肿瘤负荷，并具有明显的降期作用。

（二）新辅助放疗的临床疗效

由于直肠癌病人在就诊时大多数病变已属中晚期，不少肿瘤较大，局部浸润严重，甚至无法切除或行根治性切除从而影响病人的预后，经过新辅助化放疗后肿瘤缩小变为可予根治性切除。分析本组资料结果显示除13例肿瘤完全消失未行手术外，92例病人施行了根治性切除手术（R0），无手术死亡。而且原先一部分判断不能保肛的病人得以实现保留肛门。Di Betta等报道一组荟萃分析资料显示，低位直肠癌的保肛率在32%～58%。从我们的资料中看出，通过新辅助化放疗后，实际保肛率高达96.2%（101/105），充分显示出采用新辅助化放疗后，保肛率确实得到明显的提高 。

TME目前被公认为直肠癌根治切除术时必须遵循的操作规范。其中最关键的一点是在术中必须完整地把直肠系膜切除。随着TME技术成熟和广泛运用，直肠癌根治术后的局部复发率有了明显降低。资料显示，单纯TME术后2年的局部复发率为8.2%，而4.83年时上升至11.4%。那么按TME标准术后，为何还有局部复发呢？目前越来越多的研究关注环切缘（circumferential resection margin，CRM）。资料显示，当肿瘤距环切缘≤1mm，术后局部复发的可能性就增大，检查环切缘肿瘤有无累及，与局部复发有关，环切缘阳性局部复发率为22%，阴性局部复发率为5%。通过术前放化疗后肿瘤缩小，使得肿瘤离环切缘的距离增加，按TME原则操作后CRM出现肿瘤浸润的机会明显减少了，手术的根治性得到了保证，同时术后局部复发率进一步降低。而我们目前的资料显示局部复发率为3.8%，远处转移率为5.87%，总复发率为9.5%，无复发生存（recurrence free survival，RFS）与无瘤生存（disease free survival，DFS）率均为82.8%。这说明新辅助化放疗与TME技术相结合可进一步降低局部复发率。我们在进一步分析8例局部复发和远处转移的病人时发现，这8例术后病理分期均属T_2～T_3N_1，无疑这8例病人原先的病期就比较晚，虽经术前化放疗，最终病理检查中仍可见淋巴结阳性或系膜中有癌结节的存在，因此术后局部复发或转移的可能性就明显增加。本组放化疗的3级不良反应仅见于手足综合征2例（1.9%），故术前放化疗的安全性应该是可靠的。

（三）新辅助放化疗实施中的几点体会

要使新辅助放化疗取得满意的结果，必须注意以下几个问题：

1. 放疗剂量与安排　术前放疗目前最为常用的方案有两种。第一种是短疗程，每次大剂量，完成后短期内即行手术；第二种是长疗程，中等剂量，每次小剂量，完成后休息6～8周后再手术。研究显示，第一种方案由于放疗后间隔时间较短，肿瘤细胞尚未明显坏死和缩小，对提高手术切除率和保肛成功率帮助不大。同时由于手术野正处于放疗后的急性炎症期，明显增加了手术并发症的发生率。第二种方案治疗的病人，放疗结束后6～8周肿瘤组织的坏死和纤维化比较明显，肿瘤可有一定的缩小，部分肿瘤甚至在组织学上完全消失；手术时组织已进入纤维化期，理论上肿瘤与周围组织粘连较致密，但由于肿瘤缩小与正常器官结构分开分离时难度并不增加，出血较少，甚至更容易，手术并发症亦减少。因此我们选用第二种方法，即术前给予照射40～46 Gy，历时4～5周，完成放疗后休息6周再手术。根据现有资料表明手术时的病理结果与手术前休息期的长短有一定关系。一般休息期较长者，病期缓解、消退的比例相对较高。但休息时间又不宜过长，否则病变会反复，延误最佳手术的时间。此外，休息时间的长短还与放疗剂量的大小有关。中等放射剂量45～50 Gy后的休息期以8周为限，应决定是否手术的问题。

2. 放疗期间的化疗　由于从放疗开始到手术共需10周左右的时间，放疗的作用主要是控制局部肿瘤，而对经血运播散的远处转移或微转移则是无作用的，而化疗的目的在于杀灭循环中的肿瘤细胞以及消除可能存在的微转移灶，因此我们强调在放疗开始的同时即开始化疗并直至手术，这样可使放疗与化疗联合应用的疗效发挥至最大，以尽量避免放化疗期间的病情进展和减少远处转移的发生。实践证明本组病人中并未出现因肿瘤进展而无法根治的情况。在实际运用上为避免卡培他滨大剂量时出现严重手足综合征和腹泻等，我们改用小剂量持续服用，不良反应明显减少，而疗效不受影响。我们特别强调放疗结束后化疗不停，一直用到手术，这可能是本组远处转移和总体复发率不高的一个原因。

3. 手术后的辅助治疗　在新辅助化放疗前许多病变往往已属中晚期，通过新辅助化放疗后实现了肿瘤的缩小、降期，使病变转变为早中期，故我们认为对于术后标本病理检查中仍见有癌细胞的病人术后仍须予以辅助化疗，以最大限度地降低局部复发和远处转移，争取最佳的疗效。而且术后化疗应仍按标准6个月的辅助化疗来安排。对病理上显示完全消退（pCR）的病人亦仍需继续应用辅助化疗3～4个月以达到斩草除根，杜绝复发的可能。总之，不能因病理结果提示病期偏早而疏忽术后辅助治疗。

我们认为新辅助放化疗在低位局部进展期直肠癌治疗中是一种新理念。对提高切除率，降低术后复发率，提高保肛成功率具有积极的作用，当前已被国际上视作局部进展期低位直肠癌的标准治疗，因此积极推广采用无疑对进一步提高局部进展期低位直肠癌的疗效具有重要意义，并成为治疗这类病人的发展方向。最近报道更有用于符合腹会阴切除而病期较早的病人，从而使大部分病人得以保留括约肌功能。

参 考 文 献

1 Balch GC, Mithani SK, Shyr Y, et al. Prognostie zignificancer of response to neoadjuvant chemoradiation therapy for rectal cancer. Proc ASCO, 2003, 22:2619.

2 Shivnani AT, Small W, Stryker SJ, et al. Preoperative chemoradiation in rectal cancer: Correlation of tumov response with survival. Proc ASCO, 2004, 23:247a.

3 Marks J, Karachristos A, Marks G, et al. Neoadjuvant therapy in rectal cancer patients conversion from colostomy to sphincter preservation surgery. Proc ASCO, 2002, 21:168a Abst 670.

4 Meomershtain W, Gluzman A, Gusokova I, et al. Preoperative radiochemotherapy treatment in advanced rectal carcinoma. Results of 8 tears follow-up. Proc ASCO, 2004, 23:279 Abst 3634.

5 Mitchell EP, Winter K, Mohiuddin M, et al. Randomized phase Ⅱ trial of preoperative combined modality chemoradiation for distal rectal cancer. Proc ASCO, 2004, 23:254 Abst 3535.

6 Ratto C, Valentini V, Morganti AG, et al. Combined-modality therapy in locally advanced primary

rectal cancer. Dis Colon Rectum, 2003, 46 (1): 59 ~ 67.

7 Martinez M, Del Rio C, Navarro M, et al. Preoperative chemoradiotherapy for locally advanced resectable rectal cancer. Proc ASCO, 2004, 23: 308, Abst 3756.

8 Garcia-Aguilar J, de Anda EH, Sirivongs P, et al. A pathologic complete response to preoperative chemoradiation is associated with lower local recurrence and improved survival in rectal cancer patients treated by mesorectal excision. Dis Colon Rectum, 2003, 46 (3): 298 ~ 304.

9 Miller AB, Hoogstraten B, Staquet M, et al. Reporting results of cancer treatment. Cancer, 1981, 47: 207 ~ 214.

10 O. Dworak, L. Keilholz, A. Hoffmann. Pathological features of rectal cancer after preoperative radiochemotherapy. Int J Colorect Dis, 1997, 12: 19 ~ 23.

11 Bosset JF, Magnin V, Maingon P, et al. Preoperative radiochemotherapy in rectal cancer: long term results of a phase Ⅱ trial. Int J Radial Oncol Biol Phys, 2000, 46 (2): 323 ~ 327.

12 Foo KF, Micheal M, Zalcberg J. Adjuvant therapy for rectal cancer. Semin Colon Rectum Surg, 2002, 13 (4): 259 ~ 268.

13 SauerR, Becker H, Hohenberger W, et al. Preoperative chemoradiotherapy for rectal ancer. N Engl J Med, 2004, 351 (17): 1731 ~ 1740.

14 Sawada N, Ishikawa T, Sakiguchi F, et al. X-ray irradiati on induces thymidine phosphorylase and enhances the efficacy of capecitabine (Xeloda) in human cancer xenografts. Clin Cancer Res, 1999, 5: 2948 ~ 2953.

15 MRC Working Party Second Report. The evaluation of low dose preoperative X-ray therapy in the management of operable rectal cancer; results of randomly controlled trial. Br J Surg, 1984, 71 (5): 21 ~ 25.

16 Betta E Di, Hoore AD', Filez L, et al. Sphincter saving rectum resection is the standard procedure for low rectal cancer. Int J Colorectal Dis, 2003, 18: 463 ~ 469.

17 Kapiteijn E, Marijnen CA, Nagtegaal ID, et al. Preoperative radiotherapy combined with total mesorectal excision for resectable rectal cancer. N Engl J Med, 2001, 345: 638 ~ 646.

18 Roger Marr, Kevin Birbeck, James Garvican, et al. The modern abdominoperineal excision. Ann Surgery, 2005, 1: 74 ~ 82.

19 Birbeck KF, Macklin CP, Tiffin NJ, et al. Rates of circumferential resection margin involvement vary between surgeons and predict outcomes in rectal cancer surgery. Ann Surg, 2002, 235: 449 ~ 457.

20 Nagtegaal ID, Marijnen CA, Kranenbarg EK, et al. Circumferential margin involvement is still an important predictor of local recurrence in rectal carcinoma. Am J Surg Pathol, 2002, 26: 350 ~ 357.

21 Habr-Gama A, Perez RO, Nadalin W, et al, Operative versus nonoperative treatment for stage 0 distal rectal cancer following chemoradiation therapy: long-term result. Ann Surg, 2004, 240 (4): 711 ~ 717.

22 Ross HM, Mahmoud N, Fry RD. The current management of rectal cancer. Curr Probl Surg, 2005, 42 (2): 78 ~ 131.

23 Birgisson H, Pahlman L, Gunnarsson U, et al. Adverse effects of preoperative radiation therapy for rectal cancer: long-term follow-up of the Swedish Rectal Cancer Trial. J Clin Oncol, 2005, 23 (34): 8697 ~ 8705.

24 Peeters KCMJ, van de Velde CJH, Leer JWH, et al. Late side effects of short-course preoperative radiotherapy combined with total mesorectal excision for rectal cancer: increased bowel dysfunction in irradiated patients——a Dutch colorectal cancer group study. J Clin Oncol, 2005, 23 (25): 6199 ~ 6206.

25 Rodel C, Martus P, Papadoupolos T, et al. Prognostic significance of tumor regression after preoper-

ative chemoradiotherapy for rectal cancer. J Clin Oncol, 2005, 23 (34): 8688 ~ 8696.

26 Rengan R, Paty P, Wong WD, et al. Distal cT2N0 rectal cancer: is there an alternative to abdominoperineal resection? J Clin Oncol, 2005, 23 (22): 4905 ~ 4912.

❖ 肺 癌 ❖

非小细胞肺癌内科治疗的现状及进展

储大同

中国医学科学院肿瘤研究所 肿瘤医院 北京 100021

一、晚期（ⅢB、Ⅳ）非小细胞肺癌的化学治疗

（一）第三代标准方案的选择

经过长期多项二联方案的比较研究，现已公认，以顺铂或卡铂为基础的紫杉醇、多西紫杉醇、吉西他滨或长春瑞滨等二联方案都是很好的治疗 NSCLC 的一线方案，已被学术界广泛接受。问题是哪个在哪些情况下更好些而被首选呢？本文将介绍几项重要的研究以供权衡。

美国东部肿瘤协作组（ECOG）1594 号研究将 1 207 名ⅢB/Ⅳ期 NSCLC 病人随机分入 4 组：顺铂/紫杉醇（对照组），顺铂/吉西他滨，顺铂/多西紫杉醇和卡铂/紫杉醇。结果全组病人的有效率为 19%（17%～22%），中位生存期为 7.9 个月（7.4～8.1 个月），1 年生存率为 31%～36%，均无统计学上的差异。由于卡铂/紫杉醇有相对好的生活质量和较少的不良反应而被 ECOG 推荐使用。

另一项第三代方案优于另一第三代方案生存期的结果是在 TAX326 号研究中体现出来的。这也是迄今为止单组病人数量最多的研究。1 218 名ⅢB/Ⅳ期病人被随机分入 3 组，即顺铂/多西紫杉醇，卡铂/多西紫杉醇和对照组顺铂/长春瑞滨。当顺铂/多西紫杉醇与对照组比时有更高的有效率和较好的中位生存期和 2 年生存率，分别是 31.6% 比 24.5%，$P = 0.029$；11.3 个月比 10.1 个月，$P = 0.044$；和 21% 比 14%。由于这是在生存期上的第三代方案比另一第三代方案，虽然中位生存期差距并不大，也值得重视。卡铂/多西紫杉醇与对照组比时无生存期上的优势。

美国西南肿瘤协作组（SWOG）在入组的 408 名晚期 NSCLC 病人中做了卡铂/紫杉醇方案和顺铂/长春瑞滨方案的对比研究。结果发现有效率为 25% 比 28%，1 年生存率为 38% 比 36%，中位生存期为 8 个月比 8 个月。两个第三代方案在疗效上完全无区别。只是卡铂/紫杉醇方案有更好的耐受性和生活质量。

最近的 Meta 分析收集了 13 项研究共 4 500名病人，试图以观察总生存和无进展生存为终点来说明吉西他滨加铂类治疗的优势。结果发现吉西他滨方案的 1 年生存率为 39% 而其他方案为 35%，增加 3.9%。2 年生存率为 14.2% 比 11.6%。总的风险比 0.9（$P < 0.01$），

有利于吉西他滨方案。因此，总的印象是吉西他滨方案与其他方案比时，在总生存期和无进展生存期上有微弱的在统计学上有意义的增进。

综上所述，第三代方案中吉西他滨和多西紫杉醇方案略强，紫杉醇和长春瑞滨方案略弱。它们之间在生存期上的比较，很难有绝对的胜出。因此，结合疗效、不良反应、年龄、行为状态评分和费用等多方面考虑做出适合每一个病人的选择才是正确的做法。

（二）非小细胞肺癌的二、三线治疗

在最初诊断时，大约有40%的病人已属于有远处转移的晚期病人。另有35%是属于局部晚期的病人，尽管有积极的联合手段治疗，仍有80%～85%会复发转移。这些数字表明最终有高达80%的病人都会发展成晚期NSCLC，需要有效的全身治疗和后续性治疗。

从历史的角度来说，病人在一线治疗失败以后若不再接受任何进一步的治疗，中位生存期也就只能维持3～5个月。20世纪80年代末和90年代初，很少有临床研究来针对晚期复发性、抗拒性的病人。随着一些毒性较低、新的作用机制药物的不断问世，近年来很多临床研究开始关注这一领域。但大多数为小型的Ⅱ期研究。本节仅举数例国际公认的Ⅲ期临床研究结果来阐明目前这一领域的治疗标准和规范。Shepherd等对204名过去接受过铂类为基础方案的治疗，将病人分入两组，一组为多西紫杉醇100 mg/m^2，iv每3周1次。另一组为最好的支持治疗（BSC）。他们注意到了以前所用方案的数量，有效性，行为状态评分和Ⅳ期的病人数量比例。同时还排除了以前用过紫杉类的病人。由于前49名接受多西紫杉醇病人有较大的不良反应同时有3名治疗相关性死亡，后55名病人均改为75 mg/m^2，未再发生死亡情况。100 mg/m^{2}剂量组有效率为6.3%，但与BSC比未见明显生存期上的益处。75 mg/m^{2}剂量组有相似的有效率5.5%，但中位生存期（7.5个月比4.6个月）和1年生存率（37%比19%）均比BSC组要强。当把多西紫杉醇二个剂量组合并在一起后，生存上的优势仍然超过BSC对照组（P=0.047）。

Fossella等进行了一项3组对比随机Ⅲ期研究，分别为100 mg/m^{2}和75 mg/m^{2}多西紫杉醇对比长春瑞滨或异环磷酰胺单药。有效率多西紫杉醇的2个剂量组分别为10.8%和6.7%，而对照组的两个单药仅为0.8%。生存期上的明显优势只在75 mg/m^{2}多西紫杉醇上（P =0.025），而不在100 mg/m^{2}剂量组上。1年生存率在75、100 mg/m^{2}多西紫杉醇和二单药对照组中分别为32%、21%和19%。这些发现与Shepherd等的发现是一致的，均说明75 mg/m^{2}多西紫杉醇有更好的耐受性，从而转化成生存期（率）上的好处。因此，美国FDA批准了75 mg/m^{2}多西紫杉醇为一线含铂方案失败以后的复发抗拒性NSCLC的二线治疗方案。

二线治疗中的另一个重要药物是近年发展起来的培美曲塞（pemetrexed，alimta）。在一个总数571名病人参加的国际多中心随机Ⅲ期临床研究中。对比了它与多西紫杉醇作为NSCLC二线治疗的效果和不良反应。发现有效率为9.1%比8.8%；疾病稳定率为45.8%比46.4%；PFS两组均为2.9个月；中位生存期为

8.3 个月比 7.9 个月；1 年生存率两组均为 29.7%。各项指标两组均无区别。但在血液学不良反应上，Ⅲ度 ~ Ⅳ度中性粒细胞下降为 5.3% 比 40.2%（$P<0.001$）；发热性中性粒细胞下降为 1.9% 比 12.7%（$P<0.001$）；感染性中性粒细胞下降为 0% 比 3.3%（$P<0.004$），因中性粒细胞下降、发热需住院的为 1.5% 比 13.4%（$P<0.001$）；培美曲塞均明显优于多西紫杉醇。非血液学毒性上，脱发为 6.4% 比 37.7%（$P<0.001$）；ALT 升高为 7.9% 比 1.9%，其中Ⅲ度 ~ Ⅳ度为 1.9% 比 0%（$P=0.028$）。其他如疲倦、恶心、腹泻等二者差不多。由于不良反应方面培美曲塞占明显优势，因此在二线治疗上形成强劲的挑战。但多西紫杉醇每周方案的使用仍需与培美曲塞作进一步的比较研究。

在二线治疗中对于何时给药更有利，ASCO 2007 年会的 LBA7516 报告做出了有益的回答。即用健择、卡铂方案一线化疗 4 个周期后达到 CR、PR、SD 的病人立即进行多西紫杉醇化疗还是等到疾病进展后再化疗，哪个更好？结果发现立即组和延迟组的 PFS 为 6.5 个月比 2.8 个月（$P<0.0001$），12 个月的 PFS 率为 20% 比 9%。中位生存期为 11.9 比 9.1 个月（$P=0.071$）。虽然未能显示出统计学差别，但 2.8 个月的差距还是值得重视的。

二、非小细胞肺癌术后的辅助化疗

（一）历史的回顾

关于非小细胞肺癌（NSCLC）术后的辅助化疗，长期以来一直有争论。1995 年 NSCLC 协作组对 52 项以铂类为主方案的辅助化疗的 Meta 分析，证明了能减少死亡风险 13%（HR：0.87），并将其转化为提高 5% 的 5 年总生存率。但由于病人数量仍不够多，这种微弱的优势并不具统计学的意义（$P=0.08$）。

（二）几项Ⅲ期大型研究的提示

其后的大型Ⅲ期随机研究（1994 ~ 1998 年）有意大利肺癌辅助治疗项目（adjuvant lung project of Italy；ALPI），这一研究随机入组了1 209个病人，1 088名病人可评价疗效。分为单纯手术组和手术加 MVP（mitomycin C，vindesine，cisplatin）辅助化疗组。结果显示，到疾病进展时间（TTP）有利于 MVP 组，风险率（HR）为 0.89，但统计学未通过（$P=0.12$）。生存期也是 MVP 组略好（HR 0.96；$P=0.59$）。究其原因，MVP 是第一代较老的方案（但那时是标准方案）。值得注意的是在亚组分析中，Ⅱ期 NSCLC 化疗的病人获得了提高 10% 以上的 5 年生存率的好处。

1995 年至 2000 年的国际肺癌辅助治疗研究（international adjuvant lung cancer trial，IALT）入组了1 867名病人。该研究将病人分入单纯手术组和术后辅助化疗组。化疗方案可根据各参加单位的意愿从 4 个两药联合方案中选择。其中有 56% 的人参加 CE（cisplatin，etopside）方案；27% 参加 NP（vinorelbine，cisplatin）方案；6% 参加 CV（cisplatin，vindesine）方案；7% 参加 CVLB（cisplatin，vinblastine）方案。经 56 个月的中位随访，发现化疗的依从性较好。有 76% 的病人完成了计划中的给药，16% 的病人需要减少剂量，8% 未接受治疗。化疗组仅有23%的病人发生Ⅳ度毒性，因化疗而死亡的为0.8%。无病生存（TTP）和总生存均有利于化疗组，5年的复发风险率和绝对生存益处分别为HR：0.83，5.1%（$P<0.003$）和HR：0.86，4.1%（$P<0.03$）。

（三）第三代方案疗效的进一步提高

2004年6月，在美国临床肿瘤学会（ASCO）年会上又发布了两个第三代方案的辅助治疗结果——CALGB9633号和NCIC-BR10号研究。

其中，CALGB9633研究用的是泰素和卡铂并且只入组Ⅰ$_B$期的病人。由于在总生存期上比无化疗对照组有明显的优势（4年生存率高出12%，$P=0.028$）而造成的两组明显不平衡，被独立数据监察委员会在入组344人时提前关闭。本项研究的依从性非常好，有85%的病人完成了4个周期的治疗。不良反应也不重，仅有36%的病人发生了Ⅲ度～Ⅳ度骨髓抑制，没有治疗相关性死亡。因此，本方案有可能是一个耐受良好的术后辅助治疗方案。但不幸的是到了2006年ASCO会议上第五年的随访资料显示两条生存曲线又并到了一起。使得Ⅰ期的NSCLC术后辅助化疗作用再次成为不定因素。

NCIC-BR10研究共入组482名完全切除的Ⅰ$_B$和Ⅱ期病人。他们随机被分入4周期的顺铂和长春瑞滨组或不做化疗的单纯观察组。结果发现5年的无复发生存为61%比48%（$P=0.012$），总生存为69%比54%（$P=0.002$）。与CALGB9633研究相比，本方案的耐受性略差。虽然没有因毒性的死亡，但Ⅲ度～Ⅳ度中性粒细胞减少占了73%，其中6%发生发热性中性粒细胞下降。34%的病人未能开始或只接受了1个周期的化疗；在出组的病人中因病人拒绝或药物毒性分别占到30%和12%。因此，对于术后虚弱的病人身体状况和药物毒性等问题是该方案可操作性的一个重要考虑。

2005年，长春瑞滨国际辅助治疗研究组（ANITA）进一步证实了NP方案在Ⅱ期和Ⅲ$_A$期NSCLC术后辅助治疗的有效性。与观察组比中位生存期分别为65.8个月比36.5个月（$P<0.05$）；38.6个月比24.1个月（$P<0.05$）。因此推荐使用。

三、局部晚期不可切除性非小细胞肺癌的联合化放疗

局部晚期不可切除的非小细胞肺癌（NSCLC）占新诊断病人的35%～40%。在1990年以前，放射治疗这一惟一手段是那时的治疗标准。经历了20年后，随着大量新药的不断问世和放射手段的改变这种状态发生了明显的变化。目前的治疗方式是联合放射治疗和化学治疗。偶尔的病人还可以借助外科的手段达到较好的效果。本节将围绕这些问题，对一些新的观念和分歧进行讨论。

（一）放射治疗和化学治疗联合的方式

放化疗结合的目的是在有效控制局部复发病灶的同时又能铲除远处已存在的微小转移病灶。使用联合手段除了能增加对肿瘤细胞的杀伤外，还有如下好处：

1. 改变放射治疗的剂量/效应曲线的斜度；

2. 减少可能存在的致死或亚致死性放射损伤；

3. 减少从损伤中恢复的时间；

4. 扰乱细胞周期动力学，使对化疗敏感时相和增值中的细胞比例增加；

5. 由于改进的供血和增加了对放疗化疗的敏感性，减少了肿瘤负荷和乏氧状态；

6. 增加了药物的运转和摄取。显然，放、化疗的联合使用具有其一定的理论意义和实践价值。

序贯化放疗是研究人员较早的尝试。很多小型的临床试验证实了中位生存期可达到9.6个月到16个月。2年生存率可达20%～40%。其后若干的大型前瞻性随机研究结果各异。其中，CALGB 8433号研究首次报道了令人信服的生存期的资料。实验设计中TRT组为6周内给60Gy；TRT加化疗组的方案为先给2周期顺铂（100mg/m^2 IV第1天、29天给）和长春花碱（5mg/m^2 IV每周用1次连续用5周），再给同样剂量的TRT。由于中期分析中放化疗组明显的生存期上的优势，实验提前关闭。结果是：中位生存期13.7个月比9.6个月，7年的随访生存期的更新资料为13%比6%。CALGB 8433研究与以往不同的地方是：入组条件限制在较好预后的人群。如低肿瘤负荷者，锁骨上淋巴结转移者不入组；行为状态评分为ECOG 0或1；体重丢失不能超过5%等。这些限制性条件极严格，代表了50%的日常医疗中所见的Ⅲ期病人的情况。其次，所用的方案里含有顺铂。其三，化疗接放疗中所用的都是各自的全剂量。CALGB 8433号研究中的结果其后又被美国另一项组间研究（RTOG 88-08和ECOG 4588）所证实。该研究用的几乎是相同的方案。次年的Meta分析进一步证实了化放疗联合应用的生存期上的优势。

（二）同步化放疗

日本人的研究首次证实了同步化放疗优于序贯化放疗。Furuse等用MVP（丝裂霉素8mg/m^2 IV第1天，第8天；长春地辛3mg/m^2 IV第1天，第8天，第29天，第36天；顺铂80mg/m^2 IV第1天，第29天）方案与TRT相配合，TRT在第2天给2 Gy每日1次到28 Gy，休息10天再给余下的28 Gy，共56 Gy。在序贯治疗组，TRT是在MVP方案结束后以常规方式给予56 Gy。入组标准包括锁骨上淋巴结转移的不可切除性Ⅲ期NSCLC，年龄小于75岁，ECOG行为状态评分为0～2等。$T_3N_0M_0$和有胸腔积液的病人不入组。共320名病人入组，314名合格。同步和序贯2组的有效率分别为84%和66.4%。中位生存期为16.5个月比13.3个月。随访5年的生存率为15.8%比8.9%。值得注意的是：序贯治疗组的中位生存期与前述CALGB和RTOG/ECOG的结果非常近似。说明序贯化放疗资料的可重复性和在这一基础上的化放疗同步资料的扎实性。

RTOG 9410是更近代的研究证明同步和序贯的差别。610名病人均是不能手术切除的NSCLC，有较好的行为状态评分（KPS≥70%）和体重要求（丢失≤5%），被随机分为3个小组。序贯组为顺铂加长春花碱方案，在化疗后的第50天开始总量为60 Gy的放疗。每日1次放疗的同步组在第1天就开始总量为60 Gy的放疗加相同的化疗方案。每日2次放疗的同步组接受总量为 69.6 Gy 剂量以 1.2 Gy 每日 2 次方式给予。并配合顺铂加足叶乙苷（PE）的不同化疗方案。最后结果中位生存期是每日 1 次同步组为 17 个月，每日 2 次同步组为 15.2 个月，序贯治疗组为 14.6 个月。经 6 年的随访后 4 年生存率分别为 21% 比 17% 比 12%，$P=0.046$。生存率仍然是每日 1 次同步组最好。

在化放疗联合治疗使用的探索中，有一项研究是值得一提的。SWOG 9504 号研究虽然不是一项大型Ⅲ期随机临床研究，但它采用的温和方案同步放化疗再单药巩固化疗却取得了较好的结果。具体做法是本研究采用 PE 方案加同步放疗 2 周期（共 56 天），然后泰索帝单药巩固化疗 3 周期的方法。在 83 名ⅢB 期 NSCLC 病人中取得了中位生存期（MS）26 个月，1、2、3 年生存分别为 76%、53%、40% 的好成绩。与之前的 SWOG 9019 方案（PE/RT→PE）各项结果（MS 15 个月；1、2、3 年生存分别为 58%、34%、18%）相比，均明显超出。因此，PE/RT→D 方案迄今为止是ⅢB 期 NSCLC 看到的最佳方案。不良反应也较大主要是中性粒细胞下降。同步放化疗时Ⅳ度为 18%，D 方案巩固化疗时为 56%。食管炎Ⅲ度为 5%，Ⅳ度为 6%。截止到 2005 年的总结，SWOG 9504 研究中 PE/RT→D 方案的 4 年和 5 年生存率均为 29%。而 SWOG 9019 研究中的 PE/RT→PE 的 4 年生存率和 5 年生存率均为 17%。但 2007 年的 ASCO 会议上，Hoosier 肿瘤研究组（HOG LUN 01-24/USO 02-033）对这一结果进行Ⅲ期临床的验证性研究报告令人失望。用多西紫杉醇单药巩固化疗组的中位生存期为 21.5 个月，观察组反而为 24.1 个月；3 年生存率分别为 27.2% 和 27.6%；PFS 两组分别为 12.3 个月和 12.9 个月。认为多西紫杉醇巩固化疗不能增加疗效反而增加毒性，巩固化疗的进一步探索不一定会有明显好处。认为 PE/RT 仍然是标准方案。ASCO 2007 年会 SWOG 0023 研究报告了又一个阴性结果；即在多西紫杉醇巩固化疗后用吉非替尼维持治疗反而缩短生存期，用和不用的中位 PFS 为 8 个月比 12 个月，中位生存期为 23 个月比 35 个月（$P=0.01$）。为什么会有这种结果还需进一步研究。

总结以上资料，CALGB 8433 研究虽然是序贯性化放疗的方式，但已明确地令人信服地把化学治疗带进了局部晚期不可切除性 NSCLC 的治疗中，改变了这期病人只用放射治疗的历史。其后，西日本肺癌研究组和 RTOG 9410 试验又把这期病人的治疗方式推向了同步放化疗的程序，并获得更好的生存期的结果。但由于存在较严重的食管炎等不良反应，同步方式只适用于行为状态评分较好的有很好耐受性的病人群体。因此，今后的任务是如何提高全身和局部控制率，如使用更新的有效化疗药物和更先进的放疗设备。此外，分子靶向性药物与放化疗的有机结合也在本期 NSCLC 的治疗中不断探索。

四、非小细胞肺癌的术前新辅助治疗

外科手术迄今为止仍然是非小细胞肺癌（NSCLC）治疗的主要手段。不幸的是，在最初诊断时就有半数的病人具有局部侵犯而仅有少于 1/3 的病人适合外科探查。尽管进行了完全切除，5 年生存率只有 $T_{1\sim3}N_2$ 的 23% 到 T_1N_0 的 67%，仍然令人失望。很多病人还是死于癌症得不到控制的局部复发和（或）远处转移。因此，围绕相对早期（Ⅰ～ⅢA）的 NSCLC 术前术后的治疗就成为人们关注的问题。

迄今为止对术前新辅助治疗探索的结果有阳性也有阴性。由于辅助治疗不断有阳性结果出来，就使得对新辅助治疗的探索难度更大。仅举一例说明，由 SWOG 领导的一项Ⅲ期北美组间研究 S9900 开始进行。试图比较 3 周期泰素/卡铂诱导化疗加手术或单纯手术在ⅠB、Ⅱ和选择性ⅢA 期 NSCLC 的远期生存结果。第 2 终目标还包括到进展的时间（TTP）、复发部位、死亡率和不良反应的 2 组差别。此外，也将评价泰素/卡铂的有效率和不良反应。病人将根据分期而进行分层随机。原计划入组 600 名病人（每组 300 例），试图达到提高 33% 的中位生存期和 5 年生存率从 28% 上升到 38%。但由于术后辅助化疗最新结果（CALGB 9633）的公布，单纯手术作为对照组已不符合伦理的要求了。S9900 号研究在 2004 年 7 月已不再入组，至此，350 名病人已进行了随机分配。ASCO 2007 年会上对 S9900 的最新报告结果为做新辅助治疗的 CR 为 3%，PR 为 38%。做和不做新辅助治疗 2 组的中位 PFS 为 33 个月比 21 个月（HR 0.77），中位 OS 为 75 个月比 46 个月（HR 0.81）；3 年生存率 62% 比 57%；5 年生存率 50% 比 43%。而 CALGB 9633 原报告的 4 年生存率差别 12% 到 5 年随访时 2 条曲线又靠拢了。因此，如何平衡新辅助治疗的设计和现有的辅助治疗成果是很值得研究的。

五、非小细胞肺癌的分子靶向治疗

（一）小分子酪氨酸激酶抑制剂

吉非替尼（gefitinib、iressa、ZD 1839）和艾罗替尼（erlotinib、tarceva、OSI 774）在临床上是研究得最多的。在吉非替尼的研究中，有一项大型Ⅲ期随机对比研究（iressa sruvival evaluation in lung cancer，ISEL）对失败于一线或二线化疗的病人进行了吉非替尼和安慰剂的对比研究。全球 28 个国家 210 个中心共 1 692名晚期病人参加了研究。研究的终目标是生存期，次目标有到治疗失败时间（TTF）、有效率（RR）和生存质量（Qol）等。令人没有想到的是：与安慰剂组对比吉非替尼未能看到生存期上的优势。吉非替尼比安慰剂组的中位生存期为 5.6 个月比 5.1 个月；1 年生存率为 27% 比 22%（$P=0.11$）。即使把腺癌单分出来统计 2 组比也是 6.3 个月比 5.4 个月，31% 比 17%，$P=0.087$ 统计学处理仍未通过。但在亚组分析中，看到东方人（HR = 0.66，$P=0.001$）；从不吸烟者（HR = 0.67，$P=0.012$）与整个群体比有明显的优势。因此，吉非替尼使用中群体选择的异源性是值得重视的。

中国医学科学院参加的阿期利康公司 EAP 研究资料统计，截止到 2004 年 12 月的 91 例晚（Ⅳ）期病人随访结果，作为三线和二线治疗的有效率为 26.4%，稳定率为 27.5%，加在一起的临床受益率为 53.9%。与我国的临床注册研究和日本学者的研究结果大致相同。经我们随访 12 个月的 54 例病人，中位生存期为

11.7 个月，1 年存活率为 48%。这都是目前国际上少有的好效果。中国其他单位的研究也证实了吉非替尼可能对亚洲人有独特的疗效，为什么有这样的差别还需进一步做深入的分子生物学等方面的研究。据调查，EGFR 的突变率对疗效有重大的影响。亚洲人的突变率就比西方人高，女性的突变率也高于男性。近来，有人对吸烟状况与突变率的关系也做了深入调查。Phanm D 等在 265 人中发现从来不吸烟者的 EGFR 突变率可达 51%，吸烟在 15 包/年（即 1 天 1 包连续 15 年或等额值如两包 7.5 年）以下者的突变率为 30% ~46%，在 16 ~ 75 包/年者的突变率为 9% ~10%，在 75 包/年以上者为 0%。因此，吸烟造成 EGFR 突变率的下降，而下降者疗效就不好，预后就不好。这一倾向性不仅表现在对靶向性药物治疗上，也表现在对化疗的疗效上。这些发现，都为我们宣传戒烟提供了有力的证据。

另一项大型Ⅲ期临床研究（BR 21）是与 ISEL 相似的艾罗替尼（tarceva）的研究。虽然在有效率上与 ISEL 中的吉非替尼相似为 9% 比 8%，但总生存期上与安慰剂对比是明显超出的（HR = 0.70）1 年生存率为 31% 比 22%（$P<0.001$）。为何这 2 种酪氨酸激酶阻断剂会有这样的差别，曾有多种原因的分析，但无确切的最终结论。有一点，即群体的不一致性是值得注意的。在 ISEL 研究中，仅有 18% 的病人对最后一次化疗方案有效，而 BR 21 中有 38%。ISEL 中 45% 入组者是肿瘤进展者，而 BR 21 中是 28%。此外，两组研究病人来源的地域分布也是不一样的，有可能通过环境影响因素的不同和其他因素而影响结果。

关于在二线治疗中化疗和靶向治疗谁更强的问题，2007 年 ASCO 会上日本的 V-15 Ⅲ期研究说明了一定问题。吉非替尼与多西紫杉醇分别达到 11.5 个月比 14 个月的中位生存期和 48% 比 54% 的 1 年生存率。虽然统计学上无差异，但并未达到吉非替尼非劣性（上限 <1.25）设计的要求。但有效率（22% 比 12%），生活质量均是吉非替尼好。另值得注意的是，肿瘤进展后有 53% 的病人从多西组交叉到吉非组，而 36% 从吉非组交叉到多西组。多西紫杉醇取得了历史上最好的二线治疗成就。有无后续性吉非替尼疗效的影响是很值得探讨的。

大家非常关注的另一个问题是：酪氨酸激酶抑制剂与化疗方案一起用是否会有更好的效果？二项大型的Ⅲ期随机临床研究回答了这个问题。INTACT（iressa in NSCLC trial assessing combination therapy）1 入组了 1 093 名晚期初治的病人随机进入吉非替尼 250 mg、500 mg 和安慰剂组，同时使用的是顺铂/健择化疗方案。令人遗憾的是中位生存期分别为 9.9、9.9、11.1 个月，完全没有提高。INTACT 2 将 1 037 名病人随机分入同样的 3 组加卡铂/泰素方案，中位生存期分别为 9.8、8.7、9.9 个月，也完全没有看到任何好处。无协同或相加作用的原因迄今尚无明确的解释。一些专家认为同步使用化疗和吉非替尼可能有拮抗作用因而最好序贯使用。另一些人更倾向于由于未能区分生物学上对 RKT 抑制剂有效的亚群而在一个未选择性的群体中冲淡了这一作用的益处。就像赫赛汀（herceptin）在乳腺癌病人中的使用一样，若不查 HER-2 的表达就可能会误以为无效。近来 EGFR 突变和基因表达数量的研究直接影响到吉非替尼的疗效就说明了这一问题。

艾罗替尼在另外 2 项大型Ⅲ期研究 TRIBUTE 和 TALENT 中也未能证明与卡铂/泰素方案和顺铂/健择方案联合应用有何好处。

（二）单克隆抗体 EGFR 抑制剂

西妥昔单抗（cetuximab、erbitux、C225）是针对 EGFR 的一种 IgG 1 单克隆抗体。EGFR 的配体如 EGF、TGF-α 一旦结合到受体上就能激活下游信号传导通路而使肿瘤生长和增殖，对化疗、放疗的抗拒、增加转移的倾向，表现为很差的临床预后和短生存期。通过阻断 EGFR，西妥昔单抗可以防止信号传导通路的激活从而阻止肿瘤细胞的生长。此外，它还可以通过抗体依赖性细胞介导的细胞毒性（ADCC）作用引发细胞免疫效应。西妥昔单抗的给药方式为：首剂 400 mg/m^2 2 h 以上通过静脉点滴，以后每周 250 mg/m^2 1 h 静脉给药。每次给药前都应进行抗组织胺的预处理以防止过敏反应。Lilenbaun 等观察了西妥昔单抗在 66 名复发转移了的 NSCLC 病人至少是二线以上治疗中的作用。其中，13 名从未吸烟，38 名是三线或更多线的治疗。总有效率为 5%，疾病控制率为 35%；中位 TTP 为 2.3 个月，中位生存期为 8.1 个月，1 年生存率为 41%。最常见的不良反应为皮疹占 91%，但Ⅲ度仅占 6%。其他Ⅲ度/Ⅳ度的不良反应有呼吸困难（15%），疲倦（14%），感染（9%），头痛（6%），背痛（5%）和肺炎（5%）。

在一项随机对照的Ⅱ期临床研究中，Rosell 等观察了西妥昔单抗加或不加 NP（NVB 25 mg/m^2，Ⅳ 1 d、8 d，PDD 80 mg/m^2 Ⅳ 第 1 天，每 21 天为 1 周期）方案在一线治疗 NSCLC 中的作用。总数 86 名病人随机进入 2 个组，每组 43 人。经过确认后的有效率 2 组分别为 35% 比 28%；无进展生存期（PFS）分别为 4.8 个月比 4.2 个月；中位生存期为 8.3 个月比 7.0 个月。Ⅲ/Ⅳ度皮肤不良反应为 12% 比 0%；中性粒细胞下降为 50% 比 37%，这一研究为 2004 年开始的大型Ⅲ期研究（FLEX）进行了初步的探索。表明西妥昔单抗与化疗可能有相加或协同作用。

（三）抗 VEGF 的单克隆抗体

在耐受性和安全性方面，Ⅰ期研究未显示出剂量限制性毒性。与化疗合用时也未出现毒性的协同现象。不良事件主要有高血压、血栓形成、蛋白尿和鼻出血，但都不严重。延期一年的观察见有深静脉血栓发生但在抗凝剂的帮助下还在维持治疗，未见其他未预见的不良事件出现。主要的耐受性方面的考虑是出血的问题，表现为 6 例发生咯血和吐血，5 例发生在低剂量贝伐单抗组。其中 4 例死亡，似乎都与肿瘤相关。一般这些肿瘤都位于中心部位而且邻近大血管，肿瘤的类型为鳞癌且观察到坏死和空洞的形成。因此，在随后的Ⅲ期随机临床研究中有咯血病史和鳞癌组织学类型的病人不能入组。

2005 年美国东部肿瘤协作组（ECOG）在 ASCO 年会上发布了 ECOG 4599 号Ⅲ期随机临床研究的结果。在本研究中用的是Ⅱ期中的高剂量贝伐单抗即 15 mg/kg，每 3 周 1 次，配合泰素（200 mg/m²）和卡铂（AUC 6）。结果显示中位生存期与单纯化疗组比时为 12.5 个月比 10.2 个月（$P = 0.007$）；无进展生存期为 6.4 个月比 4.5 个月（$P < 0.0001$）；有效率为 27.2% 比 10.0%（$P < 0.0001$）。各项指标均是贝伐单抗组好。结论为贝伐单抗加上 PC 方案化疗后在非鳞癌性 NSCLC 中能够改善生存期，无进展生存期和有效率，略为增加一些包括咯血在内的严重出血的倾向。由于 PCB 方案将晚期转移性 NSCLC 的治疗中位生存期提高到了 12.5 个月，它已成为 ECOG 的新的标准方案。

2007 年 ASCO 发表了 AVAiL（B017704）的中期结果：即用另一个第三代方案健择、顺铂（GC）加贝伐单抗 7.5mg/kg，也能提高有效率（RR）和无进展生存期（PFS）。与安慰剂组比，贝伐单抗组的 RR 为 34% 比 20%（$P < 0.0001$）；中位 PFS 为 6.7 个月比 6.1 个月，12 个月 PFS 为 14.1% 比 9.7%，HR 0.75（$P = 0.0026$）。因时间尚短，中位生存期还未达到。

（四）血管生成的内源性抑制剂

最初有人曾设想原发性肿瘤可以通过产生一种抗血管成的物质如内皮抑素（endostatin）和血管抑素（angiostatin）来抑制肿瘤自己的生长和转移。内皮抑素可以抑制内皮细胞的增殖从而增加肿瘤细胞的凋亡。Ⅰ期临床研究中曾经试图用一系列的替代性生物学的终目标来监测肿瘤的变化，如系列肿瘤活检；血清取样来做离体的内皮细胞增殖生物测定；各种手段来做血流定量的测定等。Ⅰ期临床研究中通过静脉给药的剂量范围为每天 16～600 mg/m²，药物耐受性较好，未看到剂量限制性毒性，表现为线性药代动力学的特点。一小部分病人中还观察到肿瘤缩小和长时间的稳定。由于某些原因，这个药物未能继续在西方国家发展。

我国在这一药物的进一步发展上做出了杰出的贡献，孙燕、王金万等组织了用国产的内皮抑素 YH-16 的Ⅰ到Ⅲ期临床研究。其中Ⅲ期随机临床研究入组了 493 名Ⅲ$_B$ 期和Ⅳ期的 NSCLC 病人，分别加入了长春瑞宾加顺铂（NP）方案组和 NP 加 YH-16 组。有效率为 19.5% 比 35.4%（$P = 0.003$），中位 TTP 为 3.6 个月比 6.3 个月（$P < 0.001$）。Ⅲ度、Ⅳ度的中性粒细胞下降、贫血、恶心、呕吐等不良反应两组相似，并未因加入 YH-16 而增加。随着随访时间的延长，中位生存期、1 年生存率等数据都将很快得出。本研究说明内皮抑素可以与化疗药物 NP 方案发生协同或相加作用，TTP 的如此延长在国际大型Ⅲ期 NSCLC 的研究中尚属少见，非常可能会转化成生存期上的优势，使 NSCLC 的治疗有实质上的进步。

（五）联合抗血管生成和其他靶向药物的治疗

由于肿瘤的进展、转移和血管生成依赖于多种生长因子的激活通路和基因的改变，因此，同时阻断若干种信号转导通路有可能起到治疗的作用。最近，有学者用贝伐单抗和 tarceva 对一组 NSCLC 病人进行了 VEGF 和 EGFR 双阻断的尝试，发现在 40 名可评价的病人中，PR 率 20%，SD 率为 25%。在Ⅰ期研究中也未发现剂量限制性的毒性，因此可能是一个安全有效的非细胞毒性药物的联合治疗方案。由于是在复治的病人中取得的效果，值得进一步扩到深入研究。

血管的直接的抑制，如内皮抑素对于瘤床内的微血管内皮细胞的作用可以防止他们对各种内皮细胞分裂素的应答和反应。间接的抑制，如 EGFR 酪氨酸激酶抑制剂又可以抑制肿瘤本身内皮细胞分裂素，如前血管因子 bFGF，VEGF、TGF-α 等。最近临床的一些研究都倾向同时靶向肿瘤细胞和肿瘤相关的血管内皮细胞具有最好的临床效果。因此，联合靶向治疗是目前研究的热点课题。

药物基因组学与肺癌个体化治疗的研究进展

卓　莹　吴一龙

广东省人民医院肿瘤中心　广东省肺癌研究所　广州　510080

肺癌是我国常见的恶性肿瘤，近十年来已分别占据男女恶性肿瘤发病率的第一位和第二位。80%的病人在确诊时已是晚期，目前的联合化疗方案和靶向治疗，都没有取得突破性进展。然而，分子生物学研究使人们看到了利用多种基因作为标志物指导药物治疗的前景。研究表明一些基因的突变或表达水平增高及多态性使肿瘤对药物产生耐药是影响药效的一个重要因素。利用药物基因组学实行对肺癌的个体化治疗，已成为肺癌转化性研究的热点。所谓药物基因组学是以药物效应和安全为主要目标，应用分子生物学技术将基因组信息（即基因及蛋白表达数据）用于预测病人个体对1种或1组药物的敏感度或抵抗性，其目的是阐明个体差异的遗传基础，并利用这些遗传信息预测药物的疗效、毒性和安全性[1]。鉴于遗传上的异质性与病人对化疗药物的反应及治疗效果有关，药物基因组学能够提供一种因人而异的个体化治疗方案。随着研究的深入，已有多种抗肿瘤药物可通过对病人基因或遗传多态性的研究，作为预测该病人对相应药物的敏感度和毒性的指标。

一、抗铂类药物与DNA损伤修复系统

铂类药是目前临床治疗非小细胞肺癌（NSCLC）的主要药物，肺癌的许多化疗方案都是以铂类药为基础的。顺铂（DDP）有类似烷化剂的双功能基团，与细胞内亲核基团结合，作用于DNA上的碱基，引起DNA复制障碍，抑制癌细胞分裂。因此，细胞的DNA损伤修复功能与肺癌耐药性的形成密切相关。近年来许多研究表明，DNA修复基因单核苷酸多态性（single nucleotide polymorphism, SNP）、甲基化状态以及基因的过表达均可改变DNA修复的能力，因此检测DNA修复基因的分子状态可以预测个体肿瘤化疗的敏感性。

（一）碱基切除修复

碱基切除修复（BER）主要修复碱基或片段的氧化或还原、非堆积性化合物、甲基化作用的产物等所造成的损伤，主要涉及的碱基切除修复基因为X线修复交叉互补基因1（X-ray repair cross-complementing 1，XRCC1）。

XRCC1是第一个从哺乳动物细胞中分离出来的对电离辐射敏感的基因，位

于19q13.2，大小为32 kb，是碱基切除修复/单链断裂修复系统中的重要成分，参与DDP或CBP引起的DNA损伤修复过程[2]。XRCC1缺陷的细胞对DNA损伤敏感，单链断裂增加、姊妹染色体互换率（SCE）比正常细胞高10倍多，它还参与基因转录，与食管癌及肺癌的发生有关。

XRCC1 399位点的多态性与DDP耐药性有关[3,4]。Stoehlmacher等[5]对61例接受5-氟尿嘧啶（5-Fu）和草酸铂治疗的进展期结肠癌病人进行XRCC 1基因多态性分析发现，XRCC1基因Arg399Gln的SNP与化疗效果明显相关，对化疗无反应的病人中66%为Gln/Gln或Gln/Arg基因型，携带至少1个Gln等位基因的病人对草酸铂联合5-Fu化疗失败的风险高5.2倍。王中华等[6]报道105例接受以铂类为基础药物化疗的非小细胞肺癌病人，以PCR-RFLP方法进行XRCC1 Arg194Trp和Arg399Gln多态的基因分型，比较不同基因型对化疗敏感性的影响。研究显示携带至少1个194Trp等位基因者化疗有效率为43.1%，显著高于携带194Arg/Arg基因型的20.3%；携带399Arg/Arg基因型者化疗有效率为41.5%，显著高于携带至少1个399Gln等位基因者的21.2%。这2个多态性之间存在联合作用，同时携带194Arg/Trp和399Arg/Arg基因型的病人，治疗有效率为66.7%，明显高于携带其他基因型的病人。

但2007年Daniela F等[7]的研究入组了203个NSCLC病人用和45个SCLC病人，19%的病人使用的是非铂方案，却得出了与前人相反的结论：XRCC1 399 Gln/Gln基因型的NSCLC病人含铂方案化疗后的中位生存期是80周，Arg/Gln杂合型是54.6周，Arg/Arg野生型是55.6周，提示Gln/Gln基因型病人对含铂方案的反应较好，在SCLC中也得出了同样的结果。看来，XRCC1基因多态性和铂类耐药之间的关系还需要更深入的研究。

（二）核苷酸切除修复

核苷酸切除修复（NER）是人类最主要及最重要的DNA损伤修复途径，主要修复累积性损伤，如嘧啶二聚体、光化合物、大的化合物急交联等。顺铂导致的DNA损伤主要通过NER途径修复，通过NER而去除泡状链内铂DNA加合物被认为是铂类抵抗的主要机制[8,9]。NER是一个十分复杂的DNA修复系统，至少有20个基因产物参与其全过程。主要涉及的核苷酸切除修复基因有：切除修复交叉互补基因1（excision repair cross-complementing genel，ERCC1）、切除修复交叉互补基因2（excision repair cross-complementing gene，ERCC2）及核苷酸切除修复蛋白C（xeroderma pigmentosum group C，XPC）。

1. ERCC1　ERCC1是单链DNA核酸内切酶，它与色素性干皮症F型相关基因产物（XPF）形成紧密联结的异型二聚物，作用是切开泡状链内铂DNA加合物的DNA5′端，和其他酶一起参与DNA修复。ERCC1作为在NER途径关键酶，在铂类药引起DNA加合物损伤修复中起限速作用。缺乏ERCC1，泡状链内铂DNA加合物的修复将会被大大限制从而使化疗敏感性显著增加，相反ERCC1量值增加，则使该修复能力增加，从而使化疗敏感性下降，表现为铂类耐药[9]。

研究证实ERCC1的SNP与铂类药物抵抗存在密切关系。Ryu等[10]检测了109例NSCLC病人ERCC1第118密码子的SNP，结果ERCC1 118 C/C基因型病人中位生存时间为486天，显著高于其他两型（C/T、T/T）病人的中位生存时间(281天，$P=0.0058$)，提示118密码子的基因型可预测铂类药物的化疗敏感性。ERCC1-118密码子SNP通过影响其mRNA表达而起作用。Simon等[11]在术后以铂类辅助化疗的NSCLC病人中研究证实，ERCC1 mRNA表达与化疗敏感性呈显著负相关，可作为化疗疗效预测的指标。Rosell[12]进行了一项研究，根据进展期NSCLC病人肿瘤组织表达ERCC1 mRNA的情况接受不同的化疗方案，低表达病人选用含铂的多西紫杉醇/顺铂方案，高表达者选用非铂的多西紫杉醇/吉西他滨疗案；对照组不论其ERCC1 mRNA的表达情况均使用常规含铂多西紫杉醇/顺铂方案。结果显示多西紫杉醇/顺铂的方案对ERCC1 mRNA低表达肺癌病人的缓解率达56.6%；多西紫杉醇/吉西他滨方案对ERCC1 mRNA高表达的NSCLC病人缓解率为37.7%；对照组缓解率为40.4%。ERCC1 mRNA低表达组缓解率与高表达组及对照组比较，差异有统计学意义（$P=0.02$)，证实NSCLC病人的ERCC1 mRNA水平可用于预测含铂方案的化疗敏感性。Sofia等[13]的研究也提示，ERCCI阴性的NSCLC病人对术后顺铂辅助化疗受益最大，并在2006年ASCO会议上进行了交流。2007年1项中国的研究[14]中，76例病人接受含铂方案化疗，125例接受化疗和放疗，29例病人只接受放疗。在76例接受化疗的病人中，ERCC1 Asn118Asn基因型病人的疗效较好，即118 C/C基因型病人比含T（C/T、T/T）等位基因的病人化疗的有效率高。再次证明ERCC1的SNP与化疗疗效相关。

2. ERCC2　ERCC2也称着色性干皮病基因D（xeroderma pigmentosum group D，XPD）位于人染色体19q13.2-13.3，包括23个外显子，54 000个碱基对。XPD基因产物是一个由760个氨基酸构成的蛋白质，具有ATP依赖的5→3 DNA解旋酶活性，并且是转录因子复合物(TFⅡH）的核心组分，参与核苷酸切除修复和基因转录过程[15]。XPD在DNA修复过程中是通过NER途径去除多种因素导致的DNA损伤（如：铂-DNA加合物）来发挥作用的。

XPD的多态性可以改变DNA修复能力，与铂类药物的敏感性密切相关[16]。XPD SNP与铂类敏感性研究集中在第312和第751密码子。有研究报道XPD 312和751密码子的突变与DNA修复能力的降低有关[17~19]。Sarries等[20]对109例接受吉西他滨/顺铂化疗的晚期非小细胞肺癌病人外周血中XPD 751和312密码子的SNP进行检测发现，XPD 751密码子的突变与中位疾病进展时间（TTP）和平均生存时间（MST）明显相关，312密码子的突变与MST明显相关，与TTP无关。Lys751Gln型病人TTP为7.4个月，Lys751Lys和Gln751Gln型分别为2.9个月和1.7个月（$P=0.03$)。结果提示，Lys751Gln基因型病人接受吉西他滨/顺铂方案化疗预后最好，Lys751Lys型预后尚可，而Gln751Gln型预后最差。Camps等[21]将88例一线接受多西紫杉醇/顺铂化疗失败的晚期非小细胞肺癌病人根据XPD 751多态性分为两组，Lys/Gln型病人接受吉西他滨单药治疗，Lys/Lys和Gln/Gln型病人接受伊立替康单药治疗。结果显示吉西他滨组病人的TTP和MST均明显优于伊立替康组。再次证实XPD 751密码子基因多态性与疗效有关。

另外，联合分析多个基因的SNP可能对指导化疗药物的选择更有帮助。Macher[22]等对106例接受5-Fu/草酸铂的Ⅳ期大肠癌病人的XPD Lys751Lys、ERCC1 118 C/T、GSTP1-105（谷胱甘肽-s-转移酶P1）和TS-3 UTR（胸苷酸合成酶）的SNP进行分析发现，携带2个或2个以上优势等位基因的病人中位生存期为17. 4个月，携带1个优势等位基因的病人中位生存期为10. 2个月，不含有优势等位基因的病人的中位生存期为5. 4个月（$P<0.001$）。结果提示可以根据多个基因的SNP指导化疗药物的选择。

（三）其他影响铂类化疗敏感性的因子

1. BRCA1　BRCA1是遗传性乳腺癌和卵巢癌的易感基因。他在基因修复方面也扮演了一个重要角色，参与核苷酸剪切修复和同源重组修复[23]。有细胞实验证实，上调BRCA1表达对顺铂耐药增加，但对抗微管制剂敏感性升高[24,25]。2007年周彩存[26]的小组用PCR对32例NSCLC及16例癌旁组织中ERCC1、RRM1和BRCA1基因的mRNA进行定量检测，发现ERCC1、RRM1和BRCA1在癌组织内表达量显著高于癌旁组织，且在癌内表达具有正相关性；BRCA1在不同病理类型和分期中表达没有差异；RRM1和BRCA1高表达组的生存期明显长于低表达组，故认为BRCA1也可作为判断预后的一种指标。

2. 硫氧还蛋白（thioredoxin）TRX-1

硫氧还蛋白（thioredoxin）TRX-1高表达激活了乏氧诱导的因子1，导致血管内皮生长因子增加[27]。TRX高表达使细胞免于被多种药物诱导凋亡，包括依托泊苷、比柔比星、紫杉醇和顺铂等。转化生长因子β对TRX具有正调节作用。在肺癌中，转化生长因子β表达增高导致TRX-1表达，抑制了凋亡信号调控激酶1（ASK1）信号，并激活了κB核因子，二者都导致顺铂耐药[28]。因此，TRX值得作为一个耐药标记物来继续进行研究。

3. Y盒结合蛋白（YB-1）　另一个新开发的靶点是Y盒结合蛋白（YB-1），他是DNA结合蛋白家族的一个成员，与定位于各种基因的启动子里倒转的CCAA盒相互作用。YB-1在包括NSCLC的很多肿瘤和抗顺铂的肿瘤细胞系中都呈高表达[29~31]，提示YB-1可能和DNA修复或DNA损伤有关，值得进一步研究。

4. 细胞周期关卡14-3-3蛋白　肿瘤负荷达到3×10^{10}的病人，估计每天有3. 3%肿瘤DNA进入血液循环[32]。在很多NSCLC病人中都发现有抑癌基因启动子的超甲基化。14-3-3蛋白甲基化的一个突出特点是他们能够结合不同的信号通道蛋白，在许多调控程序中都有重要的作用，包括细胞周期调控和凋亡[33]。Ramirez等[34]检测了115个接受顺铂或吉西他滨化疗的进展期NSCLC病人在治疗前的血清DNA后发现，39个病人的14-3-3蛋白呈甲基化，占了34%。甲基化组病人的中位生存期要明显长于非甲基化组（15. 1个月vs 9. 8个月，$P=0.04$）。

甲基化组的疾病进展时间是8个月，非甲基化组是6.3个月（$P=0.027$）。在多因素Cox回归模型中，只有14-3-3蛋白甲基化状态和PS是独立的预后因素。因此，14-3-3蛋白可能成为接受顺铂和吉西他滨治疗的NSCLC病人的一个疗效预测因子。

（四）非铂方案的疗效和预后研究

一项研究[35]观察了DNA修复基因多态性与NSCLC不含铂类方案疗效与预后的相关性。研究包括49例初治NSCLC病人，以多西紫杉醇加吉西他滨（健择）方案化疗，发现XPD、XRCC1、XRCC3基因的SNP与预后之间无明显相关，但预后趋势与含铂方案相类似。这提醒我们，DNA修复基因多态性与NSCLC预后相关的研究结论在不含铂类的方案中可能同样存在，那么DNA修复基因多态性与预后相关的机制是否在于影响铂类药物的疗效就很值得进一步研究，这一结论的确立也需更加严格的样本数更大的研究来证实。

二、抗吉西他滨相关的分子标志

RR是RNA合成的前体，参与核糖核苷酸还原成脱氧核糖核酸的过程，是DNA通路中的合成与修复的限速酶[36]。RR基因有2个亚单位——RRM1和RRM2，M1亚单位通过控制底物的特异性和整个酶的活性而起主要作用，是肿瘤抑制基因，此外RRM1还参与吉西他滨（GEM）的代谢，是GEM作用的分子靶点[37]。在KB细胞系和K562细胞系中发现，吉西他滨耐药的细胞系RRM1 mRNA呈高表达[38]。

Davidson等[39]进行的一项体外实验选择了两种NSCLC细胞株进行研究，结果发现只有高表达RRM1的细胞株对GEM耐药，用Western blot分析进一步证实在耐药的肺癌细胞株中RRM1表达水平明显高于对GEM敏感者，由此认为，RRM1可作为GEM反应性的生物标志物。Rosell等[40]对100例病人及其病理标本进行研究，发现RRM1与DNA合成、修复及GEM代谢有关，而ERCC1与顺铂的活性有关，并发现RRM1与ERCC1的表达水平具有明显的相关性（$r=0.410$，$P<0.001$），在GEM和顺铂方案治疗组，低表达RRM1组较高表达组的中位生存期明显延长（13.7个月 vs 3.6个月，95% CI：9.6～17.8个月，$P=0.009$），RRM1与ERCC1均低表达组中位生存期明显长于两种基因均高表达组（6.8个月，95% CI：2.6～11.1个月，$P=0.016$）。因此，RRM1与ERCC1具有相关性，可作为GEM和顺铂方案可靠的预测化疗敏感性的候选基因。2006年Bepler等[41]在ASCO会议上发表一篇文章证实RRM1是靶向吉西他滨化疗的敏感性主要分子指标，在个体化疗方案制订中起重要作用。

但RRM1 mRNA的表达也有其有利的一面。动物实验表明，RRM1 mRNA高表达能减少细胞迁移和浸润，从而抑制转移，延长生存时间[42]。组织和正常肺组织中RRM1 mRNA和PTEN mRNA进行实时定量PCR测定表明，病灶可切除的病人中RRM1 mRNA和PTEN mRNA水平升高与其生存期延长明显相关[43]。

目前我们可以有这样的初步结论：高水平表达RRM1与生存期长有高度相关性，对用GEM和顺铂化疗的进展期

NSCLC病人，如果RRM1高表达，则预示生存期短、预后差，因为RRM1高表达预示着对GEM化疗耐药，治疗效果差。因此RRM1 mRNA水平低的NSCLC病人应考虑接受吉西他滨/顺铂方案化疗，而RRM1 mRNA水平高的病人采用抗微管药物/顺铂化疗则对生存有益。对RRM1和ERCC1的进一步研究将有助在分子水平上揭示肺癌的发生、发展、浸润和转移的机制。

三、抗微管药物相关的分子标志

抗微管药物分为两大类：一类是促进微管聚合的药物如紫杉醇和多西紫杉醇，另一类为促进微管解聚的药物如去甲长春花碱（长春瑞滨，NVB）。紫杉类药物主要作用机制是与微管聚合体结合，促进微管蛋白聚合，从而阻止了微管的动态重组过程，使细胞增殖阻滞于 G_2/M 期，引起细胞死亡；长春碱类药物的主要作用机制则是对微管的破坏作用，能干扰微管蛋白聚合。

Monzo[44]等研究了49例紫杉醇化疗后的NSCLC病人的活检标本，发现16例存在β微管蛋白基因突变的无1例对化疗有效，而在33例没有β微管蛋白基因突变的病人中13例获完全或部分缓解。因此认为可将β微管蛋白基因突变作为紫杉醇类药物一个耐药分子指标。

还有研究表明，β-tubulin的7种异构体中，只有β-tubulin Ⅲ的表达程度影响NSCLC对紫杉类及长春瑞滨的敏感性[45]。Rosell[46]等用定量PCR法检测75例NSCLC石蜡组织中β-tubulin Ⅲ mRNA的表达，研究发现低β-tubulin Ⅲ表达的病人对紫杉醇敏感性高，疗效好。吴一龙等[47]在一项关于辅助化疗的Ⅲ期临床随机对照试验（CSLC0201），探讨了β-tubulin Ⅲ在预测NSCLC术后辅助化疗疗效中的价值，病人均为完全性切除的NSCLC，术后辅以多西紫杉醇/卡铂4周期化疗，结果显示，β-tubulin Ⅲ阳性组的中位无复发时间只有6个月，阴性组为26个月（$P=0.006$）；在辅助化疗无效组，66.7%出现β-tubulin Ⅲ阳性表达，明显高于辅助化疗有效组（14.3%，$P=0.063$）。因此β-tubulin Ⅲ表达与作用于微管类的药物化疗敏感性显著相关，在个体化疗方案制订中起重要作用。

四、CYP450多态性与长春瑞滨（NVB）化疗疗效的关系

2007年一个包括59例中国NSCLC病人的研究[48]观察了CYP2D6×4（C188T）、CYP3AP1×3（G-44A）和CYP3A5×3与长春瑞滨（NVB）化疗疗效之间的关系。CYP2D6×4位点C/C基因型病人化疗有效率为56.25%，而C/T基因型只有22.22%，两组之间差异有显著性。CYP3AP1×3位点，A/A基因型病人有效率为28.57%，A/G或G/G基因型为70.59%，两组之间差异也有显著性。CYP3A5×3多态与疗效相关情况与CYP3AP1×3相类似。CYP450多态性与长春瑞滨（NVB）化疗疗效之间的关系值得进一步研究。

五、上皮-间充质转变（EMT）和分子靶向药物疗效预测的关系

上皮-间充质转变（epithelial messenchymal transition EMT）是指细胞由上皮表型向间充质表型的转变。EMT是肿瘤

细胞自身塑形的重要标志。在此过程中上皮表型的肿瘤细胞失去E－钙粘连蛋白(E-cadherin)等上皮细胞标志的表达，而获得弹性蛋白(vimentin)等间质细胞标志的表达[49,50]，使细胞变形失去彼此之间的链接，极性丧失，且迁移能力增强。E-钙粘连蛋白是上皮细胞的重要表型之一，其表达缺失被认为是EMT的重要标志[51,52]。肝细胞生长因子、转化生长因子β和EGF等生长因子的表达都能产生EMT，一些重要的基因如Snail、Twist,、SIP1、Zeb-2等也可以促使EMT的产生[53]。对厄洛替尼敏感的细胞系是E-钙粘连蛋白阳性而弹性蛋白阴性，而不敏感的细胞系则表现出EMT表型：E-钙粘连蛋白阴性而弹性蛋白和纤维粘连蛋白阳性。在研究厄洛替尼和化疗疗效的TRIBUTE试验中，E-钙粘连蛋白染色阳性的病人的疾病进展时间比那些阴性病人要长[54]。含EGFR缺失突变对厄洛替尼敏感的细胞系显示了E-钙粘连蛋白阳性和弹性蛋白阴性。EMT表型和EGFR突变的关系还需要进一步研究。

六、EGFR基因突变和分子靶向治疗疗效预测的关系

在NSCLC病人中，发现EGFR突变尤其是腺癌中的EGFR突变与EGFR酪氨酸激酶抑制剂疗效相关，成为EGFR酪氨酸激酶抑制剂疗效研究的里程碑。2004年，Lynch等[55]对16例接受gefitinib治疗的肺癌病人的EGFR测序，发现9例治疗有效的病人中有8例存在基因突变（其中4例为外显子19区的缺失突变，2例为外显子21区的点突变，1例为外显子18区的点突变），而7列无效者均为野生型，首次揭示了EGRF基因突变与药物疗效的关系。Paez等[56]也报道，在9例肺癌病人中，5例gefitinib治疗有效者均为EGFR突变型（4例为外显子19区缺失突变，1例为L858R），而4例无效者均无EGFR突变。这两个研究提示，肺癌细胞中EGFR酪氨酸激酶编码区基因突变是靶向药物奏效的一个必要前提条件。这一结论发表后相继被其他研究所证实[57,58]。

在肺癌中，EGFR突变多出现于外显子18～21区。最常见的突变包括19区的缺失突变（deletion）和21区的点突变(point mutation)，这两种突变占所有EGFR突变的85%　～90%[59～61]。外显子19区的碱基缺失主要是第746～752位密码子的缺失突变，导致EGFR蛋白中氨基酸序列丢失，这一缺失改变了受体酪氨酸激酶ATP结合槽（ATP-binding cleft）的角度，从而增加了细胞对TKIs的敏感性。外显子21的点突变主要是第858位密码子出现T→G转换，引起EGFR蛋白中该位点的氨基酸由亮氨酸转变为精氨酸（简称L858R)，此种结构改变也增加细胞对TKIs的敏感性[62]。

2006年有两个研究发现[62,63]，EGFR 19外显子缺失的病人疾病进展时间和生存期较L858R点突变的更长，对TKI治疗的反应率更高。Jackman[62]等观察到EGFR 19外显子缺失的病人中位生存期是38个月、疾病进展时间（TTP）是24个月，治疗反应率是73%，而L858R组分别是17个月、10个月、50%；Riely等[63]等入组了291个NSCLC病人，经过gefitinib或erlotinib治疗后，得到的结论也是一样。日本Aichi癌症中心医院Mit sudomi 等分析了经 gefitinib 治疗的术后复发病人，发现 20 例治疗后肿瘤缩小≥30%的病人中，19 例（95 %）为 EGFR 突变型，而 17 例治疗后病情进展的病人中，仅 2 例（12 %）为突变型。他们也同样观察到，外显子 19 碱基缺失者的有效率（16/ 16，100%）显著高于点突变（G719C，L858R 和 L861Q，5/ 8，67%），并且治疗有效者的生存率明显高于无效者，Kaplan-Meier 检验揭示 EGFR 基因突变是影响预后的主要因素[64]。2007 年 Hirsch 等[65]的研究也认为 EGFR 19 外显子缺失的病人无疾病进展生存期（PFS）和总体生存期（OS）较其他突变类型长，并且 EGFR FISH 阳性和 IHC 阳性会使生存改善。在多因素生存分析中，EGFR FISH 和 IHC 是独立的预后因子。EGFR FISH/IHC 双阳性的病人中位生存期是 21 个月，而双阴性的病人只有 6 个月。因此他们认为，EGFR FISH 和 IHC 的联合是有效的吉非替尼疗效预测因子。双阴性的 NSCLC 病人不能从此治疗中获益。

还有研究[66~68]认为，如 NSCLC 病人的 EGFR 基因拷贝数增加，经 TKI 治疗的生存期更长。在 BR. 21 研究中，表达 EGFR 或存在 EGFR 基因扩增的病人对 erlotinib 治疗反应好，并且生存率得到明显提高[69]。UCCC（univesity of colorado cancon conter）的学者应用 FISH 检测了 102 例 gefitinib 单药治疗（250mg/d）的 NSCLC 病人 EGFR 基因拷贝数发现，FISH 阳性组病人中，应用 gefitinib 的有效率为 35 %，疾病控制率高达 70 %。EGFR 的高拷贝数与 gefitinib 治疗的反应率、疾病控制率和存活率均明显相关，而 EGFR 蛋白的高表达与好疗效之间的关联度则次之。同时 EGFR 突变与较好的反应率和预后有关。但进一步的统计分析表明只有高的 EGFR 基因拷贝数对应较高的存活率[70]。这些研究提示，EGFR 基因扩增可作为筛选 TKIs 治疗的指标之一。研究者们对应用 gefitinib 治疗（500 mg/d）的一组支气管肺泡细胞癌病人进行了类似的研究，进一步证实了应用 FISH 检测的 EGFR 基因拷贝数与 gefitinib 疗效的相关性，同时还发现，用 FISH 方法检测 EGFR 基因阳性的病人，如果同时 HER - 2 基因拷贝数升高，对 gefitinib 的疗效有更强的预示作用[71]。

另外有研究[72]发现，位于 EGFR 内含子 1 的 CA 重复序列的多态性可影响 EGFR 的蛋白表达，低重复 CA 数病人 EGFR 的 RNA 和蛋白表达高于高重复 CA 数的病人，低重复 CA 数细胞对 gefitinib 的敏感性较高。但最近一个在韩国人群[73]中做的研究却没有找到支持上述结论的依据。因此 CA 重复现象与 EGFR 治疗敏感性的关系在种族中的差异还需要进一步研究。

但并不是所有的 EGFR 突变都会导致对 gefitinib 或 erlotinib 敏感性增加，对 gefitinib 或 erlotinib 最初有反应的病人随后有不少一部分会出现对 TKI 治疗耐受，病情进展，研究发现主要是因为存在二次突变。如 T790M 突变，发生在 EGFR 外显子 20 区，导致 790 位甲硫氨酸替换苏氨酸；推测是由于 790 位氨基酸位于 ATP/药物结合裂隙，该位点的突变导致空间位置上阻断药物进入，从而导致耐药[74,75]。

Lecia V[76]等回顾性分析了 278 例

NSCLC 的 EGFR 18～24 外显子的突变情况，最常见的是 19 外显子的缺失(39%)和 21 外显子的 L858R 点突变(33%)。有 4 例检测到有 T790M 突变，4 例中有 3 例同时 L858R 敏感突变，其中 1 例病人早前的检测只发现有 L858R 突变，并曾经对 6 个月的吉非替尼治疗有效，在产生耐药后，才检测到有 L858R/T790M 突变。

七、K-ras 突变与耐药

K-ras 是 EGFR 信号通路下游的基因。它的突变是肺癌等多种肿瘤形成机制之一[77]。与 EGFR 基因突变相反，K-ras 突变常见于吸烟者和分化差的肿瘤。而且发生 K-ras 突变的 NSCLC 并不同时出现 EGFR 突变，这两种基因的突变是互相排斥的[78～82]。有报道认为 K-ras 的突变可引起有吸烟史的 NSCLC 病人对吉非替尼和埃罗替尼产生原发性耐药[83]，这部分病人应采用其他的治疗。Rosell[84,85]等人检测了接受 Gem/DDP 和 TXT/DDP 治疗的 NSCLC 的病人 K-ras 突变情况，结果表明存在 K-ras 突变的病人 OS 及 TTP 分别为 60 周和 27 周，无突变的病人 OS 及 TTP 分别是 23 周和 10 周，也表明 K-ras 突变与 NSCLC 化疗疗效有关。

八、UGT1A1（uridine diphosphate glucuronosyltransferase 1A1）基因的多态性与耐药

UGT1 基因编码多种形式的 UDP-葡萄糖醛基转移酶，该酶参与伊立替康(irinotecan)的代谢。Font[86]等研究分析了接受泰素帝/伊立替康二线化疗的 NSCLC 病人中 UGT1A1 基因的多态性，依据其启动区域的重复序列不同（6/6，6/7，7/7）而分为不同的组，发现 6/7、7/7 组的病人中位生存期较长，提示 UGT1A1 基因的多态性可能与 NSCLC 病人对伊立替康化疗的疗效有关。

九、几种多药耐药相关因子在肺癌中的表达

P-糖蛋白（P-glycoprotein，P-gp）、多药耐药相关蛋白（muhidrug reslstance protein，MRP1）和乳腺癌耐药蛋白（breast cancer resistance protein，BCRP）同属于 ABC 转运蛋白超家族（ATP-binding cassette transporter superfamily），在人体正常组织如：胎盘、胆小管、毛细血管及小肠等组织均有表达，通过主动转运将疏水亲脂类化疗药排至胞外而导致耐药。

P-gp、MRP1 和 BCRP 是作为药物转运蛋白在耐药的肿瘤细胞中被发现[87～89]，且被证实是介导临床肿瘤化疗过程中多药耐药（muhidrug resistance，MDR）发生的重要机制[90～92]。体外研究已经发现，三种药物转运蛋白的表达介导肿瘤细胞耐药的耐药谱有所不同，如：P-gp 主要介导生物碱类、抗癌抗生素、鬼臼霉素类、紫杉醇[93]以及烷化剂丝裂霉素[94]等药物的耐药；MRP1 药物转运谱类似于 P-gp，但对紫杉醇转运则不如 P-gp；BCRP 过度表达可导致对药物敏感的细胞对米托蒽醌、柔红霉素、阿霉素、拓扑替康、SN-38（伊立替康的活性代谢物）等耐药，而对长春新碱、紫杉醇和顺铂依然敏感[95]。

Yesh 等[96]观察了 50 例ⅢB 期或Ⅳ期 NSCLC 病人对紫杉醇为主药物的化疗

反应，发现28例化疗效果好的病人100%为P-gp阴性，而22例化疗耐药的病人中15例（68%）为P-gp阳性，证实了P-gp与肿瘤耐药的相关性，P-gp表达阳性提示对抗生素类抗肿瘤药物和植物碱类药物耐药。在临床上，检测出P-gp有助于选择有效的肿瘤化疗方案，对于P-gp表达阳性的病人应尽量避免应用抗生素类抗肿瘤药物和植物碱类药物，以提高治疗效果。

十、结语

以上总结了近年来肺癌个体化治疗的研究热点。这些研究探索使我们有理由相信在不远的未来，指导临床实践的“个体化”化疗或靶向治疗基因/蛋白检测将进入实用阶段，针对每例个体肺癌病人，肿瘤学家和临床医师能够根据“个体化”检测结果，筛选出化疗或靶向治疗的获益人群，治疗后评估和优化治疗，使多数肺癌病人能够通过筛选进入治疗获益人群，最大限度地避免无效治疗，这种获益人群的治疗优势组合，将最大限度地提高肺癌长期生存率，使晚期肺癌转变为“慢性病”治疗成为可能。

参考文献

1 Haga SB, Burke W. Using pharmacogenetics to improve drug safety and efficacy. JAMA, 2004, 291：2869～2871.

2 Zatloukal P, Petruzelka L, Zemanova M, et al. Gemcitabine plus cisplatin VS. gemcitabine plus carboplatin in stage Ⅲ h and Ⅳ non-small cell lung cancer：a phase HI randomized trial. Lung Cancer, 2003, 41（3）：321.

3 Rosell R. Determinants of response and resistance of cytotoxics. Semin Oncol, 2002, 291 suppl（4）：110～118.

4 Hou SM, Ryk C, Kannio A, et al. Influence of common XPD and XRCC1 variant alleles on p53 mutations in lung tumors. Envilron Mol Mutagen, 2003, 41（1）：37～42.

5 Stoehlmacher J, Ghaderi V, Iobal S, et al. A polymorphism of the XRCO1 gene predicts for response to platinum based treatment in advanced colorectal cancer. Antieaneer Res, 2001, 21（4B）：3075.

6 王中华，缪小平，谭文，等. 单核苷酸多态与晚期非小细胞肺癌对铂类药物化疗敏感性的相关性，癌症，2004，23（8）：865.

7 Daniela F, Giachino, Paolo Ghio, et al. Prospective Assessment of XPD Lys751Gln and XRCC1 Arg399Gln Single Nucleotide Polymorphisms in Lung Cancer. Clin Cancer Res, 2007, 13（10）：2876～2881.

8 Rosell R, rd RV, Tarcon M, et al. DNA repair and cisplatin resistance in non-small-cell lung cancer. Lung cancer, 2002, 38（3）：217～227.

9 Rosell R, Taron M, Bam adas A, et al. Nueleotide excision repair pathways involved in cisplatin resistance in non-small cell lung cancer. Cancer Control, 2003, 10（4）：297～305.

10 Ryu JS, Hong YC, Han HS, et al. Association between polymorphisms of ERCC1 and XPD and survival in non-small cell lung cancer patients treated with cisplatin combination chemotherapy. Lung Cancer, 2004, 44（3）：311～316.

11 Simon GR, Sharma S, Cantor A, et al. ERCC1 expression is a predictor of survival in resected patients with non-small cell lung cancer. Chest, 2005, 127（3）：978～983.

12 Rosell R, Cobo M, lsLa D, et al. ERCC 1 mRNA. based randomized phase m trial of docetaxel（doc）doublets with cisplatin（cis）or gemcitabine（gem）in stage 1V non-small-cell lung cancer（NSCLC）patients（P）. J CLin Oncol, 2005, 23（suppl）：621.

13 Sofia J, Haddad V, Olaussen KA, et al. Hnmunohistochemical staining of the Excision Repair Cross-Complementing 1 (ERCC1) protein as predictor for benefit of adjuvant chemotherapy (CT) in the International Lung Cancer Trial (IALT). J Clin Oncol, 2006, 24 (suppl), Abstract:7010.

14 Su D, Ma S, Liu P, et al. Genetic polymorphisms and treatment response in advanced non2small cell lung cancer. Lung Cancer, 2007, 56 (2) :281 ~288.

15 Aloyz R, Xu ZY, Bello V, et al. Regulation of cisplatin resistance and homologous recombinational repair by the TFI1H subunit XPD. Cancer Res, 2002, 62 (19):5457 ~5462.

16 Rosell R, Taron M, Ariza A, et al. Molecular predictors of response to chemotherapy in lung cancer. Semin Oncol, 2004, 31 (I Suppl I):20.

17 Spitz MR, Wu X, Wang Y, et al. Modulation of nucleotide excision repair capacity by XPD polymorphisms in lung cancer patients. Cancer Res, 2001, 61 (4):1354 ~1357.

18 Qiao Y, Spitz MR, Shen H, et al. Modulation of repair ofultravio. 1et damage in the host-cell reactivation assay by polymorphic XPC and XPD/ERCC2 genotypes. Carcinogenesis, 2002, 23 (2):295 ~299.

19 Hou SM, Falt S, Angelini S, et al. The XPD variant alleles aleas soc iated with increased aromatic DNA adduct level and lung cancer risk . Carcinogenesis, 2002, 23 (4):599 ~603.

20 Sarries C, Alberela V, Mendez P, et al. Single nucleotide polymorphisms (SNPs) in DNA repair genes predict survival in gemcitabine (gem) /cisplatin (cis) -treated non-small-cell lung cancer (NSCLC) patients (P). Proc Am Soc Clin Oncol, 2003, 22:859.

21 Cam ps C, Alonso G, de las Penas R, et al. XPD polymorphism in second-line treatment with gemcitabine or innotecan in advanced non-small cell lung cancer (NCSLC) patients. Lung Cancer, 2005, 49 (Suppl 2):S118.

22 Stoehlmacher J, Park DJ, Zhang W, et al. A multivariate analysis of genomic polymorphisms: pre diction of clinical outcome to 5-FU/oxaliplatin comb ination chemotherapy in refractory colorectal cancer. Br J Cancer, 2004, 91 (2):34 ~354.

23 Taron M, Rosell R., Felip E, et al. BRCA1 mRNA expression levels as an indicator of chemoresistance in lung cancer. Hum M ol Genet, 2004, 13 (20):2443 ~2449.

24 Rosell R, Cobo M, Isla D, et al, Pharmacogenomics and gemcitabine. Ann Oncol, 2006, 17 (5):13 ~16.

25 Rosell R, Danenberg KD, Alberola V, et al. Ribonucleotide reductase messenger RNA expression and survival in gemcitabine /cisplatin-treated advanced non-small cell lung cancer patients. Clin Cancer Res, 2004, 10 (4) :1318 ~1325.

26 陈芹,周彩存,张颉. ERCC1、RRM1 和 BRCA1 在非小细胞肺癌中的表达及预后意义. 肿瘤, 2007, 27 (9):719 ~722.

27 Csiki I, Yanagisawa K, Haruki N, et al. Thioredoxin-1 modulates transcription of cyclooxygenase-2 via hypoxia-inducible factor-1alpha in non-small cell lung cancer . Cancer Res, 2006, 66 (1):143 ~150.

28 Arnold NB, Ketterer K, Kleeff J, et al. Thioredoxin is downstream of Smad 7 in a pathway that promotes growth and suppresses cisplatin-induced apoptosis in pancreatic cancer. Cancer Res, 2004, 64 (10):3599 ~3606.

29 Oda Y, Ohishi Y, Saito T, et al. Nuclear expression of Y-box-binding protein-1 correlates with P-glycoprotein and topoisomerase Ⅱ alpha expression, and with poor prognosis in synovial sarcoma. J Pathol, 2003, 199 (2):251 ~258.

30 Shibahara K, Uchiumi T, Fukuda T et al. Targeted disruption of one allele of the Y-box binding protein-1 (YB-1) gene in mouse embryonic stem cells and increased sensitivity to cisplatin and mitomycin C. Cancer Sci, 2004, 95 (4):

348 ~ 353.

31 Kohno K, Izumi H, Uchiumi T, et al. The pleiotropic functions of the Y-box-binding protein YB-1. Bioessays, 2003, 25 (7): 691 ~ 698.

32 Diehl F, Li M, Dressman D, et al. Detection and quantification of mutations in the plasma of patients with colorectal tumors. Proc Natl Acad Sci USA, 2005, 102 (45): 16368 ~ 16373.

33 Fu H, Subramanian RR, Masters SC, et al. 14-3-3 proteins: structure, function, and regulation. Annu Rev Pharmacol Toxicol, 2000, 40: 617 ~ 647.

34 Ramirez JL, Rosell R, Taron M, et al. 14-3-3sigma methylation in pretreatment serum circulating DNA of splatin-plus-gemcitabine-treated advanced non-small-cell lung cancer patients predicts survival: The Spanish Lung Cancer Group. J Clin Oncol, 2005, 23 (36): 9105 ~ 9112.

35 Petty WJ, Knight SN, Mosley L, et al. A pharmacogenomic study of docetaxel and gemcitabine for the initial treatment of advanced non-small cell lung cancer. J Thorac Oncol, 2007, 2 (3): 197 ~ 202.

36 Herrick J, Sclavi B. Ribonucleotide reductase and the regulation of DNA replication: an old story an d an ancient heritage. Mol Microbiol, 2007, 63 (1): 22 ~ 34.

37 Bepler G. Using translational research to tailor the use of chemotherapy in the treatment of NSCLC. Lung Cancer, 2005, 50 (Suppl 1): S13 ~ 14.

38 林莉，刘晓晴，宋三泰. 肺癌常用化疗药物相关的抗药标志研究进展. Moden Oncology Mar, 2006, 14 (3): 352 ~ 354.

39 Davidson JD, Ma L, Flagella M, et al. An increase in the expression of ribonucleotide reductase large subunit 1 is associated with gemcitabine resistance in non-small cell lung cancer cell lines. Cancer Res, 2004, 64 (11): 3761 ~ 3737.

40 Rosell R, Danenberg KD, Alberola V, et al. Ribonucleotide reductas messenger RNA expression and survival in gemcitabine/cisplatin-treated advanced non-small cel lung cancer patients. Clin Can cer Res, 2004, 10 (4): 1318 ~ 1325.

41 Bepler G, Sharma A, Greenberg H, et al. Prospective evaluation of RRM1 as a predictor of response to gemcitabine/carboplatin (GC) in non-small cell lung cancer (NSCLC). J Clin Oncol, 2006, 24 (suppl). Abstruet: 7054.

42 Gautam A, Bepler G. Suppression of lung tumor formation by the regulatory subunit of ribonucleotide reductase. Cancer Res, 2006, 66 (13): 6497 ~ 6502.

43 Bepler G, Sharma S, Cantor A, et al. RRM1 and PTEN as prognostic parameters for overall and disease-free survival in patients with non-small-cell lung cancer . J Clin Oncol, 2004, 15, 22 (10): 1878 ~ 1885.

44 Monzo M, Rosell R, Sanchez JJ, et al. Paclitaxel resistance in non2small cell lung cancer associated with beta2tubulin gene mutations. J Clin Oncol, 1999, 17 (6): 1786 ~ 1793.

45 Honnappa S, Jahnke W, Seelig J, et al. Control of intrinsically disordered stathmin by multisite phosphorylation. J Biol Chem, 2006, 281 (23): 16078 ~ 16083.

46 Rosell R, Scagliotti G, Danenberg KD, et al. Transcxiptsin pretreatment biopsies from a three-arm randomized trail in metastatic non-small-cell lung cancer. Oncogene, 2003, 2 (23): 3548 ~ 3553.

47 肖永营，宋勇，施毅. NSCLC 化疗敏感性的分子指标及临床意义. 临床肿瘤学杂志, 2006, 11 (11): 867 ~ 869.

48 Pan JH, Han JX, Wu J, et al. CYP450 polymorphisms p redict clinic outcomes to vinorelbine2based chemotherapy in patients with non-small-cell lung cancer. Acta Oncol, 2007, 46 (3): 361 ~ 366.

49 Margit AH, Norbert K, Hartmul B. Molecular requirements for epithelial-mesenchymal transition during tumor progression. Curr Opin Cell Biol,

2005, 17 (5): 548 ~ 558.

50 Thiery JP, Sleeman JP. Complex networks orchestrate epithelial-mesenchymal transitions. Nat Rev Mol Cell Biol, 2006, 7 (2): 131 ~ 142.

51 Thiery JP. Epithelial-mesenchymal transitions in tumour progression. Nat Rev Cancer, 2002, 2 (6): 442 ~ 454.

52 Thiery JP. Epithelial-mesenchymal transitions in development and pathologies. Curr Opin Cell Biol, 2003, 15 (6): 740 ~ 746.

53 Kang Y, Massague J. Epithelial-mesenchymal transitions: twist in development and metastasis. Cell, 2004, 118 (3): 277 ~ 279.

54 Yauch RL, Januario T, Eberhard DA, et al. Epithelial versus mesenchymal phenotype determines in vitro sensitivity and predicts clinical activity of erlotinib in lung cancer patients. Clin Cancer Res, 2005, 11 (24 Pt 1): 8686 ~ 8698.

55 Lvnch TJ, Bell DW, Sordella R, et al. Activating mutations in the epiderm al growth factor receptor underlying responsiveness of non-small-cell lung cancer to gefitinib. N Engl J Med, 2004, 350 (21): 2129 ~ 2139.

56 Paez JG, Janne PA, Lee JC, et al. EGFR mutations in lung cancer: Correlation with clinical response to gefitinib therapy. Scienee, 2004, 304 (5676): 1497 ~ 1500.

57 Huang SF, Liu HP, Li LH, et al. High frequency of epidermal growth factor receptor mutations with complex patterns in non-small cell lung cancers related to gefitinib responsiveness in taiwan. Clin Cancer Res, 2004, 10 (24): 8195 ~ 8203.

58 Pao W, Miller V, Zakowski M, et al. EGF receptor gene mutations are common in lung cancers from "never smokers" and are associated with sensitivity of tumors to gefitinib and erlotinib. Proc Natl Acad Sci USA, 2004, 101 (36): 13306 ~ 13311.

59 Gazdar AF, Shigematsu H, Herz J, et al. Mutations and addiction to EGFR: The achilles 'heal' of lung cancers? Trends Mol Med, 2004, 10 (10): 481 ~ 486.

60 Pao W, Miller VA. Epidermal growth factor receptor mutations small-molecule kinase inhibitors. and non-small-cell lung cancer: Curent knowledge and future directions. J Clin Oncol, 2005, 23 (11): 2556 ~ 2568.

61 Tam IYS, Chung LP, Suen WS, et al. Distinct epidermal growth factor receptor and KRAS mutation patterns in non-small cell lung cancer patients with diferent tobacco exposure and clinicopathologic features. Clin Cancer Res, 2006, 12 (5): 1647 ~ 1653.

62 Jackman DM, Yeap BY, Sequist LV, et al. Exon 19 deletion mutations of epidermal growth factor receptor are associated with prolonged survival in non-small cell lung cancer patients treated with gefitinib or erlotinib. Clin Cancer Res, 2006, 12: 3908 ~ 3914.

63 Riely GJ, Pao W, Pham DK, et al. Clinical course of patients with non-small cell lung cancer and epidermal growth factor receptor exon 19 and exon 21 mutations treated with gefitinib or erlotinib. Clin Cancer Res, 2006, 12: 839 ~ 844.

64 Mit sudomi T, Kosaka T, Endoh H, et al. Mutations of the epidermal growt h factor receptor gene predict prolonged survival after gefitinib t reatment in patient s wit h non2small cell lung cancer . J Clin Oncol, 2005, 11: 2513 ~ 2520.

65 F R Hirsch, M Varella-Garcia1, F Cappuzzo, et al. Combination of EGFR gene copy number and protein expression predicts outcome for advanced non-small-cell lung cancer patientstreated with gefitinib. Ann Oncol, 2007 Apr; 18 (4): 752 ~ 760.

66 Cappuzzo F, Hirsch FR, Rossi E, et al. Epidermal growth factor receptor gene and protein and gefitinib sensitivity in non-small-cell lung cancer. J Natl Cancer Inst, 2005, 97: 643 ~ 655.

67 Hirsch FR, Varella-Garcia M, McCoy J, et al. Increased epidermal growth factor receptor gene

copy number detected by fluorescence in situ hybridization associates with increased sensitivity to gefitinib in patients with bronchioloalveolar carcinoma subtypes: A Southwest Oncology Group Study. J Clin Oncol, 2005, 23 : 6838 ~ 6845.

68 Tsao MS, Sakurada A, Cutz JC, et al. Erlotinib in lung cancer-molecular and clinical predictors of outcome. N Engl J Med, 2005, 353 : 133 ~ 144.

69 Shepherd FA, Rodrigues PJ, Ciuleanu T, et al. Erlotinib in previously treated non. small-cell lung cancer. N Engl J Med, 2005, 353 (2): 123 ~ 132.

70 Cappuzzo F, Hirsch FR, Rossi E, et al. Epidermal growth factor receptor gene and protein and gefitinib sensitivity in non-small-cell lung cancer. J Natl Cancer Inst, 2005, 97 (9): 643 ~ 655.

71 Cappuzzo F, Hirsch FR, Rossi E, et al. Epidermal growth factor receptor (EGFR) and HER-2 gene amplification predict response to gefitinib therapy in advanced non - small cell lung cancer (NSCLC). Ann Oncol, 2004, 15 (Suppl 3) : 166 (Abstract 628).

72 Amador ML, Oppenheimer D, Perea S, et al. An epidermal growth factor receptor intron 1 polymorphism mediates response to epidermal growth factor receptor inhibitors. Cancer Res, 2004, 64 ~ 9139e43.

73 Su Jeong Lee, Kyung Mee Kim, Myung Hwa Chae, et al. No association between dinucleotide repeat polymorphism in intron 1 of the epidermal growth factor receptor gene EGFR and risk of lung cancer. Cancer Genet Cytogenet, 2007, 172 (1): 29 ~ 32.

74 Calvo E, Baselga J. Ethnic diferences in response to epidermal growth receptor tyrosine kinase inhibitors. J Clin Oncol, 2006, 24 (14): 2158 ~ 2163.

75 Chan SK, Gullick WJ, Hil ME. Mutations of the epidermal growth factor reeeptseareh in non-small cel lung cancer-search and destroy. Eur J Cancer, 2006, 42 (1): 17 ~ 23.

76 Lecia V Sequist, Victoria A Joshi, Pasi A Jnne, et al. Response to Treatment and Survival of Patients with Non-Small Cell Lung Cancer Undergoing Somatic EGFR Mutation Testing Oncologist, 2007, 12 : 90 ~ 98.

77 Suzuki Y, Orita M, Shiraishi M, et al. Detection of ras gene mutations in human lung cancers by single2strand conformation polymorphism analysis of polymerase chain reaction products. Oncogene, 1990, 5 : 1037 ~ 1043.

78 Gazdar AF, Shigematsu H, Herz J, et al. Mutations and addiction to EGFR: The achilles ' heal ' of lung cancers? Trends Mol Med, 2004, 10 (10): 481 ~ 486.

79 Tam IYS, Chung LP, Suen WS, et al. Distinct epidermal growth factor receptor and KRAS mutation patterns in non-small cell lung cancer patients with diferent tobacco exposure and clinicopathologic features. Clin Cancer Res, 2006, 12 (5): 1647 ~ 1653.

80 Kosaka T, Yatabe Y, Endoh H, et al. Mutations of the epidermal growth factor receptor gene in lung cancer: Biological and clinical implications. Cancer Res, 2004, 64 (24): 8919 ~ 8923.

81 Shigematsu H, Lin L, Takahashi T, et al. Clinical and biological features associated with epidermal growth factor receptor gene mutations in lung cancers. J Natl Cancer Inst, 2005, 97 (5): 339 ~ 346.

82 Soung YH, Lee JW, Kim SY, et al. Mutational analysis of EGFR and K-RAS genes in lung adenoearcinomas. Virchows Arch, 2005, 446 (5): 483 ~ 488.

83 Pao W, Wang TY, Riely GJ, et al. KRAS mutations and primary resistance of lung adenocarcinomas to gefitinib and erlotinib. PLos Med, 2005, 57 ~ 61.

84 Rosell R, Taren M, Barnadas A, et al. Nucleotide excision repair pathways involved in Cisplatin resistance in non-small-cell lung cancer.

Cancer Control, 2003, 10 (4):297 ~305.

85 Rosell R, Green M, Gumedoek P. Advances in the treatment of NSCLC molecular markers take the stage. Seminars in oncology, 2002, 28 (1): 28 ~34.

86 Albert Font, Jose Miguel Sanchez, Miquel Taron, et al. Weekly regimen of irinotecan/docetaxel in previously treated non-small cell lung cancer patients and correlation with uridine diphosphate glucuronosyltransferase 1A1 (UGT1A1) polymorphism. Invest New Drugs, 2003 Nov; 21 (4): 435 ~43.

87 Cole SP, Deeley RG. Multidrug resistance-associated protein: sequence correction. Science, 1993, 260:879.

88 Ling V, Gerlach J, Kartner N. Multidrug resistance. Breast Cancer Res Treat, 1984, 4:89 ~94.

89 Kawabata S, Oka M, Shiozawa K, et al. Breast cancer resistance protein directly confers SN-38 resistance of lung cancer cells. Biochem Biophys Res Commun, 2001, 280:1216 ~1223.

90 Sauna ZE. Ambudkar SV. Evidence for a requirement for ATP hydrolysis at two distinct steps during a single turnover of the catalytic cycle of human P-glycoprotein. Proc Nail Acad Sci USA, 2000, 97:2515 ~2520.

91 Borst P, Evers R, Kool M, et al. A family ofdrug transporters: the multidrug resistance-associated proteins. J Natl Cancer Inst, 2000, 92: 1295 ~1302.

92 Johnstone RW, Ruefli AA, Smyth MJ. Multiple physiological functions for multidrug transporter P-glycoprotein? Trends Biochem Sci, 2000, 25: 1 ~6.

93 Chlou JF, Liang JA, Hsu WH, et al. Comparing the relationship of Taxol-based chemotherapy response with P-glycoprotein and lung resistance-related protein expression in non-small cell lung cancer. Lung, 2003, 181:267 ~273.

94 Szachowicz-Petelska B, Figaszewski Z, Lewandowski W. Mechanisms of transport across cell membranes of complexes contained in antitumour drugs. Int J Pharm, 2001, 222:169 ~182.

95 Kawabata S, Oka M, Soda H, et al. Expression and functional analyses of breast cancer resistance protein in lung cancer. Clin Cancer Res, 2003, 9:3052 ~3057.

96 Yesh JJ, Hsu WH, Wang JJ, et al. Predicting chemotherapy response to paclitaxel2based therapy in advanced non-small-cell lung cancer with p-glycoprotein expression. Rospiration, 2003, 70 (1):32.

肺癌早期诊断新技术研究进展

叶玉坤 汪 栋

南京军区八一医院 全军肿瘤研究中心 南京 210002

肺癌早期诊断重点要探索研究的两大目标是：如何发现肺内小病灶和肺小病灶的病理定性诊断；癌复发转移的早期发现、早期干预阻断。

近20～30年肺癌发病率和死亡率居高不下，“肺癌是我国第一大癌症”。肺癌治疗总的5年生存率8%～14%，手术治疗5年生存率30%左右，这与社会经济发展是一个很大的反差。因此很多科学家都在思考一个问题，人们不能把主要精力只放在如何提高那些明显大块占位性病变及已经转移复发的晚期肺癌病人的综合治疗上，而应把研究重心前移逐步调整转向到肺癌早期诊断早期治疗的研究，特别要注重肺癌早期的病理学定性诊断研究；同时还应关注到肺癌复发转移的早期干预早期阻断控制的相应对策以及个体易患性研究等。尽管这两个方面都很难取得多大的实用有效的突破性成果，但我们和同道们的一些最新工作，还是让我们着实感到一些希望和苗头，期望着我们和大家都能有兴趣进一步地深入探索研究。

一、用于肺小病灶细胞病理学诊断的“智能化肺癌细胞病理诊断系统”和平台的构建

目前肺癌细胞病理学涂片诊断存在两个最大的难点：①涂片细胞重叠无法识别诊断；②肺癌细胞分类识别诊断困难。为此，我们设计研制了一种用于肺癌细胞病理学诊断的“智能化肺癌细胞病理诊断系统”和平台，能对肺小病灶穿刺涂片中的待检细胞实现图像分割、可视化重构、强化学习、特征提取、分类器集成分类识别等一系列识别诊断和分类识别诊断，形成“智能化肺癌细胞病理诊断系统”，大大提高了肺癌细胞涂片的识别诊断率及肺癌细胞的分类识别精度。该系统设计并实现了一种基于B样条和改进deBoor-Cox方法等计算机最新算法，将涂片中粘连或重叠在一起的细胞分离开来，并恢复到未重叠时的原样，使重叠细胞实现完整的可视化重构；再运用基于计算机机器学习中的强化学习技术（reinforcement learning），进一步实施待检细胞的分割，优化分割阈值，有效区分细胞核和细胞浆，完成数字化细胞图像中细胞的精确分割；在此基础上，进而采用决策树、贝叶斯、K近邻和支持向量机等4种最新计算机分类器技术，并分别对应结合我们设计提取分割识别出的细胞色度、几何、纹理和光密度等共40个细胞特征进行识别选择，从而实现对分割重构的待检细胞进行癌

与非癌的识别诊断，并对初步识别确定为肺癌的细胞进一步实现集成分类识别诊断（鳞癌、腺癌、小细胞癌和未定型癌），从而有效地克服了细胞涂片中重叠细胞识别率低、涂片染色差异及背景杂质噪声等干扰因素，大大提高了肺癌细胞涂片的识别诊断率及肺癌细胞的分类识别精度。本系统能适应不同细胞学涂片的复杂环境及染色背景，为各类不同等级医院提供了相对客观统一的肺癌细胞病理学诊断策略，特别适用于肺小病灶穿刺涂片病理学诊断，为肺癌的早诊早治提供了一个重要的科学手段。经解放军该系统南京八一医院、江苏省肿瘤医院、南京军区总医院、江苏省人民医院、江苏省中医院等医院联合检测肺部病灶穿刺细胞学涂片 710 例（均经手术证实，其中正常肺组织 30 例），穿刺细胞学涂片共1 200幅（正常肺组织穿刺涂片 120 幅），癌与非癌的识别诊断率 94.80%，鳞癌、腺癌、小细胞癌和未定型癌的分类识别诊断符合率 82.9%，核异型细胞判断识别率 74.20%，假阳性率 1.85%，假阴性率 3.35%。本系统还首次建立了数字化肺癌细胞病理标准图库，并采用基于线性鉴别分析（Linear Differentiation Analysis，LDA）等降维方法进行细胞比对识别，进一步辅助判别肺癌细胞类别，有助于系统训练补充和肺癌细胞分类识别诊断。

二、用于肺小病灶定位穿刺取检肺癌早期诊断的“双球管双 C 臂同步实时动态跟踪 X 线立体定位系统”的建立

为更好地对肺部 1 cm 左右的小病灶做到快速准确三维立体定位穿刺诊断，针对肺小病灶客观上必须随呼吸上下移动而不易准确定位穿刺取检的难点，专门设计研制了“双球管双 C 臂同步实时 X 线立体定位穿刺系统”，根据双球管双平面 X 线机得到的两组实时 X 线图像，应用模式识别和立体视觉的方法对穿刺针和肺小病灶实时同步地三维立体定位，能自动实时判断其位置关系，克服呼吸移动度，并准确提示医生，从而顺利实现 1cm 左右肺小病灶快速准确立体定位穿刺取检诊断。目前已解决双球管干涉问题、双 C 臂的力学和轨迹拟合以及模数转换后的实时三维图像构建等。采用垂直向和水平向双球管双 C 臂 X 线同步相交组合成像，研究实现了对于随呼吸移动的肺小病灶及穿刺细针的同步实时动态跟踪，从而有可能为肺小病灶快速准确定位穿刺肺癌早期诊断提供一种实用有效的手段。解决的关键技术：①选择不同成像角度、不同成像对象，百余次反复试验匹配，证实本系统中两路 X 线同时发射相交无干扰，对成像质量亦无明显影响；②通过限线板和缩光器实现 X 线准直，有效地解决了两束 X 线发射相交和散射对成像质量的影响；③运用计算机视觉技术和摄像机标定技术，对两台 X 线机进行标定和成像畸变矫正，减少了所得像素点的误差，准确确定目标点的空间坐标位置；④采用区域搜索、边缘检测、hough 变换和链码跟踪技术等处理技术，完成实现对随呼吸移动的肺小病灶和穿刺细针的同步实时动态跟踪，提高了实时跟踪定位的精度系统测量误差最大值均在 1 mm 以内；⑤本系统垂直 C 臂拱深设计足够将病人整个胸部任何一处病灶包括在内，对比 CT、MRI，本系统水平向 C 臂可自由旋转，从而能如愿地给医师提供足够的穿刺操作空间。系统实时显示为 5 帧/s，采集速度为 10 帧/s，即每帧 0.1 s，处理时间为 0.1 s。

本系统在国内外首次较好地实现了对随呼吸移动的肺小病灶及穿刺细针的同步实时动态跟踪三维立体定位，从而为肺小病灶快速准确定位穿刺肺癌早期诊断提供一种实用有效的手段。

三、在基于 p16、Rb 基因的肺癌分子分型诊断新模式的基础上，进而研究建立了一种基于快速 PCR 技术的流式荧光液态芯片（luminex）微量检测系统，为肺癌早期诊断及分子分型诊断提供了一个新的辅助手段

本系统创新思维的提出是在我们原有研究工作的基础上进一步思考推进的。首先我们采用免疫组化、RT-PCR、双重原位杂交、Southern blot、PCR-SSCP 和序列分析等方法，分别在蛋白水平、DNA 水平和 RNA 水平上全面系统多层次地研究了 p16、Rb 在随机 106 例肺癌标本（包括肺小病灶穿刺标本）及 23 例 23 例肺部良性病变和 106 例正常肺组织中的表达及可能的失活机制，结果发现我们选定的 p16、Rb 这一对基因的缺失突变在非小细胞肺癌（NSCLC）和小细胞肺癌（SCLC）及正常肺组织中的表达均有很强的趋向性，NSCLC 中 p16 基因的失活率 50.1%，SCLC 中的 Rb 基因失活率 88.25%，而正常肺组织和肺良性病变 p16 基因失活率均为 0；较早期的Ⅰ期、Ⅱ期肺癌，p16、Rb 失活率分别为 32.6% 和 28.3%。由此，我们在国内外首次提出基于 p16、Rb 基因的肺癌分子分型诊断新模式，即将肺癌分为 p16 缺失型、Rb 缺失型和中间型（p16、Rb 均不缺失）［论文被美国化学文摘 CA 收录，2000，132（15）］。在此基础上我们进而建立了一种基于快速 PCR 技术的流式荧光液态芯片（luminex）微量检测系统，具有高通量、重复性好、灵敏度高、所需样本量少和可做定量分析等优势，同时应用 luminex 检测肺癌标本基因组 DNA 中 p16、Rb、p53 和 EGFR 的基因突变，发现联合检测突变的敏感性显著高于单一检测，122 例肺癌标本，单一检测敏感性 14.8% ~45.9%，联合检测敏感性可达 82.8%、特异性 90.0%、准确性 84.2%；早期肺癌联合检测基因突变，Ⅰ期肺癌 80.0%，Ⅱ期 82.9%，提示这种联合检测模式能明显提高肺癌分子诊断的敏感性，减少漏诊，在肺癌的早期诊断、早期筛查和指导治疗中有着十分重要的潜在应用价值。有可能为肺小病灶肺癌早期诊断及肺癌分子分型诊断提供一项有重要参考价值的分子指标和一种全新的辅助手段。

按语：

肺癌早期诊断新技术研究系国家科技部“九·五”、“十·五”重大攻关课题，已由南京军区八一医院全军肿瘤研究中心研究完成，这一自主原始创新的成果，经以中科院院士吴孟超教授为首的科技成果鉴定委员会鉴定，并胜利通过此课题成果为国内创新领先，现由叶玉坤、汪栋两位教授撰文值得一读，将对肺癌早期诊断，早期筛查有着重要应用价值。

系统性纵隔淋巴结清扫在肺癌根治切除手术中的应用

汪　栋

南京军区八一医院胸外科　南京　210002

早、中期肺癌、尤其是非小细胞肺癌（NSCLC）的外科治疗仍是改善病人生存率的关键，自1950年Churchill首次强调肺癌手术中纵隔淋巴结切除的重要性以来，经半个世纪的实践认识发展，虽仍存有争议，但系统性纵隔淋巴结清扫已成为肺癌外科治疗的重要原则之一。

一、术前纵隔淋巴结评估的重要性

1．术前临床分期　胸部CT直增、头颅MRI、腹部彩超或CT及骨扫描来确定cTNM分期，部分病例行PET-CT检查。对纵隔淋巴结尤其是胸部CT直增和PET-CT检查更有意义。

2．术前预案制定。

3．指导手术操作。

二、术中系统性淋巴结清扫及原则

1．连续、整块切除　即将纵隔淋巴结连同周围的脂肪组织连续、整块的切除。

2．清扫范围　右侧须清扫第1～4组、7～9组（及对侧第5组）淋巴结，左侧清扫4～9组淋巴结，（及同侧1～3组，对侧3、4组淋巴结）。重视第1组淋巴结清扫。

3．清扫方法

（1）采用低输出混切电刀、超声刀："notouch"技术沿包膜和组织间隙解剖（紧贴淋巴结包膜）；整块切除淋巴结，避免挤捏、碎裂淋巴结造成可能的肿瘤转移和种植。

（2）创面处理：电灼、OB胶、生物胶及可吸收纱布、（放射性粒子贴敷）。

三、术后的处理原则

1．注意心律失常、出血、肺不张、肺部感染、喉返神经损伤和乳糜胸等可能出现并发症的观察处理。

2．对pTNM分期Ⅰ$_B$以上的病人常规术后辅助化疗，N_2的病人一般不需术后放疗，对清扫时淋巴结外侵著有明显残留或经动态观察纵隔有新的淋巴结出现并明显增大时，才考虑放疗（术中已应用放射性粒子组织间插植放疗者除外）。

四、我科应用

2004年1月～2006年5月共行肺癌肺叶（全肺）切除加系统性纵隔淋巴结

清扫术220例。本组病例中鳞癌73例（33.2%）、腺癌93例（42.3%）、腺鳞癌31例（14.1%）、小细胞癌19例（8.6%）、大细胞癌4例（1.8%），术前常规行头颅MRI、胸部CT直增、腹部彩超或CT及骨扫描来确定cTNM分期，部分病例行PET-CT检查，其中Ⅰ$_A$期6例、Ⅰ$_B$期12例，Ⅱ$_A$期34例、Ⅱ$_B$期72例、Ⅲ$_A$期96例。

术中系统性纵隔淋巴结清扫我们共清扫纵隔淋巴结1 408组，N_1淋巴结转移率30.1%，N_2淋巴结转移率24.6%，跳跃转移占N_2淋巴结转移的17.6%，术前评估为Ⅰc期肺癌有N_2淋巴结转移的占13.4%。全组无围术期死亡，术后早期并发症与前一组316例选择性纵隔淋巴结切除的病例对比除药物可控制的心律失常发生率增加外，出血、肺不张、肺部感染、喉返神经损伤、乳糜胸和支气管胸膜瘘发生率均无明显差异。术后2年随访未发现纵隔淋巴结转移复发。直径<1 cm的纵隔淋巴结转移率为14.0%；直径>1 cm的纵隔淋巴结转移率为65.2%。

根据影像学、肉眼观察和触摸来判断淋巴结大小、颜色、硬度、是否有钙化、是否有外侵粘连，从而确定是否有淋巴结转移、是否应行淋巴结清扫是非常不可靠的系统性纵隔淋巴结清扫是肺癌手术根治切除的关键一环，即使是早期肺癌亦应行系统性纵隔淋巴结清扫，靠术中肉眼判断是否有淋巴结转移是不可靠的，优化手术操作可能减少肿瘤种植、最大限度减少和预防术后早期并发症，规范手术将有助于提高肺癌手术治疗效果，同时系统性纵隔淋巴结清扫可以更准确地进行术后肺癌病理分期，从而指导肺癌综合治疗及个体化治疗。

非小细胞肺癌合并胸腔积液的诊治策略

毛伟敏

浙江省肿瘤医院　杭州　310022

张　宇

浙江医院肺癌诊治中心　杭州　310013

胸腔积液临床非常常见，是中晚期肺癌，尤其是非小细胞肺癌（non-small cell lung cancer，NSCLC）最易合并表现之一，往往提示肿瘤已进展至局部晚期——出现肿瘤胸膜腔播散的标志；然而并非所有的NSCLC病人都是由癌肿直接侵犯胸膜所致，据报道其中有22 %在胸膜上找不到肺癌转移的证据。非小细胞肺癌导致的胸腔积液，有以下单一的或几方面共同存在的原因：肿瘤直接侵犯胸膜，导致胸膜表面通透性增加或淋巴回流受阻；局部晚期肺癌胸液形成往往是因肿瘤侵犯脏、壁层胸膜的淋巴管、血管，或因肿瘤转移淋巴结转移、肺内播散转移的肿块侵犯、压迫血管、淋巴管而致回流不畅与管腔渗漏，胸腔内脂质、蛋白质积聚，产生渗出和直接漏出所致；可因肿块阻塞近端支气管致阻塞性肺炎、肺不张，而致胸腔积液；由于肿瘤致恶病质——严重营养不良、低蛋白血症，亦可致漏出性胸腔积液等[1]。

非小细胞肺癌合并胸腔积液，由少量到大量不等，性状由澄清到血性胸液而不同。研究资料表明，大部分的肺癌胸腔积液（50% ~80%）为恶性，但也有部分胸液并非肿瘤直接侵犯胸膜（腔）所致，即所谓的反应性积液。确定积液性质的方法包括胸腔穿刺胸液检验，经皮胸膜活检和电视胸腔镜下的探查与胸膜活检等。其中，胸腔镜可直接观察病变的形态和范围，同时获得大量胸液标本和大块组织标本送检，明确诊断。临床上鉴别积液的良恶性，将有助于治疗策略的正确选择[2]。

一、非小细胞性肺癌胸腔积液良恶性的诊断

对于NSCLC胸腔积液的诊断流程上应遵循由简到繁，围绕细胞学及组织病理学为中心的原则[3]。临床资料统计显示，在血性胸液中有22.9 %为良性病变，在黄色胸液中高达53.0 %为恶性病变，因此单从胸液外观判断胸液的性质，误差很大。在部分肺癌并胸腔积液的病人中，胸液可因肺不张、阻塞性肺炎、

淋巴管或静脉的阻塞或肺梗死而导致胸膜渗出，虽经反复多次的胸穿，抽取大量胸液进行细胞学检查，其结果往往是阴性。即使恶性胸液病人，胸液的病理检查阳性确诊率也仅为62%。而在肺癌伴胸膜转移的病人中有32% ~47%的胸膜转移瘤位于肺、纵隔或者横膈的表面，加上胸穿的定位差，盲目的获取胸膜标本，使得胸膜穿刺活检的阳性率仅为44%。综合各种检查，阳性率也仅为75% ，仍有21% ~27%的病人难以确诊[4]。寻找合理的检查流程组合，提高NSCLC的诊断准确性，就显得尤其重要。临床上，目前常用的胸腔积液检查诊断有以下几方面：

1. 利用生化指标评价胸腔积液性质

（1）胸液酶学测定：酶学检查恶性胸液中乳酸脱氢酶LDH可升高，当胸液LDH/ 血清LDH >3.0时，可以基本确认为恶性胸液。血性胸液有溶血时，胸液中LDH值亦可升高，为排除，测定LDH同工酶可作为恶性与良性胸液相区别的参考资料，癌性胸液时LDH值及同工酶LDH2值均升高。

（2）胸液中肿瘤标志物测定：此类肿瘤标志物测定无疑是具有较高诊断参考价值的，如癌胚抗原CEA，糖链抗原（CA242、CA125、CA19-9、CA50），肺癌细胞角蛋白CYFR21-1等指标的测定，都非常有助于诊断。

（3）胸液微量元素测定：恶性胸液中铜、铁明显高于良性胸液，当胸液中铜/ 锌 >2时高度可疑恶性胸液，胸液铁蛋白 >20 μg/ L有重要意义。99 %病人死亡前血清铁蛋白 >300 μg/ L ，胸液中铁蛋白含量与存活时间呈负相关。

2. 胸液细胞学

脱落细胞检查：胸腔积液细胞学检测找到癌细胞是癌性胸腔积液诊断的金标准[3]。只有当肿瘤侵犯胸膜或直接暴露于胸液中才会有脱落癌细胞，如果是肿瘤间接原因如低蛋白血症、淋巴管阻塞、肺不张所致胸内压下降等引起的胸液就不能找到癌细胞。其阳性率受多种因素影响[5]：①广泛的胸膜腔肿瘤侵犯导致恶性胸液，更易找到癌细胞；②不同病理类型所致恶性胸液癌细胞阳性率差异大，肺腺癌高达85% ~100% ，肺鳞癌仅4% ~25%；③取标本方法、检验技术、复查次数均影响阳性率。胸液癌细胞总阳性率40% ~87%。

3. 胸腔积液分子生物学检查

染色体检查：染色体检查和细胞学检查可以互补，恶性细胞染色体数量及结构异常，呈非整倍体、超二倍体或多倍体、巨大染色体或线状微小染色体，染色体缺乏，移位，染色体断裂，粉碎化，出现10%超二倍体可诊断为恶性胸液。本方法阳性率83% ~91%。

基因诊断：晚近研究发现癌组织中p53、ras、c-myc基因突变或过度表达。采用联合检测胸液细胞、癌基因蛋白，其阳性率达85% ，特异性100%。

DNA流式细胞分析：可探测胸液中的恶性细胞，敏感性52%，特异性100%，与细胞学联合应用可使敏感性达94%[6]。

免疫组织化学检测：血清多克隆抗体对胸液中癌细胞行免疫组织化学分析有助于对细胞病理学分类鉴别。

4. 电视胸腔镜检查

电视胸腔镜是近几年来已逐步广泛

应用于胸膜腔与肺部疾病的集诊断与治疗于一身的内镜手段，可完全代替过去的剖胸探查手术。它具有创伤小的特点，可全面探查胸膜腔和肺的表面，并能在多处取活组织检查，获得确切的病理诊断和了解胸腔内情况等优点。综合近几年来国内外文献统计的临床资料报告显示，胸腔镜的胸膜活检确诊率可达93%～97%，肺内结节性或肿块性疾病活检确诊率可达100%[2]。

除胸腔粘连甚至闭锁的病人外，电视胸腔镜对通常能诊断的疑难性胸膜转移瘤并胸液的病人是一种安全、简便易行、确诊率可达98.5%的诊断方法。通过镜视可直接观察到肺癌胸膜转移瘤病变的形态学特征。胸腔镜亦具有放大作用，对胸膜微小病变可在放大下直接观察，更有利于确诊。86%的病人可通过在镜视下观察胸膜形态学特征，判断出是否可能恶性。同时在镜视下直接抓取有病变的壁、脏层胸膜行组织活检，既避免了胸穿活检的盲目性，又可使脏层胸膜的转移瘤也获得组织活检。正确区分T_3或T_4，使无胸膜转移并胸液的肺癌病人（T_3）获得了手术根治的机会，使T_4病人避免了不必要的开胸手术。目前有观点认为，对原因不明的胸腔积液，经3次胸液或针刺活检细胞学检查仍未确诊者，应尽早行胸腔镜探查确诊，避免盲目的长时间内科治疗，耽误病期，使病人失去治疗机会和良好的预后。

二、非小细胞肺癌胸腔积液的治疗

非小细胞肺癌并胸腔积液经明确诊断后，如为少量胸液并证实为非肿瘤性，肿瘤TNM分期临床上Ⅲa期或更早，无疑是有手术根治机会的，主张以手术治疗为主的综合治疗，争取长期生存的可能。但若为恶性胸腔积液，临床分期至少已Ⅲb，治疗效果较差，自然生存期平均为3个月，临床治疗上以姑息治疗为主，局部和全身化疗相结合的多学科综合治疗，目标是缓解症状，减轻痛苦，提高生存质量，争取延长生存期[7]。

1. 非小细胞肺癌胸腔积液的内科治疗　少量积液出现在肺炎及肺癌同侧可能为阻塞性肺炎使胸膜的毛细血管通透性增加致，而同样也存在癌性的可能。因此，对于少量的胸腔积液，诊断更重于治疗，可行胸腔穿刺抽液做生化、免疫与细胞学检查，可不必要求将积液完全引流干净。中等量以上胸液尤其是进展较快的病人，可予反复胸腔穿刺抽液与胸腔闭式引流。胸腔内使用局部化疗药物或者生物免疫调节剂，以及中药提取物，辅以胸腔热疗，并配合全身化疗以达到综合治疗的目的[8]。

（1）胸腔化疗：顺铂是首选腔内用药，有直接作用于肿瘤且不损伤正常组织的特点，同样也可产生全身性的化疗不良反应，但应控制剂量[9]。博来霉素也是常用的药物，对胸液的局控率高达80%以上。另外，表阿霉素、丝裂霉素、榄香烯也是较好的选择。但易产生包裹性改变。

（2）生物反应调节剂：白介素-2可诱导Th、Tc细胞增殖，激活B细胞产生抗体，活化巨噬细胞，增强NK细胞和活化的杀伤细胞活性，诱导干扰素的产生。研究表明，癌性胸液中含丰富的浸润淋巴细胞（TIL），激活后对自体肿瘤细胞具有很强的细胞毒活性。术后胸内用rIL-

2 等可起到体内培养、激活胸液中 TIL 的作用，且更能充分发挥药物、TIL 及产生的细胞因子的作用。

沙培林（链球菌灭活制剂）胸腔注射后，可以通过局部炎症后机体修复机制使胸膜通透性降低，减少胸液的产生，并且可以激活机体免疫系统，产生免疫反应，配合注射免疫细胞因子如白细胞介素等，可以主动杀伤肿瘤细胞。香菇多糖是从香菇的种子实体中分离并纯化的抗肿瘤多糖，具有较广的抗肿瘤谱，并有抑制肿瘤转移的作用，其抗肿瘤作用并非直接的细胞毒作用，而是通过宿主的免疫功能起作用；同时，香菇多糖能激活胸腔内渗出的免疫细胞，间接杀伤肿瘤细胞，兼有刺激胸膜粘连固定，减少肿瘤血管通透性及阻碍肿瘤血管形成等，从而达到控制胸液的目的。短小棒酸杆菌胞必佳——红色诺卡菌细胞壁骨架，能增强体内巨噬细胞和 NK 细胞的免疫活性，具有抑制癌细胞、防止肿瘤复发的作用，免疫增强剂能增加化疗药物疗效，同时减轻不良反应。

（3）胸腔硬化剂：常用的四环素、滑石粉等，注入胸腔后，通过刺激胸膜剧烈反应，达到使壁层与脏层胸膜粘连，消灭胸膜腔，而达到治疗目的。但都有不良反应，即注入后即产生明显胸痛，往往需麻醉镇痛[10]。

（4）胸腔热疗：肿瘤热疗是加热治疗肿瘤的一种方法，通过胸腔加热治疗可使肿瘤细胞发生变性甚至坏死，可使放疗、化疗增敏。热疗与抗癌药物联合能产生协同作用，其作用机制为：加温破坏了细胞膜的稳定性，使膜的通透性增加，有利于药物的渗透和吸收，提高细胞内药物浓度和反应速度，增加细胞 DNA 的损伤，可抑制肿瘤组织对化疗药物引起 DNA 损伤的修复，增强化疗药物如顺铂对肿瘤细胞敏感性加强。常用胸腔热疗法为：①采用低温生理盐水或蒸馏水灌洗，加用化疗药，疗效增强。②超声聚焦技术应用和射频治疗。

2. 非小细胞肺癌胸腔积液的外科治疗

（1）为控制胸液的渗出和达到彻底根治的目的，有学者采用开胸手术行胸膜肺切除，效果仍不尽人意，且并发症和死亡率也较高。因为晚期非小细胞肺癌已是一个全身性疾病，对于伴有胸液的病人，由于肿瘤的作用，病人全身状况与免疫功能极度底下，开胸行肺胸膜切除手术的创伤过大，降低了机体的免疫屏障抵御能力，可促进癌细胞的转移和扩散，常达到事与愿违的结果[12]。

（2）电视胸腔镜手术技术的介入，使肺癌胸腔积液病人的生存质量和生存时间得到一定的提高和延长。目前以电视胸腔镜为主导的癌性胸液的多学科综合治疗包括局部治疗和局部加全身治疗，主要的治疗方法有：①胸膜固定术（pleurodesis）：在胸腔镜下彻底地吸尽胸液、分离索条状或膜状粘连及清除胸膜表面沉积的纤维蛋白，将滑石粉（talc）、顺铂、博莱霉素等均匀喷洒在脏、壁层胸膜表面，诱导胸膜产生化学反应，使脏壁层胸膜粘连，闭合胸膜腔，达到消除胸液的目的。也可应用激光或氩气刀对胸膜进行辐射或烧灼，同样能达到类似的效果；②胸腹腔分流术：胸腔镜术中如发现脏层胸膜增厚，形成一个较厚的“盔甲”而无法剥离，限制了已萎陷肺的复张，胸膜固定术往往难以成功。此时应在胸腔镜协助下放置胸内管，并接埋置于下胸壁皮下的分流泵，与腹膜腔相通，达到胸液经分流泵向腹腔分流的目的；③肺楔形切除加胸膜固定术：周围型肺癌伴癌性胸液病人经胸腔镜楔形切除肺原发肿瘤加胸膜固定，达到控制胸液和对肿瘤减量的目的，为后继放、化疗等创造条件；④肺叶或肺楔形切除加部分胸膜切除：通过将胸膜肉眼可见的转移病灶切除，术中和术后行顺铂局部化疗，控制胸液后，再全身化疗，达到消除胸液和控制肿瘤生长和转移的目的。⑤肺叶或肺楔形切除加过继免疫治疗：在胸腔镜下行肺叶或肺楔形切除术后 72 h，向胸腔内灌注白介素 - 22（rIL-22）、肿瘤坏死因子（rTNF），通过调节和激活机体自身的抗肿瘤系统，应用自体抗癌细胞及所产生的细胞因子主动杀伤肿瘤细胞，以控制胸液的渗出，减少和推迟肿瘤细胞的远处转移。

在一组 69 例的电视胸腔镜治疗非小细胞肺癌胸腔积液的临床报道中，有 94% 的病人恶性胸液得到控制，生存期超过 6 个月以上，现已有生存期超过 6 年的报道。一组 27 例胸腔镜手术后获得 96% 的有效率，追踪观察 6 个月，无一例死亡或发生严重并发症。选择电视胸腔镜手术的最佳适应证，电视胸腔镜将有效治疗恶性胸液，为后继的化疗或其他治疗创造了条件，提高了综合治疗的疗效。

（3）临床上仍然有少部分病人，为非癌性胸腔积液，应对原发肿瘤作积极处理。

参 考 文 献

1　Reeder LB. Malignant pleural effusions. Curr. Treat. Options Oncol，2001，2∶93 ~ 96.

2　谷力加，吴一龙. 胸腔镜在肺癌诊断和多学科综合治疗中的作用. 中国肺癌杂志，2001，(8)∶257 ~ 262.

3　Heffner JE. Evaluating diagnostic tests in the pleural space. Differentiating transudates from exudates as amodel. Clin Chest Med，1998，2∶277 ~ 293.

4　何权瀛，吕喜英. 恶性胸腔积液的病因诊断及对诊断手段的评价. 中国实用内科杂志，1999，19（5）∶297.

5　许志祥. 胸腔积液细胞学和微生物学诊断的某些进展. 国外医学内科学分册，1998，25（1）∶14.

6　Johnston WW. The malignant pleural effusion：a review of cytopathologic diagnoses of 584 specimens from 472 consecutive patients. Cancer，1985，56∶905 ~ 909.

7　Marchi E，Teixeira LR，Vargas FS. Management of malignancy-associated pleural effusion：current and future treatment strategies. Am J Respi Med，2003，2∶261 ~ 273.

8　Walker-Renard PB，Vaughan LM，Sahn SA. Chemical pleurodesis for malignant pleural effusions. Ann Intern Med，1994，120∶56 ~ 64.

9　Rusch VW，Figlin R，Godwin D，et al. Intrapleural cisplatin and cytarabine in the management of malignant pleural effusions：a Lung Cancer Study Group trial. J Clin Oncol，1991，9∶313 ~ 19.

10　Walker-Renard PB，Vaughan LM，Sahn SA. Chemical pleurodesis for malignant pleural effusions. Ann Intern Med，1994，120∶56 ~ 64.

11　Antunes G，Neville E，Duffy J，et al. Pleural Disease Group，Standards of Care Committee，British Thoracic Society. BTS guidelines for the management of malignant pleural effusions. Thorax，2003，58（Suppl. 2）∶ii29 ~ 38.

12 Coughlin M, Deslauriers J Beaulieu M, et al. Role of mediastinoscope in preteatment staging of patients with primary lung cancer. Ann thorac Surg, 2000, 70:1154~1159.

13 Grossi F, Pennucci MC, Tixi L, et al. Management of malignant pleural effusions. Drugs, 1998, 55:47~58.

IASLC 非小细胞肺癌最新 TNM 分期进展

王长利　阚学峰　张真发

天津市肺癌诊治中心、天津医科大学附属肿瘤医院肺部肿瘤科　天津　300060

1973 年，Dr. Cliff Mountain 提出肺癌 TNM 分期系统，于 1974 年正式发表[1]。经过多次修订，美国癌症联合会（American joint commission for cancer，AJCC）和国际抗癌联盟（union internationale contre le Cancer，UICC）于 2002 年发布了 TNM 分期第六版[2]，应用至今，其制定主要是基于对美国 M. D. Anderson 医学中心的4 351例（1975～1988 年）和国立癌症研究所肺癌研究组的968 例（1977～1982 年）肺癌病人资料的分析。在临床应用过程中，此肺癌 TNM 分期系统仍存在一些不足之处，例如同一分期的肺癌病人预后差别很大。国际肺癌研究会（international association for study of lung cancer，IASLC）对于肺癌的分期系统，也一直在修订中，以使之能更加精确的反映预后情况，进一步指导肺癌的诊治。1996 年，IASLC 向国际分期委员会（ISC）提出世界肺癌 TNM 分期计划，拟重新修订肺癌 TNM 分期系统（作为第七版 TNM 分期）。该项工作由 ISC 监督执行，ISC 提出目前分期中需要解决改进的问题：（1）T、N、M 描述均缺乏严格的验证；（2）相对较少的数据，无法充分评价 T、N 和 M；（2）所用临床数据来源于有限的地域，且主要是外科病人。

2001 年，来自 12 个国家 23 个研究中心的代表在伦敦召开会议，拟制定新的肺癌 TNM 分期，该分期将于 2009 年正式发布。ISC 将研究人员分为 7 个小组：T 描述小组委员会；N 描述小组委员会；M 描述小组委员会；小细胞肺癌小组委员会；淋巴结图解小组委员会；预后因素小组委员会；验证和方法学小组委员会。研究入组的肺癌病人有 10 万余例（1990～2000 年），通过初步筛选符合入组标准者为81 015例，其中非小细胞肺癌67 725例，小细胞肺癌13 290例。非小细胞肺癌的病人来自欧洲（58%）、澳洲（7%）、北美（21%）和亚洲（14%）；小细胞肺癌的病人来自欧洲（58%）、澳洲（6%）、北美（34%）和亚洲（2%）。

经过对 8 万多例肺癌病人临床资料进行统计学分析、处理、评估，提出了关于 T、N 和 M 分期的修改意见[3～5]，并通过监测、流行病学和最终结果（surveillance epidemiology and end-result，SEER）数据库注册机构的数据对结果进行严格的验证[6]，从而提出了新版 TNM 分期[7,8]，美国 Peter Goldstraw 教授在 12 届世界肺癌大会上对新版分期进行了介绍[9]；在具体变化之处及新版 TNM 分期介绍如下。

一、T 分期

共有18 018例 M_0 期 NSCLC 病人符合 T 描述小组委员会的初步分析要求，均具有完整的 cTNM 或 pTNM 相关临床资料；另有 180 例病人（均为同侧、不同肺叶内有转移结节）在 M 描述小组委员会的推荐下进入 T 描述组分析。这18 198例病人均接受了完全性切除术（R0），主要来自欧洲、北美、亚洲和澳大利亚。

（一）新 T 分期的修改

1．根据肿瘤大小，T_1 分为 T_{1a}（≤2 cm）；T_{1b}（>2 cm，≤3 cm）。

原因：在没有淋巴结转移的病人中，T_{1a} 和 T_{1b} 的 5 年生存率相差 4%（51% 和 47%），HR 为 1.27（T_{1b} vs T_{1a}）。而在第六版中，二者并没有区分开来。

2．根据肿瘤大小，T_2 分为 T_{2a}（>3 cm，≤5 cm 或包含其他 T_2 因素且≤5 cm）；T_{2b}（>5 cm，≤7 cm）。

原因：在没有淋巴结转移的病人中，T_{2a} 和 T_{2b} 的 5 年生存率相差 14%（45% 和 31%），HR 为 1.51（T_{2b} vs T_{2a}）。

3．根据肿瘤大小，原 T_2 之肿瘤 >7 cm 者归为 T_3。

原因：肿瘤 >7 cm 的病人和 T_3 期的病人有相似的中位生存期。重新分期后的生存情况见表 1。

表 1　$T_{1\sim3}$ N_0 的生存率

T 分期	1 年生存率	5 年生存率	比较	HR	*P*
T_{1a}	88%	51%			
T_{1b}	85%	47%	vs T_{1a}	1.27	<0.001
T_{2a}	81%	45%	vs T_{1b}	1.14	0.0 039
T_{2b}	68%	31%	vs T_{2a}	1.51	<0.001
T_3	63%	26%			

以上三条 T 分期的变化在分析病理分期 N_0 和临床分期 N_0 的病人所得结论一致，进行内在验证发现，来自不同地域、不同来源、不同组织学类型的数据中，这些差异均具有统计学意义。

4．原 T_4 之原发肿瘤所在肺叶内出现转移结节归为 T_3。

原因：原发肿瘤所在肺叶内出现转移结节的肺癌病人预后明显优于其他的 T_4 期（5 年生存率 7%）病人。美国 SEER 数据显示相同肺叶有结节的 T_4 之5 年生存率（25%），其预后甚至优于 UICC 6 版分期的 T_3 病人（5 年生存率 15%，HR = 0.007, P <0.001），所以将该种类型的 T_4 划分为 T_3。

5．原 M_1 之原发肿瘤所在肺叶以外的同侧肺出现转移结节归为 T_4。

原因：该类型肺癌的预后与其他类型的 T_4 肺癌预后相似，甚至优于其他类型的 T_4（5 年生存率：10% vs 7%，HR = 0.86, P =0.0002）。

6．原 T_4 之胸膜转移（恶性胸腔积液、恶性心包积液、胸膜转移）归为 M_1。

原因：此种类型的肺癌的预后（5 年生存率只有 2%），明显差于其他类型的 T_4（5 年生存率：7%，HR = 0.72，P < 0.001）（表2，图1[7]）。

表2　T_{3-4} 或 M_1 的生存率（包括有淋巴结转移的病人）

T 分期*	1 年生存率	5 年生存率	比较	HR	P
旧分期的 T_3	50%	15%			
相同肺叶内结节	59%	25%	vs T_3	0.70	<0.000 1
T_4（其他原因）	39%	7%	vs 相同肺叶结节	1.88	<0.000 1
同侧不同肺叶结节	47%	10%	vs 其他 T_4	0.86	0.000 2
胸膜转移	21%	2%	vs 不同肺叶结节	1.72	0.000 1

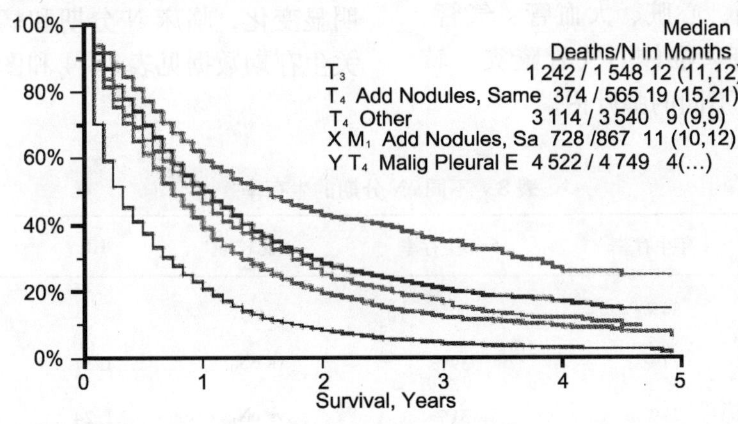

图1　生存曲线显示预后情况[7]

同一肺叶内的转移结节（5 年生存率 25%）> UICC 6 版分期 T_3（15%）> 同侧不同肺叶的结节（10%）> 其他原因的 T_4（7%）> 胸膜转移（2%）。

（二）新版 T 分期

T_X：无法评估原发肿瘤，或痰液、支气管冲洗液中找到恶性细胞但影像学或气管镜下未见肿瘤。

T_{is}：原位癌。

T_0：无原发肿瘤的证据。

T_1：肿瘤最大直径≤3 cm，被肺或脏层胸膜所包绕，气管镜下未见肿瘤侵犯范围越过叶支气管（如位于主支气管内），罕见的任何大小的浅表肿瘤，其侵犯程度局限在支气管壁，但可能累及主支气管近端，也被定义为 T_1 期。

T_{1a}：肿瘤最大直径≤2 cm。

T_{1b}：肿瘤最大直径 >2 cm，≤3 cm。

T_2：肿瘤最大直径 >3 cm，≤7 cm 或有以下任何一项特征：①累及主支气管，但距隆突≥2 cm；②侵犯脏层胸膜；

③肿瘤侵犯至肺门区引起肺不张或阻塞性肺炎，但未累及全肺（有以上任一特征，如肿瘤直径≤5 cm者为T_{2a}）。

T_{2a}：肿瘤最大直径>3 cm，≤5 cm。

T_{2b}：肿瘤最大直径>5 cm，≤7 cm。

T_3：肿瘤>7 cm或直接侵犯以下任一部位：①胸壁（包括肺上沟瘤）、膈肌、膈神经、纵隔胸膜、壁层心包；②或肿瘤位于主支气管内，距隆突<2 cm，但未侵及隆突；③或引起全肺的肺不张、阻塞性肺炎；④或同一肺叶内有转移结节。

T_4：无论肿瘤大小，只要侵犯以下任一部位：纵隔、心脏、大血管、气管、喉返神经、食管、椎体、气管隆突、转移结节位于同侧不同的肺叶内。

二、N分期

进入分析研究的$cN_{any}M_0$病人38 265例，$pN_{any}M_0$病人28 371例；进行临床分期时运用所有检验和影像学技术以判断疾病侵犯程度，并通过纵隔镜获得相关信息，但不包括开胸手术；PET（Positron emission tomography）在研究进行时尚未广泛应用，因此，临床分期中无PET相关资料。病理分期主要依据所有可用的临床分期资料和开胸手术标本获得的病理学资料。

同UICC 6版N分期相似，N分期无明显变化，临床N分期和病理N分期相关生存期数据见表3、4和图2[4]。

表3　不同cN分期的生存率

N分期	1年生存率	5年生存率	比较	HR	P
cN_0	84%	50%			
cN_1	77%	39%	vs cN_0	1.37	<0.000 1
cN_2	71%	31%	vs cN_1	1.24	<0.000 1
cN_3	63%	21%	vs cN_2	1.31	<0.000 1

表4　不同pN分期的生存率

N分期	1年生存率	5年生存率	比较	HR	P
pN_0	86%	56%			
pN_1	77%	38%	vs cN_0	1.63	<0.000 1
pN_2	69%	22%	vs cN_1	1.51	<0.000 1
pN_3	49%	6%	vs cN_2	1.81	<0.000 1

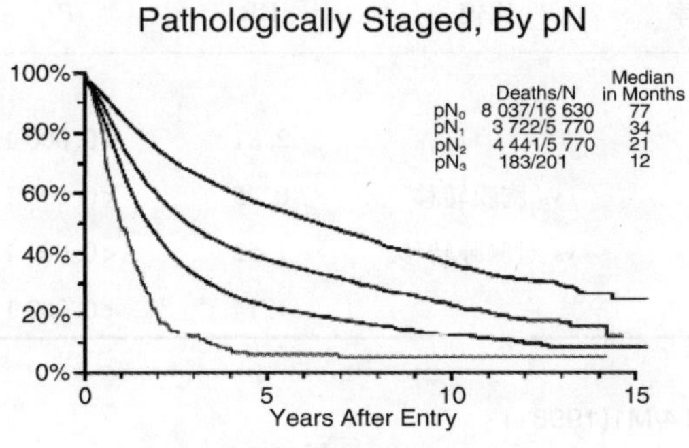

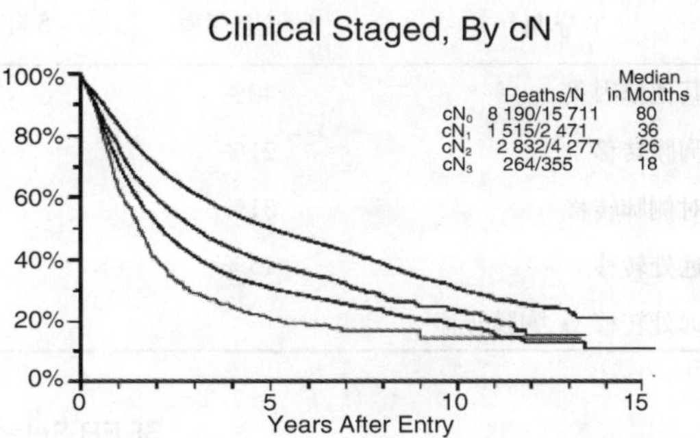

图2 不同 cN 和 pN 分期的生存曲线[4]

显示生存率 $N_0>N_1>N_2>N_3$。

在分析过程还发现，淋巴结转移部位与肿瘤原发部位相关：左上肺癌易发生5/6区淋巴结转移（195/251，78%），右上肺癌易发生4R区淋巴结转移（191/280，68%），中叶或下叶肺癌易有7区淋巴结转移（228/353，65%）。此外，淋巴结转移数目与预后相关：单个 N_1 淋巴结转移、多个 N_1 淋巴结转移或单个 N_2 淋巴结转移、多个 N_2 淋巴结转移三者间中位生存期存在明显差异，5年生存率分别为：48%、35%（34%）、20%。但由于样本量较小，尚不能将此变化纳入新版N分期中，有待进一步增加样本量以确定是否可用于临床。

具体N分期如下：

N_x：无法确定有无区域淋巴结转移。

N_0：无区域淋巴结转移。

N_1：转移至同侧支气管周围淋巴结和（或）同侧肺门淋巴结，包括原发肿瘤的直接侵犯。

N_2：转移到同侧纵隔和（或）隆突下淋巴结。

N_3：转移到对侧纵隔、对侧肺门、同侧或对侧斜角肌或锁骨上淋巴结。

三、M分期

M_x：无法确定有无远处转移。

M_0：无远处转移。

M_1：有远转移。

M_{1a}：对侧肺叶出现转移结节；胸膜转移结节；或恶性胸腔（或心包）积液。

M_{1b}：胸腔外的远处转移。

变化原因：胸腔外远处转移的病人预后更差，中位生存期4～7个月，而胸膜转移的病人中位生存期为7～10个月，对侧肺转移的病人中位生存期为9～11个月（表5，图3[5]）。

四、IASLC新的TNM分期系统：

与UICC 6版TNM分期系统比较，新分期系统更能明确的区分各期别不同的肺癌病人的预后情况，使临床医师能进一步的判断预后，指导治疗（表6）。

表5 M_1 病人的生存率

T分期*	1年生存率	5年生存率	比较	HR	P
其他原因T_4	40%	7%			
胸膜转移	21%	2%	vs T_4	2.81	<0.000 1
对侧肺转移	31%	4%	vs 胸膜转移	0.75	<0.000 1
远处转移	15%	1%	vs 对侧肺转移	1.52	<0.000 1
远处转移 vs 胸膜转移				1.14	<0.000 1

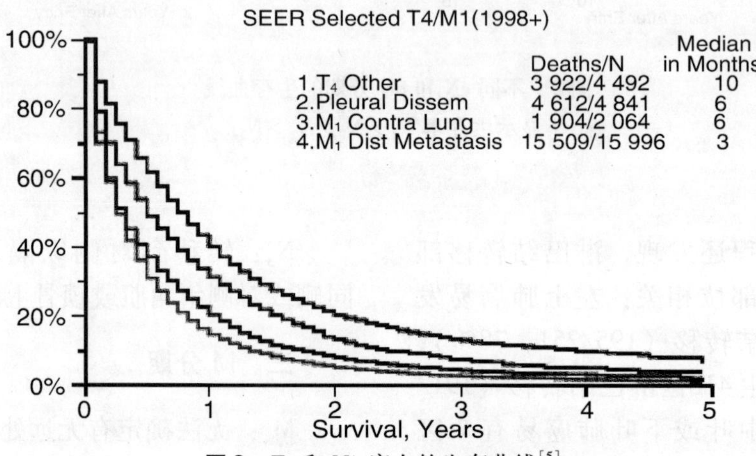

图3 T_4 和 M_1 病人的生存曲线[5]

显示 T_4 > 对侧肺转移 > 胸膜转移 > 远处转移

表6 IASLC 的 TNM 分期

不确定	T_X	N_0	M_0
0期	T_{is}	N_0	M_0
Ⅰ$_A$期	$T_{1a,b}$	N_0	M_0
Ⅰ$_B$期	T_{2a}	N_0	M_0
Ⅱ$_A$期	$T_{1a,b}$	N_1	M_0
	T_{2a}	N_1	M_0
	T_{2b}	N_0	M_0
Ⅱ$_B$期	T_{2b}	N_1	M_0
	T_3	N_0	M_0
Ⅲ$_A$期	$T_{1,2}$	N_2	M_0
	T_3	$N_{1,2}$	M_0
	T_4	$N_{0,1}$	M_0
Ⅲ$_B$期	T_4	N_2	M_0
	任意T	N_3	M_0
Ⅳ期	任意T	任意N	$M_{1a,b}$

表7描述了新旧不同临床分期与5年生存率的关系，UICC 6版TNM分期系统的中位生存时间和5年生存率都存在不合理的情况，新版的TNM分期系统更加准确显示分期和预后的关系。图4[7]也进一步显示了新版TNM分期比UICC 6版TNM分期在描述生存率方面更加合理。

表7 临床分期与5年生存率

分期	中位生存时间（月）		5年生存率	
	UICC6版	新版	UICC6版	新版
$Ⅰ_A$	60	60	50%	50%
$Ⅰ_B$	37	43	40%	43%
$Ⅱ_A$	38	34	24%	36%
$Ⅱ_B$	18	18	25%	25%
$Ⅲ_A$	14	14	18%	19%
$Ⅲ_B$	10	10	8%	7%
Ⅳ	6	6	2%	2%

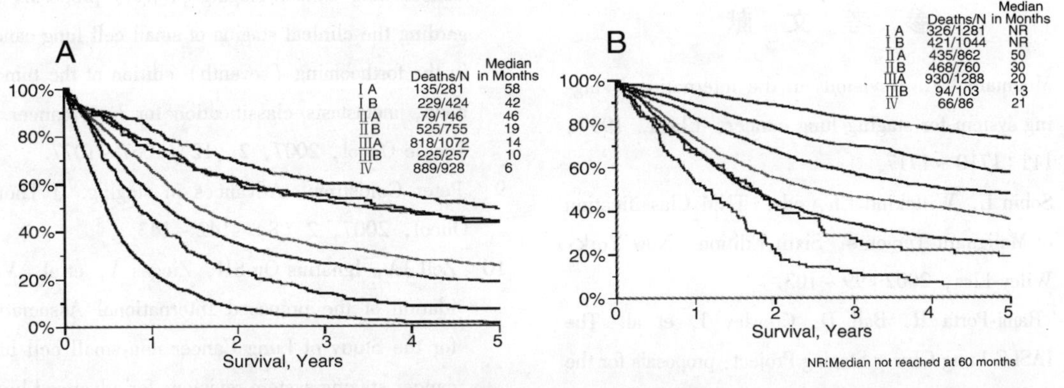

图4 临床TNM分期和生存曲线[7]

UICC 6版分期的生存曲线（A，临床分期）显示$Ⅱ_A$期的生存曲线与其他期的生存曲线存在明显的交叉，不能很好的反应期别和预后的关系，而新版的生存曲线（B，病理分期）则清晰地显示了不同的分期预后不同

最近，美国加州大学尔湾分校学者对新版分期进行了验证研究，其临床数据来自1999～2003年组织学证实的NSCLC病人，其中细支气管肺泡癌（BAC）1 909例，非BAC 23 583例，主要分析了$Ⅲ_B$和Ⅳ期病人以验证T_4和M分期的变化，单因素和多因素生存分析发现，IASLC肺癌分期系统较UICC版更加准确的反映了NSCLC病人生存特征；并且分析发现有心包积液的非BAC病人生存期与M_{1b}病人相近，认为有心包积液的非BAC病人应归入M_{1b}期[10,11]。

新版肺癌分期的修订工作不仅有全球多个国家的肺癌相关学科的医师参与，还有验证和方法学研究人员参与，从研究设计、病人资料收集到相关因素统计学分析均有非常严格的要求和操作流程，入组之临床病人数远远超过前六版病人数的总和，且病人来源不只是局限于欧美国家；在得出新的分期变化之后，进一步利用已有数据库（SEER）资料对结果进行严格的验证；近期发表的验证研究报道亦支持新版分期系统优于 UICC 版 TNM 分期。因此，IASLC 非小细胞肺癌 TNM 分期系统更加完善、准确地反映了 NSCLC 病人的预后特征，更加适于临床工作的需要。

参 考 文 献

1 Mountain CF. Revisions in the international staging system for staging lung cancer, Chest. 1997, 111:1710～1717.

2 Sobin L, Wittekind Ch, eds. TNM Classification of Malignant Tumours, Sixth Edition. New York: Wiley-Liss, 2002:99～103.

3 Rami-Porta R, Ball D, Crowley J, et al. The IASLC Lung Cancer Staging Project: proposals for the revision of the T descriptors in the forthcoming (seventh) edition of the TNM classification for lung cancer. J Thorac Oncol, 2007, 2 (7):593～602.

4 Rusch VW, Crowley J, Giroux DJ, et al. The IASLC Lung Cancer Staging Project: proposals for the revision of the N descriptors in the forthcoming seventh edition of the TNM classification for lung cancer. J Thorac Oncol, 2007, 2(7):603～612.

5 Postmus PE, Brambilla E, Chansky K, et al. The IASLC Lung Cancer Staging Project: proposals for revision of the M descriptors in the forthcoming (seventh) edition of the TNM classification of lung cancer. J Thorac Oncol, 2007, 2 (8):686～693.

6 Goldstraw P, Crowley J, Chansky K, et al. The IASLC Lung Cancer Staging Project: proposals for the revision of the TNM stage groupings in the forthcoming (seventh) edition of the TNM Classification of malignant tumours. J Thorac Oncol, 2007, 2 (8):706～714.

7 Groome PA, Bolejack V, Crowley JJ, et al. The IASLC Lung Cancer Staging Project: validation of the proposals for revision of the T, N, and M descriptors and consequent stage groupings in the forthcoming (seventh) edition of the TNM classification of malignant tumours. J Thorac Oncol, 2007, 2 (8):694～705.

8 Shepherd FA, Crowley J, Van Houtte P, et al. The International Association for the Study of Lung Cancer lung cancer staging project: proposals regarding the clinical staging of small cell lung cancer in the forthcoming (seventh) edition of the tumor, node, metastasis classification for lung cancer. J Thorac Oncol, 2007, 2 (12):1067～1077.

9 Peter Goldstraw. Advances in staging. J Thorac Oncol, 2007, 2 (8):s142～143.

10 Zell JA, Ignatius Ou SH, Ziogas A, et al. Validation of the proposed International Association for the Study of Lung Cancer non-small cell lung cancer staging system revisions for advanced bronchioloalveolar carcinoma using data from the California Cancer Registry. J Thorac Oncol, 2007 Dec, 2 (12):1078～1085.

11 Ou SH, Zell JA. Validation study of the proposed IASLC staging revisions of the T4 and M non-small cell lung cancer descriptors using data from 23, 583 patients in the California Cancer Registry. J Thorac Oncol, 2008 Mar, 3 (3): 216～227.

放射性肺炎的研究进展

董丽华　张群功　刘　敏

吉林大学第一医院肿瘤中心放疗科　长春　130000

龚守良

吉林大学公共卫生学院卫生部放射生物学重点实验室　长春　130021

放射性肺炎（radiation pneumonitis，RP）是肺癌放射治疗过程中部分正常肺组织不可避免的受到照射损伤后的炎症反应，是肺癌放疗的主要并发症之一，对病人的生活质量和肺功能有很大的影响。接受根治性放射治疗的肺癌病人有13% ~ 37%会发生放射性肺炎，发生时间一般在放射治疗后6周 ~ 6个月。放射性肺炎是肺癌放疗中剂量提高的主要限定因素，影响其放疗计划的制订。制订一个理想的放射治疗计划，要求对肿瘤有最大的控制率和对周围正常组织产生较小并发症，因此，要在不同的治疗方案中优选出理想的计划，就必须找到一个可以预测正常组织放疗并发症概率的参数或方法。参考近几年的研究成果，发现影响放射性肺炎的危险因素很多，如果能找到某些参数或方法预测放射性肺损伤的概率，将有利于胸部肿瘤放疗方案的优化。现将各种影响因素和发生机制综述如下。

一、放射性肺炎的预测因素

CT模拟定位和三维适形放疗计划可计算正常组织的三维剂量分布，为正常组织耐受放疗提供了更为精确的信息，尤其是部分体积正常组织接受不同水平的放疗剂量时出现放射损伤的可能性。剂量体积直方图（DVH）由三维剂量分布得出，以图和数学的方式表现正常组织剂量和体积的关系，可以用它来评价给定治疗计划的优劣。DVH用于治疗计划，其设计的剂量分布的分析是近年来治疗计划设计系统的一项极其重要的发展。在当代三维放疗计划系统中，DVH参数与放射性肺损伤概率相关的主要方面如下。

（一）剂量体积直方图（dose volume histograms，DVH）

Vdose指照射总剂量高于一定阈剂量的肺体积占全肺（两侧肺）总体积的百分数。目前，临床上比较有意义的有V20、V30、V10和V5，分别指照射剂量高于20、30、10和5 Gy的肺体积占全肺（两侧肺）总体积的百分数。肺脏是一个并型组织，也就是说，肺脏的功能是由许多功能单位，即以网状结构的形式组成；如果一部分功能单位遭到破坏，并不损害其他功能单位的功能。由此可见，发生放射性肺损伤的严重程度与超过肺放射性耐受量（阈值）的肺体积大小之间可能存在着非常密切的关系。全肺受到照射时，发生放射性肺损伤的阈值很低，为6 ~ 8 Gy（全身照射时）；但部分肺组织受到照射时，放射性肺损伤的阈值一般为20 ~ 30 Gy[1]。Tsujino等[2]前瞻性分析了71例接受根治性放疗的肺癌病人放射性肺炎的发生情况，放疗的平均剂量为60（48 ~ 66）Gy，（1.8 ~ 2.0）Gy/次，所有病人均接受同步化疗，中位随访7.5（3 ~ 19）个月。由DVH计算V20。其结果显示，放射性肺炎的发生与V20相关。V20 < 20%，放射性肺炎发生率为8%；V20在21% ~ 25%，为18 %；V20在26% ~ 30%，为51%；V20 > 31%，为85%。2例病人V20分别为32%和37%，结果发生致死性放射性肺炎。单因素和多因素分析均显示，V20与放射性肺炎的发生有相关性。Fay等[3]分析156例接受放射治疗的肺癌病人，6个月中有15%的病人发生放射性肺炎，经过单变量分析认为V30（P = 0.036）可以预测放射性肺炎的发生率。Piotrowski等[4]分析了62例常规放射治疗的非小细胞肺癌病人，放疗总剂量60 Gy；放射性肺炎的发生：0级为12%，1级为36%，2级为47%，3级为5%。经过对数回归分析证实，NTCP和V30是最好的预测放射性肺炎症状的危险因子。

中国医学科学院肿瘤研究所肿瘤医院王淑莲等人[5]研究了非小细胞肺癌同步放化疗治疗相关的肺炎影响因素。其回顾性分析了223例接受根治性同步放化疗病人的临床资料。治疗相关肺炎分级依据3.0版不良反应通用命名标准。通过单因素和多因素分析以明确指示指标。中位随访期10.5（1.4 ~ 58）个月。3级及3级以上肺炎实际发生率6个月为22%，1年为32%。单因素分析表明：肺体积、原发肿瘤体积、平均肺剂量、相对V5 ~ V65都与治疗相关肺炎密切相关。平均肺剂量和V5 ~ V65高度相关（P < 0.001）。多因素表明V5是最重要的因素。3级及3级以上肺炎1年实际发生率V5 ≤ 42%和V5 > 42%分别为3%和38%（P = 0.001）。因此，V5是放射性肺炎最重要的预后指标，在同步放化疗的非小细胞肺癌病人计划设计时应充分考虑。

以上研究尽管获取的剂量参数不尽相同，V剂量大小与放射性肺炎的发生率相关，制定放疗计划时，应注意调整V5 ~ V10肺剂量的照射技术和照射体积。

（二）MLD与放射性肺炎

MLD（mean lung dose）是指全肺受照射的平均剂量。Hernando等[6]把肺脏作为一个成对的器官，观察201例中39例发生 ≥1级放射性肺炎病人，发现RP发生率随MLD的增加而增加：即MLD < 10 Gy，RP发生率为10%；MLD在11 ~ 20 Gy，为16%；MLD在21 ~ 30 Gy，为27%；MLD > 30 Gy，为45%。统计学的单变量分析表明，MLD与RP的发生率有明显的相关性。Yorke等[7]分析了49例病人肺的全部、同侧、对侧、上部和下部 MLD 与 RP 发生率的关系，其中 9 例病人 ≥ 3 级 RP（RTOG），无明显数据表明二者相关。单变量分析证实，对侧、上部和下部 MLD 和 RP 发生率无明显相关性，而同侧和全肺有明显的相关性。Rancati 等[8]也分析了 MLD 和 RP 的关系，把肺脏作为一个并列器官，84 例病人中 14 例发生 ≥ 2 级的放射性肺炎（SWOG），也无数据解释二者相关以预测放射性肺炎的特性。这方面的研究表明，经过单变量分析 MLD 和 RP 的发生无明显相关性。Kim 等[9]研究了 76 例三维适形放射治疗的肺癌病人，20 例放疗前做过手术，57 例经过化疗，中位剂量为 60 Gy，经单因素分析显示 MLD、V20、V30、V40、V50 及 NTCP 均与放射性肺炎的发生有关；而多因素分析显示，只有 MLD 可以预测严重放射性肺炎的发生。以上结论虽然不尽相同，但大多数研究者认为，MLD 是预测 RP 的重要指标，其值越大 RP 的发生率越高。

（三）NTCP 与放射性肺炎

NTCP（normal tissue complication probability）是指正常组织接受一定体积-剂量照射后发生并发症的概率。根据 DVH 计算出三维计划中的 NTCP，从生物效应分布的角度进行治疗方案的评估和比较，不仅能预测正常组织的放射生物效应，也可以比较不同治疗计划的优劣。Hernando 等[10]研究证实，运用 Lyman 公式计算 NTCP。随着 NTCP 值的增大，放射性肺炎的发生率增加。单因素分析显示，NTCP 与放射性肺炎的发生有关（P = 0.006）。Yorke 等[11]探讨了 NTCP 与 RP 发生率的关系，对肺的不同部分根据 DVH 计算出三维计划中的 NTCP，结果经单变量分析，表明 RP 的发生率与同侧、对侧和上部肺的 NTCP 无明显相关性，而与全肺和下部肺有明显相关性。Piotrowski 等[4]研究了 62 例常规放射治疗的非小细胞肺癌病人，放疗总剂量 60 Gy；结果显示，放射性肺炎的发生：0 级为 12%，1 级为 36%，2 级为 47%，3 级为 5%。经过对数回归分析，认为 NTCP 是最佳的预测放射性肺炎症状的危险因子，而是预测放射性肺炎的较好因子。尽管目前已有的生物模型还不能准确地预测 NTCP，即导致其大小并不能像人们想象的那样准确评估事实上的放射性肺损伤的大小，但其与放射性肺炎的相关性仍然是现有评估方法中较为理想的方法。在临床实践中，对不同的治疗计划进行比较和评价时，可以用 NTCP 作为一种相对的评价标准来判断哪个计划较好。

（四）其他影响因素与放射性肺炎

1. 肿瘤位置　关于肿瘤位置是否能影响放射性肺炎的发生率观点不一致。Yamada 等[12]关于化放疗综合治疗 60 例肺癌病人的报道，有 28% 的病人患 ≥ 2 级放射性肺炎，其发生率肺下叶（70%）高于中叶或上叶（20%）。另有报道，Robnett[132]等分析了 137 例接受常规放疗和 7 例接受超分割放疗的病人，发现肺上叶（8%）严重放射性肺炎发生率与中叶或下叶（9%）无显著差别。

2. 年龄　年龄是放射性肺炎的另一个危险因素，与现在的观点不一致。Claude 等[14]一项研究表明，接受适形放射治疗的老年肺癌病人，放射性肺炎常见，但并不严重。然而，另一项报道的结论完全相反，年老病人的放射性肺炎严重，但不常见[15]。其他报道则认为，老年肺癌病人比年轻病人更易发生放射性肺炎，但年龄不能作为影响放射性肺炎发生的独立因素[16]。

3. 肺功能　放射治疗前存在肺功能障碍可使病人易发生放射性肺炎。Inoue 等[17]分析 191 例动脉血氧分压 < 80mmHg 的肺癌病人较 > 80mmHg 的病人更易发生放射性肺炎。Rancati 等[18]的研究表明，原有慢性阻塞性肺疾病的肺癌病人易发生放射性肺炎。尽管一些证据表明，肺功能障碍增加了放射性肺炎的发生，但有一项研究证实肺癌病人进行性吸烟可阻止放射性肺炎的发生[6]。这个结论与胸部其他肿瘤接受放射治疗的结论相似[19]。另一项关于 83 例肺癌病人常规放疗的研究表明，有吸烟史的病人放射性肺炎的发生率比没吸烟史的高[20]。这两个结论是相互矛盾的，有可能是吸烟引起的肺功能障碍增加了放射性肺炎的发生，而积极的吸烟可延缓肺的放射损伤，这方面问题需要进一步的研究。

4. 化疗　许多特定的放射性因素被认为与放射性肺炎有关，在一些研究中认为，化学治疗增加了放射性肺炎的发生，而其他的研究则不这样认为。Jeremic 等[21]研究了 131 例肺癌病人，加用卡铂和足叶乙苷配合放射治疗，并未发现急性和晚期肺毒性的增加。Lee 等[22]研究了 461 例非小细胞肺癌病人发现同时放化疗，≥ 3 级肺毒性的发生大于常规放疗前诱导化疗；Robnett[13]研究了 144 例病人，32 例用紫杉醇类药物，102 例未用，发现放射性肺炎的发生率无明显的差异（10% vs 8%，$P = 0.59$）。王淑莲等人[23]对2000 年 ~ 2003 年接受根治性放化疗的食管癌病人进行了回顾性分析，结果表明同步放化疗之前的系统化疗显著增加了2 级及2 级以上肺炎的发生风险。

5. 手术　Kocak 等[24]回顾分析了 251 例适形放射治疗的肺癌病人，其中49 例放疗前做过手术，经统计分析发现放射性肺炎的发生率在手术组和非手术组相似。因此，放射治疗可以安全的用于手术病人，不会增加肺炎的发生率。

6. 生物因子　影响放射性肺炎的因子有多种，但意见不一致。一项研究经多因素分析表明 TGF-β1 是放射性肺炎独立的危险因素[25]，与其相反的是 TGF-β1 放射治疗后水平升高不是放射性肺炎的危险因素，而与 MLD 和放疗前的水平有明显的相关性[26]。Chen 等[27]回顾分析表明，可应用血液中 IL-1α 和 IL-6 的水平预测放射性肺炎，且 IL-6 可靠性高于 IL-1α，这种应用尚需进一步探索。

二、发生机制

（一）血管内皮细胞与肺泡Ⅱ型上皮细胞

肺脏是辐射中度敏感器官，而其中含有丰富的血管内皮细胞及在肺损伤中起增殖修复作用的肺泡Ⅱ型上皮细胞被认为是放射引起损伤的靶细胞。有人认为，肺细小动脉、毛细血管和细小静脉对射线的敏感性高于肺泡上皮，即使在相对小的剂量照射后早期即出现肺循环的形态和功能改变，包括内皮细胞受损，发生空泡样变以至破裂及与基底膜分离、通透性增高、组织水肿、血管充血和血栓形成等。晚期则出现肺泡毛细血管堵塞、肺血管容量减少、微血管壁增厚、玻璃样变、血管闭塞和微血管进行性消失等。这些变化均可引发肺泡上皮细胞损伤、间质结缔组织增加及肺组织纤维化[28]。肺泡Ⅱ型上皮细胞在放射性间质性肺炎中的作用近来受到人们的广泛关注。电镜研究表明，照射后最早受损的是肺泡Ⅱ型上皮细胞；照射后1 h，Ⅱ型细胞的板层小体数目开始减少，细胞数减少或增生，Ⅱ型细胞的增殖在1 ~ 3个月尤其明显，有双核或多核出现，细胞内板层小体数目增多[29]。Ⅱ型上皮细胞在肺中至少有2个功能，即合成和分泌肺泡表面活性物质和增生、修复与替代肺泡Ⅰ型上皮细胞。有人认为，肺脏受照射后，肺泡腔内含有大量表面活性物质，这是Ⅱ型细胞损伤和过度分泌所致。当辐射严重损伤肺泡Ⅱ型上皮细胞时，可丧失其替代Ⅰ型细胞的修复功能，导致成纤维细胞增生活跃和肺纤维化形成。血管内皮细胞与肺泡Ⅱ型细胞靶细胞学说也得到了 Vergara 等[30]的支持，Vergara 等通过超微结构定量病理学研究发现，大鼠经半胸1次30 Gy照射后12周，Ⅰ型、Ⅱ型肺泡上皮细胞和毛细血管内皮细胞数目减少50% ~ 70%，而间质细胞和基质比周围肺组织高9 %。照后26周，Ⅰ型上皮细胞、毛细血管内皮细胞数目和表面积减少到对照的5% ~ 10%，Ⅱ型细胞数目减少75%，而间质细胞和基质比周围肺组织多77%。

（二）细胞因子

细胞因子学说认为，炎性改变并非由于组织损伤所致，而是一个由局部组织直接或间接产生细胞因子而导致的病理过程，在受照局部，肺泡巨噬细胞、成纤维细胞和血管内皮细胞合成释放多种致炎性细胞因子，如TNF-α、IL-1、IL-6、单核细胞趋化肽及TGF-β、PDGF和IGF等。2004 年，Rube CE 等[31]实验表明，C57BL小鼠接受12 Gy照射后，其肺组织中TNF-α、IL-1和IL-6等前炎性因子存在一个双向升高的表达峰，第一个峰值出现在照射后1 ~ 6 h内，这表明细胞因子的表达比先前认为的要早得多；而第二个峰值出现在照射后8周左右，这正好同组织病理学上的急性放射性肺炎出现的时间相吻合。同年，Rube的另一个实验也指出[32]，细胞因子表达的增加及这些细胞因子诱发的各种反应是放射性肺损伤的决定因素。

大量系统实验都表明，各种生长因子和信号细胞因子表达的改变都是介导放射性肺损伤发生发展的重要因素。Haase 等[33]发现，失活的转录因子 SP1 可能是放射性肺损伤的关键因子，因为它涉及调控大量的“看家基因”。环加氧酶-2也是一个研究较多的炎性细胞因子，是将花生四烯酸转化为前列腺素的关键酶；在放射性肺炎期间，能引起前列腺素E_2表达增加，从而加重炎性反应。Teresa 等[34]通过射线对小肠损伤的研究发现，前列腺素E_2能使肠道细胞避免射线所引起的凋亡。所以，现在认为，环加氧酶-2所介导的前列腺素E_2的表达对机体的作用是两方面的，既抑制靶细胞的凋亡保护肺组织，又可以介导靶细胞间的炎性反应损伤肺组织，两者之间是相互并行的，所引起的结果是由机体的状态所定的。

在放射性肺炎期间，细胞间粘附分子-1（ICAM-1）持续性下降，当到达放射性肺纤维化时期时，肺泡上皮细胞完全不表达 ICAM-1。Hallahan 等[35] 发现，剔除 ICAM-1 基因小鼠在受照后发生放射性肺炎和纤维化的概率低于野生型同类小鼠。现在推论，ICAM-1 可能在放射性肺炎发生的早期大量表达，引导炎性细胞的粘附，参与放射性肺炎的发生和发展，然后被耗尽，但其引起肺纤维化的相关机制有待进一步研究。

在众多的促纤维细胞生长因子中，TGF-β 被认为与放射性肺纤维化发生和形成关系最为密切的介导因子。作为强有力的促纤维细胞生长因子，TGF-β 的主要作用表现为：①趋化并促进成纤维细胞分裂增殖及成熟分化；②刺激成纤维细胞大量合成胶原蛋白，尤其是Ⅰ型、Ⅲ型胶原蛋白，以增加肺间质的胶原成分，同时 TGF-β 可抑制胶原蛋白酶及纤溶酶原激活物的合成，增加蛋白酶抑制物的形成，以减少肺间质的胶原成分，同时 TGF-β 可抑制胶原蛋白酶及纤溶酶原激活物的合成，增加蛋白酶抑制物的形成，以减少肺间质细胞外基质（ECM）的降解，造成 ECM 调控失衡；③趋化炎细胞及单核巨噬细胞，合成释放 PDGF、IGFS、TNF、IL-1 和 IL-6 等细胞因子，扩大生物效应[36]。

（三）机体免疫机制

以前，很少将放射性肺损伤与机体的免疫机制相联系起来研究，但随着对放射性肺损伤机制认识的逐步加深，人们渐渐发现免疫机制也是其发生和发展的一个重要因素。Dresden 等[37] 在研究放射性肺纤维化时发现，在照射后第 4 周肺内有明显的 CD_4^+ T 细胞聚集，并且同时有大量的 IL-4 mRNA 表达，将这种 CD_4^+ T 细胞与纤维母细胞一同培养促进胶原产生，而且用 CD_4^+ T 细胞相对应的特殊抗体来阻断其发挥作用，将会大大降低放射性肺纤维化的发生。CD_{40} 为 TNF-α 受体超家族成员，首先发现于 B 细胞表面。近年来研究表明，机体多种细胞，包括造血系统来源和非造血系统来源的细胞都有 CD_{40} 表达，CD_{40}-CD_{40} 配体交联所介导的免疫炎性细胞之间和免疫炎性细胞与组织间质细胞之间的相互作用构成了组织炎症和纤维化的基础。Adnan 等[38] 通过单克隆抗体 MR1 干扰 CD_{40}-CD_{40} 配体的交联，发现放射性肺炎和纤维化发生的概率大大下降。

（四）低 氧

低氧在放射性肺炎中起中心作用，放射产生的活性氧粒子（ROS）直接作用于细胞 DNA，导致组织损伤如内皮细胞损伤，使血管通透性增加、水肿和细胞外间质内纤维素聚集。接着，引发炎症反应，如巨噬细胞和其他炎症细胞在损伤部位聚集和激活。巨噬细胞会释放一系列细胞因子和 ROS。血管本身的改变以及巨噬细胞激活导致氧耗的增加均会导致低氧的进一步加重。低氧进一步刺激 ROS 和细胞因子的生成，持续性的组织损伤导致通过 TGF-β 的纤维化和 VEGF 介导的血管生成。内皮细胞在试图对增殖刺激起反应时，由于原来累积的损伤而增殖性死亡。这样，低氧持续存在，通过不断产生的 ROS 和细胞因子的表达激活，肺损伤不断发展。同样，Vujaskovic 等[39] 的研究提出，放疗后肺组织的低氧可以介导多种炎性细胞因子产生，纤维组织增生。免疫组化显示，TGF-β、VEGF 及 CD31 表达增高，提示低氧激活了前纤维蛋白原和血管生成素原旁路。

三、结论及展望

本文回顾分了关于肺癌放射治疗引起放射性肺炎各种参数的研究，系统性回顾发现：尽管各种参数与放射性肺炎的发生相关，但是各种参数没有最佳的预测规律，其中，通过DVH获得的参数（V20、V30、V10、V5、MLD和NTCP）对放射性肺炎的预测较为可靠，但它们并不具有非常理想的预测价值，只能作为评价治疗计划的指标，而不能作为选择治疗计划的依据。然而，我们通过各种参数来修改放射技术，优化治疗方案，可以减少放射性肺炎的发生。进一步的研究证明，建立在各种参数上的方案有利于预测和减少放射性肺炎的发生。需要进一步的研究是确定这些影响因素的安全性及可靠性，以及放射治疗对病人的影响，以便提高我们对放射性肺炎的预测能力。

参 考 文 献

1 Graham MV. Predicting radiation response (editorial). Int J Radiat Oncol Biol Phys, 1997, 39: 561~562.

2 Tsujino K, Hirota S, Endo M, et al. Predictive value of dose-volume histogram parameters for predicting radiation pneumonitis after concurrent chemoradiation for lung cancer. Int J Radiat Biol Oncol Phys, 2003, 35:110~115.

3 Fay M, Tan A, Fisher R, et al. Dose-volume histogram analysis as predictor of radiation pneumonitis in primary lung cancer patients treated with radiotherapy. Int J Radiat Oncol Biol Phys, 2005, 61 (5):1355~1363.

4 Piotrowski T, Matecka-Nowak M, Milecki P. Prediction of radiation pneumonitis: dose-volume histogram analysis in 62 patients with non-small cell lung cancer after three-dimensional conformal radiotherapy. Neoplasma, 2005, 52 (1):56~62.

5 Wang S, Liao Z, Wei X, et al. Analysis of clinical and dosimetric factors associated with treatment-related pneumonitis (TRP) in patients with non-small-cell lung cancer (NSCLC) treated with concurrent chemotherapy and three-dimensional conformal radiotherapy (3D-CRT). Int J Radiat Oncol Biol Phys, 2006, 66 (5):1399~1407.

6 Hernando ML, Marks LB, Bentel GC, et al. Radiation induced pulmonary toxicity: a dose - volume histogram analysis in 201 patients with lung cancer. Int J Radiat Oncol Biol Phys, 2001, 51: 650~659.

7 Yorke ED, Jackson A, Rosenzweig KE, et al. Dose-volume factors contributing to the incidence of radiation pneumonitis in non-small-cell lung cancer patients treated with three-dimensional conformal radiation therapy. Int J Radiat Oncol Biol Phys, 2002, 54:329~339.

8 Rancati T, Ceresoli GL, Gagliardi G, et al. Factors predicting radiation pneumonitis in lung cancer patients: a retrospective study. Radiother Oncol, 2003, 67:275~283.

9 Kim TH, Cho KH, Pyo HR, et al. Dose-volumetric parameters for predicting severe radiation pneumonitis after three-dimensional conformal radiation therapy for lung cancer. Radiology, 2005, 235 (1):208~215.

10 Hernando ML, Marks LB, Bentel GC, et al. Radiation-induced pulmonary toxicity: a dose-volume histogram analysis in 201 patients with lung cancer. Int J Radiat Oncol Biol Phys, 2001, 51 (3):650~659.

11 Yorke ED, Jackson A, Rosenzweig KE, et al. Dose-volume factors contributing to the incidence of radiation pneumonitis in non-small-cell lung cancer patients treated with three-dimensional conformal radiation therapy. Int J Radiat Oncol Biol Phys, 2002, 54:329~339.

12 Yamada M, Kudoh S, Hirata K, et al. Risk factors of pneumonitis following chemoradiotherapy for lung cancer. Eur J Cancer, 1998, 34: 71～75.

13 Robnett TJ, Machtay M, Vines EF, et al. Factors predicting severe radiation pneumonitis in patients receiving definitive chemoradiation for lung cancer. Int J Radiat Oncol Biol Phys, 2000, 48: 89～94.

14 Claude L, Perol D, Ginestet C, et al. A prospective study on radiation pneumonitis following conformal radiation therapy in non-small-cell lung cancer Clinical and dosimetric factors analysis. Radiother Oncol, 2004, 71: 175～181.

15 Schild SE, Stella PJ, Geyer SM, et al. The outcome ofcombined-modality therapy for stage III non-small-cell lung cancer in the elderly. J Clin Oncol, 2003, 21: 3201～3206.

16 Brooks Jr BJ, Seifter EJ, Walsh TE, et al. Pulmonary toxicity with combined modality therapy for limited stage small-cell lung cancer. J Clin Oncol, 1986, 4: 200～209.

17 Inoue A, Kunitoh H, Sekine I, et al. Radiation pneumonitis in lung cancer patients A retrospective study of risk factors and the long-term prognosis. Int J Radiat Oncol Biol Phys, 2001, 49: 649～655.

18 Rancati T, Ceresoli GL, Gagliardi G, et al. Factors predicting radiation pneumonitis in lung cancer patients: A retrospective study. Radiother Oncol, 2003, 67: 275～283.

19 Johansson S, Bjermer L, Franzen L, et al. Effects of ongoing smoking on the development of radiation-induced pneumonitis in breast cancer and oesophagus cancer patients. Radiother Oncol, 1998, 49: 41～47.

20 Monson JM, Stark P, Reilly JJ, et al. Clinical radiation pneumonitis and radiographic changes after thoracic radiation therapy for lung carcinoma. Cancer, 1998, 82: 842～850.

21 Jeremic B, Shibamoto Y, Acimovic L, et al. Hyperfractionated radiation therapy with or without concurrent low-dose daily carboplatin/etoposide for stage Ⅲ non-small-cell lung cancer: A randomized study. J Clin Oncol, 1996, 14: 1065～1070.

22 Lee JS, Scott C, Komaki R, et al. Concurrent chemoradiation therapy with oraletoposide and cisplatin for locally advanced inoperable non-small-cell lung cancer. J Clin Oncol, 1996, 14: 1055～1064.

23 Wang S, Liao Z, Wei X, et al. Association between systemic chemotherapy before chemoradiation and increased risk of treatment-related pneumonitis in esophageal cancer patients treated with definitive chemoradiotherapy. J Thorac Oncol, 2008, 3 (3): 277～282

24 Kocak Z, Yu X, Zhou SM, et al. The impact of pre-radiotherapy surgery on radiation-induced lung injury. Clin Oncol, 2005, 17: 210～216.

25 Fu XL, Huang H, Bentel G, et al. Predicting the risk of symptomatic radiation-induced lung injury using the physical and biologic parameters V30 and TGF-β. Int J Radiat Oncol Biol Phys, 2001, 50: 899～908.

26 Jaeger KD, Seppenwoolde Y, Kampinga HH, et al. Significance of plasma transforming growth factor-β levels in radiotherapy for non-small-cell lung cancer. Int J Radiat Oncol Biol Phys, 2004, 58: 1378～1387.

27 Chen Y, Hyrien O, Williams J, et al. Interleukin (IL) -1A and IL-6: Applications to the predictive diagnostic testing of radiation pneumonitis. Int J Radiat Oncol Biol Phys, 2005, 62: 260～266.

28 Ward WF, Molteni A, Solliday NH, et al. The relation ship between endothelial dysfunction collagen accumulation in irradiated rat lung. Int J Radiat Oncol Biol Phys, 1985, 11 (11): 1985.

29 Walklin CM, Freedman RB. Biosynthesis and degradation of collagen in X-irradiation mouse lung. Radiat Res, 1987, 112 (2): 341.

30 Vergara JA, Raymond U, Thet LA. Changes in lung morphology andcell number in radiation pneumonitis and fibrosis: a quantitativeul trast ructural study. Int JRadiat Oncol Biol Phys, 1987, 13 (5):723.

31 Rube CE, Wilfert F, Palm J, et al. Irradiation induced a biphasic expression of pro-inflammatory cytokines in the lung. Strahlenther Oncol, 2004, 180 (7):442 ~448.

32 Rube CE, Wilfert F, Uthe D, et al. Increased expression of proinf-lammatory cytokines as a cause lung oxicity aftercombined treatment with gemcitabine and thoracic irradiation. Radiother Oncol, 2004, 72 (2):231 ~241.

33 Haase M, Geyer P, Appold S, et al. Down regulation of SP1 DNAbinding activity in the process of radiationinduced pulmonaryfibrosis. Int J Radiat Biol, 2000, 76 (5):487 ~492.

34 Teresa G, Tessner F, Filipe M, et al. Protect radiation induced enteritis by prostaglandin E2. J Clin Invest, 2004, 114 (3):578 ~580.

35 Hallahan DE, Geng L, Shyr Y. Effects of intercellular adhesion molecule on null mutation on radiation induced pulmonary fibrosis and respiratory insufficiency in mice. J Natl Cancer Inst, 2002, 94 (10):733 ~741.

36 Franko AJ, Sharp lin J, Chahary A, et al. Immnohistochemical loca-lization of transforming growth factorbetainthe lung fibross proneand ' non-fibrosing ' mice during the latent period early phase after irradiation. Radiat Res, 1997, 147:245 ~256.

37 Beuthien BB, Eckhardt M, Herrmann T. Monitoring postradiotherap-eutic changes of lung tissue in minipigs with PET and SPECT. IntJ Radiat Oncol Biol Phys, 2003, 56 (1):499.

38 Adnan A, Ying Z, Raymond B, et al. Blockade of CD40-CD40 ligand interactions protects agains radiation induced pulmonary inflammation and fibrosis. Clin Immunol Immunopathol, 1998, 89 (3):222 ~230.

39 Vujaskovic Z, Anscher MS, Feng QF, et al. Radiation induced hypoxia may perpetuate late normal tissue injury. Int J Radiat Oncol Biol Phys, 2001, 50 (4):851 ~855.

非小细胞肺癌前哨淋巴结检测的研究进展

周 源 汪 栋

南京军区八一医院全军肿瘤中心胸心外科 南京 210002

淋巴结转移是非小细胞肺癌（non-small-cell lung cancer，NSCLC）病人重要的预后因子。早期可手术治疗的NSCLC，系统性纵隔淋巴结清扫有助于准确判断淋巴结转移状态，减少术后局部复发和远处转移，提高肺癌根治性，是目前NSCLC的标准术式。但是，对于没有淋巴结转移病人，广泛的淋巴结清扫不仅增加了手术创伤及术后并发症，还破坏了局部淋巴系统的免疫屏障功能，反而有可能降低长期生存率。另一方面，临床研究也发现，根治性切除的Ⅰ期NSCLC，肿瘤复发率达25%～50%。这说明部分“早期肺癌”实际并非早期，而是因为常规的临床和病理检查未能发现转移灶，低估了病变分期。因此，术前、术中预测淋巴结转移状态以指导合理手术，进一步提高病理分期的准确性以指导综合治疗，是改善早期NSCLC疗效的迫切要求，而前哨淋巴结检测技术的发展有望解决这一问题。

前哨淋巴结（sentinel lymph node，SLN）检测，在黑色素瘤和乳腺癌的外科治疗中应用已比较成熟。1999年Little报道使用异硫蓝（isosulfan blue，IB）作为示踪剂，早期非小细胞肺癌SLN检出率为47%，首次提出SLN检测也适用于NSCLC。然而，SLN概念在NSCLC中的适用性和检测可行性目前仍有较多争议，本文就其研究进展综述如下。

一、非小细胞肺癌前哨淋巴结概念的适用性

前哨淋巴结（SLN）是指原发肿瘤的局部淋巴引流中出现的第一个或第一组淋巴结，即淋巴回流最先到达的淋巴结，它首先接纳转移的肿瘤细胞并能够限制其进一步转移，其病理学状态可代表整个区域淋巴结的状态。在乳腺癌的外科治疗中，SLN检测已从实验研究向临床应用发展，在早期病人中逐步取代常规的淋巴结清扫，对减少术后并发症，改善生存质量发挥着重要作用。

肺脏的淋巴引流分浅、深两组，浅组淋巴管位于肺胸膜下，向肺门方向集中并汇集成胸膜下集合管，在肺门处与深组集合管合并或单独注入肺门淋巴结；深组淋巴管在肺组织内，有围绕肺小叶的毛细淋巴管网和围绕呼吸性细支气管、终末细支气管的毛细淋巴管网，分别汇成小叶间淋巴管和小叶内淋巴管，在肺实质内沿各级支气管走向肺门并逐渐汇

集、注入支气管肺淋巴结。浅、深组淋巴管在胸膜下肺组织内及肺门部有广泛的交通。一般认为，肺淋巴引流遵循由肺内淋巴结——肺门淋巴结——纵隔淋巴结的顺序。早期 NSCLC，主要的转移途径是淋巴道转移，癌细胞沿淋巴引流由近及远地播散，因此，NSCLC 理应有其首先可能发生转移的淋巴结即 SLN，其有无转移能够反映区域淋巴结的肿瘤转移状态。

当然，按照上述 SLN 的最初概念，最先可能发生转移的淋巴结应该是位于肺实质内（11R/L 至 14R/L），或循胸膜下淋巴管直接到达肺门淋巴结（10R/L）。由于目前肺癌根治的标准术式是肺叶切除术，肺内淋巴结（11R/L 至 14R/L）通常在手术中随同肺叶整块切除，无须刻意清扫，有争议的是纵隔淋巴结的常规清扫与否；而肺门淋巴结介于肺内淋巴结和纵隔淋巴结之间，是浅、深组淋巴引流的交汇点，其肿瘤转移状态应具有代表意义。因此，非小细胞肺癌 SLN 检测，从临床实际需要出发，应主要检测位于第 10 及（或）第 11 组（肺门及（或）叶间淋巴结）的淋巴结，此为纵隔淋巴结转移的"前哨"。至于肺门淋巴结无转移而发现纵隔淋巴结转移——所谓"跳跃性"转移（Skip metastasis，SM），可能与部分胸膜下淋巴管直接回流汇集到纵隔淋巴结有关，也可能仅是肺门淋巴结转移尤其微转移漏检所致。

二、前哨淋巴结检测方法

前哨淋巴结的检测，一要使用特殊的淋巴示踪剂并使其在引流淋巴结中有一定的积聚，借此反映肿瘤淋巴转移途径；二是通过肉眼观察或借助特殊设备定位有示踪剂积聚的淋巴结，切除后进行详细的病理检查。

目前常用的示踪剂是染料和放射性核素，近年有利用磁性造影剂、荧光素作为示踪剂的报道。

1. 染料示踪剂　1992 年 Morton 等报道 194 例早期恶性黑素瘤病人，在肿瘤周围皮下注射亲淋巴色素来确定 SLN，仅有 2 例假阴性，确立了染料法在 SLN 定位检测中的作用。1999 年 Little 首先报道非小细胞肺癌前哨淋巴结活检技术，使用的示踪剂就是异硫蓝（IB），SLN 检出率为 47%。目前最常使用的生物活性染料是异硫蓝、专利蓝（patent blue，PB）及亚甲蓝（methyleneblue，MB）。术中在肿瘤周围注射适量生物染料，观察蓝染的淋巴管和淋巴结，最先蓝染的淋巴结即为 SLN。染料法的优点是直观、使用方便、价格低廉，无放射性污染，不需特殊设备；缺点是染料在淋巴结中停留时间较难掌握，淋巴结为黑色背景，寻找蓝染淋巴结比较困难。

2. 核素示踪剂　1993 年 Krag 等报道通过在乳腺癌原发灶周围注射放射性核素 ^{99m}锝硫胶体（^{99m}Tc-SC），并用手持式 γ 计数仪定位的方法证明了乳腺癌前哨淋巴结的存在。2000 年，Liptay 等首先采用肿瘤内注射 ^{99}锝硫胶体、γ 探测仪定位 SLN 的方法研究非小细胞肺癌 SLN 检测的可行性，SLN 的检出率达 82%。常用的放射性核素示踪剂有 ^{99m}Tc-SC、^{99m}锝锡胶体（^{99m}Tc-TC）、^{99m}锝-右旋糖酐（^{99m}Tc-DX）、^{99m}锝-血清白蛋白（^{99m}Tc-HSA）等。核素颗粒大小决定其在组织淋巴管内的迁徙速率，到达 SLN 的时间可由数分钟至数小时。核素法检测 SLN 定位准确、阳性率较高，可在术前经 CT 引导肺穿刺、支气管镜下瘤周注射或术中瘤周注射，但操作烦琐、费用高。

3. 磁性示踪剂　与放射性核素法类似，在肿瘤周围注射菲立磁（Ferumoxides，一种超顺磁性氧化铁颗粒，用于 MRI 检查的增强造影剂）或铁羧葡胺（Ferucarbotran），然后利用高灵敏度的移动式磁力仪检测淋巴结的磁力以区分 SLN。首先报道用于淋巴结清扫后的体外检测，随着手持式、可消毒的轻便磁力仪进入临床应用，目前已能够进行术中体内 SLN 定位检测。

4. 荧光素示踪剂　与蓝染料示踪法相似，肿瘤周围注射荧光素后，利用特殊的 Wood（伍德）灯观察荧光信号，最早出现荧光的淋巴结即为 SLN。目前多与染料法结合使用。

三、前哨淋巴结的病理检查

前哨淋巴结检测临床应用的主要目的是准确定位并取出 SLN 后，在术中进行快速、精细的病理检查，以这 1 个或 1 组具有代表性的淋巴结的肿瘤转移情况预测区域淋巴结肿瘤转移的可能性，并据此决定是否进一步扩大清扫范围。因此，既往术中常规的冰冻切片和 HE 染色病理检查，每个淋巴结仅做 1～2 张切片，淋巴结的大部分组织未检查，就容易遗漏微小转移灶，不足以反映淋巴结的转移情况。对 SLN 的病理检查，一般要求进行连续切片，同时加用免疫组织化学染色，才可能发现小于 2 mm 的微转移灶。但在目前，NSCLC 的 SLN 检查尚难实现术中快速、准确的肿瘤微转移筛查，更无法据此确定是否行纵隔淋巴结清扫。术后对 SLN 微转移检测的方法包括连续病理切片法、免疫组织化学法、基因检测及流式细胞术等，诊断淋巴结转移的准确性得以大大提高。

四、前哨淋巴结检测的结果和临床意义

1999 年 Little 等报道 36 例非小细胞肺癌前哨淋巴结活检技术，使用 IB 作为示踪剂，SLN 检出率（identification rate，IR）为 47%，假阴性（false negative rate，FNR）为0。Rzyman 等在2006 年报道 110 例临床 N_0 期 NSCLC，42 例使用 2.5% 专利蓝胶体，68 例使用亚甲蓝进行 SLN 定位，IR 为 27%，敏感性（sensitivity，SS）67%，阴性预测值（negative predictive value，NPV）为 82%，FNR 为 33%，准确性（Accuracy，ACC）为 87%，专利蓝和美蓝的 IR、SS 和 NPV 无显著性差异。最近 Bustos 等报道 32 例临床 ⅠA～ⅡB 期 NSCLC，专利蓝法的 IR 为 46.9%，SS 为 100%，ACC 为 86.7%，NPV 为 84.6%。SLN 位于 10、11 组占 63.1%，位于纵隔淋巴结（N_2）占 36.9%。

2000 年，Liptay 等报道 52 例可切除 NSCLC 病人，采用肿瘤内注射 ^{99m} 锝硫胶体、γ 探测仪定位 SLN 的方法，SLN 的 IR 为 82%，FNR 为 5%。Sugi 等 2003 年报道 62 例临床 T1 期 NSCLC，术前 CT 引导下肿瘤周围注射 ^{99m} Tc-TC（4mCi，2.0ml），次日术中利用手持式 γ 探测仪测定每一组清扫淋巴结的放射活性，SLN 的 IR 为 62.9%，SS 为 90%，ACC 为

98.3%，FNR 为 9.1%。SLN 位于 12 组占 46.7%，11 组占 18.3，10 组占 11.7%，纵隔淋巴结占 16.7%（2 例左上肺癌引流至 5 组，1 例右上肺癌引流至 4 组）。

总体而言，染料法 SLN 的 IR 偏低 6%～95%，核素法的 IR62.9%～87% 较满意，二者相结合可进一步提高 IR。影响检出率的因素包括：①肺内及纵隔淋巴结的黑色背景影响蓝染淋巴结辨认；②示踪剂颗粒大小影响其在淋巴系统的迁徙速率，检测时间段内无足够的示踪剂积聚于 SLN，使检出率降低；③淋巴结已有明显肿瘤转移，或原有肺门、纵隔淋巴结纤维化、钙化病变，导致正常淋巴引流途径阻塞，慢性阻塞性肺病导致的淋巴管密度降低；④手术探查可能损伤小淋巴管，影响淋巴回流；⑤学习曲线的影响等。

SLN 检测在 NSCLC 中的应用，主要意义在于指导是否行纵隔淋巴结的清扫；其次是确认有代表意义的淋巴结并详细检查，提高微转移的检出率和术后分期的准确性。有研究发现，纵隔淋巴结的“跳跃性”转移有一定规律，如多见于上叶周围型肿瘤和单组纵隔淋巴结，右上叶肿瘤多转移至第 4 组、左上叶多转移至第 5 组，“跳跃性”淋巴结转移病人的预后好于一般 N_2 转移，与 N_1 病人相似。研究者认为其解剖学基础是部分胸膜下淋巴管直接引流到这些特殊站点的纵隔淋巴结，这些淋巴结就是循此途径转移肿瘤的“前哨淋巴结”。SLN 示踪检测有助于发现这种特殊转移途径，为研究纵隔淋巴结“跳跃性”转移的一般规律和临床意义提供了新方法。还有研究认为，随着 SLN 示踪技术的应用，对肺的淋巴引流模式将重新认识，有可能修正甚至取代目前通用的根据转移淋巴结位置进行的 N 分期。然而正如 Liptay 指出，目前 SLN 的检测的首要作用是指导病理检查，在取得有代表性的 SLN 后，使用更准确、敏感的方法检查有无微小转移，从而减少常规病理检查导致的漏诊。

五、小结

目前对于乳腺癌手术，欧美国家的一些医学中心已将前哨淋巴结活检（SLNB）结果应用于临床，即 SLNB 无转移则放弃腋窝淋巴结清扫，如有转移则行标准腋窝淋巴结解剖（ALND）或腋窝放疗，但在全球范围，这一技术仍处于研究阶段。对于 NSCLC，由于解剖和淋巴引流的复杂性，SLN 检测的临床研究目前尚处于实验阶段，报道的样本量均不大，检出率和假阴性率尚不满意，尚有许多问题有待进一步研究，如：临床可靠而简便易行的 SLN 示踪、定位方法，敏感而特异的术中快速病理检查手段，SLN 发现的微转移与常规病理检查淋巴结转移的预后意义有无差异，SLN 检测的适应证等。

2007 年新疆肺癌的诊治概况

张国庆

新疆医科大学附属肿瘤医院胸外科　乌鲁木齐　830011

肺癌是预后最差的恶性肿瘤之一，80% 以上的病人到医院就诊时，已失去了外科手术和多学科根治的最佳时机。目前恶性肿瘤中，肺癌的发病率和病死率在世界上居第一位，近 10 余年来，我国肺癌发病率及病死率也持续增高，据世界卫生组织（WHO）预测，到 2025 年，我国每年新增的肺癌病死人数将超过百万，肺癌病人数将居世界之首。在新疆经过肿瘤工作者的辛勤工作，新疆的肺癌诊治技术也在不断发展和进步，新疆医科大学附属肿瘤医院业务水准可作为该地区的代表。现将新疆地区肺癌临床诊治方面的工作进展作一简要回顾。

一、肺癌的化疗

随着新疆经济和卫生条件的发展以及人们自我保健意识的提高，使新疆各地区肺癌病人的就诊、就治状况较以往有了很大改善，但新疆地区许多 NSCLC 病人与国内其他地区 NSCLC 病人一样在诊断时也已为晚期，丧失了手术机会，仅能进行化疗；即使手术切除的病人，除 Ⅰ$_A$ 期外，化疗也有一定价值，对 SCLC 的化疗更是其主要治疗手段。目前国内外经过大量的临床试验，肺癌化疗的效果已得到了肯定。但受疗效、治疗费用等多方面因素的影响，目前还很难确定化疗的标准方案，只能说以哪些方案为主流。目前第 3 代化疗药（多西他赛、吉西他滨、紫杉醇、长春瑞滨）已广泛用于临床，以他们和铂类组合的两药方案如多西他赛、顺铂（DP）；吉西他滨、顺铂（GP）；紫杉醇、顺铂（TP）；长春瑞滨、顺铂（NP）等成为治疗 NSCLC 一线方案的主流。由于新疆各地、州医院卫生技术力量相对薄弱，对肺部恶性肿瘤的认识不够和诊断、治疗技术不足且欠规范的实际，目前对于肺癌的化疗仍集中在当地的三甲医院进行。对局部晚期或晚期肺癌，如果病人体力状态（PS 评分≤2）允许，化疗是可以延长生存期和提高生活质量的。在目前新疆医科大学附属肿瘤医院临床上治疗肺癌仍以含铂的化疗方案为首选，对于特殊情况，如有肾功能损害、年老体弱者，可选用不含铂方案。有报道认为：顺铂与卡铂比较，2 种方案的疗效相当，顺铂的胃肠和肾脏不良反应较大；卡铂的胃肠道不良反应低，但血液的不良反应大于顺铂[1]。Fossella F 等[2] 认为：对一线含铂方案治疗失败的 NSCLC 病人，二线治疗的最佳选择药物是多西他赛，病人总体有效率达 9.1%，中位生存期为

8.3个月。目前认为不应以老年这一条作为化疗的禁忌证，单药或减量的含铂方案同样可以使体质状态好的老年病人获益。有报道认为大多数肺癌病人经3～4个周期化疗后，再不断增加治疗周期的益处是十分有限的。美国临床肿瘤学会（ASCO）专家小组建议即使化疗有效的病人，初始化疗也不应超过6个周期[3]。我院曲彦丽等[4]也发现化疗后肺癌病人外周血淋巴细胞（PBL）的多药耐药相关蛋白1（MRP1）表达与化疗前相比有增高趋势，提示存在肺癌化疗后的继发耐药。目前越来越多的临床证据支持将辅助化疗作为NSCLC完全切除者术后的常规疗法。许多回顾性及前瞻性的研究证实，NSCLC的术前化疗，即新辅助化疗是安全、有效，且病人耐受性好，但确切效果还需进一步临床试验证实[5]。我院张国庆等[6]研究发现，ⅢA期NSCLC病人应用新辅助化疗对提高手术切除率及改善生存期均有益。对于SCLC的一线化疗方案，局限期常采用EP方案或卡铂、依托泊苷（CE）方案，另外可联合序贯放疗；广泛期除EP、CE方案外，DDP、依立替康方案亦可采纳。二线化疗方案如肿瘤在3个月内复发且体质较好者，可考虑应用紫杉醇、多西他赛、吉西他滨及异环磷酰胺等；如肿瘤在3个月后复发，则可考虑应用拓扑替康、依立替康，环磷酰胺、表柔比星、长春新碱（CAV）方案，吉西他滨、紫杉醇、口服依托泊苷或长春瑞滨等；我院唐勇等[7]发现：TP方案用于一线及二线治疗SCLC有较好效果，其不良反应主要为骨髓抑制及腹泻，病人也可耐受。肿瘤在6个月后复发者，仍可维持一线治疗方案。

二、肺癌的外科治疗

肺癌的外科治疗，即手术治疗，其治疗的原则方案是彻底切除肺原发癌肿和肺门及纵隔淋巴组织，并尽可能保留健康的肺组织。最适宜行手术治疗的是Ⅰ期、Ⅱ期和部分经过选择的ⅢA期NSCLC。影像学上已有明确纵隔淋巴结转移（N_2）的病人，可先行新辅助化疗。近年来，许多治疗中心开展了肺癌扩大切除术，并证实可延长病人的生存期，提高生活质量。张国庆等[8]对116例中央型肺癌病人行支气管、肺动脉、气管隆凸成形术，随访证实对中央型肺癌选择肺叶或全肺切除同时进行支气管、肺动脉、气管隆凸成形术能有效清除病灶，并能最大限度地保留健康肺组织，有利于延长病人的生存期。同时还研究发现对可手术治疗的ⅢA期NSCLC病人行系统性纵隔淋巴结清扫可以提高生存率，但对于ⅢB、Ⅳ期的病人，手术不应列为主要的治疗手段[9]。对于SCLC治疗，除非证实为Ⅰ期，否则不应首选手术治疗。电视辅助胸腔镜（video-assisted thoracoscopic surgery，VATS）手术的创伤小，适合未确诊的肺外周孤立性结节的楔形切除以及Ⅰ期肺癌的根治性手术，吴明拜等[10]认为VATS对于诊断和治疗胸部部分疾病是一种安全、有效、微创的方法，但VATS不能代替常规开胸手术。手术是使NSCLC病人获得长期生存的最主要的治疗手段，国内大宗病人报道肺癌切除术后5年生存率为30%～42%，影响长期生存率的主要因素是肿瘤分期，特别是淋巴结转移状态的N分期。近年来由于新疆同内地医学交流日益增多，个别地州医院也开展了肺癌根治术，但多数为周围型肺癌。其他治疗方法如化疗、放疗等的效果均低于手术的效果。对能手术治疗的病人，提倡以手术为主的综合治疗。同时在临床实践中也逐步提高了对下列问题的认识：①单纯外科手术治疗肺癌的时代应该结束，要积极开展以外科手术为主的多学科综合治疗；②由于肺和支气管的解剖结构及其特殊功能，使肺癌易侵犯邻近组织的和器官，并沿血液循环和淋巴循环系统早期转移，在多种器官形成微转移灶，因此，术前化疗（新辅助化疗）对手术疗效尤为重要；③肺癌是一种异质性的实性肿瘤，它含有一种以上不同病理类型的癌细胞群体，由于其蛋白结构及基因组成各异，各具有独特的生物特性：有些癌细胞分裂缓慢或处于冬眠状态时间久，而另一些则早期沿血液循环或淋巴系统转移至脑、对侧肺、肝、骨、肾和全身播散转移；有些肺癌细胞也是由于蛋白结构及基因调控能力的不同，对有些药物敏感，化疗后容易恢复细胞凋亡或坏死，其他肺细胞则耐药；在同一病人，不同病理类型的癌细胞或同一病理类型在不同个体，其生物学特性也会各异。近60年来的临床实践证明，目前尚无对所有肺癌病人万能的方案。因此在制定多学科的综合治疗方案和选择合适的治疗方法时，必须注意个体化，密切观察，随机应变，才能处理好特定的病人。

三、肺癌的放射治疗（放疗）

放疗是肺癌综合治疗中的一个主要手段，在国际上已被广泛研究和应用。外放疗对不宜手术或不愿接受外科处理的 NSCLC 病人较合适，但生存情况不及外科手术的结果。肺癌的放疗剂量应根据肿瘤的大小、分期而定。对不能手术切除的局部晚期肺癌，放射治疗是重要的治疗手段之一。手术前、后辅助放疗对Ⅰ期～Ⅱ期 NSCLC 病人的生存率无明显益处，因此不宜常规采用。对Ⅲ期 N_2 病人术后放疗仍需临床继续试验观察[11]。对于手术中肿瘤组织未能全部切除或支气管断端残留癌细胞的病人，放置金属标记行术后放疗，可提高病人生存率。姑息性放疗适合于晚期肺癌骨转移所致的疼痛、脑转移、脊髓压迫所致的截瘫等，可达到缓解症状、改善生存质量、延长生命等效果。SCLC 脑转移发生率高，一旦出现脑转移，其 2 年生存率仅 1.7%。目前主张对原发灶控制满意的 SCLC 病人，肿块完全消失后可考虑预防性全颅放疗。由于局部晚期 NSCLC 病人经放疗后常出现肿瘤远处转移导致治疗失败，因此放疗、化疗序贯结合有互补的优点[12]。三维适形放疗是通过 CT 与放疗计划系统连接，找出肿瘤范围，多入射角的放射治疗，这种精确治疗可避免正常组织接受较高剂量照射，近年来已在临床广泛应用。阿依古丽·卡力等[13]对 24 例 NSCLC 病人行三维适形放射治疗，并与同期收治的 18 例行常规放疗病人的近期疗效和不良反应进行对比分析，结果显示三维适形放射治疗 NSCLC 有较好的近期疗效，不良反应较轻。当前国内有条件的单位已将正电子发射体层摄影术（PET）检查结果已作为放射治疗计划的参考。PET 提高了 NSCLC 临床分期的准确性，特别是提高了 NSCLC 纵隔淋巴结转移诊断的准确性，并且易于发现一些潜在的远处转移病灶。

四、肺癌生物靶向治疗

生物靶向治疗是近年肺癌治疗上的

重大突破，但还没有对SCLC非常有效的靶点药物。针对NSCLC有效的药物较多，主要为抑制表皮生长因子受体（EGFR）和血管内皮生长因子（VEGF）的药物，有吉非替尼（iressa）、tarceva（erlotinib）、C225（cetuximab）、贝伐单抗（bevacizumab）等。其中吉非替尼应用较为广泛，它是EGFR酪氨酸激酶抑制剂，可以抑制肿瘤细胞的生长、促进其凋亡，全世界已应用10余万例。对晚期NSCLC病人含铂方案治疗失败后的二线、三线治疗，其缓解率为12%～19%（我国报道的缓解率为30%[14]），吉非替尼对东亚人种、腺癌、不吸烟、女性病人效果较好，新近研究显示病人对吉非替尼的敏感性与EGFR突变有关[15]。但临床试验并没有发现其与化疗有协同作用，也未观察到病人（主要是非亚裔人种）生存期延长[16]。tarceva与吉非替尼的作用机制相同，有报道认为tarceva延长了NSCLC病人的生存时间、提高了生活质量[17]。编号为ECOG4599的临床试验证实，阻断血管内皮生长因子的贝伐单抗联合紫杉醇和卡铂化疗，可使NSCLC病人的中位生存期延长到12.5个月。它是10年来惟一一个能提高晚期NSCLC生存率的阳性研究，也是第1个单克隆抗体靶向药物联合化疗治疗肺癌获得阳性结果的研究[18]。

五、其他治疗

肺癌的其他治疗方法包括免疫治疗、中医药治疗、光动力学治疗、基因治疗、支持治疗等，虽然这些治疗都获得了长足的进步，但总体来说，疗效还不尽如人意，目前还不能和上述治疗方法相比，有些还在研究开发中。但它们也应成为肺癌综合治疗的一部分，甚至有可能成为将来攻克肺癌的主要方法。

六、我区肺癌治疗中存在的主要问题

第一，肺癌的早期诊断率有待于提高：肺癌病人的5年生存率提高不明显的主要原因是确诊的时间太晚，使很多病人失去了手术机会。所以提高肺癌治疗效果的关键，在于提高早期诊断水平。

第二，规范化治疗有待于加强：随着循证医学的发展、肿瘤科医师对循证医学观点的深入了解，我区肺癌治疗的规范化程度得到了很大提高。但由于地区、教育背景、医疗单位性质的差异，治疗规范化的差异也较大。从手术指征的把握、化疗方案的选择，到综合治疗措施的优化，都存在随意性过大的倾向，过度治疗或治疗不足的现象时有发生。希望中国抗癌协会肺癌专业委员会编写的《中国肺癌临床指引（2007年版）》，会推动规范化治疗。

第三，需要强调综合治疗：我区有些医院的技术及管理水平已接近国内先进水平，开展了以疾病为导向的医疗服务，组建了由胸外科、放疗科、呼吸科、化疗科等多学科协作的肺癌中心或协作组，经过讨论给病人提供了优化的综合治疗方案。但还有很多医疗机构各科室相互隔离、缺少协作，容易产生对病人治疗的偏差。

综上所述，近年来国内外肺癌的治疗理念和治疗手段都获得了长足进步，但总体疗效还不尽如人意，有待于从事肺癌诊治的临床医师及研究人员的努力和提高。

参 考 文 献

1 Tiseo M, Boni L, Ardizzoni A. Platinum based versus non-platinum based chemotherapy in advanced non-small-cell lung cancer: does cisplatin versus carboplatin make a difference? J Clin Oncol, 2005, 23:6276~6277.

2 Fossella F, Devore R, Kerr R, et al. Randomized phase Ⅲ trial of docetaxel versus vinorelbine or ifosfamide in patients with advanced non-small cell lung cancer previously treated with platinum containing regimens. The TAX 320 Non-Small Cell Lung Cancer Study Group. J Clin Oncol, 2000, 18:2354~2360.

3 Pfister DG, Johnson DH, Azzoli GG, et al. American Society of Clinical Oncology Treatment of Unresectable Non-Small-Cell Lung Cancer Guideline: update 2003. J Clin Oncol, 2004, 22:330~353.

4 曲彦丽，姜家豫，单利. 肺癌病人化疗前后外周血淋巴细胞 MRP1 的表达. 新疆医科大学学报，2005，28（2）:139~141.

5 Berghmans T, Paesmans M, Meert AP, et al. Survival improvement in resectable non-small cell lung cancer with neoadjuvant chemotherapy: results of a meta-analysis of the literature. Lung Cancer, 2005, 49:13~23.

6 张国庆，韩峰，高胜利，等. 新辅助化疗对 165 例ⅢA 期非小细胞肺癌病人术后生存的影响分析. 肿瘤研究与临床，2007，19（7）:470~473.

7 唐勇，单利，刘春玲，等. 拓扑替康联合顺铂治疗小细胞肺癌的疗效观察. 实用癌症杂志，2005，20（4）:402~404.

8 张国庆，庞作良，吴斌，等。支气管、肺动脉、气管隆凸成形术治疗中央型肺癌. 新疆医科大学学报，2006，29（9）:853~854.

9 张国庆，韩峰，高胜利，等. 两种纵隔淋巴结清扫方式治疗的 219 例ⅢA 期非小细胞肺癌病人生存分析. 癌症，2007，26（5）:519~523.

10 吴明拜，张铸，张昌明，等. 电视胸腔镜手术在胸部疾病诊断和治疗中的应用. 新疆医科大学学报，2000，23（4）:333~334.

11 Wagner H. Postoperative radiation therapy for patients who have resected non-small cell lung cancer. Hematol Oncol Clin North Am, 2005, 19:283~302.

12 Ohe Y. Chemoradiotherapy for lung cancer: current status and perspectives. Int J Clin Oncol, 2004, 9:435~443.

13 阿依古丽·卡力，张瑾熔，帕力达·阿皮孜，等. 三维适形放射治疗非小细胞肺癌的临床观察. 新疆医科大学学报，2006，29（6）:517~519.

14 张晓彤，李龙芸，王树兰，等. 吉非替尼治疗晚期非小细胞肺癌疗效观察. 中华结核和呼吸杂志，2005，28:180~183.

15 TokumoM, Toyooka S, Kiura K, et al. The relationship between epidermal growth factor receptor mutations and clinicopathologic features in non-small cell lung cancers. Clin Cancer Res, 2005, 11:1167~1173.

16 Tamura K, Fukuoka M. Gefitinib in nonsmall cell lung cancer. Expert Op in Pharmacother, 2005, 6:985~993.

17 Fuster LM, Sandler AB. Select clinical trials of erlotinib (OSI2774) in non-small-cell lung cancer with emphasis on phase Ⅲ outcomes. Clin Lung Cancer, 2004, 6 Supp11:S24~S29.

18 Tyagi P. Bevacizumab, when added to paclitaxel/carboplatin, prolongs survival in previously untreated patientswith advanced non-small-cell lung cancer: preliminary results from the ECOG 4599 trial. Clin Lung Cancer, 2005, 6:276~278.

细支气管肺泡癌的诊断与外科治疗（附26例报告）

张传生　汪　栋　韩开宝　孙宏志　孙向东　许　罡　周　源　路东明　叶玉坤

南京军区八一医院全军肿瘤中心胸心外科　南京　210002

细支气管肺泡癌具有独特的临床表现、X线、病理及生物学特性，近些年来有增多趋势。我院1992年11月～2002年2月外科手术治疗细支气管肺泡癌26例，占同期肺癌的3.4%（26/765），现报告如下：

一、临床资料

26例中男19例，女7例；年龄33～71岁，平均64岁；发现方式：体检发现9例，因症就诊17例。临床表现极不典型，与其他呼吸系统疾病相类似，其中以咳嗽18例，咳泡沫痰、痰中带血8例，胸痛6例。从发现肺部病变到入院明确诊断时间为2周～1年。其间诊为支气管扩张症，肺结核，支气管炎，肺炎等治疗的11例。首次病理确诊方式以痰脱落细胞检查（每个病人检查3～12次）明确诊断者2例，纤维支气管镜检查（活检、刷检）明确诊断者2例，经皮穿刺肺活检明确诊断22例。病理学报告为腺癌21例，小细胞癌2例，腺鳞癌3例，癌不能分类1例。胸部X线特征：病变位于右上肺6例，中肺2例，右下肺8例，左上肺7例，左下肺3例；肿瘤小于3 cm 4例，3～5 cm12例，大于5 cm的10例，其中4例肿块影浅淡，周边不清，6例伴有空洞形成，7例伴有少量胸腔积液。病变显示有毛刺征者21例，分叶征者17例。本组26例全部采用外科手术治疗，其中肺叶切除19例，胸膜全肺切除7例。术中探查发现肺门、纵隔、心包、脏、壁层胸膜转移7例，伴有血性胸腔积液5例。切除肿瘤病理学检查为细支气管肺泡癌，镜下见癌细胞沿肺泡壁生长或呈腺样浸润支气管壁组织内及周围，多数病人见有淋巴管癌栓。切端阳性8例，占30.1%（8/26）。清扫淋巴结216枚，阳性101枚，转移度为46.76%。术后分期：Ⅰ期3例，Ⅱ期11例，Ⅲa期5例，Ⅲb期7例。全组无手术死亡。随访1、3、5年生存时间与肺腺癌相近。发现影响细支气管肺泡癌的预后并不是肺部病灶的大小，而是肺部病变有无合并胸膜、肺内癌转移、切除端癌残留及淋巴结广泛转移。

二、讨论

细支气管肺泡癌（BAC）是一种原发于细支气管或肺泡Ⅱ型上皮细胞的肺

癌。在 WHO 肺癌分类中 BAC 属于腺癌的一个亚型。20 世纪60 年代 Liebow 提出了 BAC 的组织学诊断标准：①身体其他部位没有发生原发性腺癌；②肿瘤生长在远端细支气管肺泡中而不在支气管；③癌细胞在肺泡隔生长而肺泡隔存在发病率明显增高，BAC 的发病率为 1% ~ 4%，本组为 3.4%。临床诊断较为困难，术中发现发生肺内或胸膜腔广泛转移比例较高，术后治疗效果欠佳，随访发现多为健侧肺、骨、脑、肝脏等脏器转移而死亡。

细支气管肺泡癌的病灶大多位于肺的周边，不影响大的支气管，可以长期无症状或表现为咳嗽，咳泡沫痰，痰中带少量血丝或小血块，胸痛，与其他类型肺癌无明显差异。一旦怀疑肺癌，对中心型者可以反复作痰检，但周围型者阳性率较低。胸部 X 线平片及胸部 CT 扫描显示肿块为单一球形病灶、肺段、叶的实变、弥漫结节。有分叶，边缘不光整，增强扫描后密度有增高，并可发现胸膜皱缩征，术中发现有近一半病人粟粒样播散转移，大多位于相邻叶间或肺表面、心包、纵隔，而术前的 X 线检查却很难发现这些转移灶，少数 BAC 有多发病灶，胸部 CT 薄层扫描有可能帮助诊断。纤维支气管镜活检、刷检的组织学诊断率达 90%。即便看不到明显病变，也可根据胸部 CT、胸部 X 线片显示的病变位置，所分布支气管进行支气管灌洗，腔内支气管镜活检，以求获得细胞学或组织学诊断。在 X 线或 CT 引导下经皮穿刺肺活检安全可靠，副作用少，本组 26 例在 X 线引导下细针经皮穿刺肺活检，阳性率达 96%，穿刺后并发少量气胸 3 例，经吸氧、卧床休息等短期处理痊愈。胸腔镜辅助小切口已用于肺癌的诊断、分期及治疗，本组 2 例肺小病灶合并大量胸腔积液，采用此法对肺部病灶进行楔形切除，胸膜活检，明确了肺、胸膜的病理性质。

外科手术仍是局限性细支气管肺泡癌首选的治疗手段。肺叶切除并常规胸腔淋巴结清扫和切除胸腔受累组织是术前选择的手术方式，但术中常常发现病变沿支气管壁浸润到相邻叶或段的管腔，管壁增厚，管腔狭窄，切除端虽远离病灶，术后病理学检查却发现残端阳性，相邻肺叶有时虽为很小的粟粒大小的病变，冷冻切片检查却发现为转移灶，须作肺楔形或肺段切除。细支气管肺泡癌还有多中心发生的生物学行为，本组胸膜全肺切除的 7 例，术前仅 1 例为右中心型肺癌，大小约 5 cm × 7 cm，拟作全肺切除术，而其他 6 例术前胸部 X 线、胸部 CT 片发现肿瘤均为周边型，癌灶仅为 3 cm × 5 cm 大小伴有少量胸液，术中探查却发现肿瘤沿脏、壁层胸膜，尤其是膈胸膜和心包呈散在粟粒状或广泛转移，虽做了胸膜全肺切除，但存活时间均在 18 个月以内死亡。因此，作者认为局限性 BAC 的治疗还是以手术为主（根治或姑息性切除）辅以化疗、生物调控剂、中医中药的综合治疗，从而减少肿瘤负荷，改善病人临床症状，提高生活质量。

细支气管肺泡癌与粟粒型肺结核的 X 线征象相似，且痰中难以找到脱落的癌细胞，常规纤维支气管镜又多为阴性，故易误诊。因此，对 40 岁以上的病人，短期内检查发现两肺粟粒状结节影，缺乏结核中毒症状，却有不同程度的胸闷气喘，抗结核治疗不能缓解症状者，应考虑BAC，反复痰检，肿瘤标志物检查，胸部X线及胸部CT薄层扫描，必要时行经皮穿刺肺活检或胸腔镜胸膜肺活检，以减少不必要的剖胸手术。

癌性气道梗阻腔内冷冻及支架治疗

韩开宝 汪 栋 路东明 孙向东 孙宏志 周 源 许 罡 张传生

南京军区八一医院全军肿瘤中心胸心外科 南京 210002

近年来我国的肺癌发病率仍然呈上升趋势，确诊时近85%已失去手术时机，如何应用综合治疗手段提高带瘤生存病人的生活质量、最大限度地延长病人生命，已成为目前我们临床工作者孜孜探求的重要课题。当肿瘤的生长致命性地威胁重要生命器官的功能时，积极救治并逆转脏器功能，迅速挽救病人生命尤显重要。2006年5月～2007年9月我科对21例中晚期癌灶侵犯气管、左或右主支气管导致大气道梗阻、呼吸困难的病人，积极采取经纤支镜插入 CO_2 冷冻软探针冷冻摘除肿瘤和/或植入带膜钛合金网状内支架的方法救治，取得了良好的应急救治效果，延长了病人的生命。

一、材料和方法

1. 临床资料 21例气管、左或右主支气管癌性梗阻病人，男18例，女3例，年龄51～82岁，5例化疗无效，3例放疗无效，8例伴左或右全肺不张。临床表现：6例伴声音嘶哑，21例均伴有呼吸困难、吸氧状态 SpO_2 70%～92%，8例发绀，12例心律失常，21例均伴肺部感染、发热。肺部感染病原菌分类：19例培养分离出病原菌，由于长期抗感染导致霉菌感染比例最高，曲霉菌3例、念珠菌6例、酵母菌3例，铜绿假单孢杆菌5例，金黄色葡萄球菌2例，阴沟杆菌3例，肺炎克雷白杆菌2例，其中混合感染5例。病理分类：非小细胞中央型肺癌7例，不典型类癌2例，胸腺癌侵犯1例，肾透明细胞癌术后转移1例，甲状腺癌术后转移1例，食管癌术后淋巴结转移癌侵犯3例，食管癌直接侵犯4例，小细胞肺癌纵隔淋巴结转移癌侵犯2例。

2. 治疗方法 麻醉：全麻气管插管（8#管）保留自主呼吸，或表麻。经纤支镜插入 CO_2 冷冻软探针，冷冻摘除肿瘤5例，冷冻摘除后植入带膜钛合金网状内支架9例，直接植入带膜钛合金网状内支架7例。冷冻治疗操作要点：冷冻温度：－60℃。冷冻时间：30～300s。瘤体冻成冰球提拉摘除，冰盐水冲洗止血，吸氧回升 SpO_2，反复重复前述操作步骤。支架植入适应证：癌性狭窄所致肺不张、缺氧、呼吸困难；瘀痰性肺部感染，冷冻治疗不满意，气道疏通不能明显改善缺氧、呼吸困难，非菜花样新生物腔内外压性狭窄基底较宽、较硬的浸润性生长肿瘤。指征强烈的无绝对禁忌证，尤其严重呼吸困难、发绀、大汗淋漓呈临终前表现的病人，应积极地急救性放置支架，改善气道通气以挽救病人生命。支架植入步骤：表麻，纤支镜结合 X 线透视定位，经纤支镜植入导丝，沿导丝插入支架释放器，透视下将支架释放于定位狭窄处。

二、结果

5 例全肺复张，残余右上肺叶、右下肺叶、左上肺叶不张各 1 例，17 例气道梗阻、呼吸困难及两肺感染完全缓解（含 5 例全肺复张，1 例残余右上肺叶不张），2 例呼吸困难及两肺感染减轻（含残余右下肺叶、左上肺叶不张各 1 例），1 例于等待定做内支架中死亡，1 例表麻、纤支镜观察后窒息，呼吸机支持24 h 后死亡。17 例成功转入伽玛刀、纵隔适形放疗、支气管动脉灌注化疗、化疗、分子靶向药物治疗等后续治疗。

三、结论

1. 冷冻机制及效果　肿瘤细胞对低温具有较高的敏感性，冷冻治疗肿瘤普遍应用于临床已有 40 年历史，但早期多应用于仪器容易达到的体表肿瘤，上世纪 80 年代 Maiwand 发明了气管、支气管内冷冻探头，并开创了经内镜冷冻治疗气管、支气管内肿瘤的先河。冷冻不仅可以直接导致肿瘤细胞死亡，还可以刺激机体的细胞免疫系统，使 T 淋巴细胞、NK 细胞和吞噬细胞的细胞免疫力的增强，从而提高机体抗肿瘤治疗疗效。有研究认为冷，冻能增加肿瘤组织对放、化疗的敏感性，有利于后续的综合治疗。

经纤支镜冷冻摘除肿瘤再通大气道安全可行，为了避免伤及正常组织，冷冻深度可通过观察冰球大小得以控制，气管支气管软骨环由于所含水分较少，热传导能力较差，极少发生冷冻坏死。冷冻治疗中冷冻与非冷冻区域交界处的血管收缩及毛细血管血栓形成，因此摘除冷冻肿瘤后较少会出现大出血，创面出血经冰盐水冲洗即可取得良好止血效果。由于病人大多伴有呼吸困难，治疗过程中需吸入高浓度氧，冷冻摘除肿瘤再通大气道，较激光、电凝治疗具有更高的安全性。

经纤支镜冷冻治疗旨在摘除腔内肿瘤疏通气道，蕈伞型肿瘤呈栓子样腔内生长，由于肿瘤组织纤维网状支架结构较少，质地较脆，较容易冷冻摘除；缩窄型及浸润型基底较宽的浸润生长肿瘤完全摘除较困难，尤以腔外有主病灶者，不能完全依耐冷冻治疗，因为 CO_2 冷冻温度仅能达到 -60 ~ -70℃，直径 2.2 mm 探头，理论上冷冻穿透力为 2.5 mm，但冷冻速度及冷冻穿透力受组织血液灌注、周围热源的严重影响，例如气管、支气管周围主动脉、肺动脉的快速血流升温效应对其周围组织的降温速度和冷冻效果具有明显影响，受大气道呼吸热气流影响，病人体温、呼吸频率及探头与肿瘤接触面大小同样会影响降温速度和冷冻效果，导致冷冻腔外肿瘤穿透力较差，极易复发导致再梗阻，本组 1 例前后间隔 2 周即复发再梗阻。因此这类病人需要植入带膜内支架才能取得满意的再通气道效果。

2. 带膜内支架应用基底较宽的腔内浸润生长肿瘤，尤其是腔外有主病灶者，梗阻经冷冻疏通后，植入带膜钛合金内支架才能较好的改善通气，为后续治疗赢得较长的治疗时间，上肺叶中央型病灶，经上肺叶开口突向主支气管腔内生长导致的梗阻，冷冻疏通后，直接植入带膜钛合金内支架覆盖上肺叶开口，挽救中、下肺肺功能，缓解呼吸困难，为后续治疗改善体质。本组病人均伴呼吸困难，经纤支镜冷冻治疗风险极大，在大流量吸氧监护下，控制冷冻操作时间十分重要，可反复间断操作。栓子样腔内生长肿瘤冷冻摘除后呼吸困难可立即缓解，基底较宽的腔内浸润生长肿瘤不必过分追求冷冻摘除，略做疏通后即植入带膜内支架缓解呼吸困难。

❖ 乳腺肿瘤 ❖

乳腺癌临床研究进展与未来

徐兵河

中国医学科学院肿瘤医院　北京　100021

近年来，乳腺癌的治疗取得了突飞猛进的进展，特别是分子靶向治疗药物的开发和临床应用，显著提高了乳腺癌的治疗效果。乳腺癌临床研究的许多新成果、新思路、新策略更新了我们的治疗理念、促进了我们提高临床研究水平。

一、靶向、个体化治疗是乳腺癌辅助治疗的重要研究方向

有关辅助化疗，近年来，专家们认为取得了以下进展并达成了一些共识：

(1) 从上个世纪 70 年代的 CMF 方案，到上世纪 80 年代的蒽环类为主方案，再到上世纪 90 年代的紫杉类方案，直至最近的化疗联合靶向治疗，大量临床试验已经证实，化疗能够提高早期乳腺癌病人的长期生存率。

(2) 早期乳腺癌临床试验协作组（EBCTCG）于 2005 年发表的 Meta 分析结果也表明，对 50 岁以下病人，辅助联合化疗与安慰剂相比，15 年复发率分别为 41.1% 与 53.3%（$P<0.000\,01$），死亡率分别为 32.4% 与 42.4%（$P<0.000\,01$）；对 50 ~ 59 岁病人，15 年复发率分别为 53.4% 与 57.6%（$P<0.000\,01$），死亡率分别为 47.4% 与 50.4%（$P<0.000\,01$）。

(3) 含蒽环类联合化疗方案优于 CMF 方案。

(4) 含紫杉类药方案的疗效对某些病人优于非紫杉类方案。紫杉醇的给药方式趋向于每周给药或每 2 周给药，而多西他赛一般采用 3 周给药 1 次。

(5) 当采用 AC→T 方案时，剂量密集治疗优于 3 周治疗，分层分析显示，对 ER 阴性病人，密集治疗的效果更好。

(6) 对 HER-2 阳性的病人，应考虑选择含曲妥珠单抗的联合方案。HERA、NSABP B-31 和 N9831、BCIRG 006 临床试验结果表明，Her-2 阳性早期乳腺癌妇女应用曲妥珠单抗能使乳腺癌复发风险下降 46% ~ 52%，死亡风险下降 1/3。

个体化辅助化疗的研究尚处于探索之中。近年来，应用微阵列技术分析乳腺癌分子异质性以及指导临床个体化治疗受到了广泛关注，并已开展了多项有关临床试验：①PACCT-1 试验选择淋巴结阴性、ER 和（或）PR 阳性、HER-2 阴性的乳腺癌，先测定 RS，RS < 11 者，单用内分泌治疗；RS 11 ~ 25 者，随机分为内分泌治疗或化疗 + 内分泌治疗；RS > 25 者，采用化疗 + 内分泌治疗。该试验

于2006年5月1日启动，预计入组11 000例；②EORTC-BIG试验选择6 000例淋巴结阴性病人，首先评估临床危险度和基因组学危险度（根据70个基因评估风险）。如果两者评估结果均为高危险，则化疗；如果均为低危险，则不化疗；如果两者不一致，那么临床或基因组学评估为高危险者，给予化疗，评估为低危险者不化疗；③目前有两项国际多中心临床试验（TEACH和ALTTO）评估新的靶向治疗药物拉帕替尼在早期乳腺癌辅助治疗中的作用；④E5103则是评估贝伐单抗疗效的临床试验。上述临床试验均为基于基因型和表型的个体化治疗试验，它将是未来乳腺癌辅助化疗或化疗联合分子靶向治疗的研究方向之一。

内分泌治疗是个体化或称量体裁衣辅助治疗的最好范例。多年来的临床实践已经证实，只有激素受体阳性的乳腺癌病人采用辅助内分泌治疗才能取得较好疗效。临床上，雌激素受体（ER）、芳香化酶是内分泌治疗的常用靶点。

口服TAM 5年一直是乳腺癌术后的标准辅助内分泌治疗。近年来的临床试验结果已经证实，对绝经后受体阳性的乳腺癌病人，AI的疗效优于TAM。基于临床试验的结果，国内外治疗指南均认为，对绝经后受体阳性的乳腺癌病人，最佳治疗应包括初始使用或在TAM后序贯使用AI。对绝经前病人，AI联合卵巢抑制的临床试验正在进行之中。

未来研究方向：

（1）分子预测标志物的研究：该研究将有助于鉴别哪些是高危复发病人，从而有助于对这些病人进行个体化靶向辅助内分泌治疗；

（2）开发新的内分泌治疗药物；

（3）内分泌药物之间或内分泌药物与其他抗癌药物的合理联合使用；

（4）内分泌药物与生物治疗的联合使用；

（5）新辅助内分泌治疗；

（6）新的内分泌药物用于乳腺癌的预防；

（7）内分泌药物的耐药机制及其逆转。

二、转移性乳腺癌的治疗趋向于“慢性病”模式

国内外专家认为，目前转移性乳腺癌（MBC）的治疗越来越趋向于“慢性病”的治疗模式，即在改善病人生活质量的同时，延长病人的生存期。基于这一目的，在选择最佳治疗手段时，要考虑两方面的因素：①临床方面：肿瘤部位、侵犯范围、器官功能、无病生存期、既往治疗、病人意愿与选择、合并症等；②生物学方面：ER和PR状况、HER-2扩增/过度表达、p53、EGFR、单核苷酸多态（SNP）等。

化疗和内分泌治疗仍是MBC的有效治疗手段。目前尚无标准的一线治疗方案，但临床研究结果表明，含蒽环类和紫杉类药方案优于其他方案。常用的给药方案有多药联合化疗以及单药序贯化疗。两者均为治疗MBC的有效方案。所不同的是，对肿瘤发展快、有症状的MBC、一般状况好、无严重合并症的病人，一般选择多药联合化疗，而对病变发展较慢、一般状况较差者可选择单药序贯治疗。

对低危、病变发展慢、无症状的内

脏转移、骨和软组织转移、ER 和（或）PR 阳性的病人，可首选内分泌治疗。临床试验结果已表明，对绝经后病人，芳香化酶抑制剂（AI）的疗效优于他莫昔芬（TAM）。

在 2007 年亚洲国际乳腺癌高峰论坛上，多位学者报道了乳腺癌靶向治疗的最新进展，成为本次会议的亮点。新的靶向治疗药物应用于临床并已取得了显著疗效。对 HER-2 阳性的 MBC，应首选曲妥株单抗 ± 化疗。最近研究结果表明，对既往曾用蒽环类、紫杉类以及曲妥株单抗治疗失败的病人，拉帕替尼联合卡培他滨的疗效显著优于单用卡培他滨。另外，抗血管生成药贝伐单抗联合紫杉醇的疗效优于单用紫杉醇，应考虑作为 MBC 的一线治疗方案。

由于三阴性乳腺癌（ER、PR 和 HER-2 均阴性）的预后差，治疗较困难，近年来，其研究受到了广泛关注。在 2007 年亚洲国际乳腺癌高峰论坛会议上，专家们认为，含铂化疗方案可能优于其他方案。

晚期乳腺癌常常产生耐药性，耐药性乳腺癌的治疗是非常困难的。一般来说，如果在辅助治疗或一线治疗后 1 年以上出现复发或转移，则解救方案仍可考虑使用与原方案相似的方案。如果在辅助或一线方案化疗后很快出现进展，则应考虑更换方案。由于在辅助或一线化疗中常常采用含蒽环类药的联合化疗方案，故在解救方案中应采用与蒽环类药无交叉耐药且有效的方案。目前，临床上可采用含紫杉类药、长春瑞滨、吉西他滨、曲妥株单抗的联合方案。对蒽环类和紫杉类均耐药的病人，可采用含卡培他滨的联合方案治疗。中国医学科学院肿瘤研究所肿瘤医院报道以含铂两药联合方案（顺铂分别联合吉西他滨、多西他赛、长春瑞滨等）治疗蒽环类耐药性乳腺癌，疗效较好，且经济方便，引起了与会者的极大兴趣。

然而，MBC 的治疗仍面临着巨大挑战。如何进一步延长 MBC 病人的高质量生存期是临床医师的重要研究课题。对乳腺癌进行分子分型、开展有针对性的个体化靶向治疗是 MBC 未来的重要研究方向。

三、乳腺癌筛查和化学预防越来越受重视

在 2007 年一些重要乳腺癌会议上，分别报道了几组乳腺癌化学预防的重要临床试验的结果。NSABP P-01 试验选择高危妇女13 400例，随机分入口服安慰剂或 TAM 5 年组，平均随访 3. 5 年时终止研究。结果显示，TAM 不能预防发生 ER 阴性乳腺癌，但能显著降低 ER 阳性乳腺癌的发生率。安慰剂组和 TAM 浸润性乳腺癌分别为 31 例与 36 例，而 ER 阳性乳腺癌分别为 150 例和 41 例，LCIS 发生率分别为 18 例与 8 例，ADH 分别为 23 例和 3 例。

IBIS-1 试验选择高危妇女7 152例，随机分为 TAM 组和安慰剂组，口服5 年，中位随访时间 50 个月。结果显示，TAM 组和安慰剂分别有 69 例与 101 例发生乳腺癌（$P = 0.013$），血栓分别为 43 例与 17 例（$P = 0.001$），子宫内膜癌分别为 11 例与 5 例（$P > 0.05$），死亡分别为 25 例与 11 例（$P = 0.028$）；在随访 10 年时，两组生存无显著差异，各种原因

所致死亡的总例数分别为55例与65例（$P=0.36$）。子宫内膜癌发生例数分别为11例与17例（$P=0.25$）。

Star试验选择绝经后高危妇女共19 747例，随机分为口服TAM组（20 mg/d 5年，9 872例）与雷乐昔芬组（60 mg/d 5年，9 875例）。结果显示，TAM组和雷乐昔芬组浸润性乳腺癌的发生例数分别为163例与168例（$P=0.83$）；非浸润性（原位）乳腺癌分别为57例和80例（$P=0.052$）。两组病人卒中、缺血性心脏病和骨折的发生率相似，两种药物对病人生活质量的影响相似。Star试验的研究结果表明，雷乐昔芬预防原发浸润性乳腺癌的疗效与TAM相同，而在预防非浸润性乳腺癌（LCIS和DCIS）方面的疗效不如TAM，但血栓栓塞事件（分别为141例与100例）、子宫癌（分别为36例与23例，降低38%）和白内障（分别为394例与313例）发生率低于TAM。

以上研究结果表明：

（1）口服TAM能够显著减少浸润性ER阳性乳腺癌的发生率，且在停止TAM治疗后仍然可以见到这种作用。然而，如果在试验期间同时使用激素替代治疗，则不能显著降低浸润性乳腺癌的发生率。

（2）大多数不良反应见于TAM治疗期间。

（3）随着随访事件延长，风险-受益比显著改善。

（4）TAM预防对绝经前妇女特别有效。

（5）对绝经前妇女，先用TAM；如果进入绝经后，再改用芳香化酶抑制剂。这种联合途径有可能是一种最佳预防策略。

正在进行的预防试验有：

（1）绝经后妇女的AI试验：①IBIS 2（阿那曲唑比安慰剂）；②EXCEL（依西美坦比安慰剂）。

（2）绝经前妇女：①卵巢抑制；②Cox-2抑制剂塞来考昔与安慰剂的对比试验。

乳腺癌筛查的影像技术有乳腺钼靶X线摄影、超声、MRI、CT、核医学（MIBI、PET扫描）。乳腺钼靶检查能够显著降低40岁以上妇女的乳腺癌死亡率，因此，对40岁以上妇女，推荐每年检查1次。对高危妇女（一生中发生风险>20%），每年进行钼靶和MRI检查。

四、乳腺癌预后和预测标志物的检测有助于指导个体化治疗

乳腺癌的预后和预测因素很多，主要有：淋巴结状态、肿瘤大小、肿瘤分级、ER状况、HER-2表达、增殖和DNA状况、脉管受侵等。

利用21个基因（16个肿瘤基因，5个参考基因）对复发进行评分，有助于预测乳腺癌复发。一组对接受TAM治疗的淋巴结阴性、ER阳性病人的研究表明，低危（RS<18）、中危（RS 18～30）和高危（RS≥31）组10年远处复发率分别为6.8%、14.3%与30.5%。NSABP B-20试验结果表明，高危组病人可从CMF方案辅助化疗中受益，而不能从TAM治疗中受益。NSABP B-14试验结果表明，低危和中危组病人可从TAM治疗中受益，而高危组病人则未从TAM治疗中受益。

除了预测复发以外，21个基因的测

定尚有助于指导个体化治疗方案的设计。PACCT-1 试验即是这方面的探索。

另外，也有许多研究根据 70 个基因评估复发风险并结合临床评估结果，从而评估淋巴结阴性病人的复发危险，并指导是否化疗。

目前，已知的可用于选择辅助治疗方案的预测因素有：

（1）ER 阳性：预示对内分泌治疗敏感，通常对化疗敏感性较差。

（2）Ki67：Ki67 值高通常预示对化疗敏感。

（3）HER-2：过度表达预测可从 HER-2 靶向治疗中受益，且对蒽环类和紫杉类药敏感。正在研究中的预测因素有：Top-Ⅱ改变预示可能对蒽环类药治疗敏感；Tau 高表达预示可能对紫杉醇疗效差。

五、临床试验是推动乳腺癌治疗水平不断提高的原动力

临床试验是推动乳腺癌治疗水平不断提高的原动力，但是中国一直缺乏高水平、多方合作的临床试验协作组，2007 年亚洲国际乳腺癌高峰论坛邀请了美国的专家介绍在美国是如何开展乳腺癌临床协作研究的。同时，中国大陆和台湾医师也介绍了各自开展临床试验的经验和体会。

令人印象深刻的是，美国在乳腺癌的预防、辅助治疗、转移性、难治性乳腺癌的治疗、支持治疗等诸多领域均开展了多中心、多学科协作临床试验。NSABP、NCCTG、CALGB 等均是美国著名的临床试验协作组织，这些组织在乳腺癌临床试验中获得的成果推动了乳腺癌治疗的进步，甚至改变了乳腺癌临床实践。近年来，将人类基因组学研究的最新成果应用于临床试验，开展个体化或分子靶向治疗临床试验是国外临床试验方向之一。

六、中国的乳腺癌治疗和研究经验

近年来，我国医师逐渐认识到开展临床试验的重要性。国内组织了多项多中心临床试验，并参加了许多国际多中心临床试验。可喜的是，我国参加国际多中心临床试验的质量越来越高，逐渐受到了国外同行的认可，部分研究者进入专家指导委员会。我国学者在 2007 年亚洲国际乳腺癌高峰论坛会议中，报道了在中国开展多中心协作保乳综合治疗、放射治疗、新辅助化疗、晚期转移性乳腺癌化疗的多中心协作临床试验的经验，引起了与会国内外医师的兴趣。大家在讨论中表示，要进一步开展国际多中心、多学科临床试验，不断提高乳腺癌的治疗水平，从而造福于广大病人。

总之，乳腺癌的治疗日益向专业化，多学科合作的方向发展。与此相对应的是，乳腺癌的临床研究也向国际多中心、多学科协作的方向发展。如何在我国开展多中心协作研究、尽快提高我国乳腺癌的临床研究水平并积极参与国际多中心临床研究是摆在中国医师面前的重要任务。

晚期乳腺癌治疗应以病变进展时间评价疗效

宋三泰

军事医学科学院附属医院乳腺内科　北京　100071

对一个复发转移的晚期乳腺癌病人来讲，要达到根治的效果是非常困难的。即使病灶切除后或放疗消退后，也无法抑制已经播散出去的亚临床病灶；同样通过全身药物治疗已达到完全缓解（CR）者，也很可能当药物一停，肿瘤又再度进展。这是每个从事乳腺癌专业医师都会经常遇到的难题。

因此晚期乳腺癌治疗目的，不能只追求肿瘤的一时缩小，不能把 CR、PR（部分缓解）放在太重要的位置上，而更希望来改善病人的生存质量，延长病人的生存时间。为了避免化疗的痛苦反应，只要雌激素受体和（或）孕激素受体阳性，甚至包括没有症状的内脏转移病人在内，都适宜首先单独使用内分泌治疗，这也是近几年 NCCN 指南所建议的治疗原则与治疗方案[1]。

自上世纪 80 年代以来，人们从积累的越来越多材料中认识到，如果应用内分泌治疗或化疗，即使肿瘤未太缩小，但仍能控制病变（灶）稳定不变（SD），并维持在 6 个月以上，其生存时间与 CR、PR 的病人相似，而与恶化进展（PD）的病人有明显差异。也就是说应用药物治疗，只要达到 SD≥6 个月，就有可能获得延长生存期的实际好处[2,3]。为此我们不仅要争取 CR + PR 的有效率，也很重视 CR + PR + SD 的控制率，更加重视 CR + PR + ≥6 个月的 SD 的临床获益率及获益时间。

因为内分泌治疗无痛苦，只要病变不进展，治疗就可以一直进行下去，连续半年、1 年甚至几年都是有可能的。但是过去人们习惯于追求 CR + PR 的有效率，如果达不到 PR，就算无效而改用其他治疗[4]，其实这是对药物的莫大浪费。我们可以设想，如果 1 个药物能获益 1 年，用 5 个药物就是 5 年；假设 1 个药只用 1 个月，那么 5 个药也只有用 5 个月。因此从某种意义上讲，延长每个药物的获益时间，就有可能延长复发转移病人的生命时间。晚期病人的生命历程就是由一段一段的药物获益时间来组成的。

但是在内分泌治疗过程中，不可能单由一个药物永远获益，因此病人及家属都要充分知情、同意，医患双方要持续不断、认真仔细地追踪目标病灶，一旦发现明确的有恶化进展，就得序贯地改用其他治疗。所以这里又引出两个新的疗效指标，即病变进展时间（time to progression，TTP）及治疗失败时间

(time to treatment failure, TTF)。

TTP及TTF的计算方法都是从治疗开始日期算起，到病变进展日期为止，或到死亡日期为止，或到停止治疗日期为止。其中，到停止治疗日期为止的计算法得出的TTP，是仅仅因为临床证实乳腺癌恶化而停止治疗的日期；但是在TTF，除恶化之外还包括有药物反应严重、经济支付困难、病人失访、拒治或医师用药选择得好劣等原因所致的停止治疗日期。因此，理论上大部分病人的TTP及TTF是相同的；但有的病人只有TTF，而没有TTP的记录；全组病人的中位TTF会短于中位TTP的数值。我们应当尽量把治疗药物用到TTP即行停止，过多的TTF停药将反映我们的临床思路，工作质量，医疗水平，甚至医疗道德问题。虽然TTP的疗效指标充分凸现了内分泌治疗反应轻微，应用方便，价格便宜，病人乐意依从，可以长期用药，能够明显延长疾病控制的优势；但在其他药物治疗方面也应尽量遵循TTP停药的原则。

在复发转移乳腺癌的解救化疗中，经常见到有的医师坚持认为“最多只能用6个周期”，即使对疗效优秀突出的病人，也同样戛然停药，结果肿瘤很快再度进展，造成不可挽回的损失。其实，除了蒽环类药物有明确的最大耐受剂量之外，其他药物并无具体的限定剂量。在临床实践中，早期术后辅助化疗要根据循证医学证据所提出的周期数，如6~8个周期进行；但晚期解救化疗则应当按照我们常说的“效不更方，无效必改”的原则施治，对周期数可不必去死板地限定。

但是有的化疗反应非常痛苦，治疗费用也很昂贵，所以我们要根据治疗效果、病人的身体条件及经济承受力等因素来决定是TTF停药，还是坚持到TTP停药。对联合化疗的病人，如果疗效很好，但反应太重，实在不能耐受的，那也可继续选用其中一个药，虽然它未必就是最主要的有效药物，但总比全部停用会好一点；有人在这时改用内分泌治疗。但如果病变已经CR，那就必将陷入化疗TTF停药后的盲目治疗，倒不如等到病变复发（有目标病灶），再启用一种新的治疗手段。

20世纪90年代以后，乳腺癌内分泌治疗新药，第三代芳香化酶抑制剂[5~7]及新型雌激素受体调节剂[8]，在注册试验中都毫无例外地以TTP作为主要疗效终点；甚至有的改变了过去追求CR+PR有效率的做法，将其降为次要疗效终点[6~8]。这都是体现了当今治疗理念的改变。

在新药研究及注册评审中，大西洋两岸却有截然不同的两种观点[9]。美国FDA认为延长总存活才是批准通过新药的基石，而欧盟则认为延长TTP才是新药注册最重要的必备条件。不可否认总存活的延长代表了病人的根本利益，而且总存活的判断是以生死为界故非常精确。但是事实上，这种做法是一个无法操作的不切合实际的疗效终点。

以总存活作为主要疗效终点的最大障碍在于，乳腺癌病人自然病程较长，在一线治疗失败后还可接受二线、三线、更多线的治疗，甚至还有更积极的支持治疗，这些治疗对总存活都会有所贡献。而新药一线研究的申办者不可能耗费巨资和冗长的时间，去追踪分析随后的各种治疗直到病人死亡。因此总存活不可能仅仅是孤立地和某种药物有肯定的联系的结果。

与此相反，TTP 的长短能够清晰地反映当前所用药物的疗效及疗效维持时间，而与前后所用药物的影响无关。TTP 的统计对象更加宽泛，也更加全面，它包括了接受该方案的所有病人，甚至涵盖了从未奏效的 PD 病人。而肿瘤缓解时间只统计 CR、PR 病人；获益时间只分析 CR、PR 和≥6 个月的 SD 的病人。

当然每个病人病（灶）发展的快慢以及肿瘤检查频度都可能直接影响 TTP 的长短。另外，TTP 中“到死亡日期为止”的统计原因，除了肿瘤进展所致的本病死亡之外，也包括药物严重不良事件造成的死亡，这些都是我们临床研究中必须关注的问题，但是其他非肿瘤病变进度，或如车祸等不测因素的死亡也会干扰 TTP 的统计。

至于 TTP 中“到病变进展日期为止”的确定，都以实体瘤疗效评价标准为基础的。过去多年，沿用的是 WHO 的双径测量标准，2000 年以后国际新药研究都采用 RECIST 的单径测量标准，但大家对后者还很陌生，有待熟悉，而 WHO 标准确存在不少缺陷，例如对待可测量病灶、可评价、不可测量，这三种病灶的意义未加严格界定；对观察病灶的大小及数量没有要求；判断 PD 的参照物不明确；检测手段较随意；多病灶疗效分离怎么评价没有交代，等等。

RECIST 标准规定[10]，只有具有可测量病灶的病人才能进入新药研究，而不再使用“可评价病灶”的术语及概念。可测量病灶是指可精确测量最长径的病灶，必须是用传统手段检查≥2 cm，或用螺旋 CT≥1 cm 的病灶。不足该标准的小病灶，以及诸如骨转移、胸腹腔积液、皮肤或肺部淋巴管炎等确实无法测量的病灶都属不可测量病灶。

RECIST 标准推荐评价方法是 CT 及磁共振检查。如肺部病灶边界明确，周围有充气的肺组织，也可用 X 线检查，但还是推荐 CT 更好。不建议用 B 超评价，但浅表淋巴结或皮下病灶可用此代替体检，或用 B 超来核实病灶的 CR。肿瘤标志物不能独立评价疗效，惟有全部病灶消失后，可由其确认 CR。

每个器官最多测 5 个可测量病灶，全身总共可测最多 10 个可测量病灶，以此作为目标病灶，来代表所有累及器官的病变。超过此数的可测量病灶及其他不可测量病灶全部归入非目标病灶。

RECIST 标准以疗前所有目标病灶最长径（LD）之总和作为评价的基线。如果治疗开始后，采用同一检测手段，当 LD 总和增大≥20% 或出现新病灶为 PD；缩小≥30% 为 PR；在两者之间为 SD；全部消失为 CR。我们根据最有效时的最小 LD 总和的数据，来判定该病人的疗效等级，例如 PR；再以最小 LD 总和为参照，如果以后又增大≥20%，即至 TTP 中的“病变进展日期”。特别要注意的是，即使这时其疗效等级仍为 PR，不是 PD，只是到了 TTP 即说明原 PR 等级的疗效已经终结。至于非目标病灶一般只记录消失或存在，如果明显恶化为 PD，它只是辅佐目标病灶评价总体疗效。

为了避免对疗效的过高估计，凡 CR、PR、SD 的病人都需要经 4 周后确认。同时为了避免对PD的过早肯定，如果LD总和增加20%，但实际数值不大，可继续治疗1个月后再予评价（只要确认，上次日期为首次进展日期）。如果多病灶疗效分离，或者一个大肿瘤病灶分裂成多个小病灶，则将各病灶最长径之和，与基线总和进行比较。

RECIST标准把骨转移列入不可测量的非目标病灶，但是乳腺癌的内分泌治疗对骨转移有明确肯定疗效，因此在实践中要注意以下几个问题。骨扫描只作初筛手段，惟有X线片、CT、核磁才能诊断骨转移，其中CT及X线片更便于疗效的分析。如果在治疗过程中出现新的溶骨性病灶，或者出现新的骨以外的转移病灶，或原有的成骨性病灶转为溶骨性病灶都是PD的征象，即可判断TTP。但是病理性骨折、椎体压缩性骨折、脊髓压迫、高钙血症、疼痛仅是骨转移的相关事件，并不是PD的证据。

RECIST标准是抗肿瘤新药的疗效评价标准，为了避免病灶测量误差影响疗效的判断，特别规定了目标病灶大小的最低限度。虽然日常收治的病人未必都能达到此项要求，但我们应当认真学习这种清晰的研究思路，缜密的工作态度及严谨的具体规定，去尝试探索并结合实际应用这些标准，提升我们的医疗水平。因此提出晚期乳腺癌治疗应以TTP来评价疗效。

因为TTP非常适合不良反应较轻的非细胞毒药物的临床研究[11]，所以也联想到以TTP来作为研究我国传统医学的一种很好途径，遗憾的是至今未见这样的思路和报告。如果单独应用中医药手段，通过多中心大样本的，随机对照的双盲研究，即使没有很高的CR + PR的有效率，只要有众多的SD≥6个月的获益病人，并能获得比空白对照组明显延长的TTP的确切数据，也无疑提示中医药的独立抗癌作用，使中医药的研究不再停留在“双向调节，增效减毒，扶正固本”等辅助用药层面，从而可走上更为宽广的发展道路。

参 考 文 献

1 National Comprehensive Cancer Network (NCCN) Clinical practice guidelines in oncology (breast cancer) - v. 2. 2006.

2 Howell A, Mackintosh J, Jones M, et al. The definition of the “no change” category in patients treated with endocrine therapy and chemotherapy for advanced carcinoma of the breast. Eur J Cancer Clin Oncol, 1988, 24 (10): 1567 ~ 1572.

3 Robertson JFR, Howell A, Buzdar A, et al. Static disease on anastrozole provides similar benefit as objective response in patients with advanced breast cancer. Breast Cancer Research and Treatment, 1999, 58: 157 ~ 162.

4 宋三泰. 乳癌内分泌治疗应该注意的几个问题. 中国实用外科杂志, 1997, 17 (2): 70 ~ 72.

5 Nabholtz JM, Buzdar A, Pollak M, et al. Anastrozole is superior to tamoxifen as first-line therapy for advanced breast cancer in postmenopausal women: Results of a north american multicenter randomized trial. J Clin Oncol, 2000, 18 (22): 3578 ~ 3767.

6 Mouridse H, Gershanovich M, Sun y, et al. Superior efficacy of letrozole (femara) versus tamoxifen as first-line therapy for postmenopausal women with advanced breast cancer : Results of phase Ⅲ study of the international letrozole breast cancer group. J Clin Oncol, 2001, 19 (10): 2596 ~ 2606.

7 Paridaens R, Therasse P, Dirix L, et al. First line hormonal treatment for metastatic breast cancer

with exemestane or tamoxifen in postmenopausal patients-a randomized phase Ⅲ trial of the EORTC Breast Group. J Clin Oncol, 2004, 22 (14 s): (Abstract 515).

8 Osborne CK, Pippen J, Jones SE, et al. Duble-blindrandomized trial comparing the efficacy and tolerabilitt of fulvestrant versus anastrozole in post-menopausal women with advanced breast cancer progressing on prior endocrine therapy: Results of a North American trial. J Clin Oncol, 2002, 20: 3386～3395.

9 Leo AD, Bleiberg H, Buyse M. Overall survival is not a realistic end point for clinical trials of new drugs in advanced solid tumors: a critical assessment based on recently reported phase Ⅲ trials in colorectal and breast cancer. J Clin Oncol, 2003, 21 (10): 2045～2047.

10 Therasse P, Arbuck SG, Eisenhauer EA, et al. New guidelines to evaluated the response to treatment in solid tumors. Journal of the National Cancer Institute, 2000, 92 (3): 205～216.

11 Johnson JR, Williams G, Pazdur R. End points and United States Food and Drug Administration approval of oncology drugs. J Clin Oncol, 2003, 21 (7): 1404 ～1411.

❖ 肾肿瘤 ❖

转移性肾细胞癌分子靶向治疗

管考鹏　李长岭

中国医学科学院　中国协和医科大学　肿瘤医院泌尿外科　北京　100021

肾细胞癌（renal cancer carcinoma，RCC）是我国泌尿生殖系统常见的肿瘤之一，其中透明细胞癌占 80%～90%。近年来，肾细胞癌的发病率和死亡率有逐年上升趋势。

约 30% 肾细胞癌病人在就诊时或手术后可能出现转移，转移性肾细胞癌（metastatic renal cell carcinoma，mRCC）病人的中位生存时间为 8～12 个月。肾细胞癌对放疗与化疗均不敏感。免疫治疗及生物化疗是目前治疗转移性肾癌的一线治疗方法，但其总有效率只有 10%～20%，并有严重的不良反应，限制了其进一步应用[1~3]。

肾细胞癌是一种血运丰富的肿瘤，其发生发展与 VHL 基因失活、HIF 异常上调、血管促进因子表达增加（如 GLUT1、VEGF、PDGF、EPO、TGF-α 和碳酸脱水酶 IX 等）、相关信号传导通路激活（如 Ras/ Raf/ MEK/ Erk 及 PI3K/ Akt/ mTOR 信号传导通路）等多种因素导致的肿瘤细胞增殖、肿瘤血管生成有关，以上多种关键因子的高表达与肾癌特别是肾透明细胞癌的预后有密切关系，这成为肾细胞癌分子靶向治疗的基础和作用靶点。现将最新的相关进展进行总结[1~3]。

一、抗血管形成相关因子抗体

1. 贝伐单抗（bevacizumab）　重组人源化 VEGF 单克隆抗体，可与 VEGF-A 结合。

一项Ⅱ期临床研究，将 116 例经免疫治疗失败的 mRCC 病人随机分为 3 组，对照组、低剂量组（n =37，3 mg/kg，2 周）和大剂量组（n =39，10 mg/kg，2 周）。大剂量组病人反应率为 10%，中位疾病进展时间（the time to disease progression，TTP）4.8 个月（较对照组延长 2.5 个月），但总生存时间（overall survival，OS）无差别，总的治疗效果不甚满意[4]。

59 例转移性或局部复发无法切除的肾透明细胞癌病人联合应用贝伐单抗 + 埃罗替尼（erlotinib，一种选择性 HER1/ EGFR 酪氨酸激酶抑制剂，150 mg，口服），结果：完全缓解（complete responses，CR）2%，部分缓解（partial response，PR）23%，61% 病人稳定（stable disease SD），中位无进展生存时间（progression-free survival，PFS）为 11 个月，贝伐单抗主要不良反应为高血压、蛋白尿和鼻出血等[5]。

Escudier 报道了贝伐单抗联合干扰素治疗 mRCC 的Ⅲ期临床试验结果（BO17705）：649 例转移性肾透明细胞癌病人行肾切除术后，随机分为 INFα-2a 治疗组（INFα-2a，每周三静脉点滴，每次 900 万单位，共 52 周，以后每 2 周应用安慰剂治疗，直到疾病进展），联合治疗组（INFα-2a，每周 3 次，每次 900 万单位，共 52 周，以后每间隔 2 周应用贝伐单抗 10 mg/kg，IV，第 1、15、28 天为 1 周期，直到疾病进展）。治疗 1 年后，与干扰素单独治疗组相比，联合治疗组的 PFS 显著延长（10.2 个月和 5.4 个月）（HR = 0.63；$P < 0.0001$），客观有效率显著增高（30.6% 和 12.4%），并有提高总 OS 的趋势[6]。

CALGB90206：本研究把初治、未手术的转移性肾透明细胞癌病人 700 例，随机分为 INFα-2b 治疗组（INFα-2b，每周三静脉点滴，每次 900 万单位）、INFα-2b 及贝伐单抗联合治疗组（INFα-2b，每周 3 次，每次 900 万单位 + 贝伐单抗 10 mg/kg，2 周，IV，第 1、15、28 天为 1 周期），此项随机Ⅲ研究正在进行中[7]。

2. EGFR 单克隆抗体 ABX-EGF（panitumumab）　Ⅱ期临床研究发现，88 例转移性肾透明细胞癌病人治疗后，约 50% 病情稳定，其中病人 2 例部分缓解，1 例 CR，中位 PFS 为 100 天。另一项Ⅱ期临床试验显示，107 例 mRCC 病人分为两组，一组为 IL-2 或 IFN-α 治疗失败者，一组为未治疗者，治疗 8 周后 57% SD，33% 病情进展（PD）。所有病人继续治疗到 40 周时，58% 持续 SD，36% PD，中位稳定时间 23 周，13 人病情稳定超过 6 个月，中位 PFS 为 15 个月。主要不良反应为各种皮肤反应、乏力、腹泻、恶心、呕吐、便秘、关节痛和咳嗽[8]。

3. VEGF-trap　是一种由 VEGFR 免疫球蛋白结构域和免疫球蛋白（IgG1）组成的融合蛋白，VEGF-trap 与 VEGF 有很高的亲和性。Ⅰ期临床研究发现 1 例肾癌病人病情稳定达 6 个月，目前 VEGF-trap 治疗转移性肾癌的Ⅱ临床研究正在研究中[9]。

4. M200（volociximab）　是 integrins α5β1 的单克隆抗体，体外试验显示 M200 对 VEGF 和 bFGF 活性有抑制作用，耐受性较好。常见的不良反应为消瘦、恶心呕吐等。M200 治疗 mRCC 的Ⅱ期临床试验见文献［10］。

5. Flavopiridol　是一种 Cyclin D1/cdk4 抑制剂。flavopiridol 治疗晚期肾癌的Ⅱ期临床试验研究共 34 例病人，其中 1 例完全缓解，3 例部分缓解，总反应率为 12%。41% 病人病情稳定，不良反应较轻[11]。

二、酪氨酸激酶抑制剂

酪氨酸激酶抑制剂采取“多靶点”方式攻击肿瘤细胞，对 RAF 激酶、VEGFR-2、VEGRF-3、PDGFR -β、FLT-3 和 c-KIT 等均具有抑制作用，其具双重抗肿瘤作用，一方面通过抑制 RAF/MEK/ERK 信号传导通路直接抑制肿瘤生长，另一方面通过抑制 VEGF 和 PDGF 受体减少或阻断肿瘤新生血管的形成，间接抑制肿瘤细胞生长。

（一）索拉非尼（sorafenib）

是一种新型口服多靶点多激酶抑制剂。

1. 索拉非尼 TARGETs 临床试验结果 Bernard 等报道迄今规模最大的 mRCC 多中心随机双盲对照（TARGETs）Ⅲ期临床试验结果。903 例 mRCC 病人入组，随机分为索拉非尼治疗组 451 例（400 mg，bid，口服），治疗 23 周；安慰剂组 452 例。结果显示两组的客观有效率分别为 10% 和 2%。索拉非尼组有 1 例病人完全缓解（<1%），部分缓解（约 10%），另有 74% 病人病情维持稳定；而安慰剂组没有 CR，PR（2%），53% 的病人病情维持稳定，两组间差异显著。临床受益率分别为 80% 和 55%。索拉非尼组的平均 PFS 比安慰剂组延长了 1 倍，分别为 5.8 个月 和 2.8 个月。目前分析显示应用索拉非尼治疗能降低病人的死亡风险（风险率 0.72，$P=0.02$），病人的生活质量显著改善。

最新分析结果表明，虽然在中期分析后允许安慰剂组中进展的病人交叉接受索拉非尼治疗，但索拉非尼组平均总生存时间（19.3 个月）仍明显优于安慰剂组（15.9 个月）。

绝大多数病人对索拉非尼治疗有良好的耐受性和依从性，常见的不良反应有乏力、虚弱、体重减轻；胃肠道反应：如腹泻、恶心、呕吐、食欲减退、便秘；高血压、贫血；皮肤反应：如手足综合征、皮疹及脱皮等、心肌缺血、头痛及关节痛等。最常见的实验室检查异常包括：中性白细胞减少症、脂肪酶升高、贫血、血肌酐升高、血小板减少症及淋巴细胞减少症等。不良反应中大部分为 1 级或 2 级，3 级和 4 级的发生率与安慰剂组相当。大多数不良反应可通过对症处理缓解，部分病人须减少药物用量或停药而得到缓解[12,13]。

2. 索拉非尼治疗转移性肾癌的其他研究进展

（1）索拉非尼治疗晚期肾癌扩大临床试验（ARCCS）：共入组 2 488 例病人（透明细胞癌占 78%），其中约 50% 病人曾接受过免疫治疗或贝伐单抗治疗。结果显示，不同类型的肾细胞癌，疾病控制率均为 74% ~95%。在可评价的 1 850 例一线病人中，CR、PR、SD 和疾病进展率分别为 0.1%、3.6%、79.9% 和 16.4%，17.5% 病人有未经证实的 PR，不良反应发生率与以前报道相似，其中 3/4 不良反应主要为手足综合征（7.2%）、疲乏（5.3%）、高血压（4.4%）和皮疹（4%）[14]。

索拉非尼剂量递增Ⅱ期临床试验：44 例转移性透明细胞癌病人先接受索拉非尼 400 mg/次、每天 2 次，治疗 4 周后如能耐受，增至 600 mg/次、每天 2 次，4 周后如仍能耐受，增至 800 mg/次、每天 2 次，并持续治疗直至疾病进展或病人不能耐受。44 例病人中有 41 例剂量增加到 1 200 mg，32 例剂量进一步增加到 1 600 mg，其中 25 例病人可维持该剂量，7 例病人需要减量。结果显示，病人对索拉非尼剂量递增耐受良好，93% 的病人可承受 1 200 mg/d 或 1 600 mg/d。增加索拉非尼用量能提高治疗有效率，总有效率高达 55%（CR 为 16%，PR 为 39%），中位 PFS 达 8.43 个月[15]。

（2）索拉非尼与干扰素一线治疗肾癌实验：Szczylik 等人进行了一项索拉非尼和干扰素分别作为第一线药物治疗肾癌的Ⅱ期临床试验，189 例病人被随机分配接受索拉非尼（400 mg/次，每天 2

次）或干扰素治疗，两组的 CR + PR 分别为 5% 和 9%，疾病控制率分别为 79% 和 64%，中位 PFS 分别为 5.7 个月和 5.6 个月。因不良反应而终止治疗两组比例分别为 11% 和 15%。另一部分，病人若病情进展，则索拉非尼加量至 600 mg/次、每天 2 次或由安慰剂组转入索拉非尼组，这部分病人的中位 PFS 分别为 3.6 个月和 5.3 个月。进一步分析显示，索拉非尼作为一线药物在肾癌病人的疾病控制率、病人生活质量方面与干扰素相比有一定优势，且交叉进入索拉非尼组的病人在 PFS 方面仍能够获益[16]。

（3）索拉非尼联合干扰素治疗晚期肾癌：RAPSODY 研究：Bracarda 等报道一项前瞻性随机Ⅱ期临床研究，应用索拉非尼联合 2 种不同剂量干扰素治疗 mRCC 63 例，其中透明细胞癌占 50%。口服索拉非尼 400 mg，每天 2 次，治疗 7 天后，分为 A、B 两组，其中 A 组 IFN 9×10^6，每周 3 次皮下注射，B 组 IFN 3×10^6，每周 5 次皮下注射。结果显示：联合治疗 mRCC：总 PR 为 25.4%（A 组 29%；B 组 22%），SD 41.3%（A 组 29%；B 组 53%），肿瘤控制率达 66.7%（PR + SD）。该研究提示索拉非尼联合干扰素在治疗 mRCC 中具有良好的应用前景[17]。

Ryan 研究一项 62 例转移性或无法切除且未系统治疗的肾癌病人。治疗方法：干扰素 α 每周 3 次皮下注射，每次剂量 10×10^6U；同时口服索拉非尼 400 mg，每天 2 次。客观反应率为 19%（12/62），其中 CR 2%，PR17%；另外约 50%（31/62）病人病情稳定，中位无进展生存时间为 7 个月（95% CI，4～11 个月）。此研究认为联合应用治疗晚期肾癌效果好于两种药物单独应用，不良反应以干扰素引起的反应及轻度手足综合征为主，尚需扩大样本量进行研究[18]。

Gollob 等应用索拉非尼和干扰素 α-2b 联合作为一线或二线用药治疗转移性肾癌的Ⅱ期临床实验结果，共 40 例 mRCC。用药反法：病人口服每次索拉非尼 400mg，每天 2 次，同时干扰素 α 每周 3 次皮下注射，每次剂量 10×10^6U；每 8 周后间断 2 周，病人病情进展或出现严重不良反应时终止。反应率为 33%（13/40），其中 CR 5%（2/40），PR 28%（11/40）；共随访 14 个月，中位 PFS 为 10 个月，（95% CI，8～18 个月）。乏力、恶心及腹泻等是常见不良反应，65% 病人在治疗过程中需减少药物用量。研究提示联合应用治疗晚期肾癌效果好于单独应用，不良反应发生率高于单独应用，但通过减少剂量或间断用药可继续治疗。现正在进行大样本临床研究[19]。

以上的相关研究初步显示：索拉非尼联合干扰素治疗晚期肾细胞癌的疗效可能优于两种药物单独应用，其不良作用尚可耐受。

2. 舒尼替尼（sunitinib）是一种新型口服多靶点多激酶抑制剂，对多种晚期恶性肿瘤病人有较好效果，包括肾细胞癌、胃肠间质瘤（GIST）等。

舒尼替尼口服治疗 63 例免疫治疗失败 mRCC 病人（50 mg/d，连服 4 周停 2 周），PR 为 40%，并有 27% 的病人病情稳定持续超过 3 个月。中位 TTP 为 8.7 个月，中位生存时间 16.4 个月。在获得部分缓解的病人中，中位缓解时间 12.5 个月。另一项研究中 106 例免疫治疗失败的 mRCC 病人，在可评价疗效的 105 例中 34% 部分缓解，其中 1 例完全缓解，23% 稳定，31% 进展。中位无疾病进展时间为 8.3 个月，TTP 和中位生存时间未达[20,21]。

Motzer 等报道舒尼替尼作为一线药物治疗 mRCC 多中心的Ⅲ期随机临床试验的中期分析结果。该试验将 750 例病人随机分为接受舒尼替尼组和 IFN-α 治疗组。舒尼替尼组的给药方式为：舒尼替尼每天 1 次，每次 50mg，连续服用 4 周，休息 2 周，6 周为 1 个治疗周期。IFN-α 治疗组为 IFN-α 每周 3 次，每次 900 万单位皮下注射。舒尼替尼治疗组的平均治疗时间为 6 个月，IFN-α 治疗组治疗时间平均为 4 个月。舒尼替尼治疗组的中位 TTP 为 11 个月显著长于 IFN-α 治疗组（5 个月），延长 6 个月。舒尼替尼治疗组的客观缓解率为 31%，显著高于 IFN-α 治疗组（6%），均为部分缓解，未发现完全缓解病人。两组平均总生存时间尚未达到。IFN-α 治疗组 3 级或 4 级的乏力疲倦的发生率（12%）明显高于舒尼替尼治疗组（7%），但腹泻的发生率较低。舒尼替尼治疗组的生活质量显著好于 IFN-α 治疗组，具有临床和统计学差异。此结果显示应用舒尼替尼治疗转移性肾细胞癌比应用 IFN-α 治疗能显著提高客观缓解率和中位无疾病进展生存时间。

舒尼替尼治疗相关的不良反应主要为。乏力、胃肠道反应（腹泻和恶心）、高血压、皮肤反应（如手足综合征）等。最常见的实验室检查异常包括：中性白细胞减少症、脂肪酶升高、贫血、血肌酐升高、血小板减少症及淋巴细胞减少症等[22]。

George 等报道了的舒尼替尼治疗贝伐单抗治疗失败的 61 例 mRCC 病人Ⅱ期临床试验结果：PR 23%，SD 57%，中位 PFS 为 36 周，提示舒尼替尼治疗贝伐单抗治疗失败 mRCC 有效，且两种药物无交叉耐药性[23]。

索拉非尼与舒尼替尼序贯治疗 mRCC：Sablin 等报道了一项 90 例晚期 RCC 病人索拉非尼和舒尼替尼序贯使用的结果，68 例晚期肾癌病人首选接受索拉非尼治疗，22 例病人首选接受舒尼替尼治疗。索拉非尼→舒尼替尼组和舒尼替尼→索拉非尼组病人的死亡率分别为 32% 和 50%。提示索拉非尼与舒尼替尼虽然有共同的靶点但无明确的无交叉耐药性，两药序贯使用仍然有效且首先应用索拉非尼似乎更为效果更好[24]。

3. Pazopanib 是一种小分子的 PDGFR-β 和 VEGFR 酪氨酸激酶抑制剂，能阻断 3 种 VEGFR。一项应用 pazopanib 作为免疫治疗失败的 mRCC 病人的二线治疗的Ⅱ期临床试验，共 52 例，用法：每次 5 mg，每天 2 次。部分缓解率达（PR）46%，40% 的病人病灶稳定（SD），约 74% 病人的肿瘤有不同程度缩小，疾病控制率达 86%。平均随访 1 年时，13 例病人疾病进展（25%），3 例终止治疗，36 例病人（69%）病情仍稳定。在部分缓解的 24 病人中 21 例继续治疗后仍有效。pazopanib 有良好的耐受性，常见的不良反应为高血压、恶心、腹泻、疲劳、乏力体重减轻及蛋白尿等[25]。

4. Lapatinib（GW572016） 是一种选择性 HER1/EGFR 和 HER2/ErbB2 酪氨酸激酶抑制剂。Ravaud 报道了Ⅲ期临床

试验结果：417 例既往治疗失败的 mRCC 病人，随机分为接受 lapatinib 治疗组和激素治疗组。结果显示两组病人 TTP 和 OS 近似。但对 EGFR 高表达病人进行的亚组分析发现，lapatinib 组的中位生存时间（46.0 周）明显优于激素组（37.9 周），lapatinib 组的中位肿瘤进展时间（15.1 周）也优于激素组的趋势（10.9 周）。此项研究显示，高表达 EGFR 的肾癌病人应用 lapatinib 治疗效果较好[26]。

5. PTK787 是一种口服的 VEGFR-1、VEGFR2、VEGFR3 酪氨酸激酶抑制剂。临床研究显示，应用 PTK787 治疗 41 例 mRCC 病人，2 例部分缓解（5%），6 例轻度缓解（15%），病情稳定率达 46%，1 年总生存率为 63.7%。不良反应主要包括恶心、乏力、呕吐等[27]。

6. 吉非替尼（gefitinib）是一种选择性 EGFR 酪氨酸激酶抑制剂，目前在 mRCC 的Ⅱ期临床研究中，吉非替尼无明确的疗效。Sumitomo 等应用吉非替尼联合紫杉醇治疗肾癌取得一定的临床效果，其理论依据是吉非替尼阻断紫杉醇诱导的 EGFR 酪氨酸激酶信号转导通路、下调 Bcl-2、加速细胞凋亡有关[28]。

三、mTOR 激酶抑制剂

1. Temsirolimus（CCI-799）是一种雷帕霉素水溶性衍生物。Ⅱ临床试验显示，111 例晚期肾癌病人分为 3 组：temsirolimus 25、75 和 250 mg 组，每周 1 次静脉注射。其中约 7% 病人达到完全或部分缓解，其中完全缓解 1 例，7 例部分缓解，轻度缓解率为 26%。中位肿瘤进展时间（TTP）为 5.8 个月，平均总生存时间（OS）为 15 个月。进一步分析发现中等和高风险的病人经 temsirolimus 治疗后的生存时间分别为 22.5 个月和 8.2 个月，比 IFNα 治疗提高 2～3 倍（13.8 个月和 4.9 个月）[29]。

Temsirolimus 作为一线药物治疗高风险的 mRCC 国际多中心Ⅲ期临床试验，将 626 例病人随机分为 3 组：temsirolimus 单药治疗组（n = 209，每周 1 次，静脉注射 25mg）、IFN 单药组（n = 207，每周注射 3 次，每次 1 800 万单位）及两者联合治疗组（n = 210，temsirolimus 每周注射 1 次，15 mg；IFNα 每周 3 次，每次 600 万单位）。temsirolimus 单药组的平均生存时间为 10.9 个月比其他两组明显延长，而 IFN 单药组及联合治疗组分别为 7.3 个月和 8.4 个月，后两量组总生存率无统计学差异。特别是 temsirolimus 单药组明显提高了平均 OS 达 49%，提高 PFS（3.6 个月和 1.8 个月）。此结果显示应用 temsirolimus 作为一线药物治疗转移性高风险肾癌能提高病人的总生存时间，而单独应用 IFN-α 或两者联合治疗不能显著提高生存时间。

Temsirolimus 良好的耐受性，常见不良反应等包括：皮疹、肢端水肿、高血糖、高血脂、粘膜炎、乏力及恶心等。不同治疗剂量病人的不良反应等级及疗效无明显差别[30]。

2. RAD001（everolimus）是一种口服雷帕霉素衍生物。在Ⅱ期临床试验中，RAD001 治疗 25 例肾透明细胞癌病人，7 例获得 PR，1 例 SD 超过 3 个月，4 例尚未能评价疗效。初步显示 RAD001 有一定的抗肿瘤作用及客观反应，能延长 mRCC 病人无疾病进展时间，其确切疗效尚在进一步研究证实中[31]。

四、cG250 与肾癌的治疗

cG250 是一种 IgG1 单克隆抗体，能特异性与 CA Ⅸ 结合。CA Ⅸ 是一种膜相关性的碳酸酐酶，在低氧条件下可调节细胞增殖，在肿瘤的发生、发展中起到一定的作用。CA Ⅸ 抗原在 RCC 中的特异性表达使其成为肿瘤疫苗潜在的靶抗原和肾癌治疗的重要靶位。

在 cG250 治疗 36 例 mRCC Ⅱ 期临床试验中，每周给药 1 次，连续 12 周，若病人病情稳定继续应用 8 周。结果显示，10 例病人病情稳定，1 例达到完全缓解，随访 6 个月时其中 5 例病情发生进展。总生存时间为 15 个月[32]。应用 cG250 联合细胞因子（IL-2 或 INF-α）靶向治疗 mRCC，已经取得一定疗效，现正在进一步研究中，也可将耦联放射性核素的 G250 抗体应用于肾肿瘤的放疗和诊断[33]。

五、展望

分子靶向治疗已经成为转移性肾细胞癌最活跃的研究领域之一。索拉非尼、sunitinib 及 temsirolimus 已被美国 FDA 批准用于晚期肾细胞癌的一线或二线治疗，这是转移性肾癌治疗领域的重要进展。

临床试验结果证明大多数分子靶向药物治疗 mRCC 有一定的疗效，但完全缓解率低，这与此类制剂主要是抑制肿瘤细胞和新生血管的形成，不能直接杀死肿瘤细胞有关。因此不同作用机制、作用不同靶点的药物联合应用，或与免疫制剂、传统化疗药物联合有望进一步提高疗效。随着研究的深入，肾癌分子靶向治疗将会进一步完善，将为晚期肾癌病人带来希望。

参考文献

1 Garcia JA, Rini BI. Recent progress in the management of advanced renal cell carcinoma. CA Cancer J Clin, 2007, 57 (2): 112.

2 Motzer RJ, Bolger G B, Boston B, et al. NCCN Clinical Practice Guidelines in Oncology - Kidney Cancer V. 2. 2007. ww. nccn. org.

3 Herbert T. Cohen, Francis J. McGovern, et al. Renal-Cell Carcinoma. N Engl J Med, 2005, 353: 2477.

4 Yang JC, Haworth L, Sherry RM, et al. A randomized trial of bevacizumab, an anti-vascular endothelial growth factor antibody, for metastatic renal cancer. N Engl J Med, 2003, 349 (5): 427.

5 Hainsworth JD, Sosman JA, Spigel DR. Treatment of metastatic renal cell carcinoma with a combination of bevacizumab and erlotinib. J Clin Oncol, 2005, 23 (31): 7889.

6 Escudier B, Koralewski P, Pluzanska A, et al. Randomized, controlled, double-blind phase Ⅲ study (AVOREN) of bevacizumab/interferon-α2a vs placebo/interferon- α2a as first-line therapy in metastatic renal cell carcinoma. Journal of Clinical Oncology, 2007 ASCO Annual Meeting Proceedings 25, 18S. 2007. 3.

7 Rini BI, Halabi S, Taylor J, et al. Cancer and Leukemia GroupB 90206: A randomized phase Ⅲ trial of interferon-alpha or interferon-alpha plus anti-vascular endothelial growth factor antibody (bevacizumab) in metastatic renal cell carcinoma. Clin Cancer Res, 2004, 10 (8): 2584.

8 Rowinsky EK, Schwartz GH, Gollob JA, et al. Safety pharmacokinetics and activity of ABX-EGR, a fully human anti- epidermal growth factor recptor monoclonal antibody in patients with metastatic renal cell cancer. J Clin Oncol, 2004, 22: 3003.

9 Dupont J, Camastra D, Gordon M, et al. a

phase 1 study of VEGF-trap in patients with solid tumors and lymphoma. Proc Am Soc Clin Oncol, 2003, 22:194.

10 Ramakrishnan V, Bhaskar V, Law DA, et al. Preclinical evaluation of an anti-alpha5beta1 integrin antibody as a novel anti-angiogenic agent. J Exp Ther Oncol, 2006, 5 (4):273.

11 Van Veldhuizen PJ, Faulkner JR, Lara PN Jr, et al. A phase Ⅱ study of flavopiridol in patients with advanced renal cell carcinoma: results of Southwest Oncology Group Trial 0109. Cancer Chemother Pharmacol, 2005, 56 (1):39.

12 Bernard Escudier, Tim Eisen, Walter M, et al. Sorafenib in Advanced Clear-Cell Renal-Cell Carcinoma. N Engl J Med, 2007, 356 (2):125.

13 Bukowski RM, Eisen T, Szczylik C, et al. Final results of the randomized phase Ⅲ trial of sorafenib in advanced renal cell carcinoma: Survival and biomarker analysis. Journal of Clinical Oncology, 2007 ASCO Annual Meeting Proceedings. 25, 18S. 2007: 5023.

14 JJ Knox, RA. Figlin, WM Stadler, et al. The Advanced Renal Cell Carcinoma Sorafenib (ARCCS) expanded access trial in North America: Safety and efficacy. Journal of Clinical Oncology, 2007 ASCO Annual Meeting Proceedings 25, 18S. 2007, 5011.

15 Amato RJ, Harris P, Dalton M, et al. A phase Ⅱ trial of intra-patient dose-escalated sorafenib in patients (pts) with metastatic renal cell cancer (MRCC). Journal of Clinical Oncology, 2007 ASCO Annual Meeting Proceedings. 25, 18S. 2007, 5026.

16 Szczylik C, Demkow T, Staehler M, et al. Randomized phase Ⅱ trial of first-line treatment with sorafenib versus interferon in patients with advanced renal cell carcinoma: Final results. Journal of Clinical Oncology, 2007 ASCO Annual Meeting Proceedings Part I. Vol 25, No. 18S (June 20 Supplement). 2007. 5025.

17 Bracarda S, Porta P, Boni C, et al. Randomized prospective phase Ⅱ trial of two schedules of sorafenib daily and interferon-α2a (IFN) in metastatic renal cell carcinoma (RAPSODY): GOIRC Study 0681 Journal of Clinical Oncology, 2007 ASCO Annual Meeting Proceedings 25, 18S. 2007, 5100.

18 Ryan CW, Goldman BH, Lara PN Jr, et al. Sorafenib with interferon alfa-2b as first-line treatment of advanced renal carcinoma: a phase Ⅱ study of the Southwest Oncology Group. J Clin Oncol, 2007, 25 (22):3296～301.

19 Gollob JA, Rathmell WK, Richmond TM. Phase trial of sorafenib plus interferon alfa-2b as first- or second-line therapy in patients with metastatic renal cell cancer. J Clin Oncol, 2007, 25 (22):3288.

20 Motzer RJ, Michaelson MD, Redman BG, et al. Activity of SU11248, a multitargeted inhibitor of vascular endothelial growth factor receptor and platelet-derived growth factor receptor, in patients with metastatic renal cell carcinoma. J Clin Oncol, 2006. 24 (1):16.

21 Motzer RJ, Rini BI, Bukowski RM. Sunitinib in patients with metastatic renal cell carcinoma. JAMA, 2006, 295 (21):2516.

22 Motzer RJ, Hutson TE, Tomczak P, et al. Sunitinib versus interferon alfa in metastatic renal-cell carcinoma. N Engl J Med, 2007, 356 (2):115.

23 George, Michaelson, osenberg. Phase Ⅱ trial of sunitinib in bevacizumab-refractory metastatic renal cell carcinoma (mRCC): Updated results and analysis of circulating biomarkers. Journal of Clinical Oncology, 2007 ASCO Annual Meeting Proceedings 25, 18S, 2007. 5035.

24 Sablin, L Bouaita, C Balleyguier, et al. Sequential use of sorafenib and sunitinib in renal cancer: Retrospective analysis in 90 patients. Journal of Clinical Oncology, 2007 ASCO Annual Meeting Proceedings 25, 18S. 2007. 5038.

25 Rini B, Rixe O, Bukowksi R, et al. AG-013736, a multi-target tyrosine kinase receptor. demon-

strares anti-tumor activity in a phase 2 study of cytokine-refractory metastatic renal cell cancer. J Cliu oncol, 2005 (suppl: abstr 4509), 23:380s.

26 Ravaud A, Gardner J, Hawkins R, et al. Effincacy of lapatinib in patients with high tumor EGFR expression: Results of a phase Ⅲ trial in advanced renal carcinoma. J Clin Oncol, 2006 (Suppl, Abstract 4502), 24:217s.

27 George D, Michaelson MD, Oh WK, et al. Phase I study of PTK787/ZK222584 (PTK/ZK) in metastaic renal cell carcinoma. Proc Am Soc Clin Oncol, 2003, 22:385.

28 Drucker B, Bacik J, Ginsberg, M, et al. phase Ⅱ trial of ZD1839 (ISESSA) in patiens with advanced renal carcinoma. Invest New Drugs, 2003, 21:341.

29 Atkins MB, Hidalgo M, Stadler WM, et al. Randomized phase Ⅱ study of multiple dose levels of CCI-779, a novel mammalian target of rapamycin kinase inhibitor, in patients with advanced refractory renal cell carcinoma. J Clin Oncol, 2004, 22 (5):909.

30 Gary Hudes, Michael Carducci, Piotr Tomczak, et al. Temsirolimus, Interferon Alfa, or Both for Advanced Renal-Cell Carcinoma. N Engl J Med, 2007, 356:2271.

31 Amato RJ, Misellati A, khan M, et al. A phase 2 study of RAD001 in patients with metastatic renal carcinoma. J Clin Oncol, 2006, (suppl: abstr 4530), 24:224s.

32 Bleumer I, Knuth A, Oosterwijk E, Hofmann R, et al. A phase Ⅱ trial of chimeric monoclonal antibody G250 for advanced renal cell carcinoma patients. Br J Cancer, 2004 8, 90 (5):985.

33 Divgi CR, Pandit-Taskar N, Jungbluth AA, et al. characterisation of clear-cell renal carcinoma using iodine 124 labelled antibody chimeric G250 (124I cG250) and PET in patients with renal masses: a phase I trial. Lancet Oncol, 2007, 8 (4):304.

肾细胞癌相关分子标志物研究现状

管考鹏　李长岭

中国医学科学院　中国协和医科大学　肿瘤医院泌尿外科　北京　10021

肾细胞癌在我国发病率和死亡率有逐年上升的趋势，约30%的病人在就诊时已发生转移，30%局限性肾细胞癌病人在术后可能发生转移。目前肾细胞癌的临床诊断及分期主要依靠影像学如B超、CT及MRI检查。临床上多数病人无任何自觉症状，因此除定期体检外，如何早期发现肿瘤、术后如何监测肿瘤是否复发以及如何与良性肾肿物鉴别是目前肾癌诊疗过程的难点之一。肾细胞癌的相关肿瘤标志物一直是研究的热点并取得了部分进展，现概述如下[1,2]。

一、VHL途径相关因子

1. VHL基因　VHL基因是一种抑癌基因，VHL基因失活与肾细胞癌的发生发展有关[3]。VHL基因异常，其表达产物功能失活，进而使缺氧诱导因子(HIF)含量增多，过多的HIF促进下游缺氧诱导基因表达，导致以下相关基因表达增加，如葡萄糖载体基因(GLUT1)、血管内皮生长因子基因(VEGF)[4]、血小板衍生生长因子基因(PDGF)[5]、促红细胞生成素基因(EPO)[6]、转化生长因子α基因(TGF-α)，表皮生长因子受体基因(EGFR)、酸酐酶Ⅸ基因(CAIX/G250)等[8]，这些因子的表达增加进一步通过Ras/Raf/MEK/Erk信号传导通路及PI3K/Akt/mTOR信号传导通路促进了肿瘤血管形成及相关信号传导，进而促进肾癌的发生及发展[9,10]。

Yao等研究了散发性肾透明细胞癌病人中VHL基因突变与预后的相关性，发现VHL基因改变与病人生存率的关系，在被检测的187例早期肾癌病人中，VHL基因异常108例，其中52 %为VHL基因突变，51.3%为VHL基因过甲基化，是肿瘤特异性生存和无肿瘤生存的独立预后因素之一[11]。

2. 血管内皮生长因子(VEGF)及其受体(VEGFR)家族　VEGF是体内最重要的促血管生成因子之一。VEGF是HIF通路的下游因子，通过与表达在血管内皮细胞上的酪氨酸受体结合，激活下游信号传导通路，调节相关蛋白的表达，起到促进内皮细胞分裂、增加血管通透性等作用[12]。

VEGF在肾癌病人的组织异常表达与其肿瘤分期、分级及预后有关，但不是独立的预后因素。Lam等研究肾透明细胞癌肿瘤组织发现：VEGFR-1、VEGFR-2

高表达与肾肿瘤血行转移有关；VEGF-A、VEGFR-1、VEGFR-3 低表达与肾癌淋巴转移有关。多因素分析提示 VEGFR-3 低表达是淋巴结受侵及无瘤生存时间短的独立预后因素，发生淋巴结转移的几率增加 4 倍。多因素分析证实 VEGFR-3 低表达与肾癌的淋巴转移及无疾病生存时间短有关[13]。

Leppert 等人应用免疫组化方法分别检测（340 例）肾透明细胞癌和（42 例）乳头状癌肿瘤组织中 VEGF-A、VEGF-C、VEGF-D、VEGFR-1、VEGFR-2、VEGFR-3 的表达情况。结果显示，血管形成途径中，乳头状癌 VEGF-A（57%）及 VEGFR-2（49%）的表达水平高于透明细胞癌（37%），而两者 VEGFR-1 表达无差别；淋巴管途径中，透明细胞癌组织中 VEGF-D 表达水平（51%）显著高于乳头状癌（41%）。乳头状癌 VEGFR-3 表达较高（13%），VEGF-C 表达无区别。VEGF-A 可能成为抗血管形成治疗乳头状肾癌的靶点[14]。

3. PDGF 及其受体（PDGFR）家族

PDGF 有 5 种异构体，3 种受体，PDGFR 家族的成员除了 PDGFRα 和 PDGFRβ 之外，还包括集落刺激因子 1 受体、干细胞生长因子受体、FLK2/FLT3。Sulzbacher 等应用免疫组化法研究证实 PDGF 及其受体与肾透明细胞癌的临床病理分级及血管形成有密切关系，PDGF-α 及受体表达阳性率分别为 38.8%（0.0% ~ 96.0%）和 18.4%（0.0% ~ 90.0%），在 G3 ~ 4 级表达显著高于 G1 ~ 2 级，两者高表达者预后差[15]。

4. 转化生长因子（TGF） TGF 主要分为 TGF-α、TGF-β 两种。TGF-α 是一种血管形成促进因子，与 HER1/EGFR 受体结合，激活酪氨酸激酶活性。肾细胞癌病人 HIF 高表达后促进了 TGF-α。TGF-β 可抑制内皮细胞、表皮细胞、肿瘤细胞增殖，是一种负性调节因子。但在多种肿瘤病人血浆中，TGF-β1 存在高表达，与肿瘤侵袭和转移具有相关性[16]。

Hegele 等利用 ELISA 检测局限或转移性的 RCC 病人 TGF-β1，结果显示发生转移的 RCC 病人其 TGF-β1 浓度显著高于局限性 RCC 病人及对照组，这对早期发现 RCC 转移方面均有一定的意义[17]。Wunderlich 等研究发现，肾癌病人血浆 TGF-β1 含量显著高于健康人及炎性病变，提示是一个潜在的标志物[18]。

5. 表皮生长因子（EGFR）家族

EGFR 是一种糖蛋白的跨膜受体，是酪氨酸激酶生长因子受体家族的一个成员，这种受体在调解细胞生长、分化和存活上有着重要作用。EGFR 在肾癌组织中高表达并和病人的分级和转移有关，高表达的病人，肿瘤恶性程度高，易发生转移，预后不良，EGFR 是目前肿瘤分子靶向治疗的热点之一[19]。

二、碳酸脱水酶 IX（Carbonic anhydrase IX，CA IX）基因

碳酸脱水酶 IX 是碳酸脱水酶家族成员之一，在肿瘤细胞乏氧时可以调节细胞内外的 pH 值以利于肿瘤细胞的进一步增殖和转移[20,21]。CAIX 蛋白表达受 HIF 调节，在一些肿瘤组织中表达而在正常组织中不表达或低表达[22,23]。研究发现 CA IX 在正常肾脏组织中不表达而在肾癌组织中高表达，提示检测肾肿瘤组织中有望成为诊断肾癌的有用的标志物之一。

CA IX 的表达对肾癌病人免疫治疗效果的评价有一定指导意义。Bui 等研究发现，肾透明细胞癌病人的肿瘤组织中 CAIX 表达阳性率为 94%，若以 85% 为临界值，阳性率低于 85% 是转移性肾癌病人预后不良的独立因素之一。高表达 CA IX 的转移性肾癌病人平均总生存时间为 24.8 个月，低表达者为 5.5 个月。CA IX 表达阳性率高于 85% 的病人应用 IL-2 免疫治疗效果好，敏感性是 CA IX 低表达病人的两倍，能够延长生存时间。而组织学亚型为乳头细胞癌和嫌色细胞癌的病人低表达或不表达 CA IX，对 IL-2 治疗不敏感。CA IX 可作为是否选择免疫疗法治疗肾癌的指标之一。以上研究结果可以解释以下现象，即组织学亚型为乳头细胞癌和嫌色细胞癌的病人对于 IL-2 的治疗不敏感而透明细胞癌病人对此治疗较敏感，因为这两种亚型的肿瘤细胞低表达或不表达 CA IX，而透明细胞癌高表达 CA IX[24~26]。

三、哺乳动物雷帕霉素靶蛋白（mTOR）

mTOR 是高度保守的蛋白质，分子量大小为 289 kD，属于丝氨酸-苏氨酸蛋白激酶 PIKK 家族，在 PI3K/Akt/mTOR 信号传导通路中有重要作用[27]。

Pantuck 等应用免疫组化方法分别检测了 417 例肾癌病人的肿瘤标本中 PI3K/Akt/mTOR 信号传导通路中的关键因子，如：PTEN、pAkt、pS6、p27 及 HIF-1α 等的表达情况。结果显示与正常组织相比，各种亚型肾癌 PTEN 表达均显著降低，肾透明细胞癌及伴有肉瘤样组织的肾癌其 PTEN 表达缺失最显著。pAkt 在集合管癌和透明细胞癌的表达阳性率分别为 89% 和 58%，提示 PTEN 基因表达缺失激活 PI3K/Akt/mTOR 信号通路。pS6 在有肉瘤成分病人阳性率分别为 61% 透明细胞癌为 41%，高级别肿瘤阳性率为 73% 和 31%，高期别为 50% 和 30%。发现 PTEN 表达与 pAkt、HIF-1α 相关。pS6 和 PTEN 表达与病理分型关系最密切。胞质 pAkt、胞核 pAkt、PTEN 及胞质 p27 及 pS6 阳性率分别为 40%、10%、75%、7% 和 70%。细胞核 pAkt 高表达的病人的预后好于胞质 pAkt 高表达者。多因素分析 ECOG PS、TNM 分期、胞质 pAkt、胞核 pAkt、PTEN 及胞质 p27 及 pS6 是独立预后因素。mTOR 信号传导通路的关键因子如 PTEN，pAkt，p27 及 pS6 和肾癌的病理特征及生存有关，并不是所有类型的肾癌病人都适于 mTOR 抑制治疗，以上指标可作为病人预后判断及靶向治疗的选择参考因素，而 mTOR 活性高的病人适于此靶向治疗。提示针对 PI3K/Akt/mTOR 信号传导通路中关键因子的靶向治疗不同组织类型的肾癌疗效可能不同，这对病人选择治疗方案、评价临床疗效有指导意义[28]。

四、细胞周期调节因子及相关基因

1. PTEN 基因　PTEN 基因为抑癌基因，编码 PTEN 蛋白，此蛋白能抑制肿瘤细胞的酪氨酸激酶活性。PTEN 基因突变、甲基化或等位基因缺失等方式失活后，PTEN 蛋白失去对 PIP2 向 PIP3 转化的抑制作用，FAK 及 Akt 活性增加，进而导致 PI3K/Akt/mTOR 信号传导通路活化，此通路活化后可抑制细胞凋亡、促进细胞生存和增殖，同时也参与肿瘤血管形成、侵袭和转移，在肿瘤发生发展过程中起重要作用[29]。

研究显示 PTEN 蛋白低表达是转移性肾透明细胞癌病人预后不良的独立预后因素，是肾癌预后模型的参考指标之一[30]。免疫组化检测 417 例肾癌病人的肿瘤标本中 PTEN、pAkt、S6 蛋白激酶(S6K)、HIF-α 的表达情况，结果显示，各种亚型肾癌 PTEN 表达均显著降低，特别是透明细胞癌和有肉瘤成分的肾癌[31]。

2. p53 基因　p53 基因是一种抑癌基因，在调控细胞周期及细胞凋亡方面具有重要意义[32]。

肾癌组织中 p53 的表达阳性率为 16%~57%，其中乳头状肾癌表达阳性率高于肾透明细胞癌和嫌色性细胞癌。Zigeuner R 等人分析了 184 例原发性肾癌和 56 例发生转移的肾癌标本，转移性肾癌 p53 高表达[33]；Shvarts 分析 193 例局限性肾癌标本，发现 p53 高表达是肾癌病人预后不良和肿瘤复发的独立预后因素，p53 阳性率高于和低于 20% 的情况下，肿瘤复发率分别为 37.7% 和 14.4%[34]。

3. BCL-2　BCL-2 基因编码细胞凋亡抑制蛋白，BCL-2 蛋白在透明细胞癌病人的表达阳性率为 10%~80%。一项 28 例肾癌的小样本研究发现 BCL-2 表达和肿瘤高分级有关，但与肾癌病人的复发、转移及总生存时间无关。对 101 例局限性肾癌病人分析发现，BCL-2 表达与肿瘤低分期、低分级及预后相关。Lee 等发现晚期肾透明细胞癌标本中 BCL-2 呈低表达或不表达，但与病人的无疾病生存及肿瘤特异性生存无关[35,36]。

4. Smac/DIABLO　Smac/DIABLO 是一种促进细胞凋亡的蛋白。Mizutani 等检测了 78 例肾癌标本，发现肾癌组织中 Smac/DIABLO 蛋白表达水平低于正常肾脏组织，当 Smac/DIABLO 蛋白不表达时，病人的肿瘤特异性生存率更差[37]。

5. 细胞粘附因子　多种细胞粘附分子与预后肾癌相关。Herrem 等发现高水平表达 EphA2 与肿瘤大小、高分级有关，是预后判断指标之一 EphA2 在肾癌组织中高表达，其表达水平能够提示肾癌的复发时间[38]。EpCAM 表达于正常肾上皮组织，但在透明细胞癌组织中常不表达，EpCAM 表达是肿瘤特异性生存改善的独立预后因素。

五、其他分子标志物

1. B7-H1　B7-H1 是一种持续表达于巨噬细胞表面的糖蛋白，B7-H1 是具有免疫调节功能的共刺激调节因子，能反向调节 T 细胞介导的免疫反应[39,40]。

研究发现 B7-H1 能破坏 T 淋巴细胞的功能，因此推测肾肿瘤组织中 B7-H1 表达能破坏抗肿瘤免疫作用进而促进肿瘤进展。肿瘤组织表达 B7-H1 时，肿瘤扩散和死亡的风险显著增加，病人的临床及病理状态较差，常出现淋巴结转移或远处转移、高分级及肿瘤坏死等。Mayo Clinic 研究人员应用免疫组化方法研究了 196 例肾癌术后的新鲜组织标本，91% 为非转移性肾癌。结果显示，66.3% 的病人肿瘤细胞不同程度表达 B7-H1，58.6% 的病人肿瘤浸润淋巴细胞表达此蛋白。若以肿瘤细胞和淋巴细胞中 B7-H1 阳性细胞数 10% 为界，单因素分析显示 B7-H1 水平较高，阳性率超过此标准的肾癌病人死亡风险明显高于不表达或低表达病人约 5 倍。此研究提示肾癌组织高表达 B7-H1 能关闭免疫系统，抑制病人的自身免疫系统攻击肿瘤细胞的能力，促进肿瘤生长和扩散。但由于样本量较小，随访时间短，其确切预后意义尚需进一步研究。应用相应抗体阻断 B7-H1 有望提高免疫治疗的效果，并可能成为新疗法的一个靶标及预后预后指标[41~42]。

2. 其他相关因子　MMPs、核基质蛋白 22（NMP-22）、组织多肽特异性抗原（TPS）、血清铁蛋白（SF）、血清铁蛋白神经特异性烯醇化酶（NSE）和丙酮酸激酶 M2 型同工酶（M2-PK）、粘多糖（GAG）、免疫抑制酸性蛋白（LAP）、γ-谷氨酰转肽酶（γ-GGT）、gelsolin、vimentin、CA-125、CD44、Caveolin-1 、IL-6、TNF-α、MN/CA9 等都有少量报道，认为与肾癌病人的诊断及预后有一定关系，目前尚在进一步研究中，其确切临床意义尚需大样本验证[43~44]。

3. 分子水平预后评估模型　最近 Kim 等人将来源于 318 例各分期局限性或转移性肾透明细胞癌肿瘤组织基因芯片分析信息整合到肾癌风险分级系统（UISS）中，建立了分子水平预后分期系统，发现 Ki-67、p53、vimentin 和 gelsolin 高表达提示不良预后，而 CAIX、PTEN、CAXII 和 Ep-CAM 高表达则预后良好。通过多变量分析，证实了 CAIX、vimentin 和 p53 是独立于 TNM 分期、分级和 ECOG 评分等临床信息之外的预后因素。其他一些分子标志物作为独立肾癌预后因素的价值也得到确认，如 B7-H1、Smac/DIABLO、survivin、PTEN、p27、VEGF 等[45]。

六、展　望

目前，有关肾细胞癌相关的分子标志物的研究正在进行中，已发现有多种因子与肾细胞癌病人的发生发展、预后评价及其疗效有关，并有望与肾肿瘤分期及预后判断模型相结合以提高其应用价值。至今尚未发现一种肾细胞癌特异性的因子，也未发现一种比肿瘤分期和分级更有价值的标志物，这与研究样本量小、实验室间技术不统一有关，这是今后研究的重点，希望能有重要进展。

参　考　文　献

1　John S, Leppert JT, Figlin RA, et al. Role of molecular markers in the diagnosis and therapy of renal cell carcinoma. Urology, 2005, 66 (Suppl 5A): 1.

2　Mulders P, Bleumer I, Oosterwijk E. Tumor antigens and markers in renal cell carcinoma. Urol Clin N Am, 2003, 30455.

3　Gallou C, Joly D, Mejean A, et al. Mutations of the VHL gene in sporadic renal cell carcinoma: definition of a risk factor for VHL patients to develop an RCC. Hum Mutat, 1999, 13 (6): 464.

4　Gnarra JR, Zhou S, Merrill MJ, et al. Post-transcriptional regulation of vascular endothelial growth factor mRNA by the product of the VHL tumor suppressor gene. Proc Natl Acad Sci USA, 1996, 93 (20): 10589.

5　Kourembanas S, Hannan RL, Faller DV. Oxygen tension regulates the expression of the platelet-derived growth factor-B chain gene in human endothelial cells. J Clin Invest, 1990. 86 (2): 670.

6　Lee YS, Vortmeyer AO, Lubensky IA, et al. Coexpression of erythropoietin and erythropoietin receptor in von Hippel-Lindau disease-associated renal cysts and renal cell carcinoma. Clin Cancer Res, 2005, 11 (3): 1059.

7　de Paulsen N, Brychzy A, Fournier MC, et al. Role of transforming growth factor-alpha in von Hippel-Lindau (VHL) -/- clear cell renal carcinoma cell proliferation: a possible mechanism coupling VHL tumor suppressor inactivation and tumorigenesis. Proc Natl Acad Sci USA, 2001, 98 (4): 1387.

8 Grabmaier K, A de Weijert MC, Verhaegh GW, et al. Strict regulation of CAIX (G250/MN) by HIF-1α in clear cell renal cell carcinoma. Oncogene, 2004, 23 (33): 5624.

9 Hudson CC, Liu M, Chiang GG, et al. Regulation of hypoxia-inducible factor 1α expression and function by the mammalian target of rapamycin. Mol Cell Biol, 2002, 22 (20): 7004.

10 Mita MM, Mita A, Rowinsky EK. The molecular target of rapamycin (mTOR) as a therapeutic target against cancer. Cancer Biol Ther, 2003, 2 (4Suppl 1): S169.

11 Yao M, Yoshida M, Kishida T, et al. VHL tumor suppressor gene alterations associated with good prognosis in sporadic clear cell renal carcinoma. J Natl Cancer Inst, 2002, 94; 1569.

12 George D, Yancopoulos, Samuel D, et al. Vascular-specific growth factors and blood vessel formation. Nature, 2000, 407: 242.

13 Lam JS, Leppert JT, Yu H, et al. Expression of the vascular endothelial growth factor family in tumor dissemination and disease free survival in clear cell renal cell carcinoma. J Clin Oncol, 2005, 23 (suppl): 387S.

14 Leppert JT, Lam JS, Yu H, et al. Targeting the vascular endothelial growth factor pathway in renal cell carcinoma, a tissue array based analysis. J Clin Oncol, 2005, 23 (suppl): 386S.

15 Sulzbacher I, Birner P, Träxler M, et al. Expression of platelet-derived growth factor-alpha alpha receptor is associated with tumor progression in clear cell renal cell carcinoma. Am J Clin Pathol, 2003. 120 (1): 107.

16 Rosemary J, Akhurst, Balmain A. Genetic events and the role of TGFβ in epithelial tumour progression. J Pathol, 1999, 187: 82.

17 Hegele A, Varga Z, von Knobloch R, et al. TGF-beta1 in patients with renal cell carcinoma. Urol Res, 2002, 30 (2): 126.

18 Wunderlich H, Steiner T, Kosmehl H, et al. Increased transforming growth factor beta1 plasma level in patients with renal cell carcinoma: a tumor-specific marker? Urol Int, 1998, 60 (4): 205.

19 Merseburger AS, Hennenlotter J, Simon P. Membranous expression and prognostic implications of epidermal growth factor receptor protein in human renal cell cancer. Anticancer Res, 2005, 25 (3B): 1901.

20 Grabmaier K, Vissers JL, De Weijert MC, et al. Molecular cloning and immunogenicity of renal cell carcinoma-associated antigen G250. Int J Cancer, 2000, 85: 865.

21 Opavsky R, Pastorekova S, Zelnik V, et al. Human MN/CA9 gene, a novel member of the carbonic anhydrase family: structure and exon to protein domain relationships. Genomics, 1996, 33: 480.

22 Oosterwijk E, Ruiter DJ, Hoedemaeker PJ, et al. Monoclonal antibody G 250 recognizes a determinant present in renal-cell carcinoma and absent from normal kidney. Int J Cancer, 1986, 38: 489.

23 Ivanov S, Liao SY, Ivanova A, et al. Expression of hypoxia-inducible cell-surface transmembrane carbonic anhydrases in human cancer. Am J Pathol, 2001, 158: 905.

24 Liao SY, Aurelio ON, Jan K. et al. Identification of the MN/CA9 protein as a reliable diagnostic biomarker of clear cell carcinoma of the kidney. Cancer Res, 1997, 57: 2827.

25 Bui MH, Seligson D, Han KR, et al. Carbonic anhydrase IX is an independent predictor of survival in advanced renal clear cell carcinoma: implications for prognosis and therapy. Clin Cancer Res, 2003, 9: 802.

26 Atkins M, McDermott D, Mier J, et al. Carbonic anhydrase IX (CAIX) expression predicts for renal cell cancer (RCC) patient response and survival to IL-2 therapy. Proc Am Soc Clin Oncol, 2004, 23: 383.

27 Hay N, Sonenberg N. Upstream and downstream

of mTOR. Genes Dev, 2004, 18:1926.

28 Pantuck AJ, Seligson DB, Klatte T, et al. Prognostic relevance of the mTOR pathway in renal cell carcinoma: implications for molecular patient selection for targeted therapy. Cancer, 2007, 109 (11):2257.

29 Hara S, Oya M, Mizuno R, et al. Akt activation in renal cell carcinoma: contribution of a decreased PTEN expression and the induction of apoptosis by an Akt inhibitor. Ann Oncol, 2005, 16 (6):928.

30 Shin Lee J, Seok Kim H, Bok Kim Y, et al. Expression of PTEN in renal cell carcinoma and its relation to tumor behavior and growth. . J Surg Oncol, 2003, 84 (3):166.

31 Pantuck AJ, Seligson DB, Wu H, et al. Characterization of the mTOR pathway in renal cell carcinoma and its use in predicting patient selection for agents targeting this pathway. J Urol, 2005, 173 (suppl): 96.

32 LaneDP. Cancer. p53, guardian of the genome. Nature, 1992, 358:15.

33 Zigeuner R, Ratschek M, Rehak P. Value of p53 as a prognostic marker in histologic subtypes of renal cell carcinoma: a systematic analysis of primary and metastatic tumor tissue. Urology, 2004, 63 (4):651.

34 Shvarts O, Seligson D, Lam J, et al. p53 is an independent predictor of tumor recurrence and progression after nephrectomy in patients with localized renal cell carcinoma. J Urol, 2005, 173 (3):725.

35 Lee CT, Genega EM, Hutchinson B, et al. Conventional (clear cell) renal carcinoma metastases have greater bcl-2 expression than high-risk primary tumors. Urol Oncol, 2003, 21 (3):179.

36 Itoi T, Yamana K, Bilim V, et al. Impact of frequent Bcl-2 expression on better prognosis in renal cell carcinoma patients. Br J Cancer, 2004, 90 (1):200.

37 Mizutani Y, Nakanishi H, Yamamoto K, et al. Downregulation of Smac/DIABLO expression in renal cell carcinoma and its prognostic significance. J Clin Oncol, 2005, 23 (3):448.

38 Herrem CJ, Tatsumi T, Olson KS, et al. Expression of EphA2 is prognostic of disease-free interval and overall survival in surgically treated patients with renal cell carcinoma. Clin Cancer Res, 2005, 11 (1):226.

39 Dong H, Strome SE, Salomao DR, et al. Tumor-associated B7-H1 promotes T-cell apoptosis: a potential mechanism of immune evasion. Nat Med, 2002, 8 (8):793.

40 Thompson RH, Gillett MD, Cheville JC, et al. Costimulatory molecule B7-H1 in primary and metastatic clear cell renal cell carcinoma. Cancer, 2005, 104 (10):2084.

41 Thompson RH, Gillett MD, Cheville JC, et al. Costimulatory B7-H1 in renal cell carcinoma patients: Indicator of tumor aggressiveness and potential therapeutic target. Proc Natl Acad Sci USA, 2004, 101 (49):17174.

42 Thompson RH, Dong H, Kwon ED. Implications of B7-H1 expression in clear cell carcinoma of the kidney for prognostication and therapy. Clin Cancer Res, 2007, 13 (2 Pt 2):709s.

43 袁铭，夏溟，李汉忠. 肾肿瘤标记物研究新进展. 国外医学泌尿系统分册, 2005, 25 (5):12.

44 乔明州，李长岭. 肾细胞癌的相关标记物. 癌症进展, 2005, 3 (3):202.

45 Kim HL, Seligson D, Liu X, et al. Using protein expressions to predict survival in clear cell renal carcinoma. clin cancer res, 2004, 10:5464.

肿瘤干细胞的研究现状

郑 杨 韩瑞发

天津医科大学天津泌尿外科研究所 天津 300211

尽管多数恶性肿瘤采用化疗、放射治疗、生物免疫治疗等方法能够杀灭大部分肿瘤细胞，但无法治愈肿瘤。肿瘤浸润与转移、原位癌的进展、肿瘤手术切口的种植、残存肿瘤细胞与复发进展皆意味肿瘤组织存在一种为数不多具有自我更新、分化、克隆能力的潜能干细胞。有鉴于此，本文就肿瘤干细胞(cancer stem cell，CSC）的如何起源、生物学特点、CSC 龛、如何分离与鉴定，以及目前研究面临的问题进行综述如下。

一、肿瘤干细胞的起源

在肿瘤发生的理论中，一直存在着两种有争议的观点。一种观点认为肿瘤细胞来源于体细胞去分化，认为单一细胞获得4~7次突变，随后将发生恶性转化。另一种观点认为，肿瘤发生源于正常干细胞成熟受阻，干细胞是突变的靶细胞。而现在越来越多的研究证据显示干细胞是许多类型肿瘤的起源细胞[1,2]：①干细胞位于某些肿瘤起始的地方；②致癌物作用于干细胞存在的地方表现出的效果更强；③干细胞的 DNA 在外因的影响下可以发生突变。此外，正常干细胞与肿瘤中干细胞样细胞在一些关键特征（如形态学、化学和表面标志物等）上存在相似之处。如人绒毛膜促性腺激素和甲胎蛋白常在胚胎发生过程中表达，在肿瘤发生过程中又再现；肿瘤内的细胞分化谱与干细胞所具有的分化能力一致；某些肿瘤可以通过正常和（或）CSC 的繁殖得到永生和（或）重建。

二、肿瘤干细胞的生物学特点

1. 自我更新性 干细胞的自我更新可分为对称分裂和非对称分裂（dissymmetric division)。前者是指一个干细胞分裂为两个同样的干细胞，后者指一个干细胞分裂为两个不同的细胞，其中一个子代细胞仍然保持与亲代细胞完全相同的未分化状态；而另一个子代细胞则定向分化。正常干细胞自我更新的同时，也通过分化、细胞周期的有序进行，为机体在生命过程中维持恒态起了不可替代的作用。CSC 与成体干细胞类似，也应具有自我更新的特性[4]，并通过自我更新维持着肿瘤的持续生长。

2. 高致瘤性 CSC 的致瘤性因肿瘤种类不同而差别较大，主要从两个方面进行评价：一是 CSC 的体外克隆形成能力，即源自原发性肿瘤组织或肿瘤细胞系的CSC在软琼脂或基底膜类似物上形成克隆数及其大小；二是CSC在免疫缺陷动物体内的肿瘤形成能力，即将分选的相同数量的CSC和非干细胞分别原位或异位接种免疫缺陷动物，观察其在相同时间内成瘤情况（统计成瘤动物数，比较形成肿瘤的大小等）。Beier等报道在裸鼠体内接种22株恶性胶质瘤细胞，11株含CD_{133}^{+}肿瘤干细胞的细胞群显著生长并成瘤，4株含CD_{133}^{-}的细胞群也成瘤但生长缓慢，而7株恶性胶质瘤细胞衍生细胞未见生长[5]。Singh等报道每只小鼠接种100个CD_{133}^{+}肿瘤干细胞，结果在接种后6个月内形成肿瘤；而每只接种十万个CD_{133}^{-}肿瘤非干细胞的小鼠在相同时间内未形成肿瘤[6]。以上实验结果支持CSC比肿瘤非干细胞具有更高的成瘤潜能。

3. 分化潜能　分化潜能是干细胞的重要特征之一。CSC发生源于正常干细胞成熟受阻，在体外及体内也应具有分化的能力，其子代细胞应呈现分化特征的表型及其相应的标志。以前列腺癌为例[7]，前列腺癌可能来自于前列腺上皮干细胞的异常分化，前列腺癌的干细胞理应分化成具有前列腺特异性抗原分化标志物的癌细胞。

4. 耐药性　耐药性是CSC的特性之一[8]。CSC膜上多数表达ATP-binding cassette（ABC）家族膜转运蛋白，这类蛋白大多可运输并外排包括代谢产物、药物、毒性物质、内源性脂类物质、多肽、核苷酸及固醇类等多种物质，使许多对肿瘤非干细胞具有抑制或杀伤作用的化疗药物却对CSC杀伤作用明显减弱[9]。因而不少报道认为CSC的存在是导致肿瘤化疗失败的主要原因。

三、肿瘤干细胞及其龛（niche）

干细胞龛是支持干细胞的特殊的微环境，包括成纤维细胞、内皮细胞，血管床等。其作用是滋养干细胞、保持干细胞的稳定态、避免各种信号的干扰，同时又防止干细胞的过度增殖导致恶变。不同组织中干细胞究竟是自我更新还是向特定细胞分化取决于干细胞的内在能力及其干细胞龛细胞的作用[4,9]。对黑腹果蝇生殖干细胞的研究发现：当干细胞分裂面与龛细胞垂直时，发生对称分裂；当干细胞分裂面与龛细胞平行时，发生非对称分裂[10]。还发现空的龛仍保持生物学活性，加入其他类型的细胞后，这些细胞的表型发生变化，非干细胞能获得增殖能力或转变为未分化的干细胞样状态[11]。正常组织损伤后修复或组织自我更新（self-renewal SR）的终末细胞达到原组织微环境所要求的稳定性时，作为组织反应细胞的干细胞将获得反馈信号，由其参与的损伤修复或SR就停止[9,12]。但是当干细胞或增殖的稳定细胞在损伤后修复或SR时出现分化相关基因变异而形成CSC时，将无法使终末分化组织达到正常组织所要求的表型特征，即系统中各类细胞比例失衡及细胞外基质紊乱。龛（niche）无法获得正确的反馈信号会认为损伤一直存在，把CSC执行的组织损伤后修复或SR的过程继续进行，并启动自身的调节机制使其趋向相对平衡，则发生下述的变化：为了增加系统的营养供应首先出现营养因子的增加，如：血管内皮细胞生长因子分泌增加，并在此的基础上使肿瘤新血管形成；

为了寻找新的营养供给场所，肿瘤 CSC 外迁，发生了侵袭转移；为了减少系统的营养需求使肿瘤细胞休眠、凋亡及坏死等一系列变化。

四、肿瘤干细胞分离的研究进展

1. 有限稀释分离技术　CSC 初期的分离鉴定技术借鉴白血病干细胞的研究方法主要采用有限稀释法来分离。实体肿瘤可将组织打碎后有限稀释分离单个癌细胞，或肿瘤组织原代培养后将获得的细胞通过有限稀释得到单个癌细胞。在添加生长因子（一般是 EGF，bFGF）的无血清培养基中采用悬浮法培养，再将分离获得的悬浮生长的干细胞接种于含血清培养基，观察其分化，挑选出形成克隆的细胞团。Singh 等[5]利用无血清培养基从人的神经上皮来源肿瘤，如胶质瘤、髓母细胞瘤中成功分离培养了脑 CSC，增殖形成神经球样细胞团。是否所有 CSC 都能在上述培养基内增殖仍有疑问，因为 CSC 可能是一个异质性的群体，不一定都对 EGF，bFGF 有反应。

2. 流式分选（fluorescence-activated cell sorting，FACS）　流式分选有两种策略：一种策略是目前使用最多的利用干细胞通用分子标记 Bcrp1/ABCG2，该基因属于 ABC 家族，在多种来源的干细胞膜表面都有表达，而在大多数成熟细胞中不表达。Ho 等[13]利用 ABCG2 高表达的细胞可高效外排 DNA 荧光染料烟酸己可碱（Hoechst 33342），用流式分选分析系统分选出 SP 细胞（side population），并发现其中富集有 CSC。另一种策略是利用干细胞表面一些膜蛋白（主要是一些 CD 抗原，如 CD_{117}、CD_{133}、CD_{34}、CD_{44}/CD_{24}等）的某些成员的表达上调，另一些成员则下调的特点，用其一种或两种以上的不同激发波长的荧光素标记的单克隆抗体标记单细胞悬液后，用 FACS 分选干细胞。

3. 磁式分选（magnetic activated cell corting，MACS）　其原理是利用未标记的 CD 抗原等蛋白的单克隆抗体作为第一抗体与单细胞悬液孵育后，再用免疫磁珠（micro-beads）标记的第二抗体结合，利用这种特异性一抗、二抗标记的细胞悬液流过特制的永久磁铁的磁场时，可吸附在磁式分选柱内，再将磁式分选柱移开磁场从柱内洗脱、收集干细胞。应用以上技术已有成功分离发表了多种癌干细胞的报道[14,15]。磁式分选较流式分选更快速，但细胞纯度较流式分选低。

4. 细胞芯片（cellular microarray）技术　细胞芯片技术的设计原理类似于各种蛋白芯片技术，它将各种重组蛋白、抗体、核酸、脂质、糖类或小分子等作为探针固定在载体（玻片、树脂、硅胶等）上面，含目的分子的活细胞在芯片上被捕获，其他细胞则被冲洗掉[16]。该技术的优点在于可以快速、简便地鉴定特定细胞群落、明确细胞状态、检测细胞功能和研究不同分子在细胞上的效应，可广泛用于造血细胞恶性程度的鉴定、实体瘤单个细胞的悬浮、干细胞的分离和分化研究等各个方面。

5. 利用激光显微切割技术捕获单个活细胞，然后培养鉴定[17,18]　该技术是近年来发展起来的样本微分离的新技术，其核心是使用一束聚焦的紫外激光，在显微镜下通过形态学观察，或是特异的染色将不同类型的细胞分离下来。由于它分离精度高，能有效分离单细胞，最新系统甚至能切割染色体。切割过程中激光束不会产生高热和高能量影响样品，完成切割取样的样品会依重力掉落方式，掉落到指定的容器内。切割和样品收集一次自动化完成，无接触污染，并可避免对细胞胰酶消化的损伤，分离的单个细胞活性较高。

五、肿瘤干细胞的鉴定

国外学者研究指出，单靠体外培养通过细胞的扩增和多向分化不足以说明细胞的“干细胞”特征，因为体外培养条件下细胞本身性状改变的可能性会有所增加。因此，对 CSC“干细胞”特征的鉴定主要从细胞体外培养和裸鼠体内接种成瘤两方面入手。此外，还有 5-溴-2-脱氧尿苷滞留标记法[17]，非粘附培养，利用组织正常干细胞标记分子测定，荧光染料烟酸己可碱泵出实验[19]等方法。

六、各种肿瘤干细胞的研究现状

Rex-1（zfp-42）是人类的胚胎干细胞上的转录因子，过去一直是识别人类干细胞的基因之一。Raman 等[20]发现其 mRNA 和蛋白质在超过 90% 的正常肾脏实质样品中都表达，但所有组织学类型的肾脏肿瘤样品的 REX1 表达显著的减少。Collins 等[21]运用磁珠分选技术分离出表型为 $CD_{44}^{+}/\alpha2\beta1^{hi}/CD_{133}^{+}$ 的前列腺癌干细胞，其比例约为 0.1%，并发现 TSC 数量与肿瘤分期无关。Li 等[22]从人胰腺癌中分离出具有干细胞特征的 $CD_{44}^{+}CD_{24}^{+}ESA^{+}$ 胰腺癌细胞，占肿瘤细胞总数 0.2% ~0.8%。Olempska 等[23]认为 $ABCG_2^{+}$ 和（或）CD_{133}^{+} 细胞可能为胰腺癌干细胞中的一个亚群。Ricci · Vitiani 等[24]在结肠癌研究中发现存在 CD_{133}^{+} 肿瘤干细胞，有限稀释法显示平均 262 个 CD_{133}^{+} 细胞中有一个 TSC，即 CD_{133}^{+} 细胞中大部分并非 CSC。Fang 等[25]在恶性黑色素瘤细胞系中鉴定出 CD_{20}^{+} 的有多能干细胞特性的细胞。Kim 等[26]使用细胞表面标志分离出 $Sca\text{-}1^{+}CD_{45}^{-}Pecam^{-}CD_{34}^{+}$ 的支气管肺泡干细胞。此外，在膀胱癌[27]、甲状腺癌[28]、视网膜母细胞瘤[29]、神经管母细胞瘤[30]等许多其他肿瘤中都发现有特殊的细胞表面标志。为肿瘤干细胞的分离和鉴别提供了有力的帮助。

七、问题与展望

首先，许多分离方法尚未在大多数类型的肿瘤中获得相同的结论，现在采用的分离富集方法得到的干细胞很难满足干细胞生物学和调控研究对干细胞数量和纯度的要求。实体瘤含有大量间质细胞、炎性浸润和坏死细胞等异质成分，癌细胞中也存在不同分化程度和增殖潜能的亚群，并且组织致密，不易分离[31]。因而如何建立更为简便有效和能广泛应用的分离技术体系来满足 CSC 生物学和调控研究等对干细胞数量和纯度的要求，是目前 CSC 研究所面临的最大瓶颈和挑战。其次，干细胞数量少，缺少特异标志，鉴定困难。目前 CSC 的鉴定基本上都是基于 CSC 的自我更新与多向分化能力等生物学特征开展，都是通过体外测试来间接反映，缺少体内直接方法来精确鉴定 CSC。用于检测的标志分子是否都具有特异性，体外培养和动物模型能否精确反映体内情况仍有待研究。此外，如何深入展开 CSC 的功能研究并阐明肿瘤的发生发展机制、发现特异高效的诊断和治疗靶位，从而最终能为临床服务是CSC研究面临的另一大问题。

参 考 文 献

1 Bjerkvig R, Tysnes BB, Aboody KS, et al. Opinion: the origin of the cancer stem cell: current controversies and new insights. J Nat Rev Cancer, 2005, 5 (12): 995.

2 Al-Hajj M. Cancer stem cells and oncology therapeutics. J Curr Opin Oncol, 2007, 19 (1): 61~64.

3 Li L, Neaves WB. Normal stem cells and cancer stem cells: the niche matters. J Cancer Res, 2006, 66 (12): 6458.

4 Beier D, Hau P, Proescholdt M, et al. CD133 (+) and CD133 (-) glioblastoma-derived cancer stem cells show differential growth characteristics and molecular profiles. J Cancer Res, 2007, 67 (9): 4010~4015.

5 Singh SK, Hawkins C, Clarke ID, et al. Identification of human brain tumour initiating cells. J Nature, 2004, 432 (7015): 396~401.

6 Anton Aparicio LM, Cassinello Espinosa J, Garcia Campelo R, Prostate carcinoma and stem cells. J Clin Transl Oncol, 2007, 9 (2): 66~76.

7 Tazzari PL, Cappellini A, Ricci F, et al. Multidrug resistance-associated protein 1 expression is under the control of the phosphoinositide 3 kinase/Akt signal transduction network in human acute myelogenous leukemia blasts. J Leukemia, 2007, 21 (3): 427~438.

8 Xia CQ, Milton MN, Gan LS. Evaluation of drug-transporter interactions using in vitro and in vivo models. J Curr Drug Metab, 2007, 8 (4): 341~363.

9 Xie T, Li L. Stem cells and their niche: an inseparable relationship. J Development, 2007, 134 (11): 2001~2006.

10 Yamashita YM, Jones DL, Fuller MT. Orientation of asymmetric stem cell division by the APC tumor suppressor and centrosome. J Science, 2003, 301 (5639): 1547~1550.

11 KAI T, SPRADLING A. Differentiating germ cells can revert into functional stem cells in Drosophila melanogaster ovaries. J Nature, 2004, 428 (6982): 564~569. Epub 2004 Mar 14.

12 Moore KA, Lemischka IR. Stem cells and their niches. J Science, 2006, 311 (5769): 1880~1885. Review.

13 Ho MM, Ng AV, Lam S. Side Population in Human Lung Cancer Cell Lines and Tumors Is Enriched with Stem-like Cancer Cells. J Cancer Res, 2007, 67 (10): 4827~4833.

14 Gou S, Liu T, Wang C, Yin T, et al. Establishment of clonal colony-forming assay for propagation of pancreatic cancer cells with stem cell properties. J Pancreas, 2007, 34 (4): 429~435.

15 Geens M, Van de Velde H, De Block G, et al. The efficiency of magnetic-activated cell sorting and fluorescence-activated cell sorting in the decontamination of testicular cell suspensions in cancer patients. J Hum Reprod, 2007, 22 (3): 733~742.

16 Cheng AJ, Chen LC, Chien KY, et al. Oral cancer plasma tumor marker identified with bead-based affinity-fractionated proteomic technology. J Clin Chem, 2005, 51 (12): 2236~2244.

17 Blum B, Benvenisty N. Clonal Analysis of Human Embryonic Stem Cell Differentiation into Teratomas. J Stem Cells, 2007.

18 Ohyama M. Hair follicle bulge: a fascinating reservoir of epithelial stem cells. J Dermatol Sci, 2007, 46 (2): 81~89.

19 Laura E Pascal, Asa J Oudes, Timothy W Petersen, et al. Molecular and cellular characterization of ABCG2 in the prostate. J BMC Urol, 2007, 7: 6.

20 Jay D Raman, Nigel P Mongan, Limin Liu 2, et

al. Decreased expression of the human stem cell marker, Rex-1 (zfp-42), in renal cell carcinoma. Carcinogenesis, 2006, 27 (3): 499 ~ 507.

21 Collins AT, Berry PA, Hyde C, et al. Prospective identification of tumorigenic prostate cancer stem cells. Cancer Res, 2005, 65 (23): 10946 ~ 10951.

22 Li C, Heidt DG, Dalerba P, et al. Identification of pancreatic cancerstem cells. Cancer Res, 2007, 67 (3): 1030 ~ 1037.

23 Olempska M, Eisenach PA, Ammerpohl O, et al. Detection of tumor stem cell markers in pancreatic carcinoma cell lines. Hepatobiliary Pancreat Dis Int, 2007, 6 (1): 92 ~ 97.

24 Ricci. Vitiani L, Lombardi DG, Pilozzi E, et al. Identification and ex. pansion of hmtkan colon · cancer—initiating cells. Nature, 2007, 445 (7123): 111 ~ 115.

25 Fang D, Nguyen TK, Leishear K, et al. A tumorigenic subpopulation with stem cell properties in melanomas. Cancer Res, 2005, 65 (20): 9328 ~ 9337.

26 Kim CBF, Jackson EL, Woolfenden AE, et al. Identifleation of bron. ehioalveolar stem cells in normal lung and lung cancer. Cell, 2005, 121 (6): 823 ~ 835.

27 Chan KS. Allies L, Gill H, el al. Identification and characterization of cancer stem cells in bladder cancer. Urology, 2007, 177 (4): 257 ~ 257.

28 Miehnr F, Hughes TP, Iwasa Y, et al. Dynamies of chronic myeloid Ieukaemia. Nature. 2005, 435 (7046): 1267 ~ 1270.

29 Seigel GM, Campbell LM, Narayan M, et al. Cancer stem cell charaeteristics jn retinoblastoma. Mol Vis, 2005, 11: 729 ~ 737.

30 Singh SK, Clarke ID, Terasaki M. Identification of a Cancer Stem Cell in Human Brain Tumors. Cancer Res, 2003, 63: 5821 ~ 5828.

31 Panagiotakos G, Tabar V. Brain tumor stem cells. J Curr Neurol Neurosci Rep, 2007, 7 (3): 210 ~ 215.

❖ 骨与软组织肿瘤 ❖

恶性骨肿瘤保肢治疗的原则及问题

郭　卫

北京大学人民医院骨与软组织肿瘤治疗中心　北京　100044

保肢手术已成为治疗肢体恶性骨肿瘤的经典方法。保肢治疗的目的是不但要提高病人的生存率而且要保存良好的肢体功能。保肢手术的第1个目的是避免局部复发，第2个目的是尽可能多地保留功能。格言为："肿瘤第一，功能第二"。国内近20年来骨肿瘤的治疗已经取得了很大的进步，新辅助化疗的概念、广泛性切除的原则和方法已在国内得到广泛推广，恶性骨肿瘤的生存率有了显著的提高。但就全国范围内来讲，恶性骨肿瘤的治疗仍不够规范。主要表现在以下几个方面：①对广泛性切除的原则和外科技巧掌握不熟；②化疗不规范；③重建方式的选择不合理；④缺乏长期随访。

一、保肢治疗原则

（一）肌肉骨骼肿瘤外科分期系统（Enneking system）

近年由于化疗、放疗、放射线定位以及重建外科的发展，改变了对治疗恶性骨肌肉肿瘤以截肢为主的方法，促成了挽救肢体的可能和发展。如何在相同的医学参数下选择手术，同时比较它们的结果，需要一个外科分期系统以提高危险程度的评估，促进交换信息和协作。这一系统是Enneking等[1] 1980年正式发表，基于分级（grade，G）、肿瘤（tumor，T）和转移（metastasis，M）。分级可分为低级（G_1）和高级（G_2）。肿瘤分为间隙内（T_1）和间隙外（T_2）。间隙内肿瘤位于骨组织内。

分期系统包括：外科等级（G）、局部范围（T）和有无局部的或远隔的转移（M）。外科等级反映生物学行为及侵袭性程度，它表明增长着的囊外扩伸的危险性、卫星灶形成、区域性转移和远隔转移。这些危险性反映在手术后的局部复发和转移。外科等级决定于组织学的形态，放射线的表现和临床的病程以及生化的检验和定量的镜检。按这些数据，将病变可分成G_0（良性）、G_1（低度恶性）、G_2（高度恶性）。从组织学和放射学来看，良性病变是分化好的，没有细胞异形性、没有分裂象、位于囊内、周围没有反应，增长中有钝性的压力，很少破坏自然屏障。虽然一些侵袭性稍大的病变，可穿透包囊并侵入囊外的组织，但是没有卫星灶和区域性跳跃转移或远隔血源或淋巴转移，病程自然退化愈合或增长，导致局部的破坏。

外科分期是为了更好地选择手术方式。过去只把手术分为局部切除与截肢两类，这显然是不够的，局部切除可能做到了根治，而截肢也可能是不彻底的手术，治疗的关键，在于选择适当的手术边界。

分期的目的，主要是指出在某一病变的情况下，不同手术的相对的危险性，而不只是对某一病人的某一肿瘤类型提出明确方案。病人的年龄、性别、期望和生活方式，结合手术的目的性，医师的技巧、经验和能获得何种的辅助治疗，都应考虑进去。复发率决定于手术的边界而不决定于局部切除或者截肢，有些解剖部位较易获得需要的边界，例如大腿后部比大腿前部的复发率高两倍，前臂的掌侧比背侧的复发率高两倍。

（二）化疗

近20年来，恶性骨肿瘤的治疗取得了很大进步，在很大程度上，这是由于化疗的开展及逐渐完善，特别是新辅助化疗（neo-adjuvant chemotherapy）的应用。以骨肉瘤、尤文肉瘤为代表的恶性骨肿瘤，在开展化疗之前其主要治疗是截肢或局部广泛切除和足量的放疗，这些治疗常导致病人的终身残疾，生存率不足20%，且局部复发率很高，直到在治疗中增加了辅助化疗，其预后才有了实质性的提高。肿瘤化疗的原则和方法来自于大量的临床实践，它们经历了如下阶段：最初的单药辅助化疗；多种药物的联合化疗及最大耐受剂量（剂量-强度）的化疗应用；临床出现转移性病变时的化疗（辅助化疗）的应用；先于其他治疗的化疗（新辅助化疗）的应用。

辅助化疗一般是指在手术控制局部肿瘤后，应用抗肿瘤药物来治疗可能转移至肺、骨骼、淋巴结和其他部位的微小病灶。在大量的临床实践中已证明骨肉瘤、尤文肉瘤对辅助化疗非常有效，5年存活率有了显著的提高[2]。

20世纪70年代，另一重大化疗进展是术前化疗的出现，随后称之为新辅助化疗。从此，化疗不再是单纯为了提高病人的生存率、减少局部复发和转移率，同时也是为了提高保肢率。Rosen 指出，新辅助化疗并非“术前化疗+手术+术后化疗”的简单模式，它包含经术前化疗后对病人及肿瘤的全面评估：要注意疼痛的减轻、肿块的缩小程度，以及影像学上病灶边界是否变得清晰，骨硬化是否增多，肿瘤的新生血管是否减少[3,4]。术前化疗后对手术切除标本进行病理分级，化疗后肿瘤细胞坏死率大于90%的病人，5年生存率可达80%~90%，而坏死率小于90%者则低于60%[5,6]，因此，如出现后一种情况应调整术后化疗方案。

自20世纪90年代初以来，新辅助化疗已成为骨肉瘤的标准治疗方案。新辅助化疗能早期对微小转移灶进行治疗，对原发肿瘤也有作用，有利于随后的保肢治疗，还可能通过评估肿瘤对化疗的反应，提供体内化疗敏感性试验的信息[7]。

（三）保肢治疗

在肢体恶性骨肿瘤病人的治疗上，保肢手术已经成为一种规范化的治疗方法，这源于对肿瘤的生物学行为和外科分期的理解和加深；重建技术的发展及有效的放、化疗技术的进步。

1．切除原则　由于化疗可以缩小肿瘤的外科边界，因而可在此基础上实施广泛性切除，即最佳边界切除，这样既保留了一个有功能的肢体，又可达到局部根治的目的。保肢手术最基础的要求是肿瘤大块切除，原则上是在肿瘤所有方向上都保留一层正常组织，这种切除一般属于广泛性切除；有时也可行边缘性切除，特别是在肿瘤与神经、血管之间时。为避免肿瘤组织遗留和术中扩散，原则上切除的组织应包括肿瘤和周围正常软组织，以及活检切口周围的软组织，即在正常组织内手术，避免手术器械直接接触肿瘤。骨的截除水平应距骨肉瘤两端3～5 cm，此水平可根据X线平片、CT、MRI扫描片确定。因骨肉瘤一般位于关节附近，所以关节腔内虽可有反应性积液，但肿瘤并未侵入关节，可采用经关节内切除，如术前已明确肿瘤侵入关节，应采用经关节处切除。

2. 重建技术　随着外科技术、重建材料及辅助治疗的进展，有些病人有可能接受保肢手术，它不仅是通过手术重建肢体，而且还能切除足够的边缘。重建过程经常需要大块的骨移植物、内固定假体或复合型生物及人工材料。目前仍无完美的重建方式，每个现存手术都有各自的优缺点，其中最主要的是耐用性问题。随着肉瘤治愈率的提高，许多病人生存期达到5年甚至更长，就需要研究适合长期使用的重建方式。

(1) 异体骨移植：大块的异体移植骨已广泛用于大型的重建手术。大型骨库可提供各种型号及尺寸的骨移植物，这类骨移植物能让软组织附着，保留肌肉功能，保持关节稳定性。骨移植物可提供存活组织的再生骨架，更重要的是让所有正常的连接组织，包括存活骨、软骨、肌腱、韧带充满基质，维持组织的结构完整。

异体移植物的主要问题有骨折、不连接、感染[8]。骨折的总发生率16%～19%，骨折后约75%以上病人可通过内固定或骨移植解决。骨折的原因是异体移植物是无活性的组织，不能修复微小骨折，在反复外力的作用下就会骨折。长期的异体移植物会有再血管化，骨细胞爬行替代，但这是一个十分缓慢的过程，大多数病人需超过5年。新骨形成前的再血管化会造成骨质吸收，出现骨折。所以异体移植物上不能留有孔隙，以免血管侵入，刺激破骨吸收。大量使用钢板及螺丝钉的骨折发生率较高。

骨移植物与宿主骨的结合慢于正常骨之间的结合。骨移植物不连接的发生率为17%，且无法区分正常愈合、延迟愈合及不愈合。其中有一半病人在经过骨移植或其他治疗后可愈合。影响愈合的因素很多，包括内固定不牢靠、骨膜或软组织嵌入、受力、化疗及免疫反应等。

合并症中最常见的是感染，发生率6%～13%。由于移植物没有血管，感染很难根除，大部分病人需取出移植物。大块的骨盆移植物感染的发生率更高。在移植物周围放置血供好的肌肉及软组织可以减少感染，特别是近端胫骨这种皮肤菲薄的地方。使用含抗生素的骨水泥可以降低感染的发生率，也能延缓骨质吸收。

(2) 自体骨移植：自体移植物可以防止免疫反应发生及感染性疾病的传播，但在大块骨缺损中不如异体移植物使用广泛。采集自体骨时，需使用一套单独的器械及手套，采骨区不能让肿瘤污染。最常用的采骨区是髂嵴的疏松海绵状骨，过去用以刺激新骨形成、骨愈合。腓骨、髂嵴、肋骨的大块骨可用以提供结构支持之用。但这些地方的采骨量十分有限，一般少于实际骨缺损。自体移植物的感染率低于大块的非血管化异体移植物。血管化自体移植物既可用以局部移植，也可用以游离移植，最常用的是游离腓骨。血管化移植物由于有血供，在理论上有一些优点，如感染机会少、疲劳损伤少，但有可能肥大增生等。

（3）骨灭活再植：如果肿瘤没有造成严重的骨破坏，可切除肿瘤骨段，加以灭活，再放回缺损处。由于有再植入肿瘤细胞的可能，这一技术在北美、欧洲等国家应用并不广泛，而在那些没有大型骨库、内固定假体又相对昂贵的国家，植入灭活骨是主要的重建方式。由于灭活骨在免疫学及结构上十分匹配，甚至在某些发达国家，也有一定的使用价值。使用灭活骨要经过严格的灭活，包括高压灭菌、长时间高温、酒精灭活、反复在液氮中冰冻及大剂量的放射量等灭活方式。灭活在杀死所有的肿瘤细胞时，也会造成不同程度的移植物质量下降，如液氮冰冻灭活会明显降低骨的机械强度和灭活骨形成蛋白。

（4）人工假体置换：内固定假体可用于骨干缺损，也可用于关节重建中。优点是骨骼肌稳定性及关节活动可立即恢复，不会出现骨不连接，病人的肢体活动也无需等待骨质愈合，这对于生存期较短的病人十分重要。

与异体移植物一样，内固定假体置换有很多合并症[9~11]。①感染发生率为2%～9%，因此常常需要取出假体。不同的解剖区域感染发生率有所不同，以近端胫骨（软组织最少）最高，所以尽可能多地使用肌瓣或游离瓣可减少感染的发生率。假体再植术常导致深部感染，需要外科清创、放置临时性抗生素浸入的骨水泥及静脉使用抗生素等治疗；②假体折断及假体周围骨折的发生率约5%。造成失败的主要原因是无菌性的假体松动，这是内固定假体的特有问题[12,13]。有很多因素影响假体松动，如植入位置，松动率最低的是近端股骨，其次为近端肱骨、远端股骨，最后是近端胫骨[14~17]；③病人年龄也影响假体存活，年青病人失败率明显增高；④切除骨组织的数量也影响假体松动。切除远端股骨的40%以上骨组织的松动率明显高于40%以下者[18]。

在假体的设计上加以改进可以减少松动率。减少应力的假体可以提高假体的使用寿命。老式的假体只容许关节面朝一个方向运动，假体柄受压大，松动率高。新的铰链式假体可向各个方向运动，受力均匀，初步研究的数据显示这类假体比以往的单轴式假体松动率低。

（5）复合重建：复合重建即联合使用生物及人造材料的一种手术。目前指的是异体假体，即异体移植物和内固定假体[19]。这种重建手术较小，讨论焦点集中在是否优于上述两者的单独效果。理论上认为合成重建便于肌腱等软组织在假体上附着。但实际上切除肿瘤同时经常也会切除肌腱和韧带，在肌肉和假体之间留下较大的空隙。

重建的另一个优点是恢复骨干连续性。大多数假体的使用寿命约5年，不能满足已治愈的病人的需要，还需进行一系列的修改。如果仅使用假体而不考虑保留骨干，骨质丢失会更多，重建会更困难。肿瘤切除后的内固定假体置换经常需要某种程度的生物愈合，如腱性附着、包囊形成及骨生长等，应尽可能保证稳定性和功能恢复。生物工程及内固定假体的进展为将来复合重建的发展拓宽了道路。

复合（异体骨）假体的无菌性松动率有可能低于单纯假体。目前的研究数据还不能确定这一结论。然而，异体移植物在理论上可降低远端骨干的部分压力，使移植物与宿主骨结合。同时，非血管化的异体移植物还能降低巨噬细胞诱导的溶骨反应。而溶骨反应、移植物重吸收或移植物与宿主间的骨不连接常常导致无菌性松动。

二、存在问题

对恶性骨肿瘤实施广泛性切除包含两个层面的意思，一是对广泛性切除概念的理解，二是广泛性切除手术的具体操作。后者是由于不同的外科医师手术操作技巧的差异，出现结果的不同。根据国际保肢学会（ISOLS）的要求，保肢手术的局部复发率应控制在8%以下。因而，保肢手术的具体实施应由能熟练进行广泛性切除手术技巧的医师来完成。目前，国内存在的问题是许多保肢手术是由非专业医师来进行的，因而局部复发率很高，由此导致了生存率的下降。另外，由于对安全边界概念、外科分期及外科边界在术前计划中的重要性理解的不够，导致了手术切除范围不够。

化疗存在的问题包括没有进行术前化疗和术后化疗的不规范。术前化疗最重要的作用是提供了化疗药物对肿瘤有效性的体内试验。外科切除后，检查肿瘤的坏死率，坏死率较高者其5年生存率也较高。化疗反应差的，提示应换用化疗药物。术前化疗的另一个好处是，使更多的病人可以接受保肢治疗。如果化疗有效，肿瘤停止生长，局部水肿消退，受压变形的软组织回缩，这就使得肿瘤与周围正常软组织之间的界限变得清晰，使得保肢治疗更加安全可行，则局部复发率明显降低。术后化疗的不规范包括用药不规范和疗程不够长。用药不规范主要体现在给药剂量不够。由于实施化疗的医师多为非专业医师，对于药物毒性及药理过程不熟悉，为保证化疗的安全，所以给予的剂量不够大，化疗效果不好，导致病人的生存率下降。另外对于联合化疗原则掌握不好，使用的药物不规范，也使得化疗效果不理想。化疗疗程不够可能有医师和病人两方面的原因，一是医师不熟悉化疗方案，二是病人经济方面的原因。

肿瘤切除后的关节重建方法各有其优缺点，应用骨关节移植物重建属于生物性重建，但异体骨移植有较高的术后并发症。另外，多数恶性骨肿瘤需要有效的术后化疗，因此在进行重建术时要有一个短期目标意识，尽量要早期恢复功能。目前，人工假体重建恶性骨肿瘤切除后大段骨缺损的方法已经被广泛接受，采用金属假体重建的病人数也日益增多。较其他重建方法，金属假体重建的优点包括：内固定物耐用，有术后即刻的稳定性，较好的短期及长期的功能预后，术后关节活动度好等。最重要的是感染等并发症的发生率较异体骨重建低。目前，多数国内的骨科医师并不十分熟悉肿瘤型人工关节置换的手术技巧及关节特性，包括置换部位、假体固定方式、术后并发症及假体生存时间等，造成手术并发症高、假体生存时间短等问题。因而，推广提高国内骨科医师对于肿瘤型人工关节置换的手术技巧及相关专业知识的学习十分必要。

虽然恶性骨肿瘤的保肢治疗在国内已经取得了很大的进步，新的治疗方法和理念已得到广泛推广，恶性骨肿瘤的生存率有了显著的提高。但是，目前存在最大的问题还是没有对病人作长期随访，这是循证医学最基本的问题。如果没有循证医学的基础，就不可能对以往的治疗手段进行评价，治疗方法就不可能取得进步。因而，长期随访是临床科学发展的生命线。

参 考 文 献

1 Enneking WF. A system of staging Musculoskeletal Neoplasms. Clin Orthop, 1986, 204 : 9 ~ 24.

2 Jaffe N, Frei E, Watts H, et al. High-dose methotrexate in osteogenic sarcoma. A 5-year experience. Cancer Treat Rep, 1978, 62 : 259 ~ 264.

3 Rosen, G Marcove RC, Caparros B, et al. Primary osteogenic sarcoma: The rationale for preoperative chemotherapy and delayed surgery. Cancer, 1979, 43 : 2163 ~ 2177.

4 Rosen G, Caparros B, Huvos AG, et al. Preoprative chemotherapy for Osteogenic Sarcoma: Selection of postoperative adjuvant chemotherapy based on the response of the primary tumor to preoperative chemotherapy. Cancer, 1982, 49 : 1221 ~ 1230.

5 Meyers PA, Heller G, Healey JH, et al. Chemotherapy for Nonmetastatic Osteogenic Sarcoma: The Memorial Sloan-Kettering Experience. J Clin Oncol, 1992, 10 (1): 5 ~ 15.

6 Meyers PA, Gorlick R, Heller G, et al. Intensification of Preoperative Chemotherapy for o | Osteogenic Sarcoma: Results of the Memorial Sloan-Kettering (T12) Protocal. J Clin Oncol, 1998, 16 (7): 2452 ~ 2458.

7 Picci P, Sangiorgi L, Rougraff BT, et al. Relationship of Chemotherapy-Induced Necrosis and Surgical Margins to Local Recurrence in Osteosarcoma. J Clin Oncol, 1994, 12 (12) : 2699 ~ 2705.

8 Mankin HJ, Gebhardt MC, Jennings LC, et al. Long-term results of allograft replacement in the management of bone tumors. Clin Orthop, 1996, 324 : 86 ~ 97.

9 Mittermayer F, Krepler P, Dominkus M, et al. Long-Term Followup of Uncemented Tumor Endoprostheses for the Lower Extremity. Clin Orthop, 2001, 388 : 167 ~ 177.

10 Plotz W, Rechl H, Burgkart R, et al. Limb Salvage With Tumor Endoprostheses for Malignant Tumors of the Knee. Clin Orthop, 2002, 405 : 207 ~ 215.

11 Frink SJ, Rutledge J, Lewis VO, et al. Favorable Long-Term Results of Prosthetic Arthroplasty of the Knee for Distal Femur Neoplasms. Clin Orthop, 2005, 438 : 65 ~ 70.

12 Unwin PS, Cannon SR, Grimer RJ, et al. Aseptic loosening in cemented custom-made prosthetic replacement for bone tumours of the lower limb. J Bone Joint Surg, 1996, 78B : 5 ~ 13.

13 Zeegen EN, Aponte-Tinao LA, Hornicek FJ, et al. Survivorship Analysis of 141 Modular Metallic Endoprostheses at Early Followup. Clin Orthop, 2004, 420 : 239 ~ 250.

14 Kabukcuoglu Y, Grimer RJ, Tillman RM, et al. Endoprosthetic replacement for primary malignant tumors of the proximal femur. Clin Orthop, 1999,

358:8~14.

15 Bickels J, Wittig JC, Kollender Y, et al. Distal Femur Resection With Endoprosthetic Reconstruction. Clin Orhop, 2002, 400:225~235.

16 Griffin AM, Parsons JA, Davis AM, et al. Uncemented Tumor Endoprostheses at the Knee. Clin Orthop, 2005, 438:71~79.

17 Grimer JR, Carter SR, Tillman RM, et al. Endoprosthetic replacement of the proximal tibia. J Bone J Surg, 1999, (B) 81:488~494.

18 Kawai A, Muschler GF, Lane JM, et al. Prosthetic Knee Replacement after Resection of a Malignant Tumor of the Distal Part of the Femur. J Bone J Surg (Am), 1998, 80:636~647.

19 Zehr RJ, Enneking WF, Scarborough MT. Allograft - prosthetic composite versus megaprosthesis in proximal femoral reconstruction. Clin Orthop, 1996, 322:207~223.

软组织肉瘤应该关注的几个问题

张如明

上海中医药大学曙光医院骨科　上海　200021

人体重量的75%由骨和软组织构成。然而，就恶性肿瘤而言，75%的组织仅占1%（成人）和15%（儿童）的恶性肿瘤的发病率。可能正是因为此，提起癌几乎妇孺皆知，而谈到肉瘤，即使有些医者也不甚了了。然而，也有例外者，Mandong等[1]报道了尼日利亚一个教学医院长达十年的STS回顾性研究，在经组织学证实的2 353例恶性肿瘤中，共有STS 266例，占到了所有恶性肿瘤的11.3%。看来不同人种的发病率可能有所不同。

软组织肉瘤（STS），是肌肉骨骼肿瘤（musculoskeletal tumors）[2]分支软组织肿瘤之恶性者。与其相对应的是骨的恶性肿瘤。STS近年来的疗效似有所改善，但仍远不及骨的恶性肿瘤。然而，前者的发病率却远远超过了后者，而且有逐年升高的趋势。为了提高STS的疗效，降低复发率，延长生存期，以下几个问题需认真对待。

一、STS的发病率高于恶性骨肿瘤

STS和骨的恶性肿瘤发病率之间的关系比，一般认为是6 000～7 000比2 500，将近3倍，但近年来的情况又有重要变化。以下文献提示：肉瘤的发病率在逐年增高，特别是STS。

Sim等[3]报道，美国STS的年新增病人5 000例。美国癌症协会（ACS）统计[4]，2000年STS的新确诊病人8 100例，远远超过骨恶性肿瘤的2 500例。到了2004年，McKee[5]报道年发病率已达8 700例。10年间增加了3 700例（57%），增速惊人。国际癌症调查委员会（national cancer survey）有关运动系统肉瘤年发病率研究的资料显示，STS年发病率为1.4／10万，年龄超过80岁的人群将达到8/10万。我国虽然还没有相关年发病率的研究资料，但按照美国的统计资料推算，我国年新增STS病人的数目会相当可观和惊人。加上我国很快进入老龄化社会，老年人的发病率又比较高，整体年发病率还会大幅度上升。

二、STS的局部复发率居高不下

上海中医药大学曙光医院骨科2002年7月～2007年6月，5年间共收治四肢和躯干STS 90例（仅统计首次入院，复发再治疗者除外），其中原发的仅3例，复发87例。造成如此之高复发病率的主要原因，可能包括如下几个方面：

（一）对STS认识不足导致组织学的诊断长期被忽视

人体四肢和躯干体表的肿块非常多见，普通外科、骨科、整形外科和皮肤科等，常将STS作为良性肿物予以切除。由于术前不能获得确切的组织学诊断，术后复发在所难免。丧失了第一次根治性切除的机会，将会对以后的治疗埋下诸多隐患。复发后再治疗的疗效，远不能与原发瘤的根治相比。因此，必须重视体表肿块的组织学诊断；术前常规活检。病理科不健全的一、二级医院，应该建立向专科医院或三级医院报送标本进行病理会诊的制度。一旦确诊，应酌情近期作扩大切除。

（二）切缘阳性

肿瘤切缘组织的病理检查呈阴性，是肿瘤病灶彻底切除的标志。STS复发率长期得不到改善，与外科治疗不规范、切缘阳性率太高直接有关。Utah大学医学院Huntsman癌症研究所肉瘤中心的Randall等[6]对104例非肿瘤中心送检的肉瘤切除后标本，进行了组织学和切缘的进一步复查，发现82%切缘阳性。Noria等[7]报道65例中35%切缘阳性。Zagars等[8]对666例肉眼肿瘤切除后的病人，进行临床病理学特征等相关内容的再分析，其中295例作了瘤床再切除，发现有残余肿瘤的136例，占46%，包括73例肉眼可见肿瘤，剩下没有进行再切除的371例，经过数年随访，确定为阴性的仅117例，阳性的47例，其余207例则不详，确切阴性的仅占41%。其他作者也有类似报道。伴随无计划的切除之后，总的切缘阳性率在45%～67%之间[6]。

（三）辅助治疗效果不佳或放弃

外科医师不能获得阴性的切缘，而过度依赖局部补救治疗（主要用放射治疗）[9]，而这两者在医院内多分列为两个治疗单体，互相缺乏沟通，使疗效得不到充分发挥。有的病人干脆放弃后续治疗，或因为多种原因，不能坚持规范的补救治疗（临床发现，STS经济不发达地区和经济欠宽裕的人群发病率较高）。

随着专业知识的不断普及，医患双方认识的不断提高，专业医疗机构的科学化和规范化治疗等诸多因素的共同提高下，上述问题有望获得改善。

三、治疗方法选择的倾向性

由于STS治疗，缺乏有确切疗效的权威性方案，治疗方法的选择往往以医师的认识水平为标准，不同专科的医师易偏重宣传本专科的疗效，再加上一些社会因素的影响，常难以取得规范化治疗的共识。临床工作中，如何客观地把握治疗的总体走向，是一个相当重要的问题。Clark等[10]在2005年发表了一篇回顾性综述，参考了近年来公开发表的论文100篇，结论如下：

（1）外科治疗是STS治疗的支柱手段；

（2）放射治疗的选择是有益的；

（3）常规化疗对大多数肿瘤少有效果。

这一结论比较客观，与临床的体会基本相同。医师应恰当地向病人及其家属介绍各种疗法的效果，并协助病人合理选择疗法以求最高的疗效。当前的理想治疗应该是：外科和放疗科医师努力达到阴性切缘/局部控制，内科医师给予有效的化疗/全身治疗。

四、术式的选择和复发率

（一）传统术式应当改进和发展

囊内切除术、边缘切除术、广泛切除术和根治性切除术是治疗肌、骨肿瘤的常用术式。囊内切除术主要为良性肿瘤或诊断需要所行的术式；边缘切除术主要用于良性肿瘤和中间性肿瘤（酌情加其他治疗），用于恶性肿瘤的治疗，往往仅在不得已而为之。就恶性肿瘤而言，广泛切除术和根治切除术多为治疗性术式。然而，多年临床体会，根治性切除术虽然理想，但具备该术式要求条件的病人不足20%[11]，而大量应用于临床的治疗方法是广泛切除术。广泛切除术的最基本要求是：距肿瘤最近的切缘，要在肿瘤多维面外3～5 cm的正常组织内。也就是说，在此范围内的所有组织均要全部切除[12]。且不说广泛切除术的设计是否符合STS的生物特性，仅就四肢而言，一个直径5 cm的ⅡA期肉瘤，切除的范围应该是11～15 cm直径的球形体，已经等于截肢了。临床几乎无法达到这一要求。因此，实际上的广泛切除术，大部分仅是边缘切除术。临床上居高不下的复发率，与此有直接关联。

（二）屏障切除术有望降低STS局部复发率

鉴于广泛切除和根治性切除术的基本理论和对局部的要求，应用于临床的屏障切除术[11]是集合了前两者的优点。切除原则为有屏障结构的区域，作屏障外切除，无屏障的部位，应用广泛切除的原则（选择3～5 cm的距离），如此连接起来的切缘，较前两种术式明显节省了正常组织，切缘阴性率也明显高于广泛切除术。经临床统计，局部复发率接近根治性切除术的上限，疗效理想。由于保留了相当多的正常组织，从而，化简了修复重建的内容。近来笔者总结了81例复发后采用屏障切除术再治疗的病人，将随访的资料与原发治疗后复发的资料进行自行对照。复发率从100%（全部是复发病人）下降到16%，复发时间从5个月延长到22个月[13]。

（三）修复重建是降低复发病人恢复功能重要手段

STS切缘的阴性，无论如何都需要一定的切除范围作保证，功能的损毁和创面的裸露在所难免。反之，为了能直接关闭切口和保留功能，而缩小切除范围的代价就是复发。

肌骨系统肿瘤切除后的修复重建，越来越要求骨科（或专科）医师从单一的重视骨修复，过渡到多种组织的全方位修复。这一要求，应成为骨、软组织肿瘤专科医师的基本功。除骨重建之外，应用各种组织瓣的移植或转位覆盖创面首当其冲[14]，也是深部功能重建的必备条件。动力重建，应该包括神经和肌肉（腱）的修复。由于恶性肿瘤切除多为大块切除，肌肉的缺失，使得神经的修复徒劳无益。因此，常用的方法是肌肉（腱）转位，或称肌力平衡术。重要血管的受累，越来越不应成为保肢的禁忌证。人造血管移植，是非常好的供体选择[15]。除了在诊断上多下功夫，还应制定出切实可行的方案[16,17]。多种组织缺损后的复合重建，是高难度的，失败率较高，后果严重。由于缺损大，创面复杂，重建的失败，也往往导致截肢。为了避免尴尬的局面，除了量体裁衣请有经验的医师主刀外，向病人和家属充分的说明，达成理解，并履行常规手续，是非常必要的。

五、全身综合治疗有待加强

众所周知，就肢体恶性肿瘤的治疗而言，截肢并不能完全挽救生命，缺乏有效的全身治疗手段，发生邻近或远处转移就不可避免，最终危及生命，因此外科医师所能做的极其有限。据文献报道，大约50%的病人死于肿瘤及其对其他组织和器官的侵犯。一般认为，评价STS疗效的首位指标仍然是无瘤生存率。因此，能解决肿瘤远处转移的问题，延长病人的生存期就显得非常重要。

目前，STS全身治疗的主要方法是化学治疗，其中联合化学治疗的效果稍好。几种常用药物的单药反应率分别是：ADM（阿霉素）26%，IFO（异环磷酰胺）24%，DTIC（氮烯米胺）18%，E-ADM（表阿霉素）18%，DDP（顺铂）9%，CDDP（卡铂）12%，CTX（环磷酰胺）8%等。虽然联合化疗的效果好一些，RR（CR + PR）率可以达35% ~77%，但对生存期的生活质量改善，很少有统计学的意义[18]。国内的化疗报道也可参考[19,20]，但病人较少，应针对具体方案，多家合作，获得的数据可能更有意义。其他的疗法也在不同程度的使用着，在使用中不断的改进，但下结论可能还为时尚早[21,22]。

可见，在全身治疗方面我们还有很多的工作要做，很多的空白等待填补。然而，这确实希望所在。

参 考 文 献

1 Mandong BM, Kidmas AT, Manasseh AN, et al. Epidemiology of soft tissue sarcomas in Jos, North Central Nigeria. Niger J Med, 2007, 16 (3): 246 ~ 249.

2 Feydy A, Anract P, Tomeno B, et al. Assessment of Vascular Invasion by Musculoskeletal Tumors of the Limbs: Use of Contrastenhanced MR Angiography1. Radiology, 2006, 238 (2): 611 ~ 621.

3 Sim FH, Frassica FJ, Frassica DA. Soft-tissue tumors: diagnosis, evaluation, and management. Journal of the American Academy of Orthopaedic Surgeons, 1994, 2 (4): 202 ~ 211.

4 Data from cancer statistics 2000 CA. Cancer J Clin, 2000, 50: 12.

5 McKee MD, Liu DF, Brooks JJ, et al. The prognostic significance of margin width for extremity and trunk sarcoma. J Surg Oncol, 2004, 85: 68 ~ 76.

6 Randall RL, Thurman T, Bruckner JD, et al. Errors in diagnosis and margin determination of soft-tissue sarcomas initially treated at non-tertiary centers. Orthopedics, 2004, 27: 209 ~ 212.

7 Noria S, Davis A, Kandel R, et al. Residual disease following unplanned excision of a soft tissue sarcoma of an extremity. J Bone Joint Surg Am, 1996, 78: 650 ~ 655.

8 Zagars GK, Ballo MT, Pisters PW T, et al. Surgical margins and reresection in the management of patients with soft tissue sarcoma using conservative suegery and radiation therapy. Cancer, 2003, 97: 2544 ~ 2553.

9 张英杰，李建彬. 成人软组织肉瘤的放射治疗研究现状，中华肿瘤防治杂志，2007，14 (15): 1195 ~ 1198.

10 Clark MA, Fisher C, Judson L, et al. Soft-tissue sarcomas in adults. N Eegl J Med, 2005, 353: 701 ~ 711.

11 Shmookler B, Bickels J, Jelinek J, et al. Bone and Soft-tissue Sarcomas: Epidemiology, Radiol-

ogy, Pathology and Fundamentals of Surgical Treatment. Malawer Chapter 01 21/02/2001 14:56 Page 3

12 张如明，滕胜．软组织肉瘤现代外科治疗．天津：天津科技出版社，2001，92～95.

13 张如明，张琥，滕胜，等．屏障切除术治疗复发性软组织肉瘤的疗效分析．中华肿瘤防治杂志，2007，14（6）:450～451.

14 张如明．软组织肉瘤外科治疗中的创面修复．中国实用外科杂志，2007，27（4）:335～337.

15 张琥，张如明，卫晓恩，等．人工血管在大血管受侵犯的软组织肉瘤治疗中和应用．中国骨肿瘤骨病，2006，5（1）:80～81.

16 张如明，张琥，刘印文，等．现代影像诊断学在累犯血管的软组织肉瘤外科治疗中的应用．中国肿瘤临床，2004，31（24）:1407～1411.

17 杨迪生，叶招明．骨与软组织肿瘤的治疗（一）外科治疗．中国骨肿瘤骨病，2005，4（1）:32～39.

18 宋春雷，李敏．骨与软组织肉瘤多药耐药性研究进展．中国骨肿瘤骨病，2005，4（1）:45～48.

19 凌华海，陈焕伟，赵小琼．AIM 方案治疗骨与软组织肉瘤的近期疗效观察．河北医学，2007，13（8）:901～903.

20 鲁明骞，向丽娥，徐光川，等．大剂量异环磷酰胺治疗进展期软组织肉瘤的疗效评价．肿瘤，2007，27（1）:70～72.

21 肖韶文，刘长青，孙艳，等．重组人 p53 基因联合放疗、热疗治疗晚期软组织肉瘤的临床观察．中国肿瘤临床，2007，34（2）:65～67.

22 Hoven-Gondrie ML, Thijssens MJ, Van den Dungen JJAM, et al. Long-Term Locoregional Vascular Morbidity After Isolated Limb Perfusion and External-Beam Radiotherapy for Soft Tissue Sarcoma of the Extremity. Ann Surg Oncol, 2007, 14（7）:2105～2112.

❖ 肿瘤中西医结合 ❖

2003～2007年中医药抗癌国际合作探索的5年总结

刘鲁明

复旦大学附属肿瘤医院中西医结合科 上海 200032

1996年以来，传统与现代结合医学（又称整合医学或补充/替代医学，integrative oncology，IO or complementary and alternative medicine，CAM）发展非常迅速。在美国过去的10年中，寻求补充/替代医学治疗疾病的人次大大增加，已经超过现代医学的就诊量。由此而使美国政府下属的国立卫生研究院（NIHUSA）对传统医学的兴趣逐渐浓厚，投入的科研资金逐年增加，到2002年已经超过2亿美元，对传统医学的认识也逐渐深入。从2003年开始，美国NIH加大投入资金，计划对传统医学进行深入、科学的研究，其中中国传统医学（中医药）是其主要的部分。前两年的研究基金称为R 21，共有11项。其目的是在全球建立11家国际合作研究中心，为进一步的研究奠定基础。

一、国际中医癌症治疗中心的建立

2001年12月，复旦大学附属肿瘤医院获悉上述信息后，立即开展了一系列振兴中医研究的准备工作（包括引进人才、科研资助等）。2003年2月 美国德克萨斯州大学安德生肿瘤中心（M·D·Anderson cancer center USA）整合医学部主任Cohen L博士访问上海，并对复旦大学附属肿瘤医院等医院进行了考察，与中医科商讨协作共同申请美国国立健康研究院（NIH）R 21基金，进行中国传统医学抗癌治疗的研究。在美国德克萨斯州大学安德生肿瘤中心推动下，复旦大学附属肿瘤医院开展了旨在共同建立国际中医癌症治疗中心的国际合作。

2003年5月确定了研究目的和研究内容，提出了三个课题：①针灸预防肠癌术后肠麻痹；②华蟾素的Ⅰ期临床研究；③气功对乳腺癌放疗生活质量与免疫功能调节作用的研究。完成、并向NIH提交了申请书，同年8月申请获得成功，项目名称为国际中医肿瘤中心（international center of TCM for cancer，grant 1 R 21 CA108084-01，NCIUSA），获得40万美元的资助，该项目是NIH惟一的一项研究传统医学治疗肿瘤的国际合作项目。2004年4月项目正式启动。并在美国国立癌症研究院公告（NCI bulletin）上对我们的合作课题加以报道。项目起止时间为2003年9月1日～2005年8月31日，为期2年。同年，安德生肿瘤中心与复旦大学附属肿瘤医院结为姐妹医院，建立正式的教育、临床及科研交流平台。

R 21 项目主要目的是建立国际合作中心。重点通过培训中美双方合作能力、科研能力、参加人员个人素质及技能的培训（包括医师、护士和留学生交换）、中医药、针灸等抗癌治疗预试验等，最终完成本中心的建立，为下一步的研究奠定基础。两年来复旦大学附属肿瘤医院共派出3位医师与2位科研护士在美国德州大学安德生肿瘤中心接受了临床研究规范和实验研究的培训。美方硕士研究生 McQuade J 于 2004 年 9 月起到我院开始为期 1 年的中医训练。美方院长、分管副院长、教授5人、其他专家10余人分别在2003年12月，2004年7月、10月，2005 年 4 月、6 月，多次来我院访问、指导、交流、共同探索中医怎样科学化、标准化、国际化。

2005 年 8 月我们顺利通过美国国立癌症研究所（NCI）评审，获得进一步基金资助项目 U 19，总经费 215 万美元，用于扩大目前正在进行的肿瘤中医药治疗研究。这项研究基金，相当于两年前用于建立国际中心基金的 8 倍，用于资助这项 R 21 项目内的中医药三大主流疗法研究。除了 NCI 基金之外，中国国家科技部同时向该中心资助人民币 61 792 元，上海市及复旦大学附属肿瘤医院也将配套了相应基金。

以这些项目基金为基础，其实验和临床研究项目将进一步扩大，包括中草药和天然药物作为新的治疗手段（包括姜黄素、华蟾素和夹竹桃），针灸用于缓解疾病及与治疗相关的不良反应，以及能量练习如气功作为乳腺癌放疗过程中的放松疗法。该新项目是建立在 2003 年项目的基础上，并将继续进行下去。2003 年的项目包括气功改善睡眠及针灸用于预防术后不良反应及华蟾素的临床及实验研究。

安德生肿瘤中心院长 Manderlsohn J 博士指出，“安德生肿瘤中心与复旦大学肿瘤医院所建立的这种关系已成为双方思想、信息合作与交流的优秀范例，将在世界范围内进一步造益于癌症病人”，“缔结双方所带来的不仅仅是承诺，更是丰富有趣的研究与经验”。

作为本中心美方 PI 及安德生肿瘤中心整合医学中心的主任劳伦佐 · 考恩（Cohen L）博士指出，“与复旦大学肿瘤医院的合作将获益于合作双方，但我们相信这最终会对世界范围内的肿瘤病人产生积极的影响。中医药有着悠久的历史，将西医的研究方法用于中医研究，会使我们能够更好地了解其可能存在的新用途”，“同样，通过我们在中国的合作，我们学到了很多有关临床试验的结构与设计方法，新的影响诊断方法，人群研究以及预后指标”。

如 Cohen 博士研究所示，在过去 10 年中，人们对于替代/整合医学的兴趣有了显著提高。NCI 补充/替代医学办公室主任报道 36% 的成年人正在应用某种形式的补充/替代医学。将多种维生素疗法与祈祷也包含在补充/替代医学之内，这个数字将升至 62%。

二、经验和启示

疾病无国界，医学同样无国界，随着地球村的形成，不同的医学和文化体系必然会走向全球化。医学全球化也必将在这一进程中成为病人对未来医学的期待和治疗的选择，这也将无形中使各国医学界对医学全球化的研究和发展进程加速，也必将产生一个全球医学企业的激烈竞争环境。在这样的大背景下，中国传统医学——中医学走向国际化存在着必然性和艰巨性。

如何使中医学更快、更顺利地走向世界？当然首先要了解中医目前存在的问题和困惑。正所谓“知己知彼，方能百战不殆!”。

首先，在中医发展中存在着两种主流分歧，可以简单概括为尊古一派与现代一派。

尊古一派强调中医的传统化特色，认为只有地道的中医才能国际化。这种医学的基础是中华医药的特色理论，把整体观念和惟物辩证法对事物的观察和逻辑推理，以及阴阳平衡、因人、因事、因地制宜的规则，结合事物的变化和疾病的发展来辨证论治。认为目前的科学水平尚不能完全解释中医，因此传承“古老”的科学并非不是科学。（见谢云挺. 以中医理论体系认识和发展中医·摘自第二届中国中医药发展大会，上海中医药报，2005 年12 月9 日第11 版）

现代一派则认为必须要对中医的理论内涵进行新的、科学的理解与解释，必须要完成新的文化的认同，就是要运用全球都能接受的普遍运用价值，去说明中医药理论的公式和原理的现代价值，要求我们一方面发扬光大传统中医学中已有的辨证思想，另一方面又要求我们与时俱进地有所前进，有所创新，有所突破。

从理论上说，两派似乎都有道理。事实上，现今中医界两派学者都在努力工作着。问题是他们的认识都存在片面和不足，谁也没有说服谁，这给后继的学者造成了困惑。

其次，在疗效评估中，中医药的疗效究竟在何处？疗效有多少？

看这个问题就需要从中西医疗效评估体系各自的优缺点入手。

西医着重治疾病，力求从微观角度上认识和治疗疾病，针对共性，用药量基本一样。临床上，西医疗效常以局部症状的缓解和检查指标数据的改善来进行评估，其疗效评估中的优点是量化和客观，但事实上并不是任何东西都可以量化，尤其如从整体评估上量化则较难。

中医着重治病人，中医学把人放在首位，虽然不用显微镜去发现“病菌”，却能根据时间、气候环境、病邪属性、个体差异和疾病症候进行辨别论治，这样的宏观医学理论，与20 世纪后期西方医学家提出的医学模式应为生理、心理和社会相结合的模式是一致的。中医是针对个性，而用药的量则根据个体特质而定。临床上中医疗效常以“精”、“气”和“神”从整体上进行评估。相对于西医学，其优点是讲求整体观，缺点是主观，难以量化。

那么中医与国际接轨的必要性何在？如何与国际接轨？从中又可能有什么收获呢？

科学是研究客观规律性的共性的东西，并可以将其规律进行推广运用。中医走向国际化，与国际接轨，就必须使其成为同时研究共性的科学。通过与国际接轨，可以了解中国与外国的差异，用全世界绝大多数人普遍可以理解的方法来解释、介绍中医。但是，这与过去教科书上介绍的中医学理论的精髓“整体观念”和“辨证论治”治疗常常发生冲突。尤其明显突出的是，在强调“整体观念”和疾病“辨证论治”治疗的背景下，我们中医队伍对待科学的态度往往不够严谨。

为了避免这一系列矛盾出现，在国际合作中，在与国际接轨的过程中我们坚持了以下原则：

1. 科学态度第一原则 “实践是检验真理的惟一标准”，实事求是是成功的关键。在国际合作中，不能有丝毫的虚假及其想法。要主动地自我批判，根除我们不以为怪的虚假行为及其意识。做一说一，什么结果就是什么结果，不说过头话。美方、院方、PI和科研护士层层把关，监控每一病人和研究过程，确保数据可靠。

我认为，目前中医药研究界缺的就是这种精神和意识，缺的就是这种研究过程的监督制度和保障。说到底缺的就是科学态度。如果能在中医研究中真正实行这一态度和过程，我们的中医药研究结果一定能获得全世界的认可。

2. 中医理论主导原则 中医现代化、国际化的主体是中医，主导理论是中医理论，研究人员和研究对象不脱离中医，并保持和发展中医的特色。中方主要研究者（PI）始终坚持自主原则，不偏离中医治癌（包括辅助和症状治疗）这个大方向。

3. 开放与创新原则 看好病才能使人信服，疗效是硬道理。中医要发展，必须坚持开放的原则，必须得到双方认同的疗效。不论是数学的、物理的、化学的、西医学或其他学科的，只要能促进中医发展的，都应吸收接纳，为我所用。开放的目的是为了创新与发展。只有开放，才会有更多的创新思路与新方法，才会有更多的创新发现和成果，才会带来理论与临床的真正提升。

4. 多学科协作原则 中医现代化、国际化的目的是为了发展中医，发展中医的途径与模式应当是多样的。真正的多学科交叉是中医走向现代化和国际化的关键。我们的国际中医肿瘤研究分为三个核心组：行政管理组（包括双方PI、分管院长、主任、科研秘书等等）、临床研究组（又分为针灸、中药、气功三个方面）和流行病学组。我们这支来自休斯敦和上海的研究队伍集中了来自行为医学、临床肿瘤学、流行病学、病理学、影像诊断学、放射治疗学、肿瘤生物学、实验方法学、麻醉学、整合姑息医学的研究者，除了研究项目方面的合作，还会经常性地参与多种文化交流及业务学习。

三、结语

中医与国际接轨，让世界人民认识中医、相信中医，把中医推向世界，提高中医在世界医学中的地位并为世界人民服务，是我们21世纪中医工作者义不容辞的历史责任和使命。在这一过程中认识中医固有的问题和缺陷，并在国际化的过程中加以克服，必将使中医得到更好、更大的发展。不断让中医的传统价值变成现代医学的价值，最终为全球所接受，这将有利于古老的中医学万世长存，并获得新的生机，融入全球化的新时代之中。

中华民族的优秀文化遗产理当首推中医。我们相信中医药研究国际化的进程也将是中华民族优秀文化传播的过程。中医学中的理论精华，例如“阴阳和谐（平衡）”、“辨证论治”、“脏腑五行生克”、“天人相应（合一）”、“谨守病机”、“上工治未病”等以人为本治疗疾病重要理念，必将为世界医学作出重大的贡献。

天然药物抗肿瘤作用的研究进展

梁蓓蓓　刘华钢

广西医科大学药学院　南宁　530021

恶性肿瘤是目前危害人类健康的主要疾病之一，在第 18 届国际抗癌联盟大会上，世界卫生组织发表的一项研究报告表明，全球恶性肿瘤状况将日益严重，今后 20 年新癌症病人人数将由目前的每年 1 000 万增加到 1 500 万，因恶性肿瘤而死亡的人数也将由每年 600 万增至 1 000万。在我国，据国家卫生部统计，20 世纪 90 年代我国肿瘤发病率已上升为 127 例/10 万人。近年来我国每年新增肿瘤病人 160 万～170 万人，总数估计在 450 万人左右。药物在恶性肿瘤的治疗中占有重要的地位，发展速度最快。在合成的化学类抗肿瘤药物中绝大多数都是以天然抗肿瘤活性成分为先导化合物的，我国有丰富的天然药用动物、植物、和矿物资源，自上世纪 60 年代以来我国的医药专家根据各民族运用天然抗肿瘤药物的经验，从民族医药中研究和开发出了一批疗效确切、价格合理的天然抗肿瘤药物，为肿瘤的防治作出了不小的贡献。现就一些天然抗肿瘤药物及其抗肿瘤研究进展作一综述。

一、药用抗肿瘤植物

（一）苦参

苦参为豆科多年生落叶亚灌木植物苦参（*Sophora flavescens Ait.*）的干燥根，性苦、寒，有清热燥湿，杀虫，利尿等功效[1]，研究显示苦参中的有效成分——苦参碱具有抗肿瘤作用，其作用机制为抑制肿瘤细胞增殖和转移，促进凋亡以及诱导肿瘤细胞向正常细胞分化等。现已证实苦参碱可以抑制人肝癌细胞株 HepG2、人红白血病细胞株 K562 细胞、白血病细胞株 HL-60 细胞、SGC-7901、SMMC－7211、PG、人 HT1080、人黑素瘤、T 细胞白血病细胞株 JM 和人乳腺癌 MCF27/ADR 等肿瘤细胞的增殖与转移，诱导其分化和凋亡，同时对正常细胞不产生破坏作用，甚至还有双向免疫调节作用，可以升高白细胞数、提高机体免疫功能，没有明显不良反应，这是众多化疗药物所不能达到的[2]。另外苦参碱对肿瘤细胞与血管内皮细胞的粘附也具有明显的抑制作用，并可明显抑制 CD_{44}、CD_{49}粘附因子的表达，还可以减轻内皮细胞的通透性和白蛋白的渗出，维护内皮细胞的完整，阻断肿瘤细胞与基质的粘附，从而减少了肿瘤细胞的转移[3]。研究还发现氧化苦参碱对肺癌和胃癌细胞诱导的血管内皮细胞（VEC）

增殖具有抑制作用，可以阻断肿瘤新生血管的形成，推测这可能与氧化苦参碱对肿瘤细胞分泌促使VEC生长的因子尤其是VEGF（内皮生长因子）和bFGF有一定的抑制作用[4]。

（二）陈皮

陈皮为芸香科植物橘（*Citrus reticulata Blanco*）及其栽培变种的干燥成熟果皮。味辛、苦，性温，具有理气健脾、燥湿化痰之功[1]。钱土辉等[5]研究表明，陈皮提取物对小鼠移植性肿瘤S180、Heps具有明显的抑制作用。陈皮提取物对癌细胞增殖周期S细胞作用不大，但能使G_2/M细胞减少，使G_0/G_1期细胞增多，其作用强度随着抑制递增而提高，同时使癌细胞凋亡的作用也随之提高。另外，陈皮药材中的脂溶性成分之一多甲氧基酮是抗肿瘤有效成分[6]。

（三）莪术

莪术为姜科多年生宿根草本植物蓬莪术（*Curcuma phaeocaulis Val.*），广西莪术（*C. kwangsiensis S. Lee et C. F. Liang*）或温郁金（*C. wenyujin Y. H. Chen et C. Ling*）的根茎，味辛、苦，性温，具有行气破血、消积止痛之功[1]。莪术油是从莪术中提取的一种含挥发油的制剂，内有多种倍半萜衍生物，莪术酮为主要成分。实验证明，此药对艾氏癌、L615白血病等有抑制作用，对宫颈癌、外阴癌、皮肤癌等都有效。王寿春[7]用0.125%莪术油增敏放射治疗晚期肺癌病人12例，总缓解率达100%，总完全缓解率达41.7%。谭敏等[8]用莪术油进行小鼠肝癌体内抑制实验。以细胞原位凋亡TUNEL染色方法，评估莪术油对小鼠肝癌细胞凋亡的影响。结果莪术油对小鼠肝癌细胞的抑瘤率前后两次分别为51.85%和51.16%，与对照组相比差异有显著性意义。石灵春等[9]建立小鼠HepA肝癌模型，进行莪术油抑癌试验，并用免疫组化法检测细胞增殖核抗原（PCNA），细胞周期素DI（cyclin DI）的表达，探讨莪术油抑制小鼠肝癌的分子机制。结果莪术油治疗组的瘤重，PCNA标记指数，cylill DI标记指数均低于生理盐水组（$P<0.01$），提示莪术油可能是通过下调cyclin DI的表达，抑制PCNA的阳性表达率进而抑制肿瘤的生长。

（四）红豆杉

红豆杉［*Taxus Chinensis*（*Piger*）*Rehd*］，其主要抗肿瘤活性成分是紫杉醇。1993年秋，武汉华中理工大学利用细胞培养法生产出了紫杉醇，制成了新型的抗肿瘤药物。该药能与细胞微管蛋白结合，促进微管聚合，抑制其解聚，使细胞有丝分裂受到阻断，从而抑制肿瘤生长[10]。该药具有下列特点：分子量大，为细胞毒性药物，能直接杀伤肿瘤细胞，经肝脏转化成非毒性药物，抗肿瘤作用与药物浓度呈正比[11]。1992年Homes[12]首次报道了紫杉醇对乳腺癌具有良好的治疗效果。至今报道的有效值为22%～62%。王彦等[13]应用国产紫杉醇175 mg/m^2对8例初治晚期卵巢上皮癌病人进行腹腔化疗，对其中6例进行药代动力学研究，结果腹腔用药具有药代动力学优势，不良反应主要是骨髓抑制及腹痛，但较静脉用药的不良反应小。管丽莉等[14]联合顺铂加国产紫杉醇治疗14例老年晚期非小细胞肺癌病人，总有效率达41.9%。朱小东等[15]实验研究体内外紫杉醇处理后，胃癌细胞survivin蛋白表达的改变及同细胞凋亡关系，探讨紫杉醇抗肿瘤机制。体内外试验结果证实，紫杉醇可能通过抑制肿瘤 survivin 表达，引起细胞凋亡，从而抑制肿瘤生长。

（五）仙人掌

仙人掌属（Opuntia）植物系仙人掌科双子叶植物。在我国仙人掌作为药用植物已有悠久的历史。在国内主要分布于海南岛、广东、广西、云南、四川等地，其性苦、凉，具有清热解毒、散瘀消肿、健胃、止痛、镇咳等功效[16]。仙人掌中主要的活性成分为生物碱类、黄酮类和甾醇类化合物，此外还有多糖等。近年来发现仙人掌（果和茎）有较强的抗肿瘤作用。韦启后[17]等研究表明接种后给药 7、14 天对 S180 荷瘤小鼠的抑瘤率各为 84.11%、76.37%，分别高于其在接种后给药 21 天的抑瘤率（46.37%），其证明仙人掌提取物对肿瘤发生早期具有较好的抑瘤作用。最新资料表明仙人掌的果实提取物能抑制宫颈癌、卵巢癌和膀胱癌细胞的增殖，而且能抑制患有卵巢癌大鼠的肿瘤生长；仙人掌对肿瘤细胞生长的抑制作用与加速癌细胞凋亡和使癌细胞在 G_1 期停留时间延长有关，也可能是通过抑制肿瘤生长的 p53 途径[18]。另有研究表明，仙人掌抑制肿瘤生长的作用与现用于卵巢癌预防的药物 N（4-氨基苯酚）维甲酰胺（4-HPR）作用相当。仙人掌中的黄酮类化合物能增加细胞内钙池钙离子浓度，并干扰与人 T 细胞 S 期转换有关的白介素-2 的表达，这与仙人掌对肿瘤细胞的抑制作用是否有关目前正在研究[19]。

（六）番荔枝

许多番荔枝属番荔枝科的植物都含有泡番荔枝辛（bullatacin），泡番荔枝辛是一种邻双四氢呋喃环番荔枝内酯，在体内和体外展现出强抗肿瘤活性。韩金玉等[20]的研究表明，泡番荔枝辛的作用靶点是在线粒体的辅酶Ⅰ（NADH-ubiquinone oxidoreduc-tose），作用机制表现为抑制线粒体电子传输系统的辅酶Ⅰ。抑制的辅酶Ⅰ阻碍了 ATP 的生成，细胞间的能量得以耗尽。由于失去新陈代谢的能量导致辅酶Ⅰ的死亡，P-gp（可渗透性糖蛋白）的作用彻底失去，多药抗药性细胞对番荔枝辛敏感而无抵抗力，表明泡番荔枝辛是一种有望治疗多药抗药性天然药物[21]。

（七）大蒜

大蒜（*Allim sativum*）是百合科葱属植物的鳞茎，具有多方面的药理作用，尤其有良好的防癌作用。现代药物化学研究证明，大蒜内含硫成分多达三十余种，其中对肿瘤起预防作用的物质主要有二烯丙基一硫化物（DAS）、二烯丙基二硫化物（DADS）、二烯丙基三硫化物（DATS）、ajoene 及丙烯丙基硫基半胱氨酸（SAMC）和烯丙基半胱氨酸（SAC）等。这些成分不仅能抑制癌细胞的致癌作用，而且对肿瘤细胞的增殖也有抑制作用。目前研究结果显示，大蒜及其成分的抑癌机制为：①抗氧化，清除自由基；②抑制致癌物活化、诱导解毒酶，加快致癌物的排泄，阻止 DNA 加合物的形成；③抑制乌氨酸脱羧酶，阻止多胺形成；④影响肿瘤细胞的细胞周期，诱导肿瘤细胞凋亡；⑤干扰 p21 在细胞膜的定位[22]。

（八）猕猴桃

猕猴桃（*Actinidia chinensis*）属植

物保健及治疗作用曾引起不少学者的关注，猕猴桃提取物的化学成分包括三萜类、黄酮类、糖类、挥发油、微量元素等。近年一些学者对中华猕猴桃、毛花猕猴桃、软枣猕猴桃等植物进行研究，认为有一定抗肿瘤作用。李延等[23]研究证明猕猴桃提取物对小鼠 S180 抑制率为 41. 4%。邹益友等[24]采用 MTT 法研究中华猕猴桃根乙酸乙酯提取物（主要含蒽醌类化合物）的抗癌活性，发现其对白血病细胞的抑制率为 54. 2%，对结肠低分化腺癌细胞抑制率为 60. 1 %，提示猕猴桃根提取液对肿瘤细胞有直接杀灭作用。

（九）苦瓜

苦瓜即葫芦科苦瓜（*Momo rdica charan t ia L.*）的果实。已有数百年食用和药用历史，苦瓜有清暑涤热、明目解毒的功能，现代分析化学证实苦瓜含甾体皂苷、豆甾醇皂苷、苦瓜苷等，还含有 52 羟色氨、果胶和维生素 C[25]，且含 16 种氨基酸。苦瓜苷 A 对 S180 动物瘤组织 DNA 和 RNA 蛋白质合成有显著抑制作用[26]。A2 苦瓜素能够选择性杀伤绒毛膜癌细胞和黑色素瘤细胞，而对肝癌细胞作用不明显[27]。它与一般的抗癌药物如 5-Fu 等作用方式不同，研究表明，它是抑制了肿瘤细胞的蛋白质合成。B2 苦瓜素能够抑制 3H-亮氨酸、3H-尿嘧啶和 3H-胸腺嘧啶整合到人舌喉鳞状上皮癌细胞中[26]。李阳春等[28]研究证明苦瓜蛋白对胃癌细胞 SGC7901 的增长具有明显的抑制作用，并能诱发其凋亡。

二、药用抗肿瘤动物

（一）壁虎

壁虎又称守宫、天龙等。为壁虎科动物无蹼壁虎（*Gekko swinhonis Gunther*）或多痣壁虎（*Gekko japonicus et Bi*）及其他几种壁虎的干燥全体，近年来多作丸、散、膏等剂型入药，广泛应用于临床多种疾病，特别是对多种恶性肿瘤。骆和生等[29]的研究表明，壁虎含有与马蜂毒相似的有毒物质及组胺类蛋白质。在肿瘤方面可用壁虎治疗的有肝癌、食道管癌、贲门癌、胃癌、肺癌、乳癌、颈淋巴癌、宫颈癌、白血病、肠道癌肿、甲状腺癌以及癌性疼痛、肝硬化腹腔积液等。如宋洪恩等[30]用含壁虎的华虎内攻汤加消癌散外用治疗 118 例肝癌；用含壁虎的中药透皮疗法，治疗癌性疼痛 25 例[31]；李建华用天龙酒（含壁虎的复方酒）治疗消化道肿瘤 143 例都有很好的疗效[32]。

（二）斑蝥

斑蝥为芫青科昆虫南方大斑蝥（*Mylabris phalerata Palles*）或黄黑小斑蝥的干燥体，味辛，性温，有大毒，具有破血逐瘀消癥、攻毒散结之功[1]。斑蝥是我国首先发现具有抗肿瘤作用的药物，其抗癌的主要有效成分为斑蝥素。斑蝥素的抗肿瘤机制主要是抑制癌细胞的蛋白质合成，降低肿瘤激素水平，从而影响肿瘤细胞的核酸代谢。实验证明斑蝥素能抑制 Hela 细胞和人食管癌、贲门癌、胃癌、乳腺癌、纤维瘤、霍奇金病、肝癌、肺癌及脾肉瘤细胞的代谢。张卫东等[33]研究发现斑蝥素可相对特异性地引起肺癌 A549 细胞周期 G_2/M 期阻滞，其机制可能是引起 CyclinB1/p34^{cdc2} 活性下降，这种活性下降与降低了 CyclinB1 的表达相关，同时参与 G_2/M 期调

控的 $p21^{waf1/cip1}$ 表达增强，与 survivin 表达下降有关。

（三）蟾蜍

蟾蜍毒素存在于中华大蟾蜍、黑蟾蜍或同属其他种蟾蜍耳后及皮肤分泌的白色浆液中，主要成分有脂蟾毒配基（cinobufagin，CB）、华蟾酥毒基（cinobufagin，CB）、华蟾酥它灵（cinobufotalin，Cbt）等。中药蟾酥的主要成分蟾蜍毒素通过促进肿瘤细胞的分化、诱导肿瘤细胞凋亡而具有很强的抗肿瘤作用，其作用机制与干扰细胞生长周期、抑制细胞 Na^+/K^+-ATP 酶、增强分裂原活化蛋白激酶活性、改变肿瘤细胞基因表达等有关。蟾酥毒素能诱导肿瘤细胞分化与凋亡，恢复耐药肿瘤细胞对药物的敏感性，下调 bc1-2 基因表达和增强 MAPK 活性等，具有潜在临床应用价值，值得进一步研究[34]。

三、药用抗肿瘤矿物

（一）砒霜

砒霜又名白砒，为砒石经升华而成的三氧化二砷（As_2O_3）的精制品。砒霜为传统的以毒攻毒药物，其药性峻猛，有蚀疮祛腐、杀虫、劫痰、截疟等作用。砒霜早在 1 200 多年前的宋代，已开始用于治疗肿瘤。现代研究表明[35]，砒霜所含三氧化二砷具有良好的抗肿瘤作用，它能与肿瘤细胞中含巯基的化合物高度结合，使含巯基的酶的活性受到严重抑制，阻止肿瘤细胞的核酸代谢，干扰 DNA、RNA 的合成，从而抑制肿瘤细胞的增殖；三氧化二砷还能诱导肿瘤细胞产生凋亡和分化，并能抑制肿瘤细胞端粒酶的活性，从而发挥抗肿瘤效应，临床应用于急性早幼粒细胞白血病（APL）取得了显著的疗效，目前应用于肝癌等实体瘤的治疗亦取得了可喜的苗头。叶小卫等[36]实验探讨中药砒霜有效成分亚砷酸的体外抑瘤作用及机制，发现各浓度亚砷酸均能使人肺腺癌细胞株发生凋亡特征性形态改变，能显著性抑制人肺腺癌细胞株的增殖，且呈现一定的时间效应关系，并能显著性升高 p53 基因的含量。

（二）硒

硒作为一种生物体（植物和动物）必需的微量元素，它主要是通过谷胱甘肽过氧化酶（GSH-PX）发挥其重要生物学作用[37]，具有延缓衰老、抗癌、保护心脏等功效。硒与癌的关系，一直是探索的焦点。曾经有人在癌症的化学治疗时给病人补硒，就收到了良好的效果，但直到 1949 年 Cloyton 等[37]才首次报道了饲料中加入含有硒（Na_2SeO_3）的物质能抑制二甲基氨基苯对大鼠的致结肠癌作用，才为硒与癌的关系提供了依据。此后人们在这方面做了大量的研究工作，许多实验数据支持了硒防癌抗癌的假说。绝大多数试验是以动物试验为主，证明在饲料和饮水中加入硒能够抑制多种致癌物对试验动物的致癌作用，如在饮水中加入 Na_2SeO_3 能明显降低二甲基肼（DMH）和甲基氧化偶氮甲醇醋酸盐对试验动物的结肠癌的诱发率[37]。

综上所述，我国在天然药物抗肿瘤药物的研究开发方面取得了令国内外瞩目的成绩，但在天然药物抗肿瘤有效成分的分离和鉴定、其作用机制的探讨、天然药物抗肿瘤制剂的研制等方面还有待于进一步研究。

参 考 文 献

1 宋立人，洪恂，丁绪亮，等主编．现代中药学大辞典．北京：人民卫生出版社．

2 王铁军，李绍平，简家荣，等．苦参碱抗肿瘤作用研究进展．中国实验方剂学杂志，2004，10（4）:52～55.

3 林洪生，李树奇，裴迎霞，等．川芎嗪、苦参碱对癌细胞与内皮细胞粘附及粘附因子表达的影响．中国新药杂志，1999，8（6）：384～386.

4 王兵，王国俊，徐均．氧化苦参碱对肿瘤诱导血管内皮细胞增殖的抑制作用．实用肿瘤杂志，2000，15（5）:297～300.

5 钱士辉，王佾先，亢寿海，等．陈皮提取物体内抗肿瘤作用极其对癌细胞增殖周期的影响．中国中药杂志，2003，28（12）:1167～1169.

6 陈平平．天然抗癌药物活性成分研究进展．吉林中医药，2005，25（3）:61～62.

7 王寿春．用莪术油增敏放射治疗晚期肺癌2例的临床观察．锦州医学院报，1982，3（1）:24～29.

8 江远，熊丽．莪术治疗肝病的研究进展．中西医结合肝病杂志，2005，15（2）:127～128.

9 张卫东，赵惠儒，于秉治，等．斑蝥素对肺癌A549细胞周期阻滞作用机制的观察．中国肿瘤临床，2004，31（23）:1372～1374.

10 方起程，韩锐，陈未名，等．抗肿瘤新药紫杉醇及其注射液的研究和开发．中国肿瘤，1997，6（6）:22～23.

11 韩锐，何小庆，刘红岩，等．Taxol的抗肿瘤作用药理及药物动力学研究．中国新药杂志，1996，5（4）:248.

12 Holmes FA，Frye D，Valero V，et al. Phase I study of taxol and doxorubicin with G-CSF in patients without prior chemotherapy for metastatic breast cancer. Proc Am Soc Clin，1992，11:60.

13 王彦，黄荣丽，黄惠芳，等．国产紫杉醇对晚期卵巢癌病人腹腔化疗药代动力学的研究．现代妇产科进展，1998，7（4）:309～313.

14 管丽莉，刘颂莲，翁洁，等．国产紫杉醇加顺铂治疗老年晚期非小细胞肺癌的临床观察．临床肿瘤学杂志，2004（CSCO年会专刊），177.

15 朱晓东，林庚金，靳嘉巍，等．紫杉醇对survivin表达的影响及其抗肿瘤作用．复旦学报（医学版），2008，35（1）:67～71.

16 江苏新医学院编．中药大词典．第1版．上海：上海科学技术出版社，1986，663.

17 韦启后，覃淑云，韦国锋，等．仙人掌提取物对荷瘤S180小鼠的抑瘤作用研究，现代肿瘤，2005．13（5）:614～615.

18 Zou DM，Brewer M，Garcia F，et al. Cactus Pear - a Natural Product in Cancer Chemoprevention. Nutr J，2005，4（1）:25.

19 Aires V，Adote S，Hichami A，et al. Modulation of intracellular calcium concentrations and T cell activation by prickly pear polyphenols. Molecular and cellular Biochemistry，2004，260：103～110.

20 韩金玉，于良涛，王华．泡番荔枝辛－明日抗癌之星．中草药，2002，33（4）：380～382.

21 符立梧，潘启超，梁永钜，等．一种新番荔枝内酯单体ate-moyacin B克服肿瘤多药抗药性．Acta Pharmacenfical Sinica，1999，20（5）:435～439.

22 杨艳梅，高彦辉．大蒜抗癌作用研究进展．国外医学中医中药分册，2000，2（2）：67～71.

23 李延．8种中草药的抗肿瘤作用实验时珍国医国药，2001，12（7）:587～588.

24 邹益友，谭桂山．猕猴桃根抑制肿瘤细胞的实验研究．湖南中医药导报，1999，5（4）：37～38.

25 徐国钧，黄泰康，丁志遵，等．中药辞海．北京：中国医药科技出版社，1997，608.

26 严启新，罗天浩．苦瓜的研究及开发思考．时珍国药研究，1997，8（4）：381.

27 张素．植物药材中抗艾滋病毒活性成分研究．中医药信息，1994，（4）：30.

28 李春阳、贾文祥，等. 苦瓜蛋白诱发胃癌细胞 SGC7901 凋亡的研究 四川肿瘤防治，2001，14（1）:1～4.

29 骆和生，周岱翰. 常用抗肿瘤中药草简介. 新中医，1978，10（3）:40.

30 宋洪恩. 华虎内攻汤及热敷消癌散治疗原发性肝癌 118 例. 江苏中医，1996，（7）22～23.

31 司百忍. 中药透皮治疗癌性疼痛 25 例. 中国民间疗法，1996，2（23）:25.

32 李建华. 龙酒治疗食管癌贲门癌开关进食疗效观察. 实用中医内科杂志，1994，（4）:28.

33 李尘远，刘艳华，李淑华，等. 玉竹提取物 B 对人结肠癌 CL-187 细胞的抑制作用. 锦州医学院学报，2003，24（1）:40～42.

34 李艳荣. 蟾蜍毒素的抗肿瘤作用. 国外医学中医中药分册，2002，24（3）:152.

35 华海清，王锦鸿，秦叔逵. 砒霜古今应用探讨. 中国中药杂志，2003，28（2）:186～188.

36 叶小卫，程祒，陈瑶，等. 亚砷酸对人肺腺癌细胞的体外抑制作用及机制研究. 广州中医药大学学报，2007，24（3）:235～237.

37 董社琴，李冰雯. 硒的抗癌作用与免疫应答. 山西职工医学院学报，2004，14（2）:70.

抗癌鲜药的生物治疗作用

刘玉琴

中国医学科学院基础医学研究所　北京　100021

现代鲜药（金龙胶囊、金水鲜胶囊），是选用鲜活动物、植物药材为原料组方，以现代低温技术，提取其全部有效成分用作于恶性肿瘤治疗的中药制剂。创新的制备工艺是我国中药鲜药应用史上的革命。规模化，规范化的工业生产、质量保证可靠、服用方便的胶囊制剂，开拓了鲜药在临床广泛应用的新途径。参与多项研究工作，总结分析试验结果，已得出鲜药具有抗癌效果有进一步深入研究和推广应用的价值。

金龙胶囊由鲜守宫、鲜金钱白花蛇、鲜蕲蛇三味动物药组成，滋阴破瘀散结，解郁通络。金水鲜胶囊则由鲜守宫、鲜活蛤蚧、鲜金钱白花蛇、鲜西洋参、冬虫夏草五味组成，益气养阴，补肺益肾。二者均符合中医对肿瘤的治则治法。经过多年治疗肿瘤的临床经验及实验室研究，两种现代鲜药制剂表现出对肿瘤有良好的治疗作用[1~5]。体现了现代生命科学的成果及中医治疗肿瘤的新思路，被视为生物反应调节剂类药物。

生物反应调节剂（BRM）是指能够直接或间接地修饰宿主与肿瘤的相互关系，从而改变宿主对肿瘤细胞的生物学反应，是有利于宿主，不利于肿瘤而产生的治疗效应的物质或措施[6]。BRM 主要是指一些分子和细胞，它们既是机体对内、外环境刺激应答的效应物质，也是机体维持内环境稳定的重要因素。肿瘤的生物治疗是借助生物反应调节剂，着眼于调动宿主自身的抗癌能力，通过增强机体固有的抗癌机制从而抑制、杀灭肿瘤细胞，达到根治肿瘤的目的。

现代鲜药因其创新的取材和加工方式，所含有效成分及其作用机制可归属 BRM 范畴。从已有的研究也证明了这一观点。

一、现代鲜药的多种有效活性成分可发挥生物治疗作用

金龙胶囊、金水鲜胶囊有效成分的研究表明[7]：在新鲜的动、植物体中是大量的小分子肽类物质，分子量小、易于人体吸收。其中，大量的氨基酸、维生素、矿物质和微量元素，能够提供人们充足和必要的营养，核苷酸及小肽、蛋白、多种活性酶，有助于改善机体的物质代谢和能量代谢，从而加速受损组织的修复和促使病态细胞恢复正常生理功能。

肿瘤的发生、发展与多种因素有关。

除恶性肿瘤细胞本身的生物学特性外，机体内环境的紊乱是一个重要的因素。所以，肿瘤的治疗除针对肿瘤细胞（手术、放疗、化疗）本身外，还应该针对纠正机体内环境的紊乱，加强病人自身抗肿瘤的动植物的天然配比的多重成分，从而可以纠正肿瘤病人内环境的紊乱状态。

二、现代鲜药对血管形成的抑制作用

已有科研结果表明，若肿瘤细胞没有获得（募集）新生血管或进出血管的能力，肿瘤只能达到营养物质不能为其所有细胞提供营养、代谢产物不能适当地自瘤体扩散到周围介质的体积。在这种情况下，肿瘤边缘细胞增殖速度与肿瘤中心部细胞死亡速度达到平衡状态，肿瘤体积不会超过 1～2 mm^3。因此，抑制肿瘤血管形成是一种新型肿瘤生物治疗方法。不断有这方面的药物进入临床实验。金龙胶囊、金水鲜胶囊可抑制鸡胚尿囊膜的血管形成，试验已经证明了这一作用[8]。表明现代抗肿瘤鲜药可通过抑制移植血管形成起到对肿瘤的生物治疗作用。

三、现代鲜药的免疫调节作用

肿瘤生物治疗由肿瘤的免疫治疗发展而来，肿瘤免疫治疗是肿瘤生物治疗的主要组成部分。金龙胶囊及金水鲜胶囊在多项研究中被证明具有免疫调节作用[8～11]。

金龙胶囊治疗后能提高病人的 NK 细胞活性，T 细胞亚群 CD_3^+、CD_4^+ 及 CD_4^+/CD_8^+ 的比值升高，降低 CD_8^+ 的作用，治疗前后有非常显著的差异（$P<0.01$）。

金水鲜胶囊药效学研究证实：分别从整体水平（DTH、抗体分泌细胞）、细胞水平（T、B 细胞增殖）及分子水平（TNF）方面，均明显增强正常机体及荷瘤动物的免疫功能 。

金龙胶囊治疗艾滋病毒感染者的研究发现，15 例艾滋病病人以每日 9 个胶囊，连续服用 3 个月后，CD_4^+ 细胞明显升高，自 186.4 ± 110.95/mm^3 上升为 300.73 ± 164.57/mm^3，平均升高 114.33 ± 154.7/mm^3。

这些研究表明，现代抗癌鲜药通过免疫调节作用起到生物治疗的效果。

四、现代鲜药对肿瘤的诱导分化作用

越来越多的研究表明，某些恶性肿瘤细胞在体内外某些因素的作用下，可重新分化，向正常方向逆转，这种现象就是肿瘤细胞的诱导分化。诱导分化剂也已在临床用于肿瘤的治疗[12]。

诱导分化剂有内源性（肿瘤细胞或宿主产生的有分化诱导作用的物质）和外源性分化诱导剂（肿瘤或宿主细胞不能自身合成而必须依赖外界补给的分化诱导剂），根据其结构和功能归纳为以下几类：（1）维生素类如维生素甲类、维生素 C、维生素 E 等；（2）三磷酸腺苷（ATP）和环磷酸腺苷（cAMP）类；（3）抗癌药类如丝裂霉素、放线菌素 D、蒽环类抗瘤抗生素等；（4）有机化合物类如 DMSO、六亚甲基二乙酰胺（HMBA）、丁酸钠、溴脱氧尿核苷、5 氮杂-2-脱氧核苷；（5）中草药类如人参、乳香等；（6）其他，如硒、茶碱、干扰素、生长因子受体抗体及分化诱导的增强剂（本身对细胞增殖及分化无影响，但可显著增强分化诱导剂的作用，如环化酶激活剂、亚硒酸钠）等。不同的诱导剂可能具有某些共同的作用机制，但不同的化学结构又决定了它们有不同的细胞内、外受体和不同的初始环节，因此也会有不同的作用机制。此外，体内应用诱导分化剂的同时，又可通过影响不同组织或细胞的代谢和分化，从而间接作用于肿瘤细胞。实验已证明鲜药是外源补给的具有内源性性质的诱导分化剂。

利用人粒细胞白血病 HL-60 细胞进行的体外研究证明[13]，金龙胶囊作用后 HL-60 细胞的形态变化表现为向成熟细胞的分化。正常培养的 HL-60 细胞主要是幼稚的未分化早幼粒细胞，金龙胶囊和维甲酸作用后其分化细胞如中幼粒细胞、晚幼粒细胞增多，中、晚幼粒细胞的比例明显增高。表明金龙胶囊促进了 HL-60 细胞向成熟分化。与维甲酸作用相似。

小结

综上所述，以金龙胶囊和金水鲜胶囊为代表的现代鲜药制剂在临床应用及实验室研究两方面都表现出令人满意的生物治疗作用。现代肿瘤治疗模式正在由病理模式向生理－病理模式转变，大量临床工作者已经认识到并已采取生物反应调剂类药物与传统的肿瘤治疗模式相结合的方式。现代鲜药经过 10 年的临床应用表现出令人满意的效果，并且无明显的不良反应。就对肝癌治疗而言，可以明显改善病人的临床症状，提高生活质量，并且对肝脏有一定的保护作用。在多种恶性肿瘤治疗方面也体现出良好的疗效，十分值得临床推广。

参 考 文 献

1 陈建祥，张鸿未. 放化疗联合金龙胶囊治疗恶性肿瘤临床疗效观察. 浙江医学，2007，29（7）：650～652.

2 崔永玲. 金龙胶囊结合中药辨证治疗食管癌 60 例疗效观察. 北京中医，2006，22（6）：381～382.

3 孙建海，杨水生，马燕凌. 金龙胶囊对晚期肝癌生存质量及生存期的影响. 湖北中医杂志，2006，28（5）：43.

4 张捷，王海. 金龙胶囊联合 HFL 方案治疗晚期胃癌. 首都医药，2005，12（23）：33～34.

5 李俊，王三虎. 金龙胶囊配合辨证用药治疗中晚期恶性肿瘤 40 例. 第四军医大学学报，2005，26（18）：1668.

6 魏海明，刘玉琴，田志刚. 肿瘤生物治疗概论. 见高进主编肿瘤学基础与研究复发. 北京：人民卫生出版社，1999，450.

7 鲍世铨. 现代抗癌鲜中药制剂“金龙胶囊”的工艺特点及科学依据. 2004 中国肿瘤临床年鉴. 北京：中国铁道出版社，2004，465～467.

8 郝仙娣. 金水鲜胶囊研究与作用机制探讨. 中国肿瘤临床年鉴. 北京：中国协和医科大学出版社，2006，429～445.

9 徐淑玲、王笑红、张永祥，等. 金龙胶囊对免疫受抑小鼠淋巴细胞亚群的影响. 中国中医基础医学杂志，2005，11（12）：908～909.

10 贾立群，李学，万冬桂，等. 金龙胶囊的免疫双向调节作用. 北京医学，2005，27（9）：550～552.

11 吕维柏，王健，李建生. 金龙胶囊治疗 HIV 感染者 20 例初步报告. 中国艾滋病学，2004，10（1）：18～19.

12 孔令华，刘玉琴. 恶性肿瘤细胞诱导分化. 癌症进展，2004，2（6）：505～508.

13 刘玉琴，顾蓓，董继红，等. 金龙胶囊（JLC）对肿瘤细胞诱导分化作用的研究. 中国肿瘤临床，2004，31（7）：380～383.

中药鲜动物药研究

——金龙胶囊上市10年后的总评价

高益民

首都医科大学中医药学院 北京 100000

引言

金龙胶囊（以下简称“金龙”）是国家批准的（国药准字Z10980041），具有自主知识产权（专利号ZL01120235.1），独家生产，以鲜药用动物（以下称鲜动物药）组方，采用低温冷冻现代生化分离提取新工艺，制备的癌症治疗用药新制剂。已被列入国家基本医疗保险和工伤保险药品。迄今上市已十年余，曾经过多中心、大数量（2 660例）的社会性考察，反馈情况良好，试从蛋白质组学的高度评价如下。

一、继承“突破”，勇于创新

（一）对中医药理论思维的突破

“金龙”的研发，起始于临床实践和善于使用动物药著名老中医的指导，更重要的是对中国传统医药学的潜心继承和深入挖掘，早在《神农本草经》，述及干地黄和干姜时均有“生者尤良”之说，金元·刘完素称“采其鲜者，其力足耳”。明·李时珍《本草纲目》称地黄“鲜用则寒，干用则凉，…生者尤良”，一致认为“生”就是指鲜药材。另外，从大量的古代医药文献中，也发现鲜药在治疗疑难杂症中取得特殊的效果。但大多记载的是植物药，对于动物药多采用焙、烘、晒、蒸煮等干燥处理后备用。近年来“采用现代技术，对干鲜动物药进行了化学成分和药效学的研究，表明鲜药在干制过程中，化学成分会发生很大变化，从而使药物的药效优于或有别于干品[1]”。

“金龙”的研发，首先是在继承中医药学理论的基础上，在思维方法上有所突破，继承而不泥古，把对植物药的“生者尤良”用于动物药的“鲜者”使之“尤佳”。动物药的使用与植物药同样历史悠久，而且品种和使用范围不断扩大，足以说明其特有的不可替代的价值。正如清·唐容川在《本草问答》中说：“动物之功利，尤甚于植物，以其动物之本性能行，而且具有攻性。”叶天士称：“久则邪正混处其间，草木不能见效，当以虫蚁疏逐，以搜剔络中混处之邪”[2]。现代研究对于“金龙”的主要药（壁虎）也证实了鲜（冻干粉）品优于干品，“动物实验表明，在抗脑胶质瘤方面，鲜壁虎优于干壁虎，这可能由于在抗癌有效成分方面存在着差异所致”[3]。

在治疗肿瘤的理论上也有所突破，

即在继承中医“邪之所凑，其气必虚”和动物药的“疏逐、搜剔”与“攻性”，“尤甚于植物（药）”等理论，把治疗原则由常规的“扶正祛邪”提升到“扶正荡邪”的高度，虽然仅是“祛”与“荡”一字之差，但在用药上却从普通的“本草”提升到“血肉有情之品”，一跃而登上具有高科技含量的蛋白质类“原创（中）药品”的前沿，在其研制过程中蕴藏着极其丰厚与新颖的医药学理论内涵，值得进一步总结和升华。

（二）“现代鲜药”源于制备工艺的创新与突破

《神农本草经》时代所提出的“生者尤良”指的是植物药，而动物药仍然是传统工艺的产物。“金龙”的研制由于思维方法的突变，大胆地采用现代科学技术，首创了“低温冷冻现代生化分离提取制备工艺”，原料取材于鲜活动物。根据生物进化论的观点，生物体经过亿万年的进化，药用动物体内各种有效成分之间已达最佳配比状态。生物体内具有活性的成分，才能有效地发挥其生理功能。保护其全部有效成分，才能保持好生命体内分子网络的生理平衡。“现代鲜药”的提出，是指在中医药理论指导下，采用创新工艺所制备的原料药或制剂，以示对传统产品的明显区别。

创新工艺大致流程是经超低温破碎及反复冻融处理，使细胞内各种有效成分充分释放，并在低温下迅速进行现代生化技术处理而成，尽可能地提取复方鲜动物药的全部有效成分，并保持各有效成分之间的天然配比和生物分子的天然空间结构，以及生物分子活性的天然状态和生态平衡。整个工艺过程采用恒温条件，不经强酸、强碱、高温和有机溶剂或其他化学试剂处理。创新工艺与传统工艺相比，产品中的生物活性成分大大提高。初步测定结果：总氨基酸含量，前者为后者的1.5倍，游离氨基酸含量，前者为后者的2.6倍；分子量低于1万的小分子物质，前者不低于98.6%，后者为86.2%；检测精氨酸酯酶的活性，前者有后者缺。“金龙”中含有生理活性多肽、核苷酸、蛋白水解酶、淀粉酶、脂肪酶和精氨酸酯酶等多种酶类，还有16种氨基酸、多种维生素、19种以上的常量和微量元素以及CDI因子等。这些活性成分均有很强的生理功能，对于病人生命活动和病理状态的调节起着十分关键的作用[4]。

二、安全、有效、质量可控

（一）安全性是可靠的

经急性、长期毒性实验，以及Ⅱ期（包括Ⅲ期）临床试验均未发现明显不良反应。特别是上市后，根据循证医学要求，总结分析了1998～2003年以来，13省市，30多家大中型医院2 660例的观察，仅有少数病人出现上腹部不适，恶心，大便稀，个别出现轻度腹泻，经暂停服药后，可以自动缓解，未见明显心脏、肝、肾功能、血象损害[5]，因此，可以长期服用，安全性是可靠的。

（二）有效性是稳定的

1. 临床试验方面　自1984年“金龙”（当时为扶正荡邪合剂）被卫生局批准为医院制剂到新药上市历时20余年仍然不衰，主要靠的是稳定的疗效。作为医院制剂时做过多病种的预试验，包括病毒感染高烧不退，多种癌症、自家免疫性疾病如天疱疮、红斑性狼疮等疑难病。

1995年根据《中国常见恶性肿瘤诊治规范》、《中药新药临床研究指导原则》结合临床进行综合评估，以临床症状、生存状态、生存期、瘤灶4项标准为主。由上海中医药大学曙光医院牵头，中国医学科学院肿瘤医院、中国中医研究院广安门医院、卫生部中日友好医院等单位，进行了Ⅱ期（包括Ⅲ期）临床试验，系统观察了300例中、晚期原发性肝癌，与已知有效中成药作对照。结果，总有效率为74.50%（其中Ⅱ期肝癌76.32%，Ⅲ期肝癌72.58%），瘤灶缓解率（CR + PR）为17.5%。两组对比，Ⅱ期肝癌 $u=3.71$，$P<0.01$；Ⅲ期肝癌 $u=4.39$，$P<0.01$，有非常显著性的差异。治疗组的症状改善率为74.50%，生存质量有效率74.00%，生存期有效率75.00%[6]。

1998～2003年“金龙”经过5年、13省市、30余家大、中型医院2 660例10余种恶性肿瘤的Ⅳ期临床观察结果表明：“金龙”单纯治疗原发性肝癌202例，有效率69.17%，瘤灶缓解率19.17%；卵巢癌176例，有效率75.40%，瘤灶缓解率33.50%；胃癌233例，有效率75.11%，瘤灶缓解率20.17%；非霍奇金淋巴瘤165例，有效率83.21%，瘤灶缓解率47.50%；食管癌总有效率84.78%，瘤灶缓解率26.09%；乳腺癌临床总有效率为82.50%；子宫颈癌114例，有效率为45.70%，瘤灶缓解率34.20%；大肠癌186例，有效率为84.88%，瘤灶缓解率31.40%。配合化疗治疗非小细胞肺癌541例，有效率73.33%，瘤灶缓解率46.89%，与单纯化疗组比较，差异非常显著（$P<0.05$）。单独应用“金龙”具有提高肿瘤病人生存质量，配合放、化疗可以保护血象、减轻肿瘤自身和放、化疗引起的免疫抑制。肿瘤术后病人配合应用“金龙”，具有一定抑制肿瘤术后复发、转移，延长生存期的作用[5]。从医院制剂的预试验到正规化的Ⅱ（Ⅲ）期临床试验，以致到上市后的社会性考察，前后历时近20年，总疗效和相同癌症的分别疗效，均无明显的差异，足以说明其临床疗效是稳定的。

2000年曾试用于治疗艾滋病20例，疗程3个月，结果临床症状明显改善，未发现不良作用，血常规、肝功能均属正常，治疗期间也未发现严重并发症。对HIV病毒载量无明显影响，对提高免疫功能有比较满意的效果，小剂量组（1次3粒，1日3次）15例，提高 CD_4^+ 有效率80.00%，大剂量组（1次4粒，1日3次）5例反而有所降低，呈双向调节作用[7]。

从对艾滋病病人的结果来看，“金龙”不但能改善病人的虚弱状态，对于获得性免疫缺陷症来说，可以明显提高其免疫功能，而且有显著的（差量0.75/d）量效关系，在中药制剂中是难能可贵的。从而也可推论“金龙”完全可以用于其他免疫性病症。

2. 实验研究方面　包括药效学和作用机制的初步研究[8]：

（1）抑癌作用：对大鼠瓦氏肉瘤（W256）、小鼠肉瘤（S180）、肝癌（H22），平均抑瘤率分别为39.10%、36.50%、44.90%。

（2）免疫调节：从整体水平（DTH

抗体分泌细胞），细胞水平（T、B 细胞增殖）分子水平（TNF），均可明显增强正常动物和荷瘤动物的免疫功能，并呈双向调节作用。

（3）减毒作用：能明显减轻环磷酰胺对肝脏、造血系统的不良反应；配合放、化疗时，能减轻不良反应，维持血白细胞、血小板一定的水平。

（4）抗复发、转移作用：对小鼠子宫颈癌（U14），术后局部肿瘤复发 2 次抑制率分别为 54.80% 和 66.30%；对转移抑制率分别为 50.00% 和 54.00%。结果表明：金龙对癌瘤术后的复发与转移有显著抑制作用。作用机制包括促进肿瘤细胞分化和促进肿瘤细胞间通讯[9,10]。

（5）应用细胞 CT 分析技术研究“金龙”对癌细胞的破坏作用：结果表明：“金龙”对肿瘤细胞有直接的破坏作用；合并使用环磷酰胺有非常明显的增效作用。

（6）流式细胞术（FCM）研究：“金龙”对 U14 癌细胞增殖周期的影响，结果表明：实验各组均可不同程度地抑制荷瘤细胞从 S 期向 G_2+M 期转化，使 DNA 合成期的荷瘤细胞增多，分裂期的荷瘤细胞减少，提示金龙对肿瘤细胞生长作用的抑制点是阻断肿瘤细胞的有丝分裂期，从而阻滞肿瘤细胞的恶性分裂增殖。

（7）采用鸡胚 CAM（绒毛尿囊膜）模型研究“金龙”对血管生成活性的影响：结果表明：在一定剂量范围内，“金龙”能够抑制鸡胚 CAM 新生血管网络的形成。是防止肿瘤复发转移的一个重要原因。

（8）利用荧光偏振技术与核磁共振研究表明：可影响细胞膜流动性和细胞内钠离子浓度。

（9）其他：①“金龙”对慢性心力衰竭大鼠心功能的作用：实验结果表明，可改善心力衰竭大鼠的收缩功能，增强左室与主动脉压，并具有降低肺动脉压、降低肺血管阻力指数、降低右心负荷作用，提示“金龙”可改善慢性心力衰竭大鼠的心功能[11]；②“金龙”的退热作用：结果对大肠杆菌内毒素及干酵母所诱导的家兔发热反应，均有显著的抑制作用；③“金龙”对白血病细胞的作用：结果发现“金龙”对人白血病细胞有诱导凋亡的作用，主要作用于 S 期[12]。

从上述实验结果来看，除了常规的抑瘤、调节免疫、放化疗减毒增效作用外，在“金龙”上市后还进行了抑制术后复发、转移作用的研究。同时还对其作用机制进行了探讨，初步结果表明：“金龙”能阻滞肿瘤有丝分裂，从而抑制肿瘤细胞增殖；能抑制鸡胚绒毛尿囊膜新生血管网络形成，从而抑制肿瘤复发、转移；可以影响细胞膜流动性和细胞内 Na^+ 浓度，从而推动氨基酸和葡萄糖主动运输进入细胞，强化了细胞代谢功能。另外，细胞 CT 分析表明：“金龙”可以直接杀死癌细胞，并对环磷胺有增效作用。不但验证了实验研究与临床研究具有明显的对应性关系，而且对其抑瘤机制也进行了初步探讨，使之对临床疗效的科学性和稳定性起到了极大的支持作用。

（三）质量是稳定可控的

现代研究已知：“金龙”具有小分子、多成分、高含量、高活性、配比合理等特点，由于采用了创新工艺制备，含量测定为每粒胶囊蛋白质不得少于7.0 mg。10多年来，大批量的生产规模已经定型，保证了产品质量的稳定性。各有效成分保留了动物体内活性成分的天然配比，可从总体上发挥协同作用，集营养、代谢、免疫、抑瘤等作用于一体，可以充分调节机体状态的平衡，属于"生物反应调节剂"的癌症治疗用药。因此临床用于调整机体内环境的平衡，防止肿瘤转移、复发是极为有利的。临床上经常可以看到一些术后或放、化疗后病人服用"金龙"，其生存期明显延长，值得重视和进一步观察[5]。

三、深入开发，与时俱进

近年来，对于鲜动物药的研究，引起了中西医药界的广泛重视。例如对"金龙"中的主要药守宫（壁虎）血清药理学研究证实"含鲜壁虎血清在体外可诱导C6胶质瘤细胞凋亡…其机制可能与上调Bax基因有关"[3]。在体内"鲜壁虎冻干粉可显著抑制荷实体型肝癌（H22）小鼠肿瘤生长，减少肿瘤体积，延长生存期，并可降低肿瘤组织血管内皮生长因子（VEGF）、碱性成纤维细胞因子（bFGF）蛋白的表达，使肿瘤组织内微血管密度下降，提示鲜壁虎冻干粉抑制H22小鼠肿瘤生长可能与下调VEGF、bFGF蛋白的表达有关[13]。

更为可喜的是吴雄志博士带领的课题组，首次从壁虎中成功分离出抗肿瘤的活性成分守宫硫酸多糖（gepsin），而且进行了守宫硫酸多糖对人肝癌细胞增殖与分化影响的实验研究，结论："gepsin可显著抑制肝癌Bel-7404细胞的增殖并诱导其分化，且对正常肝细胞无细胞毒作用。gepsin是中药守宫抗肿瘤的重要物质基础[14]"。还有研究报道"守宫硫酸多糖体外可增强淋巴细胞的抗肿瘤免疫，表明守宫硫酸多糖是守宫抗肿瘤与免疫调节的重要物质基础之一[15]"。上述多项研究对于"金龙"治疗癌症提供了有力的实验研究支持，更加坚定了要从蛋白质类药物的高度研究现代鲜药的信心，也为进一步开发"金龙"奠定了良好的基础和启迪。

动物药是中药三大来源之一，其应用与植物药同样有着悠久的历史，早在4 000年前甲骨文中就有蛇、麝、犀牛等40多种动物药的记录。秦汉时期的《神农本草经》曾收载动物药65种，唐《新修本草》有128种，明《本草纲目》有461种。近代的《中药大辞典》有740种、《中国药用动物志》有1 581种[2]、《中华本草》（第九册）有1 050种。

现代研究已知：动物药的主要活性成分是蛋白质（酶）、多肽、氨基酸、生物碱、多糖类、甾体、萜类、酚、酮、酸类等，从动物药中提取的小分子活性成分具有易于人体吸收、利用，使用剂量小、作用强、疗效显著、专属性好、不良反应小以及药源广泛等优点，开发的潜力很大。正如"WHO在征求了有关专家的意见后认为，21世纪将是动物药研究的世纪"[2]。实际上可以说是"蛋白质类药物"研发的世纪。

当今，现代生命科学已发展到后基因组时代，重点是对功能基因及其与环境之间关系的深入研究。由于基因功能的基本载体和表达是蛋白质及其相互之间作用的结果，因此后基因组时代科学家们迅速转向对蛋白质组学的研究。蛋白质组学技术的迅速发展，为系统地、规模化地寻找蛋白质药物靶标和蛋白质药物提供了有力的武器，而中国动物药完全可以为其提供取之不尽的药物靶标，也可称为蛋白质药物靶标的宝库。通过蛋白质组学研究，可以获得大量与疾病相关且能用于疾病诊断与治疗的候选蛋白质。这些蛋白质可以通过两个途径成为蛋白质药物：①该蛋白质本身有治疗效应，可以直接成为药物蛋白；②该蛋白本身不具备治疗效应，但可以利用该蛋白筛选出相应作用的蛋白，包括该蛋白的启动剂、抑制蛋白及配体等。间接形成蛋白质类药物[16]。对于抗肿瘤药物来说，完全可以采用多学科研究手段寻找抗肿瘤的有效成分，为进一步探讨其作用机制、蛋白结构与药效活性关系，为中药新药的研制，指导临床用药奠定基础[1]。

为了进一步研究“金龙”，首先要对其所含的活性成分进一步分析，从目前国家对“金龙”已颁布药品标准中检测的项目包括性状、鉴别、检查和含量测定4项，基本上达到质量可控的标准，但对动物药中普遍存在的单糖、多糖或蛋白多糖及一些生命基本物质，如腺苷类、嘌呤类等，尚未进行深入的分析研究。目前已开始对其原料药及每个单味药所含的游离氨基酸的种类和含量，所含的单糖和组成多糖的种类、含量及其存在的状态、分子量分布，从而建立专属性的限量标准，进而采用多学科研究手段，寻找其有效成分，进一步探讨其作用机制、蛋白结构与药效活性关系等。运用蛋白质组学的方法，对目标蛋白进行酶切或水解，使其成为分子量较小的多肽的结构进行分析和鉴定。当然，从现有的技术水平和条件来看，对于一个混合蛋白的研究，仍然存在的问题是：经过酶切或水解后，所得到的多肽与原蛋白的相关性如何确定；以及在混合蛋白中各蛋白与活性、功效的关系不明确的情况下，按照目前蛋白组学的研究技术手段和思路，是否可以明确地、完整地加以阐明混合蛋白中各蛋白的结构，以及结构与功能的关系等，都是值得进一步研究的关键和难点。

四、结语与评价

1.“金龙”研发意义与价值　“金龙”研发的成功，首先取决于对中国传统医药学的继承、突破和创新，是在潜心继承传统医学的基础上，突破其理论思维方法，勇于创新的成果。从对植物药的“生者尤良”转化为动物药的“鲜者尤佳”；从对癌症治疗的“扶正祛邪”转变为“扶正荡邪”；从普通“本草”一跃而为“血肉有情之品”；从对癌症的治疗用药，延伸到对艾滋病、自家免疫性病治疗的探索。从传统的炮制方法提高到创新工艺，提出了“现代鲜药”的新概念，概括而言，即是对传统的理论、技术、临床思维一系列的“突破”过程，蕴藏着极其丰厚与新颖的医药学理论的升华。实践了“继承而不泥古，创新而不离宗”的格言，研究成功了蛋白质类“原创（中）药品”，取得了具有原创性的鲜动物药研发模式和规范，具有明显的中药现代化意识和高科技含量。

2.“金龙”研发的过程　体现了科研人员，对中国传统医药的执着和“20年磨一剑”的坚韧不拔精神，探索了名老中医、中壮年各类医药学家和中青年中西医药工作者的团队精神与协作攻关的合作态度，从组方、制剂到规模生产，从门诊观察（650 例）、Ⅱ（Ⅲ）期（300 例）到Ⅳ期临床（2 660例）的社会性考察，比较详细地观察了3 610例，所付出的精神与体力劳动是难以估量的。从而磨砺出一个安全性可靠的、有效性稳定的、质量可控的“现代鲜药”中成药制剂，属于拥有知识产权的蛋白质类药物。在临床应用范围上，根据中医“异病同治”的原则，从国家批准的癌症治疗用药，已被临床医生试用于艾滋病、自家免疫性疾病、病毒感染。对于 SARS 也曾试用过 10 例，虽然为数太少，但已使临床医师感觉到退烧时间短，激素服量少，对免疫功能有双向调节作用与时俱进，未见肺纤维化发生等可喜的苗头。大量的临床感性效应，随着不少对鲜动物药实验研究的进展，特别是对“守宫硫酸多糖”的发现，更加鼓舞了中西医药界科技人员，对于挖掘中国药用动物靶标这个伟大宝库的兴趣和毅力，无怪乎 WHO 也提出了“21 世纪是动物药研究的世纪”[2]的高见，对于动物药的评价和寓意十分深远。

3. “金龙”与现代鲜药的前瞻　从“金龙”研发成功的科学意义和价值已如上述，从单味药到复方，从原药材的前处理到工艺流程，已经形成了规范化的研发模式，基本上适用所有的动物药，因此在“金龙”之后，又研发成功了鲜动植物混合的小复方金水鲜胶囊，也获得国家批准为准字号药，另外还有鲜克胶囊保健食品和食品等系列产品。对于“金龙”已委托中国医学科学院药物研究所开始进行“对其原料药及制剂质量控制标准提高的研究和标准制定”，并将在此基础上进行蛋白质组学思路与方法的二次开发，以期阐明“金龙”混合蛋白的结构，和结构与功能的关系。在临床适用范围上，按照国家的规定，从艾滋病、白血病、自身免疫性疾病等疑难病入手，有计划有步骤地扩大病种范围，充分挖掘“金龙”效应的潜力。同时对“金龙”所含的金钱白花蛇、蕲蛇进行有效成分、药理学研究。并从蛋白质组学的思路方法上扩大现代鲜药的研究品种。为此，已与有关单位联合协作在广泛收集国内外最新的、全面的有关动物药现代研究成果，包括化学成分、毒理学、药理学以及临床研究等四个方面的内容，编辑出版《中国药用动物现代研究》一书，预计收入200 多种药用动物，为广大医药研究人员和单位进一步研究“现代鲜药”提供基础资料和信息，为迎接动物药研究的 21 世纪做出应有的贡献。

参 考 文 献

1　杨金霞，王学美. 壁虎治疗肿瘤的研究进展. 世界华人消化杂志，2006，14（24）：2428～2431.

2　李友宾，段金廒. 动物药研究现状. 中国中医药报，2004（2004－11－17）.

3　宋萍，王学美，谢爽，等. 鲜壁虎冻干粉诱导 C6 胶质瘤凋亡的血清药理学研究. 中国中西医结合杂志，2004，24（10）：919～921.

4　鲍世铨. 现代抗癌鲜中药制剂“金龙胶囊”的工艺特点及科学依据. 2004 中国肿瘤临床年鉴. 北京：中国铁道出版社，2004，465～467.

5　李杰. 金龙胶囊上市后Ⅳ期临床试验 2660 例总结. 2003 中国肿瘤临床年鉴. 北京：中国铁

道出版社，2003，368～371.
6 高益民．对治疗癌症新药金龙胶囊上市后的再评价．首都医药，2005，12（1）:44～46.
7 吕维柏，王健，李建生．金龙胶囊治疗 HIV 感染者 20 例初步报告．中国艾滋病性病，2004，10（1）：18～20.
8 郝仙娣．现代鲜药金龙胶囊研究与作用机制探讨．2005 中国肿瘤年鉴．北京：中国协和医科大学出版社，2005，301～306.
9 刘玉琴，高进，赵雪梅，等．金龙胶囊（JLC）抑制细胞转移及复发的实验观察．中国肿瘤生物治疗杂志，2001，8（1）:65～66.
10 刘玉琴，高进，李建生．金龙胶囊抗肿瘤复发、转移的实验研究．北京医学，2005，27（9）:554～557.
11 倪新海，程显声，郜朝晖，等．金龙胶囊对心力衰竭大鼠心功能的治疗作用．北京医学，2005，27（6）：354～357.
12 赵冬梅，石永进，关大创，等．金龙胶囊抑制 HL-60 细胞生长诱导细胞凋亡．中国医学学报，2002，17（6）:346～348.
13 宋萍，王学美，谢爽等．鲜壁虎冻干粉制剂抑制 H22 肿瘤血管生成机理的实验研究．中国中西医结合杂志，2006，26（1）：58～62.
14 XZ Wu，D Chen，GR Xie，et al. Effects of Gekko sulfated polysaccharide on the proliferation and differentiation of hepatic cancer cell line. Cell Biol Int，2006，30（8）：659～664.
15 闫祝辰，张晓宇，吴志雄，等．守宫多糖对淋巴细胞增殖与细胞毒作用的影响．中草药，2007，38（8）:1230～1233.
16 张舵，宋芳．蛋白质组技术——药物研发重型武器．中国医药报，2005（2005－09－12）.

❖ 肿瘤规范与指南 ❖

胰腺癌诊治指南

随着普通外科的发展，胰腺癌的外科治疗越来越被重视，胰十二指肠切除术已在各级医院得到开展，然而胰腺癌疗效并不满意，手术方式以及围手术期的治疗尚无统一的标准。为了规范手术方式，提高胰腺癌的治疗疗效，便于今后的交流和总结，中华医学会外科学分会胰腺外科学组制订了《胰腺癌诊治指南》，希望为提高我国胰腺癌治疗的整体水平作出贡献。

胰腺癌的诊断与鉴别诊断

一、高危人群

1. 年龄大于40岁，有上腹部非特异性不适。

2. 有胰腺癌家族史。

3. 突发糖尿病病人，特别是不典型糖尿病，年龄在60岁以上，缺乏家族史，无肥胖，很快形成胰岛素抵抗者。40%的胰腺癌病人在确诊时伴有糖尿病。

4. 慢性胰腺炎病人，目前认为慢性胰腺炎在小部分病人中是一个重要的癌前病变，特别是慢性家族性胰腺炎和慢性钙化性胰腺炎。

5. 导管内乳头状粘液瘤亦属癌前病变。

6. 患有家族性腺瘤息肉病者。

7. 良性病变行远端胃大部切除者，特别是术后20年以上的人群。

8. 胰腺癌的高危因素有长期吸烟、大量饮酒，以及长期接触有害化学物质等。

二、现有诊断方法的选择

胰腺癌的主要症状包括消化不良、恶心、体重减轻、黄疸、脂肪泻、疼痛和抑郁。对临床上怀疑胰腺癌的病人和胰腺癌的高危人群，应首选无创性检查手段进行筛查，如B超、动态螺旋CT和血清学肿瘤标志物等。肿瘤标志物的联合检测并与影像学检查结果相结合，可提高阳性率，有助于胰腺癌的诊断和鉴别诊断。

三、肿瘤相关抗原

CA19-9 >100 U/ml 诊断胰腺癌的准确性高于90%。CA19-9同样可用来判断预后及治疗过程监测。CA19-9通常表达于胰腺和肝胆疾病及其他许多恶性肿瘤，虽然它不是肿瘤特异性的，但是CA19-9水平的上升对于胰腺癌与胰腺炎性疾病的鉴别很有帮助，而且CA19-9水平的持续下降与手术或化疗后的胰腺癌病人的生存期有关。

四、病理诊断

术前可以进行ERCP胰管细胞刷片或活检；超声内镜（首选）或CT引导下经皮细针穿刺活检；术中切割针（core biopsy）穿刺活检。不强求施行手术切除前必须获得恶性（阳性）的活检证据。但是新辅助化疗前应有组织学诊断。

五、腹腔镜检查

在胰腺癌诊断和分期中，腹腔镜检查是一种有效的手段。它可以发现 CT 遗漏的腹膜种植转移与肝脏转移情况。对于勉强可切除的病变或预后因素较差者（CA19-9 显著升高、原发病灶大及胰体尾部癌等），建议在有条件的医院进行腹腔镜检查并附加分期。

六、胰腺癌分期

国际抗癌联盟（UICC）和美国肿瘤联合委员会（AJCC）于 2002 年公布了第 6 版 TNM 分期系统，目前已得到广泛的认可（表 1）。

表 1　UICC/AJCC TNM 分期系统

分期	T	N	M
0 期	T_{is}	N_0	M_0
Ⅰ$_A$期	T_1	N_0	M_0
Ⅰ$_B$期	T_2	N_0	M_0
Ⅱ$_A$期	T_3	N_0	M_0
Ⅱ$_B$期	T_1、T_2、T_3	N_1	M_0
Ⅲ期	T_4	任何 N	M_0
Ⅳ期	任何 T	任何 N	M_1

1. T（原发肿瘤）　T_x：不能测到原发肿瘤；T_0：无原发肿瘤的证据；T_{is}：原位癌；T_1：肿瘤局限于胰腺，最大径≤2 cm；T_2：肿瘤局限于胰腺，最大径>2 cm；T_3：肿瘤扩展至胰腺外，但未累及腹腔动脉和肠系膜上动脉；T_4：肿瘤侵犯腹腔动脉和肠系膜上动脉。其中 T_1、T_2 期肿瘤最大直径是指经 CT 测量（最大径）或切除标本经病理学分析。

2. M（远处转移）　M_x：不能测到远处转移；M_0：无远处转移；M_1：远处转移。

3. N（区域淋巴结）　N_x：不能测到区域淋巴结；N_0：无区域淋巴结转移；N_1：区域淋巴结转移。

胰腺癌的治疗

一、术前胆汁引流

围手术期减黄手术的效果尚存在争议。因此，不强调常规进行术前胆汁引流。但对由于营养不良、脓毒血症、合并症以及新辅助化疗必须延期外科手术的病人可行内、外引流。

二、术前可切除性的评估

（一）可以切除

不论胰头、胰体还是胰尾癌，符合以下条件者可评估为可以切除：①无远处转移；②腹腔干和肠系膜上动脉周围脂肪清晰光整；③肠系膜上静脉/门静脉通畅，无浸润。

（二）可能切除

对于胰头、胰体癌，符合以下条件者可评估为可能切除：①单纯的肠系膜上静脉/门静脉侵犯；②肿瘤邻近肠系膜上动脉；③肿瘤包绕胃十二指肠动脉；④肿瘤单纯地包绕下腔静脉；⑤肠系膜上静脉闭塞，但近侧和远侧的静脉通畅；⑥结肠和结肠系膜侵犯。

对于胰尾癌，符合以下条件者可评估为可能切除：①肾上腺，结肠或结肠系膜，或肾脏侵犯；②手术前胰周淋巴结活检阳性。

（三）不可切除

存在以下情况者为不可切除的胰腺癌。

1. 胰头癌　①远处转移［包括腹腔干和（或）主动脉旁］；②肠系膜上动脉、腹腔干的包绕；③肠系膜上静脉/门静脉闭塞；④主动脉、下腔静脉的侵犯或包绕；⑤横结肠系膜以下的肠系膜上静脉侵犯。

2. 胰体癌　①远处转移，包括腹腔干和（或）主动脉旁；②肠系膜上动脉、腹腔干、肝动脉的包绕；③肠系膜上静脉/门静脉闭塞；④腹主动脉侵犯。

3. 胰尾癌　①远处转移，包括腹腔干和（或）主动脉旁；②肿瘤包绕肠系膜上动脉、腹腔干；③肿瘤侵犯肋骨、椎骨。

三、血管受侵分级标准（Loyer 分级标准）

A 型：低密度肿瘤和（或）正常胰腺与邻近血管之间有脂肪分隔。

B 型：低密度肿瘤与血管之间有正常胰腺组织。

C 型：低密度肿瘤与血管之间有凸面点状接触。

D 型：低密度肿瘤与血管有凹面接触，或者部分包绕。

E 型：低密度肿瘤完全包绕邻近血管，但尚未造成管腔变化。

F 型：低密度肿瘤阻塞血管或浸润血管致使管腔狭窄。

在上述分级中，A、B 型为可切除型；C、D 型为可能切除型，但需视术中情况而定；E、F 型为不可切除型。

四、根治性手术中合理的切除范围

完全切除肿瘤的切除范围包括胰腺头部（含胰腺钩突），颈部，相关脏器（肝门以下胆管、十二指肠及部分空肠、部分胃）及区域内结缔组织和淋巴结。应避免任何肉眼可见的肿瘤残留，包括胆管，胃肠，胰腺切缘，腹膜后结缔组织和淋巴结。在能够达到切缘阴性切除目的时，可以联合切除受侵的肠系膜上-门静脉和累及的邻近脏器。如有任何肉眼可见的肿瘤组织残留，应视为姑息性切除。伴有腹膜后淋巴结广泛转移是全身疾病的标志，此时合并广泛淋巴结清扫并不能改变预后，也应该视为姑息性切除。

1. 胰头癌切除术 ①清除下腔静脉和腹主动脉之间的淋巴、结缔组织；②清除肝门部软组织；③在门静脉左侧断胰颈；④切除胰钩；⑤将肠系膜上动脉右侧的软组织连同十二指肠系膜一并切除；⑥若肿瘤局部侵犯门静脉时，在保证切缘阴性的情况下，则将门静脉切除一段，进行血管重建。

2. 胰体尾癌切除术 需切除胰体尾（占80%左右的胰腺）、脾脏、腹腔动脉周围和肠系膜根部的淋巴结及腹主动脉前的淋巴、结缔组织。

3. 广泛的腹膜后淋巴结清扫 淋巴结清扫作为胰十二指肠切除术的一部分仍然存在争议。目前没有循证医学证据显示，在标准的胰十二指肠切除基础上附加广泛的腹膜后淋巴结清扫能够改善生存期，因此，区域性淋巴结清扫不作为胰十二指肠切除术的常规部分。

4. 肠系膜上-门静脉切除和重建 有文献报道，在选择病人接受联合静脉切除的胰十二指肠切除术较姑息治疗生存期延长，因此在能够获得阴性的切缘效果的病人，可有选择地进行联合静脉切除。血管重建包括使用自身和外源性血管。

五、姑息性治疗方法的选择

1. 姑息性胰十二指肠切除术（即肉眼下肿瘤切除干净，镜下切缘阳性） 有资料表明，施行该术式的病人术后1年存活率高于姑息性双旁路手术者，围手术期并发症和死亡率并未增加，仅住院时间有所增加。然而，虽然该术式相对安全，但目前尚无足够证据表明应常规使用。

2. 采用胆管空肠RouxY吻合解除胆管梗阻，可附加胃空肠吻合，以解除或预防十二指肠梗阻。过去经常忽视胰管梗阻造成的腹痛和胰腺内外分泌功能障碍，在行胆肠、胃肠吻合的同时，附加胰管空肠吻合，可解决胰管高压造成的疼痛，胰腺外分泌功能不足的状况亦有所改善。

3. 随着消化内镜和介入技术的发展，通过内镜放置胆管内支架，胰管内支架和肠道内支架，以及腹腔镜胆肠吻合、胃肠吻合等手段解决胰头癌病人的黄疸、十二指肠梗阻等症状，已经得到越来越多的应用。

六、综合治疗

1. 化疗和放疗 对于胰腺癌术前及术后化疗和（或）放疗，目前仍存在争议。与5-Fu相比，吉西他滨（Gemcitabine）在提高生存质量方面略显优势。分子靶向药物的疗效正在评估中。

放疗包括术前放疗、术中放疗、适形调强放疗、放射性核素内照射治疗和放化疗。

2. 其他辅助治疗 包括射频组织灭活，冷冻，高能聚焦超声，γ刀及生物治疗等，目前尚没有明确证据显示其能够延长病人生存期。

附：胰腺癌诊治流程示意图

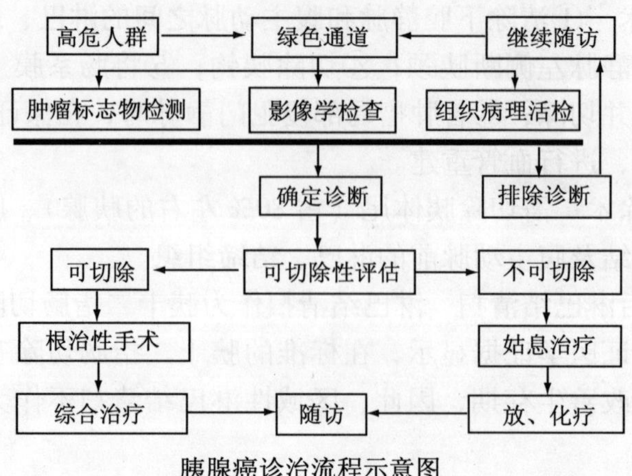

高危人群
绿色通道
继续随访
肿瘤标志物检测
影像学检查
组织病理活检
确定诊断
排除诊断
可切除
可切除性评估
不可切除
根治性手术
姑息治疗
综合治疗
随访
放、化疗

胰腺癌诊治流程示意图

乳腺癌诊治指南（2007 年版）

中国医学科学院肿瘤医院　乳腺疾病诊治中心　北京　*100021*

前言

乳腺癌已成为威胁我国妇女健康的主要杀手，发病率呈上升趋势。为规范我院乳腺癌的诊断与治疗，特整理乳腺癌诊治指南。随着国内、外乳腺癌研究的进展本诊治指南也将不断更新。

目录

一、乳腺癌诊断流程

（一）临床乳腺检查有异常——乳腺肿块

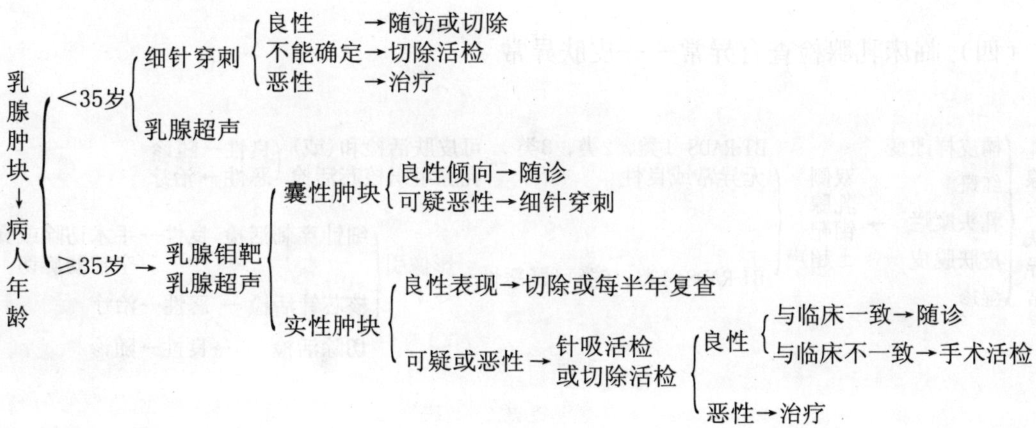

（二）临床乳腺检查有异常——非对称性腺体增厚或有结节

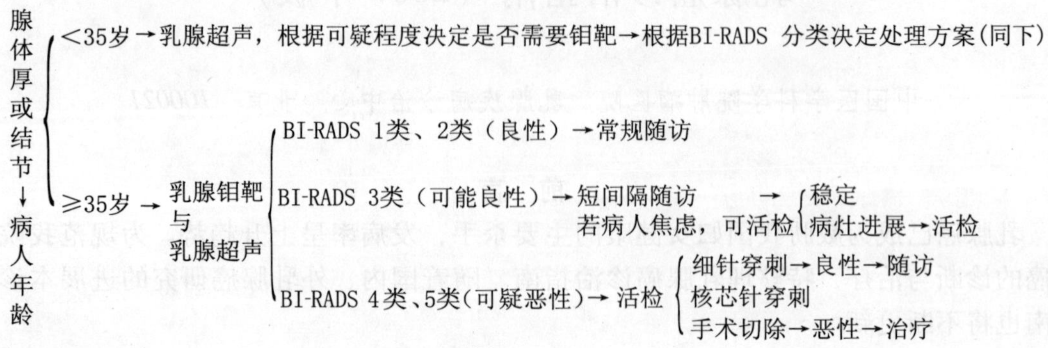

（三）临床乳腺检查有异常——乳头溢液

乳头溢液
- 双侧乳汁样→内分泌性或妊娠
- 非自发性（单或多孔）→细胞学涂片
  - 恶性→治疗
  - 良性或不能确定
    - <40岁→随访观察
    - ≥40岁→双侧钼靶→同下
- 自发性单侧单孔浆液性或血性
  - 细胞学涂片
    - 恶性→治疗
    - 良性或不能确定→导管造影或乳管镜→同下
  - 双侧钼靶
    - BI-RADS 1类、2类、3类→导管造影或乳管镜
      - 良性→导管解剖
      - 恶性→治疗
    - BI-RADS 4类、5类
      - 癌不能确定（↑导管造影或乳管镜）
      - 癌能确定→治疗

（四）临床乳腺检查有异常——皮肤异常

乳腺皮肤异常（橘皮样改变、红斑、乳头糜烂、皮肤脱皮、湿疹）→双侧乳腺钼靶±超声
- BI-RADS 1类、2类、3类 无异常或良性→可皮肤活检和（或）乳腺组织核芯活检
  - 良性→随诊
  - 恶性→治疗
- BI-RADS 4类、5类可疑恶性→影像引导下
  - 细针穿刺活检　良性→手术切除或真空辅助旋切
  - 核芯针活检→恶性→治疗
  - 切除活检→良性→随诊

（五）临床乳腺检查无异常 —— 由乳腺钼靶发现的触诊阴性乳腺病灶

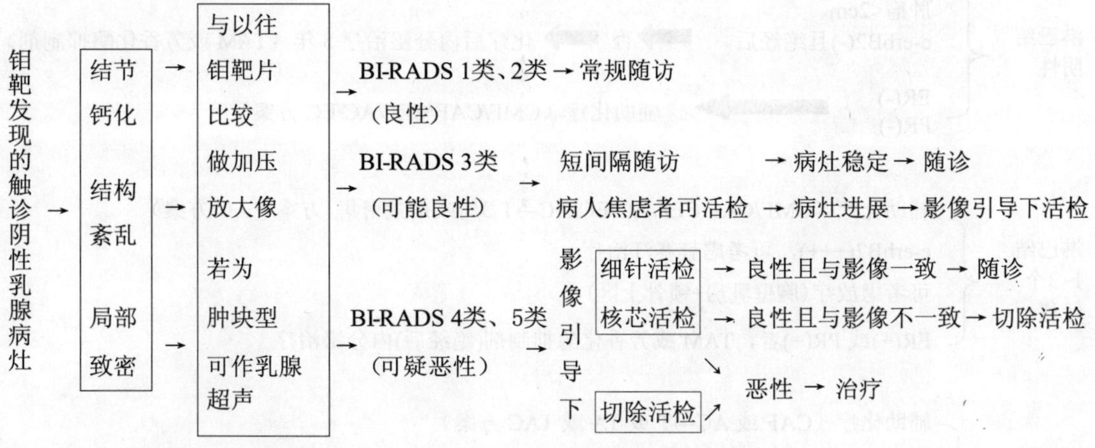

二、乳腺癌治疗流程

（一）临床Ⅰ期与Ⅱ期乳腺癌手术治疗流程

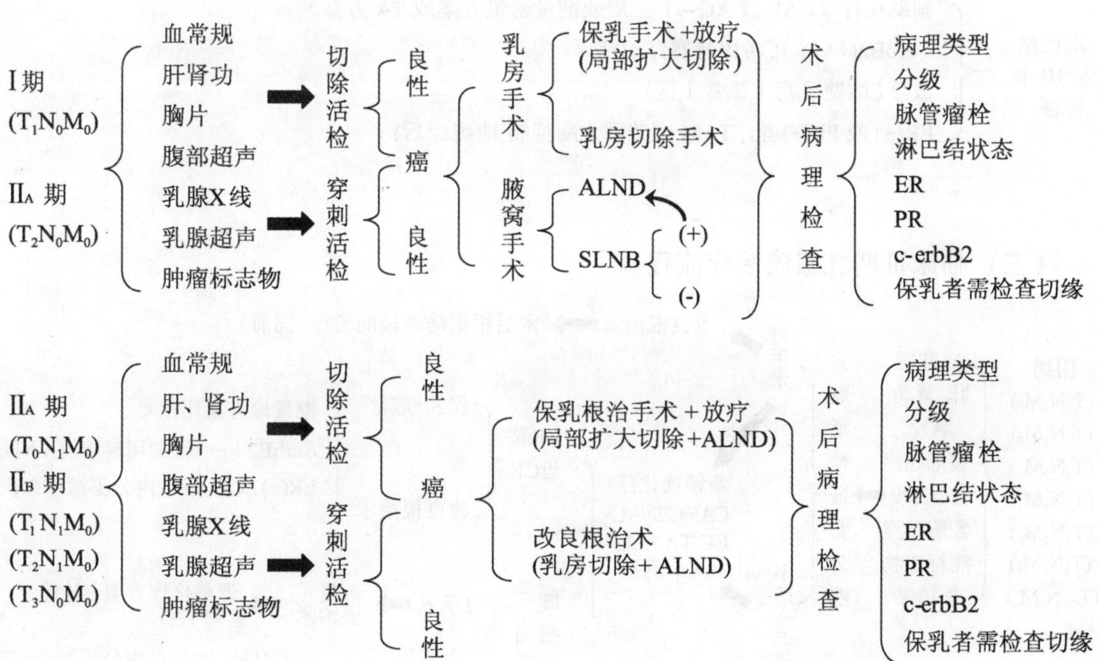

（二）临床Ⅰ期与Ⅱ期乳腺癌手术后辅助治疗流程

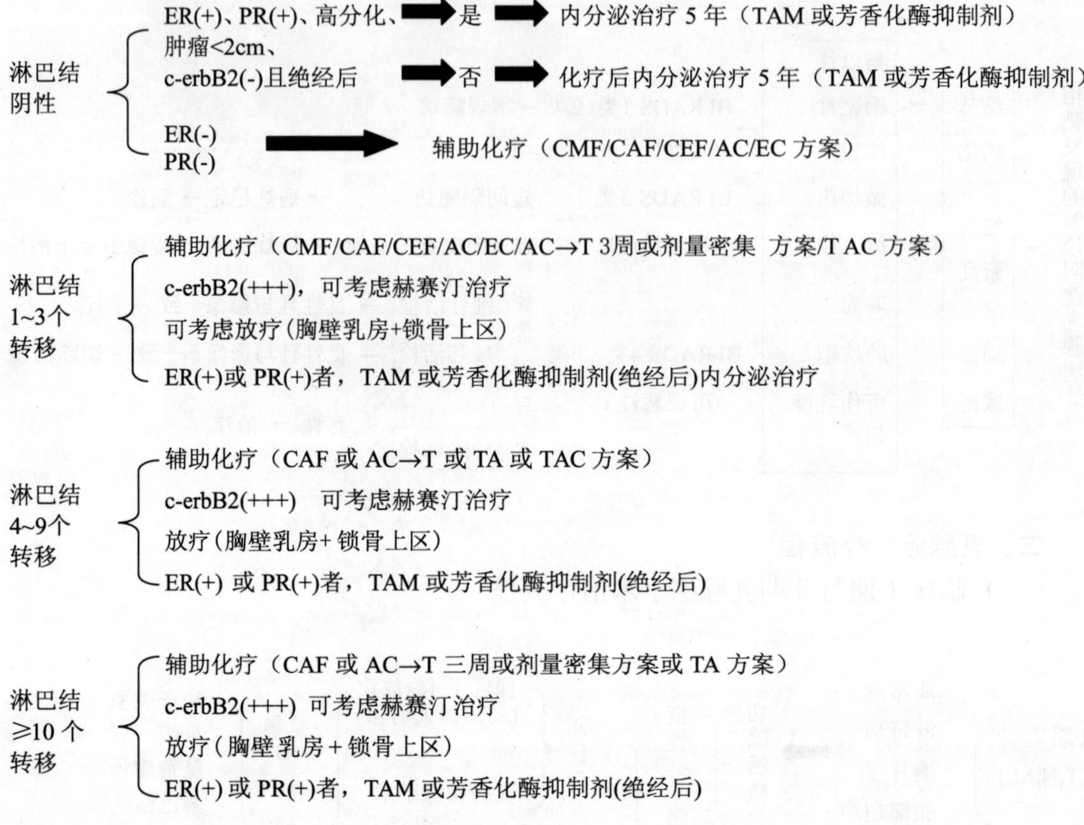

（三）临床Ⅲ期乳腺癌治疗流程

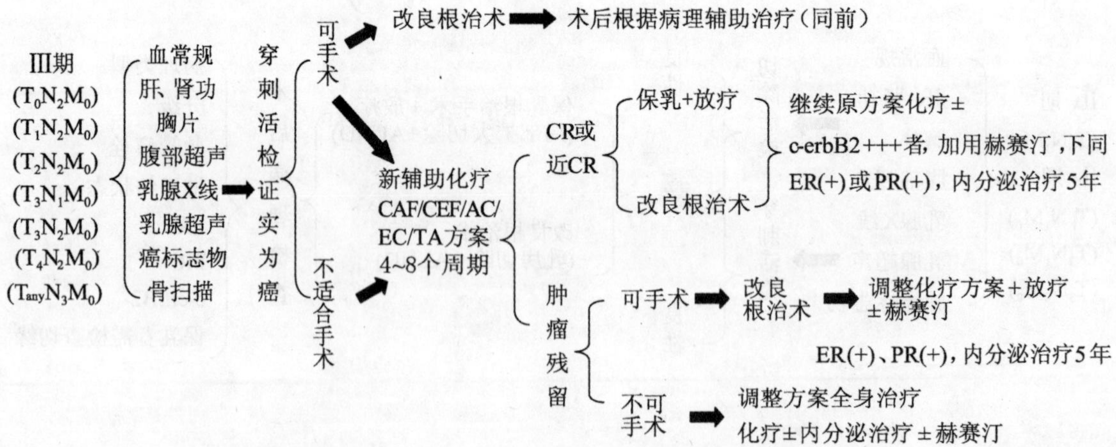

（四）临床Ⅳ期乳腺癌治疗流程

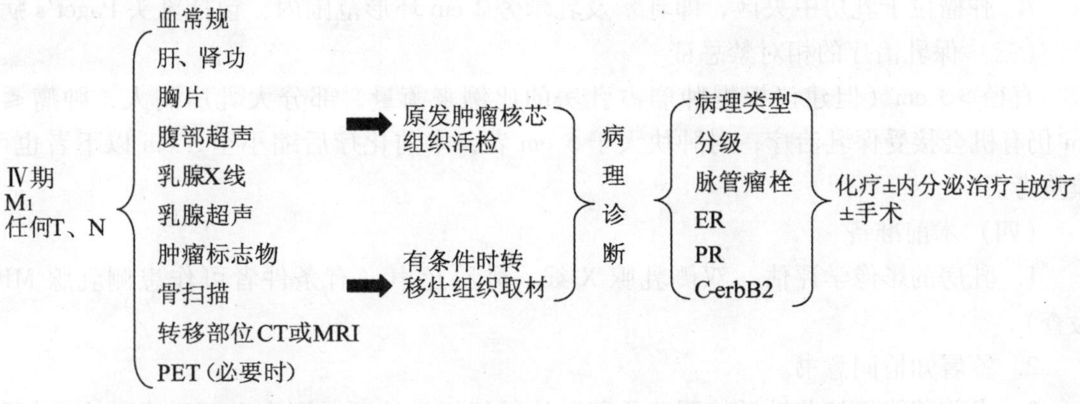

三、乳腺癌治疗后随访

1. 临床体检　每3个月1次，共两年；其后每6个月1次，共3年；其后每1年1次；
2. 乳腺超声　每6个月1次；
3. 乳腺X线　每年1次；
4. 胸片　每年1次；
5. 腹部超声　每6个月1次，3年后可改为每年1次；
6. 对于T_3或N_2以上病人，首次复查时做全身骨扫描基线片；
7. 血常规，血生化、乳腺癌标志物　每6个月1次，3年后可改为每年1次；
8. 应用三苯氧胺的病人　行盆腔检查，每年1次。

四、早期乳腺癌保乳综合治疗指南

（一）手术适应证

1. 单发病灶或局灶性微小钙化灶；
2. 肿块≤3 cm（对于少数3～5 cm者，根据肿块与乳房大小比例，可考虑保乳）；
3. 乳房足够大，行肿瘤切除术后乳房外形无明显改变；
4. 病变位于乳晕区以外的部位；
5. 临床检查腋窝无肿大淋巴结或有小而活动淋巴结；
6. 无胶原血管性疾病及胸壁/乳腺长期照射史；
7. 病人自愿。

（二）保乳治疗的绝对禁忌证

1. 既往接受过患侧乳腺或胸壁放疗；
2. 活动性结缔组织疾病，尤其是硬皮病或系统性红斑狼疮；
3. 妊娠、哺乳期病人（哺乳期可在终止哺乳后考虑）；
4. 分布在两个以上象限的多中心或多灶性病灶；

5. 肿瘤经局部广泛切除后切缘仍阳性，再次切除后仍不能保证病理切缘阴性；

6. 乳腺钼靶显示弥散性恶性或可疑恶性的微小钙化灶；

7. 肿瘤位于乳房中央区，即乳晕及乳晕旁2 cm环形范围内，包括乳头Paget's病。

（三）保乳治疗的相对禁忌证

直径>3 cm（但建议根据肿瘤占乳房的比例来衡量，部分大乳房病人，肿瘤≤5 cm仍有机会接受保乳治疗；对肿块大于5 cm者，术前化疗后缩小至3 cm以下者也可慎重考虑）。

（四）术前准备

1. 乳房的影像学评估　双侧乳腺X线、乳腺超声（有条件者可作患侧乳腺MRI检查）。

2. 签署知情同意书。

3. 术前若能经核芯针活检明确乳腺肿块的组织学诊断，则有助于手术一次性切除足够范围，并能更好的开展术前谈话。

4. 麻醉宜采用全麻或硬膜外麻醉。

5. 其余术前准备同常规手术。

（五）手术

1. 原发灶处理

（1）推荐切口：一般建议乳房和腋窝各取一切口为宜，若肿瘤位于乳腺上方，可采用平行于乳晕的弧形切口；若肿瘤位于乳腺下方，可采用沿乳头方向的放射状切口。

（2）乳腺原发灶切除范围应包括肿瘤，肿瘤周围1~2 cm的组织，以及肿瘤深部的胸大肌筋膜。术前穿刺或手术活检者应包括穿刺针道及活检残腔以及乳房表面的皮肤疤痕。对乳腺原发灶手术切除的标本进行上下、内外等方向的标记。

（3）建议对标本切缘进行术中快速冰冻切片检查或印片细胞学检查，术后需石蜡病理切片报告核实。

（4）若术中或术后病理报告切缘阳性，则可再次扩大切除以达到切缘阴性。虽然对再切除的次数没有限制，但当扩大切除达不到美容效果时建议改行全乳切除。

（5）乳房手术残腔止血、清洗，放置4~6枚钛铗作为放疗瘤床加量照射的定位标志（告知病人并征得同意）。逐层缝合皮下组织和皮肤。

2. 腋窝淋巴结处理

（1）作Ⅰ、Ⅱ水平解剖。

（2）对临床查体为N_0病人可作前哨淋巴结检查。

（六）术后放疗

见放疗部分。

（七）术后全身治疗（化疗、内分泌治疗、靶向治疗）

见术后全身综合治疗部分。

（八）乳腺癌保乳术后放疗与化疗的顺序

目前有限的文献资料表明，放、化疗的次序对疗效无明显影响，放化疗模式的选择主要取决于局部复发与远处转移相关因素的“权重”。局部复发危险性高者，如保乳术后切缘阳性或未做切缘状态检测者，先化疗后放疗的局部复发率明显增高，以先放疗后化疗为宜；远处转移危险性高者，如区域淋巴结有转移或多个转移，高度怀疑远处转移，高度恶性肿瘤病人可考虑先化疗后放疗。

附表：保留乳房手术后美容效果评价标准

Ⅰ很好：病侧乳腺外形与对侧相同。

Ⅱ好：病侧乳腺与对侧稍有不同，差异不明显。

Ⅲ一般：与对侧有明显不同，但无严重畸形。

Ⅳ差：病侧乳腺有严重畸形。

五、乳腺癌放射治疗指南

（一）早期乳腺癌保留乳房手术后的放射治疗

1. 放疗开始时间　对于保乳术后先进行放疗者，手术切口愈合后尽可能6周内开始放疗，术后放疗可考虑做常规放疗或调强适形放疗。

2. 照射部位选择

（1）腋窝未作解剖或前哨淋巴结阳性而未做腋窝淋巴结清扫者：需照射乳腺/胸壁、同侧腋窝、同侧锁骨上和腋顶。

（2）腋窝作解剖者：如果腋窝淋巴结阴性，或腋窝淋巴结转移1～3个且腋窝清扫彻底（腋窝淋巴结检出数≥10个），不必做腋窝淋巴引流区的照射，只照射乳腺/胸壁。

（3）腋窝淋巴结转移≥4个或腋窝淋巴结转移1～3个但腋窝清扫不彻底（腋窝淋巴结检出数<10个）：需照射乳腺/胸壁、同侧锁骨上和腋顶。

3. 照射野设计

（1）乳腺/胸壁野：采用内切野和外切野照射全乳腺。

照射野上界：锁骨头下缘，即第一肋骨下缘。

下界：乳腺皮肤皱折下2 cm。

内界：体中线。

外界：腋中线或腋后线。

照射剂量：6 MV－X线，全乳DT 50 Gy/5周/25次，不加填充物或组织补偿物，然后原发灶瘤床补量。

原发灶瘤床补量：乳腺导管内癌可不作原发灶补量。浸润性癌或原位癌微小浸润均应给予原发灶瘤床补量。

在模拟机下根据术中银夹标记定位或手术瘢痕周围外放2～3 cm，用合适能量的电子线或X线小切线野。

补量总剂量：DT 10 ～16 Gy/1～1.5周/5～8次。或应用后装组织间插植补量，DT 7 Gy/次，共2次。

（2）锁骨上/腋顶野：

照射野上界：环甲膜水平。

下界：与乳腺/胸壁野上界相接，即第一肋骨下缘水平。

内界：体中线至胸骨切迹水平沿胸锁乳突肌的内缘。

外界：肱骨头内缘。

照射剂量：DT 50 Gy/5 周/25 次，可应用电子线和 X 线混合线照射以减少肺尖的照射剂量。最好与乳腺切线野半野衔接。

4. 调强适形放疗

（1）目的：①乳腺内照射剂量梯度小，剂量分布均匀，提高美容效果；②降低正常组织如肺、心血管和对侧乳腺的照射剂量，降低近期和远期毒副作用。

（2）方法：采用正向或逆向调强野的治疗计划（仍采用内切野和外切野）。年轻、乳腺大的病人可能受益大（注意 CT 扫描前要用铅丝标记全乳腺和手术瘢痕，以辅助 CT 确定全乳腺照射和瘤床补量的靶区）。

5. 疗效与并发症的观察　应重视美容效果的观察与记录。

（1）双乳及双上肢彩色照片：放疗前和结束时各 1 次，随访时每半年 1 次。

（2）病程记录及随访记录中应详细描写乳腺的外形、皮肤改变、手感柔软程度等。

（3）双上肢臂围测量：测量参考点在尺骨鹰嘴上下各 15 cm 处之臂围周径，放疗前、疗毕时各测量 1 次，随诊时间每半年 1 次。

（4）双乳 X 线平片及乳腺及区域淋巴结区 B 超：放疗前及疗毕时各 1 次，随诊时间，每半年 1 次。

（二）乳腺癌根治术或改良根治术后放疗

1. 适应证　对术后全身治疗包括化疗或（和）内分泌治疗者，具有下列高危因素之一，需考虑术后放疗。

（1）原发肿瘤最大直径≥5 cm，或肿瘤侵及乳腺皮肤、胸壁；

（2）腋淋巴结转移≥4 个或腋淋巴结转移 1～3 个；

（3）腋淋巴结检出总数≤10 个，且腋淋巴结转移 1～3 个。

2. 术后放疗照射部位及剂量

（1）锁骨上/腋顶野：

照射野上界：环甲膜水平。

下界：与胸壁野上界相接，即第一肋骨下缘水平。

内界：体中线至胸骨切迹水平沿胸锁乳突肌的内缘。

外界：肱骨头内缘。

照射剂量：DT 50 Gy/5 周/25 次，可应用电子线和 X 线混合线照射以减少肺尖的照射剂量。

（2）胸壁野：

照射野上界：锁骨头下缘，即第一肋骨下缘。

下界：乳腺皮肤皱折下 2 cm。

内界：体中线。

外界：腋中线或腋后线。

照射剂量：应用电子线照射，全胸壁 DT 50 Gy/5 周/25 次。

常规全胸壁垫补偿物 DT20 Gy/2 周/10 次，以提高胸壁表面剂量。对胸壁较厚或胸壁厚度明显不均的病人，采用 X 线切线野照射，照射时胸壁垫补偿物同电子线照射。常规应用 B 超测定胸壁厚度，并根据胸壁厚度调整填充物（组织补偿物）的厚度，并确定所选用电子线的剂量，减少对肺组织和心脏大血管的照射剂量，尽量避免产生放射性肺损伤。

（3）腋窝照射：对未作腋窝淋巴结清扫或腋窝淋巴结清扫不彻底者，在模拟机下设锁骨上腋窝联合野（与胸壁野衔接），锁骨上腋窝联合野的剂量按皮下 3 cm 计算，腋窝剂量由腋后野补足 DT 50 Gy。

①锁骨上和腋窝联合野：

照射野靶区：包全锁骨上和腋窝区，与胸壁野衔接。

照射剂量：6 MV－X 线，锁骨上区 DT 50 Gy/5 周/25 次。锁骨上区肿瘤深度以皮下 3 cm 计算。腋窝深度根据实际测量计算，欠缺的剂量采用腋后野补量至 DT 50 Gy。

②腋后野：

照射野靶区：

上界：锁骨下缘。

下界：腋窝下界。

内界：胸廓内侧缘。

外界：肱骨内缘。

照射剂量：6 MV－X 线，补量至 DT 50 Gy/5 周/25 次。

（三）乳腺癌新辅助化疗加根治术或改良根治术后放疗

放疗指征暂同未做新辅助化疗者。

（四）乳腺癌根治术或改良根治术后局部区域复发的放疗

乳腺癌根治术或改良根治术后出现胸壁单个复发，手术切除肿瘤，然后放疗；如果手术无法切除，应先给予放疗。既往未做过放疗的病人，放疗范围应包括全部胸壁、锁骨上或腋窝淋巴结区域。如腋窝或内乳淋巴结无复发，无需照射腋窝和内乳区。放疗剂量为预防部位 DT 50 Gy/5 周/25 次，复发部位缩野补量至 DT 60～66 Gy/6～6.5 周/30～33 次。既往做过放疗的病人，必要时设小野局部照射。

六、乳腺癌术后辅助全身治疗指南

（一）乳腺癌术后复发风险的分组

<table>
<tr><th>危险度分级</th><th></th></tr>
<tr><td>低度危险</td><td>腋淋巴结阴性 并同时具备以下特性
标本中病灶大小（pT）≤2 cm
分级[a]　1 级
瘤周脉管未见肿瘤侵犯[b]
Her-2 基因没有过度表达或扩增[c]
年龄≥35 岁</td></tr>
<tr><td>中度危险</td><td>腋淋巴结阴性 且具备下列至少 1 条：
标本中病灶大小（pT）≥2 cm，　或
分级 2～3 级　或
有瘤周脉管肿瘤侵犯　或
Her-2 基因过度表达或扩增　或
年龄≤35 岁
腋淋巴结 1～3 个阳性但没有 Her-2 过度表达和扩增</td></tr>
<tr><td>高度危险</td><td>腋淋巴结 1～3 个阳性者 且 Her-2 过度表达或扩增
腋淋巴结 4 个或以上转移者</td></tr>
</table>

注：a：组织学分级/核分级；b：瘤周脉管侵犯存在争议，它只影响腋淋巴结阴性病人的危险度分级；并不影响淋巴结阳性者的分级；c：Her-2 的测定必须经严格质量把关的免疫组化或 FISH 检测。

（二）乳腺癌术后全身辅助治疗的选择

危险级别	ER/PR 阳性	ER 与 PR 状态不明	ER 和 PR 阴性
低危	内分泌治疗或不用	内分泌治疗或不用	不适用
中危	单用内分泌治疗或化疗→内分泌治疗	化疗→内分泌治疗	化疗
高危	化疗→内分泌治疗	化疗→内分泌治疗	化疗

（三）乳腺癌术后辅助化疗临床指南

1．禁忌证

（1）妊娠妇女；

（2）年老体衰且伴有严重内脏器质性病变病人。

2．治疗前准备

（1）首次化疗前应检测血常规、肝肾功能、心电图。以后每次化疗前后常规检测血常规。心、肝、肾功能异常者需监测血常规、心电图、LVEF 或肝肾功能；

（2）育龄妇女应妊娠试验阴性并嘱避孕；

（3）签署化疗知情同意书。

3. 化疗方案与注意事项（化疗详细方案参见附录）

（1）首选含蒽环类的联合化疗方案，常用的有：①CA（E）F、AC 方案（C 环磷酰胺、A 阿霉素、E 表阿霉素、F 氟尿嘧啶）；②蒽环类与紫杉类联合方案 TAC（T 多西紫杉醇）；③蒽环类与紫杉类序贯方案 AC→T/P（P 紫杉醇）或 FEC→T。

（2）老年、低风险、蒽环类禁忌或不能耐受的病人可选用非蒽环类联合化疗方案，常用的有 CMF 方案（C 环磷酰胺、M 氨甲蝶呤、F 氟尿嘧啶）。

（3）根据不同化疗方案执行化疗，若无特殊情况，不建议减少周期数和剂量。

（4）辅助化疗一般不与内分泌治疗或放疗同时进行。化疗结束后再开始进行内分泌治疗。放疗与内分泌治疗可先后或同时进行。

（四）乳腺癌术后辅助内分泌治疗临床指南

1. 适应证　激素受体［ER 和（或）PgR］阳性的乳腺癌。

2. 内分泌治疗与其他辅助治疗的次序　辅助内分泌治疗与化疗同时应用可能会降低疗效。一般在化疗之后应用，但可以和放射治疗以及 Herceptin 治疗同时应用。

3. 绝经前病人辅助内分泌治疗方案与注意事项（绝经标准详见附录）

（1）首选三苯氧胺 20 mg/d×5 年。治疗期间注意避孕，并每年行 1 次妇科检查；

（2）卵巢去势推荐用于下列绝经前病人：①高度风险组且化疗后未导致闭经的病人，与三苯氧胺或第三代芳香化酶抑制剂联合应用；②不愿意接受辅助化疗的中度风险组病人，与三苯氧胺或第三代芳香化酶抑制剂联合应用；③对三苯氧胺有禁忌者。

（3）若采用药物性卵巢去势（GnRHa）：目前推荐的治疗时间是 2～3 年。

4. 绝经后病人辅助内分泌治疗的方案及注意事项

（1）第三代芳香化酶抑制剂应向所有 ER 和（或）PgR 阳性的病人推荐，尤其是具备以下因素的病人：①高度风险病人；②Her-2/neu 过度表达病人；③对三苯氧胺有禁忌的病人；④使用三苯氧胺期间出现中、重度不良反应的病人；⑤三苯氧胺20mg/d×5 年后的高风险病人。

（2）芳香化酶抑制剂可以从一开始就应用 5 年（Letrozol / Anastrozol），或者在三苯氧胺治疗 2～3 年后再转用 2～3 年（Exmestane / Anastrozol），或在三苯氧胺用满 5 年之后的高度风险病人继续应用 5 年（Letrozol）。

（3）可选用雌激素受体调节剂如三苯氧胺：三苯氧胺 20 mg/d×5 年是有效而经济的治疗方案。治疗期间应每年行 1 次妇科检查。

（4）不适用三苯氧胺的病人可应用其他内分泌治疗药如托瑞米芬。

（五）乳腺癌术后辅助 Herceptin 治疗临床指南

1. 适应证　Her-2/neu 基因过表达的肿瘤 >1cm 的各期可手术乳腺癌。

（1）Her-2/neu 基因过表达是指：免疫组化法（IHC）3 +，或荧光原位杂交法（FISH）阳性，或者色素原位杂交法（CISH）阳性。

（2）c-erbB2 免疫组化染色 + + 的病人最好进一步行 Her-2 基因的 FISH 或 CISH 以明确是否扩增。

2. 禁忌证

（1）治疗前左心射血分数（LVEF）＜50%

（2）同期正在进行蒽环类药物化疗。

3. 治疗前准备

（1）精确的 Her-2/neu 检测建议将新鲜（冻存）组织块或石蜡标本（蜡块或白片）送往国内有条件的病理科进行复查。

（2）心功能检查（心脏超声或放射性核素扫描）。

（3）签署治疗知情同意书。

4. 治疗方案和注意事项

（1）Herceptin 6 mg/kg（首剂 8 mg/kg）每 3 周方案，或 2 mg/kg（首剂 4 mg/kg）每周方案。目前暂推荐的治疗时间为 1 年。

（2）首次治疗后观察 4～8 h。

（3）禁忌与蒽环类化疗同期应用，但可以序贯应用。与非蒽环类化疗、内分泌治疗及放疗可同期应用。

（4）每 4～6 个月监测 1 次 LVEF。治疗中若出现 LVEF 低于 50%，应暂停治疗，并跟踪监测 LVEF 结果，直至恢复 50% 以上方可继续用药。若不恢复、或继续恶化、或出现心力衰竭症状则应终止 Herceptin 治疗。

七、乳腺癌新辅助化疗指南

（一）新辅助化疗的适应证

1. 一般适合临床Ⅱ$_B$、Ⅲ期的乳腺癌病人。

2. 对于 70 岁以上病人，若术前穿刺肿瘤 ER、PgR 强阳性，应评价新辅助化疗或新辅助内分泌治疗的受益情况。

（二）新辅助化疗的禁忌证

1. 未经组织病理学确诊的浸润性乳腺癌（推荐获得 ER、PgR、Her-2/neu 等免疫组化指标，不推荐将细胞学作为病理诊断标准）。

2. 妊娠妇女，尤其是妊娠早、中期发生的乳腺癌必须终止妊娠。

3. 年老体衰且伴有严重心、肺器质性病变等预期无法耐受化疗者。

（三）新辅助化疗的实施

1. 治疗前准备

（1）基线体检：精确测量乳腺原发灶和腋窝淋巴结的最长径（多个肿块时取最长径之和）。

（2）基线影像学评估：乳腺超声、乳腺 X 线下肿瘤的最长径（有条件者可作 MRI 评估）。

（3）血常规、肝肾功能、心电图、胸片、肝脏超声检查。局部晚期乳腺癌或炎性乳腺癌病人还需加作全身骨扫描、胸部 CT。心脏病者行必要的心功能检查（如心脏超声检测 LVEF）。

（4）术前必须对乳腺原发灶行核芯针活检明确组织学诊断及免疫组化检查，区域淋巴结转移可以采用细胞学诊断。

（5）育龄妇女应妊娠试验阴性或嘱避孕。

（6）告知化疗的不良反应，签署化疗同意书。

2. 化疗方案

（1）宜选择含蒽环类的联合化疗方案，常用的有：①CAF、FAC、AC、CEF、FEC方案（C 环磷酰胺、A 阿霉素、E 表阿霉素、F 氟尿嘧啶）；②蒽环类与紫杉类联合方案 A（E）T、TAC（T 多西紫杉醇）；③蒽环类与紫杉类序贯方案 AC→T/P（T 多西紫杉醇；P 紫杉醇）。

（2）其他含蒽环类的化疗方案 NE（N 长春瑞滨）。

3. 疗效评估及化疗疗程

（1）建议在化疗第 2 个周期的最后一天，即计划第 3 个周期之前开始首次评估疗效。

（2）应从体检和影像学两个方面评价乳腺原发灶和腋窝淋巴结转移灶疗效，按照 RECIST 标准或 WHO 标准，分为 CR、PR、SD 和 PD。

（3）无效的病人建议暂停该方案化疗，改用手术、放疗或者其他全身治疗措施（更换化疗方案或改行新辅助内分泌治疗）。

（4）对 CR 或 PR 的病人处理有争议，一般可根据个体情况而有以下选择：

①直接手术；

②相同方案继续 2～4 个周期（总计 4～6 个周期）化疗后评估化疗效果及手术；

③相同方案继续 2 个周期，然后更换方案（如 AC→T）继续 4 个周期化疗后评估化疗效果及手术。

（四）乳腺癌经新辅助化疗降期后的外科处理

1. 手术　可根据个体情况选择根治术、改良根治术、保留乳房手术。

2. 术后病理检查

（1）病理完全缓解（pCR）的定义有两种：①一般指乳腺原发灶中找不到恶性肿瘤的组织学证据，或仅存原位癌成分；②严格意义上的 pCR 是指乳腺原发灶和转移的区域淋巴结均达到病理完全缓解。

（2）病理完全缓解（pCR）的确定需要病理医师配合，建议临床医师协助病理医师找到原病灶部位，多点取材来确定 pCR。

（3）残存肿瘤的组织学分型、分级以及 ER、PgR、Her-2 等免疫组化结果应当参考术前病理诊断（例如术前 ER 阳性而术后 ER 阴性仍应视为 ER 阳性的乳腺癌）。

（五）术后辅助治疗

1. 术后辅助化疗　一般可以根据术前化疗的周期、疗效及术后病理检查结果而选择相同化疗方案、更换化疗方案及不采用辅助化疗，鉴于目前尚无足够证据故无法统一。

2. 术后辅助放疗　一种意见认为无论化疗反应如何都应根据化疗前的肿瘤临床分期来决定是否需要辅助放疗以及辅助放疗的范围；另一种意见则认为应根据术后的病理分期来决定。本指南倾向按照化疗前临床分期予以处理，但尚无足够循证医学依据。

3. 辅助内分泌治疗、靶向治疗　参见乳腺癌术后辅助全身治疗临床指南。

作者简介

孙燕，1956年毕业于北京协和医学院。1959年起在中国医学科学院肿瘤医院工作，曾任内科主任多年。1979～1981年间曾以客座教授身份在美国M. D. Anderson肿瘤中心从事研究。是我国内科肿瘤学的开拓者和学科带头人，在开发新抗肿瘤药、综合治疗和扶正中药促免疫作用以及学科的普及、提高等方面卓有贡献。发表学术论文350余篇，专著23册，包括《内科肿瘤学》、《中西医结合防治肿瘤》和《癌症三阶梯疼痛指导原则》等；曾被评为全国卫生系统先进工作者、中国协和医科大学名医和教书育人模范，并多次在国内外受奖。现为国家新药（抗肿瘤）临床研究中心主任、博士生导师、亚洲临床肿瘤学会（ACOS）主席、中国癌症基金会（CCRF）副主席、中国工程院院士、中国抗癌协会临床肿瘤学协作专业委员会（CSCO）指导委员会主任。他的研究领域为：内科肿瘤学、新抗肿瘤药的临床研究、中西医结合防治肿瘤等，在抗肿瘤新药的临床研究方面无论是我国开发的和国外研制的新药均做出一定贡献。

管忠震

郭彩霞，女，1981年12月生，2004年毕业于吉林大学白求恩医学部，获医学学士学位。2004年～至今为吉林大学公共卫生学院硕博连读研究生，主要从事恶性肿瘤基因治疗的实验研究。

李艳博

龚守良，男，1969年毕业于白求恩医科大学，1982和1988年在该校分别获得硕士和博士学位，1994年破格晋升教授。1991～1992年赴英国北威尔士大学做访问学者，1997年赴美国旧金山加利福尼亚大学做高访学者。现担任吉林大学卫尘部放射生物学重点实验室主任、教授、博士生导师，兼任国家自然科学基金委生命科学部评审组专家、中华预防医学会放射卫生专业委员会常委、吉林省核学会理事长及其他5家学会的职务，担任《中华放射医学与防护杂志》和《吉林大学学报（医学版）》5家杂志编委或编审专家。近年主要从事电离辐射生物效应及肿瘤放射基因治疗等领域的研究，已公开发表240余篇论文（其中12篇SCI论文）；主编、副主编和参编10部专著，其中主编《实用基础医学实验技术》（吉林科技出版社，1991）、主编《放射医学专业英语》（本科生教材，原子能出版社，2006）、主编《核辐射及其相关突发事故医学应对》（培训教材，原子能出版社，2006）、副主编《医学放射生物学》（本科生教材，原子能出版社，2006）、副主编《分子病理学》（研究生教材，人民卫生出版社，2003）和副主编《移植免疫耐受》（中国医药科技出版社，2005）。负责和参加1项国家“863”项目，6项国家自然科学基金课题和1项国家科技部中奥国际合作课题及其8项省部级和横向课题的研究，获国家教育部科技进步三等奖1项及国务院政府特殊津贴。

王宝成，1962年11月生，满族，第二军医大学肿瘤学博士、美国宾夕法尼亚大学医学院博士后，主任医师、教授。济南军区总医院肿瘤科主任。技术5级。在肿瘤内科治疗、多药耐药性的逆转、肿瘤微创手术、以射频热疗为基础的热化疗、热放疗及热免疫治疗等方面，居国际先进水平。撰写论著4部、发表论文60余篇，在学术理论和观点方面均有创新。现任全军肿瘤专业委员会委员、中国肿瘤临床协作中心（CSCO）执行委员、中华医学会山东省肿瘤专业委员会副主任委员、济南军区肿瘤学专业委员会主任委员，《中国肿瘤生物治疗杂志》、《中国肿瘤临床年鉴》、《实用医药杂志》、《中华肿瘤镇痛与姑息治疗杂志》等编委，第二军医大学、山东大学和泰山医学院教授和硕士研究生导师。承担全军面上项目课题1项、济南军区重点课题3项。参加济南军区首批赴苏丹维和部队。先后荣立三等功4次。济南军区技术拔尖人才、专业技术突出贡献三等奖及全区后勤科研工作先进个人获得者。先后获得军队科技进步二等奖1项、山东省科技进步二等奖1项、军队科技进步三等奖4项、四等奖3项。

电话：0531－51666649　13605310886

电子信箱：baochengwang@hotmail.com

邮寄地址：济南市师范路25号济南军区总医院肿瘤科

邮政编码：250031

石远凯，博士，教授，博士研究生导师。长期从事恶性肿瘤的临床治疗，在肺癌、恶性淋巴瘤、乳腺癌和消化系统肿瘤等的内科治疗方面经验丰富。现任中国医学科学院肿瘤医院副院长，内科主任，兼任中国抗癌协会副秘书长、常务理事、肿瘤临床化疗专业委员会副主任委员及国家食品药品监督管理局抗肿瘤新药审评专家等学术职务。

应明真，1981 生，女，博士，研究方向：临床乳腺肿瘤，Tel：86 －21 － 65586703，E － mail：madge-ying@126. com。

王雅杰，1964 生，女，教授，博士后，研究方向：临床肿瘤的综合治疗。Tel：86 －21 －25070608，E－mail：yajiewa0459@163. com。

胡亚美，中国工程院院士、儿科学教授、博士生导师。历任北京儿童医院副院长、院长、名誉院长；曾任中华医学会副会长，中华医学会学术委员会主任。从 1970 年在全国率先开展了儿童白血病的临床研究和治疗，经过 30 多年的不断努力，不治之症的白血病已成为儿童恶性肿瘤中第一个可以用化疗治愈的疾病，急性淋巴细胞白血病治愈率达 80% 以上。截止 2006 年底，北京儿童医院已治愈白血病病儿1 028人，其中已结婚 25 人并生育 22 个健康的下一代。

马　军，哈尔滨血液病肿瘤研究所所长、主任医师、教授。1979 年日本东京大学研究生、1988 年美国哥伦比亚大学研究员、中国临床肿瘤协作专业委员会主任委员、中华医学会血液学分会常委、国际血液学会委员，中华血液学杂志编委、黑龙江省医学会副会长，曾在英、日、中文杂志发表论文 280 篇，著书 12 本，获国家、省、市科技奖 20 项。在急性早幼粒细胞白血病诊治上首次采用序贯治疗，使急性早幼粒细胞白血病 85% 病人获痊愈，是国际公认的金标准方案。

张伯龙，1945 年出生，主任医师，教授。1970 年中国协和医科大学毕业，1978 年北京协和医院内科研究生，1980 ~ 1984 年英国皇家医学研究生院血液科研究生，获博士学位。1985 ~ 1993 年北京协和医院工作，1994 ~ 2002 年解放军总医院工作，2003 年至今哈尔滨血液病肿瘤研究所副所长、骨髓移植中心主任。国内外发表专业文章 60 余篇，主编、副主编、参编专著 30 余部。

高春记，解放军总医院血液科主任医师，教授，博士研究生导师，博士后。曾就学于青岛医学院、中国协和医科大学、美国国立卫生研究院。专业为内科血液学，专业方向为各类造血干细胞移植治疗血液系统疾病和其他需要进行干细胞移植的疾病。另外在血液系统疑难疾病的诊治以及实验血液学方面有丰富的经验。现在研课题："863" 重大课题 1 项（副组长），"863"

重大课题分题负责人1项，负责国家自然科学基金项目1项，解放军总医院创新基金1项，曾负责东亚青年基金1项，解放军总医院创新基金1项，另外参与的国家、军队等基金多项。获得美国血液学会奖1项。发现HLA新基因1项，被WHO命名为Cw0743。在国内、外学术期刊发表论文60余篇。著书10余册，其中主编1册，副主编4册。现任中华医学会血液专业委员会青年委员，全军医学委员会血液学专业委员会常务委员，美国血液学协会会员，中国生物学会干细胞组织工程分会委员，中华骨髓库专家委员会委员等。"863"课题、国家自然科学基金等评审专家以及中华血液学杂志、诊断学理论与实践、中华医学杂志英文版、Int J Hematol、中国实验血液学杂志、解放军医学杂志等的编委或评审专家。

邱林，研究员，现任哈尔滨血液病肿瘤研究所副所长，中国抗癌学会临床肿瘤学协作专业委员会委员。1987年获白求恩医科大学实验血液专业医学硕士学位，1995年获日本东京大学医学博士学位，1999~2005年在德克萨斯大学M. D. 安德森肿瘤中心从事博士后和血液病研究工作。2005年开始在哈尔滨血液病肿瘤研究所主持科研工作。主要开展白血病靶向治疗的研究。先后主持和参与8项国家，省和市级科研课题，参与编写专著6部，在国内外杂志发表论文20余篇。

赵平，中国医学科学院肿瘤医院、肿瘤研究所所院长，大外科副主任、腹外科主任，博士生导师、院所学术委员会主席。主要学术任职：中华医院管理学会肿瘤医院专业委员会主任委员，中国医学科学院学术委员会执委会副主任委员，全国肿瘤登记中心主任，中国癌症基金会副理事长，世界卫生组织合作中心主任，《中华肿瘤杂志》主编、《癌症进展杂志》主编。

王成锋，1962年生，1984年毕业于山东医科大学医疗系，现任中国医学科学院肿瘤医院腹部肿瘤外科腹三病区主任、胰腺肿瘤中心执行主任，主任医师、教授、硕士生导师。中华医学杂志等13种专业期刊的审稿专家、编委和常务编委。主要从事腹部肿瘤的诊断、外科治疗及相关基础理论研究，尤其擅长肝脏、胆系、胰腺肿瘤、早期乳腺癌和低位直肠癌的诊断和治疗工作。承担、参加国家科委科技攻关课题、863课题、卫生部、国家教委博士点基金课题8项。发表专业论文60篇、合作发表论文76篇。主编或参编专著9部。获各种临床获科研奖励8项。获2006年度北京市卫生局、北京市医师协会联合授予的北京地区百名优秀青年医师称号和2006年度北京市人事局、北京市卫生局联合授予的北京地区卫生系统先进工作者。

陈峻青

师英强，1952年2月生。博士、教授。现任复旦大学附属肿瘤医院腹外科主任。1976年毕业于青海医学院，1982～1985年就读硕士研究生于上海医科大学。1985～1988年，继在该大学完成博士研究生。1989～1990年于美国纽约纪念医院腹部外科进修。1995～1996年任于美国马里兰州大学医学院腹部外科研究员。业务专长：腹部肿瘤、胃肠肿瘤、软组织肿瘤治疗。E-mail地址：yingqiangshi@126.com。

夏穗生，1924年生，汉族，浙江余姚人，中共党员，普外科、器官移植专家，1949年毕业于同济大学医学院，历任同济医院外科主任，器官移植研究所所长，中华医学会外科学会副主委，卫生部国家重点实验室主任兼学术委员会主任。现任华中科技大学同济医学院教授、主任医师、博士生导师，器官移植研究所名誉所长，兼任中华医学会外科分会学术咨询委员会委员，国际外科学会中国会员，首批国务院政府特殊津贴获得者，中国实用外科杂志创业杯获得者，已培养博士后1人，博士研究生44名，硕士研究生24名。自上一世纪50年代起，从事肝外科的临床与研究，1977年在动物实验成功基础上，开展临床原位肝移植，保持我国肝移植存活纪录达15年之久，此成果获湖北省政府科技进步一等奖，卫生部科技成果甲等奖，国家教科委三等奖。先后发表第一作者论文240余篇，主编专著17本，代表专著有《器官移植学》、《临床移植医学》与《腹部脏器移植研究》。参编著作57本。曾任国家科教技术委员会医药卫生组成员，国家教委国家公费出国留学人员专家评议组专家，卫生部高等医学院校专业临床统考命题委员会副主任委员和卫生部重点科技成果终审委员会成员，现任临床外科杂志名誉总编辑，兼任各种临床期刊顾问，荣誉顾问等30余个。

郑作深，主任医师，1965年毕业于中南大学湘雅医学院医疗系本科，广东省江门市直卫生系统首届名医，中山大学附属江门医院、江门市中心医院肿瘤科奠基人和学科带头人。长期致力于肝癌放射综合治疗和研究，发表论文20余篇。长期临床研究提示：肝脏并非放射治疗禁区，肝癌放射治疗并非无效。总结提出分阶段缩野靶区高剂量放射治疗肝癌的新技术治疗肝癌安全、有效，临床受益率高，部分病人可获根治；发现新技术能够有效控制和射杀肝内转移子瘤的优点为目前仅针对小肝癌主体瘤毁损的诸多局部消融疗法所不及的价值（肝内转移子瘤是肝癌治疗后导致高复发率的主要原因和难题），对肝癌转移复发的防治具有重要临床意义；于1987年在国际上率先开展巨大肝癌术前放疗，首例病人随访21年，仍健在；并对移动条野杀癌基础理论阐明；解决了现代肝癌放射治疗技术有关的照射野设计、肝的放射耐受量与靶区高剂量照射三者之间长期存在的临床难题。此系列研究在关键技术和疑难问题解决中作出重大技术创新，在总体学术水平和主要技术指标已经达到国际先进水平，推广应用前景广阔，使更多肝癌病人获益的评价出自权威机构【中国医学科学院医学信息研究所查新报告（报告编号2006114）；广东省科学技术成果鉴定证书（粤科鉴字［2006］290号）；广东省科学技术成果登记证书（粤科成登字20070036）和中国科技成果（2008，02：60. 成果推广）】。

单位：中山大学附属江门医院　广东省江门市中心医院　肿瘤科

地址：（529070）广东省江门市北街海傍街23号

电话：0750－3398963　13709619968

传真：0750－3375441

E－mail：zhzsh33@yahoo.com.cn

网址：http://www.bjch.com

田雨霖，出生于1936年10月。1960年大学本科毕业，主任医师，教授。享受国务院特殊津贴。国际肝胆胰协会会员，兼任国内多本杂志编委。

长期从事胆管及胰腺疾病的研究，获辽宁省及沈阳市科研基金资助课题各1项。主持、参与科研获辽宁省及沈阳市科技进步奖4项。发表论文50余篇。参编著作10余部，主编著作3部，其中《胰腺外科手术学》获1997年国家卫生部科技进步三等奖。

联系方式：沈阳 中国医科大学附属第一医院普通外科，邮编：110001

电话：024－83283350（办）　024－83283330（办）　移动电话：13804218338

晏仲舒，1932年12月生，1955年毕业于湖南医学院医疗系，胃肠外科教授。专业：胃肠道肿瘤。E-mail：zhongshú.yan@163.com。

李世荣，1939年1月生。北京军区总医院专家组组长，肠病中心主任，主任医师，第二、三军医大学兼职教授、博士生导师。1962年毕业于天津医科大学医疗系。1975～1976年离职学习中医，1992～1993年美国Mayo Clinic消化内科访问学者。曾发表学术论文150余篇，10部专著。获部委级科技进步二等奖3项，三等降20余项。享受政府特殊津贴。

学术兼职：中国医疗保健国际交流促进会 常务理事，胃病专业委员会 副会长；中华医学会消化病学分会 顾问；中华医院管理学会，误诊误治学会 常委；北京市消化学会委员；北京军区科学技术委员会 副主委。中华消化等7个杂志编委。

医疗特色：疑难肠道疾病诊断与治疗。

郁宝铭，原上海交通大学医学院附属瑞金医院外科教授、博士生导师、主任医师，现任上海市第八人民医院结直肠外科主任，中华医学会外科分会结直肠肛门外科学组名誉组长等。从事普外科兼肛肠外科临床教学和科研工作逾50年，以诊治结直肠肿瘤为特色，在结直肠癌的综合治疗、低位直肠癌的保肛手术、肿瘤病人个体化治疗等方面均达到国际、国内领先水平。

专科特长：结直肠肛门外科疾病，特别是结直肠良恶性肿瘤、炎性肠病、痔、肛瘘等。在50余年临床、教学及科研工作中长期围绕大肠癌的防治进行研究，探索出一套符合我国大肠癌特点的诊治方案。对直肠癌特别是低位直肠癌的保肛手术有深入研究并取得良好疗效。直肠癌术后复发率，5年生存率和保肛手术成功率均居国内领先地位，并达到国际先进水平。为进一步提高总体治疗水平，自上世纪80年代（1985）起即重视对大肠癌病人的综合治疗。在术后辅助化疗上几乎与国际同步发展，并紧随国际最新进展；同时在国内又率先开展局部进展期低位直肠癌的新辅助治疗，从而在进一步降低局部复发率、提高无病生存率、总生存率以及保肛手术成功率方面取得了令人鼓舞的优异疗效，为今后临床治疗的选用提供了可信的参考数据。此外在进展期癌肿的综合治疗上，根据病情具体分析采用个体化方案，在延长生存期，减轻病痛，改善生活质量，增强生存信心等方面均取得了良好的效果。E－mail:baomingiok@163.com。

张　敏

吴唯勤

陈利文

傅　骏

费春松

沈　英

储大同，教授，主任医师，中国医学科学院协和医科大学肿瘤内科学专业首席科学家。毕业于首都医学院医疗系，1979年考取协和医科大学研究生，从师于宋少章教授研究恶性淋巴瘤的免疫球蛋白分泌规律。现任中国抗癌协会临床肿瘤学协作专业委员会（CSCO）主任委员，协和医科大学肿瘤医院临床药理基地和国家抗肿瘤药GCP中心副主任，伦理委员会主任。国家药品监督管理局（SFDA）专家委员会委员，国家药典委员会委员。

在恶性淋巴瘤的免疫球蛋白研究中，他创造性地改良了常规免疫电泳法，使很多微量分泌的单克隆免疫球蛋白均可被发现，从而大大提高了B细胞恶性淋巴瘤的检出率。1982年报道了国际上首例双副蛋白血症IgA型多发性骨髓瘤，填补了诊断上这一空白，引起国际上同行的重视。1984年他以访问学者身份赴美国德克萨斯州大学M. D. Anderson肿瘤中心临床免疫和生物学治疗系进行协作研究。由于具有长期中西医结合的临床工作经验，从植物中寻找生物反应调节剂（BRMs）的研究。经过三年的努力终于发现黄芪的成分F3可以提高LAK细胞的杀伤能力并且大大减少白介素-2的诱导剂量，从而为临床减毒或无毒使用白介素-2开辟了新的途径。引起国际生物免疫学界的极大重视。基于在这一领域里的多方面贡献，美国癌症研究学会（AACR）在1988年吸收他为正式会员，次年获得卫生部颁发的“孙氏鼓励医学科研基金”二等奖，并于1994年获此项目专利。对于晚期胃癌和食道癌的有效率在中间阶段性小结中分别达到60%和80%，目前在国内外都是领先的。他重视中药在肿瘤治疗中的作用，并配合生物治疗、化疗等手段综合治疗癌症，在肺癌、乳腺癌、食管癌、胃癌、黑色素瘤、肾癌等方面均取得较好的成绩。

目前他在国内外杂志和AACR、ASCO等重要会议发表论文一百余篇。编写和参与编写肿瘤治疗专著10余本。并任《临床肿瘤学杂志》主编，《中国肿瘤临床年鉴》、《癌症进展》常务副主编，著名国际肿瘤杂志《Journal of Clinical Oncology》中文版编委、亚太区杂志《Cancer Reviews》编委。2000年8月后又应邀出任著名国际肿瘤杂志《Cancer》的副主编，负责亚洲地区。2004年出任新成立的《Asia Pacific Journal of Clinical Oncology》的轮值主编。是医学界著名的集临床和基础研究、中医和西医均有一定造诣的临床肿瘤内科专家。

卓莹

吴一龙，广东省人民医院副院长、肿瘤中心主任。

主要学术任职：享受国务院政府特殊津贴专家，中国抗癌协会常务理事，中国抗癌协会肺癌专业委员会主任委员，临床肿瘤学协作中心副主任委员，广东省医学会肿瘤学会副主任委员，《循证医学》杂志主编，《中国肺癌杂志》等国内十几家杂志副主编或编委。

在国内首先提出肿瘤单病种首席专家制，建立了第一个真正意义的肺癌多学科综合治疗科。在肿瘤领域率先引进循证医学，并成为该领域的学术带头人。

2002年负责起草的《局部晚期（Ⅲ期）非小细胞肺癌诊断和治疗共识》及

卫生部主持制定的《全国肺癌诊治指南》，已成为国内肺癌诊断治疗的标准参考书。近年来多次应邀在国际学术会议上作大会演讲。

在国内发表论文200余篇，其中被国际SCI、EI、Medline收录的学术论文10篇，国内中华、中国系列杂志以第一作者发表学术论文70余篇。主编专著《肺癌多学科综合治疗的理论与实践》、《现代肺癌病理与临床》等。2004年荣获全国首届“中国医师奖”。

叶玉坤

汪　栋

毛伟敏

张　宇

王长利，1957年8月出生于黑龙江省；最高学历：本科；职称：主任医师；学位：医学学士；专业：肺癌外科；业绩：现任天津市肺癌诊治中心主任，天津医科大学附属肿瘤医院肺部肿瘤科科主任，中国抗癌协会肺癌专业委员会副主任委员，中国临床肿瘤学会（CSCO）执行委员，天津市抗癌协会肺癌专业委员会主任委员；从事胸部肿瘤临床外科20余年，专攻肺癌的早期诊断及外科为主的综合治疗，多项技术达到国内先进或者领先水平。共完成胸外科手术3 500余例，擅长胸外科高难度手术，开展了肺癌切除联合心房部分切除术、气管恶性肿瘤切除术，气管隆突切除及重建术、支气管成形术、肺动脉成形术、上腔静脉成形术及各种复杂肺癌，纵隔肿瘤及食管癌、贲门癌切除术等。开展了完全胸腔镜下肺叶切除术，及纵隔镜等新技术。在国家级核心期刊发表论文10余篇，SCI论文3篇，承担了市级、局级、院级科研课题5项，如“抗肿瘤RNA瘤苗预防肺癌复发基础与临床研究”课题，达到国际先进、国内领先水平；参加国家级课题2项。参与编著《纵隔肿瘤学》、《食管癌》的部分章节；参编的《肿瘤外科学》、主编的《肺癌》即将出版。

研究方向：肺癌外科为主的综合治疗及相关基础研究

联系方式：天津市河西区环湖西路，天津医科大学附属肿瘤医院肺部肿瘤科；邮编：300060。电话：23340123转3033。

阚学峰

张真发

董丽华，女，吉林大学第一医院肿瘤中心放疗科副教授，副主任医师，硕士生导师，博士，兼任吉林省医学会肿瘤放射治疗专业委员会副主任委员。从事肿瘤临床放射治疗工作20余年，在临床研究的同时，开展了恶性肿瘤pEgr-hp53基因放射治疗的临床前期实验研究，为肿瘤－基因放射治疗的临床应用提供了理论依据。目前，临床所应用的技术有调强适形放疗（IMRT）、三维适形放疗、全淋巴结或次全淋巴结照射和全身照射（TBI）等。曾公派赴加拿大拉瓦尔大学和韩国延世大学Severance 医院进修学习。已发表论文 30 余篇，承担并参与国家、省级科研课题 3 项。

张群功

刘　敏

周　源

张国庆，1982 年毕业于新疆医学院医疗系，现任新疆医科大学附属肿瘤医院暨新疆维吾尔自治区肿瘤医院业务副院长，肿瘤医院肺癌综合诊疗中心主任，胸肝外科名誉主任，教授，主任医师，博士生导师；自治区优秀专家。《中华医学杂志》编委、《中华肿瘤杂志》编委、中华医学会肿瘤专委会委员、中国抗癌协会理事，中国抗癌协会肺癌专业委员会委员，中国西部肺癌协会中心主任委员，中国临床肿瘤年鉴编委、新疆抗癌协会理事长，新疆医学会肿瘤专业委员会主任委员，新疆医学会心胸专业委员会副主任委员，新疆医科大学肿瘤学学科带头人。

25 年来一直从事肿瘤外科临床、教学和科研工作，在肿瘤外科疾病基础理论研究和临床诊治上有较深的造诣。主攻肿瘤外科诊治与研究。创建和主持了肿瘤医院胸外科的学科建设，肺癌、食管癌、贲门癌、纵隔肿瘤及肝脏肿瘤外科综合诊治水平达到自治区先进水平。目前主要从事胸部肿瘤的诊疗研究，尤其是局部晚期非小细胞肺癌的临床诊疗工作和基因代谢酶多态性差异的研究。

主持省级科研课题一项，组织国家科研项目一项，正式发表论文 40 余篇，获得自治区科技进步二等奖一项；自治区自然科学优秀论文二等奖两项；乌鲁木齐市科技进步二等奖一项；获国家专利一项。

专家门诊时间：周一上午。

张传生

韩开宝

孙宏志

孙向东

许　罡

路东明

徐兵河，1982 年大学毕业，获学士学位；1984 年考取中国协和医科大学研究生，1987 年获硕士学位，1999 年获医学博士学位。1991 年 8 月至 1993 年 10 月赴美国迈阿密大学医学院肿瘤内科学习、工作。1989 年晋升中国医学科学院肿瘤医院内科主治医师，1994 年晋升副主任医师，1998 年破格晋升主任医师。

现为中国医学科学院、中国协和医科大学肿瘤医院内科副主任及乳腺病诊治中心副主任，国家新药临床研究基地临床药理室负责人，教授，博士生导师；兼职国家食品和药品监督管理局新药审评专家，中国抗癌协会临床肿瘤学协作专业委员会常委和乳腺癌专业委员会常委、北京市中西医结合学会肿瘤专业委员会副主任委员、中国医学科学院学术委员会委员、国家科技进步奖与技术发明奖评审委员等职。《中国医学论坛报肿瘤学专刊》特约副主编，《中国肿瘤临床》、《中国癌症杂志》等9种杂志的编委。

他是国内最早开展肿瘤耐药性研究的学者之一，对抗肿瘤药物耐药机制及其逆转进行了深入研究。是国际肿瘤学界对抗癌药物丝裂霉素耐药性研究最为深入、发表论文最多的学者。在《Cancer Research》、《International Journal of Cancer》、《British Journal of Cancer》等国际著名专业杂志发表论著12篇，并在美国癌症研究学会年会分组会议上报告研究成果。

在国内较早提出乳腺癌的个体化治疗，并在国家十五攻关等课题资助下，率先在国内开展和应用了血清Her-2蛋白的测定方法，对乳腺癌个体化治疗进行了探索性研究并取得了显著疗效。通过优化治疗方案，提出了适合中国国情的治疗晚期难治性乳腺癌的有效方案，显著延长了病人的生存期，并使部分病人临床治愈，研究成果已经通过卫生部科技成果鉴定。在国内率先开展基因单核苷酸多态与恶性肿瘤化疗敏感性关系的研究，已在中华医学杂志等发表论文6篇，部分结果即将在国外专业杂志发表，研究成果对恶性肿瘤个体化治疗方案的选择产生了较大影响。在国家863重大科技专项课题资助下，建立了国家抗肿瘤药物临床试验平台，并对若干关键技术进行了探索性研究。负责或作为主要研究人员参加了30余项国内新药临床试验，参加了10余项国际多中心Ⅲ期临床试验，在其中一项试验中担任总负责人(PI)。

作为课题负责人，承担了国家863重大科技专项、国家“十五”攻关子课题、教育部博士点基金、首都医学发展基金重大项目等一系列国家及有关部委的课题项目。参与编写专著12本；在国家重大出版工程项目资助下，组织国内著名乳腺癌专家，主编和出版专著《乳腺癌》，发行后受到了国内同行的广泛好评。在国内、外杂志发表文章100余篇，SCI收录12篇。

宋三泰，军事医学科学院附属医院(解放军307医院)全军肿瘤中心主任；国家药物临床试验机构主任；乳腺癌内科主任医师，博士生导师，文职将军，享受政府特殊津贴。

著名肿瘤内科专家。对乳癌内科治疗有丰富独到的临床经验。创建全国惟一的乳癌内科，在国内积极倡导针对不同病人特点的个体化规范治疗，对我国乳癌全身治疗的正确实施产生积极影响。兼任中华医学会肿瘤分会乳癌专业副组长，中国抗癌协会乳癌专业副主任委员，全军肿瘤专业副主任委员，中央及中央保军委保健会诊专家，国家及军队药品评审专家，《中华肿瘤杂志》及《乳腺病杂志》等10余种学术刊物的编委或副主任编委。2006年荣获首都十大健康卫士光荣称号。

管考鹏，副主任医师，1993年毕业于哈尔滨医科大学临床医学系，1999年获外科学硕士学位。2003年毕业于北京大学医学部，获外科学博士学位。现就职于中国医学科学院肿瘤医院泌尿外科。

承担中国医学科学院肿瘤医院院内课题三项，参与国家自然科学基金课题两项。分别在"Urology"、"中华外科杂志"、"中华泌尿外科杂志"、"中华医学杂志"（英文版）、"癌症进展"等杂志上发表论文9篇。参与3本专业书籍编写。

李长岭，中国协和医科大学中国医学科学院肿瘤医院泌尿外科主任，教授，研究生导师。1983年于中国医科大学医疗系毕业，获医学学士学位。1989年获肿瘤学硕士学位。现任中华医学会北京泌尿外科专业委员会委员、全国泌尿肿瘤学组成员。担任多本杂志编委。在国内外医学杂志上发表论文40余篇。参加编写相关专著10部。

郑　杨，1984年7月生。硕士。研究方向：泌尿系统肿瘤。已发表论文17篇。手机：13821323024。

韩瑞发

郭　卫，北京大学人民医院骨肿瘤科主任，骨病骨肿瘤研究室主任，主任医师，教授，博士生导师。

社会兼职：亚太地区骨肿瘤学会（Asia pacific musculoskeletal tumor society）现任主席，国际保肢学会（ISOLS）候任主席，中华医学会骨科学会骨肿瘤学组组长，中国抗癌协会肉瘤学组委员，中国临床肿瘤学会执行委员，北京市抗癌协会理事。

张如明，1949年9月生，大学，主任医师，骨科专业、骨和软组织肿瘤专业。以第一作者发表专业论文50多篇，主编、副主编和参编著作5部。获得各类科技成果奖5项，科技论文奖4项，和多项各种级别的填补空白奖。

研究方向：骨、软组织肿瘤。

联系方式：上海市普安路185号，上海中医药大学曙光医院骨科。电话：021－53821650－332，传真：

02153823660，手机：13816087300。E－mail：rumingzhang@126. com。

刘鲁明，1951年10月生，主任医师/教授/博士生导师，医学博士。复旦大学肿瘤医院中西医结合科科主任。

1975年毕业于上海中医药大学，1975年起在先后在苏州医学院附一院中医科和浙江中医学院附属医院中内科工作。1990年上海医科大学毕业，获医学博士学位，被授予上海医科大学优秀博士学位获得者，导师于尔辛教授（全国和上海市名中医）。1990年起在浙江中医学院附属医院肿瘤科工作，1996年晋升主任医师，1998年任浙江中医学院教授、硕士生导师。先后赴英国London hospital medical college，美国cleveland clinic center等地进修讲学。2002年至今任复旦大学附属肿瘤医院任中医科/中西医结合研究室任职。现兼职为NCI国际中医肿瘤中心（international center of TCM for cancer）负责人，复旦大学肿瘤医院国际整合医学肿瘤中心主任（international center of integrative oncology，ICIO），肝胆胰肿瘤召集人。

1986年起从事抗肿瘤临床和研究工作，对于各种肿瘤特别是肝胆胰腺肿瘤的中医药及中西医结合治疗具有丰富的经验，致力于抗肿瘤中医药临床和实验研究。先后负责承担多项国家级省级和国外合作科研项目：包括国家中医药管理局科研项目“以外放射为主中西医结合治疗大肝癌”，“恶性肿瘤肝转移淤血症以及参三七多肽作用研究”2项；浙江省自然科学基金项目2项，浙江省科技计划项目1项，浙江省中医药管理局科研项目3项。1997年起联合负责承担国家重点科技计划项目99-929-02-05“参麦注射液现代化示范研究”。2002年8月主持上海市科委项目“治疗胰腺癌中药——清胰化积冲剂的研制”（上海市科委02DZ19106）。2003年起作为中方课题负责人主持美国国立癌症研究院（NIH）项目“international center of TCM for cancer”（1 R21 CA108084-01）；2005年8月起作为中方课题负责人主持美国国立癌症研究院（NIH）项目“international center of TCM for cancer”［1U19 CA121503 01（PP4）］；2005年获国家科技部国际合作重点项目“华蟾素注射液治疗恶性肿瘤的研究”（项目编号：2005DFA30130）。

1990年获上海市医学科技进步一等奖、1991年获国家中医药科技进步三等奖、1994年/1995年/1996年获浙江省中医药科技进步二等奖；2001年获浙江省中医药科技进步二等奖、三等奖. 发表论文80余篇。主编《肝癌中西医综合治疗》，《肿瘤科中西药物手册》，《肿瘤科疾病临床诊断与鉴别诊断》等著作5部. 现任《中国癌症杂志》常务编委、《世界肿瘤杂志》、《中国中医基础医学杂志》、《中西医结合学报》编委。

梁蓓蓓，女，1980年生，硕士研究生，硕士学位。药理学专业。主要从事中药新剂型、新制剂及中药药理作用机制的研究。Tel：（0771）5350371 E－mail：willie－lbb@tom.com。

刘华钢，女，1956年生，教授，博士生导师，广西医科大学副校长。主要从事中药新剂型、新制剂及中药药理作用机制的研究。Tel：（0771）5350964 E－mail：hgliu@263.net。

刘玉琴，女，1964年12月生，博士，现任中国医学科学院基础医学研究所协和医学院基础学院研究员。发表了论文60余篇。参著了《抗肿瘤药物研究与开发》、《癌的侵袭与转移－基础与临床》（2003年科学出版社，副主编）；参加了《肿瘤学基础与研究方法》及《人体生物学》、《病理生理学》、《现代实用细胞与分子生物学实验技术》专著的编写。参加翻译了《人类肿瘤细胞的培养》、《干细胞生物学》《动物细胞培养》等专著。负责进行了实验用哺乳细胞的保藏及标准化整理整合研究，建立了实验细胞库。为研究生开设了“实验肿瘤学”课程。现任中华病理学会委员、中华病理学杂志编委、中国病理生理学会肿瘤专业委员会委员、中国抗癌学会肿瘤转移专业委员会常务委员。研究方向是：肿瘤侵袭转移和复发机制及防治研究。

高益民，男，1932年3月生。首都医科大学中医药学院主任医师、教授。1955年毕业于山东医学院，1962年结业于北京市第一届西医离职学习中医班。曾任中国医学科学院药物研究所、中国中医研究院中药研究所顾问；卫生部（1、2、3）届新药审评委员会委员及北京市第二届新药审评委员会副主任、第三届委员；中国针灸学会北京分会副会长；国家药典会第七届委员会委员、中医专业委员会副主任。现任中国老教授协会、医药专业委员会理事，中国癌症研究基金会鲜药学术委员会委员。1983年获北京市教育系统先进工作者称号，1987年至1991年曾任北京市卫生局中医处处长。2002年任国家中医药管理局科研课题《北京中医发展史略研究》首席科学家、博士生导师，并任“北京中医药数字博物馆”首席科学家。2003年被批准为国家级老中医药专家继承导师，2004年被聘为新西兰天然药物研究所首席科学家，2006年被聘为北京佰瑞福世联国际中医药研究中心主任、首席科学家。主要从事中医基础理论教学研究和中西医结合临床医疗、教学工作。擅长治疗疑难杂病、免疫性疾病及亚健康中医中药干预。

执笔的《赵炳南临床经验集》、《刘奉五妇科经验》，两书均获1978年全国科学大会奖。执笔《关幼波临床经验选》、合编《现代名中医类案》（获全国优秀医史文献及医学工具书金奖）。主编《中医外科学》两书被译成日文，汇入《中医临床大系》，1984年在日本发行。主编《金针王乐亭》与《刘奉五妇科经验》被译为英文本，在国外出版。执笔《按摩奇术图识》发行了中国大陆（12次印刷）、中国台湾、日本、中国香港四个版本。主编《人体里的水和火》在香港出版发行。执笔的《中医养生保健漫谈》在马来西亚出版发行。执笔《关幼波临床经验选》；合编《关幼波肝病杂病论》；主编《健康与亚健康新说》和《国家新药新制剂总览》等书。2007年编辑出版了《百年北京中医》。

“水牛角代犀角研究”课题，主持临床研究部分，获1978年全国科学大会奖。执笔《北京市中医科技发展研究》，获北京市科技进步二等奖。1991年率中国传统医学专家代表团（任团长）访问前苏联，并作了“中国传统医学的成就与发展”的主题报告。1993年赴韩国讲学题为“中国中药研究生产的现状与发展”。1996年参加法国民族文化食品展览会（任团长），并进行了降血糖中药协作科研的探讨。同年赴美国参加世界传统医学联盟召开的会议，向大会介绍了中成药“金水鲜胶囊”获金奖。1987年参加中国医学科学院药物研究所“人工麝香研究”，主持临床研究部分。1997年获国家中医药管理局（部级）科技进步一等奖。同年参加西班牙国际学术会议，宣读了“中药抗癌新药金龙胶囊的临床药学评价”一文，引起到会者的极大兴趣。曾被邀参加吉尔吉斯斯坦、印尼、英国曼彻斯特、巴黎等国家地区中医药学术大会，并作报告及国内中医药国际合作交流会等。2007年11月在北京参加了由科技部召开的中医药国际科技合作交流大会，在杂志上发表了学术论文60多篇。

高翠巧

杨　晟

吴世凯

杨宇飞

马晓昌

杨学宁，医学博士、副主任医师。现任广东省肺癌研究所副所长、中国抗癌协会肺癌专业委员会秘书，国际肺癌研究会（IASLC）会员，中国临床肿瘤协作中心（CSCO）执行委员，广东省医学会循证医学专业委员会副主任委员。2005～2006年在意大利米兰国立肿瘤研究所（INT）和欧洲肿瘤研究所（IEO）工作学习。主持和参加多项国家和省级科研项目。在国内外学术期刊发表学术论文三十余篇。长期从事胸部肿瘤多学科综合治疗临床工作，主要研究方向为以外科为主的肺癌多学科综合治疗。近年来参与组织多个有关非小细胞肺癌围术期化疗的国内多中心随机对照研究，参与多个国际多中心随机对照临床研究。

黄　诚
蒋国樑
陆　舜

❖ 大事记、纪要、信息 ❖

中国癌症基金会
2007 年大事记

1. 1 月 19 日中国癌症基金会在北京大学临床肿瘤医院报告厅举行新春学术报告会暨新春联谊会。彭玉理事长、阚学贵副理事长、董志伟副理事长，北京市卫生局邓小红副局长，中国医学科学院肿瘤医院董碧莎书记等，以及各位来宾约 200 人出席。

2. 1 月 31 日 ~2 月 1 日中国癌症基金会受卫生部疾控局委托在北京召开《2006 年度癌症早诊早治项目专项资金使用管理工作会议》召开。孔灵芝副局长主持会议，规财司王辉同志介绍《中央财政转移支付项目的财务工作规定和要求》，河北磁县、山西襄垣等单位汇报了早诊早治项目情况。彭玉理事长、齐小秋局长、董志伟副理事长、钱耕荪、郑树、王国清等教授，以及来自全国 16 个省市的 90 余人参加了会议。

3. 2 月 28 日中国癌症基金会五届六次理事会在京召开，彭玉理事长主持会议。与会理事一致同意增补周清华教授为中国癌症基金会理事，周清华理事当场签署了《 理事承诺书》；与会一致通过中国癌症基金会《2006 年年度业务报告及经费收支决算》和《2007 年度业务计划及经费收支预算》；通报了《中国癌症基金会〈加强非计划性工作管理〉的通知》和《中国癌症基金会〈加强学术及公益活动结余资金管理〉的通知》。

4. 3月8日中国癌症基金会在卫生部疾控局、妇社司的支持下，与中国妇女发展基金会、美国癌症协会、雅芳（中国）有限公司共同举办《“为了姐妹们的健康与幸福”——2007年“三八”妇女节健康公益活动》。在全国30个省市自治区的30家大医院同时举行，这30家医院各为100名城市下岗女工及进城务工妇女提供乳腺和子宫颈病变筛查、开展健康大课堂等多种形式的科普宣传活动。北京的主会场在宣武医院举行，该院书记王香平主持。彭玉理事长、北京市卫生局梁万年副局长、社区代表当场讲话，“两会”代表王德炳、董志伟，卫生部疾控局副局长孔灵芝、妇社司副司长张斌、中国妇女发展基金会秘书长王萍、雅芳（中国）有限公司副总裁孙长青、美国癌症协会代表张鹊等参加。

5. 4月3日~5日中国癌症基金会副理事长兼秘书长董志伟、乔友林教授和项目部主任孟祥柱赴四川盐亭就卫生部食管癌早诊早治项目进行调研工作。

6. 4 月 12 日中国癌症基金会理事长彭玉参加 2007 年全国肿瘤防治宣传周－拒绝烟草远离癌症专家媒体共识会。地点为首都医科大学宣武医院。

7. 4月13日～15日董志伟副理事长、余瑶琴常务副秘书长率专家等14人一行赴河南林县、河北磁县开展健康下乡公益活动。

8. 4月20日余瑶琴常务副秘书长率肿瘤医院专家及基金会成员赴北京密云开展预防乳腺癌义诊活动，由雅芳专项基金资助。

9. 4 月 27 日 ~29 日第五次全国子宫颈癌协作组会议暨 HPV 疫苗与子宫颈癌防治研讨会在北京召开。

10. 5 月 19 日《2007 抗癌票友京剧演唱会》在长安大戏院举办。

11. 6月22日《中国癌症研究进展（9卷）－中医药防治》编委会会议在北京广西大厦召开。会议讨论了编委会名单、第九卷的目录及工作进展计划。

12. 6月30日在北京医科大学肿瘤研究所召开了胃癌早诊早治方案研讨会。

13. 7月13日卫生部转移支付项目督导工作开始进行。卫生部疾控局领导带队，基金会董志伟副理事长，乔友林副秘书长、孟祥柱主任、肿瘤研究所科研处魏文强副处长等到各个示范基地进行督导检查工作。

14. 7月28日~30日第一届中国内科肿瘤学大会在北京国际会议中心召开。何鲁丽副委员长、马晓伟副部长、彭玉理事长、殷大奎原副部长、胡亚美院士、孙燕院士、钟南山院士、刘德培院士、陆道培院士、郝希山院士、赵平院长、田口铁男教授、彭汪嘉康教授、管忠震教授、董碧沙书记等在主席台上就座。本次大会共有1 200多名代表参加。

15. 8月17日彭玉理事长、董志伟秘书长、余瑶琴常务副秘书长和乔友林副秘书长及有关同志在本会会议室接待了美国纽约市卫生局局长费和平（Frieden. R）一行4人。双方就中国控烟问题进行了会谈和交流。

16. 8月24日中国癌症基金会五届七次理事会在京召开，增补柏和同志为理事。当场签订了《理事承诺书》。会议听取了《2007年上半年工作报告及下半年工作计划》、《2007年上半年经费收支及下半年经费预算》的汇报，以及《中国癌症基金会基金管理办法》（试行）和《理财方案建议》。

17. 8月31日~9月3日中国癌症基金会、意大利使馆科技处、意大利阴道镜协会、中国医学科学院肿瘤医院肿瘤研究所在内蒙古自治区医院联合举办《中国－意大利女性生殖道癌症病理培训班》，内蒙古及周边地区基层的妇科医师近60人参加。通过教学，临床示教，参观和讨论，学员们一致认为，本届学习班具有很强的实践性，不仅学到了最新的临床理念，同时也得到了解答临床中遇到难题的机会。

18. 9月6日~9日中国癌症基金会、意大利使馆科技处、意大利阴道镜协会、中国医学科学院肿瘤医院肿瘤研究所联合主办的《2007中国－意大利子宫颈癌早诊早治与阴道镜技术学习班》在昆明市妇幼保健院举行。云南省及周边地区基层的妇科医师近150名学员参加。

19. 10月13日由中国医学科学院肿瘤医院主办，中国癌症基金会等单位协办的第九届北京希望马拉松在北京朝阳公园举办。余瑶琴常务副秘书长代表基金会参加了活动仪式。基金会的工作人员和志愿者们积极参加并颁发宣传抗癌手册。

20. 10月18日~20日第二届食管癌贲门癌国际会议在京瑞大厦召开，医科院肿瘤医院承办，中国癌症基金会彭玉理事长致大会开幕词。来自世界各国50多名专家参加。

21. 10 月 31 日世界癌症研究基金会和中国癌症基金会主办在北京君悦大酒店召开关于《食物、营养、体力活动与癌症预防》新书报告发布会。彭玉理事长、孔灵芝副局长、梁万年等领导，乔友林、高燕宁等数名科学家，40 个新闻媒体共 60 多人参加了会议。参与本书编写的国内外专家 Dr. Mann J 来自新西兰奥塔沟大学，Dr. Mark Wahlqvist 教授来自澳大利亚蒙纳旭大学亚太健康与营养研究所，陈君石教授来自中国疾病控制中心，他们在大会作了精彩的报告。国际癌症研究基金会香港亚洲发展项目主任 Sadler K 女士介绍了新报告的编著过程。与会专家和媒体提了很多有意义的问题。

22. 11 月 6 日中国癌症基金会－雅芳爱心基金开展了迎奥运“远离乳癌，健康一生”走进国家体育总局公益活动，肿瘤医院 3 位专家为国家体育总局 100 多名女干部和运动健将进行乳腺癌筛查，并为他们做了生活中怎样防癌的科普讲座。郑凤荣女士也参加了本次活动，总局的干部深感受益匪浅。

23. 11 月 7 日在人民大会堂举办“中国子宫颈癌的防治策略研讨会”。董志伟副理事长主持会议，彭玉理事长致开幕词。郎景和、乔友林等中外专家就中国子宫颈癌的防治策略作报告。共有 200 多人参加了会议。

24. 11 月 15 中国癌症基金会受卫生部疾控局委托在广西南宁召开转移支付项目专家委员会组长会议。

25. 11 月 28 日中国癌症基金会理事支修益教授等在搜狐与媒体互动，举办《国际肺癌关注日——健康大课堂》活动。

26. 12月6日~8日彭玉理事长、乔友林副秘书长参加第二届上海国际健康大会，彭玉理事长参加开幕式，乔友林副秘书长做大会专题报告。在此大会上基金会设展台，参加了大会举办的展览。

27. 12月17日民政部社团管理服务中心贾卫处长一行5人根据民政部《全国性民间组织评估实施办法》的规定，对基金会进行了实地考察和评估。

28. 12 月 22 日中国癌症基金会 2007 年子宫颈癌预防专家顾问组工作会议在好苑建国饭店举行。会议听取了《HPV 疫苗研究进展》、《中国妇女子宫颈癌病变中 HPV 型别分布的临床多中心研究》、《中国子宫颈癌防治面临的挑战和机遇》等报告。彭玉理事长、董志伟副理事长、郎景和教授、孔令芝副局长、张斌副司长、宋莉副处长、乔友林教授以及全国 20 多位专家参加了会议。

中国癌症基金会
2007 年 12 月

全国第三次死因回顾抽样调查顺利结束

死亡率、死亡原因及其变化是反映一个国家或地区居民健康状况的重要指标，是制定卫生政策、评价医疗卫生工作质量和效果的科学依据。20世纪70年代中期和90年代初期，我国卫生部在全国范围内开展过两次以恶性肿瘤为重点的居民死亡原因调查，已基本摸清了当时我国城乡居民死亡率水平及其主要死亡原因，尤其是恶性肿瘤的流行规律及分布特征。近年来，随着我国社会经济的快速发展，城乡居民生活水平、饮食营养、环境状况等发生了实质性变化，尤其是人口城市化、老龄化和生活方式的变化等诸多因素，城乡居民健康行为和疾病模式也发生了变化。根据当前及今后中长期我国卫生工作需要，卫生部和科技部于2006年6月在全国开展了第三次死因回顾抽样调查。

此次调查的目的是了解21世纪初我国城乡、不同类型地区居民以恶性肿瘤为重点的全部死因的死亡率水平、死因构成及其变化趋势，掌握主要恶性肿瘤死亡的地区与人群分布特征，为国家制定疾病预防控制规划、预防保健策略提供依据，并为建立健全肿瘤登记系统及研究重点疾病与相关危险因素的关系奠定基础。根据本次调查目的，抽样选取了全国213个县（区）作为调查点，对2004～2005年两年户籍人口中的所有死者进行相关调查同时收集有关人口资料及调查地区2004～2005年社会经济、文化、卫生服务等信息。整个调查工作分为6个阶段：调查准备阶段、调查启动和培训阶段、现场调查阶段、数据收集和审核阶段、数据整理及分析阶段、总报告编写阶段。

调查报告结果已于2008年4月29日由卫生部新闻办公室正式对外公布。这次调查的主要结果主要有以下几个方面：

1. 城乡和不同区域死亡率差异较为明显　从调查地区城乡死亡率分析中出现，农村高于城市；不同区域也存在较大差异即中、西部城市分别高于东部城市，中、西部农村分别高于东部农村。

2. 传染性、营养不良性和母婴疾病死亡持续下降，慢性非传染性疾病已成为城乡居民死因的主要疾病；心脑血管疾病、恶性肿瘤和其他慢性退行性疾病成为我国城乡居民最主要的死亡原因　调查结果表明，脑血管病、恶性肿瘤是我国前两位死亡原因。我国城市前五位死亡原因依次是：恶性肿瘤、脑血管病、心脏病、呼吸系统疾病、损伤和中毒；农村依次是：脑血管病、恶性肿瘤、呼吸系统疾病、心脏病、损伤和中毒。

3. 我国恶性肿瘤死亡率在世界范围中属于较高水平，且不同性别、不同地区的差异明显　恶性肿瘤病死率男性明显高于女性；城市恶性肿瘤死亡率明显高于农村。恶性肿瘤是城市首位死因，在农村为第二位死因。死因从不同肿瘤来看，肺癌、结直肠癌、胰腺癌、乳腺癌死亡率城市明显高于农村；而肝癌、胃癌、食管癌、宫颈癌以农村较高。

4. 我国部分恶性肿瘤的死亡率已出现有明显下降，与生态环境、生活方式相关的肿瘤确呈现持续性增长势头　我国恶性肿瘤变化的趋势有三个特征：①食管癌、胃癌、宫颈癌、鼻咽癌死亡率及其构成呈明显下降趋势，其中以宫颈癌下降幅度最大；②与环境、生活方式有关的肺癌、肝癌、结直肠癌、乳腺癌、膀胱癌死亡率及其构成呈明显上升趋势，其中以肺癌和乳腺癌上升幅度最大。从城乡前十位恶性肿瘤构成来看，肺癌已代替肝癌成为我国首位恶性肿瘤死亡原因。

5. 恶性肿瘤是可防可治的，表现为部分原高发地区相应的恶性肿瘤死亡率已有明显下降趋势　多年来，由于我国在一些恶性肿瘤高发地区建立了肿瘤防治机构和三级防癌网，开展了恶性肿瘤普查普治、抗癌宣传、综合防治和恶性肿瘤流行病学研究工作，尤其是针对食管癌、胃癌、肝癌、宫颈癌等高发现场开展了肿瘤防治干预措施，其结果证明肿瘤是可防可治的。

为此，本次调查结果表明，一方面随着我国社会经济的高速发展，人民的生活条件已有了极大地改善，健康水平也有了一定的提高，但是癌症等慢性病仍未得到应有的控制，至今仍然是威胁我国城乡居民生命健康的重大疾病。另一方面，从我国多年卫生工作的实践中发现，绝大多数癌症是可防可治的。为此，在今后的卫生工作中，仍应继续贯彻预防为主的卫生工作方针，积极开展以下各项措施：

（一）积极开展健康教育，提高公众对癌症主要危险因素的知晓率

针对癌症的主要危险因素，制定预防和控制计划，大力提倡戒烟、合理膳食和适量运动等健康的生活方式；积极推行乙肝疫苗注射等预防措施；认真贯彻职业病防治法和积极开展环境治理，减少环境和职业性致癌因素。

（二）针对我国已确定的肺癌、肝癌、食管癌、胃癌、结直肠癌、乳腺癌、宫颈癌及鼻咽癌等8种重点癌症，要有计划地开展筛查工作。多年的科研与实践表明多数重点癌症在我国已掌握有成熟的筛查技术，应充分利用这些技术和经验展开有组织的筛查工作。自2005年以来，由中央财政转移支付项目开始支持在部分农村癌症高发区开展有针对性的癌症筛查工作，目前项目地区如子宫颈癌和食管癌早诊率已分别达到95%和75%，远远高于项目开展前的30%～50%和10%的平均水平。

在城市要继续推广各种形式的高危人群的筛查工作，同时要积极探索筛查工作的多种筹资和运行机制。探索以肿瘤医疗专业机构为技术支撑，依托现代健康管理方式和信息技术构建新型防癌健康管理平台，对高危人群进行定向监测和筛查服务并积极促进与保险机构合作，探索由保险机构和第三方管理机构参与和付费的运行机制，以及基本医疗保险与预防保健相结合的新机制。

（三）对癌症高发现场工作经验，要认真总结继续加强以病因研究、健康教育、环境治理、生活方式的干预、早诊早治和肿瘤登记等为核心的综合防治措施，加大对高发区综合防治工作的政策性支持力度。

（四）要深入研究环境因素对癌症的影响，开展致癌危险因素的动态监测。深入分析新发癌症聚集地区的高发原因，开展环境监测，确定优先控制的污染物，了解特征污染物从污染源到区域环境和人体的迁移转化过程和规律，作为建立环境－健康监测指标体系、开展综合治理提供科学依据。同时选择有条件的地区，开展以人群为基础的癌症主要危险因素动态监测工作。初步建立起与国际标准相符的我国癌症危险因素监测队伍。

（五）加强发病、死亡和生存状况等基本信息的收集，提高死因登记质量；完善癌症登记系统，建立健全肿瘤登记报告制度，扩大登记范围；建立癌症病人临床诊治与生存资料的等级随访系统；建立统一的癌症信息库。

全国肿瘤防治研究办公室
2008－5－22

加速全国肿瘤信息网络建设，提高肿瘤登记数据质量

在《中国癌症预防与控制规划纲要（2004～2010年）》中关于切实加强肿瘤信息系统建设的方针指导下，全国肿瘤登记中心致力于我国肿瘤登记工作。2007年初出版了《中国部分市、县恶性肿瘤发病与死亡1998～2002》。全书覆盖30个市县的发病死亡数据，是我国人群肿瘤登记最权威的数据集，为研究提供基础数据。同时，有5个登记处的数据被国际肿瘤登记协会收录进《五大洲癌症发病率》中，得到国际社会的认可。2003年的登记年报收集了36个登记处的恶性肿瘤发病死亡资料，覆盖人口5 550万，占我国人口的4.3%。数据经过整理、分析，以论文的形式在专业杂志发表。与此同时，收集、整理2004年肿瘤登记数据，共收集到43个肿瘤登记处的资料，覆盖地区和人口达到历史最高，目前正在进行汇总、分析。各省（市、区）也在逐渐加强肿瘤登记工作建设，登记点在逐步增加，登记数据逐年提高。

医院为基础的肿瘤登记2008年启动，召开专家会讨论《医院为基础肿瘤登记工作指南》，并完成试

行草案，正在听取来自各方面的意见，要求各单位按照草案的要求做好医院的肿瘤登记工作。2004～2006年的医院登记资料目前已经有10家省级肿瘤上报了资料，这些资料将作为基础数据，在全国推行医院肿瘤登记报告制度起到关键作用。

为了进一步提高肿瘤登记质量，加强卫生信息交流，促进肿瘤登记工作顺利开展，全国肿瘤防治研究办公室/全国肿瘤登记中心分别在杭州和沈阳召开了“全国ICD-O-3肿瘤登记编码培训班”及“全国肿瘤登记技术与方法培训班”，对肿瘤的编码和登记技术进行了全国范围的培训，培训人次达160人，参加人员均为基层肿瘤登记的专业人员，对登记标准和技术起到了推广和促进作用。

为加强肿瘤登记工作交流，总结工作经验，制定工作计划，2007年11月27～30日在广西南宁与中国卫生信息学会肿瘤登记与监测专业委员会共同举办了“2007年度全国肿瘤登记工作与学术年会”。对2007年度的工作进行了总结，交流在肿瘤登记工作中的经验，并对登记质量提出更高的要求，同时提出2008年工作计划与内容。

全国肿瘤登记中心
2008－5－22

中国抗癌协会临床肿瘤学协作专业委员会（CSCO）2007～2008 年鉴

2007 年，CSCO 更加广泛而务实地开展了临床肿瘤学学术和继续教育活动，促进协作。在这一年里，迎来了 CSCO 成立十周年华诞，回首十年岁月，有艰辛和跋涉，更有喜悦和成绩，值得认真总结提高。

一、十年风雨几度辉煌——隆重庆祝 CSCO 成立十周年

（一）成功主办第十届全国临床肿瘤学大会及 CSCO 十周年庆典晚会

2007 年 9 月 19 日～23 日，在哈尔滨国际会展体育中心隆重召开了第十届全国临床肿瘤学大会暨 2007 年 CSCO 学术年会，同时盛情邀请各界嘉宾共聚冰城，热烈庆祝 CSCO 成立十周年。大会由 CSCO 和哈尔滨市第一医院血液肿瘤研究中心主办，哈尔滨医科大学附属肿瘤医院、《临床肿瘤学杂志》社、《中国医学论坛报》社、《医师报》社和北京希思科临床肿瘤学研究基金会通力协办。

来自全国各地以及欧美、日本、韩国、澳大利亚和古巴等国家和地区的 1.3 万名临床医师和团体会员单位的代表参加了本届盛会，积极进行学术交流，共同见证和欢庆 CSCO 华诞。黑龙江省、哈尔滨市政府和有关部门的领导；中国医师协会会长殷大奎教授；亚洲临床肿瘤学会（ACOS）主席和 CSCO 指导委员会主任孙燕院士，副主任管忠震、廖美琳和朴柄奎教授；CSCO 执行委员会主任马军，副主任蒋国樑、吴一龙、郑安理、唐平章和于丁教授，秘书长秦叔逵教授，副秘书长王金万、李进和罗荣城教授；ACOS 荣誉主席田口铁男教授；CSCO 指导委员会委员黎介寿、胡亚美和王振义院士，张熙曾、胥彬、赵体平、张嘉庆和金懋林教授，著名肿瘤专家储大同教授、彭汪嘉康院士、曹雪涛院士、余子豪、游伟程、宋恕平、王杰军、于金明以及张清媛教授等主席团成员；美国 MD Anderson 肿瘤中心 Alfred Yung WK 教授；旅美华人血液和肿瘤专科医师学会（CAHON）三任主席宋文儒、袁瑞荣和 David Chang 教授等嘉宾出席了大会开幕式。

本届大会学术交流形式多样，内容丰富多彩，共安排专题学术报告 133 场，口头交流论文 110 多篇；并借鉴了 ASCO 和 ESMO 的经验，举办了 8 场“教授见面会（Meet Professor）”，安排著名专家与会议代表

附图1～3 4800多名国内外临床肿瘤学医师和8000多名厂商代表踊跃参会，畅叙友谊，交流信息，展望未来

自由地走到一起，就国内外肿瘤学界普遍关注的热点问题进行深入讨论和互动交流，互相启发。同期，团体会员单位举办了30场卫星会，还尝试举办早餐会和辩论会。希望通过多种形式的会议，进行广泛而深入的研讨，分享知识智慧，碰撞思想火花，达成或奠基学术共识。80多家国内外著名医药企业和专业媒体竞相参与了抗癌新药、仪器设备和书刊展览，参观者达6.8万人次。本届学术大会主题鲜明，形式生动活泼，受到了与会专家和代表们的普遍赞同和好评。

为了回顾CSCO的成长历程，欢庆CSCO十年华诞，大会举办了隆重的、富有独特地域及人文特色的“风雨十年 相约冰城”大型歌舞晚会。晚会由马军主任担任总策划，艺术家和多才多艺的CSCO会员联袂登台，通过多种多样的艺术形式展现了东北黑土地人民的热情与朴实，讴歌了肿瘤学医务工作者的艰辛

附图4～6 大会吸引了《中国医学论坛报》、《医师报》、《中国处方药》、《健康报》、丁香园网等知名专业期刊、网站以及《黑龙江晨报》、《哈尔滨日报》、黑龙江地区的电视台、电台等共计40多家媒体进行了全面采访和系列追踪报道。会场气氛热烈、好评如潮

与奉献。在当地省市政府和有关部门领导的热情关心和大力支持下，广大CSCO个人会员、团体会员和有关参展公司及与会代表积极参与、团结合作，大会盛况空前，取得了圆满成功。

附图7～8 孙燕院士和马军主任即兴登台，引领全场同声高歌一曲《难忘今宵》。整台演出充满了喜庆欢快的气氛，博得了广大参会代表的阵阵掌声与喝彩，为隆重纪念CSCO十年华诞增添了绚丽的一笔

（二）制作精美的CSCO十年回顾纪念画册

为了纪念CSCO十年来的风雨历程，回顾并展示CSCO曾经的艰辛与辉煌，副秘书长罗荣城教授亲自上阵，带领工作人员在短期内编辑制作了“CSCO风雨十年”纪念画册。画册精装、华贵，内容丰富全面，将CSCO成立十年来值得回味的瞬间都一一载入。

附图9 画册记录了CSCO成立、发展、壮大的光荣和坎坷，为今后更多的十年，为更远的道路、更高的山峰，留下一些声音、一些足迹和一些画面

二、在全国范围内开展纯公益性继续教育活动

（一）专家讲学活动圆满成功，收效显著

根据CSCO学术工作计划，2007年5月至8月先后在青岛、重庆、沈阳和长沙四座城市举办了CSCO临床肿瘤学新进展学习班，其中沈阳站和长沙站分别与沈阳军区肿瘤专业委员会和湖南省抗癌协会化疗分会联合举办。活动共邀请国内著名专家学者进行了42个专题讲座，内容涵盖了肿瘤的诊断以及内科、外科、放疗、分子靶向和生物治疗等领域，1 200多名CSCO个人会员和基层医师全程参加了学习和交流，活动取得了圆满成功。

附图10～11 CSCO三十多名专家不辞辛劳、认真准备、精心讲演，为基层医师带去了临床肿瘤学最新学术资讯和宝贵的临床实践经验，他们严谨的科学态度和无私的奉献精神，给当地医院领导和广大学员留下了极其深刻和美好的印象，充分展示了CSCO“团结、协作、务实”的精神和风貌

（二）首开 CSCO 系列学术论坛获得成功

专题性学术论坛不仅可以促进临床肿瘤学重点领域的研究更具专业性，也可以帮助专科医师有针对性地学习和发展，在 CSCO 众多专家的积极支持下，2007 年共成功举办了 4 场专题学术论坛。

1. CSCO 胃肠肿瘤论坛

首届 CSCO 胃肠肿瘤论坛于 5 月 19 ~ 20 日在上海成功举办。本次论坛由 CSCO 和中华医学会上海分会肿瘤专科委员会联合主办，第二军医大学、同济大学、复旦大学共同协办。15 名国内外知名专家共济一堂，详细介绍并分析了胃肠肿瘤领域的多个大型国际临床试验的结果及其临床意义，同时对抗肿瘤转移、抗肿瘤血管形成及靶向治疗学领域的新进展进行了精彩的阐述。来自长征医院肿瘤科的于观贞博士成功制作了1 300例胃癌手术切除标本构建而成的组织芯片，并结合免疫组化对胃癌相关预后因素进行了详细分析，引起与会者的高度重视，也激起了更多年青肿瘤医师的参与热情。

2. “CSCO—南方”肿瘤生物治疗与分子靶向治疗论坛

首届“CSCO—南方”肿瘤生物治疗与分子靶向治疗论坛于 8 月 17 ~ 19 日在广州市隆重召开。本次论坛由 CSCO、广州抗癌协会和广州市科协联合主办，南方医科大学南方医院肿瘤中心承办，广东省中西医结合学会肿瘤专业委员会、《肿瘤研究与临床》杂志协办，与第二届广州肿瘤大会暨第六届全国肿瘤综合诊疗新进展研讨会同期举行。论坛邀请到在分子肿瘤学、肿瘤生物学和临床肿瘤学方面享有盛誉的著名专家进行肿瘤基础和临床研究方面的最新进展的专题讲座。60 多位国内、外著名专家出席了本次大会，报告肿瘤基础和临床研究的最新成果与发展趋势，尤其是肿瘤生物治疗与分子靶向治疗领域的前沿动态。出席本次论坛的嘉宾、代表和医药界代表共计 800 余人，共安排了 16 场大会报告、6 场卫星会议和专题论坛。

3. CSCO—上海肺癌论坛

10 月 19 ~ 20 日，首届 CSCO 上海肺癌论坛暨第三届上海国际肺癌论坛在上海成功举办，论坛由 CSCO、中国抗癌协会肺癌专业委员会和上海胸科医院联合主办，上海市肺部肿瘤临床医学中心承办，来自全国各地的 300 多名代表参加了本次学术活动。论坛的主题为“肺癌个体化综合诊疗及分子靶向治疗新进展”，就肺癌分子病理诊断、当代影像学（CT、PET/CT）、分子靶向治疗、肿瘤个体化综合诊疗等多个专题进行学术交流和研讨。包括美国、日本、韩国和国内 37 名著名专家应邀出席论坛并做报告。展现了国内外在肺癌的基础研究、临床研究、综合治疗和规范化、个体化治疗等方面的新进展、新成果。

4. CSCO 乳腺癌中青年专家论坛

8 月 11 日，由 CSCO 主办的“首届 CSCO 乳腺癌中青年专家论坛”在美丽的海滨城市大连召开。来自全国的 150 多位乳腺癌领域专家对乳腺癌临床诊治中的热点问题进行了深入探讨和解读。与会专家就乳腺癌的早期诊断、乳腺癌诊断和疗效评价治疗中超声应用、前哨淋巴结活检临床应用、激素反应性乳腺癌的治疗策略、乳腺癌骨转移的外科处理以及放射治疗在乳腺癌治疗中应有的地位等学术问题作了精彩的演讲，并结合部分病人开展热烈的讨论。大家畅所欲言，充分交流了不同的思想观点，在乳腺癌术前新辅助治疗和术后辅助治疗等相关问题达成了共识，收到了预期的效果。

（三）积极运用中国临床肿瘤学科学基金

中国临床肿瘤学科学基金自 2004 年开始创办至今已连续三年良性运转，资助 CSCO 年会优秀论文和会员长期或短期出国进修，并分两批次资助了 30 多个临床研究项目。截至 2007 年底，已经遴选并奖励了优秀论文 70 余篇；资助了 8 名会员远赴美国或新加坡知名学府和医院进行为期一年的进修学习，4 名会员到英国、法国、西班牙、挪威参加欧洲肿瘤内科学会（ESMO）的短期培训和交流活动；3 本由会员主编的专业书刊获得基金资助顺利出版发行；出资购买 1500 册权威的肿瘤参考书寄送给中西部边远地区的 CSCO 会员等等。3 年来的基金支出总额已超过 130 万元，惠及 CSCO 会员和临床医师 2 千余人，他们遍布全国各地的肿瘤专科医疗机构，在基金的资助下不仅实现了学术研究的新突破，而且在进修学习中获得了新的知识和技能，使所在医院科室的临床技术水平得到迅速提高。

三、协助制定肿瘤防治共识和 NCCN（中国版）临床指南

随着 CSCO 继续教育工作的日益深入，肿瘤医院和综合医院的基层医师希望看到符合中国国情的临床指南的呼声越来越高。CSCO 领导曾经就此问题多次讨论和酝酿，终于在 2006 年到 2007 年由孙燕院士亲自挂帅，牵头组织 CSCO 专家讨论编写了“乳腺癌骨转移”和“肺癌骨转移”的专家共识。

另外，鉴于国内现有的高水平的临床肿瘤学研究还比较少，缺乏可以为鉴的循证医学依据，孙燕院士提出了“洋为中用”的方针，现阶段宜翻译学习和结合国情编写 NCCN 的中国版，CSCO 也积极支持和协助了有关工作。目前已经出版印刷了“非小细胞肺癌”、“非霍奇金淋巴瘤”、“胃癌”、“乳腺癌”和“结肠癌”的 NCCN 临床实践指南（中国版）。

四、加强多学科协作 促进多中心研究

（一）建立 CSCO 恶性黑色素瘤专家委员会

附图 12 恶性黑色素瘤是一种高度恶性、进展迅速、治疗非常棘手的临床难题，但由于发病率较低，医患双方对其严重性往往认识不足。CSCO 恶性黑色素瘤专家委员会致力于迅速改善目前我国恶黑诊治水平落后的局面

为了大力提高国内医学界和人民群众对于恶性黑色素瘤的基本认识，认真学习国际先进经验和研究结果，积极推动和实践规范化的多学科综合治疗以及临床协作研究。CSCO 于 2007 年 5 月 11 日正式建立恶性黑色素瘤专家委员会，由北京大学临床肿瘤学院的郭军教授担任主任委员，林桐榆、秦叔逵和梁军教授任副主任。恶性黑色素瘤专家委员会将借助 CSCO 的巨大影响和重要力量，积极推动开展专门的普查普教；以美国 NCCN 指南及循证医学依据作为基础，适当时间补充修改成为中国版，建立适合我国病人的临床指南，以规范临床诊断和治疗行为。

（二）与中华口腔医学会口腔颌面外科专业委员会达成战略合作

为了积极推动和实践口腔颌面肿瘤的规范化多学科综合治疗，进一步促进口腔颌面肿瘤的学术交流与科研合作，在邱蔚六院士的倡导下，CSCO 与中华医学会口腔颌面外科专业委员会积极发展战略合作伙伴关系。2007 年 4 月 20～22 日在徐州召开的第三次全国口腔颌面-头颈肿瘤综合治疗研讨会上，宣布成立了中华口腔颌面外科专委会口腔颌面-头颈肿瘤内科协作组，该协作组将与 CSCO 保持密切合作，致力于推动肿瘤治疗的多中心和多学科协作研究，促进口腔颌面肿瘤诊断和治疗的标准化和规范化。

（三）加强海峡两岸肿瘤学术交流与合作

2007 年 5 月 4 日，孙燕院士、马军主任率领 CSCO 专家团一行 7 人，应台湾癌症医学会的邀请，赴台北参加了 2007 海峡两岸肿瘤学术研讨会。会上，台湾地区的肿瘤专家和 CSCO 专家代表共同报告了各自研究领域的最新动态，就肺癌、大肠癌、淋巴瘤、乳腺癌以及靶向治疗和中药治疗肿瘤等多个专题展开了热烈的讨论交流。双方互通有无，取长补短，为提升海峡两岸癌症治疗水平献力献策。双方高层领导达成一致共识，将继续保持密切的交流与合作。

9 月 CSCO 特别邀请了台湾肿瘤专家组团参加了在哈尔滨举行的第十届全国临床肿瘤学大会，大会特地开设“海峡两岸临床肿瘤学新进展研讨会”专场，两岸的十几位教授在会上畅谈临床肿瘤学新进展。台湾参会医师盛赞 CSCO 大会内容丰富、学术水平高，组织专业有序。

第十届全国临床肿瘤学大会暨2007年CSCO学术年会

每日新闻

DAILY news

2007.9.22

论坛推荐

肿瘤营养支持治疗专题论坛
9月22日8:30-12:00
第五主会场

血液系统肿瘤专题论坛
9月22日14:30-18:05
第三主会场

专家见面会

两岸三地 携手远航

彭汪嘉康院士获
“促进海峡两岸临床肿瘤学交流特殊贡献奖”

（见第2版）

附图 13～14　两岸学者精诚合作，共同为促进我国临床肿瘤学发展不懈努力

五、继续拓展国际交流与协作，扩大国际影响

（一）与 ASCO 合作成功举办第二届亚太区 MCMC 学习班

“多学科综合治疗肿瘤教程”（multidisciplinary cancer management course，MCMC）是美国临床肿瘤学会（ASCO）向全球推广肿瘤规范化综合治疗的教育项目之一。为了进一步提高我国肿瘤专科医师的临床水平，积极推广肿瘤多学科综合治疗理念在临床中的应用，CSCO 与 ASCO 于 2007 年 7 月 13～15 日在上海举办了第二期亚太区 MCMC 高级培训班。授课内容涵盖了肿瘤生物学、肿瘤预防、肿瘤筛查、肿瘤研究，以及肿瘤内科学、放射治疗学和肿瘤外科学等多学科综合治疗学，分别对乳腺癌、结直肠癌和肺癌进行了深入讲解和病人讨论，并安排了“如何在国际医学期刊发表论文”和“如何进行演讲”等题目，指导中国医师在国际医学领域展现自我。来自全国各地的 150 余位医师参加了培训并对本次讲学给予了高度评价。

附图 15 美国 Mayo Clinic 的 James Jett 教授、M. D. Anderson 肿瘤中心的 Henry Mark Keur 教授和奥地利 Innsbruck 医科大学的 Heinz Zwierzina 教授，以及 CSCO 十余位肿瘤专家参与授课，并和与会医师进行了深入的讨论

（二）保持与 ESMO 的密切往来和广泛合作

自 2005 年 2 月开始的推荐 CSCO 会员赴欧洲短期培训与交流活动，在 ESMO 的支持下，已经连续举办 3 年。2007 年度共有两名会员受益，分别在西班牙巴塞罗那 Vall D' Hebron 总医院和挪威奥斯陆（Oslo）的 Radium 医院接受了为期 4 天的参观和研修，他们学习的重点都是转化性研究，但根据各自临床工作的研究方向又有不同的侧重。两名会员反映开阔了眼界和思路，了解了转化性研究的方法学和原则，对将来的工作将大有裨益。

附图 16 CSCO 会员获得推荐在中国临床肿瘤学科学基金的资助下，在西班牙巴塞罗那参加 translational research unit 访问学习班

（三）吸引美籍华裔肿瘤医师回国交流与合作

随着海外会员数量的不断递增，越来越多的海外华人医师开始关注 CSCO 并希望借此平台来华讲学。经过高层领导们的多次联络与交流，旅美华人血液和肿瘤专科医师学会（CAHON）的前任、现任及候任主席一同回国，参加了 CSCO 哈尔滨年会，并联合举办了“首届 CSCO-CAHON 联席学术研讨会”。

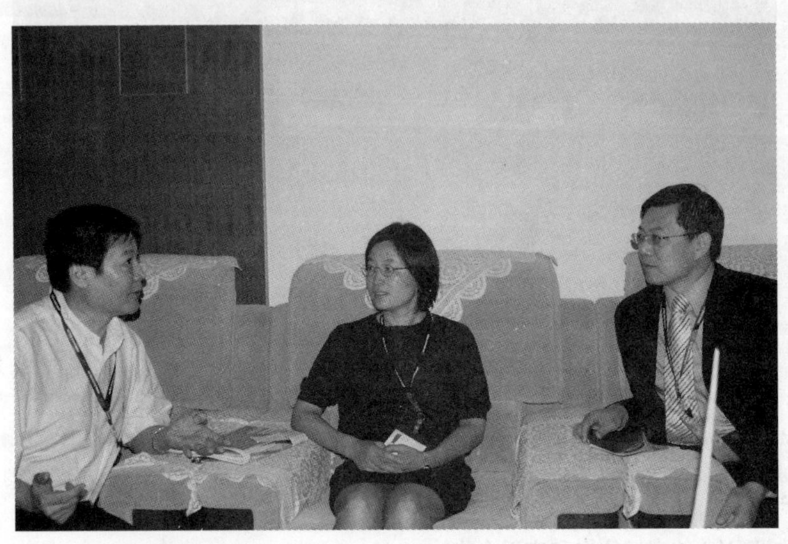

附图 17 CAHON 主席袁瑞荣教授（中）和候任主席 David Chang 教授（右）与 CSCO 执行委员会主任马军教授（左）畅谈合作事宜，表示 CAHON 愿与 CSCO 联合起来，通过总结和借鉴国内外的先进经验，为推动祖国肿瘤学发展贡献力量

六、加强 CSCO 网站建设，提高网络服务水平

（一）继续开展“肿瘤防治周网上语音咨询活动”

与往年的“全国肿瘤防治周”一样，CSCO 在本年度 4 月 16～20 日联合中国医学科学院肿瘤医院、中国中医研究院广安门医院、搜狐网站健康频道及丁香园医学论坛共同举办了网络语音义务咨询活动。活动邀请了十余位肿瘤学界权威学者做客 CSCO 网站，为全国各地的网友解答癌症诊治的疑难问题，专业覆盖了肿瘤内科、肿瘤外科、肿瘤放疗、妇科肿瘤和中西医结合治疗肿瘤等多个学科领域。吸引了数百名网友前来咨询，其中不乏肿瘤病人和家属，更多的则是来自临床一线的肿瘤医务人员。咨询内容多集中在临床疑难病人上，经过专家解读，大家受益匪浅。

（二）升级 CSCO 邮件系统

随着电子技术突飞猛进的发展，连续服务了 5 年的 CSCO 邮件系统已彰显落后。因此 CSCO 在 2007 年 9 月正式启用新的邮件系统。新系统为每位会员提供的邮件空间达到 1G，垃圾过滤和安全稳定功能都得到了强化，兼容性也更加优化，全面提升了网络服务质量。

总结 2007，无数激动瞬间定格；展望未来，我们任重而道远。CSCO 全体会员将以更加饱满的热情，解放思想、和谐发展，共创美好明天。

第18届全国肿瘤医院管理学术研讨会纪要

由中国医院协会肿瘤医院管理分会、中国抗癌协会肿瘤医院管理专业委员会、全国肿瘤防治研究办公室主办，陕西省肿瘤医院、陕西省抗癌协会、陕西省肿瘤防治研究办公室承办的第18届全国肿瘤医院管理学术研讨会，于2007年8月22日~25日在西安召开。来自全国25个省、市、自治区肿瘤医院的院长、书记、管理人员等140位代表参加了研讨会。会议收到论文80多篇。会议由陕西省肿瘤医院院长王安平主持。陕西省人民政府副省长罗振江致欢迎词，陕西省政协常委李鸿光，中国医院协会肿瘤医院管理分会主任委员、中国医学科学院肿瘤医院院长赵平出席会议并致辞。

本次学术研讨会以“立足肿瘤医院、宣传肿瘤医院、服务肿瘤医院、发展肿瘤医院”为主旨，以加强交流，携手发展——构建和谐肿瘤医院为主题，围绕“和谐医院建设论坛”、“医院管理与发展”、“医疗质量改进论坛”三大议题展开广泛交流和深入探讨。

会议特邀中国医院协会会长、原卫生部副部长曹荣桂做“要用和谐的理念——指导卫生工作”的专题报告。曹荣桂说，医疗卫生工作涉及千家万户，与人民群众切身利益密切相关，是党和政府联系群众的重要桥梁和纽带，是社会生活重要的服务窗口，体现了政府对人民健康的公平性。多年来广大医务工作者积极贯彻落实党的卫生工作方针政策，坚持救死扶伤，病人至上，无私奉献，治病救人，用仅占世界卫生资源2%的投入保障了占世界人口22%的身体健康问题。回顾历史，医疗卫生事业的发展呈现出两个显著时期，一是建国初期，广大医务工作者在消除传染性疾病、建立医疗卫生服务网，大搞爱国卫生群众运动等方面做出了很大成绩，人民群众健康有了明显提高；二是当前医疗卫生事业进入了最快的发展时期，无论在医疗机构数量、医疗诊治环境、医疗服务规范、医院管理、医疗设备和医疗技术等方面，均有较大的改善和提高，为保障人民群众身体健康、为社会主义经济建设做出了突出贡献。

曹荣桂强调，医疗卫生工作是党和政府工作的重要组成部分，人民群众往往通过医疗卫生服务看经济发展成果，看政府管理能力，看党风建设，看社会和谐公平。医疗卫生事业不仅在防病、治病、提高人民群众的健康水平，促进社会主义经济建设发挥重要作用，而且在社会发展、精神文明建设、构建和谐社会中发挥着不可替代的作用。医疗卫生事业虽然取得了很大成绩，但是我们应当看到，卫生工作的现状与党中央、国务院的要求和人民的期望还有很大差距；与人民群众日益增长的多层次、多样化的卫生保健需求还有差距；与社会经济发展和构建公共卫生服务体系还有差距；与职业道德水准还有差距。在构建社会主义和谐社会大背景下，思考医疗卫生工作，可以看出卫生领域还存在不少问题。首先，城市卫生和农村卫生不和谐，农民和城镇居民享受到的卫生保障水平有显著差别。其次，我国东部、中部、西部地区医疗卫生发展不平衡，且每个地区医疗资源分布不合理，群众享受优质医疗服务有明显差距。第三，医疗保障覆盖面太小。我国44.8%的城镇人口和79.1%农村人口没有任何医疗保障，自费看病承受着生理、心理和经济三重负担。第四，医疗机构管理也存在一些不和谐的问题，如医患关系紧张，医疗事故纠纷有增多趋势，老百姓反映强烈的一个问题就是看病贵，由于补偿机制不健全导致医院过于依赖药品收入，有的医院为经济利益，开大处方、贵药，带来“诱导需求”加重了病人负担。管理行为不规范，有的将科室外包搞创收等。这些问题影响和谐社会的构建，应引起政府、社会、行业的重视，不回避也不绕开，调查研究，针对原因，逐步解决。宏观上的不和谐，应随着经济、社会发展，政府和有关部门深化改革逐步解决。医院管理上反映出来的不和谐，只能通过发展改革，整章建制，规范管理，行业自律，社会监督，多方共同努力，加强沟通、理解，消除不和谐因素。

中国医学科学院肿瘤医院赵平院长针对影响医院和谐发展的若干因素，构建健康和谐的医患关系的问题进行了详细阐述。

会议还通过圆桌互动会议的形式，举行了和谐医院建设论坛，河南省人民医院马宝根书记主持了此次论坛，河北医科大学第四医院翟三江书记做了构建和谐医患关系需做好“三个坚持”主题发言，现场参与讨论的嘉宾分别是中国医学科学院肿瘤医院董碧莎书记、山东省肿瘤医院申洪明书记、广西壮族自治区肿瘤医院李立院长、重庆市肿瘤医院周琦院长、哈尔滨医科大学附属肿瘤医院冯军书记、新疆医科大学附属肿瘤医院白靖平院长、河南省肿瘤医院党委书记袁立波；南通市肿瘤医院强福林院长。

浙江省肿瘤医院余传定院长主持了医院管理与医疗质量持续改进的论坛，辽宁省肿瘤医院柏和院长、四川省肿瘤医院樊晋川院长分别在会上作了“医院持续发展的几点主要做法和体会”及“强化学科建设，提升医院核心竞争力”的精彩发言，复旦大学附属肿瘤医院党委书记孙斌，安徽济民肿瘤医院院长刘爱国，吉林省肿瘤医院院长于中兴，甘肃省肿瘤医院院长陈学忠，临沂市肿瘤医院院长马幼平，包头市肿瘤医院院长郭晓光，陕西省肿瘤医院副院长刘锦程作为该论坛的特约嘉宾就有关医院管理、医疗质量改进问题与大家共同进行了讨论。通过院长们热情的讲演，代表们精彩纷呈的互动式交流，让大家学习和借鉴了不少好的经验和做法，大家结合自己的工作实际，从现代医院管理到医院发展战略，从医院的绩效管理到医院技术创新，多角度、多视觉阐述和谐医院建设的重要性。交流探讨的内容涵盖了肿瘤医院院长和卫生管理者所关注的诸多问题，研讨会达到了互相交流、互相学习、互相促进、互相交友的良好目的，促进了各省市肿瘤医院间的联系，加强了医院间的沟通，有较强的宣传性、实用性。研讨会成为抒发情感，提高管理水平，繁荣学术交流，促进肿瘤医院共同发展的高级交流平台。

本届学术研讨会是一次求真、务实的会议，是一次凝聚智慧、振奋精神的会议。本届学术研讨会的成果必将对我国肿瘤医院的改革发展产生积极的影响，对促进和谐医院建设发挥积极作用。会议指出：当前，医疗改革正在深入进行，中央为解决“看病贵、看病难”问题采取了许多重要措施，在城市大力开展社区卫生服务，在农村正在推进新型合作医疗。目前我们的医院正处于持续发展时期，面临诸多的机遇和严峻的挑战。如何增强肿瘤医院优势，提升专科医院综合实力；加强医院学科建设，保证医院持续健康发展已经成为每一位院长们关注的问题。寻找医院健康持续发展的有效途径，总结交流学科建设的经验，打造优良的医院品牌，需要大家共同探索，共同思考，共同努力。大家认为，无论如何，作为省市的肿瘤专科医院，面对新的形势，一定要进一步提高认识，充分做好思想准备，内强素质，外树形象，认真落实党的卫生工作方针政策，以饱满的热情，积极的行动，使肿瘤医院得到可持续性健康向前发展。希望这样的研讨会继续办下去，并且越办越好，为繁荣学术交流，促进肿瘤医院可持续发展作出积极的贡献。

会议期间，举办了2007中国肿瘤医学界摄影作品展，收到了参赛作品300多件，作品展示了祖国的大好河山，视觉冲击力强，艺术性、思想性俱佳，给代表们以极大的鼓舞。

会议还通过代表竞争投票的方式，决定了第19届中国肿瘤医院管理年会的承办单位，新疆肿瘤医院获得了第19届中国肿瘤医院管理年会的承办权。

（余祖新）

［来自：《中国肿瘤》，2007，16（11）：888～889］

第一届中国内科肿瘤学大会在京召开

石远凯　杨　晟

第一届中国内科肿瘤学大会于2007年7月27日至30日在北京国际会议中心隆重举行。本次会议由中国癌症基金会、中国抗癌协会、中华医学会肿瘤学分会、卫生部全国肿瘤防治研究办公室、中国医学科学院肿瘤医院主办，中国医学科学院肿瘤医院承办，《中华肿瘤杂志》编辑部、《中华医学杂志》编辑部、中国老年学学会老年肿瘤学专业委员会、中国抗癌协会临床肿瘤学协作专业委员会协办。

大会开幕式于2007年7月28日上午举行，由大会执行主席石远凯教授主持。大会主席孙燕院士在开幕词中回顾了我国肿瘤内科事业创业的艰辛历程和近年来的蓬勃发展，并且展望了今后的发展方向。全国人大常委会副委员长、中国癌症基金会主席何鲁丽女士、卫生部副部长马晓伟先生、中国医师协会会长殷大奎先生、亚洲临床肿瘤学会名誉会长、日本化学疗法研究会会长田口铁男教授、中国台湾中央卫生研究院癌症研究所所长、中国台湾癌症基金会副董事长、中国台湾中央研究院院士彭汪嘉康教授、卫生部全国肿瘤防治研究办公室主任、《中华肿瘤杂志》主编、中国医学科学院肿瘤医院肿瘤研究所院所长赵平教授、中华医学会会长、中国工程院院士钟南山教授分别发表了热情洋溢的讲话，表达了政府、社会团体、医师组织、国内外学术组织等各界对大会召开的热烈祝贺，并对大会促进中国肿瘤内科事业发展的积极意义给予了充分肯定和高度评价。出席大会开幕式的领导和专家还有：中国癌症基金会理事长彭玉女士、中华医学会肿瘤学分会主任委员、中国抗癌协会常务副理事长、中国工程院院士郝希山教授、中国工程院院士胡亚美教授、中国工程院院士陆道培教授、中华医学会副会长、《中华医学杂志》总编辑、中国工程院院士巴德年教授、中国抗癌协会肿瘤临床化疗专业委员会主任委员管忠震教授、中国工程院副院长、中国医学科学院院长、北京协和医学院院长、中国工程院院士刘德培教授、中国医学科学院肿瘤医院肿瘤研究所党委书记董碧莎女士等。为大会题写贺词和贺信的领导和专家有：何鲁丽副委员长、马晓伟副部长、钟南山会长、殷大奎会长、彭玉女士、中国抗癌协会理事长徐光炜教授、郝希山院士、巴德年院士、陆道培院士、刘德培院士、胡亚美院士、赵平教授、彭汪嘉康院士、孙燕院士。大会授予胡亚美院士“中国内科肿瘤学杰出贡献奖”，以表彰她几十年来在我国儿童白血病治疗方面做出的开拓性贡献。

本次大会邀请到了40多位国内外著名肿瘤内科专家进行精彩的学术报告。大会的学术活动从基础研究、转化性研究、临床实践的角度阐释肿瘤内科的历史、现状与未来。学术报告内容涉及常见肿瘤的细胞毒类药物治疗、高剂量治疗、生物治疗、分子靶向治疗、中医中药治疗、止痛和姑息支持治疗、辅助和新辅助化疗、临床研究、预后和预测指标、老年和儿童肿瘤的内科治疗等各个方面，又照顾到与会代表不同专业、不同层次的需要。会议通过论文集、报告、壁报等多种形式，交流了我国肿瘤内科领域的研究成果。为及时反映国际上肿瘤内科的最新进展，除了相关报告外，大会还特别安排了国际会议动态专场，收到了良好的反响。大会收到论文300余篇，专家组从中评选出了15篇优秀论文，授予“恒瑞杯”优秀论文奖。会议向每位代表赠送了最新出版的3本学术书籍，包括孙燕院士和石远凯教授共同主编的《临床肿瘤内科手册》第五版、孙燕院士主编的《抗肿瘤药物手册》和石远凯教授主编的《淋巴瘤》，还出版了教育集和论文集，便于各位代表在会后继续学习和交流。

本次会议共有1 200余位注册代表参会。会议学术氛围浓厚，日程设置合理，专业性鲜明，组织工作井然有序，受到与会代表的一致好评，取得了圆满成功。

现代肿瘤内科已经发展成为与肿瘤外科、肿瘤放射治疗同等重要的独立学科，并且是目前临床肿瘤学中最活跃的研究领域，每年都有大量新的研究成果问世，造福于广大的肿瘤病人。肿瘤内科已成为大多数肿瘤病人综合治疗中不可或缺的手段，同样在肿瘤的防治工作中，也发挥着越来越重要的作用。近年来，我国肿瘤内科专业人员队伍日益壮大，专业化水平不断提高，肿瘤内科事业正呈现出前所未有的蓬勃发展的大好局面，但许多问题尚待解决。长期以来，我国肿瘤内科工作者缺乏全国性的专业性会议，为了促进我国肿瘤内科事业的协调发展和持久繁荣，中国医学科学院肿瘤医院内科发起召开了第一届中国内科肿瘤学大会。会议在筹备过程中得到了各级领导、相关学术组织和机构、我国肿瘤内科界著名专家学者以及广大同仁的积极支持和响应。第一届中国内科肿瘤学大会的胜利召开，是中国临床肿瘤学界的一件盛事，为我国肿瘤内科工作者提供了一个新的学习和交流的平台，在我国肿瘤内科的发展历史上具有里程碑式的意义，将产生深远的影响。大会将促进国内外该领域的交流、合作与共同提高，进一步推动肿瘤诊治的规范化、专业化进程，最终造福于众多肿瘤病人。

第二届大会将于 2008 年 7 月 24 日至 27 日在河南省郑州国际会展中心举行，大会网站已经开通，网址是 www. csmo. org。

第二届中国老年肿瘤大会纪要

吴世凯　杨宇飞　马晓昌

中国老年学学会老年肿瘤专业委员会（Chinese geriatric oncology society，CGOS）第二届年会，于 2007 年 10 月 22 ~ 24 日在北京召开。来自国内外老年肿瘤专业的五百余名专家学者齐聚一堂，对老年肿瘤的防治现状进行了广泛而深入地探讨。

一、CGOS 促进了我国老年肿瘤防治事业发展

从 2006 年 11 月 4 日 CGOS 学会在京隆重成立，短短一年时间 CGOS 得到快速发展，已经迈出了自信而坚定的第一步。CGOS 办公室的成立、精英会员的纷纷加盟、团体会员的鼎力支持、各地分会的酝酿成立，已经显示出 CGOS 学会强大的号召力和凝聚力；而《老年肿瘤学杂志》的试刊发行、50 项民政部“十一·五”课题的获得、我国第一部老年肿瘤学著作的编写、ASCO 特派专家来访，也显示出 CGOS 人的专业责任和学术活力。

本届年会自发出会议通知和征文以后得到全国肿瘤届专家学者的大力支持和响应。尽管我国老年肿瘤防治事业才刚刚起步，专业队伍还不够强大，但大会会务组在短短半年的时间内共收到了 170 多篇论文，论文涉及老年肿瘤基础、临床、中西医以及其他相关专业，其中不乏较大样本的老年肿瘤防治结果分析。会务组组织专家对投稿论文进行了“优秀论文”评选，共评选出“优秀论文”16 篇。其中“优秀论文一等奖”来自浙江省肿瘤医院“1145 例老年肺癌临床分析”研究结果显示了我国老年肺癌的诊治现状和水平。大会还积极邀请国内外老年肿瘤方面的著名专家前来授课，对我国老年肿瘤防治事业的发展起到积极地促进作用。

二、老年肿瘤学术交流的平台

会议内容共分老年肺癌专场、老年消化道肿瘤专场、老年血液病专场、老年乳腺癌专场、老年生殖和泌尿等肿瘤专场、老年肿瘤姑息镇痛治疗 6 个专场，几乎包括了老年肿瘤的各个相关领域。同时大会举行了 CGOS - ASCO 联合会议，我国肿瘤界的部分专家与来自美国 ASCO、新加坡国立肿瘤医院的专家进行了深入的学术探讨和交流。

考虑到现阶段我国老年肿瘤发展尚在起步阶段，教育和研讨同样重要，对于会议讲者的遴选学会组委会都经过了反复酝酿，讲者内容也进行了充分沟通。会议讲者不但邀请了国内各个常见肿瘤瘤种的著名专家，还邀请了骨肿瘤、姑息镇痛、营养支持、肿瘤康复等专业专家，同时还注意了西医和中医专家的平衡。此外，为了充分展现我国现有的老年肿瘤防治水平，大会特别邀请了 16 位“年会优秀论文”获得者，报告了他们的获奖论文内容。大会报告内容组委会也进行了精心设置，包括了常见老年肿瘤的诊断、治疗、支持康复等各个方面的国内外最新进展。来自美国 ASCO 的 Muss 教授报道了老年乳腺癌的最新研究进展；另一位来自美国 ASCO 的 Jefrey 教授报道了北美老年肺癌的诊治进展；来自新加坡国立肿瘤中心的 Alex Chang 教授介绍了老年肝癌的最新进展。国内肿瘤界不少著名肿瘤专家也纷纷到会授课交流，体现了专家对我国老年肿瘤事业的关心和支持。

三、坚持中西医结合防治老年肿瘤的道路

中医药工作历年来受到中国政府的高度重视。政府确定了中西医并重的卫生工作方针。成立中国老年学学会老年肿瘤专业委员会给各个中西医院的临床医师的交流提供了平台，本届年会中医医师的报告内容占了会议内容的30%，充分显示了中医在老年肿瘤防治中的重要作用。

长期以来西医在恶性肿瘤的综合治疗中占主导地位，科学技术的发展对于手术外科、药物治疗和放疗技术起到积极地促进作用。但老年肿瘤病人，由于心肺功能差、基础疾病多，手术耐受性差，所以主张在治疗中以提高病人的生存质量、延长生存期为目的。孙燕院士作为我国肿瘤内科的创建者，非常重视中医在肿瘤治疗中的重要地位。在这方面中医的扶正培本是几千年中医药理论和实践的精华，也是中医药防治肿瘤的最大特色和优势。健脾益肾颗粒、康莱特注射液、艾迪注射液、贞芪胶囊等一系列中成药的研发成功，为老年肿瘤病人的综合治疗起到积极作用。因此坚持中西医结合应当是中国老年肿瘤防治工作的重要特色之一。CGOS 虽然成立仅仅两年，但已显示出强大的凝聚力和号召力，下一年度 CGOS 将在以下方面开展工作。①坚定老年特色，不断拓展学术空间。用1~2年的时间内，用活跃的学术活动、突出的学术成果、清晰的老年特色，让学会成为肿瘤领域不可或缺的重要力量；②基于2008年奥运会举行、学术会议较为集中的问题，计划2008年度不再举行学术年会。考虑年内每2~3月举办一个老年肿瘤专题研讨会。同时针对老年肿瘤临床领域亟待解决的问题，尽快启动3~5项多中心临床研究项目；③积极加强老年肿瘤防治工作的对外宣传、教育，考虑开设“老年肿瘤防治大课堂”；④在已经成立新疆、黑龙江分会基础上，按照成熟一个，发展一个的原则，继续在各省成立分会；⑤坚持“团结、协作、发展”的工作理念，积极服务好肿瘤界专家学者，为促进我国老年肿瘤事业的快速发展做出贡献。

第十届全国肺癌学术大会纪要

杨学宁　黄　诚　蒋国樑　陆　舜　吴一龙

第十届全国肺癌学术大会于2007年6月28日~7月1日在福建省福州市召开。会议由中国抗癌协会肺癌专业委员会主办，福建省抗癌协会和福建省肿瘤医院共同承办。参加这次大会有来自全国各地（包括香港和澳门特别行政区）的正式代表680人，他们的专业涉及肺癌基础和临床的各个相关学科。我国肺癌领域的知名专家吴一龙、廖美琳、蒋国樑、周清华、陆舜、王长利、张力、王绿化、王俊、赵振军、刘艳辉和乔友林等四十余人在大会上做了专题报告。本次会议是历届肺癌学术大会规模最大，内容最丰富，参加人数最多的一次学术盛会。

会议主题“规范肺癌的综合治疗，提高病人的生活质量”。本次会议在开幕式上举行了《2007中国肺癌临床指南》首发仪式，该指南由中国抗癌协会肺癌专业委员会编著，人民卫生出版社出版发行，随后的学术报告吴一龙、蒋国樑和陆舜教授对《2007中国肺癌临床指南》（以下简称《2007指南》）进行了解读。《指南》的发行和本次大会将对我国肺癌规范化治疗起到重要的推动作用。

本次大会收到学术论文三百余篇，其中大会专题报告及论文大会发言45篇。除指南解读外，本次大会学术报告论文围绕当前肺癌基础和临床研究热点进行。在这次大会上发表和交流了一批高水平的学术论文，尤其是报道了多个由我国参加的国际多中心临床试验的结果，这在我国肺癌界还是首次。这次会议标志着我国肺癌的研究进入了一个新的阶段。

一、《2007中国肺癌临床指南》解读

自2001年起，中国抗癌协会肺癌专业委员会开始组织专家组起草中国的肺癌临床指南，于2003年公布了第一版。此后，经过逐年修订并增加有关内容，指南逐渐丰满，并于2005年形成第2版。经过两年的推广，取得很好的反响。2007 年，针对当前肺癌治疗现状，遵循循证医学原则，基于当前最佳证据，由肺癌专业委员会组织专家组经过再次修订，就小细胞与非小细胞两大类肺癌的诊断、分期、治疗及随访等课题达成共识，最终出版了《2007 中国肺癌指南》。《2007 中国肺癌指南》是循证临床实践的有力工具，可供肿瘤医师与相关医护专业人员作为日常临床工作参考并加深对疾病的理解，有助于标准化的肺癌诊治，提升国内肺癌医疗的水平，有效地改善病人的疗效，从而逐步提升国内肺癌的医疗质量。

中国抗癌协会肺癌专业委员会主任委员吴一龙教授指出：当前主要的临床指南还有《NCCN 临床实践指南》，这两个指南都是基于循证医学的指南，因此在主要证据上并没有原则上的不同，差异主要体现在表述上。中国《2007 临床指南》是描述性的，《NCCN 临床实践指南》是决策树型的。描述性指南的特点使其具有更详细更丰富的细节，而且《2007 临床指南》更加考虑到中国的国情。将这两个指南结合起来，实是相得益彰。

在本次会议上，中国抗癌协会肺癌专业委员会的专家多方位地对《2007 中国肺癌临床指南》进行了解读。

（一）外科视角

1. 强调了手术的性质并作了明确的阐述　指南将肺癌手术的性质分为完全性切除、不完全性切除和不确定切除三种。

（1）完全性切除（completely resection）：2005 年国际肺癌研究会分期委员会将肺癌的完全性切除定义为：

①所有切缘包括支气管、动脉、静脉、支气管周围组织和肿瘤附近的组织为阴性；

②行系统性或叶系统性淋巴结清扫，必须包括 6 组淋巴结，其中 3 组来自肺内（叶、叶间或段）和肺门淋巴结，3 组来自包括隆突下淋巴结在内的纵隔淋巴结；

③分别切除的纵隔淋巴结或切除肺叶的边缘淋巴结不能有结外侵犯；

④最高淋巴结必须切除而且是镜下阴性。

只有同时满足这 4 个条件才能列为完全性切除。这一定义除了满足原来规定的将肺原发癌及肺门纵隔淋巴结完全切除干净，无肉眼或显微镜下癌残留的手术的条件之外，还排除了可疑的不彻底，也将淋巴结的评价标准化。

（2）不完全性切除（incompletely resection）：也有 4 点要求：

①切缘肿瘤残留；

②纵隔淋巴结或切除肺叶的边缘淋巴结结外侵犯；

③淋巴结阳性但不能切除（R2）；

④胸膜腔或心包腔积液癌细胞阳性。

（3）分期委员会还专门列出了一类称为“不确定切除（uncertain resection）的手术”——所有切缘镜下阴性，但出现下述 4 种情况之一者：

①淋巴结清扫没有达到上述要求；

②最高纵隔淋巴结阳性但已切除；

③支气管切缘为原位癌；

④胸膜腔冲洗液细胞学阳性（R_1 cy +）。

可以看出，不确定切除指的是没有肿瘤残留的证据但手术达不到完全性切除标准的情况。

2. 强调了需将 N_2 细分并分别对待　从治疗学的观点看，局部晚期非小细胞肺癌（non-small cell lung cancer，NSCLC）可分为可切除和不可切除两大类。

可切除的局部晚期 NSCLC，包括了一部分术前临床分期为Ⅰ、Ⅱ期但术后病理才发现有纵隔淋巴结转移的病人，此称为偶然性的ⅢA 期（incidental ⅢA）NSCLC；也包括影像学上为单站或多站纵隔淋巴结转移但估计能完全切除的病人，还包括部分有少量恶性胸液的 T_4 病人。

不可切除的局部晚期 NSCLC，包括了影像学上有纵隔的团块状阴影，纵隔镜检查阳性的病人，此称为边缘性的ⅢA 期（marginal ⅢA）NSCLC；也包括大部分的 T_4 和全部 N_3 的 NSCLC。

如果 T_4 是由卫星结节所决定的，此类肺癌的首选治疗为手术切除，也可选择新辅助化疗模式。如为完全性切除，建议术后辅助化疗。

在肺癌的 97 分期中，T_4 意味着原发肿瘤不能切除。但如果卫星病灶位于原发癌所在的肺叶，则手术切除无技术上的问题，且生存期明显高于传统定义的 T_4 组。

3. 强调了孤立性转移应作为Ⅳ期肺癌的一个亚型进行处理 有不少的临床证据表明，有远处转移的Ⅳ期肺癌存在一个孤立性转移的亚型，鉴别出这一亚型的肺癌，在全身治疗的基础进行适当的局部处理，可给这一亚型的肺癌病人带来最好的临床获益。

中国抗癌协会肺癌专业委员会对此达成了如下的共识：

孤立性脑转移而肺部病变又为可切除的 NSCLC，脑部病变可手术切除或采用立体定向放射治疗，胸部原发病变则按分期治疗原则进行。脑转移瘤术后辅以全脑照射，可减少颅内的复发率和改善生存。

孤立性肾上腺转移而肺部病变又为可切除的 NSCLC，肾上腺病变可考虑手术切除，胸部原发病变则按分期治疗原则进行。

对侧肺或同侧肺其他肺叶的孤立结节，可分别按两个原发瘤各自的分期进行治疗。有关这方面的资料极少，估计长期生存率在 10% ~15%。

（二）内科视角

1. 非小细胞肺癌的靶向治疗 吉非替尼和厄罗替尼已被推荐为 NSCLC 的二线或三线治疗，二者均为表皮生长因子受体酪氨酸激酶抑制剂。国际上 2 个大规模多中心临床研究表明和我国的临床试验显示，对化疗失败的 NSCLC，口服吉非替尼或厄罗替尼，症状控制率和疾病控制率在 35% ~54%，中位生存期 6 ~8 个月。我国的经验表明，吉非替尼对女性非吸烟的肺腺癌可能有特别的效果。

Douillard 等在第十二届世界肺癌大会上报告了比较吉非替尼与多西紫杉醇二线治疗晚期 NSCLC 的Ⅲ期临床研究结果（INTEREST 研究，该研究是我国肺癌界参加的首个国际多中心随机对照临床试验）。在总生存期上，达到了主要研究终点，证明了吉非替尼与多西紫杉醇相似，吉非替尼组与多西紫杉醇组的中位生存期（MST）分别为 7.6 个月和 8.0 个月，1 年生存率分别为 32% 和 34%。两组客观缓解率（ORR）分别为 9.1% 和 7.6%，无进展生存期（PFS）分别为 2.2 个月和 2.7 个月。吉非替尼的安全性明显好于多西紫杉醇，而病人生活质量改善率显著高于多西紫杉醇。该研究是第一项在 NSCLC 二线治疗中开展的 EGFR-TKI 与标准化疗头对头的全球Ⅲ期临床研究，第一次证明了在未经选择的晚期 NSCLC 二线治疗病人中，EGFR-TKI 和标准化疗多西紫杉醇疗效相当。

厄罗替尼已被证实优于最佳支持治疗，能显著改善各期 NSCLC 的生存期及延缓症状恶化时间。在一项随机对照双盲的临床试验中（BR.21），731 例病人（ⅢB 期或Ⅳ期，PS 0 ~3）一线或二线化疗失败后被随机（2∶1）分为接受厄洛替尼或安慰剂治疗。厄洛替尼组和安慰剂组的总生存期分别为 6.7 个月和 4.7 个月（$P<0.001$）。厄洛替尼组和安慰剂组的无进展生存期分别为 2.2 个月和 1.8 个月（$P<0.001$）。

贝伐单抗是一种重组单克隆抗体，它能阻断血管内皮生长因子（VEGF）。在一项Ⅱ/Ⅲ期试验（ECOG 4599）中，842 例病人被随机分为 PCB 组［贝伐单抗联合 PC 方案（紫杉醇联合卡铂）］和单用 PC 方案组。PCB 组与 PC 组相比能提高缓解率（分别为 27% 和 10%，$P<0.0001$），延长无进展生存时间（分别为 6.4 个月和 4.5 个月，$P<0.0001$）和中位生存期（分别为 12.5 个月和 10.2 个月，$P=0.0075$）。但是 PCB 组比 PC 组有更显著的不良反应，PCB 较 PC 的治疗相关死亡更常见（分别为 9 例和 2 例）。

2. 辅助化疗 对于完全性切除的Ⅰ期肺癌，特别是 $T_1N_0M_0$ 的ⅠA 期病人，目前的最佳证据是不需要任何的辅助治疗，特别是不需要辅助放疗。但对ⅠB期的争议较大，近期的三项随机研究（JBR.10、ANITA、CALGB 9633）比较了早期NSCLC病人给予辅助化疗与观察的疗效。综合这三项随机大样本临床研究的结果，《2007中国肺癌临床指南》推荐肿瘤长径>4 cm的ⅠB期可考虑辅助化疗。

对全肺切除术后是否辅助化疗的争论特别大，不少专家认为，全肺切除特别是左全肺切除，如果PS<2的，完全可耐受辅助化疗，不应放弃，主要决定因素在于PS状态而不在于全肺切除。但鉴于多个研究均提示全肺切除特别是右全肺切除为预后的不利因素，因而接受全肺切除术的肺癌病人仍不要辅助化疗为好。有许多专家也建议，应根据肺癌的分子生物学改变来设计辅助化疗的方案，这应成为肺癌研究的方向，但临床证据还不足以推荐在临床常规应用。指南提出全肺切除特别是右全肺切除或术后康复缓慢，PS≥2或不适宜使用铂类的病人，建议不行术后辅助化疗。

3. 非小细胞肺癌的二线化疗方案　当前，多西紫杉醇是多年来NSCLC二线治疗的标准。一项直接对比培美曲塞与多西紫杉醇的随机临床研究共入组571例一线治疗后进展的NSCLC病人，结果显示，两组疾病缓解率（分别为9.1%和8.8%），疾病无进展中位生存期（均为2.9个月），中位生存期（分别为8.3个月和7.9个月）和1年生存率（均为29.7%）等均相似。但培美曲塞组毒性更低。《2007中国肺癌临床指南》提出多西紫杉醇或培美曲塞单药二线治疗对PS的要求应为0~1。

4. 小细胞肺癌的二线治疗方案　单药化疗目前是二线标准方案，因为在随机临床试验中单药化疗和BSC相比可以延长生存，和联合化疗相比效果相当。《2007中国肺癌临床指南》中增加了小细胞肺癌的二线治疗方案。内容如下：①3个月以内复发，PS评分0~2：考虑改换化疗方案，可选药物有异环磷酰胺、紫杉醇、多西紫杉醇、吉西他滨；②3~6个月以内复发：考虑改换化疗方案，可选药物有托泊替康、依立替康、环磷酰胺/阿霉素/长春新碱（CAV）、吉西他滨、紫杉类药物、口服依托泊苷、长春瑞滨；③6个月以后复发：选用初始治疗有效的方案；④对于一般状态差的病人考虑减量及加强支持治疗。

（三）放疗视角

1. 因医学原因不手术早期非小细胞肺癌病人的放疗　《2007中国肺癌临床指南》指出："在一些早期肺癌，因高龄或内科原因不能手术或拒绝手术的病人，放射治疗可作为一种根治性治疗手段。"，"不宜或不愿手术治疗的Ⅰ期肺癌，推荐单行的放射治疗"

上述建议是基于近期发表的对Ⅰ期NSCLC病人放疗的结果提出的。由于近十余年来，放疗技术的进步，发明了新的放疗技术：三维适形放疗（3-dimensional conformal radiation therapy，3D－CRT）和调强放疗（intensity modulated radiation therapy，IMRT），这些技术以计算机技术的高度发展为基础，使放疗达到非常高的精确性，能把剂量集中到肿瘤，而给肿瘤周围的正常肺和心脏较低的剂量，因而能减少放疗的并发症，使得一些老年病人也能耐受放疗。用3D－CRT或立体定向放疗（stereotectic radiation therapy，SRT）技术放疗Ⅰ期NSCLC取得了令人鼓舞的结果：数个临床Ⅱ期试验证明放疗的总剂量可以从常规放疗技术的60 Gy提高到70 Gy以上，同时放疗的并发症没有增加。中位生存期可达到20~30个月，3年生存率25%~34%，个别5年生存率达到33%。SRT：采用每次大剂量，减少照射总次数的放疗方法，每次照射5~6 Gy，照射5~10次，甚至每次12 Gy，照射4次。3年生存率达到50%左右，较好的报道达到80%以上。大分割照射的特点是分割次数减少，增加每次的分割剂量。这种放疗方式基于以下两点考虑设计：一是大多数病人是老年人，行动不便，较少的照射次数容易被病人和家属接受。二是大剂量分割有更强的杀灭肿瘤效应。总之，对于Ⅰ期NSCLC不能耐受手术和拒绝手术的病人，放疗可推荐给病人选择的一种治疗方法。常规分割和大剂量分割都得到了很好的结果。但是放疗的最佳分割方式需要进一步探讨。大剂量分割更容易被老年或伴有严重合并症的病人接受。至于放疗范围，只对CT显示的原发病灶和转移淋巴结进行照射，预防性纵隔淋巴结的照射是不必要的。

2. 手术后的放疗　《2007中国肺癌临床指南》指出："对肺门和纵隔淋巴结有转移但已被完全性切除的病人，术后放疗的价值正在研究之中。"，"术后放射治疗用于肿瘤切除不彻底有残留或术后病理证实手术切缘阳性的病人。"，"采用旧的放射技术如钴60、大放射野是不适宜的。因此，建议在有条件的医院，开展局部晚期NSCLC完全性切除术后新放射技术如三维适形技术辅助放疗的临床随机对照研究。"

NSCLC的手术后放疗（postoperative radiation therapy，PORT）已被应用了多年，然而，关于PORT的多个Meta分析并没有证明它的好处。

最近美国全美放疗中心（RTOG）报道了他们对NSCLC术后化疗的基础上加上放疗的研究结果，研究的对象是根治手术后的Ⅱ期~ⅢA期NSCLC，术后同时放化疗。术后放疗插在第1和第2周期化疗中进行，放疗剂量为1.8 Gy/次，每周5次，总剂量50.4 Gy/28次，6周，若淋巴结包膜外浸润或T_3则再小野加量10.8 Gy/6次，用上述方法共治疗了88例。3年生存率50%，治疗的毒性和副作用完全可耐受。本研究证明同步化疗和PORT获得了很好的结果。

根据上述Meta分析和RTOG 9705研究的结果。在根治手术后，对早期NSCLC，如Ⅰ期~Ⅱ期，术后放疗没有能提高疗效反而使生存率下降，因此对PORT的结论是：对Ⅰ期~Ⅱ期和单站的N_2不建议进行PORT，但是对Ⅲ期，特别是多站N_2病人的PORT的地位尚待进一步研究。

对肿瘤切除不彻底有残留或术后病理证实手术切缘阳性的病人进行PORT已经没有异议。

3. 放疗和化疗的综合治疗　对不能手术的局部晚期的NSCLC，《2007中国肺癌临床指南》指出："我国目前对局部晚期NSCLC治疗的临床实践，仍应以化放疗序贯为主，但鼓励进行同步化放疗的临床研究。"

放疗是局部晚期NSCLC的主要治疗方法，但是单纯放疗的疗效不佳，在放疗后使用辅助化疗后，能减少13%的死亡率。目前化放疗综合治疗是这些病人治疗的标准模式。化放疗综合治疗有如下几种：①诱导化疗→放疗→辅助化疗；②化放同时→辅助化疗；③诱导化疗→放化同时→辅助化疗。然而究竟哪一种联合治疗的模式更好。最近发表的一个Meta分析，比较了同步化放疗和序贯化放疗的疗效。共收集到14个随机研究，共计2 393例病人。分析的结论是：同步化放疗的疗效优于序贯化放疗，但是同步化放疗的治疗不良反应显著增加，主要是急性放射性食管炎，中性白细胞下降和贫血。目前同步化放疗已经成为美国NCCN和国际上一些大肿瘤中心治疗局部晚期不能手术NSCLC病人的标准治疗。但是同时也必需认识到，同步化放疗的不良反应明显增加。

考虑到以下现实：在我国的大多数医院还缺乏强有力的支持治疗，包括集落生长刺激因子的使用，放射保护剂的加入，足够的营养支持等。因此同步化放疗带来的较大的毒性和副作用有可能造成放疗或化疗的中断，特别是放疗疗程的中断和延长会明显使放疗的疗效下降，甚至促进肿瘤的加速再增殖，结果反而使疗效变坏，同时使病人的生存质量下降。因此，《2007中国肺癌临床指南》基于我国目前对局部晚期NSCLC治疗的临床实践最终提出如上建议。

4. 三维适形放射治疗和调强放疗　《2007中国肺癌临床指南》指出："3D－CRT最大的优势是放射治疗的高剂量区分布形状在三维方向上与病变（靶区）的形状一致，正常组织受量显著减少。IMRT放疗则能更好地保护重要器官。多个临床Ⅱ期试验已经证实3D－CRT能提高放射总剂量到大于70 Gy，从而改善了放疗后的2年生存率，后期的放射性损伤没有明显增加。"

3D－CRT和IMRT技术是建立在现代计算机技术在放疗过程应用的基础上，包括肿瘤，正常组织和器官的三维结构重建，放疗计划的制定，剂量计算，计划验证，放疗实施，过程记录，质量保证和质量控制等各个方面。所有这些技术使得放疗更加精确，而且放疗剂量可以更好的集中在肿瘤上，而使肿瘤周围的正常组织受量降到最低。这样能够在不增加正常组织受量，不增加放疗并发症的情况下，实施剂量递增，从而得到更高的肿瘤局控率。

3D－CRT适用于大多数不规则形状的凸形肿瘤，因此对大多数NSCLC病人3D－CRT技术已经能完成放疗任务。但是IMRT对正常的肺和心脏的剂量更低，保护更好，对肿瘤体积较大，而且肿瘤的立体形状非常不规则，尤其是凹形肿瘤或肿瘤与重要脏器紧密联系，或在立体空间分布较广，用IMRT放疗技术更好。过去十几年中，有很多关于 NSCLC 的 3D – CRT 治疗的临床研究发表。所有资料均证明 3D – CRT 能够改善肿瘤的局控率、提高病人的生存率，同时放疗的不良反应控制在耐受范围以内。肿瘤放疗剂量大约增加到了 70 Gy 以上，这比常规放疗技术能达到的最大剂量有了显著提高。由此导致疗效改善，对以Ⅲ期病人为主的人群，中位生存期超过了 15 个月，2 年的总生存率达到 40% 左右；而用常规放疗技术，这类病人的中位生存期是 8 ~ 10 个月，2 年的总生存率约为 20%。虽然放射总剂量达到了常规放疗技术条件下病人无法耐受的剂量，但是大多数病人都能耐受，放疗的主要毒副作用是食管和肺的急性反应。

IMRT 是最先进的放疗技术，放疗的适形性和对正常器官和组织的保护比 3DCRT 更好。然而，到目前为止在 NSCLC 的放疗中，只有少数临床试验的结果发表。原因大致如下：①脏器移动的问题没有得到完全解决。放疗过程中，肺癌随着病人的呼吸在身体的头脚等方向移动，尤其是下叶肺的肿瘤移动度最大。因此 IMRT 计划的调强谱和剂量不可能得到准确地执行；②IMRT 放疗计划的设计、实施和验证需要花费更多的时间和精力；③对晚期病人来说治疗失败的主要原因是远处转移，进行 IMRT 所花费的人力和财力都较大，从效价比的角度讲，IMRT 并不值得应用；④IMRT 放射给予肿瘤很高剂量的同时，使很大体积的正常肺受到了低剂量的照射，对这种大体积低剂量照射的放射生物效应，即放射性损伤和长期的致恶变性还不清楚。因此 IMRT 优于 3D – CRT 还待临床实践证实。

关于 3D – CRT 放射的细节：①放射的靶区。对大体肿瘤靶区（GTV）已无异议，对临床靶区（CTV），在一般的放疗教科书上，都包括了淋巴引流区。但是近年来，越来越多的人倾向于不包括淋巴引流区，仅照射 GTV。然而，还没有临床前瞻性试验证实上述哪种作法更好；②放疗的分割方法。大多数临床研究应用的还是常规分割，但是有用加速放疗的趋势。在相对短的疗程中应用大分割剂量和高的放射总剂量对肿瘤有更强的消灭效应。

二、肺癌的筛查

肺癌的早诊早治一直为人们梦寐以求。美国国立癌症研究所（NCI）曾在 20 世纪 70 ~ 80 年代进行过三个大样本的随机对照的临床试验，结果提示不能显著降低肺癌死亡率而不主张对一般人群进行肺癌筛查。

最近发表的国际早期肺癌合作研究组（I-ELCAP）的文章认为，可以利用螺旋 CT 对肺癌进行筛查和早期诊断。此无对照组的研究发现根据 I-ELCAP 方案，通过螺旋 CT 筛查可以检出大量的可手术治愈的临床Ⅰ期病人。经过中位随访时间为 3 年的随访，研究者发现进行了肺癌切除的Ⅰ期病人的生存很好，据此他们认为参加筛查减少了肺癌死亡的危险，推测螺旋 CT·筛查可以减少 80% 的肺癌死亡。

I-ELCAP 对 Mayo 临床中心、Moffitt 癌症中心和意大利米兰癌症研究所的肺癌筛查结果进行了合并，其样本量仍相对较小，并且只对不到 5 年的随访结果进行了评价。因此 I-ELCAP 只是初步的结果，还有待于正在进行的随机实验提供更具说服力的数据来验证。

若干发达国家的资料提示通过戒烟确可降低肺癌的发病及死亡率。继英国之后，美国从 20 世纪 70 年代开始控制吸烟，至 1994 年，男子吸烟率由 37% 降为 25%。1992 ~ 1998 年美国癌症发病及死亡率的分析报告表明，从 20 世纪 90 年代开始，美国男性肺癌的发病及死亡率均呈下降趋势。女性肺癌的发病率已开始下降，其死亡率的上升亦明显趋缓。这些肺癌防治的成功实践，为世界各国带来了希望。由于我国人口年龄结构将更趋老年化以及已暴露于吸烟等不良生活方式和环境的人口基数过大，我国肺癌死亡率将继续上升一段时间。但只要我们坚持不懈，以预防为主，就一定能在不远的将来看到全国肺癌发病率和死亡率开始下降。

因此，在肺癌的早期检出能否导致晚期病人的减少以及早期治疗能否降低肺癌死亡被证明之前，建议除了对知情的临床试验参加者外，不对普通人群进行肺癌的 CT 筛查。肺癌卫生政策近期应该着眼于戒烟，特别是在低年龄组戒烟，具有重要的公共卫生意义。

三、PET-CT 在肺癌诊断和分期中的作用

多功能分子成像系统（PET-CT）的出现，在一定程度上弥补了PET存在的图像分辨差、解剖分辨不清等不足。这种新的功能分子影像设备将人体的生化信息与解剖信息结合为一体，显示出巨大的发展前景。CT提供的高分辨率解剖信息与PET提供的生化信息进行准确的匹配、融合，能对病灶进行定位、定性，极大地提高了诊断水平。PET-CT在肺癌诊断和分期（包括原发肿瘤分期，淋巴结分期和胸外转移）、对病人临床治疗决策的影响以及对肺癌复发的评价和对放疗的指导作用等方面，均有很大的帮助。

包括255例的PET-CT与单独PET、CT的多项研究显示，PET与CT融合成像，在发现病灶、显示胸壁和纵隔受侵犯情况、对Ⅰ、Ⅱ期NSCLC及N_1、N_2淋巴结转移判断的准确性和特异性均比PET或CT更高。

D' Amico Thomas A等报道的21例胸部恶性肿瘤PET-CT同机融合图像和PET图像对比研究中，PET-CT发现了16例病人的病灶，而PET仅发现13例，其所忽略的为直径<10 mm的病灶。Antoch G等对27例NSCLC病人，分别行PET-CT、PET、CT扫描，并对照TNM分期。结果显示：对原发肿瘤的0～Ⅳ级T分期，PET-CT明显优于后两者，其差异有明显统计学意义，PET-CT改变了15%～19%的病人的治疗计划。

四、胸腔镜全镜下肺叶切除治疗早期非小细胞肺癌

经过十余年的不断发展，胸腔镜肺叶切除治疗早期NSCLC的技术逐渐成熟。北京大学人民医院的王俊教授报道了他们人2006年11月～2007年6月共施行胸腔镜全镜下肺叶切除治疗早期NSCLC 31例。全部病人手术顺利，无严重并发症及围手术期死亡病人发生。全部病人完全在胸腔镜完成，无中转开胸病人。全部手术操作时间，平均（208±59）min［（60～300）min］，其中前15例探索阶段平均手术时间（231±58）min，后16例平均手术时间（168±35）min。术中出血平均（234±129）ml［（100～400）ml］，无术中输血病人发生。术后带胸管时间平均（6.7±2.4）天［（3～15）天］。术后平均住院时间（9.2±3.2）天［（4～19）天］。平均住院费用（47 166.3±12 540）元（28 729～72 299元）。术后并发症：8例病人术后带胸管时间超过7天（最长15天），1例病人术后出现皮下气肿，经保守治疗后好转。

王俊教授认为，胸腔镜肺叶切除在有效性、彻底性方面可以达到开胸手术相同的效果，同时具有创伤小的特点，并且是一种安全的手术方式。在美国NCCN2006版《非小细胞肺癌临床实践指南》中，已将胸腔镜肺叶切除正式列为NSCLC根治性手术方式之一。不过，王俊教授也指出，VATS肺叶切除术也并不是每一个胸外科医师都能胜任的，需要外科医师有丰富的开胸手术经验和娴熟的胸腔镜操作技术。

世界癌症研究基金会出版第二份专家报告新闻发布会召开

世界癌症研究基金会（WCRF）是世界上惟一的以推动改善膳食、营养来预防和控制癌症为宗旨的非营利性国际学术机构。WCRF的总部设于英国伦敦，在美国、荷兰、法国和中国香港设有分支机构，统称为WCRF全球网络。

2007年10月31日由中国癌症基金会主持，WCRF出版第二份专家报告——《食物、营养、身体活动与癌症预防》的新闻发布会在北京召开。发布会上，由该报告专家组的3位成员分别介绍了这份报告的主要内容，以及该报告的出版对中国癌症预防的意义。中国癌症基金会理事长、原卫生部副部长彭玉教授出席了发布会，并致开幕词。出席会议的除了首都各新闻单位的代表外，还有政府官员（卫生部疾病控制局孔灵芝副局长等）、肿瘤和营养学家共60人。2007年11月1日，同样的新闻发布会还将在英国伦敦、美国华盛顿、荷兰阿姆斯特丹和中国香港同时召开。

WCRF于1997年出版了第一份题为《膳食、营养与癌症预防》的专家报告（中文版由上海医科大学出版社 1998 年出版），系统阐述了 1997 年以前关于膳食、营养与癌症预防领域的科学发现，提出了预防癌症的 14 条建议。此后，这一领域得到了很大发展，技术方面的进步革新了信息收集和分析的方式，有很多新的研究成果发表。2001 年，WCRF 全球网络设定了一个新目标：对膳食、身体活动和癌症方面的大量证据进行系统综述和评估，并出版第二份专家报告。首先，由来自世界各地研究机构的科学家组成 9 个小组分别负责对有关 17 种不同类型癌症和癌症幸存者、肥胖及其他慢性病（如心脏病和糖尿病）的权威报告进行系统文献综述。然后，由 21 位世界著名的科学家组成专家组，用了 5 年时间对各组提供的综述报告进行评估和比较后得出结论，并在此基础上提出了建立在坚实科学证据上的 10 条建议。还有来自 6 个国际组织的正式观察员参与了报告准备的全过程，这些组织包括：世界卫生组织（WHO）、联合国粮农组织（FAO）、联合国儿童基金会（UNICEF）、国际营养科学联盟（IUNS）、国际癌症控制联盟（UICC）和国际食物政策研究所（IFPRI）。该报告建立在到目前为止最全面的文献分析的基础上，因此，其结论是目前最可靠的。

这份近 600 页的报告系统总结了迄今为止有关各类食物（含酒类）、营养成分、身体肥胖程度（体重）、身体活动等因素对各种癌症发生、发展影响的科学证据，并对所有这些因素与癌症关系的证据强度分别进行了认真的评议和判定。报告中的最大亮点是关于身体肥胖能增加多种癌症（食管癌、胰腺癌、结肠直肠癌、乳腺癌、子宫内膜癌、肾癌）的证据是充分的。一方面，身体活动能减少结肠直肠癌的证据是充分的，并很可能减少乳腺和子宫内膜癌的发生；另一方面，身体活动能减少身体肥胖的证据是充分的。因此，可以认为有很强的证据表明身体活动能减少多种癌症的发生。专家组根据对证据的评议和判定，提出了通过健康生活方式预防癌症的 10 条建议。与以往的膳食防癌建议不同的是，前 3 条都是关于维持健康体重（中国标准，体质指数为18.5～23.9）、控制肥胖和鼓励适当身体活动的建议，然后才是关于植物性食物为主的膳食模式、少吃红肉、控制饮酒等膳食方面的建议。关于鼓励母乳喂养的建议是另一个亮点，既有利于母亲预防乳腺癌，也有利于婴儿的健康，特别是有利于减少婴儿长大后发生超重和肥胖。

[来自：《中华肿瘤杂志》，2007，29（11）：874]

湖北省抗癌协会肿瘤病理专业委员会 2007 年年会会议纪要

2007 年 12 月 6 日～8 日，在千年古城——荆州，成功地召开了湖北省抗癌协会肿瘤病理专业委员会 2007 年年会。这是湖北省抗癌协会第三届肿瘤病理专业委员会成立以来召开的第 2 次大型肿瘤病理专业会议。这次会议主题为乳腺肿瘤临床与病理。会议采取专题报告和读片会相结合，临床与病理互动的新模式，得到了与会的病理工作者的一致认可，取得了良好的效应。

会议注册代表有 132 人，实际参会人数达 160 余人。在报告会上除了有 8 位病理专家做了报告外，还邀请了两位肿瘤临床医师做报告并参与探讨。这是首次病理会议邀请临床医师参与。整个会场秩序井然，发言及提问踊跃，病理与临床医师就乳腺疾病的诊断与治疗进行了充分地交流。在读片会上采用了高清晰的虚拟切片与同步投影技术，使会议变成了一个病理诊断和讨论的大课堂，每一个人都可以参与诊断，都可以就眼前的图像提问，相互交流切磋，会议获得了圆满成功。

（来自：《肿瘤防治研究》，2007，34（12）：943）

第十次全国淋巴瘤学术会议纪要

第10次全国淋巴瘤学术会议于2007年4月12日~16日在绿城郑州召开。本次会议由中国抗癌协会淋巴瘤专业委员会主办，河南省肿瘤医院、河南省抗癌协会承办。来自全国各地的360多位血液肿瘤学、病理学、影像诊断和放射治疗学领域的专家学者出席了大会。美国纽约大学医学院和克莱登大学医学中心的刘德龙、胡清龙教授应邀参加会议。

本次会议共收到论文近200篇，涉及淋巴瘤、多发性骨髓瘤及白血病的诊断分型、化学治疗、生物治疗、造血干细胞移植及分子生物学技术的临床应用。21位著名专家应邀作了大会专题报告，另有18篇论文进行了临床分会交流报告，22篇论文进行了病理分会交流报告。

美国克莱登大学医学中心的胡清龙教授，介绍了简单实用的淋巴瘤病理分型方法，为临床医师带来极大方便。复旦大学肿瘤医院朱雄增教授引入了组合型淋巴瘤和灰区淋巴瘤的概念并介绍了病理及治疗原则。中山大学肿瘤防治所管忠震教授、中国医学科学院冯奉仪教授和瑞金医院的沈志祥教授分别作了外周T细胞淋巴瘤诊断和治疗及大颗粒淋巴细胞白血病的报告，四川大学华西医院李甘地教授和中山大学肿瘤防治所孙晓菲教授根据自已切身经验分别讲述了儿童淋巴瘤的病理特征、诊断、鉴别诊断和治疗，使临床医师受益匪浅。上海瑞金医院的王黎、上海长征医院血液科的傅卫军及李勇华分别在会上对使用新药硼替佐咪、亚砷酸及沙立度胺治疗复发难治性淋巴瘤和多发性骨髓瘤作了探讨。美国纽约大学医学院的刘德龙教授，中国医学科学院血液病研究所邱录贵教授和北京大学人民医院血液病研究所刘开彦教授等分别介绍了非清髓性干细胞移植、自身干细胞移植、异基因血干细胞移植等领域的进展及其在淋巴瘤治疗中的应用，并与会议代表进行了热烈的讨论。北京大学第三医院克晓燕教授介绍MALT淋巴瘤基因异位与临床关系，中山大学肿瘤防治所姜文奇教授对恶性淋巴瘤生物治疗的现状及展望作以阐述。北京大学第一医院王荣福教授介绍核医学分子功能影像在淋巴瘤的临床应用。大会还分别组织了分会场的临床和病理的报告及讨论。

全国淋巴瘤专业委员会主任委员朱雄增教授在大会上回顾了中国抗癌协会淋巴瘤学会的发展历程，指出本次会议参加人数多，代表层次高，交流论文的水平高。此次会议，将对我国淋巴瘤基础和临床研究的进展起到积极的作用。河南省肿瘤医院、河南省抗癌协会在本次会议中做出了大量的工作。第11次全国淋巴瘤会议将于2009年下半年在新疆乌鲁木齐市举行。希望全国从事淋巴瘤临床工作及基础研究的专家学者，以此为契机，加倍努力，以更高水平、质量更好的研究论文迎接下届会议的召开。

（宋永平　李玉富）

[来自：《中华肿瘤杂志》，2007，46（6）：443]

第九届全国白血病·淋巴瘤学术会议纪要

由中华医学会血液学分会白血病学组主办，湖北省医学会、华中科技大学协和医院血液病研究所承办的“第9届全国白血病·淋巴瘤学术会议”于2007年6月22日~24日在美丽的江城武汉成功举行。

本届会议由中华医学会血液学分会副主任委员、白血病学组组长、上海交通大学瑞金医院的沈志祥教授主持开幕式，中国医学科学院天津血液病研究所所长王建祥教授致开幕词后，宣读了中华医学会血液学分会主任委员、中国工程院院士阮长耿教授发来的贺信。阮院士在信中简要的总结了我国自20世纪

60年代以来血液学的主要成果及进展，提出了殷切的希望：愿“白血病·淋巴瘤”专业学组全体成员与大会代表一起遵循“继承、创新、团结、协作”的精神，把我国恶性血液病的临床与基础研究工作提高到一个新的水平，为我国血液学科的发展做出更大贡献。

来自全国各地的300余名代表出席了本届会议。会议共收到论文302篇，入选论文汇编276篇，专题讲座16篇。

一、专题讲座内容简介

王建祥教授介绍了急性髓系白血病（AML，M_{2b}）的历史与现况，指出M_{2b}是天津血液病研究所首先发现的一种特殊粒细胞型白血病。该血研所不仅早于国外学者发现，而且对M_{2b}的临床特点、治疗方法、免疫学表型、细胞遗传学和分子生物学等均有了深入的认识和研究。体现了我国学者对白血病研究的辉煌成果。

马军教授对白血病及肿瘤的诱导分化和凋亡疗法进行了系统介绍。其中着重介绍了四种临床上已用或已进入临床试验的诱导分化剂：维甲类、维生素D衍化物、组蛋白去乙酰化酶抑制剂（HDACl）和CDA-2（尿多酸肽）以及诱导凋亡剂：三氧化二砷（As_2O_3）。最后他指出，在诱导分化与凋亡疗法方面虽已进行了大量工作，并已取得了一些进展，但单从临床角度来评估，所得结果是有限的（急性早幼粒细胞白血病除外），与预期期望尚有距离。原因是分化和凋亡机制尚未完全阐明，他强调应进一步加强基础研究或与其他治疗方法（如化疗）合用。

黄晓军、黄河教授阐述了造血干细胞移植的进展。北京大学人民医院血液病研究所黄晓军教授介绍了自然杀伤细胞在HLA不合异基因造血干细胞移植中的作用及其机制，他强调KIR配体不合是非T外去除T细胞的HLA不合移植的不良预后因素，对于供者的选择具有指导意义。黄河教授对造血干细胞捐赠资料登记中心的迅速发展、不同疾病包括急性髓性细胞白血病（AML）、急性淋巴细胞白血病（ALL）、慢性粒系白血病（CML）的异基因造血干细胞移植的适应证、疗效等最新进展进行了全面的概括。

朱雄增、沈志祥、刘霆教授分别从病理及临床角度介绍了淋巴瘤相关的研究进展。强调恶性淋巴瘤的正确诊断和分型是临床治疗和预后判断的重要依据，同时还介绍了国内外淋巴瘤的诊治进展和最新治疗策略。

侯健、邱录贵教授分析了多发性骨髓瘤（MM）的当前研究进展。点评了MM的诊断、分期及风险评估、MM病人的初始治疗、复发和（或）难治性病人的新选择以及MM不同类型的造血干细胞移植治疗的新进展及疗效。

沈悌教授介绍了慢性骨髓增殖性疾病（CMPD）的临床与分子水平的研究，该类疾病发病机制的研究和治疗的进步值得为其他的肿瘤借鉴。很可能在不久的将来，这一组互相重叠的疾病将得到明确的区分和各自的有效治疗。

肖志坚教授结合WHO最新分型标准，介绍了骨髓增生异常综合征（MDS）的规范化诊断与治疗选择；另外还介绍了成人AML治疗的认识现况及其治疗水平的最新策略。

胡建达、朱平、孟凡义教授及Liqing Lin教授（加拿大）介绍了白血病的各种最新治疗进展。指出功能特异性淋巴细胞输注是很有临床应用前景的免疫治疗方式；用白血病和淋巴瘤相关抗原肽刺激供者或病人本人的T细胞，可以大量产生针对肿瘤的CTL克隆；有可能用转基因淋巴细胞治疗白血病和其他肿瘤；各种单克隆抗体治疗白血病的最新临床研究进展以及白血病的靶向治疗。

二、大会交流简介

参会代表分别就急性白血病、CML、慢性淋巴细胞白血病（CLL）、MM、淋巴瘤、噬血细胞综合征等疾病在各自单位的诊治情况作了总结汇报。

本届会议由沈悌教授进行了会议总结，他高度评价了本届会议的学术水平，浓厚的学术气氛及良好的会风、会纪。并对湖北省医学会、华中科技大学协和医院血液病研究所对本届会议的召开所作的努力，表示感谢。

通过本届会议，提出了两点建议均得到与会代表的认可：(1) 以单位区域为代表的交流较多，缺乏多中心的前瞻性的研究结果，希望学组今后加强组织，以便使国内的研究能够更好地与国际接轨；(2) 今后学组的会议中心内容能够重点突出，提出一个问题就解决一个问题，充分利用学组学术会议的这个平台。

（黎纬明　邹　萍）

［来自：《中华内科杂志》，2007，46（9）：779］

中国医师协会胸外科医师分会在京成立

中国医师协会胸外科医师分会是经卫生部和民政部批准成立的中国胸外科医师的全国性行业组织和社会团体，是中国医师协会的二级协会。

2007 年 1 月 20 ~ 21 日中国医师协会胸外科医师分会成立大会暨首届全国胸外科医师论坛在北京召开。中国医师协会常务副会长兼秘书长杨镜、北京市卫生局局长金大鹏、卫生部北京医院院长林嘉滨、首都医科大学友谊医院院长刘建、首都医科大学宣武医院院长张建、北京协和医院副院长赵玉沛、我国胸外科界老一代知名专家辛育龄教授、徐乐天教授以及来自全国各省市自治区三级甲等医院胸外科主任共 400 余人出席了会议。全国人大常委会副委员长蒋正华、国家卫生部副部长马晓伟等领导为中国医师协会胸外科医师分会成立题词祝贺。我国著名胸外科老前辈黄国俊教授为大会发来了贺信。

大会选举产生了中国医师协会胸外科医师分会第一届常务委员会，王天佑教授当为首任会长，辛育龄教授和黄国俊教授为名誉会长，副会长为支修益教授、张志庸教授、戎铁华教授、周允中教授、叶玉坤教授、甄文俊教授、高文教授、张逊教授，总干事为支修益教授（兼），副总干事为甄文俊教授（兼）、张逊教授（兼）。

中国医师协会常务副会长兼秘书长杨镜教授对中国医师协会胸外科医师分会的成立表示祝贺，并介绍了中国医师协会的性质和任务，指出了医疗行业在建设社会主义和谐社会中应发挥的作用。

会长王天佑教授在致词中表示，中国医师协会胸外科医师分会将团结全国胸外科医师，遵守国家宪法、法律、法规和政策，认真贯彻落实《中华人民共和国医师法》，在本行业发挥服务、协调、自律、监督、管理等职能；弘扬以人为本，救死扶伤的人道主义职业道德，努力提高本行业医疗水平和服务质量；维护胸外科医师的合法权益，为广大会员做好服务，使分会成为胸外科医师之家。

在中国医师协会胸外科医师论坛上，王天佑教授、甄文俊教授分别就中国胸外科医师培养与准入制度和胸外科医师培训基地标准作了讲解。支修益教授就“美国 NCCN 非小细胞肺癌临床诊疗指南（2006 中国版）”作了专题学术讲座，高文教授作了“中国肺移植临床准入与规范初探”的报告，首都医科大学附属北京朝阳医院李辉教授就“美国食管癌临床诊疗实践指南（2006 版）”作了专题介绍，卫生部结核病控制中心主任、北京市结核病研究所所长傅瑜教授作了“中国结核病外科规范化治疗”的学术报告，广州市呼吸疾病研究所副所长、广州医学院第一附属医院胸外科主任何健行教授作了“中国胸腔镜医师培养与准入制度初探”的专题报告。日本胸外科学会主席、国家肿瘤医院院长土屋了介教授介绍了日本胸外科医师培养与准入制度。由于报告内容均涉及胸外科领域的重大问题，受到与会代表的高度关注，进行了热烈讨论。

（中国医师协会胸外科医师分成成立大会秘书处）

［来自：《中华肿瘤杂志》，2007，29（3）：238］

“恶性肿瘤转移及复发的基础与临床研讨会”召开

2007年3月17日，由中国抗癌协会转移专业委员会、上海合睦佳医药科技公司共同召开的“恶性肿瘤转移及复发的基础与临床研讨会”顺利召开。

我国著名肿瘤专家汤钊猷院士首先进行了癌转移复发研究的回顾与展望，并就有关肝癌化疗及经导管化疗栓塞问题进行了评价解答。中国抗癌协会转移委员会主任委员方伟岗教授、中国医科院肿瘤研究所张友会教授、复旦大学肝癌研究所钦伦秀教授、上海交通大学瑞金医院燕敏、朱正纲教授等专家也做了主题演讲并进行了现场解答。

由于涉及当今肿瘤转移及复发的难题，会议引起与会者浓厚的兴趣，无论是基础及临床工作者均感获益，同时也真正认识到只有从基础到临床的有机结合，才能为我们攻克癌症奠定基础及明确方向。

此次会议开的隆重，热烈，从基础到临床，对肿瘤的复发转移更加深入，互动使参会者感觉到开阔了视野，明确了肿瘤研究的方向，对与会者均有启迪。

（师英强）

［来自：《肿瘤》，2007，27（6）：436］

中国环境诱变剂学会风险评价专业委员会
第三届第四次委员会会议纪要

中国环境诱变剂学会风险评价专业委员会第3届第4次委员会议于2007年6月16日～19日在河南省平顶山市举行。

本次会议应到委员34名，实到委员及书面请假共31名委员，3名委员缺席。2名委员因故不再担任委员职务。

风险评价专业委员会副主任委员兼秘书长林飞教授主持本次会议，并完成以下工作内容：

1. 根据专业委员会发展需要，经有关专家推荐、所在单位认可、专业委员会全体委员同意，增补张巧、赵桢、梅树江、赵艳和张静姝等5位委员。

2. 商讨了第4届专业委员会委员的初步名单，第3届专业委员会委员中需按中国科协和中国环境诱变剂学会的章程规定调整1/3的委员，增补1/3的新委员。部分新委员需靠大家推荐并尽快与林飞教授联系确定。

3. 确定本专业委员会第4届换届会议与第8次学术交流大会合并进行，时间定于2008年召开，具体开会时间待承办单位确定后再商定。

4. 目前准备承办会议的单位有：银川、福州、西安、长沙等，需会后经与当地人员初步联系后，将会议预算报送后确定。

5. 学术交流在全国征文的基础上，要求每一个委员根据自己的工作内容准备一份自己认为水平较高的大会学术报告，从现在起开始准备。

6. 全体委员讨论了学会“对学会专业委员会委员的基本要求（草案）”，认为很有必要，需认真执行。

中国环境诱变剂学会风险评价专业委员会第3届第4次委员会议在平顶山工学院生物工程系的承办及

大力支持下，在全体与会委员的共同努力下，获得圆满成功。

在此感谢所有为本次会议做出努力的单位和参会的各位委员！

［来自：《癌变·畸变·突变》，2007，19（4）：271］

“中国肿瘤化疗”网站（www.ccchina.net）开通

“中国肿瘤化疗”网是直接隶属于中国抗癌协会（CACA）临床化疗专业委员会的首个有关肿瘤化学治疗的官方专业网站，由中山大学肿瘤防治中心承办。网站的宗旨是为国内外学者、肿瘤化疗专科医师提供一个方便的信息检索和交流的平台，完善肿瘤化疗医师的继续教育，促进我国开展抗癌药物的多中心临床研究，发现和推荐优秀肿瘤医疗和科技人才，推荐科技成果、学术论文和科普作品，以达到互相促进、共同进步的目的。同时另一个重要的目的是为医务工作者和肿瘤病人及家属提供交流的平台，推动肿瘤预防和肿瘤化疗知识在中国的普及并促进医患之间的相互理解，齐心协力共同抗击肿瘤。目前，网站已开设医学新闻、会议资讯、热点文章、组织机构、医院介绍、名家园地、网上医院、新药介绍、新技术推介、常见肿瘤化疗、临床试验、不良反应处理和友情链接等专栏，并与中国抗癌协会（CACA）、美国临床肿瘤学会（ASCO）、欧洲肿瘤年会（ESMO）相链接，可免费查询中国抗癌协会临床化疗专业委员会的惟一刊物《肿瘤化疗通讯，News Letter》，将来还将开设肿瘤内科专科医师培训、资格认证和继续教育以及中国肿瘤化疗论坛等专栏，希望为肿瘤化学治疗医务工作者、病人及其家属提供最科学最及时的医疗信息、最权威最合理的专家指导和最准确最翔实的药品信息。网站已开通一段时间，反响良好，由于信息量大，加之我们经验不足，不够完善之处在所难免，恳切希望各位专家、教授和同行不吝赐教，希望肿瘤病人及家属给予更多的关注和支持！

（中国抗癌协会临床肿瘤化疗专业委员会
中山大学肿瘤防治中心）

中国抗癌协会妇科肿瘤专业委员会第九次全国学术大会在张家界召开

由中国抗癌协会妇科肿瘤专业委员会主办，湖南省肿瘤医院承办的中国抗癌协会妇科肿瘤专业委员会第9次全国学术大会于2007年8月22日~27日在湖南省张家界市召开。中国抗癌协会妇科肿瘤专业委员会主任委员、中国医学科学院肿瘤医院孙建衡教授，湖南省肿瘤医院及张家界市领导在开幕式上致辞。

此次会议的主题是“重视子宫内膜癌的防治”，共收到论文153篇，参会者近300人，大会交流论文10余篇。大会对子宫内膜癌的临床问题（包括手术、放疗、化疗）及其存在的争议，子宫内膜癌及癌前病变的病理，年轻妇科恶性肿瘤病人保留生育功能治疗，以及当前临床热点如腹腔镜手术、阴式手术、适形调强放疗问题等作了专题报告和讨论，并首次对妇科肿瘤临床操作的无瘤术的概念作了系统的介绍，引起了妇科肿瘤工作者的重视。会议期间同时进行了有关妇科肿瘤手术进展的视频示教。

最后，盛修贵教授对本次大会进行了总结，对妇科肿瘤工作者提出了要求与期望，并对子宫内膜癌治疗今后的努力方向进行了展望。大会进行期间，还召开了中国抗癌协会妇科肿瘤专业委员会全体委员会议，商讨了第10次全国学术大会的相关事宜及其他事项。整个会议学术气氛活跃，讨论热烈，反映了当前多学科、多手段处理肿瘤问题的特点。会议取得了预期的、良好的学术效果。

（沈平虎）

[来自：《中华妇产科杂志》，2007，42（9）：630]

妇科肿瘤治疗中生殖内分泌功能的保留与重建
——中国科协第128次青年科学家论坛纪要

2006年11月21～22日，中国科协第128次青年科学家论坛在上海举办。上海交通大学附属第一人民医院万小平教授、山东大学齐鲁医院孔北华教授和北京协和医院向阳教授担任论坛执行主席。本次论坛的主题是“妇科肿瘤治疗中生殖内分泌功能的保留与重建”，主要议题是：①恶性肿瘤常见概念误区的纠正；②妇科恶性肿瘤治疗理念的转变；③妇科恶性肿瘤治疗中保留生殖内分泌功能的可行性及手术方法探讨；④妇科恶性肿瘤治疗中保留生殖内分泌功能的各种前沿技术。本次论坛组织这一专题的交叉学科研讨，旨在对妇科肿瘤治疗中生殖内分泌功能的保留与重建等问题进行深入探讨，促进各学科青年科学家间的交流与合作。现就主要发言纪要如下。

顾健人院士（上海交通大学肿瘤研究所）：肿瘤的常规治疗方式有手术、放疗以及化疗，其中如早期宫颈癌、乳腺癌等常规治疗效果好，5年生存率可达>90%；而早期胃癌、结肠癌的常规治疗效果较差；小细胞性肺癌的常规治疗对长期生存往往没有实际影响。常规治疗中存在的问题一是实体肿瘤化疗效果不理想，肿瘤细胞在化疗过程中发生获得性和选择性突变；二是除了神经胶质瘤之外的肿瘤病人，90%死于肿瘤转移。实体肿瘤研究中我们要注意的是：①肿瘤是组织病变，不是一群肿瘤细胞，所以肿瘤研究不应仅局限于肿瘤细胞研究；②肿瘤病人的免疫系统有时可抑制肿瘤生长，有时也可以保护肿瘤细胞，从而促进肿瘤生长，所以免疫调节功能的失调会导致肿瘤发展；③肿瘤干细胞在肿瘤发生、发展中起重要作用；④肿瘤细胞的播散是肿瘤病人较常见的早期事件，而转移是播散的肿瘤细胞生存并生长成肿瘤组织的过程，播散的细胞仅有很少的机会能成为转移灶；⑤肿瘤是全身性的疾病，不单局限于某种组织或某个器官。肿瘤是一种以局部组织细胞异常生长为特征的系统性疾病。延续了一个多世纪的关于肿瘤的概念认为，肿瘤是某种组织或某个器官的细胞异常生长所致，所以治疗的方案就是切除肿瘤。然而，肿瘤除了发生某种组织或某个器官的细胞异常生长之外，同时也伴有全身调节的异常，因此，肿瘤不仅仅是一群肿瘤细胞，而是组织的病变。

向阳教授（北京协和医院妇产科）：对于妇科恶性肿瘤，过去普遍认为手术范围越大疗效越好。各种妇科恶性肿瘤的治疗，几乎都是最大范围地切除肿瘤及其周围相关组织，以求获得长期生存。随着化疗新药的不断涌现、放疗技术的不断提高和针对恶性肿瘤的治疗手段的增加，妇科肿瘤医师更加重视对病人进行保留生殖内分泌功能的治疗。对少女、生育年龄的妇女及早期病人在治疗恶性肿瘤的同时，保留其生殖内分泌功能已成为可能。妇科恶性肿瘤治疗时，保留女性生殖内分泌功能主要是指：①保留卵巢，以使女性内分泌正常；②保留子宫和卵巢，使其具有生育功能；③保留外阴、阴道的正常形态，使其能有正常的性生活；④保留盆底的正常解剖，以避免术后盆底功能障碍，出现盆腔脏器脱垂和压力性尿失禁。保留女性正常生理功能对病人及其家庭十分重要。妇科肿瘤医师应结合病人的具体情况，全面考虑，仔细判断，特别注意要尊重病人及其家属的意愿，并取得他们的理解，选择恰当的治疗方案，治疗后加强随访，发现复发及时治疗，告知病人可能存在的风险。对妇科恶性肿瘤病人的适度治疗，尚有许多问题需要在临床实践中探讨。

随着医学技术与人文科学的不断发展与进步，妇科恶性肿瘤保留生育功能治疗的适应证将随之拓宽，治疗理念与方法也会不断更新。然而，在治疗过程中出现的各种问题及助孕技术的应用仍有待进一步研究。

沈铿教授（北京协和医院妇产科）：广泛性宫颈切除术目前全世界做了530余例，这一手术是由法国医师Dargent于1994年首先实施的。这一手术的开展给妇科恶性肿瘤的治疗理念带来了根本性的改变，这不仅是手术技术的革新，更是理念的革新，即恶性肿瘤手术不是越大越好，而是应该越恰当越好。广泛性宫颈切除术分为阴式及腹式两种，即Dargent术式和Smith术式。由于妇科恶性肿瘤手术今后的发展方向是微创手术、内镜手术以及阴式手术。因此，目前，广泛性宫颈切除术以Dargent术式占主导，其创伤较小，可以最大限度地保证盆腔器官的完整性。

妇科肿瘤病人行保留生育功能手术的前提是对肿瘤的有效治疗，只有在保证肿瘤复发率不升高，生存率不降低的前提下，才能行保守性手术。因此，手术前的评估至关重要；另外，影响受孕的因素很多，包括肿瘤病人的心理问题和内分泌问题，这些在实施手术前必须与病人充分沟通。

隋龙副教授（复旦大学附属妇产科医院肿瘤科）：宫颈上皮内瘤变（CIN）病人的保守性手术治疗方法之一是宫颈锥切术。在宫颈锥切治疗中，传统的宫颈活检均是按照教科书的要求，在宫颈的3、6、9、12点行4点法活检，但不能确定宫颈病变就恰好都发生在这4个点上，因此，传统的四点法活检应改为借助阴道镜对病变进行更为直观、更为准确的活检。阴道镜的使用，目前在国内尚未形成规范，缺少准入制度，其操作及诊断标准都不统一。宫颈锥切的宽度和深度选择也没有统一的标准。我们可以借鉴国外CIN治疗指南，结合我国实际情况，尽早出台适用于我国的阴道镜操作指南。人乳头状瘤病毒（HPV）感染与宫颈病变密切相关。以往认为，HPV高危亚型是16型和18型，但是相关的研究结果认为，HPV高危亚型的分布与地区有关，并不都是16型或18型，因此，在这方面要进一步进行流行病学研究。从CINⅠ～CINⅢ，均有一部分病变即使不进行任何治疗，病变也能自然消退，另有相当一部分CIN的病灶却是呈跳跃性进展的。因此，正确判断哪些CIN病变可以自然消退，而哪些会进展，对于制定治疗方案是至关重要的。

王沂峰教授（广州医学院第三附属医院妇产科）：腹式广泛性宫颈切除术已逐渐为人们所接受，这一术式为年轻、有生育要求的早期宫颈癌病人提供了更加人性化的、有效的治疗手段，不仅去除了病灶，而且还为其保留了子宫，缓解了病人心理上的压力。在宫颈癌发病日益年轻化的今天，该手术的开展更有实际临床意义。目前，国外已有500余例广泛性宫颈切除术的报道。广泛性宫颈切除术有两种手术方式，一是腹腔镜盆腔淋巴结切除+阴式广泛性宫颈切除术；另一种是腹式盆腔淋巴结切除+广泛性宫颈切除术。后者称为腹式广泛性宫颈切除术，该术式最关键的步骤在于：①开腹探查后先行盆腔淋巴结切除，送快速冰冻病理检查；②确定淋巴结阴性后，离断子宫动脉，游离输尿管，打开输尿管隧道；③按宫颈癌常规术式切除主韧带和骶韧带；④横断阴道上部及宫颈峡部，切除宫颈；⑤确定宫颈残端切缘无肿瘤浸润后与阴道顶端行端—端吻合；⑥吻合子宫动脉的两断端。在上述步骤中，将子宫动脉切断，然后再吻合的本意是有利于输尿管隧道打开及宫旁组织的切除。但我们认为，该步骤虽利于宫旁组织的切除，但增加了手术危险性及血管吻合的并发症。其实，切除宫旁组织时，用我们的改良方法先将子宫动静脉游离悬吊起来，再在其下方向外侧推开输尿管，同样能保证切除足够范围的宫旁组织。因为子宫静脉附着于宫颈上端切缘的上方，肿瘤不易浸润至此，故可保留子宫静脉。用这种改良的方法来处理子宫血管，不仅降低了手术的复杂性，减少了并发症的发生，而且从理论上讲更符合子宫血液供应的生理要求。

改良的腹式广泛性宫颈切除术是宫颈癌保留器官功能手术的又一选择，较经典的腹式广泛性宫颈切除术更简便、实用和安全；较阴式手术的视野更开阔，宫旁组织切除范围更理想，值得临床推广应用。此外，保留生育功能手术的评价除了生育子代外，病人心理问题也应重视，有些病人并无生育要求，但是生殖器官的完整性和功能保护对其同样重要。

吴小华教授（复旦大学附属肿瘤医院妇瘤科）：根据上海市疾病控制中心和上海市肿瘤医院统计的数据，随着肿瘤普查的广泛开展和技术的提高，早期诊断的病人增多。现在宫颈癌的发病呈现两个年龄段高峰，即 36 ~ 39 岁和 56 ~ 59 岁；而且当今妇女的生育年龄往往推迟到 35 ~ 40 岁，致使 15% ~20% 的宫颈癌病人诊断时正值生育期；还有越来越多的病人对远期生活质量和保留器官功能有更高的要求。保留年轻的宫颈癌病人的生理或生育功能的治疗主要包括：阴道延长、保留卵巢并侧方移位、保留盆丛自主神经、广泛性宫颈切除 + 盆腔淋巴结切除。

卵巢移位术即在宫颈癌手术时，将卵巢向两侧结肠旁沟侧方移位，也有移植或移位到乳房、腹股沟或腹壁皮下的，还有在放疗前用腹腔镜将卵巢向侧方移位的。行卵巢侧方移位术的条件是：Ⅰb ~ Ⅱa 期宫颈癌，年龄 <45 岁，术后行盆腔外照射（如存在淋巴结转移、深肌层浸润、脉管侵犯等），双侧卵巢和输卵管外观正常，无卵巢恶性肿瘤家族史，术前获得病人及家属同意。我院对 62 例早期宫颈癌病人行广泛性子宫全切除 + 盆腔淋巴结切除 + 双侧卵巢结肠旁沟侧方移位术，术后随访 62 例病人中，30 例未给予放疗（G_0 组），17 例仅术前接受了 A 点剂量为 15 Gy 的腔内后装放疗（G_1 组），15 例术后给予 45 ~50 Gy 的盆腔外照射（G_2 组），其中 14 例术前已接受了放疗（方法同 G_1 组）。结果 G_0、G_1 和 G_2 组卵巢功能衰竭的发生率分别为 20%（6/30）、35%（6/17）和 60%（9/15），分别比较，差异均有统计学意义（$P<0.01$）。3 组术后发生卵巢功能衰竭的病人中，其平均衰竭时间分别为15. 7、12. 0和9. 2个月，分别比较，差异也均有统计学意义（$P<0.05$）。2 例发生了移位卵巢囊肿；未发现肿瘤的卵巢转移。

万小平教授（上海交通大学附属第一人民医院妇产科）：广泛性宫颈切除术为年轻的、渴望生育的宫颈癌病人保留了子宫体，被视为 21 世纪宫颈癌手术发展的标志。学者们对阴式与腹式两种广泛性宫颈切除术的手术途径孰优孰劣意见不一。阴式手术因其“自下而上”逆行操作，可以“自然”地切断子宫动脉下行支而保留其上行支；腹式手术时由于子宫动脉妨碍视野和操作而必须切断子宫动脉以利手术进行。我们设计并在 15 例腹式广泛性宫颈切除术中成功实施髂内动脉切断-吻合和髂内动脉-子宫动脉完全游离以保留子宫动脉的两种改良术式。

腹式广泛性宫颈切除术，源自传统的腹式广泛性子宫切除术，后者为多数妇科医师所熟悉和掌握，既不需要经过特殊培训，又能达到腹式广泛性子宫切除术相同程度的宫旁和阴道组织充分切除的目的。然而，腹式途径难以像阴式途径那样自下而上地保留子宫动脉，而子宫动脉的保留对病人未来妊娠时的胚胎发育可能有重要影响；广泛性宫颈切除术又需切断双侧阴道上动脉，如此才能切除宫颈和阴道上段。如果再切断双侧子宫动脉，保留的宫体就只能靠双侧卵巢血管的侧支循环供血。虽然多数人主张保留直接供血的子宫动脉，但在腹式手术中保留子宫动脉的尝试几乎都未成功。Smith 在术中切断双侧子宫动脉，行广泛性宫颈切除术后，以3 mm的精细微血管吻合器行子宫动脉端-端吻合，因吻合的子宫动脉漏血而放弃。

我们设计的手术方式改小口径血管吻合为大口径血管吻合，变短程血管游离为长程血管游离。虽受多种因素影响，但通常血管吻合质量的高低与血管口径的大小成正比，吻合技术的难易程度与血管口径的大小成反比。更重要的是子宫动脉位于盆腔深部，髂内动脉及其分支如树根般深植于邻近组织，仅从子宫动脉的起始处游离几乎不可能在保证子宫动脉完整性的同时完成广泛性宫颈切除术的所有手术步骤。

上述两种保留子宫动脉术式的突出优点是：①因髂内动脉沿途中除子宫动脉外所有分支被切断，而能彻底松动和游离子宫动脉，髂内动脉和子宫动脉得以向中线移动和向下方（尾侧）延伸，克服了广泛性宫颈切除术（需切除2 ~3 cm的宫颈加3 cm的阴道）后宫体和阴道断端吻合时子宫动脉相对过短而难以保留的技术困难；②确保了病人将来妊娠子宫的血液供应。我们的后续研究将会在扩大手术病人的基础上，跟踪病人术后妊娠子宫的血液供应、妊娠结局和肿瘤复发情况。

王世宣教授（华中科技大学同济医学院附属同济医院妇产科）：由于子宫内膜癌好发于绝经前后的妇女，其中 40 岁以下者占所有病人数的2. 1% ~14. 4%，且年轻病人多为有不孕史的未孕妇女，渴望保留生育功能，因此，这些病人有保留生殖内分泌功能的必要性。由于大多数子宫内膜癌病人对孕激素治疗有反应，孕激素受体阳性者反应率为70%～80%。对术前接受孕激素治疗的子宫内膜癌病人进行子宫切除术时发现，约25%的子宫标本没有子宫内膜癌残留，而且有早期子宫内膜癌采用反复多次诊刮及激素（通常为孕酮）治疗成功的病人。这些均提示子宫内膜癌病人有保留生殖内分泌功能的可能性。治疗的焦点问题是如何选择合适的病人，而最难以解决的问题是如何确定临床分期。一般认为，子宫内膜癌保守性治疗的指征是：病人年龄<40岁；迫切要求保留子宫；子宫内膜样高分化腺癌；无子宫肌层侵犯，无子宫外病灶；孕激素受体阳性；血清CA125水平正常（<35 U/L）；有随访条件。治疗前可通过分段诊刮及宫腔镜了解是否累及宫颈；影像学（B超、CT或MRI）了解宫颈受累和肌层受侵情况以及是否有淋巴结转移；腹腔镜检查明确盆腹腔有无转移，同时可行淋巴结活检。如条件允许，以上是保守性治疗前所必须进行的检查。保守性治疗一般用孕激素3个月（醋酸甲羟孕酮200～800mg/d或醋酸甲地孕酮40～160mg/d口服），然后行诊刮评定疗效。如病情好转，则继续使用6～12个月（每3个月诊刮1次），如病情持续或进展，则改为手术治疗。治疗前必须和病人进行充分沟通，告知保留生育功能的治疗目前处于临床试验阶段，可使60%～75%的子宫内膜癌消退，但仅有20%～25%的病人分娩健康的婴儿；治疗后妊娠率低（因妊娠率与引起子宫内膜癌的诱因如肥胖、月经不调和多囊卵巢综合征有关）。目前，尚需统一的问题有：治疗用激素的类型及治疗时间；观察多长时间可允许其受孕；助孕技术的风险；分娩后是否需要切除子宫等。另外，子宫内膜癌手术治疗时有以下情况者可考虑保留卵巢：年龄<40岁；病人迫切要求保留子宫；内膜癌临床分期为Ⅰa期，病理分级为G_1级；腹水或腹腔冲洗液细胞学检查阴性；术前或术中未发现可疑的腹膜后淋巴结转移；雌、孕激素受体阳性；有随访条件件者。

万小云副教授（浙江大学医学院附属妇产科医院妇瘤科）：由于滋养细胞肿瘤、卵巢生殖细胞肿瘤治疗成功的经验，以及肿瘤诊断、治疗及生殖医学的发展和进步，早期卵巢上皮性癌（EOC）的预后良好，因此，是否只有切除子宫和卵巢才是治疗EOC的惟一方法值得反思。目前，对早期EOC的保守性治疗认同度正在提高，认为保留生育功能必须纳入其治疗策略。但目前EOC保留生育功能的治疗缺乏随机对照研究，样本量小，随访时间短，存在的争议主要是其适应证、手术方式及其安全性、妊娠结局及完成生育后生殖器官的去留等问题，对EOC保留生育功能手术的指征尚无统一意见，国内确定的指征是：病人年轻，渴望生育；临床分期为Ⅰa期，病理分级为G_1级；对侧卵巢外观正常；腹水或腹腔冲洗液细胞学检查阴性；“高危区域”探查或活检均阴性；有随诊条件；完成生育后根据情况再行子宫和对侧卵巢切除术。国际妇产科联盟（FIGO）2003年推荐，EOC保留生育功能的手术应按规范通过分期手术进行评估；术中证实为单侧卵巢受累且包膜完整；对侧卵巢外观正常不需行剖检术。美国综合性癌症网络（NCCN）2005年推荐，渴望保留生育功能的Ⅰ期EOC病人，可考虑行保留生育功能的手术。国处也有一些对晚期EOC病人，甚至Ⅲc期EOC病人实施保守性手术的报道。Raspagliesi等报道了Ⅰa期2例、Ⅰc期2例和Ⅲc期6例EOC病人行保守性手术的结果，其5年、10年的生存率分别为98%和93%，与接受广泛性手术者相当。但在所有高于Ⅰa期而接受保留生育功能手术的病人中，80%复发。大多数文献支持只有对具有良好预后因素的早期EOC病人实施保留生育功能手术才有较高的安全性。

冷金花教授（北京协和医院妇产科）：上述提到的都是妇科恶性肿瘤病人保留生殖内分泌功能的可能性，涉及许多新的手术方法、新的技术和前沿的基础研究。其实，临床上更多的需要保留生殖血分泌功能的病人是那些妇科良性肿瘤病人，针对这些病人，我们可能并不需要多少高新技术，只需要我们在治疗过程中稍稍改变一下我们传统的治疗观念或治疗技术，绝大部分妇科良性肿瘤病人都有可能保留其生殖内分泌功能。例如我们在进行卵巢囊肿切除手术时，往往会把相当一部分正常的卵巢皮质在不经意的情况下一同切除，这样就会造成病人卵巢贮备功能的下降。另外，妇科良性肿瘤的手术相对简单，在大多数县级以上医院均能开展，因此，更容易推广手术的标准化。当然，最近逐渐开展的子宫动脉栓塞技术、射频技术以及高能聚焦超声技术业也为妇科良性肿瘤病人留生殖内分泌功能提供了新的方法。

孙红教授（复旦大学附属妇产科医院肿瘤科）：卵巢生殖细胞肿瘤以年轻、未婚、未生育者占绝大多数，且早期病人所占比例高；有明确的肿瘤标志物可以检测如甲胎蛋白（AFP）和人绒毛膜促性腺激素（hCG）；通过手术和化疗，预后较好。保留生育功能的治疗方式包括：肿物摘除术、单侧附件切除术、单侧附件切除＋肿瘤细胞减灭术。保留内分泌功能的措施包括手术中尽量保留部分卵巢组织，以及在辅助化疗前开始应用促性腺激素释放激素（GnRH）类似物制剂以抑制卵巢功能。目前，由于积累的病人数少，尚难以平衡风险及受益（生命、生存质量）；另外适应证和禁忌证尚不明确，医师间较难达成共识；还有应用 GnRH 类似物的时机，预防骨质疏松的措施等还需积累更多的临床资料加以总结。因此，今后应进行多中心研究，尽早发布诊疗指南，使治疗方案有据可循，同时还要加强卵巢组织冷冻和自体移植等基础研究。

孔北华教授（山东大学齐鲁医院妇产科）：卵巢性索间质肿瘤（SCST）常见的是颗粒细胞瘤和卵泡膜细胞瘤，这些肿瘤的特点是大部分为低度恶性或是具有恶性潜能，并且本身有高度的异质性。对卵泡膜细胞瘤、纤维瘤、纤维卵泡膜细胞瘤、高分化支持-间质细胞瘤的年轻病人，可行单侧附件切除术；对颗粒细胞瘤、中低分化支持-间质细胞瘤、恶性卵泡膜细胞瘤病人，一般行常规分期手术或肿瘤细胞减灭术。但对年轻、有生育要求的Ⅰ期 SCST 病人，可行病侧附件切除，以保留生育功能。幼年型颗粒细胞瘤占颗粒细胞瘤的5%，2002 年全球有 200 余例报道，其中 97% 的病人发病年龄 <30 岁。病理学特征为弥漫的或大滤泡结构，缺乏典型的 Call-Exner 小体，核分裂象多见，富含染色质多形核，缺乏核纵沟，细胞黄素化明显。Ⅰ期低危病人预后较好，Ⅰ期高危病人复发早、预后不良。这些病人如果要行保守性手术，即切除病侧卵巢，特别应强调正规、全面分期手术的重要性，以正确评估肿瘤的恶性程度。另外，由于 SCST 分泌雌激素，容易造成子宫内膜病变，因此，在行保守性手术的同时应进行子宫内膜的评价，以排除子宫内膜病变。

SCST 有时在病理诊断上会有难点，容易误诊，这也给保守性手术的进行带来了潜在的危险。FIGO 分期、肿瘤的直径、病理学高危因素为影响 SCST 预后的相关因素，其中，FIGO 分期为独立的预后影响因素。Ⅰ期 SCST 病人可行保留生育功能的手术。术后辅助化疗虽能延缓复发，但未能改善Ⅰ期病人的总预后。SCST 总体上属低度恶性肿瘤，复发较晚，但具有异质性，高危幼年型颗粒细胞瘤及其他进展期 SCST 预后不良。

由于大部分 SCST 复发时间较晚，因此在行保守性手术后必须长期随访，至少 10 年，最好是终身随访。

凌斌教授（安徽省立医院妇产科）：卵巢交界性肿瘤的焦点问题，一是诊断是否准确，是否存在微小浸润而未能诊断；二是是否可以行保留对侧卵巢的保守性手术。卵巢交界性肿瘤复发率在 30% 左右，大部分在 5 年以后复发，更有一部分在 10 年以后复发，而且复发后再手术的效果较好。对于切盼生育的早期卵巢交界性肿瘤病人，可以行保留一侧卵巢及子宫的保守性手术。但是手术前必须经过全面细致的探查及病理检查；证实盆腹腔内确无浸润及种植；并且应行大网膜切除。病理检查时，对于任何可疑之处均应检查，尽可能排除微小浸润灶。保守性手术治疗后虽然增加复发率，但不影响总体生存率。手术后妊娠率可达 60% 左右。

崔恒教授（北京大学人民医院妇产科）：恶性肿瘤的治疗原则是最大限度的治愈肿瘤或是延长病人的生存时间。因此，保留生育功能手术治疗的前提是肿瘤根治，另外必须排除病人生育功能障碍，否则一切治疗都是毫无意义的。妇科恶性肿瘤保留生育功能的各种治疗方法还存在许多争议，因此，需要进一步进行各种临床及基础研究，任何方法的优劣现在评价都为时过早。

此次论坛中，代表们还就妇科恶性肿瘤研究的新理念及诊治进展、子宫移植、卵子冷冻及卵巢组织冷冻等问题进行了广泛的交流与讨论。代表们一致认为，妇科恶性肿瘤处理中，最棘手的问题是在根除肿瘤组织的同时会导致生殖器官及其功能的损伤。生殖欲望是人类的本能。虽然没有人会质疑优先根治肿瘤组织的重要性，但也不能忽视部分年轻、早期、迫切希望生育的病人的愿望。近10年来开展的早期宫颈癌保留子宫体的手术，卵巢生殖细胞肿瘤保守性手术与化疗等，在治疗妇科恶性肿瘤的同时，保留了病人的生育功能，取得了初步的效果。然而，多数技术或方法尚处于临床试验和探索阶段，不能完全保证病人生育功能的保留或重建，即使是施以广泛性宫颈切除，术后妊娠者中也仅有67%的活产率，而早期和晚期自然流产率则高达33%。此外，技术的安全性是保留生育功能治疗中涉及伦理学的严肃问题。在对早期、分化良好的子宫内膜癌病人进行保守性药物（激素）和手术（刮宫）治疗时发现，对保守性治疗有反应的病人尚不到半数，且即使采用最严密的监测手段也可能会遗漏个别隐匿的病灶。当年轻的妇科恶性肿瘤病人获知肿瘤的治疗可能造成终生不育时，其心理会受到严重伤害；而当她（们）得知有新的方法和技术可保全其生育功能时，又会对生育的可能性抱有过高期望。此时，医师应该告之病人保守性治疗的风险。妇科肿瘤医师不仅有责任保护病人免受伤害，而且有义务鼓励病人在充分知情的前提下，选择治疗方式。

（万小平　席晓薇　严　沁）

［来自：《中华妇产科杂志》，2007，42（8）：505～509］

"万乐杯"中国肿瘤医学界摄影作品展获奖名单

"万乐杯"中国肿瘤医学界摄影作品展，于2007年8月21日~23日在西安展出，参展作品三百余幅，经评审荣获奖项的作品公布如下。

一等奖

作品	作者	单位
环保之都	应敏刚	福建省肿瘤医院
手中线	方临明	浙江省肿瘤医院

二等奖

作品	作者	单位
大地秋色	刘吉庆	山东省肿瘤医院
渔舟唱晚	王安平	陕西省肿瘤医院

三等奖

作品	作者	单位
美容	高　良	四川省肿瘤医院
鸟瞰	韩亚玲	中国医学科学院肿瘤医院
秋月	贾　延	陕西省肿瘤医院

优秀奖

作品	作者	单位
欧洲的艺术乞丐	田培林	浙江省肿瘤医院
龙泉云雾	余传定	浙江省肿瘤医院
征途漫漫	张思维	全国肿瘤防治研究办公室
盛开的红梅	钱曾培	上海华东医院
美丽的玉龙雪山	朱丽娜	吉林省肿瘤医院
阿里山花	张明通	福建省肿瘤医院
快马加鞭	张荫昌	中国医科大学肿瘤研究所
吸食	杨立森	中国疾病预防控制中心
金海雪山	文小平	贵州省肿瘤医院
哈萨克斯坦少年	曾苏才	湖南省肿瘤医院
思家	靳永祥	北京朝阳医院西院
老武汉的记忆	刘　明	湖北省肿瘤医院
水陌"田园"	杜　萍	福建省肿瘤医院
赶集	童宜英	贵州省肿瘤医院
齐心协力	刘彦东	中国医学科学院肿瘤医院
献爱心	马晓劲	中国医学科学院肿瘤医院
万紫千红	刘习昌	中国医学科学院肿瘤医院
人间仙境	蒋舒平	中国医学科学院肿瘤医院
圣彼得大教堂	曹中一	天津市肿瘤医院
神奇湖水	张世彤	天津市肿瘤医院
黄龙	王海东	河南省肿瘤医院
飞瀑银丝	张　强	重庆市肿瘤医院

豪	刘锦程	陕西省肿瘤医院
日出熔金	孙惠安	农工民主党浙江省委会
水乡	叶国花	江西省肿瘤医院
半出红妆捧玉杯	林　力	北京肿瘤医院
探索	朱建华	北京肿瘤医院
路	游伟程	北京肿瘤医院
阿尔卑斯山之巅	丁建华	江苏省肿瘤医院
果实	李　刚	河南省肿瘤医院
飞瀑	林英姬	黑龙江省肿瘤医院

［来自：《中国肿瘤》，2007，16（10）：800］